APOCRIFOS DEL ANTIGUO TESTAMENTO

Tomo I

APOCRIFOS DEL ANTIGUO TESTAMENTO

Obra dirigida por el profesor
ALEJANDRO DIEZ MACHO †

con la colaboración de los profesores
MARIA ANGELES NAVARRO
ALFONSO DE LA FUENTE
ANTONIO PIÑERO

Tomo I

EDICIONES CRISTIANDAD

MADRID 1984

ALEJANDRO DIEZ MACHO

INTRODUCCION GENERAL
A LOS APOCRIFOS
DEL ANTIGUO TESTAMENTO

con la colaboración de
MARIA ANGELES NAVARRO
Profesora Titular de Lengua y Literatura Hebreas
en la Universidad Complutense de Madrid
y
MIGUEL PEREZ FERNANDEZ
Director del Centro Bíblico Español de Jerusalén

EDICIONES CRISTIANDAD

MADRID 1984

ISBN: 84-7057-324-1 (Obra completa)
ISBN: 84-7057-361-6 (Tomo I)
Depósito legal: M. 32.127.—1982 (Tomo I)

Printed in Spain

ARTES GRÁFICAS BENZAL, S. A. - Virtudes, 7 - 28010 MADRID
ENCUADERNACIÓN LARMOR, Móstoles (Madrid)

IN MEMORIAM

Cuando la muerte, irrespetuosa también con las grandes figuras, sorprendió al profesor Alejandro Díez Macho, sobre la mesa de este investigador infatigable quedaban, a medio corregir, las pruebas de imprenta del presente volumen. El editor y los colaboradores de la serie *Apócrifos del Antiguo Testamento* rendimos, con dolor y admiración, un homenaje a su memoria.

Alejandro Díez Macho nació el 13 de mayo de 1916 en Villafría de la Peña (Palencia). Una vez terminados los cursos de bachillerato, profesó en la Congregación de los Misioneros del Sagrado Corazón. Posteriormente realizó estudios eclesiásticos de filosofía y teología, interrumpidos por la guerra civil española. Al término de la contienda cursó en Barcelona la carrera de Filosofía y Letras en la especialidad de Filología Semítica, con premio extraordinario en su licenciatura (1943). En 1945 defendió en Madrid su tesis doctoral, titulada *Mošé Ibn 'Ezra como poeta y preceptista*.

Su labor docente se desarrolló primeramente en Barcelona como profesor ayudante (1944), encargado de cátedra (1945), adjunto por oposición de lengua y literatura hebreas y lengua y literatura árabes (1946), catedrático de lengua y literatura hebrea y rabínica (1949). De Barcelona pasó a Madrid, en 1973, como catedrático de lengua y literatura hebreas en la Universidad Complutense.

Un hecho determinante en la vida del profesor Díez Macho fue, en 1949, su inclusión en el proyecto de edición de la Biblia Políglota Matritense, en el que se le encomendó la sección aramea. Este empeño fue acogido con entusiasmo por el joven catedrático, quien visitó inmediatamente varias bibliotecas en busca de manuscritos: Vaticana, Casanatense y Angélica de Roma, Palatina de Parma, Bodleyana de Oxford y Universitaria de Cambridge. Sería prolijo dar cuenta de los numerosos viajes que le llevaron a registrar bibliotecas y archivos de Europa y América con el fin de reunir materiales y cotejar textos.

En 1951 entró en contacto con el insigne aramaísta Paul E. Kahle, a quien consideró siempre como su maestro y con quien trabajó en diversas ocasiones. Enviado por el cardenal Mercati, prefecto de la Biblioteca Vaticana, estudió durante dos años (1953-1955) los manuscritos hebreos y arameos que se conservan en el Seminario Teológico Judío de Nueva York. Durante este período cambió impresiones con numerosos orientalistas de los Estados Unidos y pronunció conferencias en este país. Fruto de aquella intensa búsqueda fue la gran filmoteca de manuscritos arameos reunida por Díez Macho, que ha sido durante largo tiempo la colección más rica y selecta, hoy superada por la del Departamento de Manuscritos Hebreos de la Universidad de Jerusalén.

Un acontecimiento decisivo en la trayectoria científica del maestro cuya desaparición lamentamos fue el descubrimiento, en la Biblioteca Vaticana (1956), del manuscrito *Neofiti 1,* que contenía el Targum Palestinense dado por perdido desde el siglo XVI. La identificación de este manuscrito, erróneamente catalogado en dicha Biblioteca, el posterior estudio de su antigüedad y relación con los demás targumes y, por fin, su publicación en seis espléndidos volúmenes son méritos suficientes para asegurar un puesto perdurable entre los estudiosos de la Biblia. En esta línea se sitúa la edición de otros fragmentos del Targum Palestinense al Pentateuco y a los Profetas, así como el descubrimiento de manuscritos fundamentales para el Targum de Onqelos.

A su actividad en el campo de la Biblia aramea se añade su preocupación por la investigación bíblica en general. En este ámbito, el profesor Díez Macho, junto con el doctor Sebastián Bartina, dirigió la *Enciclopedia de la Biblia,* en seis volúmenes (Barcelona 1963-1966), en la que colaboran 306 especialistas y que ha sido traducida al italiano. También dirigió la edición de la Biblia conocida popularmente como *La Biblia más bella del mundo* (Buenos Aires, 7 vols.), traducción de los textos originales con comentario, para la que redactó además la mayor parte de las introducciones.

Con ser mucho el peso específico de esta labor científica, lo más sorprendente es que ha sido realizada por una persona gravemente enferma durante largos años de su vida. Su calvario comenzó en 1945, cuando se hizo necesario extirparle un riñón, y se prolongó hasta el final. Dieciséis intervenciones quirúrgicas y, en 1983, la extirpación del otro riñón. A pesar de la servidumbre impuesta por la diálisis, este hombre, tenaz y siempre optimista, encontraba el modo de proseguir sus trabajos de investigación. En enero de 1984 se le efectuó con éxito un trasplante. Pero el éxito duró poco. El estado general del enfermo se fue agravando inexorablemente hasta el 6 de octubre, fecha en que se produjo su muerte.

Además de hombre de ciencia, el profesor Alejandro Díez Macho ha sido profundamente humano y religioso. Sus incontables alumnos hablan de la inmensa dedicación con que «el maestro» los atendía y acompañaba en la aventura de la investigación. Las muchas personas que lo han conocido de cerca saben de su entrega, como cristiano y sacerdote, a la contemplación y al servicio. Los amigos damos fe de que siempre fue un hombre cercano, delicado, humilde, fiel y, sobre todo, bueno.

Tenía, cuando murió, sobre su mesa las pruebas de este volumen. El no está ya con nosotros, pero nos deja trazado el camino que debemos recorrer en la continuación de esta serie de *Apócrifos del Antiguo Testamento*. Por eso, en los volúmenes restantes seguirá figurando como director de una obra que proyectó personalmente, para la que eligió sus colaboradores y en la que puso una gran dosis de entusiasmo y sabiduría.

El profesor Alejandro Díez Macho será, sin duda, faro orientador para quienes navegan por los mares de la Biblia y de las letras antiguas.

EL EDITOR Y LOS COLABORADORES

CONTENIDO

PRIMERA PARTE

NATURALEZA Y ORIGEN DE LOS APOCRIFOS

SEGUNDA PARTE

APOCRIFOS DEL ANTIGUO TESTAMENTO

Deseo manifestar en este prólogo los motivos de ciertas anomalías surgidas antes de redactar definitivamente esta introducción general a los *Apócrifos del Antiguo Testamento* y de las deficiencias que pueda ver el lector en ella. Quiero, por otra parte, insistir en determinados temas por los que siento especialísimo interés y en los que me agradará que aparezca claramente mi modo de pensar.

Entre tanto han aparecido los tomos II, III y IV de la serie. Esto se debe a que, antes de ultimar la redacción del volumen que debe encabezarle, caí gravemente enfermo, quedando imposibilitado para mejorar la redacción primera y cotejar o añadir sus respectivas notas. Debo agradecer a doña Belén Diego el que haya hecho la primera copia de mi original y a la profesora María Angeles Navarro haber leído y revisado toda la primera parte de mi manuscrito. A ella mi agradecimiento, al igual que a los profesores Antonio Piñero y Alfonso de la Fuente, fieles colaboradores en la empresa total.

Dada la imposibilidad física de revisar personalmente mi redacción original, de acuerdo con el director de Ediciones Cristiandad solicité la colaboración, en las dos partes restantes del tomo, del profesor Miguel Pérez, de la Facultad de Teología de Granada y antiguo alumno mío, cuya tesis doctoral, *Tradiciones mesiánicas en el Targum Palestinense,* había dirigido el que escribe. La tesis fue defendida en la Universidad Complutense y fue galardonada con premio extraordinario de doctorado. Posteriormente ha aparecido, muy reelaborada por su autor, en la serie de publicaciones de la Institución San Jerónimo (Valencia 1982). En la recensión que el insigne targumista M. McNamara hace de ella en CBQ 45 (1983) 697-699, la califica como «a major contribution to Targum Studies». Además de este libro, M. Pérez publicó en la misma Institución bíblica los *Pirqé de Rabbí Eliezer* (Valencia 1983), que, aunque midrás tardío, es del tiempo de la última redacción del Targum Pseudo-Jonatán.

Una de las valiosas aportaciones de M. Pérez a las partes II y III de este volumen I fue añadir en ellas constantes citas de su edición de los *Pirqé* antes de que viesen la luz pública. A él se deben todas o casi todas las referencias a ellos, al igual que numerosas notas explicativas en esas partes II y III. Publicó posteriormente otros trabajos, como *La apertura a los gentiles en el judaísmo intertestamentario:* EstBib 41 (1983) 83-106, e inició los trabajos de edición, en compañía de diversos colaboradores, de varios midrases halákicos (los que no han podido preparar E. Cortès y Teresa Martínez). Todo ello manifiesta la excelente preparación del profesor M. Pérez para realizar lo que, por grave enfer-

medad, le resultaba imposible llevar a cabo al que esto escribe. Su labor
y su generosidad al discutir personalmente conmigo cuantas cuestiones
se iban presentando me han sido de inapreciable ayuda. Merced a ello
aparece con menos imperfecciones.

Mi intención al redactar la parte II era ofrecer simplemente unas
breves notas, sobre todo de carácter filológico y teológico, a los apócrifos más importantes. No intentaba en modo alguno suplir o corregir
las amplias introducciones de cada autor al apócrifo o apócrifos cuya
traducción se le había confiado. La lectura de los diversos apócrifos presentados por sus respectivos traductores me sugirieron esas notas y
observaciones, que no tenían otro móvil que completar o destacar puntos de vista de los respectivos traductores.

Necesitaba esa parte una nueva redacción del material recogido en
mi original. Y es aquí donde la tarea de M. Pérez se hacía más necesaria. Su colaboración ha consistido:

a)   En presentar los diversos apócrifos en el orden que llevan en
los volúmenes programados por la Dirección de la serie y por Ediciones
Cristiandad, según el plan inicial de 1983, con alguna corrección en
los volúmenes V y VI.

b)   Dividir mi introducción o presentación en dos partes: la primera, breve y técnica; la segunda, teológica. Me interesaba destacar bajo
un epígrafe expresivo puntos de la teología del apócrifo correspondiente
que me parecían de especial relevancia. He puesto el máximo interés en
destacar la escatología, por ser ese ambiente escatológico denominador
común de los apócrifos. He destacado igualmente la teología de la caridad, del amor, importante en el cristianismo y en el rabinismo, y que
es característica de los «Testamentos» apócrifos, lo que explica que
Jn 13-17 (el «testamento de Jesús») insista reiterativamente en el precepto del amor. Otro punto puesto por mí de relieve, en la parte II y
en el final de la I, ha sido el tema teológico del Hijo del hombre, por
las implicaciones que puede tener en el origen de la cristología.

c)   Para hacer más fácil la lectura de esa parte II, M. Pérez ha
relegado frecuentemente a las notas de pie de página lo que en mi original apareció en el texto. A veces, por esa misma razón de facilitar la
lectura, ha suprimido párrafos de mi texto.

d)   En contraposición a estas reducciones del original, tan justifica-
das y tan bien redactadas, M. Pérez ha añadido una breve presentación
de las *Odas de Salomón.* No había sido mi intención hacer presentación
alguna de tal obra por considerarla cristiana. Es lo que opina en estos
momentos la mayor parte de los críticos [1]. Pertenece a círculos en con-

---

[1] La última edición de las 42 odas con texto siríaco, traducción inglesa y notas,
es la de J. H. Charlesworth, *The Odes of Salomon* (Oxford 1973). J. R. Harris
publicó en 1909 las odas 3,1b-42,20, tomándolas de un ms. del s. xv; otro tanto
hizo F. C. Burkitt en 1912 con otro ms. del s. x. Quedan restos de odas en un
fragmento copto del s. iv y en un ms. griego del s. iii. La mejor edición de las
odas, antes de la de Charlesworth, es la de J. R. Harris/A. Mingana, *The Odes of*

tacto profundo con Qumrán y con la comunidad cristiana de la que proceden los escritos de Juan. M. Erbetta, en su edición de *Gli Apocrifi del Nuovo Testamento*, I: *Vangeli*[2], incluye esa obra entre los apócrifos neotestamentarios. Ello nos hizo dudar de que apareciera en nuestra edición entre los apócrifos del Antiguo Testamento, y fue la razón de que no le dedicara presentación alguna particular. Recientemente, Angelo Tosato, haciendo un detenido análisis de la Oda 28, explica el parangón de la paloma y la venida del Espíritu en el bautismo de Jesús, aclarando tales hechos con Mc 1,10, Mt 3,16, Lc 3,22 y Jn 1,32[3]. En otro artículo, el mismo autor[4] intenta utilizar las *Odas de Salomón* para dilucidar la relación de Jesús con el movimiento zelota, tema sobre el que han escrito M. Hengel y Brandon, defensores de posturas antagónicas[5]. La conclusión de Tosato es que Jesús no quiso apoyar el zelotismo, pudiendo esto influir en su trágico desenlace.

Por la misma razón —por tener adiciones cristianas tardías, incluso posteriores al Concilio de Nicea—, dejé de incluir el *Testamento de Adán*. La breve presentación a los «Testamentos de Salomón» y de «Adán» se debe igualmente a la colaboración de M. Pérez. En los «Apocalipsis menores» ambos hemos sido circunspectos en escribir sobre ellos e incluso en darles cabida en nuestra edición. La *Visión de Esdras*[6] es obra cristiana, sin títulos para figurar en nuestra colección, lo mismo que el *Apocalipsis de Esdras* y el de *Sedrac*. Si los hemos introducido ha sido por seguir las pautas generosas de las ediciones de Charlesworth y Riessler. Sin embargo, M. Pérez, con buen acuerdo, ha escrito unas breves notas al *Apocalipsis de Sofonías*, al *Apocalipsis de Adán* y al *Apócrifo de Ezequiel*, de los que yo no me había ocupado por mi criterio de no presentar más que los apócrifos de cierta relevancia[7]. Hay varios

---

Salomon, 2 vols. (Manchester 1916 y 1920), que aún conserva su valor. J. H. Charlesworth y R. A. Culpepper han estudiado la relación de las odas con el Evangelio de Juan, *The Odes of Salomon and the Gospel of John*: CBQ 35 (1973) 298-322. Véase esta información en Angelo Tosato, en la obra citada en n. 3.

[2] Editado en Turín-Roma (1975) pp. 608-658.

[3] Angelo Tosato, *Il battesimo di Gesù e le Ode di Salomone*: «Bibbia e Oriente» 18 (1976) 261-269.

[4] Angelo Tosato, *Gesù e gli Zeloti alla luce delle Odi di Salomone*: «Bibbia e Oriente» 19 (1977) 145-153.

[5] M. Hengel, *Die Zeloten-Untersuchungen zur jüdischen Freiheitbewegung im der Zeit von Herodes I bis 70 nach Christus* (Leiden-Colonia ²1976), y S. G. F. Brandon, *Jesus and the Zealots* (Manchester 1967).

[6] *Visio beati Esdrae*: texto latino publicado conjuntamente con el *Apocalipsis de Esdras* y el *Apocalipsis de Sedrac* por Otto Wahl (Leiden 1977).

[7] Cf. James H. Charlesworth, *Jewish Self-Definition in the Light of the Christian Additions to the Apocalyptic*, en *Christian and Jewish Self-Definition*, II: *Aspects of Judaism in the Graeco-Roman Period* (ed. por E. P. Sanders, A. I. Baumgarten y Alan Mendelson; Londres 1981) 29. Charlesworth (*op. cit.*) enumera las obras que excluye de los apócrifos judíos por ser obras cristianas: son, además de las *Odas de Salomón*, el *Apocalipsis de Sedrac*, el *Apocalipsis de Esdras*, las *Cuestiones de Esdras*, la *Visión de Esdras* y (quizá) la *Revelación de Esdras*. Excluye también, por sus adiciones cristianas tardías, el mismo *Testamento de Abrahán*, la *Historia de los Recabitas*, el *Apocalipsis de Elías*, los *Testamentos de Isaac y de*

apócrifos que no solamente no hemos presentado, sino que hemos excluido intencionadamente de nuestra publicación. Quizá hayamos pecado de demasiado generosos en incluir algunos que no merecían figurar en nuestra publicación por una u otra razón.

Para los «Escritos Menores» y los «Fragmentos de obras», que aparecerán en los dos últimos volúmenes, no hemos juzgado útil ocuparnos especialmente de ellos por su carácter disperso e incompleto. El profesor Piñero suplirá esta laguna al realizar su publicación.

De todo esto se desprende que mi intención y la de mi colaborador ha sido ceñirnos a los apócrifos de cierta relevancia, excluyendo cualquier presentación e incluso publicación de aquellos que, por ser escritos cristianos o muy interpolados de ideas cristianas, no merecían figurar entre los apócrifos judíos. Tengo que añadir que en algunos casos la falta de presentación se debió a no haber terminado el traductor su obra y no tenerla a mi disposición.

e)   Tanto en esta parte II como en la III, Miguel Pérez es autor, como ya he indicado, de diversas notas añadidas a mi texto. En concreto, son suyas todas las de los *Pirqé de Rabbí Eliezer* (PRE), de su libro *Tradiciones targúmicas* y de otros trabajos suyos.

Todo lo anteriormente escrito justifica que sea de justicia un especial agradecimiento a la colaboración de M. Pérez y que su nombre figure como colaborador especial en las partes II y III de este tomo I.

También debo hacer constar mi gran agradecimiento al especialista Florentino García, español y profesor de la Universidad de Groningen, quien, a pesar de su intensa dedicación a preparar el *Corpus Qumranicum* para Ediciones Cristiandad e Institución San Jerónimo, haya tenido la generosidad de ofrecer su colaboración para releer y, en su caso, enmendar mi original de este volumen.

En este capítulo de agradecimientos no puedo menos de hacer constar la profunda gratitud que debo a los profesores de la Facultad de Medicina de la Universidad de Barcelona doctor José María Gil-Vernet, catedrático de urología, y doctor Luis Revert, catedrático de nefrología. Desde hace muchos años han cuidado de mi endeble salud, especialmente este año y medio en que he estado sometido, por la diálisis o por diversas operaciones, a sus continuos desvelos. El profesor Gil-Vernet me realizó con éxito un trasplante de riñón el 3 de enero de 1984, con lo que he recuperado mi capacidad de trabajo. Confiando plenamente en su pericia y a su requerimiento, me trasladé de Madrid a Barcelona al término del curso 1981-82. En Barcelona había estado bajo su control médico muchos años y aquí permanezco trabajando con parte de la biblioteca que me han enviado desde Madrid, donde profeso en la Complutense desde 1973. A estos doctores y a su equipo de médicos y enfermeras vaya mi gratitud desde estas páginas, al igual que a las innu-

Jacob y el *Apocalipsis de Daniel.* Pero véase la introducción de los traductores de algunos de esos apócrifos que figuran en nuestra edición y las razones que aportan para proceder de esta forma.

merables personas que con sus oraciones han pedido a Dios que me devolviese la salud o, por lo menos, la capacidad de trabajar. Dios ha escuchado tanto ruego y a él en primerísimo lugar va mi acción de gracias.

En el ambiente académico debo expresar mi reconocimiento al profesor James H. Charlesworth por su constante ayuda bibliográfica y el envío de su publicación de pseudoepígrafos [8], serie paralela a la nuestra, que él, con colaboración internacional, dirige.

Gracias a la recuperación física, debida al trasplante antes mencionado, he podido añadir los apartados XIV, XV y XVI a la parte I. El XIV lo he podido realizar gracias al envío por el autor, M. McNamara, de su libro *Palestinian Judaism and the New Testament* [9].

A pesar de mi deseo, no ha sido posible dar la merecida extensión a temas importantes, que en una introducción general a los apócrifos no deberían faltar. Me refiero, sobre todo, a la interpretación del lenguaje mítico que suele utilizar este tipo de literatura, particularmente la apocalíptica. ¿Cuál es el alcance real del lenguaje mítico? ¿Hay que «desmitificar» toda esta literatura o, por el contrario, hay que «desmitificar» ciertos temas y retener unas realidades asumidas, por ejemplo, en el Nuevo Testamento, aunque aparezcan expresadas en dicho lenguaje mítico? El racionalismo de la Ilustración despreció tal lenguaje por no ser racional; el romanticismo, en cambio, lo reivindicó, y hoy día se considera como una manera intuitiva, no racional, de captar realidades fundantes, muy profundas, sobre todo en el orden religioso. Hay muchas maneras de llegar a la realidad, que no son precisamente el *logos,* o discurso racional. Platón, por ejemplo, admite el logos y el mito. El lenguaje de nuestros apócrifos sobreabunda en aquellos libros que proceden de la apocalíptica o, en último término, del jasidismo. Remito al cap. XV de la parte I y a la importante bibliografía sobre el tema [10].

Al tratar, en la parte III, de ángeles y demonios procuro defender que ese lenguaje, que algunos pretenden «desmitificar», negando la realidad subyacente de unos espíritus buenos y otros perversos, responde a una intuición religiosa profunda, a la que corresponde la realidad de unos seres angélicos o espirituales. Antonio Salas ha escrito un opúsculo: *¿Existen los ángeles? Angelología sinóptica y fe cristiana* [11]. Escribe en

---

[8] James H. Charlesworth, *The Pseudepigrapha and Modern Research* (Scholars Press for the Society of Biblical Literature; Missoula 1976). Tal bibliografía ha prestado ayuda muy eficaz a los autores de nuestra publicación.

[9] Wilmington, Delaware 1983.

[10] H. Cazelles, *Le Mythe et l'Ancient Testament,* en DBSuppl VI, cols. 246-261; R. Marlé, *Le Mythe et le Nouveau Testament,* ibíd., cols. 261-268; Mircea Eliade, *Aspects du mythe* (París 1963); A. Vögtle, *Revelación y mito* (Barcelona 1965); A. Dulles, *Symbol, Myth and the Biblical Revelation:* «Theological Studies» 27 (1966) 1-26; H. Fries, *Mito-Mitología,* en *Sacramentum Mundi* IV (Barcelona 1973) abundante bibliografía en col. 760.

[11] Madrid 1971, p. 8.

la introducción: «Por eso son cada vez más los cristianos dispuestos a eliminarlos (los ángeles) de su mundo religioso. ¿Puede aceptarse tal actitud? En absoluto. Contra este peligro blandió sus mejores armas la *Humani generis*. Además, cuando un cristiano lanza desde el ángulo de la fe una mirada serena sobre el Nuevo Testamento, constata sin dificultad que no puede aceptar la autoridad de Jesús quien niega la existencia de los ángeles. Sobre este tema no son muy abundantes las decisiones de la Iglesia. Pero sí suficientes para dejar fuera de toda duda la existencia de unos seres extrahumanos finitos, que suelen ser conocidos con el nombre de 'ángeles'».

Y, como conclusión de su librito, se pregunta el mismo autor: «¿Existen, pues, los ángeles? Sí. ¿Cómo son? Lo ignoramos. ¿Cómo pueden ser captados por el hombre? En su condición de *palabras divinas* convertidas en mensaje» [12]. Es un caso de tantos en los que el lenguaje mítico en su nivel profundo desvela una realidad.

Termino este prólogo volviendo al tema del Hijo del hombre, al que, por su importancia, una y otra vez me referiré en las páginas del presente volumen. Me obliga el haber recibido muy recientemente un artículo del profesor Zeev Ben Ḥayyim, presidente de la Academia de la Lengua Hebrea de Jerusalén, insigne aramaísta, especialmente del arameo samaritano. Es un viejo amigo que contradice mi opinión, lo que me obliga doblemente a mencionar el artículo que me acaba de enviar: *Ha-Omnam nistar bimqom medabber?* (¿Es verdad que se usa la tercera persona en vez de la primera?) [13]. Tal artículo responde, en sentido negativo, al largo artículo que escribí en el homenaje al padre D. Barthélemy, *L'usage de la troisième personne au lieu de la première dans le Targum* [14].

En primer lugar, Ben Ḥayyim desconoce el artículo que escribí en «Scripta Theologica» 14 (1982) [15] sobre el uso de la tercera persona en arameo galilaico, en lugar de la primera, aplicándolo a la cristología del Hijo del hombre. Este título es, según muchos críticos, pospascual, una identificación de la Iglesia del Hijo del hombre con Jesús; en realidad, *Jesús se habría distinguido del Hijo del hombre,* una figura apocalíptica, escatológica, distinta de él. Precisamente R. Bultmann y otros críticos radicales únicamente consideran como auténticos de Jesús unos pocos dichos en los que se distingue él de una tercera persona, el Hijo del hombre. Bultmann [16] dice: «Tenemos que afirmar enfáticamente que ciertos dichos acerca del Hijo del hombre manifiestamente no son en

---

[12] *Ibíd.,* 76.
[13] *Sefer ha-Yobel lAbraham aben Shoshan* (Jerusalén 1983) 93-98.
[14] *Mélanges Dominique Barthélemy. Études bibliques offertes à l'occasion de son 60e anniversaire* (ed. por P. Casetti, O. Keel y A. Schenker; Orbis biblicus et orientalis 38; Friburgo-Gotinga 1981) 61-89.
[15] A. Díez Macho, *La cristología del Hijo del hombre y el uso de la tercera persona en vez de la primera,* 189-201.
[16] R. Bultmann, *History of the Synoptic Tradition* (Nueva York 1963) 151s.

modo alguno formulaciones cristianas, sino que pertenecen a la tradición primaria, como el dicho de Mc 8,38 o Lc 12,8s. Serían auténticos
de Jesús por lo menos el logion de Mc 8,38: 'Quien se avergonzare de
mí y de mis palabras en esta generación adúltera y pecadora, también
el Hijo del hombre se avergonzará de él en la gloria de su Padre con
los ángeles santos'; o, como dice Lc 12,8: 'Todo aquel que se declare
por mí delante de los hombres, también el Hijo del hombre se declarará
por él delante de los ángeles de Dios; pero el que me negare delante
de los hombres será negado delante de los ángeles de Dios'». Estos dos
logia —arguyen los críticos radicales— distinguen claramente entre Jesús y el Hijo del hombre; son dos personajes distintos: Jesús se distingue del Hijo del hombre. Estos dichos no los pudo inventar la Iglesia
o ponerlos en boca de Jesús, pues la Iglesia primitiva claramente identifica Hijo del hombre con Jesús.

Naturalmente, a Ben Ḥayyim poco o nada le interesa esta aplicación
cristológica (que Jesús mismo se identificó con el Hijo del hombre de
la apocalíptica, y que tenía conciencia de ser un ser trascendente, del
otro mundo, anterior a la creación, al que Dios ha dado el dominio sobre todos los seres y el poder de juzgar a vivos y muertos); lo que le
interesa como filólogo es examinar el fundamento lingüístico de tal identificación, a saber: que Jesús hable de sí mismo en tercera persona, en
vez de utilizar la primera. La explicación de tal uso (tercera persona en
vez de la primera), en arameo galilaico, la fundo yo en 113 ejemplos
encontrados en los targumes palestinos, especialmente en los diversos
copistas del *Neofiti 1,* ya sea en el texto, ya en los márgenes, ya en las
notas interlineales. En el artículo publicado en «Scripta Theologica»
añado algunos ejemplos más, varios del Targum Pseudo-Jonatán (páginas 195-200). En su artículo de réplica, el autor no responde a uno
de mis argumentos en pro de la autenticidad de tal uso lingüístico: aparece el uso de la tercera persona en vez de la primera, pero nunca el de
la primera en vez de la tercera.

Aunque no es un prólogo lugar adecuado para examinar minucias de
gramática aramea, permítaseme hacer un rápido resumen de las razones
de mi opositor. Tengo que confesar que Ben Ḥayyim hace una clasificación adecuada de los ejemplos que presento en el homenaje a D. Barthélemy: *a)* el uso de *-oy* en vez de *-y(y),* como *qedamoy* (delante *de
él,* en vez de delante *de mí); b)* *-yh* en vez de *-y;* por ejemplo, *yatyh,*
en vez de *yaty* (*a él,* en vez de *a mí); c)* siete ejemplos, que Ben Ḥayyim reduce a cinco, explicando los otros dos por diversas causas, ejemplos en los que se emplea *a ellos, de ellos,* en vez de *a nosotros, de
nosotros.* Una tercera parte de los ejemplos son de la clase *b),* y Ben
Ḥayyim los explica por quiescencia del *he* final, que al no pronunciarse
deja el sufijo en forma de *-y* (en vez de *-yh).* Da ejemplos tomados del
dialecto arameo oriental mandeo, del cristiano palestinense, que es dialecto del arameo occidental, de la desaparición del *he* en la pronunciación o escritura, con lo cual la tercera persona *-yh* puede confundirse con
la primera *-y.*

Pero la cuestión que yo propongo no es la falta, en escritura o pronunciación, del *he* o su conversión en *alep,* fenómeno bien conocido, sobre el que yo mismo he escrito diversos trabajos, sino que, en vez de *-y* (primera persona), se utilice la tercera *(-yh).* La acentuación *mille'el,* en la penúltima, que retiene el arameo samaritano y el siríaco, podía confirmar esa desaparición del *he* de *-yh,* de la tercera persona, y reducirla a *-y* (aparentemente primera persona). Pero volvemos a insistir: el problema de nuestros ejemplos no es explicar el paso de tercera a primera, que nunca se da, sino el uso de la tercera por la primera.

Respecto a los setenta ejemplos de la clase *a)* —uso de *-oy* (tercera) en vez de *-ay* (primera)—, Ben Ḥayyim dice que tal uso (tercera por primera) aparece también en arameo occidental, pero en su artículo se extiende en dar ejemplos de un arameo tan reciente y únicamente conocido en tradición oral como es el arameo de Ma'lula y de otro pueblo cercano, Baḫ'a, que conocemos por G. Bergsträsser [17], y, sobre todo, por la gramática de Anton Spitaler [18] y por un trabajo de Christoph Correll [19].

En la pronunciación aramea de esas dos poblaciones de Siria se da el fenómeno de pronunciar *-oy* u *o* en vez de *-ay.* Pero uno se pregunta qué importancia puede tener tal pronunciación de nuestros días para explicar un fenómeno tan antiguo que se eleva a los primeros siglos de nuestra era. Quizá lo más interesante del artículo de Ben Ḥayyim es constatar en algunos de los arameos dialectales de Occidente ese paso de *-ay* (o *-ay*) a *-oy*. Remite a la información dada en un Seminario de la Universidad Hebrea, dirigido por el propio Ben Ḥayyim, donde su alumno Charles Meehan (actualmente docente en la Universidad de Leiden) ya constató el paso de *-ay* a *-oy.* Meehan ha escrito después sobre el particular en «Journal of Judaism» 9 (1978) 202-203, añadiendo que el asunto necesita ulterior estudio. El propio Ben Ḥayyim nos da al final del artículo diversos ejemplos del Talmud Yerušalmi en que ha encontrado el paso *-ayy* o *-ay* a *-oy* y finalmente a *-o* [20].

Tales datos confirman que el uso de la tercera por la primera persona no se confina a un uso targúmico, sino que es un fenómeno de cortesía o asteísmo, como defiende el que escribe, o un uso simplemente fonemático según defiende Ben Ḥayyim.

Podría alguien pensar que el cambio de personas es exclusivamente targúmico. Efectivamente, Avigdor Shinan, en su reciente libro *Aggadatam šel M^eturgemanim* (La Aggadah en los Targumes arameos al Pentateuco) [21], admite que los *meturgemanim* cambian frecuentemente la

---

[17] G. Bergsträsser, *Neu-aramäische Märchen und andere Texte aus Ma'lula* (1915).

[18] A. Spitaler, *Grammatik des neuaramäischen Dialekts von Ma'lula* (1938).

[19] Christoph Correll, *Materialien zur Kenntnis des neuaramäischen Dialekts von Baḫ'a* (1969).

[20] Z. Ben Ḥayyim, *art. cit.,* 97-98.

[21] Publicado en Jerusalén (1979), en dos volúmenes. En la p. 197 del vol. II, A. Shinan fundamenta el uso targúmico de sustituir «tú» por «él» en temas de maldición o enojosos, en mMeg 4,9: «Si uno hace paráfrasis (a las leyes) de la desnudez (trad. de Carlos del Valle, *La Misná* [Madrid 1981] 405), se le hace ca-

persona «tú» por «él», o insertan un vocativo o añaden un nombre explicativo en tercera persona, pero únicamente cuando se trata de asuntos de maldición o enojosos, que pudieran herir la susceptibilidad de los oyentes del targum oral en la sinagoga. No se refiere, por tanto, al uso lingüístico sobre el que hemos escrito, que, por su importancia para la cristología del Hijo del hombre, merece un estudio pormenorizado que quizá podamos emprender en el futuro.

llar». Sobre esta misná, cf. A. Shinan, el artículo que lleva por título el texto de mMeg 4,9, arriba traducido, en la revista «Sinai» 79 (1976) 181-187. Véase también sobre el tema el artículo de Esra Şiyon Melammed, *Lešon nᵉqiyyah wKinuyim ba-Mišna* (Taboos in Mishnaic Hebrew, en el resumen inglés): «Lešonenu» 47 (1982) 3-16: los tannaítas ponen especial cuidado en discusiones sobre temas de sexualidad, alteran los términos cuando se refieren a temas escabrosos o irreverentes.

PRIMERA PARTE

NATURALEZA
Y
ORIGEN DE LOS APOCRIFOS

El principal objeto de esta publicación es dar a conocer —por primera vez en traducción castellana— la literatura apócrifa judía del período intertestamentario. La edición que presentamos contiene, además de la versión de los textos, una introducción general a toda la obra, introducciones especiales para cada libro y notas explicativas.

I

DIVERSAS DENOMINACIONES DE LOS LIBROS APOCRIFOS

Por literatura apócrifa judía entendemos un conjunto de obras judías (o, excepcionalmente, judeocristianas) escritas en el período comprendido entre el año 200 a. C. y el 200 d. C., obras pretendidamente inspiradas y referidas, ya sea como autor o como interlocutor, a un personaje del Antiguo Testamento.

Los protestantes dan el nombre de «pseudoepígrafos» a los libros llamados apócrifos del Antiguo Testamento por los católicos y clasifican como apócrifos los escritos que los católicos designan, desde Sixto Senense [1], como «deuterocanónicos» [2]. Fue J. A. Fabricius quien introdujo en el siglo XVIII la denominación de «pseudoepígrafos» en los círculos de la Reforma, aunque ya san Jerónimo, Casiodoro, otros autores de la Antigüedad y Sixto Senense en el siglo XVI habían hecho uso de ella [3]. Tal denominación obedece, como hemos apuntado, a que muchos de estos libros se atribuyen a una figura del Antiguo Testamento. Algunas veces el pseudónimo es posterior a la redacción final de una obra determinada, que era anónima en su origen —tal es el caso del Apocalipsis siríaco de Baruc— o había sido encabezada por su autor con epígrafes genéricos, como «Visiones» o «Discursos en imagen», como «El libro de los secretos de Henoc» o Hen(et) 1,2; 37,5; 38,1; 45,1; 58,1. Gran parte de la literatura de los hebreos fue originariamente anónima, y a partir del siglo VII a. C., época en que comienza a despertar el sentido de la historia, un considerable número de obras israelitas anónimas se atribuyeron a figuras históricas. La utilización de este tipo de pseudóni-

---

[1] *Biblioteca Sacra* (1566).

[2] Por tanto, quedan excluidos de nuestra publicación los deuterocanónicos del Antiguo Testamento: una serie de libros o fragmentos que se encuentran en la mayor parte de los grandes unciales de los LXX. Se excluyen los siguientes libros o fragmentos, que datamos según la obra de A. Díaz, *Literatura apocalíptica* (Salamanca 1977) 25: Tobías *(ca.* 190-170 a. C.), Ben Sira o Eclesiástico hebreo (185 a. C.), traducido al griego por su nieto en el 132 a. C.; Baruc griego y Carta de Jeremías (150-100 a. C.); Adiciones a Ester (114 a. C.); 1 Macabeos (104-100 a. C.); Adiciones a Daniel: Susana y Bel y el dragón (100 a. C.); 2 Macabeos (65 a. C.); libro de la Sabiduría de Salomón (50 a. C.). En cambio, 3 Esdras griego *(ca.* 150-50 a. C.); 3 Macabeos (50 a. C.); 4 Macabeos (1-50 d. C.); la Oración de Manasés (100-50 a. C.), que figuran en unciales importantes de los LXX, entran en nuestra edición, pues no son canónicos ni deuterocanónicos.

[3] Cf. M. Schmidt, *Die jüdische Apocalyptik* (Neukirchen-Vluyn ²1976) 65.

mos aparece, por ejemplo, en 1 Henoc o Henoc etiópico, 2 Henoc o Henoc eslavo, en el Testamento de los Doce Patriarcas, los Salmos y Odas de Salomón, 2 Baruc o Apocalipsis griego de Baruc, 3 Baruc o Apocalipsis siríaco de Baruc, 3 y 4 Esdras, Oráculos Sibilinos, Testamentos de Abrahán, Adán, Isaac, Jacob, Salomón, Job, etc. La mayor parte de esta literatura pseudoepigráfica fue originariamente anónima, pues la pseudoepigrafía judía original, incluso en el período intertestamentario, era más bien rara [4]. En consecuencia, la denominación de «pseudoepígrafos» adoptada por los protestantes para las obras que nos ocupan no nos parece satisfactoria, ya que son muchos los pseudoepígrafos originariamente anónimos. Además, se incluyen bajo tal denominación libros apócrifos no atribuidos ni primitiva ni posteriormente a ningún personaje de la Antigüedad israelita o judía.

Si bien el título de «pseudoepígrafos» es inadecuado como denominación general de los libros apócrifos, la pseudoepigrafía en sí misma, el escribir libros con pseudónimo, no necesita justificación: es uso frecuente en libros bíblicos y es corriente en la Antigüedad grecolatina y en la egipcia. La Biblia, por ejemplo, atribuye el Salterio a David, autor de algunos salmos, pero no de todos; atribuye la literatura sapiencial a Salomón, autor de proverbios (1 Re 5,12), pero no de los escritos sapienciales recientes que se le adjudican; atribuye a Moisés el Deuteronomio, que es posterior a él en seis siglos. A pesar de esto, R. H. Charles (1855-1931), estudioso irlandés que trabajó como nadie en la edición, estudio y comentario de los pseudoepígrafos, se sintió obligado a justificar la pseudoepigrafía de muchos libros apócrifos. He aquí sus razonamientos [5]: partiendo de la discutible premisa de que la pseudonimia es constante en la apocalíptica judía desde el siglo III a. C., aduce como explicación el hecho de haberse canonizado ya la ley de Moisés. Debido a esto no era posible que un profeta dijera algo nuevo no contenido en la ley. Sólo cabía esperar un profeta para decidir alguna cuestión ritual, de sucesión sacerdotal, de halaká: un profeta que decida lo que hay que hacer con las piedras del altar de los sacrificios profanado (1 Mac 4,46), un profeta que resuelva si es válido o no el sumo sacerdocio de Simón (1 Mac 14,41). La profecía había terminado hasta los esperados tiempos escatológicos. Los padres tenían que dar muerte al hijo que se proclamase profeta (Zac 13,1-5). Un profeta que intentase anular una de las leyes de la Torá debía ser castigado con la pena capital [6]. Profetas y hagiógrafos cesarán en el futuro, ya que no podrán contener nada que no esté sugerido en la Torá [7]. Por el contrario, la Torá durará para siempre [8]. Ante esta situación, continúa Charles, los autores de la literatura apoca-

---

[4] Cf. Morton Smith, *Pseudepigrahy in the Israelite Literary Tradition,* en *Pseudepigrapha* I (Entretiens sur l'antiquité classique, t. XVIII; Vandoevres-Ginebra 1972) 214s.

[5] Los expone en su gran obra *The Apocrypha and Pseudepigrapha of the Old Testament* II (Oxford 1913) VIIIs.

[6] Tos. 14,13.

[7] jMeg. 70d.

[8] bTaa. 9a.

líptica, que se consideraban profetas y continuadores de los profetas, pues añadían doctrinas de religión, ética y escatología no ateniéndose siempre a la rígida ortodoxia, sino contradiciéndola y condenándola a veces, se vieron forzados por el ambiente a amparar sus escritos bajo la pseudonimia. ¿Cómo iba a ser aceptado sin pseudónimo un libro escrito con posterioridad a Esdras si en su tiempo, según se creía, había cesado la inspiración divina? Sin embargo, fue hacia el año 100 d. C. cuando terminó la canonización de los hagiógrafos.

Estas razones de Charles son ingeniosas, pero no convincentes, pues escribir anónimamente o con nombre falso era corriente en la época bíblica y en el período intertestamentario, al que pertenecen nuestros pseudoepígrafos. Un escrito se atribuía a un personaje famoso del pasado de Israel, no con ánimo de engañar al lector, sino para realzar el libro. Los autores no temían una censura de conceptos, pues hasta el sínodo de Yabné, pasado el año 70 d. C., el judaísmo fue una ortopraxis más que una ortodoxia. Había pluralidad de doctrina, incluso en *halaká* o normas legales.

Tampoco parece acertada la explicación de la pseudonimia dada por S. D. Russell[9], otro excelente conocedor de la literatura que vamos a publicar. Según él, el autor de un pseudoepígrafo, en virtud de la «personalidad corporativa», se sentía emparentado con las grandes figuras del pasado de Israel. El tiempo, el antes o el después, para la mentalidad corporativa no divide, no separa. Por tanto, si el autor de una obra apocalíptica coincidía en ideas o experiencias con un personaje del pasado histórico, se sentía hermanado con él y, sin ánimo de engañar o de ser engañado, tomaba su nombre, se identificaba con él. Junto con el nombre asumía su personalidad y su modo de pensar.

La explicación de Russell otorga demasiada importancia a la «personalidad corporativa», concepto que, en la época de este autor, tenía un gran predicamento en el mundo inglés y que hoy ha perdido adeptos. En todo caso, después de Jeremías y Ezequiel, que delimitaron el alcance de la personalidad corporativa, parece arriesgado recurrir a esa idea para explicar la pseudonimia de libros posteriores a dichos profetas.

En resumen, lo que hay que justificar es el hecho de que bajo el título de «pseudoepígrafos» se publiquen libros que no son tales. En cambio, no necesita justificación la práctica de escribir libros con pseudónimo[10].

Algunos autores prefieren la denominación de «literatura intertestamentaria» para designar el conjunto de obras objeto de nuestra publicación. Pretenden así evitar la ambigüedad del término «apócrifo», que los católicos aplican a unos libros y los protestantes a otros, y esquivar el título de «pseudoepígrafos», ya que, por las razones expuestas, tal denominación no abarca todos los escritos. Esta preferencia por el cali-

---

[9] En *The Method and Message of the Jewish Apocalyptic* (Londres 1964; ²1982) 132-138.
[10] Sobre la pseudonimia, cf. Josef Schreiner, *Alttestamentliche jüdische Apocalyptik* (Munich 1969) 74-79.

ficativo «intertestamentario» estriba en que la literatura que nos ocupa fue escrita por judíos —excepcionalmente por judeocristianos— durante los dos siglos anteriores al advenimiento del cristianismo y el primer siglo de nuestra era. No obstante, la denominación que proponen peca de imprecisión. La «literatura intertestamentaria» abarca, además de los libros «apócrifos» (pseudoepígrafos), toda la producción literaria de Qumrán, realizada por judíos entre el año 200 a. C. y 70 d. C., y contiene incluso una serie de obras deuterocanónicas que fueron escritas en el período intertestamentario, como Ben Sira, Macabeos y Sabiduría.

Los judíos distinguen estos libros con el título de «extracanónicos», s^{e}farim ḥiṣonim [11]. Algunos autores, como F. Moore, Jastrow, Danby, traducen la expresión hebrea por «libros heréticos» con poco acierto, ya que su verdadera acepción parece ser: libros que no cumplen los requisitos exigidos por el rabinismo para ser aceptados entre los canónicos o inspirados. Tales requisitos son: haber sido escritos antes de finalizar la época persa, tiempo en que habría cesado, a juicio de los rabinos, la profecía, y ofrecer coherencia interna en su doctrina y coherencia con la doctrina de la Torá [12]. Nuestros apócrifos (pseudoepígrafos) no obtuvieron el pase para entrar en el canon palestinense de libros inspirados o Biblia judía; tampoco lo consiguieron los deuterocanónicos del Antiguo Testamento, pues aunque fueron incluidos en la versión de los LXX —canon judío alejandrino—, el rabinismo sólo admitió el canon palestinense, es decir, los libros de la Biblia hebrea.

La denominación judía de «libros extracanónicos» es, por tanto, demasiado general, ya que incluye los escritos apócrifos (pseudoepígrafos) y los deuterocanónicos del Antiguo Testamento. Así, las dos traducciones hebreas modernas de las obras que nos ocupan, la editada por Abraham Kahana [13] y la de A. S. Hartom [14], contienen apócrifos y deuterocanónicos [15].

Si se entendiese por «extracanónicos» los libros judíos no incluidos en el canon alejandrino —seguido por los católicos, pero no por judíos y protestantes, que se atienen al palestinense—, entonces sería aceptable tal denominación.

Como hemos visto, los libros objeto de nuestra publicación son llamados de diversos modos: apócrifos, pseudoepígrafos, literatura judía intertestamentaria, libros extracanónicos. Todas las denominaciones presentan inconvenientes. Nosotros hemos preferido la de libros apócrifos por ser quizás la más tradicional en los países de lengua española, a los que va dirigida nuestra edición.

[11] Literalmente: «libros exteriores» (al canon); San. 10,1.
[12] Cf. W. D. Davies, *Christian Origins and Judaism* (Filadelfia 1962) 27s.
[13] Jerusalén 1970.
[14] Tel Aviv 1969.
[15] La razón de dejar fuera del canon palestinense los deuterocanónicos, que figuran en el judío alejandrino, se debe a que el rabinismo no reconoció otro canon que el de Palestina. Incluso en nuestros días hay autores judíos que defienden no haber existido otro canon que el de Palestina; el judío alejandrino no habría existido. Cf. J. M. Grintz, *Apocrypha and Pseudepigrapha,* en EJ III (1972) col. 183s.

II

REPERTORIOS DE LIBROS APOCRIFOS JUDIOS

El número de apócrifos judíos del período intertestamentario llegó probablemente a cerca de un centenar, aunque de muchos de ellos tan sólo quedan menciones de no siempre fácil identificación. Desde el siglo v d. C., en la Edad Media cristiana, comenzó a circular una lista de libros bíblicos en la que figuraban veinticinco apócrifos. En manuscritos de las *Quaestiones et Responsiones* de Anastasio Sinaíta *(ca.* 640-700) aparecen, junto al repertorio de los sesenta libros canónicos, nueve libros «fuera de los sesenta» (Sabiduría, Ben Sira, 1-4 Macabeos, Ester, Judit y Tobías) y veinticuatro apócrifos, entre los cuales se cuentan los catorce apócrifos judíos siguientes: Adán, Henoc, Lamec, Patriarcas, Oración de José, Eldad y Modad, Testamento de Moisés, Asunción de Moisés, Salmos de Salomón, Apocalipsis de Elías, Visión de Isaías, Apocalipsis de Sofonías, Apocalipsis de Zacarías (probablemente cristiano) y Apocalipsis de Esdras.

La *Esticometría* de Nicéforo, apéndice de la *Cronometría* de Nicéforo de Constantinopla (806-815), que parece datar, como la lista anterior, del siglo vi d. C., ofrece un repertorio de libros canónicos y apócrifos del Antiguo y Nuevo Testamento. El título de «Esticometría» se debe a que señala el número de esticos de cada libro, dato importante para fijar el jornal de los copistas, ya que cobraban por líneas copiadas. La lista de los libros *antilegomena* o «discutidos» abarca los deuterocanónicos del AT, incluyendo entre ellos 3 Macabeos, Salmos y Odas de Salomón. Como apócrifos del AT se nombran los siguientes: Henoc, Patriarcas, Oración de José, Testamento de Moisés, Asunción de Moisés, Abrahán, Eldad y Modad, los apócrifos del profeta Elías, del profeta Sofonías, de Zacarías, padre de Juan (probablemente cristiano), y finalmente los apócrifos —añadidos seguramente con posterioridad a la lista— de Baruc, Habacuc, Ezequiel y Daniel.

La *Sinopsis de la Sagrada Escritura,* atribuida falsamente a san Atanasio desde el siglo xvii y que no es anterior, según parece, al siglo vi, reproduce, aunque no es copia de la *Esticometría* de Nicéforo, su misma lista de apócrifos, pero sin el número de esticos de cada libro.

El Decreto Gelasiano *de libris recipiendis et non recipiendis* se atribuye a Gelasio (496), pero es, al parecer, de un autor del siglo vi. Incluye este repertorio algunos nuevos apócrifos judíos del AT entre los sesenta y uno que menciona. Tales son: Leptogénesis o Pequeño Génesis (Jubileos), referente a las hijas de Adán; Penitencia de Adán; Libro del gigante Ogías, que combatió con un dragón después del diluvio; Testamento de Job; Penitencia de Jannés y Mambrés; Interdicción o Contradicción de Salomón.

Existen además tres repertorios armenios en que figuran obras apó-crifas y que pertenecen a los siglos xi-xiii. Aparte de los libros mencio-nados en las listas anteriores, aparecen aquí otros apócrifos, como el Testamento (de Adán), Libro de Adán, los Misterios de Elías, la Sép-tima Visión de Daniel, Paralipómenos de Jeremías, la Muerte de los Profetas [1].

---

[1] Sobre los repertorios mencionados aquí, cf. D. S. Russell, *op. cit.*, apéndice I: listas cristianas de libros apócrifos judíos, 391-395; M. Delcor, *L'Apocalyptique juive*, en Armand Abécassis y Georges Nataf (eds.), *Encyclopédie de la mistique juive* (París 1977) cols. 2-5; véase también M. R. James, *The Lost Apocrypha of the Old Testament* (Londres 1920) XIIs; Th. Zahn, *Geschichte des neutestamentlichen Kanons* II (Urkunden und Belege zum ersten und dritten Band; Leipzig 1890) 177-239.

III

LOS LIBROS APOCRIFOS
EN PUBLICACIONES MODERNAS

En el año 1900 apareció la edición de E. Kautzsch[2], que contiene trece de nuestros escritos: Carta de Aristeas, Jubileos, Martirio de Isaías, Salmos de Salomón, 4 Macabeos, Oráculos Sibilinos, Henoc etiópico, Ascensión de Moisés, 4 Esdras, Baruc siríaco, Apocalipsis griego de Baruc, Testamentos de los Doce Patriarcas y Vida de Adán y Eva.

La edición clásica de R. H. Charles, que salió a la luz en 1913[3], añade los siguientes escritos a los trece antes mencionados: Henoc eslavo (2 Henoc), la novela autobiográfica de Ajicar —compuesta en Mesopotamia y acogida en versión aramea por los judíos de Elefantina en Egipto—, el Documento de Damasco —hoy adscrito a la secta de Qumrán— y, finalmente, los *Pirqé Abot,* noveno tratado del orden *Neziqin* de la Misná. Esta última obra pertenece a la antigua literatura tannaítica, rabínica, y solamente por su importancia en la educación judía de la época cabe incorporarla como apéndice en una edición de los libros apócrifos.

Los repertorios de Kautzsch y Charles incluyen Salmos de Salomón, 4 Esdras y 4 Macabeos entre los apócrifos, aunque a veces han sido catalogados como deuterocanónicos. La Oración de Manasés, 3 Macabeos y el salmo 151 han sido en ocasiones considerados como deuterocanónicos, pero en realidad son apócrifos.

La traducción más completa de las obras judías antiguas no canónicas es hasta el momento la editada por Paul Riessler[4]. Contiene ochenta y ocho libros, pero incluye escritos que no son apócrifos. Desgraciadamente, el autor se limita a la nuda traducción de los textos y arrincona tan sólo unas breves notas al final de la obra.

La edición alemana de W. G. Kummel[5], aún en curso de realización, abarca, según el proyecto editorial, treinta apócrifos, distribuidos del siguientes modo: el tomo I (narraciones históricas o legendarias) contiene: 3 Esdras, 3 Macabeos, Paralipómenos de Jeremías, Vida de los Profetas y, además, Eupólemo, Artápano y Pseudo-Hecateo, que nos-

---

[2] E. Kautzsch (ed.), *Die Apocryphen und Pseudepigraphen des Alten Testaments,* 2 vols. (Tubinga 1900). Ch. Burchard, de Gotinga, está preparando una nueva edición de la obra de Kautzsch, según información de J. H. Charlesworth en *The Renaissance of Pseudepigrapha Studies. The SRL Pseudepigrapha Project: JSJ* 2 (1971) 108.

[3] R. H. Charles, *The Apocrypha and Pseudepigrapha of the Old Testament,* 2 vols. (Oxford 1913; reimpr. 1973). H. F. D. Sparks está preparando una edición de la obra de Charles puesta al día y aumentada hasta 23 apócrifos; cf. James H. Charlesworth, *The Pseudepigrapha and Modern Research* (Missoula 1976) 29-30.

[4] P. Riessler, *Altjüdisches Schrifttum ausserhalb der Bibel* (Augsburgo 1928; reimpr. Heidelberg 1966).

[5] W. G. Kümmel (ed.), *Jüdische Schriften aus hellenistisch-römischer Zeit* (Gütersloh) en curso de publicación.

otros publicaremos como apéndice de la presente edición. El tomo II (enseñanzas en forma narrativa) incluye: Carta de Aristeas, Jubileos, Martirio de Isaías, Antigüedades Bíblicas, José y Asenet. El tomo III (enseñanzas en forma didáctica) consta de 4 Macabeos, Testamentos de los Doce Patriarcas, Testamento de Abrahán, Testamento de Job, Testamento de Isaac, 5 y 6 Esdras, y también Aristóbulo, Demetrio y Aristeas el Exegeta. El tomo IV (escritos poéticos) se compone de Ezequiel el trágico, Filón el épico, Salmos de Salomón, Pseudo-Focílides, Oración de Manasés, Pseudo-Orfeo y otros versos falsificados, cinco salmos siríacos —incluido el 151—. En el tomo V (apocalipsis) se incluyen Oráculos Sibilinos, Henoc etiópico, Henoc eslavo, Asunción de Moisés, Apocalipsis siríaco de Baruc, Apocalipsis griego de Baruc, Apocalipsis de Abrahán, de Elías, de Esdras, de Sofonías y de Ezequiel.

E. Hammershaimb[6] ha publicado la traducción danesa de los principales apócrifos.

La edición más completa de los apócrifos judíos del AT es la que prepara desde hace años —para Ediciones Doubleday— J. H. Charlesworth con la colaboración de un equipo de especialistas, en la que acaba de aparecer el tomo I. En un artículo reciente ofrece la lista de los cincuenta y dos apócrifos que contendrá su edición y además añade un suplemento de fragmentos de obras judeohelenísticas perdidas[7]. Enumeraremos a continuación los libros que van a ser objeto de tal edición, colocando entre paréntesis la datación de cada escrito, que en muchos casos excede los límites fijados corrientemente para la literatura apócrifa: 200 a. C. a 100 (o 200) d. C. El editor excusa este paso de frontera temporal debido al interés por dar a conocer obras apócrifas judías posteriores, ya que en ellas se pueden recoger tradiciones judías muy antiguas. He aquí la lista según el proyecto inicial:

Literatura apocalíptica
y obras relacionadas con ella

1 Henoc (s. II a. C.-s. I d. C.)
2 Henoc (final del s. I d. C.)
Apéndice: 2 Henoc en Merilo Pravednoe
3 Henoc (Henoc hebreo; s. V-VI d. C.)
Oráculos Sibilinos (incluye todos; s. II a. C.-VII d. C.)
Tratado de Sem (s. I a. C.)
Apócrifo de Ezequiel (s. I a. C.-I d. C.)
Apocalipsis de Sofonías (s. I a. C.-I d. C.)
4 Esdras (final del s. I d. C.)
Apocalipsis de Esdras (s. II-IX d. C.)

---

[6] E. Hammershaimb (ed.), *De Gammeltestamentliche Pseudepigrafer* (Copenhague 1953...).

[7] J. H. Charlesworth, *The New in Light of the Old: Measuring Advancements since APOT (The Apocrypha and Pseudepigrapha of the Old Testament* de Charles 1913), en Hom. *Christoph Burchard* (Heidelberg 1981) 8-20.

Visión de Esdras (s. IV-VII d. C.)
Cuestiones de Esdras (s. VI-XI d. C.)
Revelación de Esdras (antes del s. IX d. C.)
Apocalipsis de Sedrac (s. II-V d. C.)
2 Baruc (principios del s. II d. C.)
3 Baruc (griego; s. I-II? d. C.)
Apocalipsis de Abrahán (s. I-II d. C.)
Apocalipsis de Adán (s. I-IV d. C.)
Apocalipsis de Elías (s. I-IV d. C.)
Apocalipsis de Daniel (s. IX d. C.)

Testamentos (frecuentemente con secciones apocalípticas)

Testamentos de los Doce Patriarcas (s. II a. C.)
Testamento de Job (s. I a. C.-I d. C.)
Testamentos de los Tres Patriarcas
Testamento de Abrahán (s. I-II d. C.)
Testamento de Isaac (s. II d. C.)
Testamento de Jacob (s. II-III? d. C.)
Testamento de Moisés (s. I d. C.)
Testamento de Salomón (s. I-III d. C.)
Testamento de Adán (s. II-V d. C.)

Ampliaciones del AT y otras leyendas

Carta de Aristeas (s. III a. C.-I d. C.)
Jubileos (s. II a. C.)
Martirio y Ascensión de Isaías (s. II a. C.-IV d. C.)
José y Asenet (s. I a. C.-II d. C.)
Vida de Adán y Eva (s. I d. C.)
Pseudo-Filón (s. I d. C.)
Vidas de los Profetas (s. I d. C.)
La Escala de Jacob (ca. s. I? d. C.)
4 Baruc (= Paralipómenos de Jeremías; s. I-II d. C.)
Jannés y Mambrés (s. I-III d. C.)
Historia de los Recabitas (s. I-VI d. C.)
Eldad y Modad (antes del s. II d. C.)
Historia de José (antes del s. VI d. C.)

Literatura sapiencial y filosófica

Ajicar (s. IV-V a. C.)
3 Macabeos (s. I a. C.)
4 Macabeos (s. I d. C.)

Pseudo-Focílides (s. i a. C.-i d. C.)
Menandro siríaco (s. iii d. C.)

Oraciones, Salmos y Odas

Nuevos Salmos de David (s. ii a. C.-i d. C.)
Oración de Manasés (s. ii a. C.-i d. C.)
Salmos de Salomón (s. i a. C.)
Oración de José (s. i d. C.)
Oración de Jacob (s. i-iv d. C.)
Odas de Salomón (final del s. i d. C.-principios s. ii)
Oraciones sinagogales helenísticas (s. ii-iii d. C.)

Suplemento: fragmentos de obras
judeohelenísticas perdidas

Filón, el poeta épico (s. iii-ii a. C.)
Teodoto (s. ii-i a. C.)
Orfica (s. ii a. C.-i d. C.)
Ezequiel el trágico (s. ii a. C.)

Fragmentos de poetas pseudogriegos
(s. iii-ii a. C.)

Aristóbulo (s. ii a. C.)
Demetrio el Cronógrafo (s. iii a. C.)
Aristeas el Exegeta (antes del s. i a. C.)
Eupólemo (antes del s. i a. C.)
«Pseudo-Eupólemo» (antes del s. i a. C.)
Cleodemo Malco (antes del s. i a. C.)
Artápano (s. iii-ii a. C.)
«Pseudo-Hecateo» (s. ii a. C.-i d. C.)

Esta edición de Charlesworth integra apócrifos, como las Odas de
Salomón, descubiertos poco antes de 1913, año de la gran obra de
Charles [8], o después de tal fecha, como la Escala de Jacob, Jannés y Mambrés, el Tratado de Sem, el Apocalipsis de Adán y el Pseudo-Filón. Se
han descubierto también nuevos manuscritos del Apocalipsis de Abrahán, de 1 y 2 Henoc. Se han encontrado asimismo fragmentos arameos
de 1 Henoc en Qumrán que corresponden a todas las secciones del libro,
excepto a la de las Parábolas. De 2 Henoc publica esta edición los capítulos 68-73, que constituyen la parte final, omitida en la de Charles. Se
incluyen todos los Oráculos Sibilinos, no sólo los oráculos 3, 4 y 5 como

---

[8] *Apocrypha and Pseudepigrapha of the Old Testament* (Oxford 1913; reimpr.
1973).

hizo Charles. De 4 Esdras se publican los capítulos 3-14 y también las adiciones cristianas, capítulos 1,2-15 y 16, omitidos en la edición de Charles.

La edición española emprendida por Ediciones Cristiandad presenta un número muy elevado de apócrifos, casi todos ellos traducidos por vez primera al castellano. Dirige la edición Alejandro Díez Macho, autor de esta «Introducción general», con la colaboración de Alfonso de la Fuente Adánez, Antonio Piñero y María Angeles Navarro. Estos dos últimos colaboradores han trabajado conjuntamente en la revisión de todas las introducciones, sistematizándolas de acuerdo con unos criterios generales, puliendo la expresión castellana cuando era necesario y controlando la bibliografía. Igual labor han realizado con las notas, tanto de las introducciones como del texto. En este caso la tarea de revisión era más necesaria para unificar el sistema de lemas (añadiéndolos o modificándolos en algunos casos), así como el de citas y referencias, procurando ajustarlas a un esquema común. La ardua labor de dar los últimos toques a los diversos originales y dejarlos aptos para la imprenta ha sido realizada por Alfonso de la Fuente Adánez. Antonio Piñero se ha ocupado de la revisión de las traducciones del etíope, copto y siríaco, cotejándolas cuidadosamente con los originales, así como de otras de base griega. Del mismo modo, la labor de secretariado, tan necesaria en una obra donde interviene un número elevado de colaboradores, ha recaído sobre su persona y la de María Angeles Navarro.

A continuación exponemos la lista de los traductores y autores de introducciones particulares a cada obra, así como de las notas explicativas correspondientes. Todos son españoles; unos pertenecen a diversas universidades del país, otros son investigadores del Consejo Superior de Investigaciones Científicas (C. S. I. C.) y alguno es investigador en el extranjero.

X. Alegre, Director de «Selecciones de Teología» y Profesor de Teología, Facultad de San Cugat del Vallés;
G. Aranda, Profesor de Nuevo Testamento, Facultad de Teología, Universidad de Navarra;
F. Corriente, Catedrático de Lengua Arabe, Universidad de Zaragoza;
A. Díez Macho, Catedrático de Lengua y Literatura Hebreas, Universidad Complutense, Madrid;
L. Díez Merino, Profesor Titular de Lengua y Literatura Hebreas, Universidad Central, Barcelona;
N. Fernández Marcos, Investigador, C. S. I. C., Madrid;
A. de la Fuente Adánez, Profesor de Exégesis Bíblica en el Estudio Teológico del Seminario de Madrid;
L. Girón, Profesor Titular de Lengua y Literatura Hebreas, Universidad Complutense, Madrid;
M. López Salvá, Catedrático de Instituto de Lengua Griega, Barcelona;

T. Martínez, Profesora Titular de Lengua y Literatura Hebreas, Barcelona;

E. Martínez Borobio, Colaborador Científico, C. S. I. C., Madrid;

R. Martínez Fernández, Catedrático de Instituto de Lengua Griega, Navarra;

D. Muñoz León, Colaborador Científico, C. S. I. C., Madrid;

María Angeles Navarro, Profesora Titular de Lengua y Literatura Hebreas, Universidad Complutense, Madrid;

A. Peral Torres, Profesor Titular de Lengua y Literatura Hebreas, Universidad Complutense, Madrid;

A. Piñero, Catedrático de Filología Neotestamentaria, Universidad Complutense, Madrid;

I. Rodríguez Alfageme, Catedrático de Lengua Griega, Universidad Complutense, Madrid;

A. de Santos Otero, Investigador permanente de la Academia de Ciencias de Heidelberg, departamento de Bonn.

E. Suárez de la Torre, Catedrático de Lengua y Literatura Griega, Universidad de Valladolid;

L. Vegas Montaner, Profesor Titular de Lengua y Literatura Hebreas, Universidad Complutense, Madrid;

La edición que presentamos abarcará los siguientes títulos:

Carta de Aristeas
Jubileos
Antigüedades Bíblicas
Vida de Adán y Eva
Paralipómenos de Jeremías
Apócrifo (copto) de Jeremías
3 Esdras (1 Esdras LXX)
3 Macabeos
Vida de los Profetas
Salmos de Salomón
Odas de Salomón
Oración de Manasés
Libro Cuarto de los Macabeos
Libro Arameo de Ajicar
José y Asenet
Oráculos Sibilinos
1 Henoc (etiópico y griego)
2 Henoc (eslavo) o El libro
   de los secretos de Henoc
Henoc hebreo
Fragmentos arameos de Henoc
Fragmentos coptos de Henoc
Apocalipsis siríaco de Baruc
Apocalipsis de Esdras
Apocalipsis de Baruc (griego)

Apocalipsis de Elías (copto)
Ascensión de Isaías
4 Esdras
Testamentos de los Doce Patriarcas
Apócrifo de Ezequiel
Apocalipsis de Sofonías
Apocalipsis de Sedrac
Apocalipsis de Abrahán
Apocalipsis de Adán
Asunción de Moisés
   (Testamento de Moisés)
Testamento de Isaac
Testamento de Jacob
Testamento de Salomón
Testamento de Adán
Testamento de Abrahán
Testamento de Job
Escala de Jacob
Jannés y Mambrés
Eldad y Modad
Pseudo-Focílides
Menandro siríaco
Salmos siríacos de David
Plegaria de Jacob
Plegaria de José

En apéndice aparecerán los siguientes escritos:

Fragmentos sadoquitas   Šemoné ʿEsré
Megillat Taʿanit   Qaddiš
Megillat Antiocos   Tratado de Sem
Pirqé Abot

Como suplemento se incluirán los fragmentos de obras judeohelenísticas perdidas que enumeramos a continuación:

Filón épico   Aristeas el Exegeta
Teódoto   Pseudo-Eupólemo
Orfica   Cleodemo Malco
Ezequiel el trágico   Artápano
Aristóbulo   Pseudo-Hecateo
Demetrio el Cronógrafo

   Como se ve por la lista que precede, nuestra edición comprende más apócrifos (y también más volúmenes) de los que en un principio se pensó publicar. En el VIII Congreso mundial de Estudios Judíos, celebrado en Jerusalén (16-21 agosto 1981), el que escribe presentó, en hebreo, el proyecto español de publicación de los apócrifos judíos en dos volúmenes que comprenderían 35 escritos, aunque ya apuntaba a la publicación de otros diez documentos más. Véase la lista y breve descripción de cada apócrifo en dicha comunicación del 18-VIII-1981: «El Proyecto de publicación de los Apócrifos en España» (en hebreo), publicada en *Yedîʿot haʾigud haʿolami lᵉmadaʿe hayahdut* núm. 20 (1982) [45]-[48].
   Quedan, pues, fuera de nuestra publicación los escritos de Qumrán, a pesar de pertenecer a la época de la literatura judía correspondiente a la mayor parte de los apócrifos citados y haber aparecido en Qumrán unos 50 escritos apócrifos cuya lista da M. McNamara en su libro *Palestinian Judaism and the New Testament* (Wilmington 1983) 121-124. Los manuscritos de Qumrán se datan entre el siglo II a. C. y el año 66 después de Cristo. Aunque Charles, en su obra de 1913, incluyó los Fragmentos Sadoquitas, hoy día sólo pueden aparecer en apéndice en una publicación de estas características, ya que está probado que pertenecen a la misma secta que escribió los documentos de Qumrán. Con la única excepción de los Fragmentos Sadoquitas, queda fuera de nuestro objetivo la literatura de Qumrán, aunque incluyamos, por supuesto, los fragmentos pertenecientes a ella que corresponden a obras apócrifas conocidas con independencia y anterioridad a los descubrimientos del Mar Muerto. De cuatro de los cinco libros de 1 Henoc, como ya hemos apuntado, se encontraron fragmentos importantes en Qumrán que han sido publicados por J. T. Milik[9]. Asimismo contamos con fragmentos de los Testamentos de Leví y Neftalí y fragmentos hebreos de Jubileos[10], de

   [9] J. T. Milik, *The Books of Enoc. Aramaic fragments of Qumran Cave 4* (Oxford 1976).
   [10] Cf. íd., *Dix ans de découvertes dans le désert de Juda* (París 1957) 30.

la misma procedencia. En cambio, los documentos de género apocalíptico, completos o fragmentarios, únicamente hallados en Qumrán, quedan
excluidos de nuestra publicación[11].

También presentamos en apéndice, por pertenecer a la literatura rabínica y no ser propiamente documentos apócrifos, la *Megillat Ta'anit*
o Rollo de los Ayunos —trata de los días en que no se debe ayunar—,
Pirqé Abot y *Megillat Antiocos,* lo mismo que la oración por antonomasia del judaísmo llamada *Tefillá* (Oración) o *Šemoné 'Esré* (Dieciocho
Bendiciones), y la breve oración aramea denominada *Qaddiš.* La antigüedad —no probada en el caso del Rollo de Antíoco— y la importancia
de estos textos rabínicos nos ha aconsejado incluirlos siguiendo el ejemplo de P. Riessler. La *Megillat Antiocos* es una obra que tuvo gran difusión en la Edad Media y que está redactada en un arameo literario, es
decir, en el arameo antiguo que precedió al arameo dialectal escrito
desde el siglo II d. C. Pero no ha de olvidarse que tal arameo se escribió
aún en fechas tardías; véase Sh. Morag, *Biblical Aramaic in geonic Ba-
bylonia* (Studies in Egyptology and Linguistics in Honour of H. J. Po-
lotski; Jerusalén 1964) 117-130.

Contrariamente a la edición de Charlesworth, la nuestra procura no
salirse del marco temporal fijado por los investigadores para la literatura
apócrifa judía del Antiguo Testamento: 200 a. C.-200 d. C. Hay que
anotar que el Libro de los Vigilantes, primero de 1 Henoc, probablemente existía ya en el siglo V a. C., pero 1 Henoc en su conjunto es
posterior al 200 a. C.

No podemos dar el repertorio completo de otras publicaciones de
los libros apócrifos en proyecto o en curso de realización. En los Estados Unidos, la Society of Biblical Literature patrocina una *Pseudepigrapha series* de la que han aparecido ya los siguientes textos en edición
no definitiva y con traducción inglesa: R. A. Kraft/A. E. Purintun,
Paralipomena Jeremiou (1972), R. A. Kraft, *The Testament of Job
according to the SV Text* (1974), Daniel J. Harrington, *The Hebrew
Fragments of Pseudo-Philo* (1974), M. E. Stone, *The Testament of
Abraham. The Greek Recensions* (1972), W. E. Nickelsburg, *Studies
on the Testament of Moses* (1973), M. E. Stone, *The Armenian Version
of the Testament of Joseph* (1975)[12].

[11] J. H. Charlesworth, *The Pseudepigrapha and Modern Research,* 20s, confecciona una lista de documentos apocalípticos judíos solamente conocidos por Qumrán: Apócrifo del Génesis (1QapGn, 6QapGn ar), los Dichos de Moisés (1QDM),
el Libro de los misterios (1QMyst), un probable Apócrifo de Moisés (2QapMos),
un supuesto Apócrifo de David (2QapDavid), un Apócrifo profético (2QapProf), la
Descripción de la Nueva Jerusalén (2QJN ar, 5QJN ar, 11QJN ar), un Himno de
alabanza (3QHymn), el Rollo de cobre (3QTesor), Apócrifo de Malaquías (5QapMal),
Apócrifo de Samuel-Reyes (6QapSm-Re), Alegoría de la Viña (6QAleg), texto apocalíptico (6QApoc ar), Oración de Nabonid (4QOrNab; 4QPsDn ar), la Visión de
Amram (2QAmram), los Salmos de Josué (4QPssJos), el Rollo de Melquisedec
(11QMel), el Rollo del Templo. No todos estos materiales se ajustan con el mismo
rigor al concepto de literatura apócrifa.
[12] Este mismo autor ha publicado *The Testament of Levi. A First Study of the
Armenian Mss. of the Testaments of the XII Patriarchs in the convent of St. James,*

En Holanda y Bélgica se ha puesto en marcha la edición de *Pseud-epigrapha Veteris Testamenti graece,* bajo la dirección de A. M. Denis, de Lovaina, y de M. de Jonge, de Leiden. M. de Jonge ha publicado *Testamenta XII Patriarcharum, edited According to Cambridge University Library Ms. ff. 1-24 fol. 303-364a* (Leiden 1964), S. P. Brock, *Testamentum Jobi* (Leiden 1967), J. C. Picard, *Apocalypsis Baruchii graece* (Leiden 1967), A. M. Denis, *Fragmenta pseudepigraphorum quae supersunt graeca* (Leiden 1970), M. Black, *Apocalypsis Henochi graece* (Leiden 1970), Otto Wahl, *Apocalypsis Esdrae. Apocalypsis Sedrach. Visio Beati Esdrae* (Leiden 1977). Para apreciar la envergadura de este proyecto de edición de los apócrifos griegos basta con hojear el libro de A. M. Denis *Introduction aux pseudépigraphes grecs de l'Ancien Testament* (Leiden 1970) [13].

El Instituto de la Pesitta de Leiden presta también atención a los apócrifos siríacos. Así, R. J. Bidawid (ed.) ha publicado 4 Esra *Peshitta,* edición espécimen (1966) I-II, 1-51, reimpreso con correcciones en 1973: I-IV, 1-50.

En Francia están a punto de editarse los apócrifos en lengua francesa. Aparte de esta publicación de la literatura apócrifa en general se pueden leer en francés diversas obras pertenecientes a ella. Ya en el siglo pasado Migne publicó el *Dictionnaire des Apocryphes* I-II (París 1856-1858); R. Bassot, *Les apocryphes éthiopiens traduits en français, le livre de Baruch et la légende de Jérémie* (= Paralipómenos de Jeremías) (París 1893). En este siglo han salido de las prensas de nuestro vecino país las siguientes traducciones: F. Martin, *Le livre d'Hénoch* (París 1906); E. Tisserant, *L'Ascension d'Isaïe* (París 1909), traducción francesa de la versión etiópica con las principales variantes de las versiones griega, latina y eslava; J. Viteau, *Les Psaumes de Salomon* (París 1911), donde se publica el texto griego además de la traducción francesa; M. Philonenko, *Le Testament de Job,* traducción francesa en «Semitica» 18 (1968), que fue precedida por la del *Dictionnaire des Apocryphes* de Migne II (París 1858) cols. 403-420; E. M. Laperrousaz, *Assomption de Moïse,* traducción en «Semitica» 19 (1970); L. Gry, *Les dires prophétiques d'Esdras* (París 1938), realiza una edición crítica de la obra ya traducida por Migne en *op. cit.* I, cols. 579-648; P.-M. Bogaert, *L'Apocalypse syriaque de Baruch* I-II, comentario y traducción (París 1969); Valentin Nikiprowetzky, *La troisième sibylle* (París 1970); J. M. Rosenstiehl, *L'Apocalypse d'Élie* (París 1972); André Caquot, *Bref Commentaire du Martyre d'Isaïe:* «Semitica» 23 (1973) 65-93; D. J.

Jerusalem. Texto, aparato crítico, notas y traducción (Jerusalén 1969); cf. del mismo autor el artículo, de carácter general, *The Apocryphal Literature in the Armenian Tradition:* «Proceedings, Israel Academy of Sciences and Humanities» 4 (Jerusalén 1969) 59-78.

[13] Cf. también A. M. Denis-M. de Jonge, *The Greek Pseudepigrapha of the Old Testament:* «Novum Testamentum» 7 (1964-65) 319-328; A. M. Denis, *Les pseudépigraphes grecs de l'Ancien Testament:* «Novum Testamentum» 10 (1968) 313-318; cf. igualmente A. M. Denis, *L'étude des pseudépigraphes: État actuel des instruments de travail:* NTS 16 (1970) 348-353.

Harrington, J. Cazeaux, C. Parrot y P.-M. Bogaert, *Pseudo-Philon, Les Antiquités Bibliques* (Sources Chrétiennes 229-230) (París 1976); M. Delcor, *Le Testament d'Abraham,* traducción del texto griego con comentario en *Studia Veteris Testamenti Pseudepigrapha* (Denis/De Jonge, eds.; Leiden 1973); Belkis Philonenko-Sayar y Marc Philonenko, *L'Apocalypse d'Abraham,* introducción, texto eslavo, traducción francesa y notas: «Semitica» 31 (1981) 7-117.

También Italia ha preparado su proyecto de edición de los apócrifos judíos. El editor es Paolo Sacchi, y ha salido ya a la venta el primer volumen de los *Apocrifi dell'Antico Testamento* [14], que contiene Ajicar, 3 Esdras, Jubileos, 1 Henoc (incluidos los fragmentos de Qumrán) y Testamentos de los Doce Patriarcas, hijos de Jacob. Se agrega el Testamento hebreo de Neftalí y un añadido del manuscrito *e* a Testamento de Leví 2,3, fragmento cuyo paralelo es el manuscrito 4Q213 editado por J. T. Milik [15]. Se traducen también los fragmentos de tal testamento encontrados en la Geniza de El Cairo, así como un suplemento del manuscrito *e,* que aparece detrás de Testamento de Leví 18,2. El propósito de esta edición italiana es publicar los principales apócrifos del AT.

En Grecia, S. Agourides ha publicado en griego moderno *Los Apócrifos del Antiguo Testamento* I (Atenas 1973), que comprenden Job, Testamentos de los Doce Patriarcas, 1 Henoc y Carta de Aristeas.

---

[14] En la colección *Classici delle Religioni,* sec. II, *La Religione ebraica* (Turín 1981).

[15] J. T. Milik, *Le Testament de Lévi en araméen:* «Revue Biblique» 62 (1955) 398-406.

IV

CLASIFICACION DE LA LITERATURA APOCRIFA JUDIA

La primera dificultad la encontramos al intentar clasificar tal literatura según su mayor o menor ajuste al concepto de «apócrifo». Las características que ha de reunir una obra para acomodarse propiamente a dicho término son las siguientes: ser total o, al menos, parcialmente judía (o judeocristiana); haber sido realizada aproximadamente entre el 200 a. C. y el 200 d. C.; considerarse a sí misma obra inspirada; referirse en forma o contenido al Antiguo Testamento; que un personaje del AT aparezca como pretendido autor o interlocutor. A tenor de estos criterios fijados por Charlesworth [1], la literatura apócrifa se realiza predominantemente en apócrifos apocalípticos y en algunos de carácter narrativo [2].

Charlesworth [3] sugiere tres categorías de tales escritos en atención a su mayor o menor plasmación del concepto de «apócrifo».

Primera categoría: obras que deben ser incluidas entre los apócrifos: Apocalipsis de Abrahán, Testamento de Abrahán, Apocalipsis de Adán, Vida de Adán y Eva, Carta de Aristeas, 2 Baruc, 3 Baruc, 4 Baruc, Apocalipsis de Elías, 1 Henoc, 2 Henoc, 4 Esdras, Ascensión de Isaías, Jannés y Mambrés, Testamento de Job, José y Asenet, Oración de José (fragmentos), Jubileos, 3 Macabeos, 4 Macabeos, Oración de Manasés, Asunción o Testamento de Moisés, Vida de los Profetas, Tratado de Sem, Oráculos Sibilinos, Odas de Salomón, Salmos de Salomón, 5 Salmos apocalípticos siríacos, Testamentos de los Doce Patriarcas.

Segunda categoría: escritos que con probabilidad deben incluirse entre los apócrifos: Testamento de Adán, Anónimo Samaritano (fragmentos), Eldad y Modad, Apocalipsis de Ezequiel (fragmentos), Apocalipsis griego de Esdras, Revelación de Esdras, Visión de Esdras, Testamento de Isaac, La Escala de Jacob (fragmentos), Testamento de Jacob, Las tribus perdidas (desaparecido), 5 Macabeos, Pseudo-Filón, Pseudo-Focílides (fragmentos), Apocalipsis de Sedrac, Apocalipsis de Sofonías, Apocalipsis de Zósimo.

Tercera categoría: escritos que pueden ser incluidos: Ajicar, 3 Henoc, Cuestiones de Esdras, Testamento de Salomón, Fragmentos de obras históricas, Fragmentos de obras poéticas.

Se han clasificado también los libros apócrifos según su lugar de procedencia, ya sea Palestina o el judaísmo de la diáspora. Del judaísmo helenístico de Egipto proceden: la Carta de Aristeas, 3 Macabeos, 4 Macabeos, Oráculos Sibilinos, 2 Henoc. Del judaísmo de Siria: Apocalipsis

[1] *Op. cit.*, 21.
  Ibíd.
[3] *Op. cit.*, 22.

griego de Baruc. De círculos fariseos de Palestina: Salmos de Salomón, 4 Esdras, 2 Baruc. De círculos judíos influidos por la comunidad de Qumrán o similares: 1 Henoc, Jubileos, Testamentos de los Doce Patriarcas, Asunción de Moisés, Martirio de Isaías, Vida de Adán y Eva. Sin embargo, este criterio de clasificación tiene escasa validez, pues cada vez se desdibuja más y más la distinción entre el judaísmo de Palestina y el de la diáspora. Frecuentemente, el judaísmo de la diáspora se señala como más abierto a los gentiles, pero una obra como los Oráculos Sibilinos alcanza cotas de rigor contra los gentiles difícilmente alcanzados en obras apócrifas procedentes de Palestina [4].

Clasificación más atinada es la que se realiza según el género literario.

Apócrifos narrativos: Jubileos, Carta de Aristeas, 3 Esdras, 3 Macabeos, Vida de Adán y Eva, Ascensión de Isaías, Testamento de Job, Pseudo-Filón, José y Asenet, Vida de los Profetas, 4 Baruc o Paralipómenos de Jeremías, Escala de Jacob, Jannés y Mambrés, Eldad y Modad.

Apócrifos en forma de testamentos: Testamentos de los Doce Patriarcas, de Abrahán, de Isaac, de Jacob, de Moisés, de Salomón, de Adán, de Job, de los Tres Patriarcas.

Apócrifos sapienciales: 3 y 4 Macabeos, Ajicar, Pseudo-Focílides, Menandro siríaco.

Apócrifos apocalípticos: 1 y 2 Henoc, Oráculos Sibilinos, Tratado de Sem, Apócrifo de Ezequiel, Apocalipsis de Sofonías, de Esdras, de Sedrac, de Abrahán, de Adán, de Elías, 2 Baruc (siríaco), 3 Baruc (griego), 4 Esdras.

Salmos y oraciones: cinco salmos de David (siríacos), Salmos de Salomón, Odas de Salomón, Oración de Manasés, Oración de José.

Pero tampoco esta división por géneros literarios es satisfactoria, pues una misma obra puede pertenecer a varios géneros; por ejemplo, la Vida de Adán y Eva, narrativa, abunda en temas apocalípticos (juicio, resurrección, ángeles); Jubileos, narración midrásica del Génesis, midrás «creativo» que inventa cifras, relatos, *halaká,* etc., contiene fragmentos apocalípticos, como 23,23-32. Los numerosos «testamentos» reciben tal nombre por estar escritos en ese género literario, que expresa la última voluntad del moribundo; sin embargo, los de los Doce Patriarcas, junto a los consejos y recomendaciones del personaje que muere, ofrecen profecías escatológicas propias de los apocalipsis.

[4] Cf. Charlesworth, *op. cit.,* 24.

V

EL GENERO APOCALIPTICO

En la literatura apócrifa predomina el género apocalíptico. Sin embargo, desde hace mucho tiempo se discute acerca de en qué consiste propiamente la apocalíptica[5]. En general se trata de literatura de «revelación», pues tal es el significado del término «apocalipsis», revelación que se hace a un humano por medio de un agente del otro mundo. El objeto de la revelación son realidades inaccesibles al hombre, pero que le conciernen; verdades que se refieren principalmente a la escatología individual o colectiva, humana o cósmica, que afectan a este mundo y al otro. El nombre de «apocalíptica» está tomado del Apocalipsis de Juan, del NT, libro que se caracteriza por una forma especial de decir y también por contenidos específicos.

Es difícil acotar los contenidos propios de una obra apocalíptica, pues temas y motivos característicos de estos libros se encuentran en otros no apocalípticos y, por el contrario, hay escritos claramente apocalípticos que no cuentan con todas las características comunes a tal género. Por tanto, habría que definir la apocalíptica no sólo por sus contenidos, sino como «un género literario que, con símbolos típicos, ofrece revelaciones sobre Dios, ángeles y demonios, sobre sus seguidores y sobre los instrumentos de su acción»[6]. James Barr[7] pone de relieve el hecho de que la opinión de los especialistas está dividida acerca de si la apocalíptica es un género literario o refleja más bien un modo de pensar, una corriente de pensamiento religioso. Recuerda también que fue E. Schürer[8] el primero en reducir el término «apocalíptica» a un género literario y quien llamó «mesiánica» a la corriente religiosa de donde procede la apocalíptica. Después de esto, J. Barr considera razonable definir la apocalíptica como género literario: «un libro es un apocalipsis si su diseño y modelo, en cuanto a lenguaje y literatura, corresponde a ciertas características»[9]. Sin embargo, admite también que se califique de apocalíptico a un libro que contenga un acervo de

---

[5] Cf. Josef Schreiner, op. cit., 73-164, y P. Vielhauer, Apokalypsen und Verwandtes, en E. Hennecke y W. Schneemelcher (eds.), Neutestamentliche Apocryphen II (Tubinga ³1964) 408-427; íd., Geschichte der urchristlichen Literatur (Berlín-Nueva York 1975) 485-494; J. J. Collins, The Jewish Apocalypses, en Apocalypse: The Morfology of a Genre: «Semeia» 14 (1979) 21-59. T. F. Glasson, What is Apocalyptic?: NTSt 27 (1980-81) 98-105.
[6] Cf. Carmignac, Qu'est-ce que l'apocalyptique? Son emploi à Qumrân: «Revue de Qumrân» 10 (1979) 1-33.
[7] J. Barr, Jewish Apocalyptic in recent Scholarly Study: «Bulletin of the John Rylands Library» 51 (1975) 15s.
[8] J. Barr sigue en esto a J. M. Schmidt, Die jüdische Apokalyptik: die Geschichte ihrer Erforschung von den Anfängen bis zu den Textfunden von Qumran (Neukirchen 1969) 174.
[9] Art. cit., 15.

ideas, doctrinas, puntos de vista propios de una corriente religiosa que normalmente se expresa en género literario apocalíptico, pero que en ocasiones lo hace por medio de libros pertenecientes a otro género. Así, pues, a J. Barr le parece insuficiente, para definir convenientemente la apocalíptica, considerarla tan sólo como género literario o como una corriente de pensamiento. Hay que combinar, por tanto, forma literaria y contenido, y tener en cuenta estos cuatro planos:

1) Características del *lenguaje* apocalíptico: repetitivo, largos discursos; predominio de cifras y listas, simbolismo de los números; aves, bestias, dragones simbólicos.

2) Características *estructurales:* no se menciona el autor de la obra —en esto el Apocalipsis de Juan es una excepción—; el discurso se pone en boca de un personaje de la Antigüedad (Noé, Lamec, Henoc) o, al menos, de tiempos bíblicos exílicos (Baruc, Daniel, Esdras); el héroe es transportado al cielo, donde se le muestran misterios que se le han de explicar después; el intérprete es con frecuencia un ángel; los ángeles son piezas básicas en la mecánica de muchos apocalipsis; el visionario queda perturbado, se desvanece, cae sobre su rostro, etc.

3) *Contenido* narrativo: a menudo aparece un hilo narrativo nuevo de largas secuencias históricas, generalmente en formas simbólicas crípticas, en el que animales en lucha simbolizan las lizas de los hombres; hay descripciones de los cielos, vientos, de extrañas montañas, del árbol de la vida.

4) *Doctrinas* que conciernen a la resurrección, la proximidad del nuevo eón, la gran crisis que se cierne sobre la historia del mundo.

Hay que tener en cuenta estas cuatro características para juzgar si un libro es apocalíptico; de lo contrario quedarían marginadas injustamente obras que, por su forma o por su contenido, merecen ser consideradas como tales [10].

Basándose en Daniel —punto de arranque de gran parte de la apocalíptica—, 1 Henoc, 2 Baruc, 4 Esdras, Apocalipsis de Abrahán y Apocalipsis de Juan, K. Koch [11] señala como temas característicos del género apocalíptico (recogidos críticamente por Paolo Sacchi [12]) los siguientes:

1) Espera febril del fin de este mundo, de un cambio repentino y total de las relaciones humanas.

2) El fin del mundo será una catástrofe cósmica (Dn 7,11; 2 Bar 20,8; 4 Esd 5,4-6; ApAbr 30). El pesimismo generado por la catástrofe se templa con la convicción de que tal disloque cósmico será a la vez liberación de Belial, que es el verdadero generador del pesimismo a través del dominio que ejerce sobre el mundo.

3) División del tiempo del mundo en períodos, cuyo contenido

---

[10] *Ibíd.*, 16.
[11] K. Koch, *Ratlos vor der Apokalyptik* (Gütersloh 1970) 23-33; la traducción inglesa realizada por Margaret Kohl tiene por título *The Rediscovery of Apocalyptic* (Londres 1972).
[12] P. Sacchi, *Il libro dei Vigilanti e l'apocalittica:* «Henoc» 1 (1979) 55-61.

está predeterminado desde la creación. El desarrollo de todo acontecimiento está previsto en el plan divino. En este sentido hay aquí un determinismo histórico.

4) Existencia de ángeles y demonios. Ellos influyen y dominan la marcha de nuestro mundo. Cuando amanezca el nuevo tiempo cósmico, los salvados —en principio, salvado no es sinónimo de justo según la ley de Moisés— entrarán en el mundo de los ángeles.

5) Después de la catástrofe tendrá lugar la salvación paradisíaca. Se salvará el resto de Israel que sobreviva, los otros israelitas lo harán mediante la resurrección. También los gentiles participarán en la salvación. Se separará a los israelitas justos de los injustos. Esa salvación universal de los justos es la salvación final, escatológica. Sacchi añade que, además de la creencia en la resurrección, existe la creencia en la inmortalidad del alma [13], y remite, para este delicado tema de la convivencia de formas diversas de fe en una vida *post morten,* a un libro de U. Fischer recientemente publicado [14]. Nosotros aducimos que la convivencia de esas dos doctrinas existía ya en el judaísmo de Palestina [15].

6) El trono de Dios, símbolo de su reino, destruirá los reinos de la tierra. Terminará el tránsito del estado de perdición al de salvación. Esto se hará por decreto del trono de Dios. Acabará el tiempo y se abolirá la distinción entre historia celeste e historia humana. La entronización de Dios hará visible su reino en la tierra (Dn 7,14; 1 Hen 41; Ap 11,15) y llevará consigo la anulación, para siempre, de todos los reinos terrenos. Todo esto supone una concepción dualista de la historia, una historia con dos eones o épocas distintas, lo cual no obsta para que el eón futuro opere ya aquí, en este mundo, aunque de manera oculta e impalpable (Dn 3,33; 4 Esd 4,26ss; Ap 1,9).

7) Habrá un intermediario con funciones reales que será garante y ejecutor de la salvación final. Puede ser un ente de naturaleza humana, como concebía el judaísmo al Mesías, o un ser de naturaleza angélica.

8) La gloria será el estado final del hombre. Habrá una fusión total entre la esfera terrestre y la celeste. Dejarán de existir las estructuras sociales y políticas de la historia.

Estos ocho temas serían, según Koch y Sacchi, los característicos de la apocalíptica, aunque alguno o varios de ellos por separado puedan encontrarse en cualquier obra del judaísmo tardío.

La temática de la literatura apocalíptica no fue siempre igual, sino que estuvo sometida a una evolución. La presencia o ausencia de los temas expuestos y su mayor o menor concentración en una obra determinada sirve para indicar tal evolución. Así, por ejemplo, la apocalíptica más antigua de los apócrifos es la de 1 Hen 6-36 y no expresa aún la esperanza febril del final de los tiempos.

[13] P. Sacchi, *art. cit.,* 60.
[14] U. Fischer, *Eschatologie und Jenseitserwartung im hellenistischen Diaspora-Judentum:* BZNT 44 (Berlín-Nueva York 1978).
[15] Cf. H. C. C. Cavallin, *Life after Death,* I: *An Enquiry into the Jewish Background* (Lund 1974).

Según P. Sacchi [16], los elementos fundamentales de toda apocalíptica son dos: 1) la creencia en la vida metamundana, ya sea por resurrección, ya por inmortalidad del alma; 2) el convencimiento de que el mal tiene su origen en una esfera superior al hombre. Hay que anotar también que la apocalíptica puede ser «histórica», si afecta a la historia humana, y «cósmica», si se refiere al cosmos entero.

He aquí otro elenco de características expuestas por J. Lindblom, S. B. Frost y H. H. Rowley, recogidas y completadas por M. Delcor: trascendencia, mitología, visión cosmológica, concepción pesimista de la historia, dualismo, división del tiempo en períodos, doctrina de los dos eones o edades, afición por los números, pseudoéxtasis, referencia artificial a la inspiración, pseudonimia, esoterismo, unidad de la historia y concepción de una historia cósmica. Ocupan un lugar destacado las revelaciones referentes a la creación, a la caída de Adán y de los ángeles, al origen del mal en el mundo y a la parte que en él tienen las potestades angélicas; el conflicto entre la luz y las tinieblas, el bien y el mal, Dios y Satán; manifestación de la figura trascendente del Hijo del hombre; desarrollo de la creencia en una vida después de la muerte y de las concepciones sobre el infierno o gehenna, el paraíso y el cielo; progresivo relieve de la resurrección individual, del juicio y de la felicidad eterna [17].

El más estudiado de los géneros de la literatura judía de esta época es el apocalíptico, y hay razones para ello, ya que, a pesar de que algunos autores consideran la apocalíptica como obra de una secta cerrada dentro del judaísmo, parece ser más bien una fuerte corriente de pensamiento judío que penetró en los más diversos medios. Rasgos apocalípticos se detectan en todos los ámbitos del judaísmo tardío, incluso entre los fariseos, como la creencia en la resurrección de los muertos, tan típica en ellos. Di Nola [18] afirma que los dos siglos anteriores al cristianismo y el propio cristianismo evangélico son apocalípticos. Tras esta referencia añade P. Sacchi: «Es muy difícil [19] hacer un repertorio de los libros apocalípticos en el que todos estén de acuerdo. El mundo de la apocalíptica de modo inexorable se esfuma y confunde ante nuestros ojos con el de los apócrifos veterotestamentarios [20]. Estos apócrifos, a su vez —o al menos muchos de ellos—, están ligados al movimiento esenio».

---

[16] *Art. cit.*, 92.

[17] M. Delcor, *op. cit.*, cols. 1-2. Según M. McNamara, *Palestinian Judaism and the New Testament* (Wilmington 1983) 70, la apocalíptica es un género literario cuyas características básicas son: 1) una revelación divina; 2) comunicada por un intermediario, normalmente un ángel; 3) que se refiere a acontecimientos futuros; 4) que han de tener lugar en seguida. A veces se extiende el término «apocalíptico» a obras que tratan de escatología (del futuro, de los últimos tiempos), pero esto es excesivo si falta la revelación por un intermediario.

[18] *Enc. delle Religioni* I, 519.

[19] *Il libro dei Vigilanti e l'apocalittica*, 55-56.

[20] P. Sacchi remite para la estrecha vinculación entre apocalíptica y apócrifos a A. Romeo, *Enciclopedia Cattolica* I, col. 1616.

VI

DATACION DE LOS APOCRIFOS JUDIOS

Los libros que nos ocupan pueden datarse con una relativa precisión. A continuación exponemos el cómputo de L. Rost: 1 Henoc, uno de los libros apocalípticos más importantes, se compone de varias unidades independientes ensambladas por un redactor posterior. La parte más antigua la constituye el Libro de Noé, más o menos contemporáneo del Ben Sira hebreo, *ca.* 190 a. C., aunque hay que tener en cuenta que los capítulos 12-16 son un poco más recientes. Hacia el 170 a. C. pudieron redactarse el Apocalipsis de las Semanas y el relato del Viaje de Henoc, y alrededor del 130 a. C. el Libro de Astronomía y el Apocalipsis de Animales Simbólicos de la misma obra. De esta época son 3 Macabeos, Oráculos Sibilinos III y el Martirio de Isaías. Las Parábolas parecen ser del 100 a. C.; pero, al no haberse encontrado restos de ellas en Qumrán, algún investigador las sitúa después del cristianismo. Del 50 a. C. son los discursos exhortatorios, así como el principio y el final de 1 Henoc, al igual que los Testamentos de los Doce Patriarcas, si bien los de Leví y Neftalí, encontrados en Qumrán, son anteriores a la mitad del siglo II a. C. El libro de Jubileos se data *ca.* 109-105 a. C., y la Carta de Aristeas *ca.* 130 a. C. Los Salmos de Salomón se compusieron entre los años 70-30 a. C., y la Vida de Adán y Eva (o Apocalipsis de Moisés) poco antes de la era cristiana. A la primera mitad del siglo I de nuestra era pertenecen el Henoc eslavo y 4 Macabeos. 4 Esdras se compuso después del año 70. Oráculos Sibilinos III, 46ss, 143ss y el Apocalipsis griego de Baruc son posteriores al 76 d. C., y el Apocalipsis de Baruc siríaco puede datarse en torno al 90 d. C. Hacia el año 100 de nuestra era fueron revisados por mano cristiana los Testamentos de los Doce Patriarcas, y alrededor del 600 d. C. lo fue el Henoc eslavo [1].

También José Alonso Díaz [2] ha realizado una datación pormenori-

---

[1] Leonhard Rost, *Einleitung in die alttestamentlichen Apokryphen und Pseudepigraphen einschliesslich der grossen Qumran-Handschriften* (Heidelberg 1971) 149s.

[2] *Literatura apocalíptica* (Salamanca 1977) 125. Martin McNamara, en su libro *Intertestamental Literature* (Old Testament Message. A Biblical-Theological Commentary, eds. C. Stuhlmueller y M. McNamara, vol. 23; Wilmington, Delaware, 1983) 55-105, ofrece la siguiente datación de la literatura apocalíptica y de la literatura de «estamentos» —este último género pertenece a la literatura apocalíptica en razón de uno de sus componentes básicos: la profecía—: Libro de los Vigilantes o viajes de Henoc a los cielos (1 Hen 1-36), s. III a. C.; Libro de Astronomía (1 Hen 72-82), anterior al año 200 a. C.; la parte apocalíptica de Daniel (Dn 7-12), hacia el 164 a. C.; Libro de las Visiones en Sueños (1 Hen 83-90), hacia el 165 a. C.; las Moniciones de Henoc o Carta de Henoc (1 Hen 91-107), hacia 100-75 a. C.; sin embargo, para algunos, el Apocalipsis de las Semanas (1 Hen 93+91,11-17) es premacabeo, anterior a Daniel. Es difícil determinar la datación de 1 Hen 105-final, que puede ser anterior al año 75-50 a. C. El Libro de los gigantes (donde se cita a Gilgamés), del primitivo Henoc de Qumrán, se data hacia 125-100 a. C.; las Parábolas de 1 Hen 27-71 son probablemente del s. I d. C.; 2 Hen o Henoc eslavo, s. I d. C.; 4 Esdras, hacia el año 100 d. C.; 2 Baruc, hacia el 100 d. C.; Apocalipsis de Abrahán, hacia

zada de estos escritos en la que incluye fragmentos de libros apocalípticos bíblicos. Su cálculo es el siguiente (aparecen en cursiva los títulos
de obras no apocalípticas): Ez 38-39 (587-350); Zac 1-8 (520-518); libro
de Joel (432-350); Apocalipsis de Is 24-27 (332); Zac 9-14 (300-200);
1 Hen 1-36, visiones y viajes del patriarca (170); 1 Hen 83-90, historia
de Israel (166); Daniel (165); proemio y libro III de Oráculos Sibilinos
(140) 3 Esdras griego (150-50); 1 Hen 72-82, Secretos Astronómicos
(110); Testamentos de los Doce Patriarcas (109-106); Jubileos (105);
1 Hen 91-108, Apocalipsis de las Semanas (104-95); Carta de Aristeas
(100); José y Asenet (100?); Fragmentos sadoquitas (100?); Salmos de
Salomón (63-40); 3 Macabeos (50); Oráculos Sibilinos III 1-26 (31);
Asunción de Moisés (7 a. C.-29 d. C.); Martirio de Isaías (1-50 d. C.);
4 Macabeos (1-50 d. C.); 2 Hen (1-50 d. C.); Apocalipsis de Marcos 13
(40 d. C.); 2 Tesalonicenses (50 d. C.); Oráculos Sibilinos 1-4 (80);
2 Baruc siríaco (70ss); revisión de las Šemoné 'Esré (80); 4 Esdras con
adiciones (caps. 1-2 hacia 150 d. C., caps. 16-17 hacia 250); Apocalipsis
de Juan (93); Apocalipsis de Abrahán (90-100); Libros de Adán y Eva
(100?); 3 Baruc griego (después del año 100); Oráculos Sibilinos V
(después del año 100); segunda carta de Pedro (?).

Como se ve, las fechas no coinciden en estos cómputos y deben ser,
por tanto, objeto de revisión y fijación. Así, por ejemplo, Jubileos no
parece ser de finales del siglo II a. C., sino anterior —entre 163-140
antes de Cristo—, según la investigación detallada de James C. Van-
derkam [3], quien utilizó, además del sistema usual de datación de una
obra por referencias de contenido, el método paleográfico. La aplicación
de tal método ha sido posible gracias al hallazgo de fragmentos de Jubileos en Qumrán y a que hoy podemos fechar los documentos de Qumrán mediante tales criterios paleográficos.

Hemos indicado dos cronologías, no siempre coincidentes. Para una
mayor precisión debe consultarse la introducción particular a cada libro
en el tomo correspondiente de esta obra. Una datación exacta de cada

los años 80-100 d. C.; la Vida de Adán y Eva es probablemente del s. I d. C.;
3 Baruc o Apocalipsis griego de Baruc es fechado a principios del s. II d. C.; el Apocalipsis de Sofonías —conocido por citas de Clemente de Alejandría y por fragmentos coptos—, el de Elías, el de Sedrac y la Ascensión de Isaías son apocalipsis judíos
reelaborados por cristianos y no se les asigna fecha en esta datación. Respecto a la
literatura de «estamentos» o discursos de adiós, McNamara cita como ejemplos del
Antiguo Testamento: la bendición de Isaac de Gn 27,27-29 y 38-40, la bendición de
Jacob de Gn 49, el discurso de adiós de Moisés en Dt 33, los discursos de Josué
en Jos 23-24, el de Samuel de 1 Sm 12, el de Tobías 14,1-11, el del macabeo Matatías de 1 Mac 2,49-70. Cita varios testamentos de Qumrán: el arameo de Leví, del
s. III o IV a. C.; el hebreo de Neftalí (sin fecha); el testamento de Amram, probablemente del s. III a. C.; el testamento arameo de Kohat, probablemente del s. III a. C.;
el discurso de adiós de Moisés o Dibré Mošé. Data este autor la Asunción de Moisés
o Testamento de Moisés hacia el año 165 a. C.; el Testamento de los Doce Patriarcas es probablemente del s. I d. C.; el Testamento de Job, del s. I a. C. o I d. C.;
el Testamento de Abrahán pertenece probablemente al s. I d. C.

[3] Textual and Historical Studies in the Book of Jubilees (Missoula 1977) 283-84.
Cf. también E. Schwarz, Identität durch Abgrenzung (Francfort 1982) 102-103;
127-129.

escrito o de sus eventuales partes, como en el caso de 1 Henoc, que es todo un pentateuco, no se puede ofrecer en el estado actual de la investigación. Como ejemplo podemos mencionar el documento más antiguo que conocemos fuera de los apocalipsis de la Biblia: el Libro de los Vigilantes (1 Hen 1-36). Para J. T. Milik [4], el fragmento más antiguo de 1 Henoc conservado en Qumrán es 4QEnᵃ, de la primera mitad del siglo II a. C. Por medio de diversos argumentos deduce que el Libro de los Vigilantes en su redacción última es de finales del siglo III a. C.[5] Sin embargo, P. Sacchi [6], dando por supuesto que es anterior al año 200 d. C., encuentra razones de contenido para datarlo antes del Eclesiastés. Ve en Ecl 3,18-21 una reacción del autor frente a la afirmación de la inmortalidad de las almas del Libro de los Vigilantes. En cambio, los capítulos 6-8 de este libro desconocen la inmortalidad del alma, no conocen la tradición sacerdotal y presentan una angelología muy desarrollada. Todo ello invita a fechar tales capítulos antes de la redacción sacerdotal y en época de contacto con el mundo iranio, es decir, hacia el siglo V a. C. 1 Henoc 6-11 es anterior a 1 Hen 12-36, que lo utiliza y desarrolla y que admite también la inmortalidad de las almas; puede ser, por tanto, de la primera mitad del siglo IV a. C. De la segunda mitad del mismo siglo sería 1 Hen 12-36.

Si se confirma esta datación del Libro de los Vigilantes, tendríamos una pieza clave para dilucidar el debatido problema de si en el judaísmo precristiano existía la creencia en la inmortalidad de las almas.

El Libro de los Jubileos depende en muchos aspectos del de los Vigilantes, cuyo contenido cita (Jub 4,16-22). La datación común de Jubileos (principios del s. II a. C.) es aceptada por Sacchi. Un libro de tan venerable antigüedad habla también de los espíritus malos, las almas de los gigantes que Dios mató antes de realizar la nueva creación: Dios permitió que se quedase en la tierra únicamente la décima parte de esos espíritus (Jub 5,12; 10,8-9). De nuevo, pues, encontramos un testimonio de que, en época muy anterior al cristianismo, el judaísmo contaba con el concepto de espíritu separado.

Teniendo en cuenta todos estos datos, se podría llegar a la conclusión de que el libro de Daniel no es el primer documento apocalíptico judío, origen, según se dice, de todas las cavilaciones apocalípticas. Daniel tiene afinidades con el Libro de los Vigilantes [7], aunque difiere de él, como el resto de la apocalíptica tardía, en presentar una apocalíptica «histórica», no «cósmica» como la de la obra citada.

Sirvan estos ejemplos para llamar la atención sobre las discrepancias en la fijación de fechas y sobre la importancia que tienen los estudios en el campo de la datación para señalar las mutuas relaciones de los libros apocalípticos y para esbozar la evolución y pluralidad de sus doctrinas.

[4] *The Books of Enoch. Aramaic Fragments of Qumran Cave 4* (Oxford 1976) 5.
[5] Milik, *op. cit.*, 24.
[6] *Il libro dei Vigilanti e l'apocalittica*, 79-80.
[7] P. Sacchi, *art. cit.*, 97.

MEDIO SOCIAL, POLITICO Y RELIGIOSO
EN QUE NACE LA LITERATURA APOCRIFA

Podemos decir que, en general, esta literatura se produce en tiempos difíciles para el judaísmo[8]. Un pueblo que soñaba no sólo con la independencia nacional, sino con el sometimiento de los pueblos paganos que habrían de venir a Jerusalén para prestar vasallaje, se encontraba en esta época en una situación política muy poco halagüeña. Después de estar sometidos al dominio persa, cayeron bajo el de Alejandro y sus sucesores, los diadocos. En primer lugar fueron avasallados por los Tolomeos de Egipto (s. III a. C.) y luego, a partir de la batalla de Panias (200 a. C.), sufrieron el dominio seléucida.

Antíoco IV Epífanes se había propuesto acabar con la religión judaica y su reinado fue de opresión y humillación insoportables para los judíos[9]. Ante esta situación surgieron dos clases de resistencia: una armada, capitaneada por el sacerdote Matatías y sus hijos (1 Mac 2,1-5), Judas Macabeo (166-160 a. C.), Jonatán (160-143) y Simón (142-134), y otra, sobre todo espiritual, protagonizada por los judíos «piadosos», ḥasidim, que no podían tolerar la infiltración del helenismo en Palestina[10]. Alejandro Magno había iniciado la helenización en todo su Imperio; sus sucesores, los Tolomeos, la continuaron en Egipto, y los Seléucidas en Siria y Palestina. Los judíos fieles no podían sorportar la penetración de la cultura griega, pagana para ellos por sus creencias y moral, y amalgamada con muchos elementos de origen oriental, sobre todo persa y babilónico. El enemigo era el helenismo, ya que pretendía arrinconar la cultura tradicional del judaísmo. Antíoco IV Epífanes llegó a prohibir la circuncisión —signo de la alianza con Yahvé— y la celebración del sábado. El altar de los sacrificios se convirtió en el altar de Zeus Olímpico (2 Mac 6,1-2). En lugar de las fiestas judías, se impusieron las paganas. En el año 171 a. C. fue asesinado por los partidarios de la helenización el último sacerdote sadoquita legítimo, Onías III.

La actitud de los piadosos, ḥasidim, ante estos hechos no podía ser más que de resistencia, pasiva o activa —en un principio apoyaron a Ju-

---

[8] Cf. Alonso Díaz, *Literatura apocalíptica,* 26-37.

[9] Cf. E. Schürer, *The History of the Jewish People in the Age of Jesus Christ, 175 B.C.-A.D. 135* I (eds. G. Vermes y F. Millar; Edimburgo 1973) 146-148. Sobre la edición española de esta obra, cf. nota 22 del apartado XIII.

[10] Para el estudio de la helenización de Palestina en su fase antigua, cf. M. Hengel, *Judentum und Hellenismus. Studien zu ihrer Begegnung unter besonderer Berücksichtigung Palästinas bis zur Mitte des 2 Jh v. Chr.* (Wissenschaftliche Untersuchungen zum NT 10; Tubinga 1969, ²1973). Cf. también para la historia de la helenización de Palestina y la resistencia opuesta a ella E. Bickermann, *From Ezra to the Last of the Maccabees* (Nueva York 1962) 54-71; 93-177. Cf. también Bo Reicke, *Neutestamentliche Zeitgeschichte* II (Berlín 1968) 26-63, y F. F. Bruce, *Israel and the Nations* (Exeter 1963) 120s.

das Macabeo—, y de oposición radical a la penetración del helenismo. Los Hasmoneos, sucesores de los Macabeos —Hasmón era el nombre de la familia de los Macabeos—, asumieron el sumo sacerdocio y el poder político. Esto último disgustó a los fariseos. En los setenta años (134-63 a. C.) que gobernaron a Israel como país independiente no lograron atajar la propagación del helenismo y sus costumbres. El primer hasmoneo, Juan Hircano I (135/134-104) chocó violentamente con los fariseos y se apoyó en los saduceos[11].

En esta época, según Flavio Josefo[12], aparecen los partidos (*haireseis*) de los fariseos, esenios y saduceos. Estos últimos representaban la nobleza sacerdotal y laica; apoyaban al régimen vigente y estaban muy helenizados. Después del breve reinado de Aristóbulo I (104-103), quien tomó el título de rey[13], gobernó Alejandro Janeo (103-76), que se enemistó con los fariseos al casarse con Salomé Alejandra, viuda de su hermano Aristóbulo, acción vedada a un sacerdote como él. Las intrigas sucesorias y de todo tipo que padeció este reinado, así como los de sus sucesores, Alejandra (76-67), Aristóbulo II (76-63) e Hircano II, el «sacerdote impío» (63-40)[14], no pudieron contentar a nadie. En el año 63, Pompeyo conquistó Jerusalén, y las luchas por el poder entre los judíos continuaron bajo los romanos, los *Kittim* de Qumrán[15]. Tras el reinado de Antígono (40-37) subió al trono el idumeo Herodes (37-4 antes de Cristo)[16], quien, a pesar de ampliar con munificencia el templo y realizar numerosas obras para congraciarse con los judíos, fomentó la helenización.

Al morir Herodes hubo grandes disturbios[17] provocados por razones políticas y por gentes que creían que había llegado el tiempo de la venida del Mesías. El gobernador de Siria, Quintilio Varo, dominó a los insurrectos a sangre y fuego. Durante los años 4 a. C.-6 d. C. gobernó en Judea, Samaría e Idumea el etnarca Arquelao, pero a partir del año 6 de nuestra era hasta el 41 fueron los procuradores romanos los que rigie-

---

[11] E. Schürer, *op. cit.*, 211-215.

[12] *Ant.* 13,10,5-7. Acerca de partidos en tiempos más antiguos, cf. Morton Smith, *Palestinian Parties and Politics That Shaped the Old Testament* (Nueva York-Londres 1971), y sobre todo Joseph Blenkinsopp, *Interpretation and the Tendency to Sectarianism: An Aspect of Second Temple History*, en E. P. Sanders, A. I. Baumgarten, A. Mendelson (eds.), *Jewish and Christian Self-Definition*, II: *Aspects of Judaism in the Graeco-Roman Period* (Londres 1981) 1-26, espec. 10-13; Bruce Vawter, *Apocalyptic: Ist Relation to Phophecy:* CBQ 22 (1960) 33-46; O. Steck, *Das Problem theologischer Strömungen in nachexilischer Zeit:* EvTh 28 (1968) 447s.

[13] E. Schürer, *op. cit.*, 216-218.

[14] E. Schürer, *op. cit.*, 229-241. En la conferencia citada en la nota siguiente, A. Dupont-Sommer probó que el «sacerdote impío» es Hircano II, *ibíd.*, 10.

[15] E. Schürer, *op. cit.*, 281-286. A. Dupont-Sommer dejó bien probado que los *kittim* de Qumrán no son los Seléucidas, sino los romanos; véase la conferencia plenaria del II Congreso Mundial de Estudios Judíos, julio-agosto 1957, *L'arrièreplan historique des écrits de Qoumran* (Summaries of Papers, Plenary Sessions, The Hebrew University, Jerusalén 1957) 9.

[16] E. Schürer, *op. cit.*, 294-329.

[17] E. Schürer, *op. cit.*, 330-335.

ron estas regiones. En Galilea y Perea gobernó como etnarca Herodes Antipas (4 a. C.-39 d. C.). Los zelotas se organizaron y trataban de echar por la fuerza a los romanos de la tierra santa. El Sanedrín, que gobernaba a los judíos bajo la autoridad romana, no tenía el *jus gladii,* menos durante el efímero reinado de Agripa I (41-44), nieto de Herodes, que no hubo procurador romano. Sin embargo, los zelotas administraban la justicia por su cuenta contra los ladrones del lugar de la ofrenda, los que juraban por el nombre de Dios o cohabitaban con una mujer pagana (San. 9,6). Calígula (37-41) ordenó erigir una estatua a Zeus en el templo de Jerusalén, orden que Petronio, legado de Siria, de quien dependía Judea, prudentemente no cumplió.

En el año 66 comienza la guerra contra los romanos, que culmina con la destrucción de Jerusalén el año 70. Los judíos resisten tres o cuatro años en Masada [18]. Los libros apócrifos 4 Esdras y 2 Baruc acusan el terrible impacto que este hecho causó en el judaísmo. Entre 132-135 tiene lugar la rebelión de Bar Kokba y, una vez perdida la guerra, los judíos son desterrados. Jerusalén se convierte en colonia romana, prohibida para los judíos. No sólo fueron los dominadores extranjeros los que no pudieron complacer a los judíos fieles, sino que tampoco lo lograron los sumos sacerdotes hasmoneos ni los propios Macabeos.

Durante los dos siglos que preceden al cristianismo y el siglo primero de nuestra era debemos hablar de diversas comunidades mejor que de una sola comunidad judía. Al parecer, desde el siglo II a. C. existieron *haburot* o cofradías que, sin romper con la gran congregación de Israel, formaban grupos muy observantes de la ley, aunque no hacían vida de comunidad ni tenían superiores que los dirigieran.

Por obra de Yohanán ben Zakkay y del sínodo de Yabné quedó unificado el judaísmo en la rama farisaica de obediencia hillelita. Esto supuso la supresión de los saduceos, fariseos, shammaítas y zelotas, cierto aislamiento de los apocalípticos y esenios y la paulatina desaparición de sectas baptistas. El judaísmo samaritano ha continuado hasta nuestros días. Los herodianos no constituían una secta.

En el siglo II a. C. comenzó una fuerte escisión entre los judíos helenistas y los *hasidim* o fieles a la ley, continuadores de los 'anawim bíblicos. Hacia el 175-160 a. C. empiezan a organizarse, movidos por la helenización forzosa decretada por Antíoco IV Epífanes. En el 175-174, Jasón, helenófilo, ocupa el cargo del depuesto sumo sacerdote Onías III, sadoquita legítimo, pero también él es cesado y sustituido por otro helenófilo, Menelao, que al parecer no era sadoquita (2 Mac 4,23-26). En el año 170 tiene lugar el asesinato de Onías III por instigación de Menelao, y el rey seléucida suprime oficialmente la religión judía. La tensión entre *hasidim* y helenistas crece y estalla en el año 167, dando origen a la guerra de los Macabeos. El hasmoneo Matatías proclama el alistamiento: «El que sienta celo por la ley y quiera mantener la alianza, ¡que me siga!» (1 Mac 2,27). La helenización y la guerra acabaron de

---

[18] E. Schürer, *op. cit.,* 485-513.

dividir a la comunidad de Israel, que se había distinguido desde Abrahán por la circuncisión, desde la creación por el sábado y desde el Sinaí por la ley de Moisés.

Desde antiguo coexistieron una teología del Norte y otra del Sur, de Judea; sin embargo, Israel formaba una sola comunidad. El cisma se consumó al ser nombrado Jonatán sumo sacerdote, sin ser sadoquita, en el año 152. Entonces el «Maestro Justo», rompiendo con los Macabeos y con el «sacerdote impío», condujo al destierro del desierto a un grupo de *hasidim*. En tiempo de este sumo sacerdote, según Flavio Josefo [19], se afirmó la división de esenios, fariseos y saduceos. Los *hasidim*, predecesores de esenios y fariseos, ya formaban grupo aparte antes de estallar la guerra, pues 1 Mac 2,42 habla de la *sinagogue asidaion*. Estos *hasidim* preesenios eran *ischyroi dynamei*, fuertes para la guerra, y debían de tener una organización militar. En Sal 149,6-7 se dice de ellos que tienen la alabanza de Dios en la boca y la espada de dos filos en las manos para ejercer la venganza sobre las naciones y atar a sus reyes con cadenas. En esta época remota, los *hasidim* contaban con muchos escribas en sus filas (1 Mac 7,12) y se mantenían fieles a los sacerdotes, hijos de Aarón, y al templo. Aún no se consideraban como la comunidad del templo. Eran tan «devotos de la ley» que, refugiados en cuevas del desierto, se dejaban matar en sábado sin defenderse (1 Mac 2,29-38). Judas Macabeo y sus soldados comían en el desierto solamente hierbas para no quebrantar las leyes de alimentos puros. Se consideraban la «alianza santa» (Dn 11,28.30), expresión que condensa en dos palabras la exigencia impuesta por Ex 19,16 a Israel de ser «reino de sacerdotes, nación santa». En Daniel (11,28.30) y 1 Macabeos (1,15; 1,63), «alianza» equivale a comunidad fiel a Dios. Los *hasidim* tenían el convencimiento de ser ellos el pueblo de Dios, su herencia, reyes, sacerdotes, santos [20].

Estas noticias sobre los *hasidim* aparecen en el libro de Daniel, terminado hacia el 164 a. C. y escrito por un *hasid*, y en los dos libros de los Macabeos [21]. De los círculos jasídicos procede, al parecer, gran parte de la literatura apócrifa. «Existen indicios —afirma Russell [22]— de que la apocalíptica judía estuvo en su origen estrechamente asociada con los *hasidim*, 'piadosos', que dieron apoyo a los Macabeos en su oposición a Antíoco IV Epífanes.

Comúnmente se admite que los grupos esenios fueron descendientes de estos *hasidim* y que los fariseos pueden considerar al movimiento

---

[19] *Ant.* XIII 5,171. Acerca de los samaritanos, su origen, las causas de la separación o cisma respecto al judaísmo, tan abierto y acogedor de diversos credos e incluso de diversa *halaká*, cf. F. Dexinger, *Limits of Tolerance in Judaism: The Samaritan Exemple*, en *Aspects of Judaism* (cf. n. 12) 88-114; cf. también R. J. Coggins, *Samaritans and Jews* (Londres 1975).

[20] Cf. la invitación a la *hanukká* contenida en las dos primeras cartas de 2 Mc a los judíos de Egipto.

[21] 1 Mac fue escrito en el último tercio del s. II a. C., y 2 Mac, resumen de un escrito de Jasón de Cirene, fue redactado entre el 124 y el s. I a. C.

[22] *The Method...*, 23-24.

jasídico como su antepasado espiritual. La mayoría de los especialistas coinciden en que el origen de los sectarios de Qumrán está en los *hasidim* y que aquéllos surgieron como partido distinto en el período hasmoneo, probablemente como consecuencia de haber asumido los Hasmoneos el sumo sacerdocio sin ser descendientes de Aarón. Pero no cabe suponer que la tradición apocalíptica, originada en círculos jasídicos, tuviera necesariamente que continuar o confinarse sólo en alguno de estos grupos conocidos». Estas afirmaciones se aplican a la literatura apocalíptica y *a fortiori* a los apócrifos no apocalípticos o menos apocalípticos.

No toda la literatura apócrifa ni la apocalíptica nacieron en círculos jasídicos. No parece acertada la aseveración de G. F. Moore, R. Travers Herford y M. Smith[23] de que los apocalípticos fueron grupos marginales dentro de un judaísmo normativo u ortodoxo. Hasta después del año 70, tras el sínodo de Yabné, que fijó la ortodoxia judía canonizando la tendencia liberal de la escuela de Hillel, no se puede hablar de ortodoxia en el judaísmo, sino de ortopraxis, de cumplir o no cumplir la ley de Moisés. Y en este aspecto los apócrifos, los apocalípticos, son, sin excepción, fervorosos partidarios de la Torá, aunque a veces la expliquen de manera distinta e incluso con mayor rigor que la *halaká* farisea. Nadie, pues, tenía razones para marginar por sus ideas a los grupos que mantenían conceptos apocalípticos. El relativo aislamiento de tal literatura ocurrirá más tarde, después del año 70 d. C.

Debido a todo esto es arriesgado relegar a los apocalípticos al extrarradio del judaísmo en grupos esotéricos no ortodoxos, al margen o frente al fariseísmo. En Qumrán, donde se escribió o leyó mucha literatura apocalíptica y donde han aflorado numerosos documentos de este tipo, unos conocidos, otros desconocidos, hubo ingresos masivos de laicos fariseos que se unieron al grupo principal de la secta, constituido por sacerdotes. Es inexacto afirmar que tal literatura es opuesta al fariseísmo, como es inexacto decir que la literatura apócrifa tiene carácter fariseo, según la opinión de R. H. Charles y, posteriormente, de S. Zeitlin. También carece de consistencia la opinión de algunos que consideran la apocalíptica como literatura de zelotas, pues éstos surgieron después de Cristo, cuando gran parte de esta literatura estaba ya escrita y contaba con años o siglos en su haber. Los zelotas pudieron, eso sí, inspirarse y solazarse con unas obras que suspiran por la pronta liberación de Israel, sentimiento profundo y constante de apocalípticos y zelotas. En suma: «Los escritores apocalípticos podían encontrarse no en uno solo, sino en muchos partidos, conocidos y desconocidos, y entre gentes no afiliadas a partido alguno»[24]. El pensamiento apocalíptico estaba muy extendido en el judaísmo y atraía a muchos individuos de diversas sectas. Los descubrimientos de Qumrán han confirmado la intuición de

[23] Cf. E. Schweizer y A. Díez Macho, *La Iglesia primitiva, medio ambiente, organización y culto* (Salamanca 1974) 95; cf. nota 4 del apartado XIII.
[24] Russell, *op. cit.*, 27.

A. Hilgenfeld [25], en el siglo pasado, y la de Köhler [26], a principios de éste, de que la apocalíptica está íntimamente ligada a los esenios. Compartimos esta opinión, siempre que no se excluya la posibilidad de que se hayan escrito obras apocalípticas y no apocalípticas fuera de círculos esenios [27]

[25] A. Hilgenfeld, *Die jüdische Apokalyptik in ihrer geschichtlichen Entwicklung* (Jena 1857; reimpr. Amsterdam 1966) 256s.

[26] *Jewish Encyclopedia* V, 224.

[27] Cf. P. Sacchi, *art. cit.*, 56, donde menciona como partidarios de la vinculación de apocalíptica con esenismo a Ringgren, Cross, Reicke, a los que se podrían añadir otros muchos nombres, como el de M. Delcor, *Le milieu d'origine et le développement de l'Apocalyptique juive,* en W. C. Unnik (ed.), *La littérature juive entre Tenach et Mischna* (Leiden 1974) 105-117.

VIII

DIVERSOS TIPOS DE COMUNIDADES JUDIAS REFLEJADOS EN LOS LIBROS APOCRIFOS

Algunas de estas comunidades son difícilmente clasificables. Empezaremos describiendo una comunidad muy estricta en exigencias morales y religiosas: la comunidad que dio origen al Libro de los Jubileos y que pertenece a las de difícil clasificación. Este libro, que contiene historia, apocalíptica y sobre todo *halaká,* y que se ha atribuido a muy diversos grupos dentro del judaísmo, puede servir de ejemplo para ilustrar la dificultad que entraña señalar con certeza la procedencia de los apócrifos. Charlesworth asegura que ninguno de los colaboradores de su edición de los pseudoepígrafos del AT se atreve a atribuir claramente un documento dado a una secta determinada. De hecho, Jubileos se ha atribuido a un autor samaritano (Beer, 1856), a «un judío del templo cismático de Leontópolis» (Frankel, 1856), a un fariseo muy estricto (Dillmann, Rönsch, Bousset, Bertholet, Schürer, Charles, Davies, etc.), a un esenio (Jellinek ya en 1855; Lagrange, Dupont-Sommer, Milik, Russell, Testuz, Sacchi, etc.)[1]. Cuando parecía que se había llegado al consenso de que el libro había nacido en una comunidad esenia o, mejor, preesenia, E. P. Sanders[2] pone en tela de juicio tal atribución rebatiendo los argumentos de M. Testuz y de Davenport[3]. Testuz defiende que Jubileos proviene de una comunidad de «elegidos» entre los israelitas, de una comunidad separada. En esto se parecería al *Documento de Damasco,* que depende de Jubileos (CD 16,3-4) y que procede de una comunidad esenia «separada» del común de los israelitas, como hoy se suele admitir. Sanders replica a Testuz que únicamente Jub 1,19 habla de los «elegidos de Israel» y que tal sintagma, examinado a la luz del conjunto de las ideas del libro, no ha de entenderse como los elegidos entre los israelitas, sino como «los elegidos, los israelitas»[4]. G. Davenport[5] arguye que existe una estrecha relación entre el círculo judío en que nace Jubileos y el de los esenios. En su teoría, no indiscutible, de dos redactores de la obra (R_1 y R_2), el segundo, autor de Jub 1,27s; 1,29c; 4,26; 23,21 y 31,14, habría vivido en Qumrán entre esenios. La actitud adversa ante el templo que aparece tanto en Jubileos como en Qumrán y el uso del mismo calendario solar en vez del lunar postularían para Jubileos un origen esenio o preesenio. A esto replica Sanders[6] que el principal

---

[1] Cf. M. Testuz, *Les idées religieuses des Jubilés* (París 1960) 179ss; M. Delcor, *Le milieu d'origine...,* 108-110; P. Sacchi (ed.), *Apocrifi...,* 189. M. McNamara, en *Palestinian Judaism and the New Testament,* 83, clasifica Jubileos entre la literatura de Qumrán.
[2] E. P. Sanders, *Paul and Palestinian Judaism* (Filadelfia 1977).
[3] G. Davenport, *The Eschatology of the Book of Jubilees* (Leiden 1971) 17.
[4] Sanders, *op. cit.,* 362-364.
[5] *Op. cit.,* 15-17.
[6] *Op. cit.,* 385.

argumento —uso del calendario solar— es débil, pues los especialistas discuten si tal calendario era igual o sólo parecido en las dos comunidades.

M. Delcor es decidido partidario del origen esenio o preesenio de Jubileos por sus similitudes con el *Génesis apócrifo* de Qumrán[7], del que sería un compendio[8]. Jubileos tiene analogías con el Documento esenio de Damasco. Divide la historia en jubileos de 49 años, dato en que se parece a Daniel, cuyas setenta semanas de años (Dn 9,24), o sea, cuatrocientos noventa, equivalen a diez jubileos de cuarenta y nueve años. Proviene, pues, de un medio semejante al de Daniel, jasídico, pero no enteramente igual, ya que Daniel admite la resurrección del cuerpo, mientras que Jubileos (23,30) piensa en la felicidad de los justos en el más allá y los huesos reposan en el sepulcro antes de la resurrección[9].

De todo lo anterior se deduce que no podemos atribuir con certeza el libro de los Jubileos a una comunidad determinada[10]. Tiene rasgos de comunidad jasídica o preesenia, de la comunidad esenia de Qumrán y de la comunidad farisea. Por tanto, la actitud más científica respecto a este apócrifo y a otros muchos es quizá renunciar al encasillamiento del libro en un grupo estrictamente determinado del judaísmo y recordar que en esta época había pluralismo de doctrinas y grupos.

Lo único que podemos hacer es diseñar el perfil del conjunto de las personas entre las que nace Jubileos. Enumeramos a continuación las características distintivas de tal comunidad:

a) Se trata de un grupo que no se ha desgajado oficialmente del pueblo judío, pero que se encuentra espiritualmente escindido del Israel infiel y helenizado: «Todos los hijos de Israel... equivocarán la norma de los años» (Jub 6,34). El fragmento apocalíptico de Jub 23,16-32 pone de manifiesto (vv. 16-21) el pecado de los judíos helenistas. Sin embargo, no legisla para un grupo separado, sino para todo el pueblo de Israel.

b) Es un grupo muy rigorista en el cumplimiento de la ley de Moisés. El autor aprovecha la narración para introducir *halaká* escrita en las tablas de los cielos. Si Dios cubre la desnudez de Adán y Eva (Jub 3,31) es porque la desnudez está prohibida; los incestos de Rubén y Biljá y de Judá y Tamar ilustran sobre la prohibición de tal acto (Jub 33,10-20; 41,23-27). Describe la historia de manera que el lector pueda deducir una norma de conducta: así pinta a Abrahán como un modelo de fidelidad a Dios y de paciencia. La comunidad esenia de Damasco (DC 12,3-6) no castiga con la pena de muerte la violación del

---

[7] Parecidos que no considera probados J. Fitzmyer, *The Genesis Apocryphon of Qumran Cave* I (Roma 1966) 11.

[8] J. Fitzmyer, *The Genesis Apocryphon* (Roma ²1971) 16-19; defiende que 1QapGn depende de Jubileos.

[9] Delcor, *Le milieu d'origine...*, 108-110.

[10] A. Dillmann, el primer editor del texto etiópico de Jubileos (1859), lo clasifica como libro apocalíptico; cf. A. Dillmann, *Pseudepigrapha*, en Herzog, RE XII (1960) 317.

sábado, Jubileos sí (2,25-27). El sábado, para cuya observancia Dios separó a Israel de las naciones, lo guarda el mismo Dios (Jub 2,19. 20.30); esto va contra la creencia rabínica de que Dios trabaja en sábado, pues hace nacer niños en ese día y juzga a los muertos. Jesús justifica sus curaciones en sábado diciendo que «el Padre sigue hasta el presente obrando (en sábado). Yo hago como él» (Jn 5,17). Según Jubileos, no se puede verter agua en sábado; también lo prohíbe el Documento de Damasco (CD 11,1-2) y el caraísmo; tampoco en este día se pueden tener relaciones conyugales. La circuncisión, el sábado y la fiesta de Šabuʿot —de renovación de la alianza después del diluvio— son observados por los ángeles (Jub 6,7). En sábado no está permitida la guerra: hay que observarlo aun a costa de la propia vida (Jub 50,12). Se mantiene la ley del talión para el que derrama sangre (Jub 6,8), así como la prohibición de no comer carne con sangre (6,7.10.13). Los matrimonios mixtos están vedados (20,4; 22,20). Esta obra atesora numerosas *halakot* nuevas que no se hallan recogidas en la Misná.

c) Como muchos autores han señalado, Jubileos presenta numerosas semejanzas con Qumrán, aunque también notables discrepancias. La comunidad de Jubileos no vive en un cenobio como la de Qumrán, ni ha renunciado al matrimonio, ni se ha separado del templo, ya que legisla sobre sacrificios. Los pecados que recrimina se refieren muchas veces al culto o al ritual (Jub 6,2; 11,5s; 15,34, etc.). Otorga relevante importancia a las leyes cúltico-rituales (1,14; 2,33; 3,10s; 4,5; 6,1ss.17; 15,25; 16,29; 21,5ss). En Qumrán se esperan dos mesías, el de Aarón y el de Judá; en Jubileos, tan sólo este último, y no se da espacio ni relieve al mesianismo. En Qumrán, el sumo sacerdote es un malvado; no así en Jubileos.

Las similitudes entre estas dos comunidades son abundantes, a pesar de las diferencias mencionadas: primacía absoluta de la ley, predestinación como entre los esenios [11] y en tantos textos de Qumrán (como 1QS 3,15-17), dualismo, tablas celestes (concepto que parece existir también en Qumrán) [12], calendario solar, muy corriente entre los sacerdotes. Este calendario, que provenía de Egipto, se introdujo en primer lugar para la vida civil y, en tiempo de los Hasmoneos, también para la vida religiosa, lo cual motivó la ruptura de los esenios con el clero oficial. Hay muchas coincidencias, pues, entre Jubileos y Qumrán, en cuyas cuevas 1-4 se han encontrado nada menos que doce manuscritos de esta obra [13]. Nickelsburg dice: «Las conexiones entre el Libro de los Jubileos y la comunidad de Qumrán son especialmente estrechas». Jubileos, que procede de una secta no conocida, está relacionado con los grupos de los que proviene Dn 10-12; 1 Hen 72-82; 85-90; 93,1-10 + 91,12-17.

---

[11] Josefo, *Ant.* 13,2,5, 172-173.
[12] Cf. J. C. van der Kam, *Textual and Historical Studies in the Book of Jubilees* (Missoula 1977) 259.
[13] Cf. B. Noack, *Qumran and the Book of Jubilees:* «Svenks Exegetisk Års-Bok» 22-23 (1957-58) 193-194 y 263, n. 100.

Todas estas comunidades tienen como herederos a los miembros de Qumrán [14].

d) El origen sacerdotal de Jubileos se percibe en la importancia desmedida que el libro otorga a Leví (31,32). Jacob constituye a este hijo suyo en sumo sacerdote y le paga el diezmo. Si bien Jubileos no ha roto aún, como los esenios, con los sacrificios del templo, sus puntos de vista llevan implícita esa ruptura [15]. Jubileos parece admirar la obra de los Macabeos (34,2-4; 37-38), pero no es seguro que se aluda aquí a tales guerras; no es partidario de los Hasmoneos, de que detenten el sacerdocio y el poder civil: el templo está contaminado (23,21), debido seguramente a la ascensión al sumo sacerdocio de Jasón, Menelao y sus sucesores.

El ejemplo de Jubileos nos muestra cuán azaroso es atribuir con seguridad un apócrifo a una secta judía determinada. La dificultad es constante en gran parte de la literatura apócrifa y se acrecienta por diversas razones, como es el hecho de que se trata de obras misceláneas, de diversos autores y de épocas diferentes. Un ejemplo clásico es 1 Henoc, colección de cinco libros escritos en tiempos diversos y sobre temas muy dispares. El primero, Libro de los Vigilantes, es originario, al parecer, de círculos sacerdotales y puede pertenecer al siglo IV a. C. El segundo, las Parábolas, es el más reciente y reconoce enseñanzas básicas de *hasidim* apocalípticos. Respecto a la datación, algunos piensan que se trata de una obra poscristiana y otros lo sitúan en el siglo I a. C.

El Apocalipsis de las Diez Semanas (1 Hen 91,1-94,1) es un documento muy antiguo. Refleja un grupo penetrado por preocupaciones proféticas y sapienciales. Ampara su inteligencia de la ley en figuras del pasado como Henoc y Abrahán. Vive tiempos difíciles y cree estar ya en la época escatológica. Posee una ciencia secreta, y sus adeptos llevan espada (cf. 1 Hen 91,12). El nuevo mundo se avecina, y la ley será la fuente de la felicidad. Se trata de un conjunto de laicos piadosos, relacionados con un sacerdocio distanciado del templo de Jerusalén. Es un grupo de «elegidos», espiritualmente afines a los posteriores esenios de Qumrán. La mención de la espada en la «octava semana» autoriza a situar a estas gentes en las luchas de los Macabeos como miembros de aquellos *hasidim* que hicieron causa común con ellos (1 Mac 2,42). El Apocalipsis de las Diez Semanas pudo ser un escrito dirigido a templar los ánimos de los combatientes [16].

El apocalipsis o visión en sueños de los animales simbólicos, o historia simbólica de Israel, arranca de círculos apocalípticos del tiempo de los Macabeos. Estos grupos muestran, historia en mano, que es inminente el fin escatológico, el definitivo triunfo de Dios y de sus fieles.

[14] Cf. Nickelsburg, *op. cit.,* 79.
[15] Cf. Annie Jaubert, *La notion d'alliance dans le judäisme aux abords de l'ère chrétienne* (París 1962) 90s y 96. Esta autora clasifica Jubileos como prequmránico; igualmente E. Schwarz, *op. cit.,* 127-129.
[16] Este es su *Sitz im Leben* según Ferdinand Dexinger, *Henochs Zehnwochen Apocalypse und offene Probleme der Apocalyptikforschung* (Leiden 1977) 187-189.

La parénesis de 1 Hen 91-104 y 105-108 puede representar el testamento de Henoc, escrito por un autor sapiencial. 1 Hen 94-105 contiene la epístola de Henoc dirigida a sus hijos acerca del juicio de los pecadores y la salvación de los justos. Lo más probable es que esta carta, o al menos parte de ella, proceda de un grupo relacionado con Qumrán [17].

El Libro de Astronomía (1 Hen 72-82) proviene de círculos sacerdotales y, aunque está escrito con anterioridad a Qumrán (s. iii a. C.), sienta las bases del calendario solar de Jubileos y Qumrán [18].

Los Testamentos de los Doce Patriarcas son otro ejemplo de difícil filiación. La base de este documento es un testamento judío de los patriarcas donde se efectuaron después interpolaciones cristianas. Esta es la tesis más común desde el siglo pasado. Hace años, M. de Jonge defendió que se trataba de una obra cristiana [19] inspirada en fuentes judías como los testamentos de Leví y Neftalí, Jubileos y la *haggadá*. Compartieron esta opinión J. Daniélou, J. Carmignac, J. Schmitt, F. M. Cross, J. T. Milik y otros [20]. Posteriormente De Jonge ha cambiado de postura, acercándose a la tesis corriente: los Testamentos de los Doce Patriarcas es un libro judío con interpolaciones cristianas [21]. Admitiendo que la base de la obra es un escrito judío, ésta, según J. Becker [22], ha sufrido dos redacciones. El libro original judío, según la historia de su tradición realizada por K. H. Rengstorf [23], comenzó siendo un primitivo testamento de José, dirigido a la diáspora judía, probablemente de Egipto, al que se añadieron después los testamentos de Leví y Judá y posteriormente los demás. Contamos, por tanto, con numerosos autores o redactores, de épocas muy diversas, lo cual dificulta enormemente la filiación de los Testamentos.

Otro ejemplo de este tipo pueden ser los Salmos de Salomón, que se han atribuido unánimemente a una comunidad de impronta farisaica. Tal asignación ha sido recientemente puesta en duda por R. B. Wright [24], para quien sería un escrito emparentado con los manuscritos de Qumrán, nacido de un grupo judío apocalíptico de mediados del siglo i a. C. Teniendo en cuenta las similitudes y diferencias entre estos Salmos de Salomón, la Regla de Qumrán y el Documento de Damasco, parece posi-

---

[17] Nickelsburg, *op. cit.*, 149.

[18] Cf. J. Maier y J. Schreiner (eds.), *Literatur und Religion des Frühjudentums* (Wurzburgo 1973) 241-243.

[19] M. de Jonge, *The Testaments of the Twelve Patriarchs. A study of the text, composition and origin* (Assen 1953).

[20] Cf. P. Sacchi, *Apocrifi...*, 756.

[21] M. Delcor, *Le milieu de développement...*, 115.

[22] J. Becker, *Untersuchungen zur Entstehungsgeschichte der Testamente der zwölf Patriarchen* (Leiden 1970).

[23] K. H. Rengstorf, *Herkunft und Sinn der Patriarche-Reden in den Testamenten der zwölf Patriarchen*, en *La Littérature juive entre Tenach et Mischna* (Leiden 1974) 44-47.

[24] R. B. Wright, *The Psalms of Solomon, The Pharisees and the Essenes*, en R. A. Kraft (ed.), *1972 Proceedings*, International Organization for Septuaginta and Cognate Studies and the SBL, Pseudepigrapha Seminar, Septuagint and Cognate Studies, núm. 2 (Montana 1972) 147.

ble distinguir varios grupos o comunidades dentro del movimiento apocalíptico de la época a que nos referimos. J. O'Dell[25] defiende que los Salmos de Salomón son de origen sectario más que farisaico. Incluso, según todo esto, se acercarían a un grupo judío paraesenio.

También se atribuye a un grupo esenio o paraesenio el Testamento o Asunción de Moisés: Pertenecería a un círculo sectario sacerdotal sadoquita, opuesto a Herodes y a los Hasmoneos, contrario al culto contemporáneo del templo y defensor del retorno a la ley de Moisés[26]. El libro, escrito poco después de la muerte de Herodes el Grande, tiene grandes semejanzas con los textos de Qumrán, lo cual hace suponer que fue redactado por esenios o por un grupo de doctrina similar. Esta filiación y datación, expuesta por J. J. Collins, son modificadas por G. W. E. Nickelsburg[27]. Para este investigador el escrito sería mucho más antiguo. Procedería de un ala sacerdotal del movimiento jasídico no belicoso, a juzgar por la importancia concedida al templo, a los sacrificios, al levita Taxo, por la referencia (AsMo 6,1) a los reyes sacerdotes hasmoneos que pecan en el santo de los santos, etc. Posteriormente se produciría la interpolación de los capítulos 6-7 en círculos esenios[28]. El libro critica acerbamente al Israel infiel, sacerdotes, fariseos, etc., pero estampa esta atrevida frase: «El mundo ha sido creado por causa de Israel» (1,12). K. Haacker[29] aduce argumentos en favor del carácter samaritano de la Asunción de Moisés, pero no parecen probatorios.

De todos modos, después de producirse los descubrimientos de Qumrán la mayor parte de los apócrifos del AT se sitúan en grupos sectarios y apocalípticos, esenios o paraesenios, es decir, similares a los esenios de Qumrán. Como hemos señalado, se ha intentado relacionar con Qumrán incluso los Salmos de Salomón, que son fariseos. Hemos visto que, a pesar de las dificultades que existen para una filiación esenia, hay muchos autores que atribuyen Jubileos a un medio esenio o paraesenio. También se adjudica a los esenios 1 Henoc, o parte de él[30]. Entre los manuscritos de Qumrán se han descubierto numerosos fragmentos arameos de este libro[31].

---

[25] J. O'Dell, *The religious background of the Psalms of Solomon*: RQ 3 (1961) 241-258.

[26] Cf. A. Jaubert, *op. cit.*, 258.

[27] J. J. Collins, *The Date and Provenance of the Testament of Moses*; G. W. Nickelsburg, *An Antiochian Date for the Testament of Moses*, y *The Date and Provenance of the Assumption of Moses*, Excursus A, en *Studies on the Testament of Moses*, Seminar Papers (ed. por G. W. E. Nickelsburg), The SBL Pseudepigrapha Group, Septuagint and Cognate Studies, núm. 4 SBL (Cambridge 1973) 45.

[28] Cf. A. Paul, *Bulletin de littérature intertestamentaire*: «Rech. Sc. Religieuse» 62 (1974) 423.

[29] K. Haacker, *Assumptio Mosis - eine samaritanische Schrift?*: TZ 25 (1969) 385-405.

[30] M. Delcor, *Le milieu de développement...*, 110-114.

[31] Cf. M. Black, *The Fragments of the Aramaic Enoch from Qumran*, en W. C. Unnik (ed.), *La Littérature juive entre Tenach et Mischna* (Leiden 1974) 15-28; J. T. Milik, *The Books of Enoch. Aramaic Fragments of Qumran Cave 4* (Oxford 1976).

Los Testamentos de los Doce Patriarcas conectan hasta tal punto, por afinidad de doctrina y espiritualidad, con los manuscritos esenios de Qumrán, en los que A. Dupont-Sommer y M. Philonenko han defendido la filiación esenia de la obra entera, incluidas las interpolaciones cristianas, que estos autores explican como referidas al Maestro Justo[32]. Abundantes fragmentos arameos del Testamento de Leví[33] han sido hallados en Qumrán. Los diversos testamentos parecen ser, en su redacción final, producto de una comunidad muy parecida en espíritu a la de Qumrán, aunque no practicaba la vida en común. El autor del libro parece de casta sacerdotal por la importancia que otorga a Leví, no sólo en el testamento de este patriarca, sino también en los demás: Leví dará origen al mesías sacerdotal, Judá reconoce la superioridad de Leví.

A pesar de su procedencia, el autor no teme polemizar contra los sacerdotes, ya que enseñan el error y persiguen a los justos. Es denominador común de las *ḥaburot* o cofradías de judíos piadosos atacar al sacerdote indigno encaramado en el poder. Como el libro es de impronta esenia, el templo no tiene relieve en él. Otro objeto de sus ataques son los escribas e intérpretes de la ley, hipócritas que la adulteran; con esto parece apuntar a los escribas fariseos.

La gran virtud de los testamentos —en particular del de Isacar— es la *haplotes* o simplicidad, reverso de la hipocresía farisea. A lo largo de su desarrollo literario (140 a 110 a. C.) se van acentuando los trazos apocalípticos. Como obra de carácter esenio, subraya la fidelidad a la ley e insiste, más que en las leyes generales, en una moral encratita que concuerda con la de Qumrán: templanza, sujeción de las pasiones, del *amor habendi*, pureza, compasión por el pobre, ascesis sexual. Pondera la castidad de José, la de Raquel. El testamento de Rubén (5,1-3) es más misógino que los rabinos. Filón, en su *Apología de los judíos*, §§ 14-17, pone re relieve la misoginia de los esenios. Practican además ayunos, vigilias y son abstemios[34].

Considerando todos estos aspectos se puede decir que la comunidad que se refleja en los testamentos era parecida a la de Qumrán. La gran diferencia entre ambas estriba en que los esenios de los testamentos eran pacíficos, enemigos de la guerra. Filón, en *Quod omnis probus liber sit* (78), describe a los esenios como pacíficos y, en la misma obra (91), dice que la *koinonia* de los esenios supera toda ponderación. Los testamentos, junto con la Carta de Aristeas, son los libros judíos más ponderativos del amor, de la *agape*. El conocimiento se extenderá a todas las naciones (TestLev 18,9), Dios será glorificado por todos los

---

[32] A. Dupont-Sommer, *Nouveaux aperçus sur les mss. de la Mer Morte* (París 1953) 63-84; íd., *Les écrits esséniens découverts près de le Mer Morte* (París 1959) 313-318; M. Philonenko, *Les interpolations chrétiennes des Testaments des douze Patriarches et les manuscrits de Qoumrân* (Cahiers de la Revue d'Histoire et de Philosophie religieuses, núm. 35; París 1960) 59s.

[33] Cf. J. T. Milik, *Le Testament de Lévi en araméen. Fragments de la grotte 4 de Qumran: 4QTLevi ar:* «Revue Biblique» 62 (1955) 398-406.

[34] A. Jaubert, *op. cit.*, 272-278.

pueblos (TestJud 25,5), los justos de las naciones se reunirán (TestNef 8,3), los gentiles y los israelitas se congregarán en el templo (Test Benj 9,2) [35].

La Vida de Adán y Eva tiene también rasgos que hacen sospechar su origen esenio, como la separación por sexo de los animales en el paraíso y el exquisito cuidado en la sepultura de los muertos.

---

[35] A. Jaubert, op. cit., 279s.

IX

COMO ERA UNA COMUNIDAD ESENIA

Dada la importancia de las comunidades esenias o paraesenias en el desarrollo de la literatura apócrifa judía y dado que se han encontrado, entre los textos de Qumrán, fragmentos de varias de sus obras conocidas y de muchas desconocidas (que no forman parte de nuestra publicación), describimos a continuación la comunidad del Mar Muerto como modelo igual o parecido a la que dio origen a buena parte del conjunto de libros que publicamos. Conviene anotar que dentro del movimiento esenio había diversidad de grupos [1].

Parece ser que lo que determinó el origen de la comunidad de Qumrán fue el nombramiento de Jonatán, hermano y sucesor de Judas Macabeo, como sumo sacerdote. Este hecho se producía después de haber ocupado tal cargo los tres sacerdotes helenizados: Jasón, Menelao y Alcimo, nombrados por Antíoco IV Epífanes y Demetrio IV, y tras el vacío sacerdotal de los años 159-152 a. C. Tales circunstancias debieron de ser las que provocaron la retirada al desierto de los ḥasidim guiados por el Moreh ṣedeq o Maestro Justo. En 143-142 fue ejecutado, por orden de Trifón (1 Mac 12,48; 13,23), Jonatán, «el sacerdote impío», y a este hecho aluden 1QpHab 9,9-12 y 4QpSal 37,1,18-20. Por esta época se produjo la incursión de los partos en Babilonia (141-140), y muchos judíos que vivían allí huyeron hacia Palestina; cerca de Damasco se unirían a los ḥasidim del Moreh ṣedeq comenzando el movimiento esenio. Después se produciría el traslado a Qumrán, pero no antes del 128 antes de Cristo [2].

Cuando Simón, hermano de Jonatán, le sucede como sumo sacerdote, hacia el 140, parte de los ḥasidim, sobre todo sacerdotes del templo, se instalan en Qumrán sobre las ruinas de la «ciudad de la sal» (Jos 15,62), junto al Mar Muerto. La comunidad se amplió con la entrada de numerosos fariseos perseguidos por Juan Hircano (134-104), al final de cuyo reinado murió el Maestro Justo, superior de la congregación. Alejandro Janeo (103-76) continuó sin piedad la lucha contra los fariseos, a los que favoreció en cambio su esposa y sucesora, Alejandra (76-67). Durante los años 66-62 a. C., los romanos conquistaron el Medio Oriente y Palestina; son los kittim de los documentos de Qumrán. Los esenios abandonan el lugar en el reinado de Herodes el Grande (37-4 a. C.) y reaparecen en Qumrán en la época de Arquelao (4 a. C.-6 d. C.). El cenobio fue destruido el año 68 d. C., lo que causó el fin de la comunidad.

---

[1] Cf. A. González Lamadrid, Los descubrimientos del Mar Muerto (Madrid 1971) 211-219.
[2] A. González Lamadrid, op. cit., 124. Cf. también M. Delcor y F. García Martínez, Introducción a la literatura esenia de Qumrán (Madrid 1982) 52-54.

La comunidad de Qumrán se consideraba el auténtico Israel: la comunidad del éxodo, el resto de Israel; es una comunidad separada. 1QS 5,5 la denomina *yaḥad ha-berit*, «comunidad de la alianza». El término *yaḥad* significa comunión, los que están juntos [3]. El término se refiere a una comunidad religiosa reducida, de pocos miembros, seleccionados por un noviciado riguroso. Tal comunidad se califica a sí misma como santa (*yaḥad qodeš*, 1QS 9,2), fiel y pobre (*yaḥad emet wanwat*, 1QS 2,24), como comunidad de Dios (*yaḥad El*, 1QS 1,12; 2,22), fiel a Dios (*yaḥad amitto*, 1QS 1,26) y, naturalmente, como *yaḥad ʿolamim*, comunidad eterna.

Esta costumbre de adjudicarse epítetos de santidad es propia de todos los grupos religiosos que se forman dentro del judaísmo bajo el común denominador del jasidismo. Ya se encuentra en los escritos tardíos de la Biblia [4]. Pero no siempre estos epítetos reflejan una realidad, sino que expresan la vanidad del pueblo de Israel, que se consideraba santo porque estaba llamado a serlo (Lv 19,2; 11,44; 20,7.26; Nm 15,40; Dt 28,9) y decía ser lo que debía ser.

En el caso de Qumrán, estos calificativos debían de responder a una realidad no sólo cuando se aplican al *yaḥad* o comunidad inicial reducida, de pocos miembros, muy estricta y selectiva, sino también cuando se atribuyen a la *ʿedah*, comunidad amplia, de más miembros, destinada a abarcar a todos los verdaderos israelitas en el futuro escatológico inminente que ya en parte se realiza en Qumrán por la posesión del Espíritu Santo [5].

No ha de extrañar el elevado número de veces que aparece la denominación *ʿedah* en los textos de Qumrán, ya que el sentido clásico de tal término es el de «asamblea de guerreros», de hombres de armas. La *ʿedah* de Qumrán es una congregación de fieles al Señor, pacíficos en el presente, pero ejecutores en el futuro de la guerra escatológica contra los hijos de las tinieblas para constituir la gran comunidad escatológica de los fieles. Dado su propósito de formar, recurriendo incluso a la guerra santa, la congregación fiel a la alianza, se puede aplicar a sí misma con justicia los calificativos de «congregación santa» (1QSa 1,9.12.13), «congregación de Dios» (1QM 4,9) o «congregación de los pobres»

---

[3] Aparece 90 veces en los escritos de Qumrán, 63 de ellas en el documento más antiguo, el *Serek ha-yaḥad*, Regla de la Comunidad, del s. II a. C.; cf. José M. Casciaro, *El vocabulario de Qumrán en relación con el concepto de Comunidad*, en *XXVIII Semana Bíblica Española* (Madrid) 327s; cf. también, del mismo autor, *El vocabulario técnico de Qumrán en relación con el concepto de Comunidad. Estudios preliminares para una eclesiología bíblica*: «Scripta Theologica» 1 (1969) 1.ª y 2.ª parte.

[4] 2 Esd 8,57 y 8,28 llama a Israel los *hagioi*, los santos; Sab 17,2 los denomina pueblo piadoso (*laos hosios*), «semilla irreprensible» (*sperma ámempton*), pueblo santo (*laos hosios*, Dn 7,27; Dn 8,24 Teod.; 2 Mac 15,24; 3 Mac 2,6).

[5] *ʿEdah*, como denominación de la Congregación, figura 21 veces en 1QSa (Regla de la Congregación, escrita hacia el 110 a. C.), 17 veces en 1QM (Guerra) y 15 veces en CD o Documento de Damasco, documentos posteriores, el último de alrededor del año 60 a. C.; cf. J. M. Casciaro, *art. cit.*, 328.

(*'adat ebyonim,* 4QpSa 137: 2,10). La denominación de «pobres» cuadra a la *'edah* qumránica, pues practicaba la comunidad de bienes y la renuncia a ellos como parte de una vida de ascesis muy estricta que incluía el celibato [6].

Al ampliarse el número de miembros de la *'edah* se formaron comunidades menores. En Damasco existía una que prohibía, entre sus normas ascéticas, la poligamia del rey simultánea y, al parecer, sucesiva. Con el nombre griego de *terapeutas* había en Egipto comunidades esenias, cenobios de hombres y mujeres contiguos, pero separados, donde practicaban el celibato al igual que las comunidades de Palestina.

Las comunidades menores o filiales eran visitadas por un *mebaqqer,* un *episkopos,* que parece tener relación con los *episkopoi* de la primitiva Iglesia cristiana.

El uso tan frecuente en los aledaños del cristianismo del concepto de comunidad religiosa, santa y eterna realizado por grupos apocalípticos, que en tantos otros aspectos han marcado la expresión y el pensamiento del NT, aclara el hecho de que Mt 16,18 y 18,17 ponga en boca de Jesús la palabra *ekklesia* [7].

[6] Además de *yahad* y *'edah,* la literatura de Qumrán emplea las denominaciones de *qahal* y *sod* para designar la comunidad o congregación. Son términos menos precisos que los dos anteriores y menos utilizados: *qahal,* 16 veces en conjunto; *sod,* con otros significados además del de asamblea, se emplea casi únicamente en la *Hodayot* y 10 veces en 1QS; cf. J. M. Casciaro, *art. cit.,* 328s.

La indeterminación de sentido —una gran multitud— es propia de la voz *qahal* en la Biblia hebrea, donde aparece en escritos de todas las épocas, si bien el Deuteronomista concretó su significado como comunidad religiosa de Israel, llamada en los LXX *ekklesia.* J. M. Casciaro, previamente a sus estudios sobre la *ekklesia* en los textos de Qumrán, había estudiado los diversos términos para *ekklesia* en el Antiguo Testamento, cf. *El concepto de Ekklesia en el A. Testamento:* «Estudios Bíblicos» 25 (1966) 317-348, y 26 (1967) 4-38. En Qumrán es escaso el uso de *qahal* y sólo en poco más de la mitad de las veces denota la comunidad religiosa de Qumrán. *Sod* significa, en general, comunidad oculta, secreta; por tanto, pequeña. Se aplica en Qumrán especialmente a la comunidad esenia. Cuando *qahal* o *sod* designan a la comunidad de Qumrán van acompañados de los mismos epítetos que los otros dos términos antes señalados, *yahad* y *'edah: qahal* de Dios (1QM 4,10; 1QSa 2,4), *sod* santísimo (1QS 11,8), *sod* fiel, *sod* de santos, *sod* santísimo de Aarón, *sod* de la casa santa, *sod* de tu fidelidad; cf. J. M. Casciaro, *art. cit.,* 325-433, que estudia todos estos términos en los diversos documentos de Qumrán.

Acerca del celibato de los esenios, cf. Marc Philonenko, *Essénisme et misogynie:* «Académie des Inscriptions et Belles Lettres, Comptes rendus 1982» (abril-junio; París 1982) 339-350; A. Marx, *Les racines du célibat essénien:* «Revue de Qumrân» 27 (1970) 223-342.

[7] *Ekklesia,* en los LXX, es versión normal de *qahal,* pero lo mismo pudiera ser traducción de una de las otras cuatro palabras que significan en Qumrán «comunidad». J. M. Casciaro, *El vocabulario técnico de Qumrán en relación con el concepto de Comunidad. Estudios preliminares para una eclesiología bíblica,* en «Scripta Theologica» 1 (1969) 304, ha encontrado apoyo léxico y conceptual para el dicho de Jesús de Mt 16,18, que la crítica literaria suele atribuir a factura de la comunidad cristiana: «Y sobre esta piedra edificaré *mi Iglesia* y las puertas del infierno no prevalecerán contra ella». En 1QH 6,26 se dice: «Tú has sentado la comunidad sobre roca» *(tasim sod 'al sela');* 1QH 7,8-9 reza: «Tú has establecido sobre roca mi casa (= mi comunidad) y las bases eternas de mi comunidad» *(we-taken 'al sela' mabniti*

La comunidad de Qumrán es cismática, separada del conjunto del pueblo de Israel, de su sacerdocio oficial y de sus clases dirigentes, escribas y fariseos. Estaba formada en gran parte por sacerdotes que no pudieron aceptar la sustitución del sacerdocio sadoquita, el de Onías III y sus descendientes, por uno que no lo era, el de los descendientes de Pinjás, el de los Hasmoneos. Tampoco admitieron el cambio de calendario impuesto en tiempo de Jonatán, es decir, el calendario lunar, que sustituía al solar seguido por los qumranitas y Jubileos. En el fondo del cisma estaba su disconformidad con el pueblo de Israel extramuros de la secta, que se autodenominaba pueblo de las promesas, de la alianza, pueblo de Dios, sin serlo realmente. Ellos, los miembros de Qumrán, sí lo eran o querían serlo verdaderamente. No bastaba, pues, con ser israelita de nacimiento; se necesitaba además la «elección» de Dios para ser miembro de la comunidad de la salvación. La Torá salva, pero únicamente la que es interpretada mediante la exégesis de Qumrán; la otra Torá no salva.

Lo clásico había sido dividir a los hombres entre Israel, pueblo de Dios, y los gentiles. El Tercer Isaías distingue en el propio Israel entre «siervos de Yahvé», «elegidos» e «infieles», entre los que se salvarán en el juicio divino y los que serán condenados. En esta misma línea, los qumranitas señalan la existencia en Israel de una congregación de santidad (1QS 5,20) y otra de hombres perversos (1QS 5,1). Aunque la Biblia llama de vez en cuando a Israel «mi elegido», «mis elegidos» de entre las naciones (Is 43,20; 45,4; Est [LXX] 8,12; Sal 105,6.43; 106,5; Is 65,15), el término «los elegidos» se convierte en Qumrán en apelación corriente de la secta, no indicando una elección entre las naciones, sino entre los israelitas particularmente. La comunidad que nos ocupa se consideraba el resto de Israel, los hombres del lote de Dios (1QS 7,2), «los hijos de la gracia» (1QH 17,20), la secta era comunidad

we-ʾušey ʿolam le-sodi). También Jesús pudo hablar de «mi Iglesia» (mou ten ekklesian) en dicho texto, pues los pešarim y Hodayot de Qumrán hablan de «su congregación» o de «mi congregación». 4QpSal 37:1,5 y 2,5; 4QpIsd 1,3 emplean literalmente la expresión «congregación de su elegido» (ʿadat behiro). Este «elegido» de Dios en el pešer al Sal 37 es el moreh ṣedeq, fundador y organizador de la secta. Así se le llama en 1QpHab 9,12 (en 1QpHab 5,4 el elegido es el pueblo de Israel).

Por su parte, las Hodayot, por tres veces (1QH 5,24; 7,9, y 14,18), hablan de sodi, «mi comunidad», refiriéndose al Maestro Justo; cf. J. M. Casciaro, art. cit., 305-307. Si este Maestro puede hablar de su comunidad, ¿por qué Cristo no pudo emplear el mismo lenguaje? Como Jesús en Mt 16,18 y en los versículos de la perícopa correspondiente se expresó en arameo, debió de emplear el término qahalá, equivalente al hebreo qahal, traducido ekklesia por los LXX, o bien kenista, equivalente al keneset hebreo, del griego synagoge traducción normal de ʿedah en los LXX. En hebreo moderno, a la Iglesia se la llama kenesia. Sin embargo, no se puede descartar la posibilidad de que Jesús hablase hebreo, o que, expresándose en arameo, emplease términos técnicos como sod. Este término, en concreto, se prestaba a un juego de palabras (parece tener dos sentidos en 1QH 7,8-9; cf. A. Jaubert, op. cit., 154), muy del gusto del judaísmo. Como en la perícopa de Mt 16 Jesús emplea el tarté mišmaʿ o doble sentido de una palabra (kefa significa roca y Pedro), sod pudo ser utilizado por Jesús significando «fundamento» y «comunidad».

de santos[8]. Los qumranitas eran esenios, término que parece traducir *ḥasenim* «los fieles», «los leales» entre los israelitas.

Todas estas calificaciones manifiestan la conciencia que los sectarios de Qumrán tenían de ser el verdadero Israel, el Israel de Dios. También los fariseos se consideraban «santos», «fieles», pero el *Pešer* de Nahún (4QpNah) los descalifica repetidamente. Este descrédito se debe a que no interpretan la ley con tanto rigor como los qumranitas, sino que lo hacen suavemente, «mentirosamente» (4QpNah 2,2; 2,6). Por eso los fariseos serán castigados por el león furioso (Alejandro Janeo). «Los fieles», «los santos», son los miembros de la comunidad de Qumrán.

Los qumranitas, al igual que Pablo, tuvieron que justificar su cisma del Israel *kata sarka:* ¿a qué se reducen todas las promesas hechas a los patriarcas de alianza eterna con sus descendientes? Para el judaísmo de los fariseos y el rabinismo, la condición de ser hijos de Abrahán según la carne era prenda de alianza eterna y de salvación[9]. Para los profetas, la fidelidad de Dios a las promesas hechas a los patriarcas se había reducido a la salvación de un «resto» *(leima,* cf. 1 Re 19,18; Am 5,15; Is 1,9; 10,20-25; 14,32; 10,2; Jr 31,2). El primer apoyo conceptual de la comunidad cismática fue, pues, la teología del «resto» de Israel[10]. Aparte de este apoyo bíblico, la secta elaboró toda una teología justificativa de la secesión. Como el resto de los apocalípticos, los de Qumrán se creían en posesión no sólo de la revelación bíblica, que es una fracción mínima —dos de las siete tablas que contienen en el cielo toda la revelación—, sino de la revelación cumplida que se hizo a los patriarcas, al mismo Adán, a los profetas, y que fue olvidada o perdida. Dios volvió a revelarse a los autores de la literatura apocalíptica y así a los miembros de la comunidad de Qumrán, particularmente a algunos de ellos y en especial al Maestro Justo, gran intérprete de la Escritura (1QpHab 2,8)[11], «a quien Dios había dado a conocer todas las palabras de los profetas» (1QpHab 7,4-5).

Por tanto, además de la Torá de Moisés, a cuyo estudio y práctica se aplicaban con celo sin igual, además de la revelación a los profetas, entre los cuales contaban a los patriarcas, existía una revelación de los misterios *(razim)* y secretos *(sodim),* comunicados a los miembros de la secta[12]. Gran parte de estos misterios se referían a la historia del mundo, pasada, presente y futura o escatológica. Los sectarios disponían, pues, de revelaciones profanas y del don de interpretar las palabras de los profetas. Consideraban estas palabras como anuncios típicos de la historia presente y futura y, más que como profecías, como sueños simbólicos que había que explicar, del mismo modo que lo hizo José

---

[8] A. González Lamadrid, *op. cit.,* 175.
[9] San. 10,1.
[10] A. González Lamadrid, *op. cit.,* 172s.
[11] Cf. Daniel Patte, *Early Jewish Hermeneutic in Palestine* (Missoula 1975) 215-218.
[12] Cf. D. Patte, *op. cit.,* 218-227.

con los sueños de sus compañeros de cárcel y Daniel con los que aparecen en el libro que lleva su nombre. Por eso en Qumrán abunda la literatura de *pešarim,* de interpretación de sueños.

El estudio constante de la ley de Moisés —que se había perdido hasta el gran sacerdote Sadoq, en tiempos de David (CD 5,2-5)— y del resto de las revelaciones, graciosamente otorgadas por Dios a los miembros de la secta, les certifica que fuera de ella no hay verdadero conocimiento de la ley y de la verdad, que existen maestros de la mentira y del error.

A pesar de que los miembros de Qumrán creían en la libertad, admitían la predestinación para el bien y para el mal [13]. Como todos los apocalípticos judíos, afirmaban que Dios tiene escrita de antemano la historia del mundo y de los humanos. Ellos, naturalmente, habían sido predestinados para el lote de la luz (1QM 13,9). Tal predestinación no se funda tanto en la descendencia de los patriarcas o sus méritos —aunque recuerdan la alianza de los Padres— como en una elección gratuita. Insisten particularmente en esa elección las *hodayot,* salmos de la comunidad, no individuales. Esta teología justificaba que los qumranitas fueran el verdadero Israel, el heredero y continuador de las promesas.

La salvación por gracia y no por las obras es, según Sanders, la única soteriología de Qumrán; es la doctrina constante, con pequeñas variaciones según los documentos. No hay otra teología de salvación por las obras. El cumplimiento de los mandamientos es condición y exigencia para permanecer en la elección, en la alianza con Dios, pero es él quien salva. La humana propensión al pecado, que tanto ponen de relieve las *hodayot,* como en general toda oración en que el hombre se enfrenta a Dios, no desaparecerá hasta el advenimiento del final escatológico. Sin embargo, los esenios de Qumrán tienen medios para expiar sus transgresiones, aunque no todas, al menos según 1QS. Los que están fuera de la alianza no pueden alcanzar misericordia ni perdón, sólo les espera el castigo por sus malas obras [14].

La importancia de los sacerdotes entre los esenios de Qumrán no deriva únicamente de que el núcleo inicial de la comunidad fuera un grupo de sacerdotes sadoquitas que rompieron con el templo y su sacerdocio, con el «sacerdote impío» (al parecer, Jonatán o Simón, hasmoneos), sino que se debe, sobre todo, al nexo íntimo que liga santidad y sacerdocio desde el AT. En el consejo supremo de la comunidad había doce laicos y tres sacerdotes, representantes de los tres hijos de Leví (Gn 46,11). El consejo de jueces, según DC 10,4-6, se componía de seis laicos y de cuatro sacerdotes o levitas. La división menor de la comunidad constaba de un sacerdote y diez laicos (1QS 6,3-4). En la guerra

---

[13] Cf. A. González Lamadrid, *op. cit.,* 186-189.

[14] Cf. E. P. Sanders, *Paul and Palestinian Judaism,* 316-321; 291-293 y el apéndice 4, donde Sanders refuta la doble vía de salvación postulada por Schulz; una vía de salvación es por sola gracia, que es la soteriología de las *Hodayot* y 1QS, pero no de todos los textos de Qumrán; cf. Sanders, *ibíd.,* 327s; otra vía es la salvación por las obras.

escatológica es el sacerdote quien arenga a las tropas, y sacerdotes son los que hacen sonar las trompetas de ataque. En el banquete escatológico los sacerdotes se sientan antes que el mesías de Israel y los jefes de tribu; un sacerdote bendice las primicias del pan y del vino (1QSa 2,11-12). «Sólo los hijos de Aarón deciden en materia de derecho y bienes» (1QS 9,7). En las resoluciones prácticas tenían preferencia, si bien les acompañaban laicos (1QS 5,2). Impartir la enseñanza era tradicionalmente función de los sacerdotes (Lv 10,11; Dt 33,10; Mal 2,7; Eclo 45,17; Jub 31,15) y así continuó siendo en Qumrán, lo mismo que la vigilancia del cumplimiento de las leyes (1QSb 3,22-25). El jefe principal de la comunidad de Qumrán era un sacerdote llamado *moreh ṣedeq*, maestro justo.

Debido a este destacado papel del sacerdocio se designa varias veces a la comunidad con la fórmula «Aarón e Israel» (CD 1,7, etc.; 1QS 5,6; 1QM 3,13-14). Los laicos participaban de ciertas funciones de los sacerdotes, de su santidad, de su obligación de servir a Dios; pero, según la regla de Qumrán, cada uno debía mantenerse en el puesto que le correspondía según su espíritu. El sacerdote debía discernir mediante un examen anual el puesto de cada uno, adelantarlo o retrasarlo, según su conducta (1QS 5,20-24). Si todo Israel, según los documentos sacerdotales, tenía que ser santo (Lv 19,2; Dt 7,6; 14,2), si todo el pueblo debía ser «raza santa» (Esd 19,6), los laicos de Qumrán debían serlo a título especial, participando de la santidad de los sacerdotes [15].

El predominio de los hijos de Sadoq, los sacerdotes, en la secta del desierto hizo necesaria una teología del templo y de los sacrificios. Durante la época en que los israelitas permanecieron en el desierto, el pueblo había contado con la presencia de Dios en la tienda. Dios estaba con ellos y con ellos se desplazaba. En Qumrán, la comunidad misma era el nuevo templo (1QS 5,5ss; 9,3ss; 4QF1; 4QpIsa) [16], el santo de los santos. Un templo espiritual, no material como el levantado en Egipto por un grupo de sacerdotes oníadas y levitas. Este nuevo templo no tenía necesidad de sacrificios cruentos: bastaban los sacrificios espirituales. ¿No habían proclamado acaso los profetas Amós, Oseas e Isaías que más vale la justicia y la misericordia que los sacrificios? La *Regla de la Comunidad* dice: «Cuando estas cosas sucedan en Israel, en el momento fijado, la institución del Espíritu Santo, fundada en la verdad eterna, *expiará, sin necesidad de la carne de holocaustos ni de la grasa de los sacrificios, las rebeliones culpables y las infidelidades pecaminosas,* para tornar propicio sobre la tierra el beneplácito divino. La *ofrenda de los labios,* con el respeto del derecho, será como suave olor de justicia, y la *vida perfecta* será como la *ofrenda voluntaria de una oblación agradable»* (1QS 9,3-5) [17]. En este nuevo culto se asocian los ángeles a los hombres; el sacerdote es como un ángel de la presencia de Dios. Para

[15] A. Jaubert, *op. cit.,* 143-152.
[16] Cf. A. Jaubert, *op. cit.,* 159; A. G. Lamadrid, *op. cit.,* 174s.
[17] Cf. A. Jaubert, *op. cit.,* 166-172.

Qumrán, la oración, la buena conducta, el sacrificio espiritual expiaban los pecados de la comunidad; el destierro de la secta expiaba asimismo los pecados de una Jerusalén y un templo impurificados. La expiación o intercesión de un sacerdocio interior y de un culto espiritual, según Filón, abarca un horizonte universal, pues beneficia a todos los hombres. Para el filósofo alejandrino, Abrahán, el justo, es salvador y médico de todos los hombres [18].

La función expiatoria de la secta, de un grupo de sacerdotes y de laicos, consistía en borrar el pecado, en purificar lugares o personas. Según G. Klinzing [19], en 1QS 8,2-8; 8,8-10; 9,3-6; 5,4-7, el sujeto de la expiación es siempre la comunidad de Qumrán, que expía con el sufrimiento del destierro. Sin embargo, Sanders opina que el sujeto que expía es el grupo de los quince miembros selectos de la comunidad por medio de las buenas obras y los sufrimientos [20]. Dios, único que puede quitar el pecado, había confiado a los sacerdotes, según la Biblia, la expiación mediante determinados ritos y sacrificios. Qumrán no impugna los sacrificios y la comunidad de Damasco envía ofrendas al templo de Jerusalén, pero no los poseen, los esperan para el futuro escatológico. No les queda, pues, más que la expiación por las buenas obras, el sufrimiento, la conversión y la oración. Aunque se menciona tres veces (1QS 8,6.10; 9,4) la expiación del «país» (ereṣ), esto se refiere a una expiación vicaria —como la del Siervo de Yahvé— por los miembros de la secta, no por Israel, ni mucho menos por los pecados de las «naciones de vanidad».

Respecto a los impíos de Israel y de las naciones, la función de los sectarios es la aniquilación (1QM 12,11-12; 1QH 4,26; 6,18.30-32; 1QS 4,12; 1QSa 1,21, guerra escatológica contra los goyim; 1QpHab 13,3-4; CD 20,33-34) [21]. Tal actitud inmisericorde de odio, guerra y destrucción contra todos los impíos se apoya en ejemplos bíblicos, como el de los levitas que mataron a los idólatras israelitas al pie del Sinaí (Ex 32,36-39), o el de Pinjás, que había merecido la alianza del eterno sacerdocio por atravesar a una madianita y a su cómplice israelita (Nm 25,12-13); se apoya asimismo en el mandamiento de verter la sangre del que haya impurificado el país derramando sangre (Nm 35,33-34) y en aquellas frases de la Biblia que pregonan el odio de Dios al pecado y el castigo de los impíos. Así, por ejemplo, en Jr 48,10 se lee: «Maldito quien hace blandamente el trabajo de Yahvé; maldito quien priva de sangre a su espada». Si Dios mismo castiga a los impíos para hacer triunfar su santidad (Is 59,15-18; 66,6.15.16; Ez 38,17s; Zac 14,3-5. 12), los de Qumrán debían empuñar la espada para ser testigos de la justicia de Dios contra ellos y establecer la santidad en el mundo. Su

---

[18] A. Jaubert, op. cit., 404-406.
[19] G. Klinzing, Die Umdeutung des Kultus in der Qumrangemeinde und im Neuen Testament (SLLNT 7; Gotinga 1971) 72.
[20] P. E. Sanders, op. cit., apéndice 3, 326s.
[21] A. Jaubert, op. cit., 173s.

expiación, pues, no limpia pecados fuera de la secta; en cambio, su justicia vindicativa alcanza la ancha geografía de los pecadores (cf. 1QM 1, 1-7; 2,1ss).

La comunidad qumranita era una *koinonia* o comunión de hermanos[22]. Para los sectarios, el odio a los impíos era un mandamiento (1QS 9,16), odio en proporción de su impiedad (1QS 1,9-11). El profeso, al ingresar en la comunidad, juraba amar lo que Dios ha escogido y odiar lo que ha despreciado (1QS 1,3-4). Se trata de un odio fundado en la *imitatio Dei*. Odian a los sacerdotes hasmoneos que han profanado el templo; el que vaya con ellos será castigado (CD 5,15-16,2).

Por el contrario, respecto a los miembros de la secta el mandamiento era de amor, de hermandad, *ahabat ḥesed,* amor fiel (1QS 5,25). Esto se refiere a los miembros que perseveran en la comunidad, no a los que la han abandonado o aún permanecen sin observar sus leyes (CD B 1, 32-2,1; B 2,1-8). La comunidad fiel es un *yaḥad,* una unión o comunión entre los miembros del cenobio, que se intensifica cuanto mayor es su mérito y conocimiento. La alianza no se realiza sólo con Dios; es también alianza con la comunidad. *Berit,* por tanto, se convierte en sinónimo de alianza y de comunidad, en la que ingresan para unirse (1QS 1,8). «Comen en común, bendicen en común y en común deliberan» (1QS 6,2-3); las decisiones se toman democráticamente, solidariamente (1QS 5,21; 6,24). Son responsables unos de otros, y una de las manifestaciones de esa responsabilidad es la corrección fraterna, que se efectúa en el mismo día con el fin de no cargar con la falta del hermano (1QS 5,25-6,1). Tal corrección se realiza con humildad, verdad y amor leal (1QS 5,25). Es característico de Qumrán censurar al prójimo delante de testigos antes de acusarlo ante los *rabbim* («muchos»), la comunidad. Esta práctica recuerda la de Mt 18,15s. En caso de falta grave, la comunidad puede reaccionar excomulgando al pecador, eliminándolo de la secta.

Las comidas de los esenios eran sagradas, pero no consta que fuesen sacrificiales ni que hubiera sacrificios de animales, como alguien ha querido deducir por el hallazgo de huesos en Qumrán. Esos huesos acreditan que podían comer carne además de pan y agua o pan y vino en fiestas, tales como Pascua, primero de año y de estación, de las Semanas, según informa el libro de los Jubileos. A los terapeutas, por el contrario, les estaba vedado comer carne y beber vino. Estas comidas ordinarias, al igual que el banquete escatológico, tenían carácter sacro. Se realizaban después de un baño, con vestiduras sagradas y en silencio. Recuerdan las comidas de los sacerdotes de servicio en el templo, para las cuales tenían que lavarse las manos, y las de las *ḥaburot* fariseas[23] o *tyases* grecorromanas. Eran actos de alianza entre los comensales, como todas las comidas de los pueblos semitas, y probablemente también de alianza

---

[22] A. Jaubert, *op. cit.,* 180-189.
[23] Cf. P. Lieberman, *The Discipline in the so-called Dead Sea Manual of Discipline:* JBL (1952) 199-206.

con Dios y con los antepasados. Pertenecían al tipo del banquete mesiánico futuro en que estarían presentes el Mesías de Aarón y el de David [24].

La *koinonia* de Qumrán comprendía a los miembros de la secta y a los «santos», denominación que utilizaban también para designar a los ángeles. La liturgia celeste de los ángeles y la terrestre de los sectarios se correspondían gracias al calendario solar mantenido por éstos. Los ángeles participaban en la liturgia qumranita, y los miembros de la secta, en la angélica. En realidad, ángeles y sectarios formaban una única asamblea; los ángeles, los «conocedores», tenían parte también en la alianza.

La comunidad esenia es una nueva alianza [25]. Aunque en Qumrán la alianza se refiere siempre a los patriarcas y no a Moisés, el fragmento 1Q34 *bis* la relaciona con la alianza del Sinaí, del mismo modo que el rabinismo. A pesar de creer que la nueva alianza de su comunidad es eterna como la profetizada en Ez 37,26 e Is 55,3, no se trata aún de la definitiva alianza escatológica, que esperan inminente. Esta se efectuará con la comunidad presidida por el Germen de David, el Mesías, sin el cual la *koinonia* no será perfecta. Tal alianza escatológica incluirá «los cielos nuevos y la tierra nueva» de Is 66,22, «la cosa nueva a punto de germinar» de Is 43,19, es decir, un mundo nuevo, «salvación eterna, paz perpetua e indefectible» (1QH 15,16). De esta nueva alianza quedan excluidos los israelitas que no obedecen la ley de Moisés tal y como se interpreta en Qumrán; los que no acatan las *halakot* reveladas a los sacerdotes de Qumrán, *halakot* que los sectarios no pueden comunicar a nadie fuera de la comunidad (1QS 5,8-9; 5,11).

Las gentes de Qumrán tienen conciencia de vivir en los últimos tiempos [26], de pertenecer a la generación postrera, a los cuarenta años que restan para la llegada plena del fin con el triunfo de los hijos de la luz sobre Belial, que domina el presente (CD 4,12-15). Han empezado ya los dolores de parto del Mesías, lo que el rabinismo llamará *ḥable mašiaḥ*: Sión engendra con dolores un varón (cf. Is 66,7), el consejero maravilloso de Is 9,5, que significa a la vez el pueblo escatológico y el rey mesías. La comunidad se ha exiliado para prepararse a los últimos tiempos, para revivir la experiencia de Israel en el desierto. Había que realizar la conversión en el desierto, lugar de los desposorios de Israel y Dios (Jr 2,2-3), para entrar en la tierra prometida que se acerca. Siguiendo esta misma idea, una serie de pseudomesías habían reunido partidarios en el desierto antes de entrar en el reino mesiánico. Juan Bautista fue al desierto; Jesús permaneció en él cuarenta días, equivalentes a los cuarenta años de la estancia de los israelitas. El Segundo Isaías invita a preparar el camino del Señor en el desierto (1QS 8,12-14).

[24] M. Black, *The Scrolls and Christian Origins* (Londres 1961) 102-111; J. van der Ploeg, *The Meals of the Essenes*: JSS (1957) 163-175.

[25] A. G. Lamadrid, *op. cit.*, 173.

[26] A. G. Lamadrid, *op. cit.*, 166-169.

Seis textos de las *Hodayot* sitúan en el futuro la salvación de los justos (1QH 3,20s; 14,15s; 17,10s), pero es exclusivo de Qumrán el que se hable otras veces de una escatología realizada ya en la comunidad. Ya están presentes la resurrección, Dios y los ángeles, la renovación de la creación y del hombre (1QH 11,3-14), la nueva creación (1QH 15,14-25), la salvación del *šeol* (1QH 3,19-36) y, sobre todo, el Espíritu y el don del conocimiento. Se trata de un espíritu purificador, siendo característico de Qumrán el dato de que el Espíritu de Dios se dé no sólo a los individuos, sino también a la comunidad [27].

---

[27] A. Jaubert, *op. cit.*, 238-244.

X

COMUNIDADES FARISEAS

Los fariseos[1] surgen probablemente del movimiento jasídico del siglo II a. C. y quedan como únicos representantes del judaísmo de tendencia liberal —hillelita— después de la destrucción de Jerusalén en el año 70 d. C., con el nombre de *rabbis* tras el sínodo de Yabné. Los fariseos tomaron de los *ḥasidim* la creencia en los ángeles y en la resurrección, cosa que no hicieron los saduceos. Se diferencian de los grupos apocalípticos, esenios o paraesenios en muchos aspectos, por lo cual los sectarios de Qumrán les dedican epítetos y expresiones despectivas: «apóstatas», «maestros hipócritas», «transgresores de la alianza», etc. Los esenios de Qumrán, si bien no escriben normalmente en estilo apocalíptico, tocan muchos temas apocalípticos y sueñan con la pronta instauración del reino de Dios. Los fariseos, en cambio, son más realistas y se oponen normalmente a las especulaciones escatológicas y al cálculo del *qeṣ* o final de los tiempos, que animó tantas revueltas contra los romanos, poniendo en peligro la supervivencia del pueblo mismo. Su doctrina se concentraba en la observancia de la ley escrita y de la tradición halákica o ley oral. Los saduceos admitían la ley escrita, pero no la oral[2]. Por medio de su interpretación, los fariseos procuraban acomodar la ley con mucha flexibilidad a las realidades del momento. Así, por ejemplo, los apocalípticos se dejarían matar antes de violar el descanso sabático, y, según 1 Mac 2,29-38, un grupo de *ḥasidim* optó por no defenderse ante un ataque del enemigo seléucida en tal día. Según los esenios de Damasco[3], si alguien cae en sábado dentro de un pozo lleno de agua o en otro lugar, no se le puede sacar valiéndose de escalera, cuerdas u otro objeto. Sin embargo, para el judaísmo farisaico «todo peligro de muerte anula el sábado»[4], pues «se puede profanar el sábado por un hombre para que éste pueda observar muchos sábados»[5]. La ley interpretada flexiblemente —más en la escuela de Hillel y menos en la de

---

[1] L. Finkelstein, *The Pharisees. The sociological background of their faith*, 2 vols. (Filadelfia ³1966); J. Jeremias, *Jerusalén en tiempos de Jesús* (Madrid, Ed. Cristiandad, ²1980) 261-281; W. Beilner, *Der Ursprung des Pharisäismus:* BZ 3 (1959) 235-251; J. Bowker, *Jesus and the Pharisees* (Cambridge 1973) 1-37 (no hay que identificar a los *perušim* de la literatura rabínica, muy denigrados en diversos pasajes de ella, con los fariseos de tiempos de Jesús). Acerca de Jesús y los fariseos, cf. K. Schubert, *Jésus à la lumière du judaïsme du premier siècle* (París 1974) 41-69. Sobre las sectas judías en tiempos de Jesús, cf. M. Simon, *Les sectes juives au temps de Jésus* (París 1960; traducción castellana: Buenos Aires 1962). El cap. II de la traducción castellana de esta obra, pp. 12-21, trata de saduceos, fariseos y zelotas.

[2] Cf. J. Le Moyne, *Les Sadducéens, Études Bibliques* (París 1972); K. Schubert, *op. cit.*, 69-77.

[3] Documento de Damasco, 11,16s.

[4] Yom. 8,6.

[5] bŠab. 151*b*.

Šammay— es el centro de la vida del fariseo; la ley más que la alianza, ya que la alianza es para la ley y no la ley para la alianza. La ley ha sido el instrumento de la creación. La Sabiduría, instrumento de la creación del mundo, se identifica con la ley según la literatura sapiencial del AT. «Los israelitas son amados por Dios porque a ellos se les ha dado el instrumento con que el mundo ha sido creado» [6].

Los fariseos heredaron esa centralización de la vida religiosa en el cumplimiento de la ley de la reforma de Esdras, el cual representaba la concepción legalista de los sacerdotes desterrados en Babilonia, quienes, a su vez, personificaban el legalismo, la religión del pacto, propia del reino del Norte. También los grupos preesenios, esenios o paraesenios se distinguen por su máxima devoción a la ley, frecuentemente incluso más que los fariseos, pero contrariamente a éstos suelen clasificar a los que no pertenecen a su círculo como «hijos de las tinieblas». Así, los esenios de Qumrán se llaman a sí mismos «hijos de la luz» y consideran a los fariseos «hijos de las tinieblas», a los que hay que odiar (1QS 1, 9-11). Los fariseos, aunque también son elitistas —«separados» significa su nombre—, profesan una doctrina de salvación muy generosa para los israelitas: «todo Israel tiene parte en el mundo futuro» [7]. Respecto a los gentiles, su actitud salvífica suele ser bastante menos magnánima y difiere según sean los libros y los maestros. En general, la literatura apócrifa de origen helenístico es normalmente más favorable a los gentiles que la de Palestina; sin embargo, hay excepciones.

Los fariseos, laicos piadosos, solían ser presididos por escribas, laicos cultos. Tuvieron un gran ascendiente en el pueblo, sobre todo en el siglo I d. C., pero no puede afirmarse que fueran los representantes del judaísmo normativo hasta finales del siglo I, cuando quedaron eliminadas las demás sectas judías.

Apócrifos surgidos de medio fariseo son, además de los Salmos de Salomón, de los que ya hemos hablado anteriormente, dos obras escritas a finales del siglo I d. C. o principios del II: 4 Esdras y 2 Baruc. Ambas fueron redactadas por fariseos cultos y se clasifican como apocalipsis fariseos. Las ideas apocalípticas y la creencia en una escatología próxima encontraron cierto escepticismo en el fariseísmo antes de la destrucción de Jerusalén, después del año 70 logra cierta entrada en el judaísmo farisaico «normativo» [8] que se formó entonces y perdura en ese ámbito hasta la mitad del siglo II, pero nunca tuvo en el rabinismo normativo el influjo que había tenido antes del año 70 [9].

4 Esdras contempla con pesimismo la historia de Israel tras el descomunal desastre de la destrucción de Jerusalén. ¿Cómo se compagina tal calamidad con las promesas hechas a Israel? ¿Cómo explicar la tris-

[6] Pirqé Abot, 3,15.
[7] San. 10,1.
[8] Cf. K. Schubert, op. cit., 61, pero cf. nota 4 del apartado XIII.
[9] Cf. J. Schreiner, Die apokalyptische Bewegung, en J. Maier y J. Schreiner (eds.), Literatur und Religion des Frühjudentums, 244.

tísima realidad de Israel en el supuesto de que el mundo «ha sido creado por causa de Israel»? No sólo los paganos son infieles: lo es todo
Israel, y pocos, muy pocos israelitas se salvarán. 2 Baruc se pregunta:
¿Cómo no nos salvan los méritos de los patriarcas, los méritos de tantos
israelitas justos, las obras de la ley? [10].

---

[10] Cf. W. Harnisch, *Verhängnis und Verheissung der Geschichte. Untersuchungen
zum Zeit- und Geschichtsvertändnis im 4. Buch Esra und in der syr. Baruchapoka-
lypse* (Gotinga 1969).

XI

EL MEDIO PROFETICO

Hemos escrito acerca de los círculos jasídicos, esenios o paraesenios y fariseos como ambientes donde nació y se desarrolló la literatura apócrifa. Hay que citar también los medios sapienciales, donde nacieron apócrifos de carácter marcadamente sapiencial, como la Oración de Manasés, 4 Macabeos, Odas de Salomón y Salmos de Salomón. Sobre la literatura judeohelenística hablaremos más adelante.

Nos preguntamos ahora qué está detrás del movimiento jasídico, ese movimiento de piadosos levitas, sacerdotes, sabios, fieles observantes de la ley, que querían ser la verdadera comunidad cultual de Israel; ese movimiento que acabó enemistándose con el templo y sus sacerdotes, llegando a formar círculos sectarios que tenían la pretensión de ser el verdadero Israel, el resto de Israel. Más en concreto, nos planteamos la cuestión siguiente: ¿de dónde provino el movimiento apocalíptico, que se extiende prácticamente a todo el judaísmo sectario —excluidos fariseos, saduceos y samaritanos [11]—, con su énfasis insistente en la escatología, en la espera de un mundo nuevo?

G. von Rad [12] defiende que la apocalíptica es continuación del movimiento de los ḥakamim o sabios de la literatura sapiencial. Una prueba de ello sería el interés que muestran los apocalípticos por conocer los secretos de este y del otro mundo, la astronomía, etc. Otro argumento en favor de esta teoría se basa en la presentación que los escritos apocalípticos hacen de algunas de sus figuras principales. Daniel aparece como sabio (Dn 9,2) y no como profeta; interpreta comunicaciones ajenas, no propias. Tampoco Henoc es presentado como profeta, sino como sabio conocedor de los secretos celestes (1 Hen 37,2-4). Esdras es «escriba de la ciencia del Altísimo» (4 Esd 14,50). A veces el profeta Jeremías no figura como portador del mensaje de Dios y está subordinado a Baruc, según se deduce del libro de Baruc siríaco.

A pesar de esta opinión de G. von Rad, hoy se suele atribuir la apocalíptica a una corriente profética, empalmándola con el profetismo. Ya los profetas habían introducido la escatología en el pensamiento histórico de Israel [13]. En la literatura profética hay verdaderos fragmentos apocalípticos, como Is 24-27, donde aparece el tema de la resurrección, típico en ellos, y ese vademécum de apocalíptica que es el libro de Daniel. Is 63-65, Ez 38s, Jl 3 y Zac 9-14 también son fragmentos de este tipo. El Segundo Isaías habla de una nueva creación, de un inminente

[11] D. Patte, *Early Jewish Hermeneutic* (Missoula 1975) 131s, distingue también el movimiento apocalíptico de los miembros de Qumrán, pero admite lo que los de Qumrán tienen de apocalípticos.

[12] G. von Rad, *Teología del Antiguo Testamento* II (Salamanca 1972) 381-390.

[13] G. von Rad, *Teología...*, II, 148-155. M. McNamara, *Palestinian Judaism...*, 71-73.

futuro muy distinto del pasado. Ezequiel es el profeta que más rasgos apocalípticos presenta: carro celeste, traslados del profeta de un lugar a otro, uso de los símbolos del águila y del árbol (Ez 17), visión de las hermanas Oholá y Oholibá (Ez 23), visión de los huesos secos y vivificación de Israel (Ez 37), Gog y Magog y luchas contra los enemigos de Israel, visión de la ciudad futura, etc.

Los apocalípticos, al igual que los profetas bíblicos, sienten una honda preocupación por el futuro, por algo nuevo que Dios ha de enviar. El futuro traerá salvación. Desde los tiempos de David se esperaba que la salvación mesiánica se realizara por medio de un «ungido» histórico, un rey de estirpe davídica, pero después de la desaparición de Zorobabel, tras el destierro de Babilonia, tal salvación se proyecta hacia el futuro, y el mesianismo se torna escatológico.

La literatura sapiencial se interesa por lo cercano: por enseñar a vivir y a triunfar en la vida presente. La apocalíptica, en cambio, tiene la mirada clavada en el futuro, en la metahistoria, en el más allá. Tan sólo le importa el futuro: el presente interesa como preparación del futuro. La historia anterior al más allá, ya sea pasada, presente o futura, sólo es «historia damnata».

Al igual que los profetas, los apocalípticos hablan de la salvación y del juicio futuro de Yahvé, pero hay algo que los diferencia de los profetas y fariseos. Los apocalípticos esperan que el reino futuro de Dios tenga lugar como un corte abrupto en la historia, dando paso así a una salvación que Dios traerá sin concurso humano. Los profetas bíblicos y el fariseísmo, en cambio, concebían el reino de Dios como una continuación, una culminación de la historia, a la que se llega con el concurso de los hombres. La enemistad de los fariseos con los pecadores y el ʿam haʾareṣ («el pueblo de la tierra»), los incumplidores o ignorantes de la ley de Moisés, se justificaba en buena parte por el hecho de que sus pecados retrasaban la llegada del reino del Mesías o de Dios.

El corte de la historia en dos eones es algo típico de la apocalíptica, aunque, según G. von Rad[14], ya aparece en los profetas bíblicos, como en el Segundo Isaías y el Tercer Isaías. El eón del pecado abarca la historia de Israel y del mundo entero. Dura hasta la introducción del nuevo eón, el del reino de Dios, que es el de la salvación de los justos y la condenación o aniquilación de los malvados.

En varios de sus conceptos, la apocalíptica dependería de la cultura persa: la misma distinción de los dos eones, el acentuado dualismo entre ángeles y demonios. Algunos derivan también de tal influjo persa la idea de la resurrección de los muertos, la del juicio final del mundo por el fuego, la predeterminación del devenir de la historia y el infierno[15].

Una vez admitido que la apocalíptica proviene de la profecía, cabe preguntarse acerca de cuál es la corriente profética a la que se vincula el movimiento apocalíptico, pues es sabido que los profetas no siguie-

---

[14] G. von Rad, *Teología...*, II, 151s.
[15] J. Schreiner, *Alttestamentlich-jüdische Apokalyptik*, 177.

ron todos la misma teología. Por una parte, hay que tener en cuenta la teología vigente en el reino del Norte, la del Elohísta, llamada también del pacto o de la alianza. Yahvé pacta con Israel y lo salvará si cumple los mandamientos o estipulaciones del pacto[16]. En esta teología, la fidelidad del israelita es esencial para su salvación. Tal teología de las «obras» fue trasladada del antiguo reino del Norte al del Sur por el piadoso rey Josías (640-609), que, cuando acabó con los santuarios locales, centralizó el culto y concentró a los sacerdotes del Norte en Jerusalén. Llevó a cabo una verdadera reforma religiosa.

En el reino del Sur, en Jerusalén, dominaba otra teología, la de la promesa de Natán a David (2 Sm 7). La salvación de Israel llegaría por medio de un rey descendiente de David.

La teología del Norte era antimonárquica[17]; la del Sur, por el contrario, lo esperaba todo del rey davídida; esperaba más de él que de las buenas obras del israelita, obras difíciles de realizar, ya que el hombre está inclinado al mal (Gn 8,21). Esta doble teología se trasladó desde Jerusalén al destierro de Babilonia (586 a. C.). El profeta Jeremías sigue la teología del Norte, da gran importancia a las transgresiones del pueblo y postula un nuevo pacto (Jr 31,31ss) que cambie el corazón del hombre y lo habilite para no pecar.

En el destierro de Babilonia prevaleció la teología del Norte, y una de las causas fue que la monarquía davídica, aunque aún contaba con descendientes, había desaparecido prácticamente. Sin embargo, en la época final del destierro, un profeta anónimo, el Segundo Isaías, traslada al pueblo de Israel las promesas de la alianza hechas a David (Is 53,3)[18]. Israel, el siervo de Yahvé, va a ser la luz de las naciones. El siervo de Yahvé, actualizado por deraš en el pueblo de Israel (Is 44,1), ha sido despreciado por reyes y pueblos paganos, pero Dios lo exaltará. El Segundo Isaías es optimista, es el profeta de las consolaciones, cree aún en la teología de la promesa que se va a realizar muy pronto.

Otro profeta del destierro, Ezequiel, se decide por la teología del pacto, por la definitiva importancia de las obras, del cumplimiento de la ley, aunque introduce un correctivo en esa teología: el israelita es responsable únicamente de sus propias obras y no lo es de las de sus antepasados. Por lo demás, Ezequiel continúa defendiendo la retribución divina según sean las obras, buenas o malas, doctrina que pondrán en entredicho, por ir contra la evidencia, Job y Eclesiastés. Por otra parte, el Segundo Isaías había introducido una nueva corrección en la teología de la retribución: uno solo, el siervo de Yahvé, puede sufrir por otros (Is 53,13ss) con sufrimiento vicario. Esto representa un alivio para el que sufre siendo inocente, del mismo modo que para el pecador lo es la atrevida frase del mismo profeta: «Dios ha creado la luz como las tinieblas, el bien y el mal» (Is 45,7). Disminuir la responsabilidad

---

[16] Cf. W. Eichrodt, Teología del Antiguo Testamento I (Madrid 1975) 53-60.
[17] W. Eichrodt, op. cit., I, 410s.
[18] Cf. P. Sacchi, Apocrifi, 14-19.

del pecador cuadra con la teología del Sur y también con la de la apocalíptica, que insiste en explicar el mal mediante la intervención de agentes superiores al hombre, los ángeles vigilantes o caídos.

Sesbazar, el hijo del rey Joaquín, dirige el primer grupo de judíos que retorna del destierro; llega después su sobrino Zorobabel con ánimo de reconstruir el templo y contando con la ayuda del sumo sacerdote sadoquita Josué. De nuevo van a coexistir en Jerusalén dos o más teologías. El Tercer Isaías no participa ya del optimismo del Segundo Isaías, pues la exigua comunidad judía de Jerusalén se encuentra pronto dividida. Por una parte están Zorobabel, el sacerdocio sadoquita, representado por Josué, y los profetas Ageo y Zacarías, que esperan al descendiente de David. Por otra, los levitas desplazados, el Segundo Zacarías y el Tercer Isaías, que no creen en una restauración hecha por hombres, que proyectan la salvación del pueblo hacia un futuro con la intervención directa de Dios: Dios es quien creará la nueva edad, los cielos nuevos y la nueva tierra (Is 65,17ss; 66,22). El Tercer Isaías distingue claramente entre israelitas fieles e infieles, y amenaza a estos últimos con el juicio inminente de Dios. Este escrito presenta ya los ingredientes de la apocalíptica de Daniel y de otras obras posteriores: una minoría oprimida, que se considera justa, espera el juicio inminente de Dios, que sólo podrá remediar la triste realidad presente introduciendo una era totalmente distinta[19]. La teología del Sur, representada por Malaquías y por el Tercer Isaías (discípulo del Segundo Isaías), es abierta respecto a los paganos y a sus sacrificios (Mal 1,11). Los paganos vendrán en peregrinación al monte santo, a Jerusalén.

En el año 458 a. C. llega a Jerusalén el sacerdote Esdras, enviado por Artajerjes I. Más tarde, en el 445 lo hará Nehemías. Ambos representan la teología del Norte, que había prevalecido entre los judíos de Babilonia, y vuelven a Judea con la misma actitud cerrada ante el paganismo que siempre había tenido dicha teología. La ley, la ley de Moisés, estaba por delante de todas las cosas. Esdras acaba con los matrimonios mixtos y hace que se imponga la teología del Norte, la del pacto, la de la salvación por el cumplimiento estricto de la ley. La teología de la promesa sufre un eclipse. Transcurren unos siglos, durante los cuales se vive en torno al templo, con la teología estática y sin horizontes del Cronista, sin poner la vista en el futuro, ya que los profetas han desaparecido. La obra del Cronista (Crónicas-Esdras-Nehemías) hace una síntesis teológica, utilizando mucho el deraš y realzando la teocracia davídica y el culto.

De esta férrea comunidad de la ley se desgajan los samaritanos, dirigidos por verdaderos sacerdotes sadoquitas. Otro grupo disidente es el que se intuye en las obras canónicas de Rut, Jonás, Job y Eclesiastés; las tres primeras son totalmente abiertas a los paganos. Por último, hay que tener en cuenta el grupo de los apocalípticos, que en su fase antigua

---

[19] G. W. E. Nickelsburg, *Jewish Literature between the Bible and the Mishnah* (Londres 1981) 14.

(antes del 200 a. C.), representada por el Libro de los Vigilantes (1 Hen 6-36) admiten la inmortalidad del alma, lo que constituye una gran novedad en el judaísmo. Consideran además que el mal no sólo está inserto en la naturaleza humana, pues rebrotó inmediatamente después del diluvio, sino que se debe a una contaminación universal producida por el pecado de los ángeles vigilantes con las hijas de los hombres. La salvación está, pues, en el futuro, como dijeron el Segundo Zacarías y el Tercer Isaías. No se trata de una salvación por las obras del hombre, que, por su misma naturaleza, está inclinado al pecado (Eclo 15,14; 17, 31; 21,11), el *yeṣer raʿ* del rabinismo [20], y dominado por los poderes diabólicos. La salvación no vendrá en este eón, sino en el eón futuro que introducirá Dios o su mediador, el «Hijo del hombre», el «elegido» [21].

Durante el siglo II a. C. continúa vigente la teología del Norte en la sociedad conformada por Esdras, pero van cristalizando diversas corrientes: *ḥasidim*, helenistas, fariseos, saduceos, zelotas, etc. Las doctrinas pasan de unos a otros, se entrecruzan, y es difícil trazar el perfil de cada grupo. Las cuestiones y conceptos de los apocalípticos penetran en casi todos; incluso llegan a introducirse entre los fariseos las doctrinas de la resurrección y de los ángeles. Los helenistas saduceos son impermeables a la apocalíptica, y en parte también lo son los fariseos.

En este clima de división que reina en el Sur después de la vuelta del destierro se encuentra el punto de arranque de la apocalíptica, el cual se halla en los profetas, en la teología del Sur y especialmente en el Tercer Isaías [22].

[20] bQid. 30*b*. Cf. Gn 6,5; 8,21; 1 Cr 29,18; cf. también P. Billerbeck, *Komm.* IV, 466-483; S. Schechter, *Some Aspects of Rabbinic Theology* (Londres 1909) 242-292. Acerca del *yeṣer raʿ*, particularmente en el Targum del Pentateuco, cf. R. Le Déaut, *Alcuni usi della parola «cuore» nel Targum del Pentateuco* (Atti della seconda Settimana di Studio «Lingue e Antropologia Biblica nella Patristica»; Roma 1982) 735-744. Sobre el *yeṣer raʿ* en Ben Sira, cf. F. Hadot, *Penchant mauvais et volonté libre dans la Sagesse de Ben Sira* (Bruselas 1970). Sobre el *yeṣer* en Qumrán, cf. R. Murphy, *Yeṣer in the Qumran Literature:* Bib 39 (1958) 334-344. Más información bibliográfica en Le Déaut, *art. cit.,* 737.

[21] Este resumen de las dos teologías lo tomamos de la obra de P. Sacchi *Apocrifi,* 23-28. Acerca de la espera del mediador o mesías, cf. E. M. Laperrousaz, *L'attente du Messie en Palestine à la veille et au début de l'ère chrétienne* (París 1982), donde estudia el mesianismo de Qumrán, documento de Damasco, Testamentos de los Doce Patriarcas, Parábolas de Henoc etiópico, Salmos de Salomón, 2 Baruc y 4 Esdras.

[22] Cf. P. D. Hanson, *The Dawn of Apocalyptic* (Filadelfia 1975). Acerca de la literatura bíblica posexílica (500-200 a. C.), cf. M. McNamara, *Palestinian Judaism...,* 54-60, donde se data el Tercer Isaías en 520-500 a. C.; Is 24-27, *ca.* 400 a. C.; Zac 9-14, en el período griego; Malaquías, *ca.* 400 a. C.; Prov 1-9, *ca.* 480.

XII

EXEGESIS DE LOS GRUPOS JUDIOS APOCALIPTICOS

Gran parte de los apócrifos que publicamos son de estructura apocalíptica, como ya hemos señalado, y tienen su modo peculiar de hacer exégesis. Es difícil conocer a fondo este tipo de exégesis, ya que los apocalípticos no nos han legado dentro de su abundante literatura unos principios claros de su interpretación bíblica. Hay que deducirla, pues, de esa misma literatura, que afortunadamente es numerosa y está mucho mejor datada que la del judaísmo clásico. Esta ventaja, sin embargo, queda aminorada por la dificultad antes mencionada y por el hecho de no contar con los originales de las obras, ya que esta literatura se ha conservado en traducciones y a veces en traducción de traducción. Hay algunas excepciones, como Jubileos y 1 Henoc, de los que se han descubierto fragmentos [1] del texto arameo original en Qumrán, al igual que fragmentos arameos del Testamento de Leví y hebreos del Testamento de Neftalí. Las traducciones ocultan fácilmente un procedimiento muy importante en la exégesis judaica, el de la analogía verbal (*gezerá šawa*), que suele enlazar dos pasajes distintos de la Escritura e interpretar uno por otro.

La exégesis apocalíptica se diferencia de la del judaísmo clásico en varios aspectos:

1)   El judaísmo clásico únicamente admitía la revelación de la ley hecha a Moisés [2] y pensaba que no había otra revelación. Los apocalípticos, además de tal revelación, admitían la de las siete tablas escondidas en el cielo que habían sido reveladas a Moisés, patriarcas y profetas o al Maestro Justo de Qumrán [3]. La revelación, pues, estaba recopilada sólo en parte, ya que sólo se había consignado en la Torá de Moisés, la de dos de las tablas. Quedaban muchos otros secretos que, revelados a los antiguos, no habían sido conservados por escrito ni en la tradición, por lo que debían ser revelados de nuevo. El principio que regía la exégesis rabínica: «nada ha quedado en el cielo» [4], no valía para los apocalípticos. La revelación continuaba abierta.

2)   Los secretos de las siete tablas son revelados a los autores apocalípticos, y de ahí deriva el nombre de su literatura, ya que el término griego «apocalipsis» significa revelación. Ellos, como los antiguos patriarcas y los profetas, reciben los secretos de las tablas.

---

[1] Los fragmentos arameos de 1 Henoc abarcan unos 196 de los 1.062 versículos del Henoc etiópico; 69 de esos versículos arameos pertenecen a los 14 primeros capítulos de 1 Henoc.

[2] Lv.R. 22,1; Ecl.R. 5,8.

[3] Cf. D. Patte, *Early Jewish Hermeneutic in Palestine* (Missoula, Montana, 1975) 150; F. García, *El pesher: interpretación profética de la Escritura:* «Salmanticensis» 26 (1979) 125-139; I. Rabinowitz, *Pesher/Pittarón:* RQu 8 (1972-1974) 219-232; A. Fingel, *The Pesher of Dreams and Scriptures:* RQu 4 (1963-64) 357-370.

[4] *Mekilta* a Ex 19,2 y 20,20, ed. Lauterbach II, 234.

3)   De todo esto se deduce que no es el *deraš*, «búsqueda» del sentido de la Escritura o justificación de *halakot* de diverso origen con
textos de la Escritura, lo propio de la exégesis apocalíptica; su característica es la «revelación» de los secretos de las tablas.

4)   Sin embargo, los apocalípticos saben que hay revelaciones ver-
daderas y falsas; por ello procuran deducir o justificar sus propias revelaciones con textos de la Escritura.

5)   Tanto con la Escritura como con sus revelaciones practican de
modo especial la exégesis alegórica y escatológica. Las siete tablas contienen muchos secretos *(razim)*, pero lo que predomina en ellas es la
revelación del misterio de la historia. Dios reveló a los antiguos y vuelve
a descubrir a los apocalípticos o al Maestro Justo de Qumrán (1QpHab
7, 4; CD 1,10-12) el verdadero curso de la historia universal, no sólo
de la de Israel, pasada, presente y futura. El plan de Dios sobre la historia está trazado y se cumple inexorablemente. Todo está predeterminado, aunque buenos y malos son responsables, pues la predeterminación no suprime la libertad humana. Como Dios es quien lleva el curso
de la historia, la pasada es tipo y figura de la contemporánea de los apocalípticos y es también tipo y figura de la futura, final o escatológica, en
la que los apocalípticos realmente viven y respiran. Como ya se ha
dicho, la exégesis tipológica y escatológica es peculiar de estos grupos.
El diluvio bíblico es prefiguración del diluvio escatológico. Los patriarcas, que, como ya apuntamos, eran, según los apocalípticos, profetas y
conocedores de los secretos de la historia, son el prototipo de los fieles
de los últimos tiempos. Noé, salvado del diluvio y beneficiario de la
primera alianza, lo mismo que Abrahán, Jacob y Moisés, con los que
Dios también pactó, son tipos de aquellos con los que Yahvé, en los
últimos tiempos de la historia, hará la última y definitiva alianza, la
última «fiesta de los juramentos» *(šebu'ot)*, fiesta que ya se celebraba
en el cielo desde la creación. Lo pasado es, pues, tipo de lo actual y del
porvenir; lo actual es a su vez confirmación del pasado[5].

6)   La exégesis tipológica y escatológica, centrada en la interpretación del plan de Dios en la historia, da como resultado el siguiente esquema, al que suelen acomodarse los apocalípticos en su interpretación
del curso de la historia: *a)* los tiempos son malos, son el eón de la per-
versidad. Así fueron desde el inicio de la creación. Al principio existió
el caos, que tuvo que ser vencido, según las cosmogonías babilónicas,
ya en los comienzos de la historia; según la Biblia y según la doctrina
persa, esto ocurrirá al final de los tiempos. *b)* Dios por sí mismo o por
medio de su Mesías interviene e intervendrá en esta historia, la llevará
a buen término, como sucedió en el caos primitivo de la Biblia, en el
diluvio, en la esclavitud de Egipto y en tantas liberaciones bíblicas; del
mismo modo la conducirá a buen fin en el *ésjaton*, final de la historia,
que para los apocalípticos ya ha empezado. La actitud de los hombres

---

[5] D. Patte, *op. cit.*, 161-164.

poco o nada puede hacer para variar su curso. *c)* Los impíos serán juzgados, según se dice en Dn 7,23-27; Ez 38-39; Is 59,1-21; Sal 69,2-4, etcétera. No quedará profecía bíblica incumplida, como las que anuncian el día del Señor (Am 5,18), las del juicio y castigo del mundo (Sof 1,2.3.18; 3,8; Is 34; Jr 25,15ss; Ag 2,32; Jl 1 y 2) cuando tenga lugar la guerra escatológica (Ez 38,39). *d)* Por el contrario, los justos serán salvados de tales castigos y al fin gozarán porque llegará la edad de oro, la era mesiánica.

Estos cuatro puntos son como las líneas maestras de la exégesis de la historia bíblica y de las siete tablas [6].

7) La evolución de la historia causada por los hombres, los cambios culturales, eran para el judaísmo clásico algo bueno que debía integrarse en la ley; era ocasión para su desarrollo, para la acomodación de la ley escrita u oral. En cambio, para ellos toda la historia era «historia damnata», en cuya integración y enlace con la revelación no debían perder ni un segundo los exegetas apocalípticos [7].

8) Otra característica peculiar de la apocalíptica, relacionada con la exégesis o revelación del plan de la historia, y que la diferencia básicamente de la exégesis del judaísmo clásico, es que los apocalípticos creen que Dios ha dividido la historia en períodos. Pienso en estos momentos en un libro muy típico de esta literatura, el de los Jubileos, cuyo nombre deriva de la interpretación de la historia como una serie de «jubileos», de un querer atar la historia y sus aconteceres a la unidad «jubileo» o a sus múltiplos. Para estos cómputos jubilares los apocalípticos utilizan el calendario solar, lo mismo que los miembros de Qumrán, y no el lunar propio del resto del judaísmo. La ley de Moisés fue dada en un «jubileo de jubileos» (49 × 49 años). Los jubileos no cesarán hasta que desaparezca de la tierra el eón malo y sea sustituido por el bueno. Entonces Dios habitará con su pueblo [8], Dios mismo y sus ángeles. La exégesis apocalíptica se acomoda naturalmente a esa división jubilar que gobierna la historia.

9) A pesar de las diferencias señaladas, los apocalípticos coinciden con el judaísmo clásico en muchos procedimientos exegéticos y hasta en ciertos principios, como el de explicar la Biblia por la Biblia, exculpar a los personajes de la historia bíblica procurando ensalzarlos, etc. Nótese que la literatura apocalíptica es pseudoepigráfica, atribuyendo a personajes famosos de la Biblia el fruto de sus «revelaciones», que en puridad eran fruto de su «imaginación creadora», aunque los autores se creían de buena fe inspirados por el Espíritu.

Al igual que el judaísmo farisaico, los apocalípticos buscan en la exégesis la identidad de la comunidad, lo que debe «ser». Por ello cultivan la exégesis halákica para deducir lo que debe «hacer». La *halaká* de los apocalípticos es más rigurosa que la del judaísmo farisaico; así Jubi-

---

[6] D. Patte, *op. cit.*, 169-175.
[7] D. Patte, *op. cit.*, 153-157.
[8] Jub 50,5; D. Patte, *op. cit.*, 145-149.

leos prohíbe, al igual que Lv 21,9, la fornicación de la hija del sacerdote, y extiende la prohibición a toda mujer israelita. Prohíbe incluso el matrimonio con un pagano, y tanto la hija que se casa como el padre que la da en matrimonio son condenados al fuego (Jub 30,7-17).

La literatura apocalíptica hace uso del estilo antológico, centón de citas bíblicas completas, incompletas o aludidas, cosa habitual en la liturgia de la sinagoga farisea, y que constituye un rasgo típico de la literatura judía en general. Este estilo antológico es más o menos intenso.

El estilo bíblico «estructurante», que consiste en desarrollar cualquier tema apocalíptico en torno a uno o varios textos de la Biblia, que hacen de nervio o guía del discurso, no es tan frecuente. En OrSib 3, 8-45 el texto bíblico estructurante es Is 40,18ss, texto que atrae, por vía de analogía verbal o temática, otros textos bíblicos. En OrSib 3, 63-91 el nervio es Dt 13; en 1 Hen 90,13-19 es Ez 34; en 1 Hen 1,1-9 lo son Dt 33,1ss; Hab 3,3ss y Miq 1,2ss [9].

---

[9] Cf. D. Patte, *op. cit.*, 185-195. Florentino García (*art. cit.*, 126), independientemente del libro de Patte, al que no cita, llega a unas conclusiones idénticas o parecidas, que son las siguientes: el *pešer*, más que un género literario de «interpretación», de «exégesis» —como se creyó en un principio que era el *pešer* de Habacuc—, es un género distinto, de revelación. Citando a L. H. Silverman, *Unriddling the Riddle. A Study in the Structure and Language of the Habakkuk Pesher (1QpHab)*: RQu 3 (1961-1962) 324-364, admite que en el *pešer* de Habacuc «se utilizan los mismos procedimientos hermenéuticos en uso en los *midrašim petirah* de manera que en los *pešarim* tenemos, según Silverman, un importante capítulo de la exégesis judía». Sin embargo, F. García pone de relieve que Silverman no valora suficientemente el hecho de que en el *pešer* el autor presenta sus «interpretaciones» como obtenidas por revelación; «de ahí —continúa F. García, *art. cit.*, 127— que, con excepción de 4Q 163 y algunos de los *pešarim* temáticos..., y a diferencia del *midraš petirah*, en los *pešarim* no se utiliza la técnica de añadir citas bíblicas que prueben lo correcto de la 'interpretación'. Aunque utilice las mismas técnicas literarias que otros *midrases* para explicitar la aplicación profética del texto a la realidad, el hecho de que en el *pešer* se considere esta aplicación como revelada marca una diferencia fundamental con respecto a los demás géneros exegéticos que no tienen esta pretensión». Seguidamente, F. García pone como ejemplos de *pešarim*: Dn 5,25 (la escritura de tres palabras en el muro), Dn 2 (la estatua que ve Nabucodonosor en sueños) y Dn 4 (el sueño del árbol); Daniel puede interpretarlos gracias a la revelación que Dios le otorga a él, pero que niega a sabios o adivinos. «La esencia del *pešer* no es hermenéutica, aunque utilice con frecuencia los procedimientos hermenéuticos habituales. En el *pešer* lo sustantivo es el conocimiento del misterio al que sólo se llega por revelación» (*art. cit.*, 129). El mismo autor (*art. cit.*, 126) distingue dos grandes grupos de *pešarim*, claramente diferenciados: «Unos en los que el texto bíblico continuo es dividido en fragmentos seguidos del *pešer* correspondiente; otros en los que distintos textos bíblicos son agrupados en unidades temáticas provistas de su *pešer*» (4Q 174 Florilegio; 4Q 177 Cadena A; 11QMelch, etc.). El *pešer* de Qumrán —que es el que estudia el artículo que resumimos— sufrió una evolución (*art. cit.*, 136-137): el más antiguo es 4Q 163 pIsc, y es difícil determinar si se trata de un *pešer* continuo o temático, está entre el género midrás y el de *pešer*; posteriores a él son los *pešarim* temáticos. A veces no es fácil reconocer la idea central desarrollada en diversos libros. El género se va ampliando en los *pešarim* continuos que predicen cada una de las palabras de los profetas, sin recurrir nunca a añadir una prueba de Escritura a las predicciones propuestas. Finalmente, los términos *pešarim* o *pešer* sin más indican ya por sí solos este género literario (1Q 30; 4Q 180).

A veces, en la literatura apocalíptica, el estilo antológico y el estructurante ceden paso a otro tipo de exégesis, corriente en el judaísmo farisaico. Así, en la Asunción de Moisés el autor expone sus ideas por medio de un discurso racional y lógico, y no en forma de visiones, sueños, audiciones inspiradas, como es habitual en la literatura de que hablamos. Aduce textos de la Escritura como pruebas, pero lo curioso es que a veces toma tal prueba escrituraria del targum [10], no del texto hebreo, como AsMo 10,1-10.

De todo lo que antecede se puede deducir que la diferencia existente entre la exégesis apocalíptica y la del judaísmo clásico se basa en la ampliación de la revelación a las siete tablas que guardan los misterios de la historia.

¿Cuál es el origen de esta extraña concepción? Posiblemente la interpretación del término *'dh* de Ex 24,12; 31,18; 34,1, mediante una doble lectura: *'ed,* «testimonio» (del pasado), y *'ad,* «para siempre» (el futuro); este procedimiento es típicamente derásico y se conoce con el nombre de *al-tiqré.*

La exégesis de la Escritura practicada por los miembros de Qumrán coincide básicamente con la de los libros apocalípticos [11]. Es un nuevo argumento para el acercamiento de la literatura de Qumrán a la apocalíptica. En Qumrán se han encontrado libros claramente apocalípticos, como el de la Guerra (1QM), la Oración de Nabonid (4QOrNab), el libro de los Misterios. También se ha encontrado allí una larga serie de *pešarim: pešer* de Habacuc (1QpHab), de Isaías (4Q161-165pIs), de Miqueas (1Q14pMiq), de Nahún (4Q169), de Oseas (4Q166-7pOs), de salmos (1Q16; 4Q171; 4Q173pSal), de Sofonías (1Q15pSof). Pero la exégesis *pešer* es la de «interpretación de sueños», pues así entendían los sectarios de Qumrán las profecías: sueños que ellos debían interpretar, es decir, revelar. El *pešer* es, pues, un género literario de *revelación,* no propiamente de exégesis o hermenéutica. Esto lo ha dejado bien demostrado Florentino García en el excelente artículo de «Salmaticensis», citado en notas 3 y 9. Incluso los términos *pšr* o *ptr,* de origen acádico, aunque traducidos ordinariamente por «interpretar», han de entenderse como interpretaciones proféticas de la Escritura *por revelación,* que en Qumrán es revelación al Maestro Justo *(art. cit.,* 130-133).

---

[10] Citamos a continuación algunos versículos de la Asunción de Moisés 10,1-10, donde se encuentran citas targúmicas, dado que el apócrifo en cuestión pertenece a principios del s. I d. C.: «Y entonces su reino aparecerá (Is 40,9 *Targum)* a través de toda su creación (Is 40,5), y entonces satán ya no existirá más y el dolor se apartará de él (Is 35,10)» (Is 40,9 y 35,10: «may be verbally tallied in their targumic renderings», Patte, *op. cit.,* 198, nota 141). 1,8: «Entonces tú, Israel, serás feliz, y subirás sobre los cuellos (Dt 33,29 *Targum)* y alas de las águilas (Is 40,31 *Targum).* Y ellos acabarán».

[11] D. Patte, *op. cit.,* 309.

XIII

IMPORTANCIA DE LA LITERATURA APOCRIFA

Comenzaremos considerando la entidad que tal literatura tuvo en el judaísmo de los años 200 a. C.-100 d. C., época en que nació y floreció. Su importancia debió de ser considerable, dado el número tan elevado de sus obras, y eso sin contar con la literatura de Qumrán, afín en temas, tendencias y exégesis a los escritos que publicamos. Es difícil hoy día participar de la opinión reduccionista de R. Travers Herford y de G. Foot Moore[1], que consideraban la apocalíptica como la literatura de grupos marginales y marginados del judaísmo «oficial», representado por el fariseísmo y los *rabbís*. Para los autores citados, esta clase de literatura influía sólo en los círculos populares en épocas de crisis. Como ya apuntamos, no se puede hablar de un judaísmo normativo (el farisaico) y otro marginal (el de los apocalípticos) hasta pasado el año 70 d. C. Sería anacrónico retrotraer las enemistades del rabinismo, continuador del fariseísmo del siglo II d. C. en adelante, a los tres siglos anteriores. Los libros 4 Esdras y 2 Baruc, de finales del siglo I o principios del II después de Cristo, son obras de fariseos cultos y a la vez apocalípticos. Asimismo, los Salmos de Salomón, de mitad del siglo I a. C., son de autor fariseo y cuentan con capítulos apocalípticos.

Respecto a la cuestión de si la literatura apocalíptica es incompatible con el fariseísmo[2], tanto Charles como Kautzsch, y más tarde Torrey, Porter, J. Bonsirven y otros, niegan que exista tal oposición. No existe al menos en un punto tan básico para el fariseísmo como es la devoción a la Torá o ley de Moisés; en esto los apocalípticos no van a la zaga, e incluso frecuentemente aventajan al propio fariseísmo. Charles menciona precisamente los Testamentos de los Doce Patriarcas —el libro más universalista y ético de toda la literatura apocalíptica— como modelo de devoción a la ley. Anota también que Jubileos es «el libro más riguroso que emanó del judaísmo legalista»[3]; y cita la Asunción de Moisés, donde se lee: «Antes morir que transgredir los mandamientos de Dios nuestro padre».

La opinión de Charles es válida, aunque hoy tendemos a vincular más la literatura apocalíptica, en su conjunto, con grupos sectarios apocalípticos preesenios, esenios o paraesenios que con los círculos fariseos. W. D. Davies, que ha tratado expresamente de la relación entre apocalíptica y fariseísmo, apoya sin reservas la opinión de Charles[4]. Davies

---

[1] *Judaism in the First Centuries of the Christian Era* (2 vols.; 1927-1930). Citamos por la edición de Schocken Paperback (Nueva York 1971) 127-131.
[2] L. Ginsberg, *Some observations of the Attitude of the Synagogue towards the Apocalyptic Eschatological Writings:* JBL 41 (1922) 115-136.
[3] Charles, *The Apocrypha and Pseudepigrapha* II, VIII.
[4] W. D. Davies, *Christian Origins and Judaism* (Filadelfia 1962) 19-30: «Apocalyptic and fariseism».

aduce: «En 1 Hen 99,2 leemos: '¡Ay de aquellos que alteran la palabra recta y violan la ley eterna!' (cf. 5,44/99,14). La Asunción de Moisés es la palabra de un fariseo palestinense que se gloría en la ley (1,16; 10,11ss; 12,10ss). Los Testamentos de los Doce Patriarcas, obra que hermana un gran interés por lo ético y por la apocalíptica (TestJud 24,1; TestLev 8,14; 19,9.10.12; TestDan 5,10), exaltan constantemente la Torá. En 2 Baruc es evidente el puesto central que ocupa la Torá (15,5; 38,2; 77,15). 4 Esdras no se interesa menos por las exigencias y eficacia de la Torá que por las visiones (por ejemplo, en 7,8)».

El fariseísmo, después del desastre del año 70 d. C., tras el sínodo de Yabné y la derrota de Bar Kokba (132-135), se centró más y más en la Torá. Dejó de lado las especulaciones apocalípticas, y entre ellas la del cálculo de la llegada del tiempo de la salvación, como podemos ver en el Talmud[5]: «Dijo R. Šemuel bar Naḥmán citando a R. Yonatán: Séquense los huesos a los que calculan el final de los tiempos (qyṣyn), pues dirán que como (el Mesías) no vino al cumplirse el tiempo (ha-qeṣ), ya no vendrá nunca más». Hacia esta época comienza la verdadera oposición entre fariseísmo —único representante, con el nombre de rabinismo, del judaísmo— y apocalipsis. A su vez, la apocalíptica, al penetrar en el cristianismo, se convirtió en antilegalista, en enemiga de la ley de Moisés[6].

A pesar de su ruptura con la apocalíptica, «el judaísmo talmúdico, no menos que el cristianismo, debe sus conceptos espirituales del futuro a la apocalíptica»[7]. El rabinismo aceptó básicamente sus esquemas escatológicos: los dolores de parto de los tiempos mesiánicos, el retorno de los exiliados, los días del Mesías, la nueva Jerusalén, el juicio y la gehenna. El rabinismo, siguiendo la línea de los fariseos, de quienes es continuador, dio importancia a la resurrección, creencia nacida en círculos apocalípticos, como se puede ver en los textos del Apocalipsis de Isaías (Is 24-27), del libro de Daniel, San. 70,1, bSan. 90b[8].

El esquema escatológico de este mundo y el mundo futuro refleja también el esquema apocalíptico del 'olam ha-ze, «este mundo», y el 'olam ha-ba, «el mundo futuro». En esto el cristianismo no depende de la escatología intramundana de los profetas.

El desvío rabínico respecto a la apocalíptica se debe en parte a la circulación de libros cristianos, cuya lectura prohibieron los tannaítas, a la aceptación por los cristianos de libros deuterocanónicos no incluidos en el canon judío palestinense, a la desconfianza provocada por la literatura apocalíptica con su insistencia en la próxima venida del reino de Dios mediante cálculos que fallaban una y otra vez. Cuando se cerró el canon de libros sagrados en Palestina, todos los apócrifos, además de los deuterocanónicos, fueron considerados como ḥiṣonim, «exteriores», o sea, extracanónicos. El único libro apocalíptico admitido en el canon

---

[5] bSan. 79b.
[6] Charles, op. cit., II, VII.
[7] Así lo afirma Charles, op. cit., II, VII.
[8] Cf. W. D. Davies, op. cit., 23s.

judío fue el de Daniel. El desapego del rabinismo respecto a los escritos *ḥiṣonim* queda patente en la actitud de R. Aquiba [9], quien amenaza con exclusión del mundo futuro a los que lean libros *ḥiṣonim;* pero esto ha de aplicarse, según bSan. 100b, a la lectura pública.

Muy distinta fue la actitud de los primeros cristianos ante la literatura judía extracanónica: apoyaba muchos de sus conceptos, particularmente los relacionados con la escatología. El aprecio cristiano aumentó el desprecio judío. Así, 1 Henoc fue estimado por el cristianismo, Jds 14 cita 1 Hen 1,9; por el contrario, el rabinismo desprestigió a este patriarca, tan apreciado por la apocalíptica, y llegó a dudar que fuese justo, como se dice en Gn 5,24, y que estuviera en el cielo ejerciendo de escriba celestial [10].

El favor dispensado por los cristianos a la literatura apócrifa se pone de manifiesto en el hecho de haberse conservado tal literatura gracias a las Iglesias cristianas, particularmente las orientales. Esta es la razón de que casi todas estas obras hayan llegado a nosotros en griego o en lenguas orientales: etiópico, copto, armenio, eslavo.

1 Henoc y Jubileos fueron considerados como canónicos en la Iglesia abisinia. Sin embargo, las Constituciones Apostólicas, del siglo IV o V, ya previenen contra libros apócrifos corruptores y enemigos de la verdad. Comienza entonces la valoración negativa que los apócrifos han tenido durante siglos entre los cristianos, incluso entre aquellos que se preocuparon de estudiarlos y editarlos. Sólo en nuestro tiempo, a partir sobre todo de los descubrimientos de Qumrán, el disfavor de judíos y cristianos se ha convertido en aprecio e interés, como seguidamente explicaremos.

Actualmente se atribuye gran importancia a la literatura judía apócrifa para conocer el judaísmo y el Nuevo Testamento. A partir del descubrimiento de los manuscritos del Mar Muerto, entre 1947 y 1956, los investigadores convienen en que no se puede entender bien el judaísmo de la época intertestamentaria sin conocer a fondo los apócrifos y los escritos de Qumrán. Sin la información que proporcionan tales obras tampoco es posible comprender en profundidad el Nuevo Testamento ni investigar con éxito muchos de sus problemas, pues el NT fue escrito

---

[9] San. 10,1.
[10] Cf. A. Kahana (ed.), *Sefarim ḥiṣonim* I (Jerusalén 1970) IX. Ben Sira, uno de los *ḥiṣonim,* no fue olvidado. En Qumrán se han encontrado fragmentos de dos manuscritos del texto hebreo original (cf. Baillet, DJDJ [Jerusalén 1965] 75-77), y en Masada también se han hallado fragmentos (Y. Yadin, *The Ben Sira Scroll from Masada).* En el Talmud quedan algunos de sus dichos y otros que se le atribuyen, pero que no constan en tal libro. Ben Sira parece haber existido entre los judíos orientales hasta el s. XIII. En Oriente, la animosidad contra los *ḥiṣonim* no fue tan marcada como en Palestina, donde abundaban los *minim* o herejes (bPes. *52a).* En general, en la Edad Media los judíos recogen en su literatura contenidos de libros *ḥiṣonim.* Redactan en hebreo la historia de Judit y Tobías, también catalogados entre los *ḥiṣonim,* pero estas reelaboraciones medievales no responden al original de Tobías o Judit (cf. Joseph Dan, *Apocrypha and Pseudepigrapha in Medieval Hebrew Literature,* en *Encyclopaedia Judaica* III, col. 186s.

por judíos, exceptuando seguramente a Lucas y dirigido en gran parte a cristianos procedentes del judaísmo. Citamos a G. Vermes: «Hoy es evidente para muchos —al menos en teoría— que el conocimiento del trasfondo judío del Nuevo Testamento no es un lujo opcional; antes bien, sin él es inconcebible una interpretación correcta de las fuentes cristianas» [11].

El conocimiento del judaísmo que postula este autor se refiere a la literatura de Qumrán, que, debido al lugar y época en que fue escrita, tiene una importancia primordial; pero afecta también a toda la literatura judía posbíblica, desde el siglo II a. C. hasta el V d. C.: la rabínica antigua, la tannaítica de los dos primeros siglos y la amoraítica de los Talmudes. Esta última, aun siendo tardía, recoge muchas tradiciones antiguas que, por diversos métodos críticos, se pueden distinguir de lo que es realmente literatura rabínica posterior. Entre la literatura judía que es necesario conocer ocupa un puesto relevante la targúmica, en cuyo redescubrimiento y publicación tiene méritos reconocidos nuestra patria. Es sobresaliente asimismo la importancia de la literatura apócrifa intertestamentaria, objeto de nuestra publicación, ya que fue redactada entre unos dos siglos antes y uno o dos después de la era cristiana; pertenece, como la de Qumrán, a círculos apocalípticos esenios o paraesenios.

El interés por el conocimiento de la literatura judía, apócrifa y rabínica, tiene remotos precedentes, y después de los descubrimientos del Mar Muerto ese interés es acuciante.

Desde el siglo XVII, los autores ingleses comenzaron a poner a disposición de los especialistas del NT la literatura judía. Posteriormente, en el siglo XVIII, lo hicieron los autores del continente, especialmente los alemanes. Dos obras inician la tarea: la de Christopher Cartwright, *Mellificium Hebraicum,* cuyo subtítulo especifica el contenido y finalidad de la obra: «Seu observationes diversimodae ex Hebraeorum, praesertim antiquorum monumentis desumptae, unde plurima cum Veteris tum Novi Testamenti loca vel explicantur etc.». Fue publicada en Londres en 1649 y en Amsterdam en 1698. La segunda obra, de mayor importancia que la anterior, se debe a John Lightfoot, *Horae Hebraicae et Talmudicae,* y fue publicada en Leipzig: Mateo 1658; Marcos 1663; 1 Corintios 1664; Juan 1671; Lucas 1674; Hechos y notas a Romanos se editaron, después de la muerte de Lightfoot, en 1678, por R. Kidder.

La obra de Lightfoot fue completada y ampliada a todo el Nuevo Testamento por Christian Schoetgen, que conservó el título indicado anteriormente [12]. El mismo propósito de dar a conocer las fuentes he-

---

[11] G. Vermes, *Jewish Studies and New Testament Interpretation:* JJS 31 (1980) 13. La misma concepción —necesidad de conocer a fondo las fuentes judías antiguas para entender el NT— subyace en la producción literaria de M. McNamara; por ejemplo, en sus últimos libros: *Palestinian Judaism and the New Testament* e *Intertestamental Literature* (Wilmington, Delaware, 1983). Lo mismo se puede decir de la producción científica de R. Le Déaut; cf., por ejemplo, *Targumic Literature and New Testament Interpretation:* «Biblical Theology Bulletin» 4 (1974) 243-289.

[12] *Horae Hebraicae et Talmudicae in universum Novum Testamentum, quibus Horae J. Lightfoot in libris historicis supplentur, Epistolae et Apocalypsis eodem*

breas animó las publicaciones de J. Bartolocci, *Bibliotheca Magna Rabbinica de scriptoribus et scriptis hebraicis* (Roma 1675-1694)[13], y de J. C. Wolf, *Bibliotheca Hebraea*, que vio la luz, en cuatro volúmenes, en Hamburgo (1715-1773). El *Novum Testamentum graece* de J. J. Wettstein[14] es pródigo en referencias a la literatura rabínica. Una obra de F. Weber[15] sistematiza por vez primera la teología del judaísmo. El comentario al Nuevo Testamento por medio del Talmud y Midraš[16], realizado por P. Billerbeck, y el Diccionario teológico del NT iniciado por G. Kittel[17], traducido al inglés[18] y al italiano[19] e importantes artículos de tal léxico vertidos y editados en francés, ponen a disposición de los especialistas del Nuevo Testamento gran parte de la literatura rabínica.

Las dos obras últimamente citadas, la de Billerbeck († 1932) y la de Kittel, adolecen de diversas limitaciones. Por ejemplo, no han tenido suficientemente en cuenta la literatura targúmica, defecto que, a partir del descubrimiento de Neofiti 1 y del consiguiente florecimiento de los estudios targúmicos, se intenta corregir. Entre tales estudios destaca el libro de M. McNamara *The New Testament and the Palestinian Targum to the Pentateuch* (Roma 1966, reimpreso en 1978) y una serie de publicaciones, especialmente de Roger Le Déaut[20]. M. McNamara ha trazado la historia de la utilización del Targum desde la Edad Media hasta nuestros días; Raimundo Martí ya lo utilizó en su obra de controversia *Pugio fidei adversus mauros et judaeos*[21]. M. McNamara lamenta con razón que obras tan influyentes como la de Emil Schürer, *Geschichte des jüdischen Volkes im Zeitalter Jesu Christi* (1886-1890)[22]; la de

---

modo illustrantur, 2 vols. (Dresde-Leipzig 1733 y 1742). Schoettgen utiliza incluso el Zohar. Acerca de esos pioneros de la explicación del NT por medio del rabinismo, cf. M. McNamara, *Palestinian Judaism...,* 22-23.

[13] Reimpresa en 1964 en Nueva Jersey.

[14] 2 vols.; Amsterdam 1751-1752. El material rabínico se encuentra en el segundo aparato que acompaña al texto griego del NT; cf. M. McNamara, *Palestinian Judaism...,* 23.

[15] *System der altsynagogalen palästinischen Theologie aus Targum, Midrasch und Talmud dargestellt* (Leipzig 1880); F. York (1830), C. Siegfried (1875) y F. Delitzsch (1876-1878) también ilustraron el NT con el rabinismo; cf. McNamara, *ibíd.,* 24.

[16] H. L. Strack/P. Billerbeck, *Kommentar zum Neuen Testament aus Talmud und Midrasch* I-IV (Munich 1922-1928); con dos volúmenes de índices confeccionados por J. Jeremias y Kut Adolph, publicados en 1956 y 1961.

[17] G. Kittel (ed.), *Theologisches Wörterbuch zum Neuen Testament* I-IX (Stuttgart 1933-1976).

[18] Por G. W. Bromeley, *Theological Dictionary of the New Testament* I-X (Grand Rapids 1964-1976).

[19] Ed. italiana por P. Montagnini, G. Scarpat y O. Sofriti, *Grande Lessico del Nouvo Testamento* I-XII (Brescia 1965-1979).

[20] Cf. Peter Nickels, *Targum and New Testament. A Bibliography* (Roma 1976) y el repertorio más reciente y completo de Bernard Grossfeld, *A Bibliography of Targum Literature* I-II (Cincinnati/Nueva York 1972-1977).

[21] Aunque compuesta en el s. XIII, fue editada por primera vez en Leipzig en 1687 y reimpresa en 1967 (cf. M. McNamara, *op. cit.,* 7-28).

[22] La traducción inglesa, que revisa y pone al día la obra, realizada por G. Vermes, F. Millar y M. Black, *The History of the Jewish People in the Age of Jesus*

G. F. Moore, *Judaism in the First Centuries of the Christian era: The Age of Tannaim*, 3 vols. (Cambridge, Mass., 1927-1930), o las de J. Bonsirven, *Le Judaïsme palestinien au temps de Jésus-Christ*, 2 vols. (París 1935) y *L'exégèse rabbinique et l'exégèse paulinienne* (París 1939) hayan dejado prácticamente de lado una fuente tan relevante para conocer el judaísmo como es el Targum. El mismo error lo ha cometido E. P. Sanders en un libro importante, *Paul and Palestinian Judaism*[23]. M. McNamara, *Palestinian Judaism*, 34, constata que, a partir de 1960, el Targum Palestinense del Pentateuco es considerado como una fuente de gran información para el NT, y añade que «el rápido crecimiento del interés por el campo del Targum en los últimos veinte años ha sido, de hecho, fenomenal».

Dentro de ese interés por conocer el judaísmo en general se encuentra el deseo de conocer los apócrifos. Este afán de nuestros contemporáneos tiene también precedentes en los siglos pasados. Debemos a Johann Michael Schmidt la historia documentada de la apocalíptica judía, parte muy importante de los apócrifos. Divide la investigación sobre la apocalíptica en dos partes: el nacimiento y desarrollo de la investigación sobre la apocalíptica hasta 1870[24], y el período comprendido entre 1870 y 1947.

El primer estudio general de la apocalíptica es obra de Friedrich Lükke, *Versuch einer vollständigen Einleitung in die Offenbarung Johannis und in die gesammte apokalyptische Literatur* (1832; ²1852). Apareció como parte de un comentario al Apocalipsis de Juan, pero no estudia sólo éste, sino todos los apocalipsis judíos y cristianos, canónicos y no canónicos. Lücke considera la apocalíptica como continuación y cumplimiento de la profecía del Antiguo Testamento; fue, según él, el *humus* en el que se desarrolló la enseñanza de Jesús y de los apóstoles, enseñanza esencialmente escatológica y apocalíptica. Lücke sigue en esto a I. A. Dorner y se convierte así en precursor de J. Weiss y A. Schweitzer. A su vez, el círculo de W. Pannenberg y alguna tesis de E. Käsemann pueden hallar en Lücke un precedente, porque, aunque con notables diferencias, ya defendió que la apocalíptica es la raíz histórica del cristianismo y la madre de la teología cristiana[25].

La primera monografía dedicada exclusivamente al estudio de la apocalíptica judía en sí misma y no en sus relaciones con el Apocalipsis de Juan, como la anteriormente citada de Lücke o la más breve de Eduard Reuss, se debe a Adolf Hilgenfeld (Jena 1857)[26]. Lleva el títu-

---

Christ I-II (Edimburgo 1973-1979), da la merecida importancia al Targum. Esta obra está en curso de publicación en Ediciones Cristiandad con el título *Historia del pueblo judío en tiempos de Jesús*, tomos I-II (Madrid 1984). El III está previsto para 1985.

[23] Fortress Press (Filadelfia 1977); véase reseña de M. McNamara en JSNT 5 (1979) 67-73.

[24] J. M. Schmidt, *Die jüdische Apokalyptik. Die Geschichte ihrer Erforschung von den Anfängen bis zu Textfunden von Qumran* (Neukirchen ²1976) 1-156.

[25] Schmidt, *op. cit.*, 98-119, espec. 117-119.

[26] Ha sido reimpresa en Amsterdam 1966.

lo de *Die Jüdische Apocalyptik in ihrer geschichtlichen Entwicklung,* que expresa el carácter histórico de la obra. Precisamente el aspecto histórico había ocupado un lugar muy secundario en la obra de Lücke antes mencionada. El subtítulo «Ein Beitrag zur Vorgeschichte des Christentum» señala otra característica del libro de Hilgenfeld: demostrar que la apocalíptica es el puente que une la profecía veterotestamentaria con el Nuevo Testamento. Es ésta una visión certera de la apocalíptica, aceptada hoy por la mayoría de los especialistas. He aquí las palabras de Hilgenfeld: «La apocalíptica judía tiene la máxima relevancia para la historia toda de la religión, especialmente para la historia del nacimiento del cristianismo» [27]. Y hay algo en esta obra que es aún más notable: un siglo antes de los descubrimientos de Qumrán, cuando contábamos sobre el esenismo sólo con las escasas noticias dadas por Filón, Flavio Josefo y Plinio [28], expresa ya la opinión, hoy ampliamente compartida, de que los esenios fueron los precursores de la apocalíptica judía. Esta teoría fue discutida entonces por Ewald, Zeller y Ritschl [29]. Los libros apocalípticos estudiados en la monografía son Daniel, Oráculos Sibilinos judíos, Henoc etiópico y 4 Esdras. Las páginas finales del libro tratan de los esenios de Palestina y de su réplica egipcia, los terapeutas.

Estos y otros estudios de menor alcance sobre el tema se basaron en la edición de los escritos apócrifos, buen número de ellos apocalípticos, realizada en 1713 y 1723 por J. A. Fabricius. Este autor, después de publicar en 1703 los apócrifos del Nuevo Testamento *(Codex Apocryphus Novi Testamenti),* hizo lo propio con los pseudoepígrafos griegos del AT *(Codex Pseudoepigraphus Veteris Testamenti).* El fue quien introdujo la denominación de «pseudoepígrafo» en el mundo científico. A la obra de Fabricius precedieron otras, olvidadas pronto y que no admiten parangón con ella: la del jesuita Escipión Sgambato, quien dedica los libros I y II de sus *Archivos del Antiguo Testamento* a los pseudoepígrafos del AT, dispuestos según el orden de sus nombres bíblicos [30], y la de J. M. Schmidt, *Pseudo-Vetus Testamentum,* cuya publicación pretende, como todas las de estos siglos, incluida la de Fabricius, dar a conocer a los cristianos la literatura pseudoepígrafa judía con la intención de liberar a las Escrituras santas de mixturas no santas o de las ficciones halladas en tales libros. Sin embargo, a veces se reconoce que los pseudoepígrafos pueden ser útiles para el cristianismo, pues «no todo es falsedad entre los cretenses» [31].

Con anterioridad al siglo XVIII, Sixto Senensis prestó atención a los

---

[27] Hilgenfeld, *op. cit.* VIII.

[28] Filón, *Quod omnis probus liber sit,* 12-13, y *Apologia,* en Eusebio, *Praeparatio evangelica* VIII, 11; Josefo, *Bell.* II, 8,2-13; Plinio, *Historia natural* V, 17; cf. los textos en J. M. Millás, *Valor escriturario de los hallazgos en el Mar Muerto* (Universidad de Barcelona 1958) 20-32.

[29] Hilgenfeld, *op. cit.* VIII.

[30] S. P. Sgambato, *Archivorum Veteris Testamenti libri tres de rebus ad Deum spectantibus. De primis patribus, De viris illustribus in Veteri Testamento,* 1703.

[31] Cf. J. M. Schmidt, *op. cit.,* 66s.

libros pseudoepígrafos. En su *Bibliotheca Sancta* I-II (1566) divide los escritos en *Indubitata, Apochrypha et Pseudoepigrapha*. Entre estos últimos incluye aquellos que llevan nombre falso para ganar autoridad y fiabilidad para sus cavilaciones: los libros de Sem, la Escritura de Cam, la Revelación de Abrahán, la Ascensión de Moisés, el libro de Jannés y Mambrés, el Apocalipsis de Elías, la Ascensión de Isaías, los Salmos de Salomón, etc. Gran parte de los pseudoepígrafos de Sixto de Siena son considerados hoy como apocalípticos. Clasifica entre los apócrifos —libros cuyo autor es incierto y cuya inspiración es dudosa— 4 Esdras y los Testamentos de los Doce Patriarcas [32].

Después de la publicación del *corpus* de Fabricius, el hecho más relevante para el conocimiento de la literatura apócrifa fue el descubrimiento y posterior edición de 1 Henoc o Henoc etiópico, del cual James Bruce trajo a Europa tres ejemplares desde Etiopía en 1773. La versión etiópica de esta obra es la única completa, aunque contamos también con fragmentos griegos [33] y latinos [34] e incluso un fragmento copto (1 Hen 93,3-8) [35] y otro siríaco [36]. Fue R. Laurence quien dio a conocer por vez primera el texto copto de este pseudoepígrafo, seguramente el más importante de todos [37], en 1838; previamente, en 1821, había publicado la traducción inglesa [38]. Hasta entonces se conocía únicamente la versión latina, realizada por Silvestre de Sacy, de los capítulos 1, 2, 6-16 y fragmentariamente de 22-23 [39]. Más tarde se produjeron nuevas ediciones del texto etiópico: la de A. Dillmann [40], la de J. Fleming [41], la de R. H. Charles [42] y, últimamente, la de M. A. Knibb [43], cuyo volumen I contiene la edición crítica y el II introducción, traducción y comentarios.

Otro pseudoepígrafo importante, 2 Baruc o Baruc siríaco, fue descubierto en un manuscrito de la Pešitta del AT en la Ambrosiana de Milán por A. M. Ceriani. Se publicó primero en traducción latina (1866) y después en texto siríaco (1871) [44].

De las obras de E. Kautzsch, R. H. Charles, Riessler, etc., ya hemos dado noticia. Con posterioridad a la edición de Charles (1913) se han

---

[32] Cf. J. M. Schmidt, *op. cit.,* 65.

[33] Cf. A.-M. Denis, *Introduction aux pseudépigraphes grecs de l'Ancien Testament* (Leiden 1970) 17-20.

[34] 1 Hen 1,9 = Jds 14s; 1 Hen 106,1-18; M. R. James, *Apocrypha Anecdota* (Texts and Studies II, 3; Cambridge 1893) 146-150.

[35] Publicado por S. Donadoni, *Un frammento della versione copta del «Libro di Enoch»:* «Acta Orientalia» 25 (1960) 197-202.

[36] S. P. Brock, *A Fragment of Enoch in Syriac:* JTS (N. S.) 19 (1968) 626-631.

[37] R. Laurence, *Libri Enoch prophetae versio aethiopica* (Oxford 1838).

[38] R. Laurence, *The Book of Enoch, an Apocryphal Production for first translated from an Ethiopic ms. in the Bodleian Library* (Oxford 1821).

[39] Silvestre de Sacy, *Notice du livre d'Henoch:* «Magasin Encyclopédique» 6 (1800) 382ss.

[40] *Liber Henoch Aethiopice* (Leipzig 1851).

[41] *Das Buch Henoch* (Leipzig 1902).

[42] *The Ethiopic Version of the Book of Enoch* (Oxford 1906).

[43] *The Ethiopic Book of Enoch,* 2 vols. (Oxford 1978).

[44] A. M. Ceriani, *Monumenta Sacra et Profana* V, 2 (1871) 113-180.

descubierto nuevos textos de apócrifos: la Escala de Jacob, Jannés y Mambrés, el Tratado de Sem, el Apocalipsis de Adán, el Pseudo-Filón.

También el interés que muestra el judaísmo contemporáneo por la literatura apócrifa ha tenido precedentes, sobre todo a partir del movimiento de la *Haskalá* o Ilustración, producido en el siglo XVIII. En esa época el judaísmo se abre a la cultura moderna por obra de Moisés Mendelsohn. Sin embargo, ya en el Renacimiento, Azarya de Rossi incluyó en su obra *Meor 'Enayim* [45] una traducción propia de la Carta de Aristeas al hebreo, libro que, al parecer, consideraban los judíos de su tiempo de autor cristiano.

Tienen que transcurrir dos siglos para que podamos encontrar un *corpus* de escritos *ḥiṣonim* traducidos del griego —dato este que no parece seguro— al hebreo en la obra *Ketubim aḥaronim,* «Escritos posteriores» [46]. Isaac Z. Fränkel, su autor, dedicó el libro a los judíos en general y a Gesenius en particular, de cuya pluma debió de salir el prólogo latino que contiene la obra [47]. Los libros traducidos al hebreo por Frankel son en realidad únicamente deuterocanónicos del AT. Mejor traductor que Frankel, retórico y parafrástico, fue Shelomo Plysner. Ya a los diecisiete años comenzó a traducir del alemán al hebreo varios *ḥiṣonim;* pero, no contento con ello, aprendió siríaco, árabe y griego con el fin de verter al hebreo todos estos escritos. Sin embargo, sólo logró publicar, en una «collectanea» aparecida en Berlín en 1833, 1 y 2 Baruc, la Carta de Jeremías, las Adiciones de Daniel, la Oración de Manasés y el salmo 151. Malogrados los ambiciosos planes de Plysner, sólo continuó circulando la traducción hebrea de *ḥiṣonim* de Frankel, que alcanzó diversas ediciones. Un editor muy cuidadoso, I. Goldmann, añadió la versión alemana de la carta de 2 Baruc a las nueve tribus y del salmo 151; esta edición apareció en Varsovia en 1886. Sh. Rubin publicó la traducción, del alemán al hebreo, de Jubileos [48]; lo mismo hizo Yosua Steinberg con los Oráculos Sibilinos [49]. Del etiópico al hebreo vertió Lazarus Goldschmidt el libro de 1 Henoc [50], y Kaminski tradujo, del griego al hebreo, los Salmos de Salomón y la Ascensión de Moisés [51]. Franz Delitzsch volvió a realizar una traducción hebrea de los Salmos de Salomón, pero su versión se conserva inédita en la Biblioteca de la Universidad de Leipzig. Otra nueva traducción se debe a Frankenberg (1896) [52].

Como se puede apreciar a través de lo expuesto, el interés actual por la literatura judía antigua en general y por la literatura apócrifa que publicamos tiene remotos precedentes, pero nunca alcanzó las cotas actuales.

[45] Mantua 1574-1575.
[46] Hamburgo 1830.
[47] A. Kahana, *Ha-sefarim ha-ḥiṣonim* I, XV.
[48] Viena 1871.
[49] Varsovia 1887.
[50] *Das Buch Henoch* (Berlín 1892).
[51] *Ha-Šiloaḥ,* vols. XIII y XV.
[52] Cf. A. Kahana, *op. cit.* I, XXI.

J. H. Charlesworth, uno de los pioneros en estos estudios, hace poco más de diez años hablaba ya del «renacimiento» de los apócrifos [53]. El año 1970 puede ser considerado, según este autor [54], como el principio de una nueva era de investigación de los pseudoepígrafos. En el año anterior, G. Delling había publicado su *Bibliografía de literatura judía helenística e intertestamentaria* [55], pero fue en 1970 cuando salió a luz la importante obra de A.-M. Denis *Introducción a los pseudoepígrafos griegos del AT* [56] y una concordancia griega del Apocalipsis de Baruc [57]. La introducción de L. Rost a apócrifos y pseudoepígrafos [58] fue concluida en enero de 1970 y publicada en Heidelberg en 1971. En ese año se produjo la segunda edición de *Testamenta XII Patriarcharum* de M. de Jonge, la edición de *Apocalypsis Henochi graeca* de M. Black, de los *Fragmenta pseudepigraphorum quae supersunt graeca* y la creación de la revista holandesa «Journal for the Study of Judaism in the Persian, Hellenistic and Roman Periods». Desde entonces pululan los proyectos de publicación y estudios de los pseudoepígrafos.

La obra de J. H. Charlesworth *The Pseudepigrapha and Modern Research* (Missoula, Montana 1976) pretende ser una bibliografía de cuanto se ha publicado sobre pseudoepígrafos entre 1960 y 1975; excluye los títulos ya reseñados en la bibliografía de Delling, que abarca hasta el año 1965. Charlesworth recoge 1.494 títulos de libros o artículos referentes a pseudoepígrafos publicados en el período citado. La cifra es elocuente, aun restando bastantes artículos de enciclopedia de escasa solvencia. Esta obra ha sido de gran utilidad para el que escribe y también para los colaboradores de esta edición castellana de los apócrifos. Entre los 1.494 títulos hay 76 que interesan de manera especial para el estudio del Nuevo Testamento. Debemos añadir que Charlesworth va a publicar una bibliografía más amplia. En 1975, Delling edita la segunda parte de su bibliografía, que se extiende hasta 1970 [59].

Acaba de aparecer una obra de conjunto que abarca los apócrifos más importantes: George W. E. Nickelsburg, *Jewish Literature between the Bible and the Mishnah. A Historical and Literary Introduction* (SCM Press, Londres 1981), obra que también nos ha prestado grandes servicios. Este mismo autor, junto con R. A. Kraft, está preparando la historia de la investigación del primitivo judaísmo: *Early Judaism and Its*

[53] J. H. Charlesworth, *The Renaissance of Pseudepigrapha Studies. The JBL Pseudepigrapha Project:* JSJ 2 (1971) 107-114.
[54] J. H. Charlesworth, *The Pseudepigrapha and Modern Research* (Missoula 1976) 15.
[55] G. Delling, *Bibliographie zur jüdisch-hellenistischen und intertestamentarischen Literatur 1900-1965* (Berlín 1969).
[56] A. M. Denis, *Introduction aux pseudépigraphes grecs de l'Ancien Testament* (Leiden 1970).
[57] A. M. Denis/Y. Janssens, *Concordance de l'Apocalypse grecque de Baruch* (Lovaina 1970).
[58] L. Rost, *Einleitung in die alttestamentlichen Apokryphen und Pseudepigraphen einschliesslich der grossen Qumranhandschriften* (Heidelberg 1971).
[59] G. Delling/Malwine Maser, *Bibliographie zur jüdisch-hellenistischen und intertestamentarischen Literatur 1900-1970* (Berlín 1975).

Modern Interpreters. Estamos, pues, ante un «redescubrimiento» de la apocalíptica [60] y, en general, de la literatura apócrifa.

Como ya hemos dicho, este interés extraordinario por conocer los apócrifos judíos del período intertestamentario se inscribe dentro de un interés general por el conocimiento del judaísmo en su integridad. Tal deseo se ha agudizado después de los descubrimientos de Qumrán, lugar en que los esenios leyeron y, al parecer, escribieron libros apocalípticos y apócrifos. Sin embargo, la literatura judía intertestamentaria había sido marginada precisamente por no considerarse canónica, inspirada. La teología del Antiguo Testamento y del Nuevo se ha realizado prescindiendo, en gran medida, de la literatura apócrifa. Ahora se reconoce que esto constituyó un funesto error en el estudio de ambas teologías, particularmente en lo que se refiere al Nuevo Testamento, ya que la literatura apócrifa judía es empalme y soldadura de los dos Testamentos en cuestiones muy importantes, como la escatología.

Asimismo hay que reconocer la gran importancia que tiene el Targum palestinense para la exégesis del NT, porque enlaza la Biblia hebrea, tal y como el judaísmo la interpretaba, con el NT. El Targum fue la Biblia que los cristianos recibieron del judaísmo. El trasfondo judío del NT se encuentra en los libros canónicos o deuterocanónicos del AT, en los targumes y en los apócrifos. Tenemos que agradecer a los especialistas ingleses que hayan sido, desde el gran patriarca de estos estudios, Charles, más despiertos y abiertos a la apocalíptica que los alemanes, quienes han mostrado mucha desconfianza hacia ella. Aún hoy día no pocos de estos especialistas continúan recelosos y prevenidos. La actitud de apertura del irlandés Charles fue seguida por H. H. Rowley, otro de los maestros de habla inglesa en este tema [61], y por D. S. Russell [62], que continuó la línea de Rowley. Modernamente, el exegeta inglés K. Barret ha asignado a la apocalíptica judía un puesto central.

[60] Este título, que no corresponde al original alemán, es el que lleva la versión inglesa del libro de K. Koch, *Ratlos vor der Apokalyptik* (Gütersloh 1970); en inglés, *The Rediscovery of Apocalyptic. A polemical work on a neglected area of biblical studies and its damaging effects on theology and philosophy* (Londres 1972).

[61] H. H. Rowley publicó en Oxford en 1944 ([2]1947, [3]1963) *The Relevance of Apocalyptic,* cuatro conferencias dadas en Oxford en 1942. Trata en ellas del nacimiento de la apocalíptica, de la literatura apocalíptica de los siglos anteriores al cristianismo y del s. I d. C. y, por fin, del valor permanente del mensaje de la apocalíptica. Admite, como Charles, que la apocalíptica deriva de la profecía. En un excursus del libro (2.ª ed., pp. 145-147) defiende Rowley que el breve apocalipsis de Mc 13 tiene unidad. Se opone a aquellos que, demasiado fácilmente, dividen los libros apocalípticos por encontrar en ellos contradicciones, no advirtiendo que esto pasa también en la apocalíptica egipcia y parece ser inherente a este género literario. La unidad parece deberse al propio evangelista, quien recogió diversos dichos apocalípticos del Señor, unos referentes al fin del templo y Jerusalén y otros al fin del mundo. Algunos autores estiman que se trata de un apocalipsis judío integrado o que los dichos de Jesús han sido notablemente ampliados por la comunidad primitiva cristiana, pues en temas apocalípticos se tiende a ensanchar el texto.

[62] Se debe a él otro libro importante sobre la apocalíptica, *The Method and Message of Jewish Apocalyptique 200 BC-AD 100* (Londres 1964, [2]1982). El autor había publicado anteriormente *Between the Testaments* (Londres 1960), libro en que

Sin embargo, también se ha despertado el interés por los apócrifos en la Alemania de nuestros días, donde se han levantado voces que ponderan el valor de la apocalíptica para la exégesis neotestamentaria y para la teología. No nos referimos con esto a las exageraciones de Albert Schweitzer, que interpretaba a Jesús como un fanático apocalíptico y su predicación como una doctrina escatológica inminente. Aludimos a E. Käsemann, para quien la apocalíptica judía es «la madre de la teología cristiana» [63]. El excesivo entusiasmo de Käsemann tuvo rápida réplica [64]. Käsemann impugna el sobrado individualismo de su maestro R. Bultmann, para quien la justificación de la fe incide únicamente en el individuo; para Käsemann, la salvación implica al individuo y al cosmos, como dicen los apocalípticos.

W. Pannenberg [65] y otros teólogos consideran como lugar teológico de la revelación no sólo la revelación directa por la palabra o inspiración, sino también la indirecta en el devenir de la historia. Esta corriente teológica ha revalorizado en gran medida la apocalíptica por la razón de que la revelación completa de Dios en la historia sólo será total cuando la historia llegue a su final. Los griegos buscaban la revelación de Dios en el cosmos: tema de la teología natural; los cristianos, tradicionalmente, han buscado la revelación directa de Dios en la palabra y en el escrito inspirado: tema de la revelación cerrada. Pero hay que tener en cuenta otro tipo de revelación de Dios: la que se va realizando a través de los acontecimientos de la historia. Y ésta es la revelación que los apocalípticos subrayaron, en primer lugar mediante su exégesis tipológica de la historia —lo que ha ocurrido o acaece anuncia lo que sucederá al final—; en segundo lugar, anunciando y describiendo la meta de la historia.

La corriente teológica de la esperanza, de J. Moltmann y otros, acentúa la transformación de la historia y del cosmos. Es un nuevo espaldarazo para la apocalíptica, toda ella esperanza en el cambio radical de la historia ejecutado por Dios. Tenemos, pues, ante nosotros una histo-

desarrolla el tema de la naturaleza e identidad de la apocalíptica: el medio en que nace y su literatura, el método de la apocalíptica judía, declive de la profecía y nacimiento de la apocalíptica, características de los escritos apocalípticos, la conciencia apocalíptica, inspiración apocalíptica, la interpretación apocalíptica de la profecía, el mensaje de la apocalíptica, la historia humana y el control de Dios, ángeles y demonios, el tiempo del fin, el reino mesiánico, el mesías tradicional, el Hijo del hombre, la vida después de la muerte. Basta este índice de capítulos para darse cuenta de la importancia capital de la obra. Russell conecta el origen de la apocalíptica con los ḥasidim, pero niega su origen esenio, que patrocina M. Delcor. Aunque conecta la apocalíptica con la reinterpretación de la profecía, reconoce la importancia que tiene en su nacimiento el influjo sapiencial, exagerado por Von Rad.

[63] Ernst Käsemann, *New Testament Questions Today*, trad. inglesa por W. J. Montague (Londres 1969) del vol. II del original alemán *Exegetische Versuche und Besinnungen* (Gotinga 18964); *The Beginnings of Christian Theology* 82-107 = ZTK 57 (1960) 162-185; *On the Subject of Primitive Christian Apocalyptic*, 108-137 = ZTK 59 (1962) 257-284.

[64] Cf. W. C. Rollins, *The New Testament and the Apocalyptic:* NTS 16 (1969-1970) 454-476, y A. Sand, NTS 18 (1971-1972) 167-177.

[65] W. Pannenberg y otros, *La revelación como historia* (Salamanca 1977).

ria nueva, un mundo, cielos y tierra totalmente nuevos [66]. J. Barr resalta [67] la gran dificultad que deben superar los exegetas, acostumbrados a valorar casi exclusivamente la revelación que, en la terminología de Pannenberg, llamaríamos directa, al enfrentarse con las ideas centrales de la apocalíptica, básicas para la teología, que están ausentes en los libros canónicos o inspirados o débilmente representadas en ellos. El mismo autor advierte sobre el riesgo de aprovechar la apocalíptica apologéticamente, por lo que tiene de favor y apoyo a la doctrina del Nuevo Testamento, descuidando otras corrientes del judaísmo. Previene también del peligro inherente a las afirmaciones generales, como que la apocalíptica es la fuente de la historia universal (Pannenberg) y otras similares, que carecen de apoyo en estudios analíticos de los textos y no tienen en cuenta la variedad y evolución de los libros apocalípticos en lo que a doctrina se refiere. Constata asimismo la gran dificultad de integrar en nuestros modos racionales de pensar el estilo de expresión y el peculiar contenido conceptual de la apocalíptica [68].

Como se ve, en la misma Alemania, junto a un tradicional recelo ante la apocalíptica —Lutero ya dejó de lado el Apocalipsis de Juan— surgen en nuestros días entusiastas de esta literatura. El libro de Koch *Ratlos vor der Apokalyptik* (Gütersloh 1970), «Perplejo ante la apocalíptica», refleja esa postura ambivalente [69].

[66] Acerca de esta actitud favorable de ciertas corrientes teológicas alemanas, cf. las observaciones de J. Barr, *Jewish Apocalyptic in Recent Scholarly Study*, 24-26 (n. 37).
[67] *Ibíd.*, 29ss.   [68] *Ibíd.*, 30-35.
[69] En Alemania ha aparecido el manual de L. Rost, antes citado, y el de W. Schmithals, *Die Apokalyptik. Einführung und Deutung* (Gotinga 1973). En Austria, Josef Schreiner ha publicado otro excelente manual, que, además de describir los diversos libros apocalípticos del AT (pp. 10-72), trata de las formas de expresión, estilo y lenguaje de la apocalíptica: pseudonimia, ciencia esotérica, visiones, ángel relator, estilo simbólico, indeterminación del lenguaje, examen de la historia proyectándola en el futuro, discursos de despedida (pp. 73-110); trata después del mundo del apocalipsis, los dos eones, esperanza del más allá y espera próxima, predeterminación de toda la historia y de cada acontecimiento, relación de la escatología universal y la individual, ser y misión de ángeles y seres espirituales, puesto y figura del mesías en la apocalíptica, lugar de la salvación y del castigo (pp. 111-164); nos habla del origen y ámbito espiritual de la apocalíptica: apocalíptica y profecía, influjo sapiencial y extraisraelita, posición de la apocalíptica dentro de las corrientes espirituales de finales del período intertestamentario, relación con el mundo e ideas de Qumrán (pp. 165-194). Como se puede apreciar, Schreiner ofrece un tratado completo sobre la apocalíptica, pero con una desventaja respecto al libro de Rost: da escasa bibliografía. También en francés contamos con una introducción a la apocalíptica, escrita por Mathias Delcor, *L'apocalyptique juive,* en Armand Abécassis/ George Nataf (eds.), *Encyclopédie de la mystique juive* (París 1977) 1-278; es una verdadera introducción a la apocalíptica judía, con abundante selección de los diversos libros. Asimismo pueden servir de introducción las conferencias pronunciadas por Delcor en la Institución San Jerónimo para la Investigación Bíblica, publicadas por Ediciones Cristiandad (Madrid 1977) con el título de *Mito y tradición en la literatura apocalíptica.* Puede verse igualmente el artículo *Apocaliptique,* de J. Frey, en *Dictionnaire de la Bible. Supplement* I (París 1928) cols. 326-354. En España, José Alonso Díaz ha publicado un manual de *Literatura Apocalíptica* en Cursos Bíblicos a Distancia (Salamanca 1977).

XIV

REPERCUSION DE LA LITERATURA
APOCRIFA Y RABINICA EN EL NUEVO TESTAMENTO

Martin McNamara, profesor del Milltown Institute of Theology and Philosophy de Dublín, se ha distinguido por publicaciones que relacionan el Targum y el Nuevo Testamento; pero en estos últimos años ha ampliado su horizonte mostrando su interés por los apócrifos, en cuya edición y estudio fue pionero, como ya hemos visto, otro irlandés: R. H. Charles. En 1975 publicó *The Apocrypha in the Irish Church,* y recientemente ha aparecido una obra —varias veces citada en las páginas anteriores del presente trabajo— que recoge las lecciones que impartió en la Universidad John Carroll de Cleveland durante el curso 1980-81 y en la que relaciona el judaísmo de Palestina con el Nuevo Testamento: *Palestinian Judaism and the New Testament* (Wilmington-Delaware 1983). Dejando a un lado los capítulos IV (los escritos del Mar Muerto y el Nuevo Testamento) y VI (los targumes arameos y el Nuevo Testamento, tema ya tratado en otros libros bien conocidos del autor), ya que no están directamente implicados en el asunto que ahora nos ocupa, vamos a recoger algunos ejemplos del capítulo III, que trata de la literatura judía apocalíptica, y del V, que relaciona la tradición rabínica con el Nuevo Testamento.

La epístola de Judas, vv. 14-15, cita al patriarca Henoc por su nombre y le atribuye una profecía que refleja literalmente 1 Hen 1,9. En los vv. 5-6 alude a los ángeles vigilantes que pecaron con las hijas de los hombres (Gn 6,1-4) y que por ello permanecerán encadenados hasta el juicio del gran día, haciéndose eco de 1 Hen 6,1-12; 10,4-6; 10,12. Judas conocía, pues, el Henoc etiópico. Según Clemente de Alejandría y Orígenes, Jds 9 cita la Asunción o Ascensión de Moisés, quizá parte del Testamento de Moisés. Tal testamento (7,7.9; 5,5) es utilizado por Jds 16.

Judas estaba familiarizado, por tanto, con el género apocalíptico y, al parecer, también con el género «testamento». Este último aparece bien representado en la presente edición de los apócrifos (testamentos de Job, de Abrahán, de los Doce Patriarcas, etc.) y puede ser incluido dentro de la apocalíptica, ya que uno de los componentes del «testamento» es la profecía sobre el futuro.

M. McNamara[1] no cree que la literatura apócrifa, y la apocalíptica en concreto, fuese patrimonio de unos pocos escribas. Según 4 Esd 14, 44-46, el Altísimo ordena a Esdras que reserve para los sabios setenta de los noventa y cuatro libros que había dictado a los escribas (el canon hebreo consta de 24 libros: los 5 del Pentateuco, 8 de Profetas y 11 de Hagiógrafos). Pero tal orden no implica que los apócrifos o apocalípti-

---

[1] M. McNamara, *Palestinian Judaism...,* 92-94, espec. 94 y 119s.

cos restantes estuvieran reservados sólo para los sabios. Entra aquí en juego, al parecer, el motivo literario de que tal literatura no canónica fue escrita en tiempos antiguos y quedó «sellada» hasta el futuro. McNamara opina que «no hay indicación alguna de que el contenido de la literatura apócrifa o estrictamente apocalíptica debiera guardarse en secreto para exclusivo uso de escribas y entendidos. Aun en el supuesto de que los libros apocalípticos sólo fueran accesibles a círculos restringidos, sus doctrinas tenían difusión en amplios sectores de la comunidad», es decir, las doctrinas derivadas de los libros y las que circulaban por tradición oral ya desde el siglo III y principios del II a. C. «El influjo de la literatura y tradición apocalípticas en el mundo judío del período del Nuevo Testamento habría sido, según parece, de gran alcance y difusión». «Es totalmente claro que la herencia apocalíptica fue ampliamente conocida por el pueblo judío, en tiempos de Jesús y por la Iglesia primitiva, directamente como un movimiento vivo e indirectamente, porque en los dos siglos y medio, más o menos, de su existencia había influido ya en el pensamiento y escritos judíos de diversas maneras». Hay que matizar, sin embargo, que no fue la única tradición reflejada dentro del judaísmo del Nuevo Testamento y que no se ha de considerar como un movimiento central. «Probablemente no fue un movimiento, sino más bien una actitud mental, un modo de pensar y de escribir recogido por grupos de distinta orientación, como los esenios, los monjes de Qumrán, e incluso los fariseos y sus escribas. Sin duda, los escritos de los apocalípticos influyeron en Jesús y los apóstoles». Así se expresa McNamara.

Doctrina típica de la apocalíptica es la existencia de una vida después de la muerte para que Dios administre justicia, ya que, como lamentan Eclesiastés y Job, tal justicia no existe en este mundo: los buenos frecuentemente sufren y los malvados triunfan. Vida consciente tras la muerte, retribución, resurrección son conceptos característicos de los apocalípticos. A tales pasajes remito al lector, así como a mi libro sobre la resurrección [2], donde explico con detalle el origen y fuentes de esta idea y su presencia en el Nuevo Testamento, por ejemplo en la parábola del rico epulón (Lc 16,19-31) y en las palabras de Jesús al buen ladrón: «Hoy estarás conmigo en el paraíso» (Lc 23,43).

Volviendo al tema de los ejemplos coincidentes en la apocalíptica y el Nuevo Testamento, podemos decir que 2 Bar 49,2-3 plantea el mismo problema que 1 Cor 15,35-40: ¿con qué cuerpo resucitarán los muertos? Según el Apocalipsis de Juan 6,9-11, los mártires gritan desde debajo del altar preguntando hasta cuándo deben esperar la venganza de su sangre. Se les contesta que el número de los mártires ha de completarse. En 4 Esd 4,34-36 una pregunta similar se pone en boca de las almas de los justos retenidas en el depósito de las almas, y la respuesta es la misma. Lo que interesaba al judaísmo era la resurrección de los

---

[2] A. Díez Macho, *La resurrección de Jesucristo y la del hombre en la Biblia* (Madrid 1977) 32-78.

justos, y eso es lo que interesa en el Nuevo Testamento, que habla de la resurrección en general o menciona la de los justos. Unicamente Jn 5, 28ss y Hch 24,25 (cf. Ap 20,5-1) hacen referencia a la resurrección de los malvados.

Respecto al desarrollo de este tema de la vida ultramundana y de la resurrección en la obra de McNamara, hay que decir que hemos echado de menos una mención al libro de H. C. C. Cavallin *Life after Death* I: *An Enquiry into de Jewish Background* (Lund 1974), donde se examinan minuciosamente los problemas de la vida ultramundana y de la resurrección en los apócrifos de Palestina, en los helenísticos y en la misma literatura rabínica. Asimismo, cuando McNamara escribe sobre el concepto «griego» de inmortalidad en contraposición con el judío de resurrección, notamos la ausencia de citas del importante libro de R. H. Gundry *Soma in Biblical Theology with Emphasis on Pauline Anthropology* (Cambridge 1976). A tal obra pertenece la siguiente afirmación: «En la literatura judía del período intertestamentario y del Nuevo Testamento es tan claro el dualismo antropológico, y está tan extendido, que puede calificarse de normal en el judaísmo tardío» [3].

Por lo demás, McNamara (pp. 94-100) recoge acertadamente todos los problemas y las diversas doctrinas de la vida *post mortem* y de la resurrección. Aduce testimonios de las almas en estado intermedio, ese estado de almas separadas que tanto cuesta admitir en la escatología de hoy día, particularmente en la posconciliar. En una amplia información bibliográfica, editada por el Estudio Teológico del Seminario de Madrid, E. Tourón del Pie [4] ha escrito lo siguiente: «La *tesis inmortalista* del alma separada... ha vuelto a rebrotar con J. Ratzinger en Alemania y Díez Macho en España, entre otros autores». Ratzinger, según propia confesión, se ha pasado a la tesis inmortalista del alma separada después de haber defendido con anterioridad la tesis contraria [5]. Por mi parte, he defendido la tesis inmortalista debido en gran medida al hecho de que en la apocalíptica judía del período intertestamentario se encuentren tantos textos en favor del alma separada (en los depósitos). Información sobre dichos textos puede hallarse en mi libro *La resurrección...*, antes citado, o en las partes II y III de este volumen introductorio a la literatura apócrifa.

Siguiendo de nuevo el hilo de los ejemplos coincidentes vemos que, según el Testamento de Abrahán (Recensión A, cap. 11), Abrahán ve que la mayor parte de los que pasan a la otra vida entran por la ancha

[3] *Ibíd.*, 138-143.

[4] E. Tourón del Pie, *Escatología. Información bibliográfica* (Madrid, enero 1981) 14. Nótese que, según la norma de la Congregación romana pertinente —que Tourón aduce—, hay que seguir la tradición de hablar del «alma», en *Carta sobre algunas cuestiones referentes a la escatología* (Congregación para la Doctrina de la Fe del 17 de mayo de 1979): «La supervivencia y la subsistencia después de la muerte de un elemento espiritual que está dotado de conciencia y de voluntad, de manera que subsiste el mismo yo humano» (*ibíd.* 14).

[5] Ratzinger, *Escatología*, tomo IV de *Curso de teología dogmática* (Barcelona 1980) 13.

puerta de la perdición, mientras que son pocos los que penetran por la estrecha puerta de la salvación; observa que los que se pierden son muchos y los que se salvan pocos. Según Lc 13,23, uno pregunta a Jesús si los que se salvan son pocos. La respuesta fue: «Buscad entrar por la puerta estrecha, porque os digo que muchos buscarán entrar, pero no podrán»; cf. también el lugar paralelo de Mt 7,11ss. En 4 Esd 7,47, Esdras afirma que en el mundo futuro habrá delicias para pocos y tormento para muchos; Dios mismo advierte que el número de los justos —los que se salvan— no es grande, sino pequeño, pues en 4 Esd 8,1 dice: «El Altísimo ha hecho este mundo para los muchos, y el mundo venidero para los pocos» [6].

Los apocalípticos esperaban el qeṣ, final de los tiempos, irrupción del reino de Dios, en un futuro inmediato. En la Biblia encontramos casos de vaticinios que expresan fechas precisas. Por ejemplo, Jr 28, 17-16 predice la muerte del falso profeta Ananías en aquel mismo año; Jr 25,11; 29,10 anuncia el destierro de Babilonia durante setenta años y el retorno posterior; Dn 9,27 reinterpreta los setenta años como setenta semanas de años. En la apocalíptica —incluido Daniel— tal precisión de fechas parece ser un artificio literario más que una información temporal. Esto es lo que Lars Hartman [7] afirma. Sin embargo, no cabe duda de que los apocalípticos esperaban para pronto, en un futuro muy próximo, el cambio de eones, aunque sin fijar el tiempo preciso (véase 4 Esd 8,61.63; 2 Bar 85,10). En Mc 9,1 se ponen en boca de Jesús las siguientes palabras, que tampoco señalan un tiempo exacto o no dejan claro de qué venida se trata: «En verdad os digo que hay algunos de los que aquí están que no gustarán de la muerte antes que vean el reino de Dios venir con poder». ¿Creía Jesús en la inminencia del fin tal y como afirman los que lo consideran un apocalíptico que veía inmediata la llegada del qeṣ —así A. Schweitzer y otros— o, más bien, este logion se refiere a la transfiguración que a continuación se narra o a su propia resurrección? [8]

Jesús afirma en Mc 13, en el llamado «apocalipsis sinóptico», que el qeṣ está a las puertas. Los autores —incluido McNamara (p. 105)— admiten que este discurso apocalíptico es muy complejo y que hay en él dichos de diversa procedencia. El primitivo núcleo apocalíptico, quizá de origen judeocristiano, es Mc 7s.14-20.24-27 (V. Taylor). En los versículos 7 y 8 leemos: «Y cuando oigáis estruendo de batallas y noticias de guerra, no os alarméis; eso tiene que suceder, pero no es todavía el

    [6] M. McNamara, *Palestinian Judaism...*, 100s.
    [7] L. Hartman, *The Function of Some so-called Apocalyptic Time Tables:* NTS 22 (1975-1976) 1-14; cf. McNamara, *op. cit.*, 102s.
    [8] P. Benoit/M.-E. Boismard, *Synopse des quatre Évangiles* (París ²1972) 153; vol. II (París 1972) 249s. Es difícil saber a ciencia cierta a qué acontecimiento se refiere Jesús. ¿Se trata de la venida del reino de Dios o la parusía del Hijo del hombre (Mt) como acontecimientos próximos, o bien de su propia resurrección? Estamos ante un *logion* que hay que juntar a los cinco *logia* que le preceden en el capítulo anterior.

final (v. 7). Porque se alzará nación contra nación y reino contra reino,. habrá terremotos en diversos lugares, habrá hambre; ésos son los primeros dolores» (v. 8). En OrSib 3,635; 4 Esd 13,31; 1 Hen 99,4; 2 Bar 27,7; 70,3.8 se predicen desgracias similares. El v. 12 anuncia: «Un hermano entregará a su hermano a la muerte y un padre a su hijo; los hijos denunciarán a sus padres y los harán morir». En 4 Esd 5,9 leemos: «Et amici omnes semetipsos expugnabunt»; y en 6,24: «Et erit in illo tempore debellabunt amici amicos ut inimici»; cf. Jub 23,19; 2 Bar 70,3. «Los portentos celestes (de Mc 13,24) —comenta V. Taylor[9]— son una de las características comunes en los escritos apocalípticos»; cf. 1 Hen 80,4-7; 4 Esd 5,4; AsMo 10,5; Ap 6,12-14.

He aquí (siguiendo a McNamara) la lista de pasajes o términos del Nuevo Testamento aclarados por la literatura apocalíptica: el «Hijo del hombre», que aparece en las *Parábolas* de Hen(et) y sobre el que hablamos en la parte II al tratar el tema de las *Parábolas*[10]; la proclamación de Cristo a los «espíritus en prisión, que antes no habían obedecido», en los días de Noé, de 1 Pe 3,19 (cf. 4,6), relacionados con los vigilantes o ángeles caídos de Hen(et)[11]; el concepto de la riqueza y sus desventuras y el juicio de Dios, que aparecen en el Evangelio de Lucas y podrían

---

[9] Vicent Taylor, *Evangelio según san Marcos* (Ediciones Cristiandad, Madrid 1979) 624; para los paralelos anteriores, cf. *ibíd.*, 608s y 614; respecto al núcleo apocalíptico primitivo, *ibíd.*, 601.

[10] Respecto a la fecha de las Parábolas, dice McNamara, *op. cit.*, 85s (cf. también 106-109): «Esta datación de las Parábolas —se refiere a la datación de J. T. Milik y otros en el s. II o III d. C.— no se ha granjeado en modo alguno la aceptación general y va aumentando la opinión en favor del s. I d. C. o incluso del s. I antes de Cristo. Las Parábolas no son probablemente producto del esenismo ni probablemente fueron utilizadas por los monjes de Qumrán. Esto basta para explicar su ausencia en sus manuscritos». En la bibliografía que McNamara ofrece en la página 86 de esta obra cita el estudio de M. Delcor *Le livre des Paraboles d'Enoch Ethiopien: Le problème de son origine à la lumière des découvertes récentes*: EstBib 38 (1979-1980) 5-33, que Delcor expuso en una conferencia pronunciada en Madrid en la Semana Bíblica Española y donde defiende que las Parábolas son anteriores al s. I d. C. En el mismo sentido cita McNamara a Ch. L. Mearns, *Dating the Similitudes of Enoch*: NTS 25 (1979) 361-369, y a M. A. Knibb, *The Date of the Parables of Enoch. A Critical Review*: NTS 25 (1979) 345-359. Poco tiempo después de la aparición de *Palestinian Judaism*, McNamara publicó otro libro que, en parte, es resumen del anterior y en el que añade una antología de textos. Se trata de *Intertestamental Literature* (Wilmington, Delaware 1983). En la p. 68 de esta obra data las Parábolas de Henoc como «probably first century A. D.», y después de transcribir parte de la segunda parábola (45-57), o sea, 45, 46 y 47, concluye: «No obstante, los especialistas contemporáneos tienden —contra Milik— a reconocer las Parábolas como judías y fijar su composición en el s. I d. C.». Véase el artículo del que escribe *Cristología del Hijo del hombre y el uso de la tercera persona en vez de la primera*: «Scripta Theologica» 14 (1982) 189-201.

[11] Según W. J. Dalton, *Christ's Proclamation to the Spirits. A Study of 1 Peter 3,18-4,6* (Roma 1965); cf. E. M. Boismard, RB 73 (1966) 287s; cf. también A. Díez Macho y otros, *La Sagrada Biblia* (Ed. Codex; Buenos Aires 1965) tomo VII, 235s: no se trataría de la bajada de Jesús al limbo o seno de Abrahán para anunciar la victoria de Cristo a los justos y pecadores convertidos, sino de la ascensión, en la que Cristo proclama su victoria a los espíritus rebeldes y hostiles al hombre, del tiempo del diluvio.

depender de la tradición apocalíptica reflejada en 1 Hen 92-105 [12]; las señales del tiempo final (guerras, odio, terremotos, hambre, fuego, portentos, cielos nuevos y tierra nueva, nueva creación, nueva Jerusalén, que aparecen en el Nuevo Testamento) responden a una escatología que se expresa como la de la apocalíptica (véase AsMo 10). Lo mismo podemos decir del lenguaje y temas apocalípticos que describen la venida del Señor en 1 Tes 4,13-5,11 (trompeta, venida improvisada, como un ladrón...); 2 Tes 2,1-12; Mc 13 [13] y en el Apocalipsis de Juan. En relación con el género «testamento» encontramos en el Nuevo Testamento los discursos de adiós o «testamentos» siguientes: Jn 13-17; el discurso de adiós de Pablo a los ancianos de Efeso (Hch 20,17-35) [14]; Lc 22, 15-38 (última cena y palabras de Jesús consideradas por algunos autores como un discurso de despedida); las epístolas pastorales —1-2 Tim y Tit (v. gr., 2 Tim 4,6-8)—, que probablemente son «testamentos» de Pablo, y, finalmente, el «testamento» de Pedro en 2 Pe 1,13-15.

Naturalmente, esta lista de ejemplos, en la que algunos reflejan un paralelismo más cierto que otros, no pretende ser exhaustiva. Consideramos un acierto que el autor de *Palestinian Judaism*... integre en la apocalíptica ejemplos tomados de «testamentos» o discursos de adiós. En su último libro, publicado en 1983 —posterior al antes citado—, *Intertestamental Literature,* McNamara separa en diferentes capítulos la literatura apocalíptica (cap. 2) y la literatura de «testamentos» (cap. 3) [15], pero observa acertadamente que esta última está estrechamente relacionada con la apocalíptica, aunque hay diferencias que justifican un tratamiento separado. La semejanza radica en que en los dos géneros literarios aparece normalmente una predicción sobre el futuro. La diferencia estriba en que en la apocalíptica tal predicción la realiza un ser celeste, un vidente y a menudo un ángel; en cambio, en los «testamentos» el vaticinio se pone en boca de un personaje de la historia de Israel: frecuentemente se trata de un patriarca que, en trance de muerte, reúne a sus hijos, los exhorta y predice [16]. Cortès [17] expone en el siguiente tríptico los tres motivos básicos de un discurso de adiós, de un «testamento»: 1) el moribundo (o el que sube al cielo) llama a los suyos para hablarles;

---

[12] Como han anotado S. Aalen, NTS 13 (1966-1967) 1-13, y G. W. E. Nickelsburg, *ibíd.,* 25 (1979) 324-344.

[13] Acerca de los falsos cristos o profetas de Mc 13,21-23, cf. E. Kocis, *Apokalyptik und politisches Interesse im Spätjudentum:* «Judaica» 26 (1971) 78-87. En pp. 85-87 recoge las citas de Flavio Josefo. En p. 84 señala que desde el 168 a. C. hasta el 135 d. C. ha podido contar nada menos que sesenta revueltas de judíos, de Palestina y de la diáspora del Próximo Oriente, producidas por motivos diversos, pero casi siempre con un fondo apocalíptico: expulsar al extranjero para implantar el reinado de Dios; cf. A. Díez Macho, *El Mesías anunciado y esperado* (Madrid 1976) 72-74.

[14] J. Dupont, *Le Discours de Milet. Testament Pastoral de St. Paul (Act 20, 18-36)* (París 1962).

[15] M. McNamara, *Intertestamental Literature,* 49-86 y 87-105.

[16] *Ibíd.,* 87.

[17] Enric Cortès, *Los discursos de adiós de Gen 49 a Jn 13-17* (Barcelona 1976) 54s.

2) expresa sus exhortaciones, entre las que sobresale por su frecuencia la alusión a las obras de misericordia, la caridad, el amor o la unión fraterna; 3) unas frases sobre el futuro de la comunidad o el fin de los tiempos terminan el discurso. Los motivos segundo y tercero se encuentran frecuentemente en orden inverso o mezclados.

Estos tres motivos suelen ir acompañados de determinadas fórmulas estilísticas: «llamar», «ordenar», «hijos míos». La finalidad del género testamento es más difícil de individuar, pero se manifiesta al menos en cierta intención general de los discursos: poner en boca de un antepasado glorioso «profecías» que en realidad sólo son descripciones de hechos pasados o presentes y, en ocasiones, introducir una nueva doctrina como si se tratara de una tradicional [18].

De lo escrito se desprende que el discurso de adiós o testamento se puede incluir bajo el epígrafe de literatura apocalíptica. «La apocalíptica —dice Cortès [19]— nos ayuda a situar, ideológicamente por lo menos, uno de los motivos de nuestro género (el motivo tercero). J. B. Frey [20] describe el género apocalíptico como revelación hecha por Dios, directa o indirectamente, sobre toda clase de objetos desconocidos al hombre. Entre estos objetos descuella el futuro: al constatar que la situación presente no es más que la antinomia de lo prometido por los profetas, no queda otra solución que creer que las promesas se realizarán en el futuro. Se trata de consolar a los contemporáneos con la esperanza de un futuro más o menos inmediato... El autor del apocalipsis —o de nuestros discursos de adiós— no podía presentarse como un nuevo profeta. Los profetas se habían acabado». Más adelante, E. Cortès [21] vuelve al tema del influjo fundamental que el género apocalíptico ha ejercido sobre nuestros discursos de adiós. Este último género se utiliza claramente en 1 Hen 91,7-10; 91,12-17; 2 Bar 44,8ss; 2 Hen 17 (65,6-10) y en los Testamentos coptos de Jacob e Isaac. Cortès [22] ha señalado varias veces la influencia del género apocalíptico en el tercer motivo de los discursos de adiós y la repetida presencia de la escatología en los Testamentos de los Doce Patriarcas. El Testamento de Job (33,2-9) es también una descripción escatológica. La escatología no está ausente del discurso de adiós de Jesús (Jn 13-17), aunque Juan la transforma casi siempre en escatología realizada.

Todo esto apoya el hecho de que McNamara, en *Palestinian Judaism* (pp. 89-92), incluya el apartado «testamentos» como una parte de la literatura apocalíptica y, en cambio, en su libro *Intertestamental Literature* (pp. 87-105) dedique a los «testamentos» un capítulo especial, tras el dedicado a la literatura apocalíptica. Para no alargarnos más, recogeremos únicamente los epígrafes del cap. V de la primera de estas obras: *Midrás rabínico y Nuevo Testamento* (pp. 180-204): la resurrec-

[18] E. Cortès, Hoja de presentación del libro citado en la nota anterior.
[19] E. Cortès, *op. cit.*, 63.
[20] En su artículo *Apocalyptique*, en DBSuppl, cols. 238s, 333, 339.
[21] *Op. cit.*, 486.
[22] *Ibíd.*

ción (Mc 12,18-27); «... resucitado al tercer día» (1 Cor 15,4); Sal 8,2 en Mt 21,16 y el midrás rabínico; algunos puntos de la escatología rabínica en el Nuevo Testamento (este mundo y el mundo futuro, mérito en el cielo, juicio: el gran día del juicio, paraíso, gehenna, vida eterna, resurrección); *Halaká rabínica y Nuevo Testamento:* la tradición de los ancianos; lavar las manos antes de comer; juramentos y votos; *qoeban* (Mc 7,11); votos de una joven hechos antes del desposorio (se puede explicar el voto de virginidad de María, implícito en sus palabras «¿Cómo podrá ser esto si no conozco varón?», Lc 1,34, teniendo en cuenta que tales votos de jóvenes eran, al parecer, frecuentes; véase Ned. 10; cf. McNamara, *Palestinian Judaism,* 202); el diezmo de la menta y del comino.

La lista de paralelos podría alargarse indefinidamente, pero basten estos ejemplos, estudiados por McNamara, para subrayar una vez más la importancia de la literatura rabínica para conocer a fondo el Nuevo Testamento, pues no es suficiente para ello el conocimiento de la literatura apocalíptica judía, la de Qumrán y la de los Targumes.

XV

EL LENGUAJE MITICO DE LOS APOCRIFOS
Y EL ACCESO A LA REALIDAD

El lector de este libro irá viendo que los apócrifos utilizan un lenguaje mítico. Muchos de los temas desarrollados en los apócrifos pertenecen a la literatura mítica. El término «mito» ha tenido y, en ciertos ambientes, tiene todavía una connotación negativa. Antonio Pacios, profesor de historia de las religiones en la Universidad Central de Barcelona, indica que la concepción de mito como sinónimo de fábula, narración mentirosa, invención poética, sin contenido alguno, se empezó a dar ya entre los propios griegos, a cuya lengua pertenece el término *mythos,* que significa «discurso» o «narración» sin connotaciones negativas. Fueron los poetas, con Hesíodo y Homero, quienes rebajaron el concepto de mito. Contra ellos reaccionaron los filósofos presocráticos, Heráclito de Efeso y sobre todo el eléata Jenófanes. Especialmente en los libros II, III y X de su *República,* Platón, en línea con los presocráticos, «ataca fieramente a los mitos poéticos como rebajadores del concepto divino con sus intenciones; para él la poesía griega no ha hecho más que crear ficciones meramente subjetivas, que deben rechazarse como dañinas y engañosas. Y, sin embargo, Platón es eminentemente mítico; no sólo recoge con cariño y veneración numerosos mitos transmitidos por la tradición, sino que su misma obra filosófica es el intento más logrado de racionalización mítica, con su teoría de las ideas, siendo así el autor clásico que más puede ayudarnos a entender y penetrar la auténtica mentalidad mítica y el que, por su continuo y universal influjo en toda la cultura posterior, la ha hecho perdurar en nuestra mentalidad occidental»[1].

Platón se preguntó si nuestros conocimientos, por ejemplo de los dioses, parte integrante de nuestro cosmos según los griegos, no serían más que *doxa,* conocimiento de la apariencia. Ilustra el problema con el mito de la caverna: una persona entra en ella dando la espalda al sol; sólo ve la sombra de un caballo, y a quien dice que fuera se ve la realidad del caballo se le considera loco. De aquí deduce que puede existir más allá de este mundo una realidad que lo trasciende —to theion (lo divino)—, realidad a la que se llega no sólo por el único medio que Aristóteles admite, el *logos* en cuanto discurso, la dialéctica o *episteme,* la razón raciocinante. Para Platón, además del *logos,* hay otro acceso a lo trascendente, ya sea *theion* (lo divino), ya verdadero *theos* (Dios); ese acceso es el *eros:* «amor» a lo que nos trasciende para recibir lo que nos falta, amor para perfeccionarse. Tal concepto difiere del de *agape* o amor del Nuevo Testamento, que es amor para autocomunicar-

---

[1] Antonio Pacios, *Mito y religión:* «Anuario de Filología» 6 (1980) 190-191.

se, para dar. El *eros* es, pues, una vía de acceso a lo trascendente, tan legítima como el *logos* en cuanto acceso por vía de razón *discursiva*. Es más, «el lenguaje más específico (de Platón) no es la dialéctica ni la interrogación crítica de Sócrates; es el mito. Sin embargo, este mito no es la razón irracional por la cual empieza el pensamiento primitivo y antiguo, sino una *ultima ratio*, nacida de la dialéctica y de la crítica... Lo que dice su Sócrates no es su propia palabra definitiva; es solamente el punto de aproximación de esta última verdad, que siempre se oculta, y no se desvela a medias sino en los mitos de que el filósofo se sirve cuando deja de razonar» [2].

El influjo de Platón en la cultura occidental, sobre todo a través del neoplatonismo, perduró hasta la mitad del siglo XII, época en la que tanto entre cristianos como entre musulmanes cedió paso al «filósofo» por antonomasia, a Aristóteles. A pesar del apoyo de Platón, el mito en el Renacimiento y sobre todo en la época de la Ilustración, de la filosofía racionalista, volvió a adquirir el significado negativo de saber infantil, fantástico, precisamente por no pertenecer al único saber válido que entonces se admitía: el racional. El mismo Kant, constatando que con la razón teórica no se pueden alcanzar los *noumena* y necesitando, por otra parte, una fundamentación para la ética y moral, tiene que recurrir a la razón práctica, al imperativo categórico.

D. T. Woundt († 1920) es el último representante de esa concepción peyorativa del mito como pura fantasía infantil, de eso que los racionalistas consideraban miedo a la razón.

El romanticismo, de marcada tendencia antiintelectualista, devolvió al mito su prístino valor como instrumento de la conciencia religiosa para captar verdades que no caen bajo la experiencia y que son inaccesibles a la razón. Hay, pues, una segunda realidad inaccesible a la razón, pero accesible al pensar mítico [3]. W. M. L. de Wette, influido por Schleiermacher y el filósofo J. F. Fries, revaloriza el mito como una aprehensión intuitiva, un presagio de la verdad religiosa [4].

Además de cierta aportación del renacimiento, los historiadores de las religiones y los sociólogos han tenido gran parte en la revalorización del mito. El psicoanalista de Zürich C. G. Jung († 1961) descubrió en el mito la expresión del inconsciente colectivo, de unos arquetipos, formas e imágenes, que se repiten y están presentes en toda alma y que coinciden con los motivos de los mitos. El mito es una estructura fundamen-

---

[2] G. van der Leeuw, *La religion dans son essence et ses manifestations* (París 1955) n. 102,2, pp. 648-649; cf. A. Pacios, *op. cit.,* 193.

[3] P. Barthel, *Interprétation du language mythique et théologie biblique* (Leiden 1963) 21-28, 36-44. La «escuela del mito» (J. E. Eichhorn, F. Gabler, G. L. Bauer, D. F. Strauss, etc.) se decantó por el racionalismo; su lema sería el *sapere aude,* la explicación racional, lógica, científica, de la realidad. Para ellos, el mito se opone al *logos,* a lo racional e históricamente demostrable. El mito habría sido, según ellos, un intento de acercarse a lo trascendente como causa fundante de todo ser, obrar y acontecer, por desconocimiento de las causas segundas en una cultura prelógica y primitiva. El racionalismo peca de reduccionismo epistemológico.

[4] P. Barthel, *op. cit.,* 29-36.

tal de la realidad humana[5] y, como señalan Mircea Eliade y Kerenyi, forma parte, como los símbolos e imágenes, de la sustancia espiritual del hombre. «El mito —escribe A. Pacios[6]— corresponde a una forma de conocer (mentalidad mítica), tan connatural al hombre y tan legítima como la racional o científica, y no menos válida, aunque tanto una como otra estén sujetas a posibilidad de error... Ya Platón conocía como medios de auténtico conocimiento humano tanto el *mytho logein* como el *diaskopein* (mirar con atención, examinar). Para Nestle, el mito es una forma intermedia entre la pura vivencia religiosa *(Erlebnis)* y el *logos* o plena racionalización. Lévy-Bruhl precisa y profundiza más al afirmar que el mito es un producto de la mentalidad primitiva —más tarde reconocería no haber diferencia esencial entre esa mentalidad y la nuestra— para realizar una participación que ya no se siente como inmediata: da así realidad a la experiencia sagrada, formulándola, y haciendo (el mito) de intermediario entre el hombre y esa experiencia ya no sentida como presente. Con él coincide G. van der Leeuw, para quien el mito no hace más que proveer de estructura a la divinidad antes percibida en la experiencia numinosa inefable, haciendo así posibles las relaciones personales con el objeto de ella». «Acerca del valor objetivo del conocimiento mítico insisten sobre todo Van der Leeuw[7] y Mircea Eliade[8]: no difiere de la historia en su validez objetiva, sino en cuanto prescinde de determinaciones locales y temporales, características de la historia».

Como se ve, la historia de las religiones, especialmente de los primitivos, ha demostrado que el acceso a las verdades fundantes del orden religioso y a otros planteamientos sociales, familiares, etc., es tan válido como el de nuestros científicos. Llamar a los primitivos «salvajes» es un salvajismo. Están en posesión de los mismos arquetipos o estructuras básicas comunes a nuestra cultura desarrollada, aunque en su modo de expresión disten mucho de nuestro lenguaje.

También la nueva ciencia o filosofía del lenguaje ha encontrado que el mito es una forma de lenguaje y que, como tal, tiene su hermenéutica propia: posee un *sentido* y una «significación» para el lector u oyente del relato mítico. Paul Ricoeur[9], admitiendo con generosidad los diversos tipos de desmitificación de R. Bultmann y la «significación» de la palabra de Dios o de Jesús como interpelación personal a la que uno debe someterse, admitiendo, pues, la adscripción bultmaniana a la filo-

---

[5] P. Barthel, *Psychologie complexe, language mythique et théologie biblique* (Estrasburgo) *passim.*

[6] A. Pacios, *art. cit.,* 192-195.

[7] G. van der Leeuw, *L'uomo primitivo e la religione* (Turín 1961) 96-108 (Mito, logos, storia); íd., *La religion dans son essence et ses manifestations* (París 1955).

[8] Mircea Eliade, *Tratado de historia de las religiones* (Madrid 1954) 387-413.

[9] P. Ricoeur, *Préface* al libro de Bultmann *Jésus. Mythologie et démythologisation* (París 1958), trad. del original alemán (Tubinga 1926), y también el *Préface* a *Jésus-Christ et la mythologie,* traducción de *Jesus-Christ and Mythology* (Nueva York 1958) 24-28. Por supuesto, R. Bultmann nunca pensó aplicar el estructuralismo al lenguaje mítico del Nuevo Testamento; cf. A. Piñero, *Estructuralismo y Nuevo Testamento:* «Miscelánea Comillas» 34 (1976) 197-236.

sofía de Heidegger, achaca al teólogo de Marburgo que, después de desmitificar todo el Nuevo Testamento, pase sin más a la «significación» de la palabra para mí, aquí y ahora. Deja a un lado el sentido, la semántica de los textos, es decir, la ciencia del lenguaje y su interpretación.

El lenguaje mítico del NT según R. Bultmann
y el lenguaje mítico de los apócrifos

Afirma Bultmann que el universo en que se expresa el Nuevo Testamento es un universo mítico que no pueden aceptar los hombres modernos, formados en el lenguaje de la ciencia. «Es mítico el modo de representación según el cual lo que no es del mundo, lo divino, aparece como del mundo, como humano; lo que está en el más allá, como algo de acá; según el cual, por ejemplo, la trascendencia de Dios está pensada como un alejamiento espacial; un modo de representación en virtud del cual el culto se entiende como una acción material que produce fuerzas que no son materiales»[10].

Bultmann señala que el mensaje esencial de Jesús es la venida del reino de Dios, reino que, como demostró Johannes Weiss en su libro *La predicación de Jesús acerca del reino de Dios* (1982), era un reino metahistórico, que advendría al final de la historia y con intervención de Dios, no por el esfuerzo humano. Según Bultmann, Jesús habría tomado esta idea de ciertos círculos judíos, y lo mismo la Iglesia primitiva. Los círculos aludidos son los apocalípticos. El libro de Daniel es el testimonio más antiguo del drama escatológico. Jesús se abstiene de descripciones detalladas de tal drama cósmico y de la felicidad del nuevo eón; predica que el reino de Dios va a llegar y que los hombres han de prepararse para el juicio de Dios. Al igual que los apocalípticos, esperaba para pronto ese final escatológico; en el padrenuestro hace pedir «que tu reino venga». Los milagros que Jesús hacía, particularmente los exorcismos, eran el anuncio de ese reino de Dios. Tal reino llegaría como un violento drama cósmico: el Hijo del hombre vendrá sobre las nubes del cielo, resucitarán los muertos, seguirá el juicio final; los justos entrarán en la felicidad, los condenados irán a las penas infernales. Albert Schweitzer llegó al extremo de afirmar que no sólo la predicación de Jesús, sino también la conciencia que Jesús tenía de sí mismo y toda su vida cotidiana estaban dominadas por la espera escatológica[11].

Nos limitamos a exponer el pensamiento de Bultmann, sin criticar por el momento las afirmaciones anteriores. Sin embargo, queremos hacer una aclaración: la petición del padrenuestro *eltheto he basileia sou*, «venga tu reino» (Mt 6,10a), no añade «en vuestra vida» (*ymlk mlkwtyh bhyyekwn*) como sucede en el *qaddiš* judío, del que probable-

---

[10] R. Bultmann, *Kerygma und Mythos* I, primera edición, 22.
[11] R. Bultmann, *Jésus...*, 187-189; cf. Santos González de Carrea, *Pensamiento y expresión mítica en el Nuevo Testamento*, en *Revelación y pensar mítico*, XXVII *Semana Bíblica Española 1967* (Madrid 1970) 234-254.

mente derivan las tres primeras peticiones del padrenuestro de Mateo [12].
La omisión de «durante vuestra vida y durante la vida de toda la casa
de Israel, aprisa y en tiempo cercano» es significativa respecto a la esperanza que Bultmann atribuye a Jesús del establecimiento inminente del
reino de Dios. En relación con este tema diremos que, al parecer, Jesús
utilizó el verbo arameo *qrb,* que posee un doble sentido, un *tarte miš-
ma':* en el arameo de Palestina significa que ha llegado ya y que está
cercano, «ha llegado ya, pero todavía no». Nótese que la expresión «está
cerca» procede de Mateo (3,2; 10,7; 21,34; 26,45) y no es propia de
Marcos 1,15, que sólo emplea *engiken,* esta vez con sentido temporal,
en el que lo usa Mateo. En el Evangelio de Mateo, dirigido a judeoconversos que conocían bien el arameo, es fácil el doble significado de
qrb; lo mismo se puede decir del *logion,* si viene, como parece, del propio Jesús. En mi opinión, este doble sentido responde mejor a la predicación del reino de Dios hecha por Jesús: ha llegado ya con su venida,
pero no plenamente: el establecimiento completo del reino de Dios pertenece al futuro. Las parábolas de la paciencia, que son varias en la predicación de Jesús y auténticamente suyas (el grano de mostaza, la leva-
dura, etc.), insisten en que el reino de Dios no se va a establecer, como
creía Juan o sus discípulos y en general el judaísmo, instantánea y universalmente, sino poco a poco, con paciencia.

Volvamos de nuevo a Bultmann y escuchemos sus palabras: «Esta
esperanza de Jesús y de la comunidad cristiana primitiva no se ha realizado. Continúa el mismo mundo, la historia continúa. El curso de la
historia ha contradicho a la mitología. En efecto, la representación del
reino de Dios es mitológica, lo mismo que el drama final, lo mismo que
las condiciones que fundamentan la esperanza del reino de Dios, a saber: la idea de que el mundo, aunque creado por Dios, está regido por
el mal, Satán [13], y que su ejército, los demonios, es el origen de todos
los males, del pecado y de la enfermedad. Toda la representación del
mundo, presupuesta en la predicación de Jesús y en el Nuevo Testamento en general, es mitológica: la representación del mundo dividido
en tres planos, el cielo, la tierra y el infierno; la idea de la intervención
de fuerzas sobrenaturales en el curso de la historia; la representación
de los milagros también y, en especial, la de la intervención de fuerzas
sobrenaturales en la vida interior del alma; en fin, la idea según la cual
el hombre puede estar poseído por espíritus malos, tentado y corrompido por el diablo. Calificamos como mitológica esta representación del

---

[12] Etan Levine, *Un judío lee el Nuevo Testamento* (Madrid, Ed. Cristiandad,
1980) 250; A. Díez Macho, *Qaddiš y Padre Nuestro:* «El Olivo» 4 (1980) 38-39.
[13] A. F. Segal, *Ruler of this World. Attitudes about Mediator Figures and the
Importance of Sociology for Self-Definition,* en *Jewish and Christian...* II, 246-247
y 404 (notas 4, 5, 7, 12). En Jn 12,31; 14,30; 16,11, el «príncipe de este mundo»
es un ser demoníaco; en AscIs 1,3; 2,4; 10,29, «el príncipe del mundo» es identificado con Beliar. En Ignacio de Antioquía (Ef 17,1; 19,1), es el demonio. En Pablo, Ef 6,12 («los príncipes de la tiniebla de este mundo»), Ef 2,2 («el príncipe
del poder del aire»), 2 Cor 4,4 («el dios de este mundo») pueden tener dos sentidos: seres demoníacos y los príncipes y jefes de este mundo.

mundo porque se distingue de la que ha elaborado y desarrollado la ciencia desde su origen en la Grecia antigua y que ha sido aceptada por los modernos. Ahora bien, en esta representación moderna del mundo la relación de causa y efecto es fundamental... De cualquier modo, la ciencia moderna no cree que el curso de la naturaleza pueda ser interrumpido o, por decirlo así, traspasado por potencias sobrenaturales... Esto vale también para la investigación histórica moderna, que no toma en consideración intervenciones eventuales de Dios, del diablo o de los demonios en el desarrollo de la historia... El hombre moderno está convencido de que los cursos de la naturaleza y de la historia, como su vida interior y práctica, no son interrumpidos de modo alguno por fuerzas sobrenaturales... Los especialistas del Nuevo Testamento no están de acuerdo sobre si Jesús se proclamó a sí mismo como mesías, como el rey del tiempo de la salvación, si creía ser el Hijo del hombre que debía venir sobre las nubes del cielo. En caso de que así fuera, esto significaría que Jesús se había comprendido a la luz de la mitología... En todo caso, la comunidad cristiana primitiva lo consideraba como una figura mitológica; esperaba que volviera como el Hijo del hombre sobre las nubes del cielo para traer, en su condición de juez del mundo, la salvación y la condenación. También es ver su persona a la luz de la mitología el decir de él que fue concebido por el Espíritu Santo y que nació de una virgen; esto aparece aún con mayor evidencia en las comunidades cristianas helenísticas, en las que Jesús fue entendido, en un sentido metafísico, como el Hijo de Dios, como un gran ser celeste y preexistente que se hizo hombre para nuestra redención y que tomó sobre sí el sufrimiento de los hombres hasta la cruz. Tales representaciones son manifiestamente mitológicas: estaban muy extendidas en las mitologías judías y paganas y fueron traspuestas a la persona histórica de Jesús. En particular, la representación del Hijo de Dios preexistente, que desciende al mundo con revestimiento humano para liberar a los hombres, es un elemento de la doctrina gnóstica de la redención que nadie duda en calificar de mitológica... Para el hombre moderno, la concepción mitológica del mundo, las representaciones de la escatología, del redentor y de la redención han sido sobrepasadas y están periclitadas» [14]. Seguidamente se pregunta Bultmann si, en vista de esto, el hombre moderno tendrá que hacer el *sacrificium intellectus,* aceptando esas concepciones mitológicas del Nuevo Testamento, o bien debe dejarlas de lado y contentarse con las enseñanzas éticas o morales de Jesús —hacer el bien, quedándose con el evangelio social—, o si por el contrario debemos buscar bajo la predicación escatológica y los enunciados mitológicos una significación más profunda oculta bajo el velo de la mitología. Esto último es lo que él pretende ahondar: la significación más profunda del lenguaje mítico, que es lo que él llama *desmitificación.*

En otro apartado intenta Bultmann aclarar qué es la mitología: a menudo ha sido considerada como una ciencia primitiva que pretende

---

[14] R. Bultmann, *Jésus...,* 189-191.

explicar fenómenos y acontecimientos extraños, atribuyéndolos a causas sobrenaturales, divinidades o demonios. Los mitos hablan de dioses y demonios, de poderes de los que el hombre se siente depender, cuyo favor busca o cuya cólera teme. Expresan la idea de que el hombre no es el señor del mundo y de su vida, el mundo está lleno de enigmas y misterios. La mitología es una comprensión de la existencia humana. El mundo y la vida humana tienen su fundamento y sus límites en una potencia situada en el exterior de lo que nosotros podemos prever y dominar. La mitología expresa tal potencia como si de una potencia mundana se tratase; habla de los dioses como de seres humanos, de sus acciones como de acciones humanas, aunque se les reconozca un poder sobrehumano, y tales acciones son presentadas como imprevisibles y capaces de romper el orden normal, habitual, de las cosas. Los mitos atribuyen a la realidad trascendente una objetividad inmanente a este mundo; aplican una objetividad mundana a lo que no es mundano. El mito sitúa a Dios en el cielo, en el espacio, pero muy remoto y lejano; representa al infierno debajo, en las tinieblas; ahí también, en el espacio, coloca la formidable potencia del mal. El hombre moderno no puede aceptar esas representaciones míticas de cielo e infierno, aunque la idea de la trascendencia de Dios y del mal posee significación. Satán y sus demonios expresan míticamente que el mal está en nosotros y fuera de nosotros, es como una potencia que nos domina, el dominador de este mundo [15].

De lo expuesto se puede concluir que la desmitificación, la *Entmythologiesierung* de Bultmann, es reduccionista respecto a las posibilidades del lenguaje mítico para expresar realidades no accesibles a la experiencia empírica, al análisis de las ciencias, al estudio de la historia. Sin embargo, Bultmann admite como componente positivo de la desmitificación el hecho de que bajo el mito neotestamentario se esconde un mensaje. Descubrir y expresar ese mensaje debe ser el propósito de todo exegeta fiel a su objeto, a los hombres de su tiempo y a sí mismo. El aspecto positivo, pues, del Nuevo Testamento es la interpretación existencial [16] de su lenguaje mítico.

Consideremos ahora los mitologemas de los apócrifos, su lenguaje mítico, que en la mayor parte de ellos es aún más acentuado que en el Nuevo Testamento. Seguiremos también en este tema la descripción de Bultmann y remitimos de nuevo al lector a la exposición sobre la teología de los apócrifos en general y de varios de ellos en particular que aparece más adelante en la presente obra.

En el libro de *Daniel* —único libro apocalíptico admitido en el canon judío del Antiguo Testamento—, el vidente predice el futuro (capítulos 7-12) por inspiración divina. En las visiones y relatos de esta

[15] Id., *op. cit.*, 192-194. Para un resumen del pensamiento desmitificador de Bultmann, cf. R. Marlé, *Bultmann et la foi chrétienne* (París 1967) 52-57.

[16] R. Marlé, *op. cit.*, 56-64.

obra aparece Dios como señor de toda la historia de la humanidad; hará pronta justicia a Israel, porque el final de la historia y el triunfo del reino de Dios está ya cerca.

Henoc etiópico: 1 Hen 106 trata del nacimiento milagroso de Noé. Los capítulos 6-36 versan sobre la caída de los ángeles vigilantes, que trajo toda clase de males a la humanidad. De su unión sexual con las hijas de los hombres nacieron los «gigantes» —este motivo es corriente en los mitos primitivos—, los cuales fueron aniquilados por medio del diluvio —otro motivo común en los pueblos primitivos—; su descendencia, los espíritus, son los demonios que andan sueltos por la tierra. Henoc no puede interceder por ellos, ya que les espera el juicio lo mismo que a los hombres malvados. Después de ese juicio vendrá la «edad de oro» (6-16) —otro motivo corriente en las religiones míticas—. En su primer viaje visita Henoc el lugar de castigo de los ángeles caídos (17-20) y en el segundo contempla el *šeol*. 1 Hen 38-44 trata de los secretos de los cielos; 45-57, del Hijo del hombre, de la separación de buenos e impíos y del castigo de los ángeles; 58-69, de la felicidad de los justos, del juicio final, de las funciones de los ángeles. En 1 Hen 70 se presenta incluso a Henoc como Hijo del hombre y señor de los espíritus, título este último que se aplica normalmente a Dios en las Parábolas de 1 Hen.

En el libro de los Jubileos, Henoc figura como inventor de la escritura, de la sabiduría y especialmente de la astronomía (Jub 4,17). Jub 10,17ss, TestLev 14,16 y TestSim 5 hacen referencia a un libro de Henoc que contiene los secretos del pasado y del futuro. En los midrases tardíos, Henoc aparece como el escriba celestial, como ángel que permanece ante la faz del Señor. Es identificado con Metatrón, que ocupa el primer puesto en la jerarquía angélica. Esta identificación figura ya en el Targum Pseudo-Jonatán a Gn 5,24. Sin embargo, tan gran exaltación de Henoc en la apocalíptica, en Filón y en los midrases recientes, fundada en Gn 5,25 («Y Henoc caminó con Dios y no apareció más, porque Dios se lo llevó»), convirtió a nuestro sabio en impío o hipócrita en Gn.R. 25,1, seguramente para no apoyar la doctrina cristiana de la ascensión de Jesús a los cielos. La subida de Henoc al cielo, al igual que la de Elías (2 Re 2,11) y la de Moisés (Ex 19,3: «Y Moisés subió hacia el Señor»), apoyaba la ascensión del Señor; por eso Yosé b. Halafta (*tanna* de mitad del siglo II) niega, en bSukk. 4b y 5a, que la Šekiná haya bajado y que Moisés y Elías hayan subido a lo alto [17].

---

[17] K. Hruby, *Exégèse rabbinique et exégèse patristique,* en J. E. Menard (ed.), *Exégèse biblique et judaïsme* (Estrasburgo 1973) 197-199 y 216 (notas 13 y 16); Jellinek, *Bet ha-Midrasch* V, 171. Si bien el judaísmo alteró ciertos textos con el fin de polemizar con los cristianos, éstos empezaron muy pronto a dirigir su polémica antijudía de un modo muy diferente al de Pablo, Mateo o Juan. Los apologetas cristianos del s. II rebaten a los judíos haciéndoles responsables de la crucifixión del Señor y se apoyan en una interpretación distinta de textos bíblicos del Antiguo Testamento; cf. F. Blachetière, *Aux sources de l'anti-judaïsme chrétien:* «Revue d'Histoire et de Philosophie religieuses» (París 1973) 353-398.

La atribución de la sabiduría a Henoc parece proceder de un mito babilónico que aplica al Henoc bíblico, séptimo patriarca antediluviano, el mito de Enmeduranki o Enmedurana de los textos cuneiformes, según los cuales este séptimo rey antediluviano instituyó el culto, tuvo conocimiento de los misterios divinos, se apoderó de las tablas de los oráculos divinos y los expuso a los hombres. Se trata de un caso más de emigración hacia la Biblia —sobre todo en los once primeros capítulos del Génesis— de mitos babilónicos, que la propia Biblia desmitifica, al menos en parte.

1 Hen 83-84 nos presenta una visión de la humanidad destruida por el diluvio; 85-90 relata una historia de Israel utilizando la simbología (animal), tan propia de la apocalíptica. Los símbolos son aquí bueyes, ovejas, pastores y fieras. Los enemigos de Israel serán destruidos; a ello seguirá la resurrección de los muertos y la edad mesiánica. En 1 Hen 93,1-10 y 91,12-17 se dice que la historia durará diez semanas, de las cuales han transcurrido ya siete. En la décima acaecerá el juicio final seguido de la edad de la felicidad.

Jubileos: Divide la historia en jubileos de cuarenta y nueve años, subdivididos en períodos de semanas de años. Esta historia, tan cronometrada por Dios, tendrá como final el reino de Dios. Entonces los hombres vivirán mil años.

Oráculos Sibilinos III: Señala el curso de la historia y predice la venida de la edad mesiánica, llena de prosperidad.

Testamentos de los Doce Patriarcas: Como es usual en el género literario «testamento», aparece frecuentemente en ellos un anuncio de lo que sucederá en el futuro, en los últimos días. Exaltan la figura de Leví, de quien procederá el mesías.

Salmos de Salomón: En 17 y 18 se describe a un mesías y la gloriosa edad mesiánica.

Asunción de Moisés: El capítulo 7 trata del fin y de la llegada del reino de Dios; el capítulo 10 expone las señales que precederán al final de este eón.

Vida de Adán y Eva (29,4-10): Después de la reconstrucción del nuevo templo la iniquidad prevalecerá sobre la justicia; seguidamente Dios vendrá a habitar sobre la tierra. A continuación se celebrará el juicio final, que traerá consigo la salvación para los justos y la condenación para los malvados.

Apocalipsis de Abrahán: Abrahán es recibido por Dios, que le habla de la caída del hombre, de la idolatría presente en sus descendientes y del juicio venidero. El eón actual está a punto de terminar, el qeṣ es inmediato. Los paganos serán castigados o destruidos. El Elegido de Dios, tras el sonar de la trompeta, reunirá a su pueblo. Los enemigos se consumirán en el fuego.

Testamento de Abrahán: En una visión contempla el mundo y todas las cosas creadas, que durarán siete edades de mil años cada una (capítulo 9). Miguel sube a Abrahán hasta la primera puerta de los cielos, donde el patriarca observa el juicio de los que llegan allí. Lamenta la condenación de muchos individuos (escatología individual).

2 Henoc o *Libro de los secretos de Henoc:* Relata en veinticuatro capítulos el ascenso de Henoc a los cielos (caps. 1-2) y su recorrido por los siete cielos acompañado de dos ángeles (caps. 3-9). El patriarca escribe lo que Dios le revela sobre el plan de la creación y la historia del mundo hasta la propia época de Henoc y el diluvio. El eón actual durará siete períodos de mil años cada uno; a continuación llegará el final (caps. 10-17). Henoc es conducido al cielo más elevado, que está situado ante la faz de Dios (caps. 18-24).

4 Esdras: Alude a la mala inclinación que deriva del pecado de Adán y que Dios ha quitado. Este eón, según el ángel intérprete Uriel, se acerca al fin, que llegará cuando se haya completado el número de los justos. En el capítulo 5 enumera los signos que precederán al fin. Dios introducirá el nuevo eón y el juicio final (6,35-9,25). Al final de este eón aparecerá el mesías y reinará cuatrocientos años. Después de la muerte del mesías y de los suyos, y tras siete días de silencio, vendrá la resurrección y la apertura del paraíso y la gehenna. Se salvarán muy pocos. En la sexta visión (13,1-58), el mesías aparece como un hombre que sube del mar y vuela con las nubes de los cielos. En la séptima se promete al vidente, Sealtiel o Esdras, que será trasladado con el Hijo hasta que el fin llegue, que será pronto (14,1-48). Finalmente asciende al cielo.

2 Baruc: El mundo futuro está reservado para los justos. La destrucción de Jerusalén acelerará la llegada del eón venidero. Aparecerá el mesías y los justos resucitarán (caps. 1-35).

3 Baruc o *Apocalipsis griego de Baruc:* Los ángeles llevan las oraciones de los hombres y los méritos de los justos ante Miguel, el cual recompensa según las buenas obras. Admite siete cielos, como el Testamento de Leví, la Ascensión de Isaías y la literatura rabínica, aunque el vidente sólo es llevado a cinco. Después vuelve a la tierra[18].

En *3 Henoc* el príncipe del mundo intercede en favor de los hombres (30,2) y también es presentado como príncipe de los cuerpos celestes (38,3); tiene funciones de Metatrón. En bYeb. 16b, bHull. 60a y bSan. 94a «el príncipe del mundo» alaba a Dios, no es su enemigo, sino que, como en 3 Henoc, está a su servicio. Sin embargo, en el Evangelio de Juan[19] y en la apocalíptica judía el príncipe del mundo es enemigo de Dios, aunque sometido siempre al poder divino.

Con el fin de no alargarnos más, remitimos al apartado V de esta primera parte, que trata sobre las características de la escatología. Tanto

---

[18] Cf. D. S. Russell, *The Method and Message of Jewish Apocalyptic* (Londres 1964). Gran parte de los datos señalados en el texto están resumidos en esta obra, pp. 48-66.

[19] Cf. nota 13 de este mismo apartado.

allí como más adelante, al hablar de la teología de los apócrifos en general y de la de algunos de ellos en particular, se percibe inmediatamente el uso constante que estos libros hacen del lenguaje mítico.

La apocalíptica está especialmente interesada en el principio de la historia humana y, aún más, en su final. Se preocupan del desarrollo de la historia en períodos. Su interés se centra en la historia de Israel, la del cosmos y la de las naciones que no pertenecen a Israel o están en contra de él. Los apócrifos yuxtaponen frecuentemente apreciaciones contrarias o diversas sobre un tema, como sucede en la literatura de Qumrán respecto al tema de la destrucción de los malvados, motivo importante en la apocalíptica. Según algunos textos de Qumrán, serán castigados todos los israelitas perversos, los que están fuera de la comunidad qumranita; según otros, el castigo afectará a las naciones perversas, pero no a los israelitas fieles [20].

La historia se desarrolla entre dos extremos: el paraíso que la empieza y el paraíso que la termina. Es una historia de lucha entre el reino de Dios y el reino de Satán y sus ángeles. Está, además, predeterminada por Dios. En 1 Hen 81,2 se dice que las tablas celestes contienen todos los hechos de la humanidad hasta las últimas generaciones; predicen toda la historia del mundo (93,2). Henoc debe leer estos «libros santos» o «los libros de los santos» (103,2) y tener en cuenta cada hecho (81,1). En el libro de los Jubileos, las tablas celestes contienen leyes rituales y penales, algunas de las cuales se observaban ya en los cielos antes de ser reveladas a los hombres. Los Testamentos de los Doce Patriarcas tratan también el tema de las tablas celestes que predicen el futuro (TestAs 7,5); los acontecimientos están predeterminados por Dios (TestAs 2,10; TestLev 5,4). Las tablas o los libros sagrados celestes abarcan la historia pasada, presente y futura. Su contenido fue revelado a los antiguos patriarcas y se mantuvo secreto hasta la época de los apocalípticos, lo cual es un indicio de que la historia se acerca a su final.

Esa historia predeterminada por Dios se divide en dos eones: el ʿolam ha-zeh («este mundo»), de tono pesimista, y el ʿolam ha-ba, el mundo venidero que traerá el triunfo de los que son fieles a Dios y que será introducido por Dios solamente, o por él mediante un mesías, o por obra del mesías. Esto será precedido por una larga serie de males, y el final irá acompañado de un cataclismo cósmico que está ya próximo. Esta historia terrestre, predeterminada y llevada a su término —el nuevo paraíso—, es una imagen de la victoria celeste de Dios contra los principados y potestades de los cielos. Lo terrestre es reflejo de lo celeste. La historia es una historia de salvación, gracias a la intervención de Dios y del mesías: terminará como empezó, en paraíso. Algunos apócrifos representan el paraíso según el modelo bíblico (Gn 2; 3,22). Para 1 Hen 60,8.23 es el jardín de los justos; 1 Hen 39,3s localiza tal pa-

---

[20] Jacob Licht, *Matʿat ʿolam wʿam pedut El,* en *Mehqarim ba-megillot ha-genuzot,* Hom. póstumo a E. L. Sukenik (Jerusalén, «separatum», s. a.) 74.

raíso al final del cielo[21], mientras que 2 Hen 8 lo sitúa en el tercer cielo. El lugar del paraíso se hace cada vez más trascendente. Dios, tras la caída de Adán, se llevó el paraíso consigo (2 Bar 4,3). Según 1 Hen 104,2-6, al final de este eón las puertas del cielo se abrirán para los justos, que vivirán con los ángeles. Los justos verán la gloria del que los tomó por suyos (4 Esd 7,91), contemplarán el rostro de aquel a quien sirvieron (4 Esd 7,98) y, una vez llegado a su término este mundo, serán instalados en el paraíso celeste (2 Hen 65,9; TestDan 5; 2 Bar 51,10-11)[22].

Este fenómeno de trascendentalización se puede apreciar también en lo que respecta a Jerusalén, la ciudad santa. En primer lugar se habla de una Jerusalén terrestre renovada, pero después es una Jerusalén celeste (4 Esd 10,54-59; 8,52; 1 Hen 90.92; 2 Bar 4,3). Se trata de la Jerusalén «celeste» de Heb 12,22, la «de arriba» de Gál 4,26. Lo mismo ocurre con el templo: el de abajo corresponde al de arriba.

Respecto al infierno, primitivamente se concibió como el šeol adonde van a parar justos y malvados, sin distinción ni retribución, pero ya en Dn 12,2 se habla de la resurrección para el «eterno» deraon; un castigo sin fin (1 Hen 27,2). Los malvados son como los ángeles caídos condenados al fuego para siempre (1 Hen 10,13). El infierno es un horno de fuego (1 Hen 54,6) que está en medio de la tierra, un lugar de fuego para las «ovejas», los descarriados de Israel (1 Hen 90,26)[23].

La expresión mítica y la ciencia moderna

Hemos visto cómo R. Bultmann desvaloriza el mito de la Biblia e insiste en los mitos del Nuevo Testamento. La significación de tales mitos, ya sean del propio Jesús, ya de la tradición primitiva cristiana, ya del kerigma, es invitarnos a una decisión personal, existencial. Tal devaluación del mito, como hemos dicho, no corresponde a su valor semántico para el acceso a las realidades más profundas del ser y acontecer humanos.

Enumeraremos a continuación una serie de rasgos característicos del

---

[21] Respecto al término šamayim, «cielos», hay que examinar cuidadosamente su significado, ya que a veces indica «el aire», concepto para el cual no existe un término específico en hebreo bíblico. Sí lo hay en hebreo rabínico: ʾawir, procedente del griego. Sobre esta acepción de šamayim como «aire», significado que también tiene en árabe la raíz correspondiente, cf. Etan Levine, Distinguishing «Air» from «Heaven» in the Bible: ZAW 88 (1976) 97-99. En el texto masorético —contando las secciones arameas—, la palabra šamayim aparece 458 veces. Más de 180 veces acompaña a «tierra», algunas de ellas como miembro correlativo de un paralelismo y muchas veces como una expresión binaria, cielo y tierra; cf. E. Nelis, Dios y cielo en el Antiguo Testamento: «Concilium» 143 (1979) 312-325.

[22] A. Cody, El cielo en el Nuevo Testamento: «Concilium» 143 (1979) 328 y 331. Cf. también J. Jeremias, Parádeisos, en ThW V, 763-771; 765.

[23] Para todo lo concerniente a la escatología judía, cf. P. Volz, Jüdische Eschatologie von Daniel bis Akiba (Tubinga 1903); la segunda edición lleva por título Die Eschatologie der jüdischen Gemeinde im neutestamentlichen Zeitalter (Tubinga 1934).

mito. En primer lugar hay que considerar que el mito griego o de otros pueblos se mueve en el mundo de lo trascendente. «El mito supone en todos los pueblos algo maravilloso, algo trascendente, a lo que se refiere, y que en modo alguno constata la experiencia sensible, aunque bajo ella lo capta y como intuye con gran facilidad la mente humana»[24]. La segunda característica del pensamiento y expresión míticos es que constituyen una forma legítima humana de conocer, como decíamos al principio de este apartado. El tercer rasgo característico del mito es que siempre se refiere a la acción del trascendente en sí mismo o en el mundo visible. Los actos míticos originarios operan en toda acción del mundo visible, que los copia e imita. Por su trascendencia, el mito es ucrónico y utópico, es decir, desvinculado de tiempo y lugar, pero dotado de una eficacia real, actual y siempre renovada. Una cuarta característica del mito es que primitivamente estuvo muy ligado a la liturgia. El rito reproduce, por medio de la acción, el gesto y la palabra, el acontecimiento trascendente originario. Cuando el mito se separa del rito, se producen las desviaciones de los mitos y éstos tienden a secularizarse: se convierten en «cuentos» si se conservan intemporales e inespaciales; en «leyendas» o «sagas» si se insertan en el tiempo y en el espacio (pseudohistoria); si el rito se mantiene unido a la religión, pero la razón estructura su contenido, entonces surge la teología[25].

¿Cómo definir la mentalidad mítica y el mito? A. Pacios lo hace así: «Mentalidad mítica es la propensión espontánea en el hombre a atribuir los fenómenos sensibles a causa trascendente, no desconociendo, pero sí pasando por alto, las causas inmediatas experimentales o minimizando su valor». El mito sería, pues, «la formulación, o descripción oral, de esa causalidad trascendente, intuitivamente percibida». «Precisamente por tratarse de causalidad trascendente es intemporal e inespacial, verdaderamente eterna y omnipresente y por eso actual y universalmente eficaz, siempre presente en un eterno ahora». «Nada pasa en el mundo visible sin la actuación de las fuerzas del mundo invisible, intemporal e inespacial: la acción de éstas es como eterna, aunque continuamente se termine en el tiempo que afecta al mundo de los sentidos»[26]. Esta mentalidad no es exclusiva de los pueblos primitivos, sino que aparece en todas las religiones históricas. En la mesopotámica, por ejemplo, creían que este mundo copia al cielo, es como su reflejo o proyección. La adivinación religiosa, presente en todos los pueblos —en la Biblia se busca (daraš) el designio de Dios acudiendo a los sacerdotes o profetas[27]—, tiene como fin conocer los designios del mundo trascendente, para conformarse a ellos, evitando fracasar al resistirlos.

[24] A. Pacios, *Mito y religión*: «Anuario de Filología» 6 (1980) 191-192.
[25] *Ibíd.*, 192-195.
[26] *Ibíd.*, 196. Angel González Núñez define el mito de esta manera: «Es el relato simbólico de algo que sucedió en el principio y que es la base de la realidad cósmica y de la existencia humana»; cf. su art. *Mito, historia e historia sagrada*, en *Revelación y pensar mítico* (XXVII Semana Bíblica Española 1967; Madrid 1970) 64.
[27] Sobre la búsqueda de Dios se realizó una excelente tesis doctoral —ya publicada—, defendida por Olegario de la Fuente en la Universidad de Barcelona.

«Lo que provoca el mito no es ni la imaginación pura ni el intelecto puro, sino una *facultad de intuición* que tiene sus raíces en los estratos más profundos del alma, una facultad intuitiva de las realidades invisibles, trascendentes» [28]. La intuición con que se percibe la causalidad trascendente puede ser natural o sobrenatural. En el segundo caso se debería a revelación o manifestación divina en una verdadera teofanía. La intuición natural del mito es similar a la que tenemos de los primeros principios: identidad, contradicción, causalidad, etc. Sobre la intuición de estos primeros principios se basa todo discurso, todo razonamiento y toda ciencia. El mito arranca de la intuición del principio de causalidad. La mentalidad mítica intuye que las causas segundas y experimentales no pueden dar explicación suficiente de lo que sucede, ya que no obran sino movidas por la causa primera. Intenta después el mito describir la acción de esa causa primera, ya sea obrando directamente por sí, ya sea obrando por otras causas del mundo trascendente. En la asignación de estas causas segundas del mundo trascendente es donde más fácilmente puede acechar el error al mito [29].

La ciencia, contrariamente al mito, busca la explicación del ser y del actuar por las causas inmediatas, experimentales; cesa donde cesa la experiencia. La actitud mítica completa a la ciencia, pues el mundo queda sin explicación si no se recurre a las causas trascendentes. Ambas actitudes son incompletas, ambas se necesitan para un conocimiento humano cabal.

La filosofía busca las causas últimas a través de las próximas por vía de discurso elaborado, no espontáneo, seco; no afectivo, teórico; no vivencial, especulativo; no práctico; y así, por un acceso muy distinto al del mito, asciende a las causas últimas. La teología difiere del mito, ya que por medio de la razón, discursivamente, no espontáneamente, salta a la causa última de todo. En el objeto coincide con el mito, pero en el método con la filosofía. La historia tiene como objeto los acontecimientos y actos humanos, no el influjo o acción de las causas trascendentes; se propone situar en un espacio y un tiempo determinados todos los acontecimientos humanos que estudia.

Respecto al valor objetivo del mito se puede decir que es verdadero; si se prefiere, que responde a una realidad objetiva [30], en cuanto que postula para todo la acción de una causa trascendente al mundo visible, intemporal e inespacial. Puede errar, y ha errado muchas veces, en la asignación y explicación de esa causa, sobre todo cuando se detiene en la descripción de las causas segundas trascendentes sin remontarse a la causa última. Del mismo modo, la ciencia se puede equivocar, y se ha equivocado muchas veces al asignar las causas sensibles o la filosofía al describir las causas últimas [31]. El mito es consecuencia de la tendencia

[28] Cf. el artículo de Henninger, *Mythe,* en DBS.
[29] A. Pacios, cf. *supra,* nota 26.
[30] Para A. González Núñez, la realidad que el mito quiere descubrir es la realidad total, la esencia de la realidad perceptible en la existencia; cf. *art. cit.* en nota 26.
[31] A. Pacios, *art. cit.,* 198.

religiosa del hombre, ser *religatus,* que lo refiere todo al mundo trascendente; en último término, a Dios. El hombre llega a las verdades
religiosas a través del mito.

Los mitos pueden ser de diversas clases: *teogónicos,* o referentes al
nacimiento de los dioses (Atenea surge armada de la cabeza de Zeus;
Buda nace del costado de su madre como un elefante blanco). Estos motivos cosmogónicos, tan propios de la mitología griega y oriental, ya
aparecen desmitificados en la Biblia y en los apócrifos, celosos del monoteísmo hasta tal punto que los «hijos de los dioses» del panteón cananeo entran en la Biblia como ángeles al servicio de Dios. Ni la Biblia
ni los apócrifos llaman a Dios «madre», para evitar que haya, como en
otros pueblos, un dios padre y su paredra, la diosa «madre». Sin embargo, tanto en la Biblia como en los apócrifos se dice constantemente
que Dios es *raḥum,* que tiene entrañas de madre, o, como dice Santiago,
que es *polyesplachnós,* que tiene «muchas» entrañas de madre. Esta literatura, pues, ha realizado respecto a este punto, como respecto a tantos
otros mitos, una desmitificación del politeísmo.

Los mitos *cosmológicos* y *de los orígenes* son los más extendidos. Se
refieren a realidades primordiales: caos primitivo, océano primitivo, origen trascendente del mundo, creación del hombre, caída original, paraíso
primitivo, origen de la muerte, tradición del salvador, diluvio, etc. Son
mitos que se encuentran en la mayor parte de las religiones y que se
transmitieron y se transmiten en los pueblos primitivos por medio de
ritos de iniciación. Son importantes porque buscan explicar la dependencia del hombre y las cosas de Dios. En los primeros capítulos del Génesis, en los que tanto han influido los mitos babilónicos de los orígenes, éstos son despojados de politeísmo: Dios crea al hombre él solo y
crea todas las cosas buenas; el mal no proviene de un dios del mal, como
el Arihman de la mitología persa, sino que procede del mal uso que el
hombre primitivo hace de su libertad, azuzado por la serpiente o dragón
antiguo (el demonio), que, en la Biblia y en los apócrifos, es siempre
un poder sometido a Dios. 4 Esdras achaca el mal que corrompe la conducta de los hombres a la herencia recibida de Adán, el *cor malignum,*
el *cogitatum malignum.* Los apócrifos desarrollan el mito de los hijos
de Dios (ángeles) que se unieron a las hijas de los hombres. Su intención es que el mundo de Dios quede excluido del nacimiento del pecado en los hombres. El pecado, según el Génesis, viene del pecado
de Adán; según los apócrifos, procede del pecado de Adán y de los ángeles *nefilim* «caídos» del cielo. La lectura profunda de este mito desarrolla el teologúmeno siguiente de que Dios no es causa del mal, sino
el ser trascendente justo que lo castiga, sean ángeles o demonios sus
causantes.

El número de años atribuido a los dieciocho patriarcas bíblicos prediluvianos es exorbitante, pero comparémoslo con los años de los reyes
mesopotámicos de los prismas W. B. 444 (ocho reyes prediluvianos viven un total de 241.200 años), W. B. 62 (diez patriarcas prediluvianos,

456.000 años) y Beroso (diez reyes prediluvianos, 432.000 años) [32]. Tras esta comparación se puede decir que las cifras de los patriarcas bíblicos están en gran parte desmitificadas. El significado profundo teológico de esto es que Dios premia a los hombres buenos con la mayor recompensa: una larga vida. Podemos ver así que a los patriarcas bíblicos prediluvianos malos no se les asignan años de vida. El mito mesopotámico ha quedado, pues, desmitificado en parte en cuanto a la expresión, pero su significado profundo permanece: Dios bendice a sus fieles. En los apócrifos se dice a veces que en la edad mesiánica los hombres vivirán mil años. Es la expresión mítica de una realidad teológica: Dios les concederá un gran premio por pertenecer al reino mesiánico.

El mito mesopotámico del caos primitivo, *tiamāt* (*tehom* hebreo) luchando con Dios, pero que finalmente es vencido por la divinidad, ha dejado huellas en la lucha victoriosa de Yahvé contra los monstruos marinos. El Leviatán, o serpiente marina gigantesca, de origen fenicio al parecer [33], no es aquí vencido, como en la literatura cananea, por un subordinado de Baal o por Anat, sino por Dios mismo.

Los mitos *escatológicos* explican el fin del mundo y del tiempo sirviéndose de elementos de la naturaleza, como el agua y el fuego. Al final se sitúa la edad de oro, después de la purificación del mundo y la resurrección de los muertos. Los apócrifos apocalípticos subrayan especialmente el *ésjaton,* el final dichoso del eón en que vivimos, sometido a los poderes maléficos. El significado profundo de estas expresiones es que la historia, tanto bíblica como apócrifa, es una historia de salvación: acaba como empezó, en paraíso. La presencia constante de Dios o de sus ángeles en esa historia significa que Dios no se desentiende de ella, que tiene *pronoia,* providencia, que no deja a los hombres y a las demás criaturas suyas bajo el dominio del hado, como hacían los dioses griegos [34].

La división de la historia de la salvación en períodos, cronometrada, tan propia de los apócrifos, tiene el mismo significado. A pesar de la lucha demoníaca, la historia de la salvación sigue siempre adelante y llegará, de la mano de Dios, a su final feliz. Se trata de una historia lineal, que se dirige hacia su meta, no cíclica como entre los griegos.

Los mitos de *fecundidad,* que tanta importancia adquirieron en los cultos del Próximo Oriente, particularmente en los cananeos, intentan explicar la muerte y resurrección anual de la naturaleza como muerte y resurrección de dioses. Pretenden comunicar la fecundidad de un dios a los campos, animales y hombres mediante la prostitución sagrada o cúltica. Este tipo de mitos ha quedado fuera de la Biblia y de los apócrifos. Cuando alguna vez aparecen en la Biblia, por ejemplo en Oseas, es únicamente para condenarlos.

[32] A. Díez Macho, *Historia de la salvación* (Madrid 1968) 32 bis.
[33] Haag van der Born y S. Ausejo, *Leviatán,* en *Diccionario de la Biblia* (Herder 1970) cols. 1092s.
[34] Cf. René Marlé, *El problema teológico de la hermenéutica. Los grandes ejes de la investigación contemporánea* (Madrid 1965).

Los mitos *morales* están encaminados a asegurar que el hombre siga la recta dirección en el espacio y en el tiempo, dirección amenazada por los espíritus del mal —*Masṭema* o Beliar en los apócrifos—; sin embargo, Dios está empeñado en mantener en el buen camino a los israelitas por medio de sus ángeles. La abundancia de ángeles en los apócrifos y su división en clases, tan propia de estos libros —la Biblia y la literatura rabínica son más parcas en estos temas—, tiene el sentido profundo ya señalado: Dios cuida, con una providencia superlativa, del hombre y de su victoria sobre los poderes demoníacos que lo impugnan. Hay ángeles para cada pueblo (las setenta naciones) y un arcángel especial, Miguel, para el pueblo de Israel. Hasta los astros y la naturaleza están presididos por ángeles, es decir, son cuidados por Dios.

El mito *soteriológico* está representado en los apócrifos por la continua apelación al Dios salvador, ya por sí mismo, ya por medio del Mesías o Hijo del hombre. En otras culturas existe también el mito del redentor. En el gnosticismo, mezcla de creencias paganas y judías heterodoxas, tuvo función relevante el mito del «hombre primordial», salvador que desciende del cielo, salva y vuelve al cielo. En el caso de que el «hombre primordial» haya influido en el Hijo del hombre de Daniel, se ha desmitificado, ya que en este libro bíblico «Hijo del hombre» son los santos del Altísimo (los israelitas). En la apocalíptica es el mesías trascendente, y en el Nuevo Testamento es Cristo. El hecho de que un relato sea mito-ficción en el judaísmo y en la gnosis no quiere decir que tenga que serlo también en el Nuevo Testamento o en los apócrifos. Precisamente el mito de la intervención de Dios en la historia de la salvación se ha objetivado en la encarnación de Dios en Jesús; el mito soteriológico del cambio de eones ha empezado a realizarse en Cristo.

El mito de la asistencia o impugnación de los espíritus aparece parcamente en la historia evangélica, pero profusamente en los apócrifos. No todos los mitos son historia, pero hay mitos que se han objetivado y tienen realidad en la historia: este mito de ángeles y demonios, por ejemplo, tiene realidad en la Biblia y en los apócrifos.

En conclusión: la verdad del mito no hay que buscarla en el primer estrato de su expresión lingüística, sino en el segundo o profundo. A veces el relato superficial es meramente imaginativo, ficción, pura literatura. Para discernir si esa expresión externa del mito da acceso a una realidad o se queda en un puro revestimiento literario hay que valerse de la *hermenéutica* y de sus procedimientos habituales para contrastar la verdad u objetividad: la razón, la historia de la salvación, la revelación, la analogía de la fe. Todo lo que es exigido por la razón, demostrado por la historia o enseñado por la revelación no es mito-ficción. Tanto la Biblia como los apócrifos han de someterse a la hermenéutica, pero sin reduccionismos, ateniéndose a métodos objetivos.

En el discernimiento de la objetividad del mito, sea bíblico o apócrifo, juega un gran papel la *historia de la salvación* [35]. En ella hay que

---

[35] Cf. los diversos artículos de *Revelación y pensar mítico* (XXVII Semana Bíblica Española 1967; Madrid 1970).

distinguir lo que es *historisch* (lo experimental y asequible) y lo que es *geschichlich* (lo real, pero inasequible a la experiencia), lo trascendente. La intervención de Dios, su visión vertical de toda la historia se acepta porque Dios mismo ha revelado esa historia y su sentido. Lo racional en este caso es ascender al plano de la fe, que es el de la revelación. El mito, la experiencia mitológica rectamente entendida no está en oposición con el conocimiento por revelación [36]; los mitos de los apócrifos son frecuentemente atribuidos a revelación. Hay dos libros en la Biblia, Daniel y el Apocalipsis de Juan, inspirados y pertenecientes al canon, cuyo lenguaje es mítico.

Los apócrifos no fueron aceptados en el canon bíblico por diversas razones. Una de ellas era la creencia del judaísmo de que la profecía o revelación de Dios había cesado en la época a que los apócrifos pertenecen; otra era la insistencia de estos libros en temas tales como el final de este eón en términos que engendraban riesgo para la comunidad judía. Sin embargo, aunque sus revelaciones no sean objeto de fe, sus intuiciones del ser trascendente y de su intervención en la historia de la salvación pueden constituir un acceso intuitivo a la realidad, a muchas realidades. En este sentido no se trata, pues, de los «mitos impíos y necios» de 1 Tim 1,4; 4,7, ni de «los mitos judíos» en sentido peyorativo de Tit 1,14, ni tampoco de los mitos contrapuestos a la verdad de 2 Tim 4,4 o de 2 Pe 1,6. Muchos de los mitos de los apócrifos son simple continuación y desarrollo de motivos proféticos. El del reino de Dios, por ejemplo, tan impugnado por Bultmann, tiene un fuerte apoyo en los Salmos, en el Pentateuco, en los Profetas y en los Hagiógrafos y figura constantemente en la literatura intertestamentaria [37].

Hemos hablado sobre el valor que tiene la expresión mitológica como acceso a muchas realidades inaccesibles a la ciencia. A continuación criticaremos brevemente la aserción de Bultmann acerca de *la ciencia como único acceso válido a la realidad para el hombre de nuestro tiempo*. Grandes científicos de nuestros días discuten la validez de las ciencias no sólo para dar respuestas últimas a los fenómenos experimentales, sino incluso para dar respuestas que sobrepasen el valor de «modelos que funcionan en un determinado ámbito». J. Martitegui ha hecho un estudio, aún no publicado, sobre la crisis de las ciencias, aunque en determinadas parcelas obtengan resultados operativos. Incluso la matemática, la ciencia más exacta por definición, está aquejada de «indeterminación, confusionismo y contradicción en sus significados fundamentales» (Martitegui). Nuestro autor trae a colación en este contexto la cita de Einstein: «En la medida en que las proposiciones matemáticas se refieren a la realidad, no son ciertas; y en la medida que son ciertas, no son reales». La interpretación formalista o axiomática de la matemática —sigue informando Martitegui— es la más en boga, pero según tal

---

[36] H. Fries, *Sacramentum mundi* IV (Barcelona 1973) col. 458.
[37] J. Coppens, *La relève apocalyptique du messianisme royal*, I: *La Royauté —Le Règne— Le Royaume de Dieu. Cadre de la relève apocalyptique* (Lovaina 1979).

interpretación la matemática no implica criterio alguno de verdad o correspondencia con el mundo físico. La crisis de la matemática va acompañada de la de la física, a la que también aqueja la «indeterminación, confusionismo y contradicción en sus significados fundamentales». Heisenberg ha demostrado que en la física atómica los fenómenos se rigen por el indeterminismo. Las leyes físicas se van convirtiendo en leyes estadísticas. «Las comprobaciones experimentales no adquieren su valor científico sino después de un trabajo de nuestro espíritu que... imprime siempre al hecho bruto la marca de nuestras tendencias y nuestras concepciones» (L. Broglie, citado por Martitegui). Martitegui continúa demostrando la incoherencia de otras ciencias. El mayor fallo de las ciencias es esa incoherencia, que no se superará hasta que las diversas especialidades científicas no den «un salto de nivel», buscando la coherencia, el sentido unitario. Martitegui pone el dedo en la llaga de nuestra cultura científica: es una cultura de medios y no de fines. Estamos ante una crisis *teleológica* (Wolff).

Terminaremos este breve apunte sobre la crisis de las ciencias rechazando la afirmación de Bultmann sobre los milagros. Para este autor, los milagros pertenecen al mundo mítico, y las leyes de la naturaleza, según la ciencia, no se interrumpen nunca por intervención de agentes trascendentes. Para él, los milagros son mitos-ficción. A esta afirmación racionalista podía responder Alexis Carrel. La existencia histórica de los milagros fue el tema de las Sextas Conversaciones de Intelectuales en Poblet. El doctor Rösh, radiólogo del «Bureau de Constatations Médicales» de Lourdes, disertó allí sobre los milagros de Lourdes. Hasta el presente, dijo Rösh, sólo han sido reconocidas 62 curaciones verdaderamente milagrosas entre cientos y cientos de hechos curativos asombrosos. En otra conferencia, José Sebastián Laboa, de la Congregación de Ritos, habló de «Las curaciones milagrosas en los procesos canónicos de beatificación y canonización». Tanto Rösh como Laboa expusieron ejemplos de milagros casi contemporáneos del simposio de Poblet. Véase en «Apostolado sacerdotal» 21 (núms. 226-227) 3-84, estas y otras ponencias sobre el milagro, su existencia y significación. Una de las ponencias, desarrollada por Enrique Freixa Pedrals, trató precisamente del «Concepto y alcance de las leyes físicas y su permanencia». Otro catedrático de la Universidad de Barcelona, Francisco A. de Sales, disertó sobre «Las leyes estadísticas». Una conclusión del simposio de Poblet fue que se producen milagros y que los constatan científicos creyentes y no creyentes. Pero los milagros, acotaron los biblistas y teólogos, se realizan cuando se interrumpe una ley de la naturaleza dentro de un contexto religioso, cuando el milagro es, como en la Biblia, *semeion*, «signo» de la intervención trascendente. Con esta acotación se previene la posible objeción de que el milagro interrumpe las leyes de la naturaleza que ahora conocemos; que lo que ahora es milagro puede que no lo sea en un futuro en que se conozcan más leyes de la naturaleza o en que se conozcan mejor las ahora conocidas.

XVI

TAREAS URGENTES EN EL ESTUDIO DE LA LITERATURA APOCRIFA

1. *Estudio objetivo y desapasionado de «toda»
la literatura judía antigua y de todo el NT
por parte de los investigadores cristianos y judíos*

Los cristianos, particularmente los luteranos, a partir de la publicación de la obra *System der altsynagogalen palästinischen Theologie aus Targum, Midrasch und Talmud* (1880) de F. Weber y hasta nuestros propios días, suelen conocer la religión judía antigua a través de la sistematización que en dicha obra aparece. A ella dieron y siguen dando gran crédito la obra de Bousset y el *Kommentar* de Billerbeck, estudios tendenciosos y erróneos. Los autores judíos, por su parte, no suelen conocer bien el Nuevo Testamento, salvo honrosas excepciones (Montefiore, S. Sandmel...).

Un libro que ha tenido gran influjo en la equivocada presentación del judaísmo ha sido el de W. Bousset [1], *Religion des Judentum in neutestamentlichen Zeitalter,* reeditado en 1925 por Hugo Gressman con adición de muchas citas rabínicas y bajo el título de *Die Religion des Judentums im späthellenistischen Zeitalter* [2]. Se trata de una obra inmadura, escrita por un joven de veintiocho años cuyo conocimiento del judaísmo era de segunda mano a través de F. Weber y de autores anteriores. Es un libro que denigra al judaísmo y cuyas descripciones se basan ante todo en la literatura apócrifa judía, especialmente en la apocalíptica y helenística. El judaísmo rabínico, como religión, es para Bousset puro «legalismo» escolástico; el judaísmo piadoso, el del pueblo, es el que los apócrifos reflejan. En otra obra, también publicada en 1903, *Volksfrömigkeit und Schriftgelehrtsamkeit,* insiste Bousset en las mismas tesis. Ese mismo año, Felix Perles, judío, replicó al primer libro de Bousset tachándolo de incompetente en rabinismo y de error respecto al «legalismo» achacado al judaísmo rabínico, que George Foot Moore empezó a llamar judaísmo «normativo». Moore presenta una visión positiva e independiente del judaísmo y critica, como Perles, la exposición negativa de Bousset [3]. La crítica positiva de Moore se puede ver en su famosa obra *Judaism in the First Centuries of the Christian Era: The Age of the Tannaim.*

La literatura cristiana primitiva interpretaba el cristianismo como

[1] Editado en Berlín en 1903 y 1906.
[2] Reeditado por E. Lohse (1966), con un prólogo y con la adición de muchas citas rabínicas.
[3] Cf. G. F. Moore, *Christian Writers on Judaism:* «Harvard Theological Review» 14 (1921) 197-254, espec. 241-248.

una continuación del Antiguo Testamento [4] y del judaísmo. Sin embargo, Bousset, y en general los autores alemanes del siglo XIX, defendían que el cristianismo era una ruptura, no con el Antiguo Testamento, como había afirmado Marción, pero sí con el rabinismo. Ciertamente, la literatura apócrifa, apocalíptica, a la que con razón Bousset atribuye gran importancia, es en buena parte escatológica, mientras que la rabínica no se distingue por el tono escatológico e incluso a veces repudia la escatología, pero en conjunto no se puede defender la discontinuidad entre judaísmo rabínico y cristianismo [5].

Otra obra importante, subordinada a una finalidad apologética y dependiente de los materiales recogidos en el *Kommentar* de Billerbeck, es la de Claude Montefiore *Rabbinic Literature and Gospels Teachings* [6]. Se trata en realidad de un suplemento al libro anterior de este autor, *Commentary to the Synoptic Gospels* [7]. Ese primer comentario del judío Montefiore trataba de los tres sinópticos, pero los paralelos de la literatura rabínica eran escasos. Debido a ello, la obra de 1930 añade abundantes paralelos rabínicos, sobre todo al Evangelio de Mateo y, en proporción mucho menor, al de Lucas, dejando sin comentar y sin tales paralelos a Marcos. Montefiore recoge los paralelos de la obra de Billerbeck, cuya exactitud en las citas rabínicas resalta con cierta candidez. No se precia, pues, Montefiore de ser original en la búsqueda de paralelos ni de ser tan completo como Billerbeck. Confiesa lealmente que dos obras cristianas, la del pastor luterano Billerbeck y la de Moore (*Judaism in the First Centuries*), ofrecen una visión más completa del judaísmo rabínico que la suya (*Rabbinic Literature and Gospel Teachings*). Esta última, además de ser suplemento al comentario antes mencionado, supone la reorganización y ampliación de otra obra del autor, *Old Testament and After* (Londres 1923), que a su vez amplía otro libro anterior de Montefiore, *Liberal Judaism and Hellenism and Other Essays* (1918). De esta obra forman parte dos capítulos, «Liberal Judaism and New Testament» y «Liberal Judaism and Rabbinic Literature», cuyo enunciado da la clave de la última intención «apologética» de las anteriores obras y de otros escritos menores de Montefiore: fundamentar con ayuda del Nuevo Testamento y del rabinismo el judaísmo liberal moderno.

A Montefiore le interesa únicamente la religión y ética neotestamentaria y rabínica, pero no para contraponerlas ni para dictaminar objetivamente si los sinópticos son más o menos antiguos y originales que el rabinismo en sus máximas religiosas y éticas. La edad de los pa-

---

[4] Cf. R. Le Déaut, *Continuité et discontinuité entre l'Ancien Testament et le Nouveau Testament. Christianisme et identité africaine* (Kinshasa 1980) 31-63.

[5] Véanse todas estas críticas hechas a la obra de Bousset y de otros escritores judíos y cristianos (Billerbeck y Schürer) en Samuel Sandmel, *The First Christian Century. Certainties and Uncertainties* (Nueva York 1969) 63-66.

[6] Londres 1930, reimpresa por Ktav (Nueva York 1970), prólogo de E. Mihaly.

[7] 1909, revisión en 1927; reimpresión de la edición de 1927 realizada por Ktav (Nueva York 1968), con prólogo de Lou H. Silverman.

ralelos, que hoy tanto interesa en estos estudios comparativos, no es del interés de nuestro autor. Parte del supuesto de que cristianismo y judaísmo pueden ofrecer paralelos independientemente. Lo que busca Montefiore —lo repetimos— es recoger en sinópticos y rabinismo las enseñanzas religiosas y éticas que fundamentan el judaísmo liberal, algo así como el judaísmo «reformado» de los Estados Unidos, representado hoy día por el Hebrew Union College-Institute of Jewish Studies of Cincinnati y los mismos Institutos de Nueva York y Jerusalén. Su actitud hacia los sinópticos es, por lo demás, de simpatía, hasta el punto de que algunos le achacaron ser medio judío y medio cristiano. Tal acusación no tenía fundamento, pues el autor se mantuvo siempre fiel al judaísmo, lo cual podía compaginar con el proyecto de leer en el oficio sinagogal fragmentos de los sinópticos —que él había seleccionado— en un futuro que tolerase tal lectura sin escándalo de la sinagoga. Sin embargo, la actitud benevolente de Montefiore respecto al cristianismo, motivada por la razón antes expuesta, no le impide hacer continuas críticas a la interpretación de la religión rabínica del *Kommentar* de Billerbeck, su principal fuente de paralelos. En conclusión, tampoco Montefiore, egregio ejemplo de judío liberal, puede blasonar de la objetividad científica que requiere la ciencia contemporánea.

Para finalizar la crítica a la obra de Montefiore haremos dos observaciones. Ya hemos señalado que su libro *Rabbinic Literature,* en su mayor parte, se refiere a Mateo; pues bien, el comentario a los tres capítulos del «sermón de la montaña» abarca más de la mitad del comentario a ese evangelio (comprende 200 páginas, mientras que el resto del comentario a Mateo no llega a 150)[8]. La segunda observación exonera a Montefiore de conocer sólo una parte del Nuevo Testamento, ya que también escribió sobre un tema tan discutido como es el influjo del rabinismo en Pablo, *Judaism in Saint Paul* (Londres 1914). Para el autor, Pablo no conocía el rabinismo palestino. Del mismo parecer había sido A. Schweitzer: la literatura rabínica conservada es posterior al judaísmo del siglo I conocido por Pablo, que pudo ser muy distinto[9]. J. Parkes (1936) asevera, a su vez, que las críticas de Pablo no cuadran con el judaísmo rabínico que conocemos por fuentes muy posteriores al Apóstol de las Gentes, pues en época de Pablo pudo existir un judaís-

---

[8] Tal sermón ha sido objeto preferente de los comentarios judíos y cristianos. Paul Fiebig publicó en 1924 *Jesu Bergpredigt;* W. D. Davies, en su voluminoso libro *The Setting of the Sermon on the Mount* (Cambridge 1964), estudia también el sermón en relación con el judaísmo. Ediciones Cristiandad ha publicado esta última obra en castellano, y de forma abreviada, *El sermón de la Montaña* (Madrid 1975). Pocos, al igual que Davies, hubieran podido relacionar cristianismo y judaísmo con tanto equilibrio y competencia. Este autor había publicado ya *Christian Origins and Judaism* (Londres 1962) y, antes, *Paul and Rabbinic Judaism. Some Elements in Pauline Theologie* (Londres 1948, ²1955), libro clásico en la materia; en la edición revisada (Nueva York 1967), el autor escribe una introducción: «Paul and Judaism since Schweitzer».

[9] Cf. A. Schweitzer, *Paul and his Interpreters* (1911), traducido al inglés por W. Montgomery (Londres ²1956).

mo, el que él critica, que no cuajó en la literatura rabínica posterior. Esto es lo que defiende H. St. John Thackeray, *The Relation of St. Paul to Contemporary Jewish Thought* (Londres 1900), quien no admite que los paralelos de Pablo y el judaísmo, cuando existen, hayan pasado de Pablo al judaísmo de su tiempo [10].

Una actitud totalmente opuesta a Pablo por parte del judaísmo de su tiempo —y del de todos los tiempos— es la reflejada en la apasionada obra de Joseph Klausner *From Jesus to Paul* [11]. La crítica del judaísmo a Pablo —nos dice Klausner— se demuestra en que nunca se cita su nombre en el Talmud ni en los midrases. Hay quienes admiten algunas alusiones a él, por ejemplo en Abot 3,11-12, en un dicho de R. Elazar de Modín, contemporáneo de R. Aquiba. Jesús, en cambio, es citado varias veces en tales fuentes y no siempre *in malam partem.* También los ebionitas odiaban a Pablo. El judaísmo no puede aceptar en conjunto las enseñanzas de Pablo. Sin embargo, a pesar de la radical incompatibilidad entre judaísmo y cristianismo que siempre existió y existirá, Klausner tiene que reconocer en el Apóstol doctrinas aceptables para el judaísmo y, lo que es más importante, que Pablo, discípulo de Gamaliel, aun para rechazar la Torá tiene que apoyarse en el Antiguo Testamento, que cita ochenta veces en nueve de sus epístolas consideradas auténticas [12].

Mucho más equilibrado y objetivo que Klausner al enjuiciar las relaciones entre Pablo y el judaísmo es otro estudioso judío, H. J. Schoeps, autor de *Paulus: Die Theologie des Apostels im Lichte der jüdischen Religionsgeschichte* [13]. El convencimiento «desapasionado» de que Pablo depende del rabinismo, particularmente en sus métodos exegéticos, va prevaleciendo (así opina Wellhausen, 1907). Pablo utiliza la Escritura como los rabinos [14].

Una clara conclusión se desprende de lo expuesto anteriormente: junto al interés creciente de cristianos y judíos por conocer y relacionar cristianismo y judaísmo se puede apreciar con frecuencia cierto *pathos* que en algunos autores, particularmente de habla inglesa, es de simpatía y en otros de antipatía por el judaísmo rabínico. Estos últimos parecen ignorar que sabemos muy poco con certeza acerca del judaísmo anterior al año 70 d. C. Ignoran también que lo que el NT impugna sobre todo es el «fariseísmo», ya sea el de los šammaítas, que, según Louis Fin-

---

[10] Cf. M. McNamara, *Palestinian Judaism...*, 27-29.

[11] Publicada en hebreo y traducida al inglés por W. F. Stinespring (Boston 1943).

[12] Cf. J. Klausner, *op. cit.*, 600-610.

[13] (Tubinga 1959); traducción inglesa por H. Knight (Londres 1961). Véanse, sobre todo, las pp. 37-46: el judaísmo palestinense, su exégesis, su apocalíptica, la escatología de Pablo. Existe una *Bibliographie der wissenschaftlichen Publikationen von Hans Joachim Scoeps bis 1950*, publicada por la Universidad de Erlangen; cf. en ella los libros señalados con los números 1, 2, 5, 10 y 11, y los artículos núm. 37: *El sacrificio de Isaac en la teología de Pablo*: JBL 65 (1946) 385-392; núm. 39, que trata sobre la elección de Israel, «Judaica» (1946) 190-206, y núm. 46: *Posibilidades y límites de entenderse judíos y cristianos*: «Unterwegs» (Berlín 1948) fasc. 3.

[14] Otto Michel, *Paulus und seine Bibel* (1929).

kelstein, eran personas acomodadas que predominaban en Galilea, donde Jesús ejerció la mayor parte de su ministerio, ya sea el de los hillelitas, integrado por clases pobres y que predominaba en Judea. En el apartado «New Testament and Rabbinic Judaism» de la citada obra de Samuel Sandmel [15] leemos: «Desde hace tiempo he sostenido que es virtualmente imposible recuperar el judaísmo del tiempo de Jesús, el judaísmo anterior al año 70...; me parece claro, por ejemplo, que el primitivo cristianismo creció a partir del judaísmo de la sinagoga y no del judaísmo del templo». Más adelante escribe este mismo autor [16]: «El cristianismo primitivo fue un judaísmo y por lo mismo participó en gran medida de lo que es propio del judaísmo». «La familiaridad con la literatura rabínica es el argumento más persuasivo (para los judíos) de la fiabilidad de las narraciones de los evangelios» [17]. Sandmel lamenta [18] que, con la excepción de Montefiore, Klausner y Schoeps, los investigadores judíos hayan descuidado casi por completo la investigación cristiana sobre los evangelios, como sucede, por ejemplo, en la obra de Aser Finkel *The Pharisees and the Teacher of Nazareth*. Sandmel ha sido un paladín del método científico que patrocinó: rabino, doctorado en Nuevo Testamento por la Universidad de Yale, conoce y utiliza con simpatía y generosidad las investigaciones cristianas y se mantiene fiel al judaísmo. Son varias las obras que ha escrito con el afán de relacionar objetivamente y sin prejuicios judaísmo y cristianismo [19].

Otro caso de judío especialista en judaísmo y Nuevo Testamento es el de David Flusser, catedrático de Nuevo Testamento en la Universidad hebrea de Jerusalén. Con competencia, simpatía y buscando, en cuanto cabe, la imparcialidad escribió el libro *Jesus* (Hamburgo 1968), que ha sido traducido a varias lenguas, entre ellas el castellano (Ediciones Cristiandad, Madrid 1975). Recientemente ha publicado *Yahdut u-meqorot ha-naṣrut,* fuentes judías en el cristianismo primitivo: estudios y ensayos [20]. Este autor aborda una serie de temas, como el de las parábolas, con criterios muy distintos [21] a los usuales, que arrancan de Jülicher y continúan con C. H. Dodd y J. Jeremias. Con anterioridad, Flusser había escrito *The Jewish Origin of Christianity* [22], y acerca de *El Crucificado y los judíos* publicó un artículo en «El Olivo» 1 (1977) 19-35.

[15] *Op. cit.,* 88.
[16] *Op. cit.,* 99.
[17] *Ibíd.,* 90.
[18] *Ibíd.,* 105.
[19] Por ejemplo, *Judaism, Jesus and Paul: Some Problems of Method in Scholarly Research* (Vanderbilt Studies in the Humanities 1; 1951); *Parallelomania:* JBL 81 (1962) 1-13; *Prolegomena to a Commentary on Mark:* JBR (1963); *Son of Man,* en D. J. Silver (ed.), *In the Time of Harvest: Essays in Honor of Abba Hillel Silver on the Occasion of his 70th Birthday; The Jewish Scholar and Early Christianity:* JQR (1967) 473-481.
[20] *Sifriyat poʿalim* (1979).
[21] Cf. A. Díez Macho, *Las parábolas:* «Madre y Maestra» 111 (1982) 12-16; cf. en alemán D. Flusser, *Die rabbinischen Gleichnisse und der Gleichnis-erzähler Jesus* (Berna 1981).
[22] Hom. a Y. Baer (ed. Baron) 75-98 (en hebreo).

Ediciones Cristiandad ha publicado recientemente (1980) el libro de otro rabino, profesor de ciencias bíblicas en la Universidad de Haifa y antiguo alumno del que escribe, Etan Levine: *Un judío lee el Nuevo Testamento*. También pretende ser comprensivo e imparcial.

En nuestros días interesa el judaísmo enormemente a los cristianos, y el cristianismo cada vez más a los judíos. Estamos muy lejos del clima belicoso de la Edad Media, del *Pugio Fidei* de Raimundo Martí, del *De judaicis erroribus ex Talmut (sic)* de Jerónimo de Santa Fe (Yehošúa ha-Lorqí) —que ha sido objeto recientemente de una tesis doctoral en la Universidad Complutense presentada por un alumno mío judío, Mošé Orfali, y que ya se ha publicado—; estamos muy lejos del clima de polémica de la controversia de Barcelona de 1263 [23] y de la de Tortosa [24]. A la controversia han sucedido hoy los encuentros periódicos de investigadores judíos y cristianos en Jerusalén, en España y en muy diversos lugares. Este nuevo clima de convivencia está fomentado en España por la Amistad Judeocristiana y el Centro de Estudios Judeocristianos. Respecto al interés que existe entre los españoles por el judaísmo baste recordar la labor del Instituto Arias Montano del C. S. I. C., sus numerosos investigadores, su revista «Sefarad», sus ediciones de textos de los LXX, de textos hebreos y arameos, de su *Biblia Polyglotta Matritensia* o la ingente labor investigadora histórica sobre el judaísmo español llevada a cabo primero por F. Cantera y actualmente por Carlos Carrete, de la Universidad Pontificia de Salamanca. Todo ello consta que nuestra patria marcha en primera línea en el propósito de conocer el judaísmo con rigor científico y en sus múltiples áreas.

«Es tan grande el patrimonio espiritual común a cristianos y judíos que este sagrado Concilio quiere fomentar y recomendar el mutuo conocimiento y aprecio entre ellos, que se consigue, sobre todo, por medio de los estudios bíblicos y teológicos y con el diálogo fraterno». Tal declaración del Vaticano II (28 octubre 1965) sobre las *Relaciones de la Iglesia con las religiones no cristianas,* entre ellas el judaísmo, explica el clima favorable al mutuo conocimiento de cristianos y judíos [25].

Después de subrayar el creciente interés de los cristianos por conocer mejor, más científicamente, el judaísmo y el recíproco interés del

---

[23] Sobre esta controversia entre el converso Pau Cristià y el famoso Nahmánides de Gerona, cf. J. M. Millás Vallicrosa, *Sobre las fuentes documentales de la controversia de Barcelona en el año 1263* (Anales de la Universidad de Barcelona, 1940) 25-44. Acerca de la controversia judeo-cristiana en España hasta 1492, véase la memoria de Pedro Estelrich, *Visión crítico-bibliográfica de la misión y polémica judeocristiana en España hasta 1492* (ejemplar dactilografiado, no impreso; Universidad de Barcelona, 1962).

[24] Ed. A. Pacios, 2 vols. (Madrid-Barcelona 1957).

[25] Cf. *Concilio Vaticano II, Constituciones, Decretos y Declaraciones* (BAC, Madrid 1965) 727. En Israel, el boletín semestral «Immanuel», publicado por The Ecumenical Theological Research Fraternity in Israel, en colaboración con The Israel Interfaith Committee y otras entidades israelitas o estadounidenses, se propone incrementar el diálogo científico y amistoso entre judíos, cristianos y musulmanes. Véase el número monográfico de «Immanuel» dedicado al Simposio del 16 de mayo de 1973, con el título *Interfaith Dialogue in Israel (Retrospect and Prospect)*.

judaísmo, sobre todo el liberal, por entender de igual manera las fuentes cristianas, debemos aceptar que la mayoría de los autores cristianos, aún en nuestros días, poseen un conocimiento de la religión del judaísmo antiguo de segunda mano, dando fe a la gran obra de Billerbeck, el *Kommentar* al Nuevo Testamento, con miles de textos de la literatura rabínica. Esta obra monumental, con razón, ha sido objeto de múltiples críticas por parte de judíos y de algunos cristianos avisados. Expondremos a continuación algunas de ellas.

El *Kommentar* es exacto en las citas, pero no siempre lo es respecto al sentido del contexto, y frecuentemente no puede dejar de lado el prejuicio luterano de la fe sin las obras cuando acusa al judaísmo de «legalista», de judaísmo de obras de la ley escrita u oral *(halaká)*. La interpretación del judaísmo rabínico como religión en que *la salvación depende de presentar ante Dios en el juicio del otro mundo más obras buenas que malas* —interpretación corriente y aceptada por Billerbeck y por la legión de autores cristianos que le siguen— es errónea y tendenciosa, además de apologética y polémica, aunque de un modo diferente de la polémica antijudía medieval.

En un libro publicado en Filadelfia (1977), *Paul and Palestinian Judaism* —obra a la que haremos frecuentemente referencia en el presente estudio—, E. P. Sanders condena con palabras severas, quizás exageradamente severas [26], la interpretación negativa del judaísmo rabínico realizada por Billerbeck y otros autores cristianos. Sanders escribe [27]: «(De lo anteriormente dicho) se sigue que los libros de texto o las obras de referencia en los que se encuentra tal visión del judaísmo donde se presume probarla —principalmente en *Religion des Judentums* de Bousset, en el *Kommentar* de Billerbeck, en la *Historia* de Schürer y varios artículos del *Wörterbuch* de Kittel— al tratar de la religión rabínica carecen completamente de fiabilidad. No pueden ser corregidos con ediciones nuevas, citando diferentes puntos de vista o mitigando algunas de sus observaciones más duras y más infundadas. Proceden de premisas falsas, usan mal el material y son, como los judíos que arrojan el yugo (de la ley), incapaces de redención. Billerbeck puede tener cierta utilidad como colección de pasajes sobre puntos concretos, pero con estas condiciones: que el usuario pueda ver los pasajes y leerlos en su contexto, que deje de lado lo más posible resúmenes y síntesis de Billerbeck y que pueda ver cómo encontrar pasajes sobre el tema no citados por Billerbeck... Afirmar que, para utilizar a Billerbeck, hay que buscar pasajes no ofrecidos por tal compilador equivale a afirmar que el *Kommentar* de Billerbeck no ha de ser utilizado por aquellos a cuyo servicio está destinado: por los especialistas del Nuevo Testamento que no están preparados para acceder por cuenta propia al material rabínico». Esta crítica tan dura concuerda con la de Sandmel [28]: no han de utilizar el

---

[26] Cf. la reseña de M. McNamara en «Journal for the Study of the New Testament» 5 (1979) 73.

[27] *Op. cit.*, 234s.

[28] *Parallelomania*: JBL 81 (1962) 8-10.

Kommentar nada más que los que puedan usar, independientemente de él, las fuentes.

La censura de Sanders no se limita a Billerbeck ni a los libros que tanto han influido en la (errónea) comprensión del rabinismo por parte de los autores cristianos como el de Bousset —tanto en su texto original como en su revisión y enriquecimiento de citas rabínicas realizados por H. Gressmann, así como en su última reimpresión (1966), hecha por Lohse y cuyo destino es nada menos que servir de *Handbuch zum Neuen Testament* para conocer el judaísmo—, sino que dedica largas páginas (todo el apartado primero de la primera parte, «Tannaitic Literature») a demostrar y lamentar «la persistencia de la concepción de la religión rabínica como una justificación legalista por las obras» (pp. 35-59). Por tales páginas desfilan muchos autores que aceptaron como válida y objetiva la síntesis de la teología judía antigua hecha por F. Weber en 1880, *System der altsynagogalen palästinischen Theologie aus Targum, Midrasch und Talmud* [29]. Esta obra, que no se ha vuelto a editar, ha seguido ejerciendo hasta nuestros días —a través de Bousset y Billerbeck— un influjo pernicioso en la comprensión de la religión judía, ya que la presenta sistemáticamente en una síntesis totalmente equivocada. El libro de Schürer, en cuanto historia de la religión judía, incorpora también tal concepción.

Del mismo modo que en la Edad Media, cuando empezó la controversia cristiana contra los judíos en el siglo XIII [30], se quisieron demostrar los dogmas cristianos tomando los escritos rabínicos como prueba, así los autores cristianos pretendieron en el siglo XVIII probar el cristianismo con afirmaciones del judaísmo. Sin embargo, a partir de Weber y sus seguidores, que son la mayor parte de los autores cristianos, es decir, a partir de finales del siglo XIX y principios del XX hasta nuestros días, la religión judía es considerada como antítesis del cristianismo, sobre todo del luteranismo. Sanders (pp. 36-39), tras ofrecer un resumen de la antropología de F. Weber —el cual, sin afirmar que todo hombre hereda el pecado original, admite que la humanidad está alejada de Dios desde el pecado de Adán y que, en el juicio final, Dios medirá las transgresiones y las fidelidades—, pasa a lo que más le interesa: la soteriología. He aquí un resumen de la soteriología de Weber que tomamos de Sanders:

«Para que el hombre caído torne a Dios, Weber no admite otro medio que el arrepentimiento y la obediencia a la ley. El arrepentimiento es la primera vía de salvación, pero no hace al hombre justo ni le da derecho al reino de los cielos, perdido por el pecado de Adán. La ley es el segundo medio de salvación: logra lo que no logra el arrepentimiento. Israel fue objeto de la elección divina y recibió en el Sinaí el don de la

---

[29] Editada por Franz Delitzsch y George Schenedermann, 1880; edición revisada, *Jüdische Theologie auf Grund des Talmud und verwandter Schriften* (1897).
[30] La primera controversia tuvo lugar en París ante Blanca de Castilla y su hijo Luis IX. Contendieron Nicolás Donin OP, judío converso, y cuatro rabinos franceses, capitaneados por R. Yehiel de París, en 1240.

ley. Al aceptar la ley del Sinaí —que el resto de las naciones no aceptaron—, quedaron borradas las consecuencias del pecado de Adán, e Israel fue restaurado al estado anterior a la caída. Sin embargo, perdió tal estado privilegiado a causa del episodio del becerro de oro. El pecado de Adán había alejado de Dios a toda la humanidad, el episodio del becerro hizo perder a Israel la elección. Desde entonces cada israelita debe ganar la benevolencia de Dios mediante el cumplimiento de la ley y los sacrificios, es decir, por medio de la *Torá* y la *'abodá* (el culto), gracias a las obras de la ley y al arrepentimiento. Dios lleva cuenta diaria —y hará la cuenta definitiva el día del juicio final— de los pecados de cada uno y de sus fidelidades a la ley. Unas obras pesan más que otras, pero para el individuo su salvación siempre será incierta, pues no sabe si pesan más las transgresiones que las fidelidades. Weber acepta que, además de por el cumplimiento de los mandamientos —que es lo que le hace a uno justo y merecedor, lo que le confiere la *zekut*—, se puede ganar la justicia ante Dios mediante la limosna y las obras de bondad y misericordia, por las propias obras buenas y por la comunión de los santos [31], es decir, por la fidelidad y obras buenas de otros, sobre todo de los patriarcas. Los justos pueden ayudar así al pecador para que obtenga la cota de méritos que necesita para salvarse. Admite, además de la fidelidad a la ley, la expiación como medio de restaurar las buenas relaciones con Dios: sacrificios, arrepentimiento, día de la Expiación, sufrimientos, muerte, sufrimiento vicario, obras buenas. Estos actos de reparación por pecados particulares aminoran el peso de las transgresiones en la balanza del juicio final. Hay, pues, varios medios de justificarse ante Dios, pero ninguno otorga al pecador la seguridad de estar en gracia de Dios». Hasta aquí el resumen de Sanders.

Este esquema soteriológico de Weber ha perdurado entre los autores cristianos, a excepción del punto referente a una segunda caída de Israel por la adoración del becerro de oro, tema forzado y carente de base en la literatura judía. Sin embargo, esa segunda caída era importante en el sistema de Weber para explicar la anulación del pacto y promesas del Sinaí. Para el autor estaba claro lo que después los autores cristianos han ido repitiendo: «El judaísmo es una religión en la que hay que *ganarse* la salvación reuniendo más obras buenas (méritos) —ya propias, ya obras supererogatorias de otros— que transgresiones. Esta teoría de que los individuos deben *ganarse* la salvación se apoya en que Israel perdió su relación privilegiada con Dios establecida en el monte Sinaí; por tanto, la alianza (sinaítica) perdió su eficacia y las promesas de Dios quedaron sin efecto» (Sanders, p. 38).

Otro punto importante del sistema de Weber es la inaccesibilidad de Dios en el judaísmo. La soteriología de F. Weber fue aceptada ya a finales del siglo XIX y principios del XX. La admitieron autores como

---

[31] Sobre la comunión de los santos en la Iglesia católica, cf. el *Catecismo para los párrocos* según el Concilio de Trento (Madrid 1971) 109-111; 138 (premio en la otra vida según los méritos); 315 (el mérito de la gloria inmortal se atribuye a nuestras buenas obras).

R. H. Charles (*The Apocalypse of Baruch,* 1896), H. St. John Thackeray (*The relation of St. Paul to Contemporary Jewish Thought,* 1900,
80-87), Albert Schweitzer (*Paul and His Interpreters,* 45) y Bousset.

La influencia de Bousset, como queda dicho, ha sido muy grande no
sólo por su propia obra, que se ha ido reeditando hasta nuestros días,
sino también por medio de su discípulo R. Bultmann, cuyo gran presti-
gio la ha impuesto entre los investigadores del Nuevo Testamento. Bousset da una importancia central a la idea de que el Dios del judaísmo es
inaccesible y se aparta de Weber al negar la posibilidad de transferencia
de méritos de una persona a otra. Sí admite la existencia de los méritos
de obras supererogatorias de los justos o del sufrimiento de los justos
o del sufrimiento de los justos inocentes; pero, como el judaísmo carece
de sacramentos, no tiene medio de transferirlos a otra persona; ni siquiera son transferibles los méritos de los patriarcas [32].

Continúa Sanders su relación de autores que han entendido erróneamente el judaísmo con J. Köberl [33], quien admite la elección de Israel
considerada como un privilegio nacional, no como medio de salvación,
ya que el individuo se ha de salvar cumpliendo la ley, haciendo que las
fidelidades superen a las transgresiones, lo cual no da seguridad en el
presente ni en el juicio final. El israelita permanecerá siempre, como el
autor de 4 Esdras, con el miedo al juicio y a la imposibilidad de salvarse. Miedo que sentía Yoḥanán b. Zakkay (bBer. 28b), Elazar b. Azarya
(bḤag. 4b) y otros. 4 Esdras cree en la gracia y misericordia de Dios,
pero en realidad la niega. Hay que disponer de una cantidad de méritos
que supere, al menos por uno, el número de las transgresiones; de no
ser así habrá condenación. Pueden ayudar a salvarse los méritos de los
patriarcas, y los de una generación buena pueden ayudar a otra. Quien
viva en Palestina o enseñe a los hijos la Torá se salvará. La visión es
pesimista, ya que, en definitiva, la salvación depende de la fidelidad a la
ley, y no hay medio de expiar o suplir tal condición [34].

Los más influyentes transmisores de las ideas de Weber han sido
Bousset y Billerbeck. Según este último, para salvarse hay que tener
más méritos que deméritos o suplir los deméritos con buenas obras o
con los méritos de los patriarcas, o bien rebajarlos con actos de expiación. Sin embargo, cada uno ha de salvarse a sí mismo, no cabe un salvador que muera por salvar al mundo [35].

Acabamos de ponderar la influencia de R. Bultmann, autor que sigue
sobre todo a Schürer y a Bousset y que, insensatamente, asocia con ellos
a Moore, sin caer en la cuenta de que Moore expone la religión rabínica
en total oposición con aquéllos. Sanders no se cansa de alabar a Moore

---

[32] Sanders, *op. cit.,* 39-40.
[33] *Sünde und Gnade im religiösen Leben des Volkes Israel bis auf Christum.
Eine Geschichte des vorchristlichen Heilsbewusstseins* (Munich 1905).
[34] Sanders, *op. cit.,* 40-42. Compárese con este pesimismo salvífico la enseñanza
de los sinópticos y de Juan; cf. S. Lyonnet, *De peccato et redemptione,* I: *De notio-
ne peccati* (Roma 1957) 57, 62-63, 76-78.
[35] Sanders, *op. cit.,* 42-43.

por el hecho de que éste, en su artículo *Christian Writers on Judaism* [36], critique a los autores cristianos que escriben erróneamente acerca de la religión judía y haya descrito con objetividad la religión del judaísmo basándose en la literatura tannaítica, conocida de primera mano. Lamenta, sin embargo, que tales apreciaciones no hayan tenido entre los cristianos el eco que merecían, a pesar de que muchos autores judíos compartieron su visión del judaísmo (Herford, Schechter, Montefiore, Büchler, Marmorstein, Lauterbach, Finkelstein, H. Loewe y otros). El propio Moore, discrepando de la interpretación cristiana prevalente, se abstiene en el libro de polemizar contra ella; simplemente expone. En cambio, el artículo citado es polémico, pero su polémica no tuvo más difusión que la que un artículo puede dar [37]. Lo curioso es que Bultmann y otros embarcados en la falsa concepción de Weber, como Bousset y Billerbeck, se apoyan a veces en Moore o en Sjöberg [38] —autor que ofrece una visión del judaísmo de características idénticas o similares a las de Moore—, con lo cual los adversarios de la visión prevalente entre los cristianos son considerados como aliados. Lohse llega a considerar a Moore como un «suplemento» de Bousset-Gressmann.

H. Braun [39] diferencia a los sectarios de Qumrán de los *rabbís* en que los sectarios exigen el cumplimiento de *todos* los mandamientos, no sólo de la mayor parte. Dietrich Rössler [40] sostiene que la salvación se debe ganar con la fidelidad; no valen las promesas de los patriarcas, aunque admite el *thesaurus meritorum* de éstos, útil para las generaciones posteriores. Jürgen Becker [41] sigue a Billerbeck lo mismo que A. Jaubert [42]. Matthew Black, en su artículo *Pharisees* [43], afirma que los fariseos de tiempos de Jesús tenían una religión parecida a la del rabinismo (no así los de una época más antigua): una religión legalista. Reginald Fuller [44] admite la gracia de Dios, pero, en última instancia, hay que ganar la salvación con la respuesta fiel a la ley. La misma errónea concepción del judaísmo es respaldada por H. Conzelmann [45], que se basa en la apocalíptica y literatura rabínica, al igual que Bultmann, a quien

[36] HTR 14 (1921) 197-254.
[37] Sanders, *op. cit.*, 33s.
[38] *Gott und die Sünder im palästinischen Judentum nach dem Zeugnis der Tannaiten und der apocryphisch-pseudoepigraphischen Literatur* (BWANT 27; Stuttgart 1939).
[39] *Beobachtungen zur Tora-Verschärfung im häretischen Spät-Judentum:* TLZ 79 (1954) cols. 347-352.
[40] *Gesetz und Geschichte. Untersuchungen zur Theologie der jüdischen Apocalyptik und der pharisäischen Orthodoxie* (WMANT 3; Neukirchen ²1962); Sanders, *op. cit.*, 48-49.
[41] *Das Heil Gottes. Heils- und Sündenbegriffe in den Qumrantexten und im Neuen Testament* (SUNT 3; Gotinga 1964).
[42] *La notion d'alliance dans le judaïsme* (París 1963).
[43] *The Interpreter's Dictionary of the Bible* III, 774-781.
[44] Wright A. G. y R. Fuller, *The Books of the Acts of God* (Londres/Nueva York 1960).
[45] *An Outline of the Theology of the New Testament,* trad. inglesa de la edición alemana (Londres/Nueva York 1969).

sigue, y Bousset. Hartwig Thyen [46], aunque cita a menudo a Sjöberg, no logra, como él, el justo equilibrio entre mérito y gracia de Dios; sigue en realidad a Bousset, a pesar de que aparentemente polemiza contra él y contra Weber.

El elenco de autores que Sanders (pp. 40-57) nos proporciona, junto con el contenido soteriológico de las obras citadas, que hemos trasladado a las notas, se cierra con un autor reciente, Logenecker [47], partidario de una solución de compromiso: en el fariseísmo prevaleció la concepción legalista, pero en Qumrán y probablemente en algunos grupos fariseos floreció una religión más espiritual y noble.

Pero ¿son sólo los autores luteranos los que se han adherido a la equivocada sistematización de Weber-Bousset-Billerbeck? Sanders (p. 55) deplora que también hayan tenido seguidores de habla inglesa (Charles, Fuller) y francesa (J. Bonsirven [48] y M. Simon-A. Benoit [49]). Para estos últimos, Bousset es la obra «fundamental» y Moore «importante», ignorando que son obras antitéticas. Sjöberg sitúa a Bonsirven —debido quizá a sus matizaciones— del lado de Moore, en compañía de Herford, Dietrich (sólo en el tema del arrepentimiento), Büchler, Marmorstein, Abelson, Schechter, Montefiore, Friedländer, Köhler y Bäck. A estos autores judíos hay que añadir ahora a E. E. Urbach [50].

El sistema de Weber se ha aplicado a la literatura intertestamental, a la apocalíptica (Rösler), a Qumrán (Braun y Becker), al fariseísmo tardío (Black); siempre con la misma concepción: el judaísmo es una religión «legalista».

Sanders [51] concluye su crítica de la errónea concepción del judaísmo, que en páginas anteriores hemos resumido, con estas terminantes palabras: «La visión de Weber/Bousset/Billerbeck, en cuanto aplicada a la literatura tannaítica, se basa en una masiva perversión y mala interpretación del material».

2. Precisar lo que en la literatura apócrifa judía es propiamente judío o adición cristiana posterior

Es éste un dato curioso, ya que los cristianos no alteraron ni los LXX ni los libros deuterocanónicos. Sin embargo, en determinados apócrifos añadieron alguna palabra de origen cristiano o una frase entera del mismo origen —así en ciertos Testamentos de los Doce Patriarcas—, o bien incluyeron un bloque entero de origen cristiano como en 4 Esdras, Mar-

---

[46] *Studien zur Sündenvergebung im Neuen Testament und seinen alttestamentlichen und jüdischen Voraussetzungen* (FRLANT 96; Gotinga 1970).

[47] *Paul: Apostel of Liberty* (Nueva York 1964).

[48] *Le judaïsme palestinien aux temps de Jésus Christ*, 2 vols. (París 1934).

[49] *Le Judaïsme et le Christianisme antique* (París 1968).

[50] *Hazal. Pirqe ʾEmunot we-Deʿot* (Jerusalén 1969); trad. inglesa: *The Sages. Their Concepts and Beliefs* (Jerusalén 1975).

[51] *Op. cit.*, 59.

tirio y Ascensión de Isaías —la adición cristiana es el «testamento de Ezequías» y la «visión de Isaías»—. Encontramos también otros escritos, como la Historia de los Recabitas y el Apocalipsis de Daniel, que son, sobre todo el último, reelaboraciones cristianas que apenas dejan adivinar el núcleo judío primitivo. Las Odas de Salomón son obra cristiana lo mismo que los Apocalipsis de Sedrac y de Esdras, las Cuestiones de Esdras, quizás la Revelación de Esdras y la Visión de Esdras. El Testamento de Adán, la Historia de los Recabitas, el Apocalipsis de Elías, el de Daniel, los testamentos de Isaac y Jacob, tienen adiciones cristianas tardías, posteriores incluso al Concilio de Nicea. Los apócrifos eslavos presentan problemas difíciles de resolver, ya que los bogomilos heredaron apócrifos judíos, pero a su vez crearon otros. A la literatura apócrifa eslava pertenecen el Apocalipsis de Abrahán, 2 Henoc y la Escala de Jacob. Respecto a las «parábolas de Henoc» (1 Hen 37-71), que algunos autores consideran obra cristiana, James H. Charlesworth —de quien tomamos los anteriores datos [52]— ha reconocido que en los seminarios celebrados en Tubinga y París por la Society for New Testament Studies le demostraron a él y a muchos otros que dichas parábolas son obra de un judío. Este mismo autor [53] examina las intermitentes adiciones cristianas en oraciones helenísticas —catorce oraciones en los libros VII y VIII de las *Constituciones Apostólicas*—, las frecuentes, y a veces largas, adiciones en los Testamentos de los Doce Patriarcas, los bloques cristianos del Martirio y Ascensión de Isaías (el «testamento de Ezequías», 3,13-4,18, y la «visión de Isaías, caps. 6-11) —adiciones estas de finales de siglo II d. C.— y las adiciones a los Oráculos Sibilinos y 4 Esdras.

Es importante para la cristología del Hijo del hombre comprobar que las «Parábolas» de Henoc etiópico (37-71) son obra de un judío y no de un cristiano. Por otra parte, el mensaje de 4 Esdras se ve confirmado por el dato de que los dos primeros capítulos y los dos últimos (15-16) proceden de mano cristiana (los dos primeros capítulos fueron añadidos en el siglo II d. C.). El escrito propiamente judío es extraordinariamente pesimista respecto a las consecuencias soteriológicas de la elección de Israel: la elección es ineficaz, serán muy pocos los israelitas que se salven en el juicio de Dios. El pesimismo llega a tanto que descarta la gracia de Dios como factor salvífico; únicamente es factor de salvación el cumplimiento perfecto de toda la ley, no sólo de las leyes básicas, con lo cual quedan excluidos de la salvación casi todos los israelitas y, *a fortiori,* los gentiles. Ese pesimismo en lo que se refiere al mínimo número de los israelitas que se salvarán, dada la condición pecadora del hombre (el *cor malignum),* y también en lo referente a la anulación de la promesa de salvación para el israelita que no sea com-

---

[52] J. H. Charlesworth, *Christian and Jewish Self-Definition in Light of the Christian Additions to the Apocryphal Writing,* II: *Aspects of Judaism* (nota 62), 27-29; 30; íd., *The SNTS Pseudepigrapha Seminars at Tübingen and Paris on the Books of Enoch:* NTS 25 (1979) 315-323.

[53] *Christian and Jewish...* II, 31-54.

pletamente justo o cumplidor de toda la ley, así como en el rechazo del ángel Uriel a las repetidas peticiones de gracia hechas por Esdras, demuestra que el propio documento judío no está en línea con el criterio prevalente del judaísmo: pertenecer a Israel o reinsertarse en Israel por medio de la penitencia basta para salvarse. Esta doctrina pesimista, totalmente clara en la primera parte del libro o diálogos (3,1-9,22), se mantiene en esencia en la parte siguiente hasta el final del documento judío. El último capítulo, el 14, parece ser una adición «salvífica», optimista, en línea con el optimismo salvífico de los demás testimonios del judaísmo palestinense desde el 200 a. C. al 200 d. C. El autor (o autores) del documento judío [54] participa de tal desesperanza, al igual que el ángel, en los pasajes más pesimistas de la obra, que son los diálogos. Los capítulos 1-2 y 15-16 de la versión latina —o sea, el redactor cristiano— comparten ese pesimismo respecto a la salvación del israelita. Tenemos, pues, en esta adición cristiana una confirmación antigua del pesimismo del documento judío reflejado en los diálogos, en las visiones (excepto en la destrucción de los gentiles), en el ángel *interpres,* en el redactor (o redactores) judío y también en las adiciones cristianas. En estas últimas aparece la nota optimista de la salvación referida a los cristianos, pero no a los judíos [55].

3. Urge investigar por qué fueron excluidos los saduceos de la vida escatológica, concedida a cualquier judío

Acabamos de ver que, según 4 Esdras —a excepción del cap. 14—, son muy pocos los judíos que se salvan, ya que no se cumplen todos los preceptos de la ley. Esta es la opinión de un fariseo apocalíptico o la de un grupo de ellos.

Ahora bien, en buena lógica tenemos que preguntarnos por qué los saduceos que tenían la condición de judíos, que controlaban el templo y ostentaban la máxima autoridad y que, en principio, a pesar a su profunda helenización, no entraban en la categoría de grandes pecadores, son excluidos, en la literatura tannaítica de la salvación escatológica, de participar en el mundo futuro. He aquí otro tema escatológico-soteriológico y, por tanto, muy propio de la literatura apócrifa, que sería preciso investigar.

Es evidente que los saduceos poseían todas las credenciales del judaísmo: eran judíos de nacimiento, aceptaban la Torá (escrita) como venida del cielo, estaban circuncidados (*millá),* con lo cual quedaban constituidos en hijos de Abrahán y ofrecían sacrificios en el templo. Todas las condiciones necesarias para formar parte del judaísmo —las

---

[54] Cf. G. H. Box, en Charles (ed.), *The Apocrypha and Pseudepigrapha* II (1913) 551. Box enumera los diversos documentos judíos unidos por un redactor.

[55] J. H. Charlesworth, *Christian and Jewish...* II, 46-48; Sanders, *op. cit.,* 418, 422, 427 y 428 (el pesimismo de 4 Esd sería el de una minoría después del descomunal fracaso del año 70).

que se exigían a los conversos o prosélitos que deseaban hacerse judíos— las reunían los saduceos antes del año 70, pues a partir de esa infausta fecha, en el período de Yabné, los saduceos quedan eliminados al dejar de existir el templo. El ofrecimiento de sacrificio —de un sacrificio para los prosélitos que se convierten— deja de practicarse tras la destrucción del templo [56]. ¿Por qué, pues, los saduceos, que reunían tales condiciones, fueron eliminados de la soteriología ultramundana propia del resto de los judíos que están en el pacto del Sinaí y que cumplen sus estipulaciones (la ley) o se reintegran por medio de la penitencia y arrepentimiento a tal pacto y a sus promesas salvíficas? Esta pregunta necesita una respuesta, tanto más cuanto que, en palabras de Schiffman [57], nadie podía ser excluido del pueblo judío y perder su condición de judío como resultado de sus creencias (por cuestiones de fe) o por sus acciones. Estar en posesión de las cualidades mencionadas determinaba quién era o no judío en los primeros siglos de nuestra era.

Sin embargo, en San. 10,1 se dice terminantemente: «Los que siguen son los que no tienen parte en el mundo futuro: el que dice que no hay resurrección de los muertos, (el que dice) la Torá no es de los cielos y el epicúreo». Los saduceos, como es bien sabido, no creían en la resurrección, y así aparece claramente en el Nuevo Testamento (Mt 22,23; Mc 12,18; Lc 20,27) y en Josefo (*Ant.* 18,16 y *Bell.* 2,165). Pablo dice ante el sanedrín que es fariseo y que es juzgado por creer en la resurrección de los muertos. «Al decir esto se produjo un altercado entre los fariseos y saduceos..., pues los saduceos dicen que no hay resurrección, ni ángeles ni espíritus, mientras que los fariseos admiten todo esto» (Hch 23,7-8).

Por tanto, los saduceos, según los fariseos, aun siendo judíos, no podían salvarse. En una baraíta de bSan. 90 encontramos una razón que aclara la misná antes citada: «(Un tanna) enseñó: Negó la resurrección de los muertos; por tanto, no tendrá parte en la resurrección de los muertos. Porque todas las retribuciones del Santo, bendito sea, son medida por medida», es decir, niegan la resurrección y Dios los castigará no resucitándolos, y, por tanto, no se salvarán [58].

De todo esto se desprende que, a pesar de que el judaísmo hasta el sínodo de Yabné era una ortopraxis mucho más que una ortodoxia y que en él cabía toda clase de sectas, creencias e incluso variedad de tradiciones orales, tal judaísmo exigía, en este punto concreto de la salvación, un «dogma», una creencia, en la resurrección de los muertos. No se trata aquí, naturalmente, de la exigencia de los trece artículos de fe

---

[56] La obligación de aceptar la Torá es un requisito muy antiguo, existente ya en la época del segundo templo; el bautismo judío de los prosélitos sería de principios del s. I d. C. (anterior al bautismo de Juan y al de los cristianos); el sacrificio sería de principios del s. I d. C. (naturalmente dejó de practicarse después de la destrucción del templo en el año 70). Estas son las fechas que propone Lawrence H. Schiffman, *At the Crossroads: Tannaitic Perspectives on the Jewish-Christian Schism,* en *Jewish and Christian Self-Definition* II, 117-139.

[57] *Ibíd.,* 139.
[58] *Ibíd.,* 40.

que postula Maimónides [59] y que, después de la Controversia de Tortosa, fueron reducidos a tres por Yosef Albo en su *Sefer 'Iqarim,* ni de los siete dogmas de B. Spinoza [60]. Lo que interesa destacar es que por lo menos entra un dogma —la afirmación de la resurrección— en el esquema salvífico de los tannaítas, continuador, sin duda, del esquema farisaico: no basta pertenecer a la alianza, por nacimiento o por conversión, cumpliendo sus obligaciones. El teologúmeno con que empieza San. 10,1 —«todo Israel tiene parte en la vida del mundo futuro»— debe excluir a los saduceos. En San. 10,1-4 se enumeran los diversos individuos o grupos que no tendrán parte en el mundo futuro [61]. Respecto a los que son excluidos por decir que «la Torá no es de los cielos» (San. 10,1), se podría pensar que tal expresión se refiere también a los saduceos, pues es sabido que esta secta sólo admitía la ley escrita como venida del cielo, pero no todo el cúmulo de la *Torá še-be-'al pe,* o ley oral, la cual, según los tannaítas, fue transmitida asimismo por Dios a Moisés en el Sinaí y trasladada después oralmente hasta Hillel y Šammay a través de los diversos eslabones de la cadena de la tradición oral. Sin embargo, parece que la misná en cuestión se refiere sólo a la ley escrita [62], que era la admitida por los saduceos, y no a la oral, dado que la denominación de ley oral no parece ser anterior al período de Yabné y sería, por tanto, posterior a los saduceos [63].

En la misná que nos ocupa aparece una tercera clase de judíos que no tendrán parte en el mundo futuro: los epicúreos. Este término lo usaron los amoraítas, pero en el pasaje al que nos referimos parece significar a los que niegan la providencia de Dios en el mundo, los que niegan la *pronoia,* como era el caso de los griegos, del propio Aristóteles (el mundo es gobernado por el hado, pero no por la providencia de Dios). Josefo [64] señala que esta doctrina de los epicúreos la comparten los saduceos. En Tos. San. 12,5 se amplía la lista de San. 10,1 condenando a la gehenna a los *minim* o herejes, *mešummadim* o apóstatas, a los delatores, a los *epicúreos,* a los que niegan la Torá... a los que *niegan la resurrección de los muertos...*

En conclusión: los saduceos, por falta de una creencia básica (la re

[59] Arthur Hyman, *Maimonides Thirteen Principles,* en A. Altman (ed.), *Jewish Medieval and Renaissance Studies* (1967) 119-144.

[60] A. Hyman, *Spinoza's Dogmas of Universal Faith in the Light of their Medieval Jewish Background,* en A. Altmann (ed.), *Biblical and Others Studies* (Cambridge, Mass., 1963) 185-186.

[61] Cf. Carlos del Valle, *La Misná* (Madrid 1981) 704-706.

[62] Schiffman, *art. cit.,* 141.

[63] Esto no implica que los saduceos no tuviesen su *halaká* propia; cf. J. Heineman, *Early halakhah in the Palestinian Targumim:* JJS 25 (1974) 114-121; cf. *Editio princeps de Neofiti 1,* V (Deuteronomio), 32*, nota 1: en el Targum de Rut parece que hay *halaká* saducea en asunto tan importante como son las cuatro clases de penas de muerte. En Neofiti Gn 4,8, *Editio princeps de Neofiti 1,* III, 40*, parece que se trata de un debate entre fariseos y saduceos sobre el tema de la resurrección de los muertos y la retribución *post mortem;* cf. A. J. Brauer, *Debate entre un saduceo en boca de Caín y Abel* (en hebreo): «Beth Miqra» 44 (1971) 583-585.

[64] *Ant.* 13,173; *Bell.* 2,164s; cf. Schiffman, *art. cit.,* 142.

surrección de los muertos) y también, al parecer, por falta de fe en la providencia de Dios, no pueden acogerse al esquema soteriológico del judaísmo palestinense antiguo, según el cual no basta estar en el pacto o reintegrarse a él por la penitencia, sino que hay que aceptar un mínimo de «creencias».

Aunque, en teoría, el judaísmo antiguo estaba interesado en permanecer unido como pueblo —estaba mucho más interesado en la ortopraxis que en la ortodoxia—, no dejó de tener en cuenta ciertas creencias. Ya hemos hablado sobre la necesidad absoluta de fe en la resurrección de los muertos. Sabemos también que confesar a Jesús como Mesías fue considerado como motivo suficiente para expulsar de la sinagoga a un judío. Véase Jn 9,22: «Sus padres (los del ciego de nacimiento) dijeron esto *(aetatem habet)*, pues los judíos ya habían convenido en que si alguno lo reconocía por Mesías, sería excomulgado de la sinagoga». En Jn 5,18 leemos: «Los judíos intentaban matarlo (a Jesús) sobre todo por esto: porque no sólo quebrantaba el sábado, sino que también llamaba a Dios padre suyo, *considerándose igual a Dios*».

Después de la destrucción del templo en el año 70 empezó la lucha contra los judeocristianos. Ellos son los *minim* condenados en Tos. San. 12,5 «a la *gehenna* por siempre jamás», junto con los apóstatas o *mešummadim,* con los delatores, los epicúreos, los que niegan la resurrección de los muertos, etc. En la *'Amidá* se introdujo una *birkat ha-minim* (la «bendición» —eufemismo por «maldición»— de los *minim* o herejes) a petición de Rabbán Gamaliel II de la Academia de Yabné, o sea, después del año 70. Šemuel ha-Qatán la compuso y, aunque olvidó su texto, fue mantenido en el cargo de lector precisamente porque no podía ser sospechoso de herejía. Lo que con ello se pretendía era que los herejes o *minim,* en este caso los judeocristianos, no pudieran oficiar de lectores en la sinagoga, pues si debían recitar contra sí mismos la *birkat ha-minim* [65], indudablemente no oficiarían. Más adelante, como puede apreciarse en la *'Amidá* de la Geniză de El Cairo [66], se añadió a *minim*

---

[65] Schiffman, *ibíd.,* 151. Este autor nos recuerda los pasajes pertinentes sobre la maldición de los judíos contra los cristianos: Justino, en su *Diálogo contra Trifón* (mitad del s. II d. C.); el testimonio de Orígenes *(ca.* 185-*ca.* 254); el de Epifanio *(ca.* 315-403). Epifanio dice que esto lo hacen los judíos tres veces al día; se refiere, pues, sin duda, a la *birkat ha-minim* recitada tres veces en la sinagoga en la oración *'Amidá* o *Šemoné 'Esré.*

[66] J. Man, *Genizah Fragments of the Palestinian Order of Service:* HUCA 2 (1925) 306; Schiffman, *art. cit.,* nota 204. Efraim E. Urbach, *Self-Isolation or Self-Affirmation in Judaism in the First Three centuries: Theory and Practice,* en *Jewish and Christian...* II, 288-293, difiere de Schiffman en la identificación de los *minim (min* = una clase, una especie, según su traducción literal) y duda de que la *birkat ha-minim* fuera introducida en tiempo de Rabbán Gamaliel II a pesar del argumento basado en la *'Amidá* de los fragmentos de la Geniză de El Cairo, que reza así: «Los apóstatas *(mešummadim)* no tendrán esperanza si no tornan a vuestra Torá; los nazarenos *(noserim)* y los *minim* perecerán inmediatamente...». Urbach cree que en este texto «cristianos» significa cristianos en general, y no sólo los que provenían de la gentilidad, como opina Schiffman, y que *minim* no señala a los judeocristianos, como juzga dicho autor, sino a toda clase de sectarios o herejes que se

(judeocristianos) el término *noṣerim* (cristianos) para designar a los cristianos procedentes de los gentiles. De ambos se dice: «Los *noṣerim* y los *minim* deben perecer inmediatamente. Rápidamente deben ser borrados del libro de la vida y no deben ser registrados entre los justos».

Los *minim* (judeocristianos), aunque teóricamente conservaban su condición de judíos a pesar de su nueva fe y su nueva ley, estorbaban al rabinismo de Yabné, máxime cuando no quisieron participar en la guerra de Bar Kokba (132-135) ni reconocerlo como Mesías, pues ellos creían en Jesús Mesías. La ruptura definitiva entre judíos y cristianos se consumó con motivo de la prohibición romana, que negaba tanto a

separaban de la comunidad judía. Añade Urbach que el término *minim* habría tenido ese sentido general de *perušim* en su significación literal de «separados» de la comunidad judía, desde mucho antes de Rabbán Gamaliel II. La adición de los *noṣerim* en la 'Amidá de la Genizá se debería a que, después de la derrota de Bar Kokba (135 d. C.), los cristianos rompieron totalmente con la comunidad judía. El testimonio más antiguo de que los cristianos eran maldecidos en la sinagoga (de la *birkat ha-minim*) es de Justino, de mitad del s. ii d. C. Urbach concede que después de la destrucción del templo, de la desaparición del sanedrín y de las fiestas de peregrinación que unían al pueblo judío, es decir, después del año 70, el judaísmo empezó a ser más estricto con los grupos disidentes, aunque en las academias se mantenía la libertad de opiniones, creencias y hasta de *halaká*, con tal de que los individuos se sometieran al voto de la mayoría. Incluso dos judíos herejes, R. Elizer b. Hircanos y, sobre todo, Eliša b. Abuya no figuran como «excomulgados», a pesar de que el segundo execró el nombre divino e incitó a otros a pecar. A Ben Abuya se le dio el nombre de *Aḥer*, indicando así que pertenecía a «otro» grupo, que era un extraño al judaísmo como lo eran los *minim*. Con este término, que ciertamente no es anterior al año 70 d. C., se designa unas veces a los dualistas, otras a los gnósticos, otras a los etnicocristianos, otras a los judeocristianos y otras a los paganos. La denominación *minim*, con cualquiera de esos significados, empieza a aparecer en textos del s. ii, particularmente después del año 135, y en el s. iii d. C.

Esta exposición de Urbach no concuerda con la explicación de Schiffman, que ofrecemos en nuestro texto, pero es interesante su siguiente afirmación *(art. cit., 290)*: «Ninguna de las fuentes que mencionan a los *minim* los considera como pertenecientes a la comunidad (judía); por el contrario, son considerados como extraños (a ella)». Esto es importante: los *minim*, ya sean los judeocristianos, en contraposición a los *noṣerim*, o etnicocristianos, como dice Schiffman, ya sean los herejes en general, son «extraños» a la comunidad judía y por eso rechazados. De menor importancia es la datación exacta del momento en que se introdujo la *birkat ha-minim*: en la fecha propuesta más antigua, en tiempos de Rabbán Gamaliel II, en el período de Yabné o en la más reciente de décadas posteriores. El hecho es que fueron rechazados por el judaísmo, rechazo que aparece bien claro en el Evangelio de Juan (Jn 5,18; 8,58s; 10,33), es decir, en la época de Yabné. No creo que sea aceptable la afirmación de Urbach *(art. cit., 292s)*: «Mientras para los cristianos las diferencias en creencias implicaban herejía, en el judaísmo las diferencias doctrinales no constituían al judío hereje, *min*. Lo que hacía hereje a un judío no era el relajamiento en el cumplimiento de los preceptos o incluso el apartarse de la tradición, sino el hecho de *negar la elección de los judíos* [el subrayado es mío], porque tal hecho destruye la base ideológica en la que se funda la existencia separada del pueblo judío y pone en peligro su supervivencia. Los *minim* son tratados de la misma manera que los samaritanos». ¿Qué decir de esta aserción? Peca de reduccionismo, minusvalora, tanto en el caso de los saduceos como en el de los *minim-cristianos*, la importancia de las creencias como causa de la exclusión soteriológica. Cf. otra explicación de la *birkat ha-minim* en R. Kimelman, *Birkat ha-minim and the Lack of Evidence for an Anti-Christian Jewish Prayer in Late Antiquity*, en *Jewish and Christian...* II, 226-244.

judíos como a judeocristianos la entrada en Jerusalén, convertida por los romanos en Aelia Capitolina [67].

En conclusión: no sólo bastaba con estar en la alianza y obedecer la Torá; también era necesario tener ciertas creencias. Prescindir de la exigencia soteriológica de San. 10,1 es un lamentable reduccionismo. Sanders [68] intenta hábilmente disminuir el valor halákico de esta misná atribuyéndole una significación homilética o suponiendo que quizás no era una norma farisea o de todos los fariseos, o que la misná en cuestión únicamente se refería a que los saduceos estaban *equivocados* en este particular, ya que los fariseos consideraban a los saduceos dentro de la alianza. El mismo autor se extraña de que tal doctrina saducea —negación de la resurrección— encaje dentro del judaísmo, más cuidadoso de la ortopraxis que de la ortodoxia.

También sería pecar de reduccionismo entender que la exclusión de los *minim* como oficiantes en la sinagoga y su ostracismo o excomunión de ella es sólo resultado de su rechazo de la ley de Moisés o de la aceptación de Jesús como Mesías. Además de los motivos ya indicados, que provocaron esta actitud de los judíos respecto al cristianismo naciente —los judíos dejaron, por ejemplo, de recitar el decálogo en la «oración» para no apoyar la doctrina cristiana que propugnaba la observancia de los diez mandamientos, dejando de lado todos los demás del judaísmo—, creo que la causa que más influyó en tal actitud fue que Jesús se identificaba con Dios, se hacía Dios. En el período de Yabné la lucha entre cristianismo y judaísmo es ya abierta y declarada. Así se hace patente en el Evangelio de Juan, donde, por *deraš* cristológico, Jesús o la comunidad de Juan atribuyen al Señor lo que se dice de Yahvé: por ejemplo, los dichos *Ego eimi* («Yo soy»); en Jn 8,58s Jesús se hace igual a Yahvé; en Jn 10,33 los judíos lo quieren apedrear por blasfemo, porque «siendo un hombre se hace Dios»; porque no sólo quebrantaba el sábado, sino que se hacía igual a Dios (Jn 5,18). En definitiva, debió de pesar mucho en la exclusión de los *minim* —judeocristianos— una razón de orden conceptual: seguir a un Mesías que se hacía Dios, que decía ser el *Logos* de Dios (Jn 1,1). Esta fe cristiana de los *minim* comprometía una verdad de fe del judaísmo: que Dios es uno [69], sin *hipóstasis* personales. Verdad importantísima para el judaísmo que también estaba incluida en los siete preceptos noáquicos, a los que probablemente se refiere Jub 7,20 cuando pone en boca de Noé que todos han de cumplir ciertos mandamientos. Estos siete preceptos noáquicos, ampliados después, incluyen la fe en el monoteísmo, administración de la justicia, *abstenerse de la idolatría,* blasfemia, incesto, homicidio, robo, comer

[67] Schiffman, *art. cit.,* 151-156.
[68] *Op. cit.,* 151.
[69] Cf. A. F. Segal, *Ruler of this World: Attitudes about Mediator Figures and the Importance of Sociology for Self-Definition,* en *Jewish and Christian...* II, 252-253. Los judíos, con excepción de los apocalípticos, eran muy sensibles a que se admitiesen dos poderes en el cielo; cf. A. F. Segal, *Two Powers in Heaven; Early Rabbinic Reports about Christianity and Gnosticism* (1977) 1-30.

carne de animal vivo [70]. La mejor explicación del aislamiento de los judíos, de su cerrarse en sí mismos, es precisamente la que se basa en la observancia del principio supremo de su identidad: la creencia en el Dios único [71], el Dios del judaísmo, al que los hijos de este pueblo estaban llamados a anunciar a los pueblos paganos.

4. Es preciso evitar el reduccionismo estudiando el tema apocalíptico sólo en apócrifos aislados y no en su conjunto

El reduccionismo que acabamos de señalar, de tipo *escatológico-soteriológico*, es, en lo que respecta a los saduceos al menos, anterior al año 70 d. C. Respecto a los *minim* —judeoconversos— del cuarto evangelio, es también de finales del siglo I d. C. Tal reduccionismo es un tema relevante para fijar el esquema del judaísmo palestinense en el siglo que más interesa al cristianismo, y es también importante para los apócrifos que editamos, ya que pertenece al área escatológico-soteriológica, tan propia de esta literatura.

Señalamos a continuación otro reduccionismo que se refiere directamente a los apócrifos apocalípticos. Se trata de un tema relevante, sobre todo en lo que concierne al siglo I d. C., que es el que más interesa para comparar judaísmo y cristianismo. Bousset, Rössler, A. Schweitzer y otros autores han puesto de relieve la importancia de la apocalíptica no sólo para conocer el judaísmo de Palestina, sino también para determinar su influjo en el cristianismo. También hemos señalado ya que la apocalíptica no representa una visión de grupos marginales, al menos en el siglo I e incluso antes. Me parece, por tanto, que se peca de reduccionismo al estudiarla de un modo parcial, siguiendo sólo unas cuantas obras determinadas. Así lo hace Sanders [72], que se centra en Henoc etiópico, Jubileos —obra no típica de la expectación apocalíptica, a excepción de los caps. 23 y 50—, Salmos de Salomón —atribuida por lo general al fariseísmo— y 4 Esdras —libro en el que, según el mismo Sanders defiende, la salvación depende de las obras, no del estar en la alianza o retornar a ella—. Dada la cantidad de obras apocalípticas que publicamos, nos parece un excesivo reduccionismo, desde el punto de vista metodológico, limitar la doctrina apocalíptica a lo que afirman (o niegan, como 4 Esdras) estas pocas obras. ¿Por qué no se ha escogido el Pseudo-Filón, por ejemplo?, ¿por qué no se ha hecho un estudio de la apocalíptica en general?

---

[70] Cf. la baraíta de Tos. A. Z. 8,4; bSan. 56a; E. Urbach, *Self-Isolation and Self-affirmation in Judaism in the First Three Centuries: Theory and Practice,* en *Jewish and Christian Definition...* II, 275s.

[71] E. Urbach, *art. cit.,* 273-275: la exclusión de los *minim* —cristianos o no— y de los samaritanos se basaba en que negaban los fundamentos del judaísmo, la elección de Israel. Este autor debería añadir otras razones como la creencia o negación del Dios *único,* del Mesías-Dios, patente en la comunidad de Juan.

[72] *Op. cit.,* 346-418, 424.

Recuérdese lo que hemos dicho acerca de la ley de Moisés, que, según la apocalíptica o parte de ella, representa únicamente la revelación de dos de las siete tablas; el resto de la ley ha sido revelada a los apocalípticos. La ley abarca, por tanto, mucho más que la ley de Moisés de las dos tablas y, por lo mismo, exige una obediencia mucho más extensa que la postulada por los tannaítas. A propósito del mismo tema —la Torá en este amplio sentido—, podemos recordar el concepto de exégesis de los qumranitas o de parte de sus escritos: ellos forman una «nueva» alianza, y Dios, mediante el *pešer* (exégesis de revelación), les revela los secretos de las antiguas profecías, se los revela en concreto al Maestro Justo. Los sectarios de Qumrán son los «hijos de la luz», que han de aniquilar a los «hijos de las tinieblas». Los especialistas no están de acuerdo sobre la identidad de estos últimos: si se trata únicamente de los gentiles o de todos los israelitas que no profesan en la secta en el presente o en el futuro escatológico inminente [73], o si la expresión se refiere sólo a los israelitas de la secta que apostatan. Estos tres grupos —gentiles, sectarios apóstatas e israelitas que no pertenecen a la secta— están fuera de la alianza y, por consiguiente, perecerán [74].

A propósito de la cesación de la Torá en los tiempos mesiánicos, tema contrario al de la ampliación de la Torá o de la revelación que hasta ahora nos ha ocupado, W. D. Davies escribió el libro *Torah in the Messianic Age and/or the Age to Come* [75], donde defiende que el judaísmo no creía en la cesación de la Torá en época mesiánica. En mi estudio sobre el tema, *¿Cesará la Torá en la edad mesiánica?* [76], creo demostrar que, aunque la mayor parte de los textos rabínicos se alinean en pro de la permanencia de la Torá en tal época, hay algunos que admiten la cesación o cambio de la Torá.

5.   *No se puede oponer apocalíptica a fariseísmo ni hablar de ortodoxia rabínica como ortodoxia farisea*

Se puede pecar también de reduccionismo, en lo que concierne al judaísmo del siglo I, si se considera a los fariseos de antes del año 70 d. C. como los representantes de todo el judaísmo de ese siglo. Los fariseos constituían un grupo minoritario. Al parecer, no eran más de 6.000 en tiempos de Flavio Josefo y se hallaban además divididos en dos escuelas: Bet Hillel (liberal) y Bet Šammay (más estricta). Aunque su influjo en el pueblo fue en aumento, no dejaron de ser una más de las diversas sectas del judaísmo en el siglo I. Tal secta, que quizá fue primero un

---

[73] Cf. Sanders, *op. cit.*, 240-257.
[74] *Ibíd.*, 257.
[75] Filadelfia 1952.
[76] A. Díez Macho, «Estudios Bíblicos» 12 (1953), 13 (1954). Cf. también el apéndice de la obra de W. D. Davies *The Setting of the Sermon on the Mount* (Cambridge 1964). Cf. asimismo A. Díez Macho, *En torno a las ideas de W. D. Davies*, en W. D. Davies, *El sermón de la Montaña* (Madrid 1975) 206s.

partido de influencia política, fue continuada, de acuerdo con no pocos investigadores, por el rabinismo nacido después del año 70. Según esos autores, el rabinismo y sus opciones halákicas serían la continuación del fariseísmo hillelita, que triunfó sobre el šammaíta, con el apoyo de los romanos. Sin embargo, es un reduccionismo criticable oponer apocalíptica a fariseísmo (4 Esdras y 2 Baruc son obras de fariseos y al mismo tiempo apocalípticas), o considerar la *halaká* tannaítica como una simple continuación de la ley oral y escrita que admitían los fariseos.

Morton Smith [77], al criticar el libro de B. Gehardsson *Memory and Manuscript* [78] —donde se defiende que el cristianismo utilizó las mismas técnicas rabínicas de memorizar textos que utilizaban los rabinos hacia el 200 d. C.—, señala «la enorme diferencia que separaba al partido fariseo del período del templo, (partido) pequeño, exclusivo, sectario, de la organización rabínica del siglo III, establecida por la ley romana, con autoridad sobre todo el judaísmo romano». En el mismo lugar critica nuestro autor la afirmación de Gehardsson de que las citas halákicas de la época del templo son anónimas en general porque en ese tiempo el judaísmo tenía un centro unificado de doctrina *(sic),* del que procedía la *halaká.* Semejante afirmación carece de fundamento. «El período anterior al año 70 —continúa Morton Smith— fue un período de conflictividad sectaria. El sumo sacerdocio saduceo era sin duda la suprema autoridad legal a sus ojos y a los ojos de los romanos, pero no podía controlar el sanedrín (como se demuestra por el testimonio más seguro que tenemos sobre el modo de actuar el sanedrín, Hch 22,30ss). Tampoco los fariseos podían controlarlo, como se refleja en dicho pasaje. Los fariseos estaban divididos en las escuelas de Šammay y de Hillel. Los zelotas, los cristianos, los esenios y los samaritanos tenían sus peculiares tradiciones legales, y la masa del pueblo, los *'amme ha-areṣ,* iban a sus sinagogas y seguían sus propias costumbres, probablemente con el desprecio del hombre de la calle por todos los 'maniáticos' religiosos. Por lo mismo, si hubo una época en que el judaísmo no tuvo un centro doctrinal unificado del que naciera la *halaká,* esa época fue la de los últimos días del segundo templo. Si hubo un tiempo en que habría sido necesario juntar a una norma el nombre del que la introdujo, sería ese tiempo. El hecho de que la mayor parte de las relativamente pocas *halakot* de esa época sean anónimas prueba, por tanto, que después del año 70 tuvo lugar un cambio radical». Más adelante, Morton Smith [79] acusa a Gehardsson de imponer el rabinismo a los fariseos e imponer el fariseísmo al resto del judaísmo del siglo I.

De ahí se desprende que no se debe hablar de la ortodoxia rabínica como ortodoxia farisea. Contra esa identificación nos previene John

---

[77] Morton Smith, *A Comparison of Early Christian and Early Rabbinic Tradition:* JBL 82 (1963) 171.

[78] Upsala 1961.

[79] M. Smith, *art. cit.,* 172. Todas estas afirmaciones proceden de quien escribió *Tannaitic Parallels to the Gospels,* una tesis que fue defendida en 1924, editada en 1951 y reeditada, con correcciones, en Missoula 1968.

Bowker en su libro *Jesus and the Pharisees* [80]. En él nos informa de lo que afirman las fuentes rabínicas acerca de los fariseos y nos advierte contra su identificación con los fariseos del período del templo como suelen hacer los autores cristianos e incluso autores judíos [81]. No sólo los evangelios —sobre todo Mateo, Lucas y Juan— pintan con negros colores a los fariseos, sino que también lo hacen diversos textos rabínicos, especialmente bSot. 22b. Sanders [82] señala un creciente escepticismo entre los autores que tratan del tema «rabinismo y fariseos», y agradece a E. Rivkin [83] y a Jacob Neusner [84] el intento de perfilar científicamente la figura de los fariseos utilizando fuentes rabínicas. Fuera de tales fuentes, tenemos que atenernos a las noticias que sobre ellos nos proporcionan Flavio Josefo o los evangelios. Los fariseos son mencionados 29 veces en Mateo, 12 en Marcos, 27 en Lucas, 19 en Juan y 4 en Hechos. Parece que los fariseos de Marcos responden más objetivamente al tipo que encontró Jesús; los de Mateo, Lucas y Juan son extremosos. Las respectivas imágenes de los fariseos que nos proporcionan Rivkin y Neusner no coinciden, son contradictorias. Para Rivkin fueron unos letrados que crearon la doble ley: oral y escrita, que se impusieron a los saduceos e hicieron efectiva la doble ley en la sociedad judía. Según Neusner, los fariseos del siglo I d. C. se enzarzaron sobre todo en discusiones sobre temas de pureza, de alimentos puros e impuros: de 341 perícopas que se les pueden aplicar, 229 se refieren a asuntos de dieta. De partido político (Flavio Josefo) se convirtieron en una secta, sobre todo por obra de Hillel. Por el contrario, los fariseos del estudio de Rivkin no tenían preocupaciones referentes a la pureza de los alimentos, a no ser que fueran a la vez *ḥaberim;* éstos sí se ocupaban de las leyes de pureza. Como se puede ver, no es nada fácil esbozar una imagen objetiva de los fariseos. Sin embargo, parece seguro que constituían una secta más y que no hay que identificarla con el judaísmo del siglo I d. C. Morton Smith nos previene contra este reduccionismo.

6. *No cabe una visión «holística» de la religión judía
basada exclusivamente en la literatura tannaítica.
Será preciso no olvidar los targumes, en especial los palestinenses*

Para finalizar este examen de los diversos tipos de reduccionismo en que se puede incurrir al pretender dar una visión «holística» de la reli-

[80] (Cambridge 1973) 1-52, 38. Este mismo autor ha escrito *The Targums and Rabbinic Literature* (1969).
[81] Véase un resumen de la obra de J. Bowker, *Jesus and the Pharisees,* en A. Díez Macho, *Actitud de Jesús ante el hombre* (Madrid 1976) 83-89.
[82] *Op. cit.,* 60-62.
[83] E. Rivkin, *Defining the Pharisees: The Tannaitic Sources:* HUCA 40-41 (1969-1970) 234-338.
[84] Jacob Neusner, *The Rabbinic Traditions about the Pharisees Before 70,* 3 vols. (Leiden 1971).

gión judía fundándose exclusivamente en la literatura tannaítica —Misná, Tosefta, Mekilta, Sifra, Sifre, *baraitot* de los Talmudes— debemos lamentar, como ya lo hicimos en páginas anteriores, que se descarte la aportación de los targumes. Me refiero en primer lugar a los targumes palestinenses que nos han llegado en arameo galilaico: fragmentos de la Genizá, Targum fragmentario conservado en varios manuscritos: Vaticano 440, París 110, Leipzig 1, Nuremberg 1 y Neofiti 1. Prescindo del Targum Pseudo-Jonatán al Pentateuco por ser un targum *sui generis:* aunque está basado en un targum palestinense como los anteriores, muestra huellas de haber sido escrito con muchas —y a veces tardías— adiciones halákicas y haggádicas. El Pseudo-Jonatán, tal y como nos ha llegado, es de la época de los *Pirqé de Rabbí Eliezer* y quizá depende de ellos.

Pero aún es más lamentable querer esbozar el esquema del judaísmo palestinense desde el 200 a. C. al 200 d. C., prescindiendo del Targum Onqelos, al que en las dos últimas décadas los especialistas asignan como lugar de origen Palestina, al menos en su primitiva composición, el Proto-Onqelos. Este targum fue trasladado pronto a Babilonia, pero los cambios que allí se introdujeron son de poca monta [85]. No sabemos cuándo fue llevado a Babilonia ese Proto-Onqelos ni dónde recibió la puntuación superlineal. Pero su salida de Palestina no implica que los tannaítas no lo conocieran en su lugar de origen, pues siempre hubo relación entre las Academias de Babilonia y Palestina.

Al desaparecer de las sinagogas de Palestina el Onqelos, escrito en un arameo literario, como literario es el arameo del Targum de Jonatán a los Profetas, se utilizó en tales sinagogas —al menos en las de Galilea— un targum palestinense en *lenguaje popular,* en arameo galilaico (prescindimos de si tal arameo era el único dialecto de toda Palestina o sólo de Galilea, mientras que en Judea había otro dialecto más o menos distinto).

¿Por qué se prescinde del Targum Palestinense al describir el esquema «holístico» del judaísmo de Palestina? Después del descubrimiento de los documentos arameos de Qumrán, las razones alegadas son las siguientes: que dicho targum es posterior al arameo del Apócrifo del Génesis de Qumrán y al arameo del Targum de Job de la cueva XI; que su arameo no es anterior al siglo III d. C., al arameo del Talmud de Jerusalén, de los midrases y de otros dialectos de Palestina, como el cristiano-palestino o el samaritano. Según la división de dialectos arameos occidentales, de Palestina, hecha sin demasiada base por J. Fitzmyer y

---

[85] M. H. Goshen-Gottstein, *The Language of Targum Onqelos and the Model of Literary Diglossia in Aramaic:* JNES 37 (1978) 174. En la p. 178 dice este autor que el análisis del Targum de Onqelos, en morfología, sintaxis e incluso fonología, ofrece «desesperanzadamente» pocos signos claros de influjo del arameo oriental. Esto lo estudia pormenorizadamente Abraham Ṭal en su tesis sobre la lengua del Targum Jonatán a los Profetas anteriores, que es, en sustancia, la misma de Onqelos. Sobre dicha tesis, cf. la nota 97 *infra.* Para Goshen-Gottstein, Onquelos habría nacido en Palestina en el s. II d. C.

adoptada por E. Kutscher [86] y otros autores, el arameo de los targumes palestinenses (Neofiti 1, etc.) sería tardío y, por tanto, no podría servir de base para conocer el arameo del siglo I. En las Introducciones a la edición *princeps* de Neofiti, particularmente en las de Números y Deuteronomio, he reseñado largamente el *status quaestionis* y he propuesto mis opiniones sobre el tema lingüístico. Lo mismo hice en mis libros *El Targum. Introducción a las traducciones aramaicas de la Biblia* [87] y *La lengua hablada por Jesucristo* [88].

Entre lo mucho que se ha escrito sobre el arameo del Targum Palestinense quiero destacar el largo artículo de M. McNamara, *The Spo-*

---

[86] J. A. Fitzmyer, *A Wandering Aramean. Collected Aramaic Essays* (Missoula 1979) 60-63, 71-74. E. Kutscher, *Aramaic*, en EJ III, 267-282. Goshen-Gottstein, *art. cit.*, nota 341, y p. 73, nota 22, después de afirmar que la mayor parte de los aramaístas sostienen que el Proto-Onqelos fue compuesto en Palestina en un arameo literario y posteriormente recompuesto en Babilonia con cambios de menor importancia, señala que ésta es la postura de Kutscher matizada por Greenfield. La postura de Kutscher se puede seguir en «Scripta Jerosolymitana» 4 (1958) y en la *Encyclopaedia Judaica* III, 260. Goshen-Gottstein lamenta que lo último que Kutscher escribió, sus últimas formulaciones de importancia, las de la *Encyclopaedia Judaica*, hayan sido objeto de una mala traducción o de una mala edición. Duda, en todo caso, que la siguiente afirmación de Kutscher represente su postura (las palabras de Kutscher incluyen las interrogaciones añadidas por Goshen-Gottstein): «El común denominador de todos estos dialectos es el esfuerzo por imitar (?) el arameo oficial, pero también contienen elementos del arameo tardío. La mayor parte de estas versiones (?), al parecer, no eran habladas». Continuamos con la crítica que sobre Kutscher realiza Goshen-Gottstein: «Especialmente a la luz de las controversias en que Kutscher estuvo envuelto [una fue con P. Kahle, añado yo] es lamentable que sus últimas afirmaciones impresas sobre temas como las diferencias entre targum y sustrato dialectal estén muy lejos de ser claras». «Yo no creo que Kutscher —añade Goshen (cf. EJ III, 267)— deseara alguna vez mantener que Kahle negaba la procedencia occidental del arameo medio... Yo pensaría que la postura de Kutscher fue que la lengua de Onqelos pertenecía al arameo medio, que últimamente se había desarrollado mediante el arameo occidental». «Es muy desconcertante —insiste Goshen— trabajar con las formulaciones de la *Encyclopaedia Judaica*, que habría de ser utilizada con muchísimo cuidado como fuente para el trabajo científico». Se pregunta también, desconcertado, si B. Grossfeld escribió en EJ IV, 483, que el Targum de Onqelos desapareció de Palestina tras la destrucción del segundo templo y la derrota de Bar Kokba. Tal afirmación desconcierta cuando se trata de definir la diferencia entre Proto-Onqelos y Onqelos.

Mi impresión acerca del artículo de Kutscher en EJ III tampoco es favorable. No dice, por ejemplo, que el Targum Palestinense nunca sufija los pronombres al verbo, mientras que los demás arameos los sufijan. Esto lo hace habitualmente el Targum Palestinense no sólo en los versículos de traducción donde aparece ʾet en el texto hebreo, sino también en las secciones parafrásticas en que no hay *Vorlage* hebrea. Además no distingue, como lo hará Ṭal (cf. *infra*, notas 94-95) entre la fase poco desarrollada del arameo galilaico, que es la del Targum Palestinense, y la fase desarrollada, y, por tanto, posterior, del dialecto del Talmud Jerosolimitano y los midrases. Kutscher, en sus *Estudios del arameo galilaico* (en hebreo): «Tarbiz» 21-23 (Jerusalén 1952) 5 y nota 13, señala ya que el arameo galilaico del Targum Palestinense difiere *bmqṣt* («un poco», «en parte») del típico arameo galilaico, y en la nota señala la diferencia de *qtln-qtlwn*, de ʿnyy-ʿnyyn en el participio de tercera persona plural y la sufijación o no sufijación del pronombre.

[87] Ed. por el C. S. I. C., Barcelona 1972.

[88] Ed. por Fe Católica, Madrid 1972; cf. 81ss.

ken Aramaic of the First Century Palestine[89]. En él hace, en primer lugar, un estudio de las investigaciones y diversas opiniones sostenidas por diferentes autores hasta el descubrimiento de los fragmentos de la Genizá por P. Kahle. Pasa después a describir el estado actual del problema de la lengua de éstos y de otros fragmentos del Targum Palestinense y de Neofiti 1. A continuación propone la metodología que se ha de observar para solucionar el problema lingüístico, haciendo un estudio comparativo de la ortografía, fonología y morfología de tal lengua. Finalmente, señala que en Palestina pudo haber más de un arameo literario y que no conocemos por ahora las diferencias entre el arameo literario de Qumrán y el arameo hablado: no se puede dar por supuesto que se trataba de la misma lengua o casi la misma. Añade que no hay razones para relegar al siglo II d. C. la aparición de dialectos en el arameo de Palestina (arameo judío, samaritano, galilaico) ni para sostener que en el siglo I d. C. existía un único arameo hablado en toda Palestina. Es más probable que en el siglo I ya hubiera dialectos arameos en el país. La misma historia de Galilea habría propiciado la aparición de su propio dialecto galilaico. La finalidad del Targum Palestinense era que el pueblo entendiese la ley de Moisés; por tanto, había que traducirla y explicarla en la lengua que entendían. No podía hacerse una traducción aramea literal como la del Targum de Job de la cueva XI o la del arameo del Levítico de esos pequeños fragmentos encontrados también en Qumrán.

La afirmación de Fitzmyer[90] respecto a que el arameo de Qumrán es el más próximo y el único arameo de Palestina que se ha de tener en cuenta para investigar filológicamente el sustrato arameo del Nuevo Testamento, y no el arameo del Targum Palestinense, no está probada. Otra consideración que se ha de valorar cuando se efectúa el estudio

---

[89] En Andrew Mayes (ed.), *Church Ministry* (Dublín 1977) 95-138.

[90] CBQ 30 (1968) 420. El mismo autor, en su edición *The Genesis Apocryphon* (Roma ¹1966) 20, distingue las clases de arameo; en pp. 26-34 compara el Apócrifo del Génesis con los targumes. Avigdor Shinan, en *Aggadam shel ha-meturgemanim* (Jerusalén 1979) introducción VI, nota 13, escribe que la relación entre el Apócrifo del Génesis de Qumrán y los targumes es doble: lingüística y cronológica por una parte —pues en tal Apócrifo hay muchos fragmentos de targum a Gn 12 en adelante— y temática por otra, ya que en el Apócrifo aparecen tradiciones haggádicas añadidas al texto bíblico. Sin embargo, esa relación temática de las adiciones al texto bíblico es de poca monta y engañosa, como han puesto de manifiesto diversos autores, por ejemplo, M. R. Lehmann, *1Q Genesis Apocryphon in the Light of the Targumim and Midrashim*: RQu 1 (1956) 249-263; Sarfati, en «Tarbiz» 28 (1959) 254-259, y el propio J. A. Fitzmyer, como antes señalamos. Se puede afirmar que hay más relación, más semejanza, de dicho Apócrifo con los midrases rabínicos que con los targumes. En cuanto a la relación lingüístico-cronológica del Apócrifo con los targumes, Shinan remite a H. H. Rüger, *1Q Genesis Apocryphon XIX 19f. im Lichte der Targumim*: ZNW 55 (1964) 129-131; S. Speier, *DS Genesis Apocryphon and Targum Jerushalmi I on Gen 14,24*: VT 8 (1958) 95-97, etc., porque tanto el Apócrifo como los targumes tratan de traducir el mismo texto hebreo a dos dialectos cercanos de la misma lengua (!). ¿Es un targum el Apócrifo? Shinan cree que no, sino que se trata de una narración en primera persona en la que aparecen fragmentos del targum a Gn 12-15.

comparativo de dos lenguas es que no basta estudiar la lengua, sino que hay que considerar además las ideas expresadas por medio de ella, ya que pueden influir en la presencia o ausencia de ciertos términos. Así, en Qumrán no encontramos términos para la resurrección de los muertos, el gran juicio final, Padre de los cielos, mérito ante el Padre de los cielos, buenas obras. La ausencia de estos conceptos puede explicar la no aparición de esa terminología en el arameo de Qumrán. Sin embargo, en el Targum Palestinense encontramos términos que reflejan dichos conceptos, porque tal targum responde a esas ideas del judaísmo de la sinagoga y de las escuelas rabínicas.

Acerca de la antigüedad de los vocablos Memra, Šekiná e Iqar, tan frecuentes en el Targum Palestinense, pero ausentes del arameo de Qumrán y del arameo anterior, remitimos a los estudios de Domingo Muñoz[91]. Tales términos no son óbice, como algunos creen, para la datación antigua del Targum Palestinense.

La conclusión de McNamara es la siguiente: «Un análisis del material disponible me parece indicar que había una mayor variedad en el arameo de Palestina que la que el arameo del Apócrifo del Génesis y otros textos de Qumrán podrían hacernos suponer. Aunque los materiales de que disponemos no pueden permitirnos hablar con certeza del tema, no está probado que el arameo galilaico del Targum Palestinense no date del tiempo del Nuevo Testamento».

Geza Vermes defiende igualmente la antigüedad del Targum Palestinense con estas palabras[92]: «El contenido *básico* (el subrayado es de Vermes) del Targum Yerušalmi, que es más conservador, probablemente pertenece a la era de los tannaítas; porque, cuando hay materiales para comparar, la *haggadá* targúmica tiene normalmente paralelos no sólo en el Talmud y el midrás, sino también en los pseudoepígrafos, en los manuscritos del Mar Muerto, Nuevo Testamento, Filón, Josefo, Pseudo-Filón, etc. A la luz de estos hechos se propone la siguiente regla práctica: si no hay prueba específica en sentido contrario, la *haggadá* de los targumes palestinenses es, al parecer, tannaítica y precede al estallido de la segunda guerra judía del 132 d. C.».

El mismo Kutscher[93] admite: «Parece claro que los fragmentos del targum (los publicados por Kahle, que en sustancia ofrecen el mismo

[91] Domingo Muñoz, *Dios-Palabra. Memra en los Targumim del Pentateuco* (Granada 1974); íd., *Gloria de la Shekiná en los Targumim del Pentateuco* (Madrid 1977); íd., *Palabra y Gloria. Excursus en la Biblia y en la literatura intertestamentaria* (Madrid 1983); cf. L. Sabourin, *The Memra of God in the Targum:* «Biblical Theology Bulletin» 6 (1976) 79-85; Michael L. Klein, *Anthropomorphism and Anthropopathisms in the Targumim of the Pentateuch* (Jerusalén 1982), esta obra está escrita en hebreo y ofrece resúmenes en inglés y una bibliografía completa en páginas 161-168; M. McNamara, *Logos of the Fourth Gospel and Memra of the Palestinian Targum:* «The Expository Times» 74 (1968) 115-117.

[92] Emil Schürer, *The History of the Jewish People in the Age of Jesus Christ (175 B. C.-A. D. 135),* revisada y editada por G. Vermes y Fergus Millar (Edimburgo 1973) 104-105; rica bibliografía sobre los targumes en pp. 111s. Sobre la edición castellana de esta obra, cf. nota 22, apart. XIII.

[93] E. Kutscher, *Aramaic,* en EJ III, 270.

texto que Neofiti y otros documentos del Targum Palestinense) representan un dialecto que es ligeramente diferente del arameo galilaico».

De los estudios realizados por Abraham Ṭal, reflejados en varios artículos[94], se desprende que el arameo de Qumrán es un arameo literario *standard*[95]; después de él se desarrolla otro tipo de arameo cuya fase más antigua es la del Targum Palestinense, en el que son menos frecuentes ciertos fenómenos, como el de que la *nun* final aparezca únicamente en los verbos *lamed/yod,* mientras que en otros dialectos y, sobre todo, en el Talmud de Jerusalén y en el arameo de los midrases se encuentra en toda clase de verbos. En el desarrollo del arameo de Palestina hay una evolución que muestra su máxima presencia en el arameo talmúdico y en el de los midrases, mientras que en el Targum Palestinense aparece de un modo incipiente. Se trata de la misma lengua, pero en un caso refleja una fase más antigua y en el otro una fase más reciente: «El arameo de los targumes palestinenses está entre el arameo de los textos del Mar Muerto y la época del arameo del Talmud (jerosolimitano) y Midraš»[96]. Con todo, Abraham Ṭal niega que el arameo del Targum Palestinense sea precristiano o premisnaico.

De lo anteriormente expuesto se deduce: *a)* que no se puede dejar de lado el Targum Palestinense por razones lingüísticas, puesto que, si bien su dialecto es un arameo muy parecido al del Talmud de Jerusalén y al de los midrases, pertenece a una fase más antigua, como lo demuestran diversos fenómenos gramaticales: ausencia normal del *nun* final en la 3.ª persona plural masculina del perfecto; uso continuo de 'arum, que nunca figura en el Talmud citado; separación constante del pronombre personal del verbo, fenómeno que únicamente aparece en el arameo del Targum Palestinense y que no se encuentra en el del Talmud de Jerusalén, etc.; *b)* el arameo del Targum Palestinense se ha de situar en la fase más antigua de la evolución del arameo galilaico o palestino, y el del Talmud y midrases en la más reciente; *c)* por lo cual es impropio decir que el arameo del targum que nos ocupa es igual al del Talmud de Jerusalén y por ello no anterior al siglo III d. C.; *d)* no está demostrado que en tiempos del arameo de Qumrán, como el del Apócrifo del Génesis, que es un arameo literario, no existiese ya el arameo del Targum Palestinense; es decir, no se ha probado que no hubiera una sincronía de dos arameos, el literario y el hablado o popular. Existen diversos indicios de que el arameo hablado, el del targum, pudo influir en el literario, como es corriente cuando hay diglosia o dos lenguas en

[94] A. Ṭal, *Birurim ba-aramit shel Ereṣ Israel:* «Lešonenu» 44 (1979) 43-65 (trata del pronombre y adjetivo demostrativo); íd., *Robadim ba-aramit ha-yehudit shel Ereṣ Israel:* «Lešonenu» 43 (1979) 165-184 (trata de la *nun* final, añadida en ciertas personas y formas verbales); íd., *Ha-maqor lṣurataw robade ha-aramit ha-yehudit bEreṣ Israel,* en *Meḥqare lašon* en honor de Z. Ben Ḥayyim (Jerusalén 1983) 201-218 (trata de los infinitivos arameos).

[95] J. Greenfield, *Standard Literary Aramaic,* en *Actes du Premier Congrès International de Linguistique Sémitique et Chamito-Sémitique* (París 1969; ed. en Mounton 1974) 280-289.

[96] A. Ṭal, *Ha-maqor...,* 201.

contacto[97]. Finalmente debemos observar que, aunque ciertos autores no quieren admitir la *sincronía* del arameo de Qumrán con el arameo hablado, en el caso del arameo galilaico se preconiza la *sincronía* de todos los arameos o fases del galilaico y se tiene en cuenta incluso el moderno arameo de Ma'lula. Respecto al arameo galilaico, nosotros somos opuestos a tal sincronía.

Una vez realizadas las anteriores acotaciones a ese dejar a un lado el Targum Palestinense, debido a la autoridad de G. Dalman antes del año 1930, y posteriormente —en contra de Kahle y su escuela— a los especialistas en el arameo de Qumrán, pasamos a lamentar otro tipo de reduccionismo que también se refiere a los targumes palestinenses. En este caso no se halla implicada su lengua, sino su contenido haggádico y halákico.

¿Es apócrifa la *haggadá* de los targumes palestinenses a la Torá? ¿No tiene tradición que la respalde? Se puede alegar que la *haggadá* targúmica no sirve para determinar el esquema de la religión judía precisamente porque la *haggadá* no es un *locus theologicus,* algo normativo que obliga, como lo es la *halaká*. R. Šelomo ben R. Šimsom (RaŠBaŠ; Ben Zemaḥ Durán) escribió en Argelia, en 1438, una epístola, *Milḥémet miṣwa,* como réplica al escrito *De Judaicis erroribus ex Talmut (sic),* tratado apologético de Jerónimo de Santa Fe. En la segunda de las cuatro *haqdamot* o introducciones de dicha epístola trata precisamente de la diferencia entre *midraš halaká* y *midraš haggadá.* Respecto al primero dice que contiene preceptos, mandamientos, normas, que se deben creer y observar; el segundo versa sobre materia no legal: «Las palabras de *haggadá* no estamos obligados a creerlas... pues todas estas palabras de *haggadá* no proceden de revelación, sino que pertenecen al orden del culto exclusivamente»[98]. Aunque esta observación sea exacta, no debemos olvidar que la *haggadá* de los targumes tiene características propias del género literario «targum», que sería uno de los cuatro géneros aplicados a la Biblia: *targum, midrás, péser* (fundamentalmente apocalíptico) e historia sagrada reescrita. Avigdor Shinan[99] muestra su desacuerdo con la confusión, frecuente entre los autores, al identificar targum y midrás, aunque naturalmente no puede oponerse al hecho de que en el género «targum» aparezca gran cantidad de midrás. La *haggadá* targúmica es lugar privilegiado para el uso del midrás o derás.

[97] A. Díez Macho, reseña de la obra de A. Ṭal, *Leshon ha-Targum nebî' im rishonim u-ma 'amadah bkelal nibey ha-aramit* (Tel Aviv 1957): «Bibliotheca Orientalis» 36 (1979) 207-212.

[98] Mošé Leví Orfali, *De judaicis erroribus ex Talmut (sic)* (Universidad Complutense, Madrid 1983) 351.

[99] A. Shinan, *op. cit.* en nota 83, *supra,* y p. 27, nota 67. Cf. A. G. Wright, *The Literary Genre Midrash* (Nueva York 1967). R. Le Déaut en su reseña de esta última obra, «Biblica» 60 (1969) 395-413, no está de acuerdo en considerar el midrás como género literario, ya que se trata más bien de una actitud exegética propia de diversos géneros, que se caracteriza por una actualización de los textos bíblicos y otras peculiaridades. Cf. A. Díez Macho, *Targum y Midraš,* en *El Targum* (Barcelona 1972) 12-31.

Hechas estas observaciones, volvemos a preguntarnos si la *haggadá* targúmica es *apócrifa*, obra de *meturgemanim* sin autoridad y, por tanto, despreciable. Para responder a esta cuestión examinaremos las características de tal *haggadá*. En primer lugar observamos que los targumes palestinenses al Pentateuco reflejan una tradición haggádica fundamental, y en este punto difiere sólo parcial o marginalmente un targum de otro. No se trata de la *haggadá* de un *meturgemán,* pues todos los targumes citados representan la misma *haggadá* fundamental en el género literario *targum* [100]. La segunda característica [101] que se puede apreciar es que esta *haggadá* targúmica era autoritativa: proviene inmediatamente del *meturgemán,* que era un profesional, un transmisor de tradiciones, *cumplía la importante función de transmitir las enseñanzas de los «sabios»* al pueblo. Los sabios no infravaloraban la función de los *meturgemanim* y se tomaban la libertad de corregir públicamente sus observaciones, de reprenderlos e instruirlos acerca de lo que debía hacer. Las observaciones del *meturgemán* estaban sometidas a la supervisión de los sabios, y él mismo debía atenerse a muchas prohibiciones en el cumplimiento de su oficio. Con todo, el *meturgemán* era pieza esencial para la sinagoga; era como una extensión popular del «cuadro» de los entendidos; su oficio era el de mediador entre los líderes espirituales y el pueblo. Su *haggadá* no era, pues, apócrifa, sin más respaldo que el del propio *meturgemán.* El pueblo que lo escuchaba era gente sencilla, sin gran cultura [102]. El tercer rasgo característico que vamos a señalar tiene relación con el hecho de que el targum es literatura oral, que transmite una tradición. Esto obligaba al *meturgemán* a poseer técnicas de memorización, a utilizar diversos recursos para mantener la atención de su auditorio y, por ejemplo, no herir su sensibilidad; así, en temas de maldición o ingratos para los oyentes pasaba de la segunda persona a la tercera [103].

Al decir que el targum y su *haggadá* transmitían la tradición *oralmente* no les restamos valor ni objetividad. También las enseñanzas de los rabinos se transmitieron oralmente «por cientos de años» y nos han llegado fragmentariamente, no en su totalidad [104]. La tradición haggádica o midrásica y la halákica se formaron después del destierro de Babilonia. Esto se realizó, en primer lugar, por obra de sacerdotes y levi-

---

[100] A. Shinan, *op. cit.,* p. I del resumen final en inglés.

[101] *Ibíd.,* p. II.

[102] *Ibíd.*

[103] Cf. *Sifre Zuṭṭa,* 277. R. Elazar b. Šimón dice: «Si una persona debe mencionar algo (que le es desagradable), lo puede expresar como referido a otra persona»; véase en Saul Lieberman, *Hellenism in Jewish Palestine* (Nueva York 1950) 29-34; Albert L. Baumgarten, *The Politics of Reconciliation. The Education of R. Judah the Prince,* en *Jewish and Christian Self-definition* II, 215 y 384, nota 22.

[104] A. Shinan, *op. cit.,* 5, nota 10. Acerca de la transmisión oral de la Misná o de ciertas colecciones que la precedieron, cf. Abraham Goldberg, *Maboʼ lMishna wTosefta* (Jerusalén 1973) 13-31. Acerca de la transmisión oral del targum y ley oral, cf. *Neofiti* V: *Deuteronomio* 45*-48*. Cf. también A. Díez Macho, *En torno a las ideas...* (cf. *supra,* nota 76) 218-220.

tas, que debían enseñar y explicar al pueblo la ley; posteriormente, por medio de los *soferim* o escribas, que, ya fueran levitas o seglares, eran profesionales de la tradición como los anteriores. Tal tradición se fue incrementando y, a medida que aparecieron las sectas en Palestina, también se diferenció. Sin embargo, como ya hemos señalado, la *haggadá* y *halaká* del Targum Palestinense, aunque transmitida oralmente en la sinagoga, es uniforme: la misma en todos los targumes palestinenses.

La cuarta característica de esta *haggadá* targúmica se relaciona con su localización dentro del targum. La *haggadá* del *meturgemán,* que es la básica, aparece siempre al principio de los versículos que comienzan o terminan los *sedarim* cuando se trata de sermones largos; normalmente traducen la primera palabra del versículo; otras veces está en el punto central de la narración. Tal *haggadá* se encuentra en 132 versículos del Génesis: en 34 casos se trata de una tradición haggádica breve, sin retórica, para resolver una dificultad del texto hebreo; en 61 casos es más larga y retórica y está destinada a embellecer y ampliar el contenido del pasaje o a predicar normas morales para el auditorio; el resto de las citas pertenecen a Génesis 49. En el 40 por 100 de los 61 casos aludidos, la *haggadá* se sitúa al principio o al final de los *sedarim,* o sea, de las lecturas del ciclo trienal (son, pues, *haggadot* de carácter litúrgico); en el resto de los 61 casos se localiza en el punto más importante de la narración. Esta localización de la *haggadá* del *meturgemán* se ha de aplicar, además del Génesis, al resto de los libros del Pentateuco. El Pseudo-Jonatán ofrece sólo 28 casos en que la *haggadá* precede a la traducción del versículo. Son pocos teniendo en cuenta que las secciones en prosa del Génesis contienen 1.534 versos.

Antes de señalar la quinta característica de la *haggadá* del *meturgemán,* examinaremos algunos rasgos de la que aparece en el Targum Pseudo-Jonatán. Esta última difiere normalmente de la que le antecedió. Por una parte, el Pseudo-Jonatán, a pesar de tener como base un targum palestinense, sólo en unos pocos casos sitúa la *haggadá* al principio o al final de los *sedarim.* Por otra, añade *haggadá* propia, conocida o desconocida, sin puesto fijo [105]. La del Pseudo-Jonatán, por lo general, es una *haggadá* de características especiales: el autor-compilador reescribió el Targum Palestinense que tenía ante sí añadiendo muchos materiales haggádicos al texto, sin preocuparse de si repetía las mismas *haggadot* —cosa que no ocurre en el targum básico del *meturgemán*— y sin cuidarse de evitar contradicciones. Logró así componer un targum que es en realidad un Pentateuco «reescrito». Tal género literario es de más fácil lectura y tiene una mayor unidad y continuidad en el texto [106]. La *haggadá* del Pseudo-Jonatán abunda en temas folklóricos, en narración de milagros; por el contrario, la del *meturgemán* es parca en cuanto a milagros, en línea con la literatura rabínica, y no admite temas de magia o brujería, presentes en el Pseudo-Jonatán; no alude apenas a

---

[105] A. Shinan, *op. cit.,* pp. III-V del resumen inglés.
[106] *Ibíd.,* VIII.

ángeles (Miguel, Gabriel y Sariel; este último sólo en Neofiti 1), a diferencia de lo que ocurre en la *haggadá* del Pseudo-Jonatán, en la que se distingue entre ángeles buenos y malos (Satán, Samael); también es muy parca en la mención y uso del tetragrama divino, en consonancia con el rabinismo y a diferencia del Pseudo-Jonatán [107]. Con estos rasgos queda definida la quinta característica de la *haggadá* del *meturgemán*. Podríamos decir además que, precisamente por presentar los rasgos opuestos, es más fácil que la *haggadá* del Pseudo-Jonatán a veces sea apócrifa.

En sexto lugar podemos señalar como característica de la *haggadá* que nos ocupa la importancia que da a doctrinas y creencias tradicionales con fines didácticos y homiléticos: la doctrina del premio y el castigo, la observancia de los mandamientos, el estudio de la Torá. Los *ṣaddiqayya* o justos son los que realizan obras buenas y reciben una buena recompensa; los *reši ʿayya* o malvados son los que hacen obras malas. Los targumes «subrayan que todo depende de las acciones humanas». «Las decisiones de Dios hechas de manera categórica en la Biblia se convierten en condicionadas en el Targum Neofiti, Margen de Neofiti, Targum Fragmentario, Pseudo-Jonatán a Gn 27,40, etc. Los targumes subrayan la eficacia de la penitencia para anular el castigo merecido (cf. targumes a Gn 6,3). Los targumes ofrecen una fe total y simple en el principio del premio y castigo [108], sin explayarse en discusiones rabínicas sobre el particular. Lo que inculcan es cumplir los mandamientos, estudiar la Torá —sin más especificaciones—, arrepentimiento, vida ordenada, fe en los méritos de los patriarcas, que son un escudo protector de Israel.

De las diversas características enumeradas, que hemos tomado del libro de A. Shinan, las que más nos interesan en este momento son la primera y la segunda: los targumes palestinenses al Pentateuco, todos o por lo menos tres de ellos, ofrecen una *haggadá* fundamentalmente igual, la cual *haggadá* era autoritativa, estaba supervisada. Estos datos son importantes, ya que los targumes eran la Biblia de la sinagoga, del pueblo de Israel, no la enseñanza de una secta o de una persona incompetente llamada *meturgemán*. ¿Cómo, pues, se puede prescindir de tal *haggadá* como hacen Billerbeck, ciertos artículos del Diccionario de Kittel, Moore, E. P. Sanders y E. Urbach en su reciente obra *Hazal?* ¿Cómo se puede dejar a un lado esta *haggadá* targúmica si se quiere dar una visión «holística» del judaísmo en los primeros siglos de nuestra era? La razón en que se basa este deplorable reduccionismo es que la *haggadá* targúmica se conoce ya por fuentes rabínicas tannaíticas o amoraítas o por los midrases; si encontramos *haggadá* que no está presente en tales fuentes rabínicas se supone que procede de midrases perdidos o pertenece a un *meturgemán* determinado. Se cree, por lo común, que tal *haggadá* está presente o deriva de fuentes rabínicas posteriores. Pero

[107] *Ibíd.*, XI-XII.
[108] *Ibíd.*, XIII-XIV.

este supuesto no está probado, como tampoco está probado que la lengua de los targumes palestinenses sea tardía, de la época talmúdica o de los midrases. El problema fundamental está en quién copió a quién, en cuál es la más antigua: la *haggadá* rabínica o la de los targumes [109]. Un gran conocedor de la literatura rabínica como es Menaḥen Kasher defendió, antes del descubrimiento del Neofiti 1, que los targumes palestinenses dependían de la *haggadá* y *halaká* rabínicas, pero tras el estudio del Neofiti 1 cambió radicalmente de opinión y ha dedicado todo un volumen (vol. XIV de su *Torá Shelemá)* a probar que la *haggadá* y *halaká* de Neofiti 1 es anterior a la rabínica y que de ella depende ésta [110].

¿Es apócrifa la *halaká* de los targumes palestinenses? Tal opinión fue defendida por H. Albeck en un artículo publicado en 1940 [111], basándose en una lamentable y anacrónica distinción entre *pešat* y *deraš*. La distinción entre *pešat,* sentido literal del texto, y *deraš,* sentido no literal, que es propia de los gramáticos judíos medievales, la proyectó Albeck en los primeros siglos de nuestra era, en los que no existía tal diferenciación, pues el sentido *deraš* era considerado también *pešat.* Además de este anacronismo, añadió nuestro autor que la *halaká* discrepante de los targumes palestinenses podría deberse a que el *meturgemán* quería exponer su opinión personal acerca de lo que debía ser la *halaká* en teoría, olvidando lo que la *halaká* era en la práctica.

Dos antiguos alumnos míos, José Faur [112], actual profesor de Códigos en el Jewish Theological Seminary de América en Nueva York, y M. Ohana [113], han dado cumplida respuesta a H. Albeck: la *halaká* de los targumes palestinenses —no sólo la de Onqelos— es autoritativa; el targum no pertenece a la clase *horaᵓá,* «una opinión personal autoritativa». El *meturgemán* no era una persona sin formación profesional, aquejada de flagrante ignorancia de la *halaká;* tampoco era un sabio que poseía el privilegio de disentir de la norma establecida. Era parte integrante de su medio habitual, el *bet ha-midraš,* y expresaba en la sinagoga los puntos de vista y tradiciones de tal institución [114]. Debido a ello, el *meturgemán* estaba supervisado por los sabios. Faur [115] nos ofrece

---

[109] M. McNamara, *Some Early Rabbinic Citations and the Palestinian Targum to the Pentateuch:* «Rivista degli Studi Orientali» 41 (1966) 2-15.

[110] A. Díez Macho, *Ed. princeps de Neofiti 1, Deuteronomio* 41*-82*.

[111] H. Albeck, *Apocryphal Halakha in the Palestiniam Targums and the Aggadah* (Hom. B. M. Lewin; Jerusalén 1940) 93-104.

[112] Jose Faur, *The Targumim and the Halakha:* JQR New Series 66 (1975) 19-26.

[113] Moïse Ohana, *Agneau pascal et circoncision. Le Problème de la halakha premishnaïque dans le Targum Palestinien:* VT 23 (1974) 385-399; íd., *Prosélytisme et Targum Palestinien. Données nouvelles pour la datation de Neofiti:* «Biblica» 55 (1974) 317-332; íd., *Palestinian Targum, Onqelos and Pseudojonathan. Targumic Traditions in Gestation,* en *Abstracts of the 1975 Annual Meeting of SBL* (Chicago 1975) 36-37.

[114] M. Ohana, *Agneau pascal...,* 397-399.

[115] J. Faur, *art. cit.,* 23-25.

tres ejemplos de esa supervisión, indirecta o directa, de los rabinos; los tres están tomados del Talmud de Jerusalén (Bik. 3,5 y Meg. 4,1). R. Yoná y R. Yirmeya censuraron al *meturgemán* porque había traducido *ṭéne* (Dt 26,2.4) como *mana* («un vaso»), y *maṣṣot u-merorim* (Nm 9,11) como *peṭirim 'im yarqin* («panes ázimos y hierbas»), cuando tenía que haber vertido *ṭéne* por *ṣalla* («un cesto») y *maṣṣot u-merorim* por *peṭirin u-merorim* («panes ázimos y hierbas amargas», no otro tipo de hierbas). R. Pinḥás también añade otra corrección: *torin u-bene torim* es la traducción que debería hacer el *meturgemán,* y no la que ofrece de *peṭimin bene torim* («palomas gruesas»), pues parece que la Biblia se refiere a tórtolas.

Como se puede apreciar, las censuras rabínicas se extendían hasta estas minucias de la versión aramea. Incluso, como en el caso de los «ázimos y hierbas amargas», se censuraban traducciones que suponían la existencia del templo, y esto en el siglo IV d. C.

De aquí se infiere la importancia que tiene el encontrar en Neofiti *halaká* antimisnaica —por ejemplo, el famoso caso de Ex 22,4; véase VT 8 (1958) 253-263; «Tarbiz» 38 (1968-1969) 294ss— y el principio defendido por Kahle y otros de su escuela: «lo que es en el Targum Palestinense antimisnaico es premisnaico». En el Targum Palestinense hallamos ejemplos de *halaká* opuesta a la de la Misná y Mekilta; véase A. Díez Macho, *El Targum,* 78-87, donde se exponen casos tomados de la tesis de M. Ohana.

Podemos concluir, por tanto, que la *halaká* targúmica —al igual que ya dijimos sobre la *haggadá*— no es apócrifa, no es producto de la poca cultura del *meturgemán*. Este, por el contrario, transmite a la sinagoga la *halaká* del *bet ha-midraš,* una *halaká* respaldada por tal institución o por doctores conspicuos de la misma.

De nuevo remito al vol. XIV de la *Torá Shelemá* de R. M. Kasher, dedicado todo él a probar que la *halaká* de los targumes es anterior a la de la Misná, Tosefta, Midrases halákicos y Baraitot [116]. No es mi intención, sin embargo, excluir de la *halaká* de los targumes palestinenses —y lo mismo valga para su *haggadá* y lengua— retoques posteriores introducidos para acomodarla a la *halaká* normativa; pero tales retoques, que pueden referirse tanto al contenido como a la lengua, no zanjan la cuestión básica, el hecho de que la *halaká* sea fundamentalmente anterior a la Misná y Midrases halákicos.

Prescindir del Targum Palestinense —excluimos, por las razones antes indicadas, el Targum Pseudo-Jonatán— es un grave reduccionismo cuando se trata de dar una visión de conjunto de la religión del judaísmo en la época antigua (200 a. C.-200 d. C.). Estamos ante un error importante, ya que se refiere a la religión enseñada, no en sectas

---

[116] M. Kasher, *Targume ha-Torah: Aramaic Versions of the Bible, Onkelos, Jonathan, Jerusalem Targums and the Full Jerusalem Targum of the Vatican M. Neofiti* (Jerusalén 1974). Cf. el largo resumen con acotaciones críticas mías a diversos supuestos de M. Kasher, en ed. de *Neofiti 1,* vol. V, *Deuteronomio* 39*-82*.

ni en escuelas rabínicas escolásticas, sino en las sinagogas, porque se trata de la religión transmitida a todo el pueblo.

El reduccionismo que acabamos de criticar, practicado por tantos autores, judíos o cristianos, en obras que pretenden dar una visión objetiva de la religión judía antigua es irracional, sobre todo después de que contamos con la versión targúmica completa de la Torá, Neofiti 1, que posee tantos materiales nuevos.

Pero aún es más lamentable que tal reduccionismo se extienda al Targum Onqelos. Este targum, procedente de Palestina y llevado a Babilonia (hacia el 135 d. C. según B. Grossfeld), está ciertamente acomodado a las normas del judaísmo rabínico, mucho más que el Targum Palestinense. Esas revisiones tardías del Targum Onqelos, hechas para acomodarlo al judaísmo normativo de los tannaítas, y los mínimos retoques textuales introducidos en Babilonia —subrayo que se trata de retoques textuales y no de vocalización, que es en origen totalmente babilónica— no han impedido que, tras un estudio exhaustivo de la lengua del Targum Jonatán a los Profetas anteriores y, por tanto, de la lengua de Onqelos, Abraham Ṭal demuestre que Onqelos existía ya en el año 70 d. C. [117] en Palestina o, al menos, antes del 135 d. C. Véase mi reseña crítica al libro de A. Ṭal [118] y también el artículo de Menaḥem Zevi Kaddari, en el Homenaje de Jacob Liver [119]. ¿Se puede, pues, prescindir de este targum tan antiguo, leído en las sinagogas de Babilonia, pero conocido en Palestina, y dejarlo a un lado en la investigación del patrón fundamental de la religión del judaísmo de los primeros siglos? ¿Se puede suponer que Onqelos no es autoritativo o que su *halaká* o *haggadá* es apócrifa, fruto de interpretaciones personales de los *meturgemanin*? ¿O no será más bien Onqelos la Torá y su interpretación autorizada que se enseñaba en las sinagogas al pueblo judío en general sin distinción de sectas?

En conclusión: lo que se necesita, sobre todo después del hallazgo de la versión aramea de toda la Torá y su tradición interpretativa en Neofiti 1, es estudiar estos nuevos materiales —y lo mismo el Targum Onqelos— según los métodos modernos de la historia de las traducciones. Renée Bloch [120] nos ha señalado el camino tanto para el estudio científico de la literatura rabínica, que necesita urgentemente este estudio de estratificación de la historia de su tradición, como para el estudio de la tradición de los targumes. G. Vermes ha practicado con éxito el

---

[117] Cf. la tesis de A. Ṭal citada en la nota 97 *supra*.

[118] A. Díez Macho, «Bibliotheca Orientalis» 36 (1979) 207-212.

[119] M. Z. Kaddari, *Meḥqar Onkelos be-yamenu: Maʿamad ha meḥqar we-taʿqidaw*, en *Ha-Miqra we-toledot Israel* (Hom. Yaʿaqob Liver; Tel Aviv 1971) 341-374; cf. también M. Z. Kaddari, *Studies in the Syntax of Targum Onkelos*: «Tarbiz» 32 (1963) 232-251.

[120] Renée Bloch, *Écriture et tradition dans le judaïsme*: «Cahiers Sioniens» 8 (1954) 9-34; íd., *Note métodologique pour l'étude de la littérature rabbinique*: RSR 43 (1955) 194-227; íd., *Note sur l'utilisation des fragments de la Geniza du Caire pour l'étude du Targum Palestinien*: REJ 114 (1955) 5-35.

estudio de ciertas tradiciones judías siguiendo la pista de su desarrollo [121]. J. N. Epstein [122], Louis Finkelstein [123] y, en nuestros días, J. Neusner [124], B. Z. Wacholder [125] y otros se han embarcado en este nuevo tipo de investigación, que aún está muy lejos de la investigación realizada ya para el Nuevo Testamento gracias a los métodos de historia a la tradición, de las formas y de la redacción.

[121] Especialmente en G. Vermes, *Scripture and Tradition in Judaism* (Leiden 1961).

[122] J. N. Epstein, *Mabo> lnosaḥ ha-Mishnah,* 2 vols. (Jerusalén 1964); íd., *Mebo> ot lsifrut ha-Tannaim* (ed. por E. Z. Melamed; Jerusalén 1957).

[123] L. Finkelstein, *Phariseism in the Making* (Selección de ensayos) (Nueva York 1972); íd., *The Book of Jubilees and the Rabbinic Halaka:* HTR 16 (1928) 39-61. Este autor tiende a datar la tradición en época muy antigua.

[124] J. Neusner, *The Rabbinic Traditions about the Pharisees Before 70,* 3 vols. (Leiden 1971); J. Neusner (ed.), *The Modern Study of the Mishnah* (Leiden 1973).

[125] Ben Zion Wacholder, *The Date of the Mekilta dRabbi Ishmael:* HUCA 39 (1968) 117-144. Este autor tiende a datar muy tardíamente: fecha la Mekilta en el siglo VIII d. C.

SEGUNDA PARTE

APOCRIFOS DEL ANTIGUO TESTAMENTO

En esta parte presento cada uno de los libros apócrifos, siguiendo el orden en que aparecerán en los volúmenes de esta obra. No incluyo en la presentación los *Escritos menores* ni los *Fragmentos de obras,* que aparecerán en volúmenes siguientes.

Sólo me permito una excepción: presento brevemente la *Megillat Ta'anit* por ser el documento halákico más antiguo, aunque carece de las características corrientes de la literatura apócrifa; ofrezco también un breve comentario a dos oraciones típicas del judaísmo, *Qaddiš* y *'Amidá,* como tipo de oraciones de la época de los apócrifos. Finalmente, justifico, en cuanto cabe, la inclusión de un texto como la *Megillat Antiocos,* aunque únicamente criterios lingüísticos la pueden acercar a la época de los apócrifos.

De cada libro ofrezco en primer lugar unas breves notas sobre autor, datación, lengua, etc., que precisarán el contexto. A continuación, y con mayor amplitud, expongo el contenido teológico. Mi preocupación no es tanto la discusión erudita de toda la problemática introductoria de cada libro cuanto la presentación de la riqueza y complejidad del planteamiento teológico de la época. Esta «introducción» es, pues, complementaria de las que para cada libro han escrito competentemente sus traductores, y a ellas remite necesariamente.

CARTA DE ARISTEAS

1. *Notas introductorias*

Es una obra narrativa griega, de forma epistolar y contenido ficticio. Aristeas, un pagano culto de la corte de Tolomeo II Filadelfo (285-246 a. C.), escribe a su hermano Filócrates. Comienza describiendo la embajada que este rey envió a Jerusalén para obtener una copia de la ley de los judíos. Se nos dice que el sumo sacerdote Eleazar envió, a su vez, al rey setenta y dos sabios que hicieran la versión griega de la ley. Tras ser recibidos éstos en Alejandría, el rey los invitó a un largo simposio donde cada uno de ellos mostró su sabiduría y la de la ley. Finalmente, hecha la versión, fueron despedidos con grandes regalos. La carta incluye otras noticias: liberación de 100.000 esclavos judíos, que Tolomeo I Lago había llevado a Egipto, descripción de los regalos que el rey envía al sumo sacerdote Eleazar de Jerusalén, descripción de Jerusalén, etc.

El autor real de la obra es un judío alejandrino del siglo II a. C., que conoce muy bien el judaísmo, como se deja ver por algunos detalles: habla de «la casa de Dios» y no del templo; usa la expresión «visitaciones» en lugar de «castigos» o «premios»; conoce muy bien Jerusalén y su comarca, que ha visitado en las fiestas de peregrinación.

Para mejor conseguir su propósito propagandístico se ha hecho pasar por un judío culto, conocedor del helenismo, respetuoso y admirador del judaísmo [1].

2. Contenido teológico

Exaltación de la ley y del judaísmo.

La finalidad de la carta no es tanto mostrar el origen de la versión griega de la Torá (al trabajo de la versión se dedican sólo los §§ 301-316) cuanto defender y exaltar la ley de los judíos frente a los paganos y, sobre todo, ante los mismos judíos helenizados que podían llegar a despreciarla; acaso lleva también el interés de avalar esta versión griega frente a otras menos fieles [2]. La exaltación de la Torá es tanta que se la llega a considerar la fuente única de la ciencia: fuera de ella no hay verdadera ciencia [3].

Es, pues, un escrito de propaganda judía, que busca para la Torá, ante los reyes tolomeos, la misma consideración que tuvo ante los persas. Busca que el judaísmo sea *religio licita,* pues ni Yahvé desmerece de Zeus ni los sabios judíos desmerecen de los filósofos griegos. Por eso las setenta y dos respuestas de los setenta y dos ancianos judíos a las setenta y dos preguntas formuladas por el rey en el simposio son, en conjunto, superiores a las de los filósofos griegos: al final, todo son loas a estos sabios judíos, a su obra, a su patria, a su sacerdocio, a su ley, a su Dios.

Por otra parte, también el rey y sus consejeros reciben un tratamiento muy digno y honorable. Es, sin duda, el escrito apócrifo más favorable a los griegos y a su cultura. Las diferencias entre griegos y judíos son aminoradas apuntando a un objetivo: judíos y griegos pueden convivir tranquilamente con mutuo beneficio. Sólo en un punto

---

[1] Cf. A. M. Denis, *Introduction aux Pseudépigraphes grecs d'Ancien Testament* (Leiden 1970) 105-110; P. Kahle, *The Cairo Geniza* (Oxford 1959) 209-214; E. Bikkermann, *Zur Datierung des Pseudo-Aristeas,* en *Studies in Jewish and Christian History* I (Leiden 1976) 123-136. Información más amplia en la introducción de N. Fernández Marcos a su versión en el vol. II de esta obra, pp. 11-18.

[2] Así S. Jellicoe, *Septuagint Origins: The Letter of Aristeas. The Septuagint and Modern Study* (Oxford 1968) 50. N. Fernández Marcos, en la introducción ya citada, formula: «La finalidad principal de la carta es defender la traducción de los LXX, como fiel reflejo del original hebreo, frente a los ataques de los judíos de Palestina, para quienes sus hermanos de la diáspora utilizan una traducción inexacta» (p. 15).

[3] Dt 4,6; «Observadlos y guardadlos (los preceptos de la ley), pues constituye vuestra sabiduría y vuestra inteligencia a los ojos de los pueblos, quienes tendrán noticia de todas estas leyes y dirán: ¡Realmente es un pueblo sabio e inteligente esta gran nación!». Es un lugar común en escritos judíos antiguos la superioridad de la ley sobre la ciencia de los paganos. Incluso entre los judíos se creía —como encontramos en el *Kuzari* de Yehudá ha-Leví y en otras fuentes más antiguas (cf. Yehudá ha-Leví, *Kuzari,* ed. Hirshfeld, 29 y 125)— que los pueblos paganos copiaron la ciencia judía.

hay una intransigencia clara: en la idolatría y en la sexualidad aberrante[4]. En definitiva, toda la carta es propaganda.

La exégesis alegórica.

En esta carta encontramos la primera exégesis alegórica de la Torá. Aunque tal exégesis nació en la diáspora, aquí aparece en boca de un sacerdote de Jerusalén. Esta exégesis pretende una comprensión o racionalización de la ley por la línea metafórica. Refiriéndose a las leyes sobre los animales puros e impuros, dice el sumo sacerdote Eleazar: «No me vengas con la idea ya superada de que Moisés dio estas leyes por un interés morboso en los ratones, la comadreja y animalejos semejantes. Todo está regulado con seriedad para la santa reflexión y la configuración de las conductas por causa de la justicia» (§ 144); y un poco más adelante añade: «Todo lo que se nos permite sobre estos objetos y sobre el ganado está determinado metafóricamente» (§ 150). Véase, en concreto, la interpretación de las señales de los animales puros: la pata ungulada, la pezuña hendida y el rumiar (Lev 11,3): «Tener la pata ungulada y la pezuña hendida significa discernir cada una de nuestras acciones orientándolas hacia el bien, puesto que la fuerza de todo el cuerpo con los resortes de la acción se apoya sobre los hombros y piernas, de forma que nos obliga a realizarlo todo con discernimiento en orden a la justicia a través de estos signos» (§§ 150-151); rumiar, «para los inteligentes, expresa la cualidad de la memoria. En efecto, rumiar no es otra cosa que evocar la vida y su sustento, pues la vida se mantiene, según piensan algunos, por el alimento» (§§ 153-154). Es ilustradora también la interpretación de la impureza de la comadreja, investida popularmente con la singular cualidad de concebir por las orejas y parir por la boca (§ 165): «De ahí que un comportamiento similar en los hombres sea impuro; pues todo lo que reciben por el oído lo dan a luz con la palabra y envuelven a otros en males; cometen una impureza fuera de lo común, manchándose por completo con la mancha de la impiedad» (§ 166).

La filantropía.

Lo más enjundioso de la carta ha de buscarse en el banquete que el rey ofrece a los sabios judíos (§§ 187-294). El rey va formulando a cada uno de los sabios una pregunta sobre filosofía política y buen gobierno. En las respuestas, los sabios destacan las virtudes griegas cardinales: justicia, templanza y, sobre todo, benevolencia y caridad. El conjunto constituye un tratado *peri basileias;* así lo expresa el rey al concluir el simposio: «Me habéis hecho un gran favor al exponerme vuestras enseñanzas para reinar» (§ 294)[5].

[4] Cf. G. W. E. Nickelsburg, *Jewish Literature...,* 168. «Su concepción de la divinidad —escribe N. Fernández Marcos, *op. cit.,* 14— es en muchos aspectos ilustrada, por cuanto intenta presentar en la sociedad helenística una imagen aceptable del pueblo judío y de su religión».
[5] Cf. A. M. Denis, *op. cit.,* 106.

En esta exhibición de *deipnosofía,* el autor pretende probar la superioridad, en virtud y conocimiento, de los setenta y dos sabios judíos sobre los filósofos griegos [6], pues las palabras de aquéllos toman como punto de arranque a Dios [7]. Sin embargo, sus respuestas son, en esencia, sabiduría de filósofos griegos y muestran la clara influencia estoica: reinar es «ser muy dueño de sí mismo y no codiciar nada pretencioso... Tú piensa como un hombre y no desees muchas cosas, sino las suficientes para reinar» (§ 211); «En todas las cosas la mesura es buena. Lo que Dios te concede tómalo, pero no codicies metas inalcanzables» (§ 223). La filosofía consiste «en reflexionar sobre cada uno de los acontecimientos y no dejarse llevar por los impulsos, sino ponderar los daños que acarrean las pasiones y hacer lo que conviene en cada momento manteniéndose en la moderación» (§ 256). También en la enseñanza sobre el amor se encuentran ciertas características de la enseñanza de Séneca y Epicteto [8]: el amor, incluso al enemigo, es un medio para obtener propio provecho, para obtener mayor estima y tranquilidad mental; véanse los §§ 207, 225, 227, 232 [9].

Reseño a continuación las enseñanzas más interesantes del simposio con relación a la benevolencia, caridad y *filantropía.* A la pregunta de cómo permanecer rico, un sabio responde que «captando la simpatía de los súbditos a base de beneficencia, puesto que Dios es la causa de los bienes para todos y hay que secundarle» (§ 205). Cuando el rey pregunta cuál es la enseñanza de la sabiduría, otro sabio responde: «De la misma manera que no quieres que los males estén junto a ti, sino participar de toda clase de bienes, enseña a hacer lo mismo con tus súbditos y con los delincuentes, a amonestar con mayor suavidad a los hombres honrados e instruidos, ya que también Dios conduce a todos los hombres con suavidad» (§ 207). Se pregunta cómo ser humanitario, se responde: «Si ponderas cuánto tiempo y sufrimiento se precisa para que el hombre nazca y se desarrolle; de ahí que no se le debe castigar con facilidad ni rodear de torturas, conscientes de que la vida del hombre está amasada de dolores y castigos. Así que, teniendo en cuenta estas consideraciones, te harás misericordioso, pues también Dios es misericordioso» (§ 208). Nótese en este último texto el motivo de la *imitatio Dei* como en Lc 6,36: «Sed misericordiosos como vuestro Padre es misericordioso». También el motivo de la *imitatio Dei* en la siguiente cuestión: ¿en qué consiste la piedad?; respuesta: «En caer en la cuenta de que Dios está operando de continuo en todas las cosas, las conoce y no se le oculta nada injusto o malo que haga o lleve a cabo el hom-

---

[6] Así habla el rey en § 220: «Creo que estos hombres (los sabios judíos) destacan por su virtud y son de una inteligencia superior, puesto que, planteadas de improviso tales preguntas, responden de la mejor manera, iniciando todos desde Dios el principio de su respuesta».

[7] Cf. también § 235: el rey entiende que los sabios judíos están por encima de los filósofos griegos, pues aquéllos «ponen a Dios como punto de partida de todo».

[8] Séneca vivió *ca.* 4 a. C.-65 d. C.; Epicteto de Hierápolis, *ca.* 55-135 d. C.

[9] Cf. J. Piper, *Love your Enemies* (Cambridge 1979) 351.

bre. Pues de la misma manera que Dios beneficia al mundo entero, tú, si lo imitas, serás perfecto» (§ 210); muy semejante, en el mismo contexto de hacer bien a los demás, es Mt 5,48: «Sed perfectos como vuestro Padre celestial es perfecto».

Los sabios judíos llegan a formular un amor universal, más allá del ámbito de la familia y los amigos. A la pregunta del rey de cómo habría de despreciar a los enemigos, un sabio responde: «Cuando has sido benévolo y te has hecho amigo de todos los hombres, no deberías preocuparte por nadie. Encontrar acogida entre todos los hombres equivale a haber recibido el mayor regalo de Dios» (§ 225). Cuando se pregunta cómo mantener la fama, la respuesta es: «Si con tus favores y con tu disposición eres liberal y magnánimo para con los otros, nunca te faltará estima» (§ 226). Y cuando, directamente, el rey pregunta con quién tiene que ser generoso, ésta es la respuesta: «Todo el mundo piensa que hay que serlo con aquellos que se comportan como amigos; pero yo creo que hay que tener una generosa liberalidad con los que disienten de nosotros para conducirles por este medio hacia lo que les conviene e interesa. Hay que suplicar a Dios que se cumpla esto, pues él es el dueño de todos los corazones» (§ 227) [10]. De modo semejante, la pregunta de a quién favorece obtiene parecida respuesta: «A los padres siempre... A los amigos...[11] Y tú haces bien en entablar amistad con todos los hombres» (§ 228). La respuesta es redonda cuando se pregunta qué hay comparable a la belleza: «La piedad, pues es una especie de belleza suprema. Pero su fuerza reside en el amor (agape) [12], ya que éste es don de Dios. Tú lo posees y con él abarcas todos los bienes» (§ 229).

Un sabio responde al rey que no hacer mal a nadie, ser útil a todo el mundo y seguir la justicia libera de la tristeza (§ 232); otro responderá que la fuerza del parentesco se muestra en sufrir con los parientes que sufren y ayudarles, pero sin pedirles nada cuando estén en prosperidad (§§ 241-242). Es digna de mención la respuesta a la pregunta sobre cuál sería el mayor fallo: «No cuidarse de los niños ni dedicarse por todos los medios a educarlos...» (§ 248) [13]. El tema de la *imitatio Dei* reaparece en la respuesta a la pregunta sobre cómo dominar la cólera: que Dios gobierna el mundo con benevolencia y sin movimientos de cólera y es necesario imitarle (§§ 253-254). Esta misma motivación (la *imitatio Dei*) justifica la construcción de monumentos, pues así se

---

[10] El motivo es hacer el bien al otro y no sólo a sí mismo, que sería lo propio de la ataraxia estoica. Nótese también la oración por el que disiente, como en Mt 5,44 y Lc 6,28.

[11] Literalmente el texto dice: «Pero a continuación aprueba la relación con los amigos, calificando al amigo de igual que uno mismo» Cf. Dt 13,7 LXX: *ho filos ho isos tēs psychēs sou.*

[12] Este término, poco usado como sustantivo en la literatura griega extrabíblica, sustituye al término griego usual *eros*. El judaísmo egipcio puede ser el origen de sustituir *eros* por *agape*.

[13] Adviértase aquí un aprecio por los niños, cuya expresión no es usual entre los judíos.

concede de alguna manera una contrapartida a los sufrimientos de los que murieron, como Dios concede salud y sensaciones agradables (§ 259). El ideal estoico de mantenerse en la moderación, no cegarse por impulsos y ponderar los daños de las pasiones está expresamente incluido en la respuesta a la pregunta de qué es la filosofía (§ 256). El fruto de la sabiduría —responderá otro sabio— es «no tener conciencia de haber hecho ningún mal y vivir la vida con verdad» (§ 260).

Sobre las cualidades del rey y el arte de gobernar, los sabios dirán que la cualidad más necesaria para un rey es «el humanismo y el amor a sus súbditos, ya que por medio de ellos se forma un indisoluble vínculo de adhesión» (§ 265); que el reino se mantiene por «el cuidado constante de que no se haga ningún mal a la población por parte de los que están en los cargos» (§ 271); que el rey conseguirá la tranquilidad de conciencia en medio de la guerra si es consciente de no haber hecho mal a ninguno de sus súbditos y si todos los súbditos luchan conscientes de que el rey defenderá sus haciendas en caso de que sucumban (§ 273); que la mejor cosa del reino es «tener siempre en paz a los súbditos y conseguir una justicia rápida en los juicios» (§ 291) y «dar mucha importancia a salvar una vida humana» (§ 292).

En resumen: los sabios judíos explicitan de diversas maneras el ideal griego de la filantropía y el mandamiento de la ley de Moisés: «Nuestra ley nos ordena no hacer daño a nadie ni de palabra ni de obra» (§ 168). Ya hemos notado el frecuente motivo de la *imitatio Dei* para el aconsejado gobierno de *filantropía;* ello es propio de la sabiduría bíblica y es, en definitiva, la motivación última de la ley de santidad [14]; pero también en los tratados helenísticos del paganismo sobre filosofía política se incluye la imitación de Dios como modelo del buen gobierno [15].

JUBILEOS

1. *Notas introductorias*

Este apócrifo etiópico, que procede de un original hebreo a través de una versión griega, se remonta al siglo II a. C. Con toda probabilidad se debe a círculos protoesenios o prequmránicos, emparentados con las

---

[14] Cuando Aristeas pide al rey la liberación de los esclavos judíos, pone como premisa que el Dios de los judíos y el de los griegos es el mismo Dios con diversos nombres, «que supera a todos los hombres en generosidad y libera a los que están sometidos a esclavitud» (§ 16). Sobre la esclavitud en el Egipto de los Tolomeos, cf. W. L. Westermann, *Upon Slavery in Ptolemaic Egypt* (Nueva York 1929); sobre la tendencia judía a abolir la esclavitud, véase M. Ohana, en A. Díez Macho, *El Targum* (Barcelona 1972) 80-85.

[15] E. R. Goodenough, *The Political Philosophy of Hellenistic Kinship* (Yale Classical Studies 1; 1928) 65-78.

sectas responsables de la composición de Dn 10-12; Hen(et) 73-82; 85-90; 91,1-10.12-17 [1]. Este contexto sociocultural lo hemos dibujado detenidamente en la primera parte, apartado VIII (cf. *supra*, pp. 59-66).

La obra es una reelaboración de Gn 1-Ex 12: recoge la revelación que el ángel de la presencia hace a Moisés en el monte Sinaí. Por su género es, pues, una obra típicamente apocalíptica (cf. pp. 45 y 274ss, *infra*), aunque algunos impropiamente lo clasifiquen como midrás del Génesis. El nombre que le distingue en etiópico clásico o *ge'hez* es *mäṣḥafä kufale*, «el libro de la división»: se refiere a la división que hace de la historia en períodos de cuarenta y nueve años o jubileos, a su vez divididos en períodos menores de siete años. Una amplia información puede verse en el vol. II de esta obra, pp. 67-80: introducción preparada por los profesores F. Corriente y A. Piñero.

Recojo aquí una reciente aportación del profesor Florentino García Martínez en torno a la identificación de «el libro de Noé» en Jubileos [2]: Jub 10,13 y 21,10 hacen referencia a un libro de Noé que contendría —según estas citas— un tratado medicinal y una serie de prescripciones halákicas sobre comer sangre; además —segun Charles—, del libro de Noé se habrían conservado dos largos fragmentos en Jubileos: Jub 7, 20-39 y 10,1-15. Para García Martínez, no hay razón probativa seria para atribuir al libro de Noé el segundo fragmento. Tras un detenido análisis concluye: «Si nuestra hipótesis de identificación es correcta, según las trazas dejadas en Jubileos, el libro de Noé trataría, entre otras cosas, de: Jub 7,21-24, la caída de los vigilantes, sin ninguna alusión a su función de instructores; Jub 5,6-11: la condena de los vigilantes y sus descendientes; Jub 5,24-28: el diluvio; Jub 6,2-4: el sacrificio de Noé; Jub 6,10-14 y 7,27-33: prescripciones sobre la sangre; Jub 7, 34-37: prescripciones sobre las primicias; Jub 8,9-9,25: división de la tierra entre sus hijos» [3].

2. *Contenido teológico*

Las tablas celestes.

El encasillamiento de la historia de Gn 1-Ex 12 en una serie regular de jubileos o períodos de años es significativo de la concepción que se tiene de la historia: el curso todo de la historia ha sido ya escrito por

---

[1] Nickelsburg, *op. cit.*, 79.

[2] F. García Martínez, *4Q Mes. Aram. y el libro de Noé*, en *Escritos de Biblia y Oriente*, eds. Rafael Aguirre y Félix García López (Salamanca 1981) 195-232; obra incluida en «Salmanticensis» 28 (1981).

[3] Id., *art. cit.*, 227. Aunque, generalmente, se admite que el apócrifo del Génesis de Qumrán (QapGn) depende de Jubileos, F. García Martínez se inclina por una dependencia distinta: el apócrifo del Génesis, cols. I-XVII, sería un resumen del libro perdido de Noé, del cual en los mss. de Qumrán hay diversos fragmentos, como los hay en Jub y Hen(et); *ibíd.*, 227-232, sobre los materiales noáquicos en Qumrán.

Dios en siete tablas celestes [4]; todo, pues, está predeterminado, y la libertad del hombre, aunque existe, no es capaz de cambiar el curso de los acontecimientos [5].

La ley promulgada en el Sinaí no es sino una pequeña parte del contenido de las siete tablas, escritas desde siempre. Esta idea aparece también en el judaísmo más oficial: para Tg Neofiti 1 Gn 3,24, la ley fue creada dos mil años antes de que se creara el mundo [6]. Por esta razón no sorprende que en el libro de los Jubileos aparezcan los patriarcas cumpliendo la ley: Noé ofrece un auténtico sacrificio (Jub 7,3-5); Noé, Abrahán, Isaac, Jacob e Ismael cumplen con la ley de las primicias (6,18-22; 15,1s; 22,1-5); Jacob practicó el *kippur* haciendo duelo por José y por Dina (Jub 34,15-19) y celebró la fiesta del octavo día de los Tabernáculos o *šeminí 'aṣeret* (32,27); la historia de Bila y Tamar (Jub 33,10-20 y 41,26-28) supone ya la legislación sobre el incesto de Lv 18. Por la misma razón, porque la ley está escrita desde antes de la creación y es inmutable, Jubileos se representa a los ángeles de la presencia y los ángeles santos como circuncidados desde el día de su creación (15,27), considera que los mismos ángeles guardan el sábado junto con Dios (2,17ss) [7] y que también celebran la fiesta de las Semanas en los cielos desde el día de la creación (6,18).

Es de notar que algunas prescripciones halákicas de Jubileos no coinciden con la *halaká* oficial: en Jub 41,17ss, Tamar, la nuera de Judá, es condenada a ser quemada por su pecado de prostitución; así también en Tg Neofiti 1 Gn 38, mientras que en la legislación del Pentateuco esa pena se reserva sólo para la prostituta hija de sacerdote. El sacrificio pascual, según Jub 49,1.10-12, se efectúa el último tercio del día; pero la *halaká* ordena que se efectúe al mediodía.

La elección de Israel y su separación de los demás pueblos.

En esta predeterminación general del curso del cosmos y de la historia se inscribe la predestinación de Israel. Israel —al parecer, todo Israel— está llamado desde el principio de la creación a ser el pueblo escogido de Dios, el pueblo de la alianza, el pueblo santo. La elección implica una separación y se inscribe en el orden de la creación. Por eso dice Dios a los ángeles de la presencia y ángeles santos en el relato que

---

[4] Cf. *supra*, pp. 89ss.

[5] Cf. *infra*, pp. 315ss.

[6] TgN ha traducido la «precreación» de la ley en Gn 3,24, pues ha leído *miqqedem* del texto hebreo no con sentido espacial («al oriente»), sino temporal («desde el principio»); y la expresión «colocó a los querubines» (*wayašken ʾet hakkerubím*) la entendió, por homofonía, como «puso su Šekiná entre los querubines». Al identificar a tales querubines con los dos que adornaban el arca de la alianza, donde se guardaba la ley, se podía deducir que, desde el principio, Dios había puesto la ley en el jardín del Edén (de la exposición del prof. Miguel Pérez Fernández en el I Simposio Bíblico Nacional, Salamanca 1982). Sobre la «precreación» de la ley, véase Gn.R. 1,8; Abot de Rabbí Natán (versión A) 31; AntBibl 32,7, etc.

[7] Pero Jn 5,17 refleja la convicción del judaísmo de que Dios seguía trabajando en sábado.

Jubileos hace de la creación: «Me escogeré un pueblo de entre todos los pueblos... He escogido a la estirpe de Jacob de cuantos he visto» (Jub 2,19.20) [8]. Esta elección tiene una doble exigencia: el cumplimiento riguroso de la ley de las siete tablas y la separación total de los gentiles.

Jubileos urge especialmente la celebración de las fiestas en los días señalados y no en otros (cf. Jub 6,17-22) [9]. Aunque todo mandamiento debe ser estrictamente cumplido, es mayor la insistencia en los que se refieren a Dios que al prójimo. El mandamiento del amor al prójimo, tan magníficamente formulado en Jub 36,8-11, en el testamento de Isaac a Esaú y Jacob, parece dirigido sólo a Israel: «Amad cada uno a su hermano con compasión y justicia, no queriendo mal ninguno a su hermano desde ahora hasta siempre, todos los días de vuestra vida» (Jub 36,8ss) [10].

El imperativo de separación de los pueblos gentiles es formulado con rotundidad en Jub 22,16: «Apártate de los gentiles, no comas con ellos, no hagas como ellos ni les sirvas de compañero, pues sus acciones son impuras, y todos sus caminos inmundicia, abominación y horror» [11]. De aquí la insistencia de Jubileos en evitar la idolatría y la fornicación [12]; la alabanza y legitimación de la matanza que Simeón y Leví hicieron entre los siquemitas prosélitos («el día en que mataron los hijos de Jacob a Siquén les fue registrado en el cielo el haber obrado justicia, rectitud y venganza contra los pecadores, siéndoles inscrito este acto como bendición»: Jub 30,23) y la prohibición absoluta de los matrimonios mixtos (Jub 30,7: «Si algún hombre en Israel quisiera dar a su hija o hermana a otro hombre de linaje gentil, muera sin remisión apedreado, pues habrá traído oprobio a Israel; a la mujer quémenla con

---

[8] El verbo usado para expresar la «elección-separación» sería *bdl* en forma *hif⁽il* (E. Schwarz, *Identität...*, 63ss). «No podía darse más alta y trascendente legitimación del estado de elección, y consecuentemente de separación, de Israel. El verbo usado es el mismo que el relato sacerdotal usó para describir la creación. La implicación es que, como YHWH separa las aguas, los mares, el cielo, la tierra, así separa a Israel» [M. Pérez Fernández, EstBibl 41 (1983) 88]. Sobre el uso y significado de *bdl* para la elección, cf. J. Guillén Torralba, *La fuerza oculta de Dios. La elección en el Antiguo Testamento* (Valencia-Córdoba 1983) 60, 72, 94s; en pp. 383-394 se hace interesante reflexión teológica sobre la paradoja entre la elección nacional y el universalismo.

[9] *Šabu⁽ot* ha de celebrarse el primer domingo después de Pascua, en contra de la *halaká;* la circuncisión se practicará el octavo día después del nacimiento: Jub 16,14.

[10] El amor entre enemigos carece de sentido; véase P. Sacchi, *Apocrifi...* I, 370, nota *ad loc.* Cf. Jub 37,18ss.

[11] «El texto es tajante. Hay una expresa prohibición de todo tipo de trato en el ámbito doméstico-familiar, comercial-profesional y cúltico» (M. Pérez Fernández, *art. cit.*, 86); exégesis detallada de Jub 22,16 en E. Schwarz, *op. cit.*, 21-30.

[12] «Fornicación» —que también designa la idolatría— hace referencia a pecados de impureza, difíciles de determinar en concreto; la misma dificultad encontramos en los escritos de Pablo. En Jubileos, el sexo es considerado como algo que no sólo contamina —como en la Biblia—, sino que también aparta de Dios y es causa de pecado. Cf. Sanders, *op. cit.*, 364-367.

fuego, pues habrá mancillado el nombre de la casa de su padre: sea
exterminada de Israel»; 30,10-11: «Esta ley no tiene término de días,
ni perdón ni remisión, sino que se extermine al hombre que hubiera
profanado a su hija en Israel, pues dio su linaje a extranjero y pecó,
contaminándolo. Y tú, Moisés, ordena a los hijos de Israel que no den
sus hijas a los gentiles ni tomen para sus hijos las hijas de aquéllos,
pues es algo abominable ante el Señor»). La separación de los gentiles
es, pues, indispensable y no admite excepción. El puritanismo religioso
de la comunidad de Jubileos asoma por doquier [13].

Escatología.

Este tema se estudia en la parte III, *Teología de los Apócrifos*, páginas 351ss. El Libro de los Jubileos concibe la restauración de Israel
en la misma tierra de Palestina, en torno a Jerusalén y al templo. No
se representa, pues, un mundo más allá u otro mundo. Tiene un supuesto nacionalista, como ya hemos observado: los gentiles quedan excluidos
de la salvación (Jub 22,20s), pues son pecadores (22,23s); Israel, en
cambio, juzgará a las naciones gentiles y dominará en toda la tierra
(32,19). Tiene también un supuesto legalista: sólo los que cumplan la
ley serán salvados; de aquí se sigue que no sólo los gentiles serán castigados, sino también los israelitas que prevariquen; los justos serán
premiados, los transgresores son castigados en esta vida. Finalmente,
Jubileos tiene un supuesto individualista: todos los individuos, gentiles
e israelitas, serán juzgados por Dios: «El juicio de todos quedó establecido y escrito en las tablas celestiales, sin injusticia... Nada hay en los
cielos y en la tierra, en la luz y en la tiniebla, en el *šeol*, el abismo y lo
oscuro, cuyo juicio no esté establecido, escrito y grabado. Hay sentencia
acerca de todo, pequeño y grande... No es él aceptador de personas»
(Jub 5,13-16) [14]. Tiene Jubileos una antropología dualista, pues mencio-

---

[13] Jubileos es celoso en proscribir toda mancha de «maldad, fornicación, impureza y corrupción» (Jub 7,20; 20,5), porque el pueblo de Israel ha de ser un ejemplo único. Según Jub 33,20, «pueblo santo es Israel para el Señor su Dios, pueblo
de su heredad, pueblo sacerdotal, real y de su posesión» (cf. Ex 19,6); según Jub
16,17-18, «de entre los hijos de Isaac habría uno que sería descendencia santa y no
sería contado entre las naciones. Suya sería la suerte del Altísimo, habiéndole corres-
pondido estar entre los poseídos por Dios, para que toda su descendencia sea del
Señor, pueblo heredero entre todos los pueblos, reino sacerdotal y pueblo santo».
Los israelitas deben cubrir su desnudez como Adán, y no imitar a los paganos (Jub
3,31; 7,20). Destrucción y fuego eterno amenazan a los sodomitas (20,6; 22,22). De
fornicación como la de Rubén se dice: «No hay pecado mayor que la fornicación
que se comete sobre la tierra» (Jub 33,20). En este último texto, «fornicación»
significa «incesto», como en Mt 5,32 y 19,9. Fueron los ángeles vigilantes quienes
acarrearon el diluvio por su unión con las hijas de los hombres (Jub 4,15; 7,21).
De aquí arranca considerar el sexo como pecado. En cambio, se subraya la castidad
de José (Jub 39,5-10) y la de Jacob, quien, por no casarse con una cananea, a los
sesenta y tres años aún no había tocado mujer (Jub 25,3ss). Casar a una hija con
gentil es entregarla a Moloc (Jub 30,10), delito penado con la lapidación en Lv 20,2.
[14] En otros lugares (28,6; 30,19, etc.), Jubileos menciona los libros del cielo en
que están escritos los nombres de los que se salvan y de los que son destruidos.

na los huesos que descansan en tierra mientras el espíritu se alegra sobremanera: «Entonces curará el Señor a sus siervos, que se alzarán y verán gran paz... Sus huesos descansarán en la tierra, su espíritu se alegrará sobremanera, y sabrán que existe un Señor que cumple sentencia y otorga clemencia a los centenares y miríadas que lo aman» (Jub 23, 30-31). Jubileos reconoce la inmortalidad del alma, aunque no diga mucho sobre su estado.

Pecados para muerte y expiación de los pecados.

Todo el judaísmo reconoce la existencia de pecados tan graves que equivalen a la negación del pacto salvífico entre Dios e Israel. Pero, según el rabinismo, si hay arrepentimiento, Dios salva a los israelitas de cualquier pecado; por eso, San. 10,1 puede formular: «Todo Israel tiene parte en el mundo futuro», es decir, en el supuesto de que los pecadores se arrepientan de sus pecados graves, cuya determinación varía según las diversas fuentes [15].

Por su parte, Jubileos establece una serie de pecados «para muerte» (= mortales o capitales: 21,22; 26,34), que excluyen al israelita de la salvación prometida a todo Israel. Tales pecados no tienen perdón, según Jubileos, pues son esencialmente contra Dios: no observar el precepto de la circuncisión, no guardar el sábado, practicar o permitir matrimonios mixtos, no observar la Pascua, maquinar daño contra el prójimo israelita, comer carne con sangre, el incesto con la mujer del propio padre, quizá algún otro incesto y la idolatría. Frente a estos pecados, Jubileos especifica otros contra mandamientos escritos en las tablas celestes, los cuales sí admiten expiación. Evidentemente, Jubileos es más severo en soteriología que el rabinismo [16]. En síntesis podemos

Curiosamente, quedan excluidos de la salvación los que quebrantan el precepto, no incluido en la *halaká*, de no dar en matrimonio la hija menor antes que la mayor (Jub 28,6). Jub 41,26 parece suponer la idea de una retribución colectiva de Israel por el pecado de un individuo; tal idea había sido eliminada por los profetas Jeremías y Ezequiel.

[15] El rabinismo tuvo como norma el dicho de R. Abda bar Zabda: «Aunque (los israelitas) hayan pecado, todavía son Israel» (bSan. 44a). Esta máxima es alegada frecuentemente en las *tešubot* de rabinos medievales y del renacimiento a propósito de los conversos [cf. Y. Katz, *Aunque haya pecado es Israel*: «Tarbiz» 27 (1958) 203-217 (en hebreo)]. Así, en una respuesta de R. Ašer ben Yeḥiel, el marido converso, aunque haya pecado, sigue siendo Israel; por tanto, su hijo se considera israelita, pero la madre no está obligada al levirato (*Sefer šeʾelot u-tešubot le ha-Rab Rabbenu Ašer*, núm. 17,10; ed. Zolkiew, 1602); más ejemplos de aplicación de este principio, en Mošé Leví Orfali, *El problema de los conversos en la literatura rabínica española, siglos XII-XVII* (en prensa). A pesar de una frecuente inclinación de los rabinos a la lenidad con los conversos, sobre todo con los *anusim* o forzados, no pasaron por tres pecados: idolatría formal, incesto y asesinato; antes que cometer cualquiera de ellos había que afrontar la muerte.

[16] Entre los pecados que excluyen de la salvación por no tener perdón figuran el comer carne con sangre, la idolatría y la *porneia* en sentido de incesto muy grave (trato sexual con la mujer del propio padre). Estas transgresiones coinciden con los tres pecados de los que —según el Concilio de Jerusalén —habrían de abstenerse los cristianos venidos del paganismo (Hch 15,29).

decir que los pecados mortales excluyen de la salvación; en cambio, los
demás pecados, supuesto el arrepentimiento, no alejan a ningún israelita
de la salvación que Dios ha prometido. La salvación, según la explicación de Jubileos hecha por E. P. Sanders [17], será efecto de la elección de
Israel: por ser descendientes de Jacob (en Jubileos, Jacob prima sobre
Abrahán: 15,26-28), Dios salvará a los israelitas a pesar de sus transgresiones (1,5.18) y no precisamente por sus méritos [18]. Jubileos mantiene la noción de ḥesed para señalar el amor de Dios a Israel: un amor
fiel a su propósito salvífico [19].

Las dos afirmaciones son difíciles de concordar: por una parte, la
de que algunos israelitas, en razón de determinados pecados «mortales»,
son excluidos del pacto salvífico con Yahvé; por otra, la de la misericordia de Dios y el valor del arrepentimiento o conversión. Véase Jub
5,17-18: «A los hijos de Israel les ha sido escrito y establecido que, si
vuelven a él con justicia, les perdonará toda su culpa y absolverá de
todos sus pecados; escrito y establecido está que tendrá misericordia de
cuantos se arrepientan de todos sus errores una vez al año». ¿No cabe
pensar que en este perdón general se incluyen de hecho no pocos pecados «mortales»? ¿Cómo armonizar estos extremos? [20] Cualquiera que
sea la respuesta, es claro que en Jubileos la oración, el arrepentimiento
y los sacrificios son eficaces para quitar el pecado: 7,3.30; 41,24. Según
50,11, se puede violar el sábado para celebrar el sacrificio expiatorio
por Israel. Nótese que también el sacrificio tamid o diario expía por
los pecados de Israel (6,14).

Origen del mal.

Jubileos sigue al «libro de los vigilantes» de Hen(et) en la explicación del origen del mal: el mal moral es causado por los ángeles caídos
—los ángeles vigilantes—, que se unieron sexualmente con las hijas de
los hombres [21]. Tal unión sexual de los ángeles —impropia de natura-
lezas que no necesitan procrear para perpetuarse— impurificó toda la
naturaleza. Característico de Jubileos es notar que, tras el diluvio, que
destruyó a los perversos, Dios hizo una obra nueva: «Hizo pura toda
su obra, una nueva y justa creación, para que no prevaricaran nunca y

---

[17] Sanders, op. cit., 371.
[18] La salvación premiará a todo Israel, y no sólo a los miembros de la secta esenia, a los que, según Testuz, se dirigía Jubileos. Cf. J. Becker, Das Heil Gottes
und Sündenbegriff in den Qumrantexten und im Neuen Testament (Gotinga 1964) 22.
[19] Cf. infra, en la parte III, el capítulo sobre el concepto de Dios en los apócrifos.
[20] Sobre la ambigüedad del judaísmo ante la conversión, cf. M. Pérez Fernández, art. cit., 93-98.
[21] Cf. infra, pp. 340s. Se puede observar que, cuando Jubileos sigue a Hen(et)
12-36, es universalista: la contaminación del pecado de los ángeles comprende a
toda la humanidad; cuando es original, se circunscribe a Israel, pueblo escogido,
que ni siquiera tiene ángel custodio porque Dios en persona quiere ser su custodio:
Dios le custodia contra las huestes de Mastema; en concreto, la mejor defensa de
Israel es la circuncisión de sus hijos.

fueran justos, cada uno en su especie, por siempre» (Jub 5,12). A pesar
de tal renovación y purificación, los humanos continuaron pecando, en
razón de su libertad y del influjo de los poderes demoníacos de Mastema
y sus huestes. Así pues, para Jubileos, hay una doble causa del mal moral, del acortamiento de la vida humana y del decaimiento de la naturaleza después del diluvio: la libertad humana y la acción de los demonios.

En la erradicación futura del mal moral interviene la acción directa
de Dios: «Luego se volverán a mí con toda rectitud, con todo corazón
y todo espíritu. Cortaré el prepucio de sus corazones y los de su descendencia, y *les crearé un espíritu santo,* purificándolos para que no se
aparten de mí desde ese día por siempre. Su alma me seguirá a mí y
todos mis mandamientos, que serán restaurados entre ellos: *yo seré su
padre, y ellos, mis hijos»* (Jub 1,23-24). El texto subrayado ha sido
relacionado con Jn 3,5: «Si uno no nace de agua y espíritu no puede
entrar en el reino de Dios» [22].

[22] Cf. R. E. Brown, *El Evangelio según san Juan* I (Ed. Cristiandad, Madrid
1979) 337.

ANTIGÜEDADES BIBLICAS
(Pseudo-Filón)

1. *Notas introductorias*

Este apócrifo, editado en el siglo XVI varias veces, fue posteriormente olvidado. Al final del siglo pasado se publicaron varios fragmentos sin advertir que el libro había aparecido siglos antes. Guido Kisch
lo publicó en Indiana, en 1949, basándose en un manuscrito latino del
siglo XI. En 1976 aparece la edición de Harrington y otros, con traducción francesa [1].

El libro parece escrito después de la destrucción de Jerusalén del
año 70, pero ciertamente antes de Adriano, pues no alude para nada
a la persecución de los judíos [2]. Se conserva en un latín pésimo, plagado

[1] D. J. Harrington/J. Cazeaux/Ch. Perrot/P. M. Bogaert, *Pseudo-Philon. Les
Antiquités Bibliques* (Sources Chrétiennes 229-230; París 1976); M. R. James, *The
Biblical Antiquities of Philo* (Londres 1917, reimp. 1971), versión inglesa con prólogo de Feldman. Cf. selecta bibliografía de ediciones, traducciones y estudios en la
introducción de A. de la Fuente a su versión castellana en el vol. II de esta obra,
pp. 207s.
[2] Escribe A. de la Fuente: «Las razones a favor y en contra de una fecha posterior al 70 d. C. no son decisivas. Pero, en cualquier caso, el arco de tiempo en
que podemos colocar la composición de la obra no parece muy amplio en torno a ese
año. Probablemente, el Pseudo-Filón redactaba este testimonio de su fe judía coin-
cidiendo con el tiempo en que los evangelios sinópticos proclamaban la fe de Jesús»
(op. cit., 203); *ibíd.,* 202s, discusión de las razones que se suelen aducir para datar
la obra en fecha poco posterior al 70 d. C.

de errores de los copistas; el latín es traducción de una versión griega —de la que aún quedan palabras sueltas sin traducir en el texto latino [3]—, versión griega que a su vez traduce un texto hebreo [4]. Al traducir el texto hebreo al griego, el autor adoptó en los textos bíblicos el griego de los LXX, pero no siempre. La versión latina aún refleja la fonética del antiguo hebreo, fonética como la de los LXX [5].

Se trata de una reescritura de la Biblia hebrea hasta Saúl. AntBibl es una narración *haggádica* que utiliza constantemente el *deraš* creativo [6]. Omite secciones enteras (Gn 1-3; de 12-50 ofrece sólo un resumen; Ex 3-13; toda la legislación de Exodo, menos Ex 20; casi todo el Levítico; las leyes de Números; Dt 1-30; la conquista de Palestina por Josué, Jos 3-21; parte de 1 Sm), pero privilegia el libro de los Jueces (del que sólo omite los caps. 1-3), que ocupa él solo un tercio de la obra. La razón de este favor a Jueces es el interés del autor por las grandes figuras de la historia de Israel: Abrahán, Amram, Moisés, Josué, Samuel, Saúl, David. Después del año 70, Israel necesitaba dirigentes [7].

[3] Cf. 11,15: «...*de eppomede et de logio*»; son mera latinización de *epōmís* (= efod) y *logeion* (= pectoral; en hebreo, *ḥosen*). Cf. Ex 28,6.15 en la versión de los LXX.

[4] He aquí algunos ejemplos de los muchos hebraísmos que aún permanecen en el latín del PsFilón: «*Proficiscentes in virtute*» (5,7) equivale a *yoṣeʾim beḥayil;* 6,1: «*unusquisque a fratre suo*» = *ʾiš meʾaḥiw;* nótense los infinitivos internos, que se dan en hebreo pero no en arameo: «*fragentes fregerunt*» (6,14) = *sabor saberu;* «*dormiens dormiebam*» (6,15) = *yašon yašanti;* versiones literales de modismos hebreos: «*in ore gladii*» (8,7) = *lepî ḥereb;* 9,3: «in victoria», versión literal de *eis nikos* griego y de *lnṣḥ* hebreo, sin advertir que el modismo hebreo significa «para siempre» y no «victoria» (*niṣṣaḥon);* en 9,3 también y en otros varios lugares aparece «*testamentum*» con sentido de «alianza»; en 50,2 «*die bono*» (= fiesta o festividad) traduce el hebreo *yom ṭob;* en 65,2, «*vasa*» en sentido de «armas», como el hebreo *keli.* De origen hebreo (también puede ser arameo) es la expresión «espíritu santo» en sentido de «espíritu de profecía»: 18,11; 32,14; 60,1; 62,2; la palabra «corazón» ofrece la rica semántica que tiene en la Biblia hebrea: asiento del conocimiento (29,3-4), es el interior de una cosa, como «en corazón del mar» (21,2), etcétera.

[5] En AntBibl la transliteración de nombres propios aún no conoce el fenómeno llamado *Verdünnung* (*pataḥ* cerrado pasa a *ḥireq):* en 8,6.12, *Bilḥa* aún se pronuncia *Bala;* en 9,9.10, *Miryam* aún se pronuncia *Maria.* La consonante ʿ*ayn* aún se pronuncia *gayn,* manteniendo la doble realización del tiempo antiguo conservada en árabe y en los LXX: uno de los doce hombres que no quisieron colaborar en la construcción de la torre de Babel se llama *Ruge* (6,3), que parece ser la transliteración de *Reʿw* de Crónicas (cf. Harrington y otros, *op. cit.,* II, 95) con la equivalencia ʿ*ayn = gayn;* en 8,5, *Rugil* parece ser el nombre de *Reʿuel* (de nuevo ʿ*ayn = gayn).*

[6] PsFilón, al tiempo que omite muchos detalles, añade otros (por ejemplo, señala el número de los hijos de un personaje); un rasgo suyo es la invención de discursos, como en la historiografía griega. Frecuentemente, los nombres propios son inidentificables y distintos de los añadidos en Jubileos. El número de años de los patriarcas tiende a reproducir los de los LXX más que los del texto masorético; a veces los años son pura invención del autor.

[7] Cf. G. W. E. Nickelsburg, *Good and Bad Leaders in Pseudo-Philo's Liber Antiquitatum Biblicarum,* en *Ideal Figures in Ancient Judaism: Profiles and Paradigms* (eds. J. J. Collins/G. W. E. Nickelsburg; Missoula 1980) 49-65.

2. Contenido teológico

Haggadá y *halaká* de AntBibl.

Nuestro apócrifo no acusa influjo cristiano. Pero sí contiene numerosas *haggadot* desconocidas en fuentes rabínicas. En un discreto número de pasajes coincide con los targumes. Esto significa que AntBibl es extraordinariamente útil para conocer la *halaká* y la *haggadá* antigua y para datar la *halaká* y la *haggadá* de fuentes no datadas, como Neofiti 1. He aquí una lista de lugares en los que nuestro apócrifo coincide con los targumes:

— *AntBibl 3,4: gofer* de Gn 6,14 es traducido por «de cedro», como en N. Gn 6,14 y Gn.R. 31,8. En el mismo lugar PsFilón dice que «Noé halló gracia y misericordia»; la misma afirmación en N. Gn 6,8: «Noé (...) halló gracia y misericordia»; las dos fuentes añaden la palabra «misericordia», que es la traducción de LXX para *ḥesed*.

— *AntBibl 4,7:* Como N. Gn 10,14, traduce *kaftorim* del texto hebreo y LXX por «capadocios».

— *AntBibl 6,4:* Relata que Abrahán y sus compañeros se niegan a colaborar en la construcción de la torre de Babel por considerar tal colaboración un acto de idolatría, pues estos *ziggurat* eran torres-templos, moradas de un ídolo; en N. y PsJon. Gn 11,4, un ídolo corona la torre de Babel.

— *AntBibl 6,17-18:* La *haggadá* recoge la condena de Abrahán por los caldeos a ser echado a un horno de fuego, horno del cual fue milagrosamente liberado; tal *haggadá* se encuentra también en N. y PsJon. Gn 11,31 (cf. PsJon. 11,28); Gn 15,7 y 16,5. La leyenda nace de interpretar Ur de los caldeos (Gn 15,5) como «fuego» de los caldeos, mediante un cambio de vocalización o ʼal tiqré [8].

— *AntBibl 32,1:* «Sacó del fuego a Abrahán». La misma afirmación en la versión Vulgata de Neh 9,7: «... et eduxisti eum de igne Chaldaeorum». Es leyenda muy antigua, pues ya consta en Jub 12,12-15.

— *AntBibl 8,8:* Job tomó por mujer a Dina, la hija de Jacob. Esta *haggadá* está en el Targum de Job 2,13, en bB.B. 15b y Gn.R. 57,4.

— *AntBibl 9,5:* Amram, padre de Moisés, llama a Tamar «madre nuestra»; es decir, la considera de la estirpe de Leví. El autor deduce tal estirpe sacerdotal del hecho de que Tamar iba a ser quemada (Gn 38,24), pena a la que se condenaba a la hija de un sacerdote si se le probaba el pecado de fornicación (Lv 21,9). También en N.Gn 38 Tamar es condenada a ser quemada por su fornicación como si se tratara de la hija de un sacerdote.

---

[8] Cf. también Gn.R. 44,13; 38,13. Las diversas tradiciones relativas a la liberación de Abrahán del horno y al castigo de Harán, en G. Vermes, *Scripture and Tradition in Judaism* (Leiden 1961) 85-90.

— *AntBibl 10,3:* Recoge la *haggadá* de las tres facciones de israelitas que se formaron ante el mar de los juncos al ser acosados por los egipcios. Tal *haggadá* se encuentra en N.Ex 14,13-18 [9]; en los targumes las facciones son cuatro, no tres.

— *AntBibl 10,7:* La leyenda del pozo que seguía a los israelitas por el desierto figura también en N.Nm 21,16-20 y 1 Cor 10,4.

— *AntBibl 11,6:* Dios castiga «los pecados de los impíos muertos en los hijos vivos, si siguen las sendas de sus padres». De la misma manera y bajo la misma condición interpreta N.Ex 20,5 el castigo de los hijos por los pecados de los padres: «... que toma venganza con celo de los malvados sobre los hijos rebeldes (...) cuando sigan los hijos en el pecado después de sus padres»; igualmente Onq., PsJon. y bSan. 27b.

— *AntBibl 18,13:* Balaán aconseja a Balac que ponga delante de los israelitas mujeres desnudas para que así pequen [10]. Tradición parecida se encuentra en PsJon. Nm 24,14 y 31,8; bSan. 10,2,21d; PRE 47, etcétera. En cambio, AntBibl representa a Balaán como un héroe trágico, mientras que los targumes palestinenses, Josefo, Filón y el NT lo presentan como un villano [11].

— *AntBibl 48,1:* Describe a Pinjás con los trazos de Elías: debe subir a un monte y permanecer allí sin bajar a los hombres; allí será alimentado por un águila (como Elías fue alimentado por un cuervo: 1 Re 17,6ss); a su debido tiempo bajará a los hombres para ser probado y con su palabra cerrará los cielos como Elías (1 Re 17,1) y como Elías los abrirá (1 Re 18,41-46); después Pinjás será elevado adonde fueron elevados sus mayores y allí estará hasta que Dios se acuerde del mundo (hasta el fin del mundo); entonces los traerá y conocerá el sabor de la muerte. Esta asimilación de Pinjás a Elías se encuentra también en PsJon. Nm 25,12: «He aquí que he decretado para él (Pinjás) mi alianza de paz y le haré un ángel de alianza y vivirá por siempre para anunciar la redención al final de los días».

— *AntBibl 32,7:* Dios había preparado la Torá desde el origen del mundo. Según N.Gn 3,24: «Dos mil años antes de que hubiese creado el mundo creó la ley»; para AntBibl 11,2.5, la ley es eterna y con ella Dios juzgará al mundo.

Hay en la obra otras tradiciones que nos son conocidas por fuentes no targúmicas; de algunas otras no se descubre constancia en la literatura rabínica:

— *AntBibl 7,4:* La tierra de Canaán fue salvada del agua del diluvio. Esta tradición nos consta también por Zeb. 113a; Gn.R. 33,6; PRE 23,2.

---

[9] Cf. A. Díez Macho, *Biblia Polyglotta Matritensia,* IV. *Targum Palaestinense in Pentateuchum,* Libro 2: *Exodo* (Madrid 1980) 94ss.
[10] La fornicación es considerada pecado; algunos autores han sostenido lo contrario respecto a la fornicación en el AT.
[11] G. Vermes, *op. cit.,* 173ss.

— *AntBibl 9,13:* Moisés nació ya circuncidado. Tal tradición en Sot. 12a y Ex.R. 1,20.

— *AntBibl 12,7:* «A quienes habían deseado la fabricación del becerro se les arrancaba la lengua, mientras que a quienes habían consentido por temor les brillaba el rostro». Cf. PsJon. Ex 32,20; PRE 45,6; etcétera. Pero «arrancar la lengua» es novedad.

— *AntBibl 3,11:* Según algunos mss., «si alguien derrama la sangre de un hombre, la suya será derramada *por la mano de Dios*». El texto hebreo de Gn 9,6 dice: «Quien vierta la sangre del hombre, *por los hombres* su sangre será vertida». Nuestro apócrifo supera, pues, la ley del talión. Nota que también LXX evita atribuir al hombre el derramamiento de sangre.

— *AntBibl 18,5:* Por el sacrificio de Isaac, «en virtud de su sangre», Dios eligió a Israel. La mención de la sangre refleja que no se podía concebir un verdadero sacrificio sin sangre; se presupone la tradición de que Isaac experimentó la muerte y la resurrección [12].

— *AntBibl 12,9:* «Si no te apiadas de tu viña, Señor, todo se habrá hecho en vano». Implica que el mundo fue creado para Israel, como expresamente dice 39,7.

— *AntBibl 32,15:* De la costilla de Adán nace Israel [13].

Escatología y antropología.

La información sobre escatología es muy rica en AntBibl; 3,10 brinda uno de los más importantes textos escatológicos de este apócrifo: «Pero, cuando se cumplan los años del mundo, cesará la luz y se extinguirán las sombras; entonces daré vida (*vivificabo*) a los muertos y alzaré (*et erigam*) de la tierra a los que duermen. El infierno devolverá lo que debe; la perdición (*perditio/perditum*) [14] restituirá su depósito, para que yo retribuya a cada uno según sus obras y según el fruto de sus acciones (*adinventionum suarum*), hasta que juzgue entre el alma y la carne. Entonces el mundo (*saeculum*) reposará, la muerte se extinguirá y el infierno cerrará sus fauces. La tierra no carecerá de frutos ni será estéril para los que habiten en ella; no se manchará nadie que haya sido justificado por mí (*in me*) [15]. Habrá una tierra y un cielo distintos, una morada eterna».

Este texto habla de la resurrección empleando evidentemente dos términos hebreos: *pi'el* de *ḥayyah* (vivificar) y la raíz *qwm* (alzar) [16]. Se entiende una resurrección corporal, pues afecta a los que yacen dormi-

---

[12] Cf. J. Swetnam, *Jesus and Isaac* (Roma 1981) 50-51. Véase PRE 31.

[13] Según los santos Padres, también la Iglesia, el Israel de Dios, nace del costado del segundo Adán.

[14] En hebreo *abaddón*.

[15] *b'* hebreo, con sentido de «por».

[16] Cf. A. Rodríguez Carmona, *Targum y resurrección* (Granada 1978) 26ss.

dos en tierra. Al final del mundo, cuando cesen luz y tinieblas, el infierno y el *abaddón* restituirán sus muertos; la resurrección tiene, pues, por finalidad la retribución a cada uno según sus obras [17]; se postula un juicio final, escatológico. «Hasta que juzgue entre el alma y la carne» no tiene un sentido claro; parece admitir una dicotomía entre alma y cuerpo, como defiende Hoffmann [18]; para otros, dicha expresión no implica «una concepción antropológica dualista, sino que recoge simplemente la terminología de Gn 9,16» [19]; pero nótese que en 44,10 la muerte es concebida como separación del alma del cuerpo. El texto anuncia como morada sempiterna una tierra nueva y unos cielos nuevos. Habrá, pues, un cambio radical del mundo presente; pero, como también predice que la tierra será fértil y no habrá esterilidad, el cambio parece ser sólo una transformación del mundo presente.

De este primer texto no puede deducirse el estado del cuerpo resucitado. Pero, en 4,11, de Abrahán se afirma que pondrá su morada en las alturas (... *qui ponat habitationem super excelsa),* lo cual parece querer decir que Abrahán, tras ser resucitado, será glorificado. 33,5, refiriéndose a todo Israel, predice: «Vuestra imagen será entonces como los astros del cielo que se han dejado ver entre nosotros»; esto quiere decir que los israelitas serán como ángeles, pues «astros» o «estrellas» aquí, como en otros lugares, se refiere a ángeles [20].

Abrahán, Moisés (32,9) y Pinjás (48,1) se beneficiarán de una resurrección privilegiada, pues según los citados textos, mueren, resucitan y son glorificados inmediatamente tras la muerte. Sin embargo, las almas de los demás justos, tras su muerte, descansan en paz en los depósitos de las almas «hasta que se cumpla el tiempo del mundo» (23,13; véase 32,13). Los malvados y muy especialmente la generación del diluvio, los egipcios y los hijos de Coré estarán eternamente en el infierno o *šeol,* y ése será su castigo, un futuro sin resurrección (16,3ss). Podemos, pues, representarnos de la siguiente manera el pensamiento del PsFilón: todos los muertos van al *šeol* y allí se recogen durmiendo; pero, mientras los justos esperan la resurrección, los perversos permanecerán allí sin esperanza ninguna de resurrección. Los habitantes del *šeol* no parecen gozar de conciencia en ese estadio intermedio entre muerte y resurrección; nótese cómo —contrariamente a lo que sobre Moisés se había afirmado en 32,9 (su resurrección inmediata *post morten)—* AntBibl

---

[17] Nota la diversa tesis de Sanders en su ya citada obra *(Paul and Palestinian Judaism):* lo determinante es permanecer en la alianza de Israel. Sobre la conexión resurrección-juicio, cf. Rodríguez Carmona, *op. cit.,* 17ss.

[18] P. Hoffmann, *Die Toten in Christus. Eine religionsgeschichtliche und exegetische Untersuchung zur paulinischen Eschatologie* (Münster 1966), citado por Cavallin, *op. cit.,* 79, nota 11. Basándose en AntBibl 23,13; 28,3; 33,3; 43,7; 44,10; 54,6; 62,9; 64,5-6, pasajes que hablan de la muerte como separación del alma y el cuerpo, o de la recepción de las almas tras la muerte.

[19] A. de la Fuente, *op. cit.,* nota *ad loc.*

[20] Cf. AntBibl 30,5: «El os elevó a la altura de las nubes, puso los ángeles a vuestros pies».

19,12 supone a Moisés en estado de sueño en el *šeol* hasta el momento de la resurrección: «A ti te tomaré, te haré dormir con tus padres, te daré descanso en tu sueño y te sepultaré en paz. Te llorarán los ángeles y se entristecerán las milicias celestes. Y nadie, ni ángel ni hombre, conocerá el sepulcro en que estarás sepultado hasta que yo visite el mundo. Entonces te despertaré a ti y a tus padres del país de Egipto donde dormiréis; vendréis juntos a habitar en la morada inmortal que no se halla en el tiempo». Este texto muestra que también Moisés y los demás patriarcas deben ser despertados para ser llevados a su morada eterna. Es claro, por tanto, que PsFilón admite un estado intermedio entre muerte y resurrección, aunque acaso para algunos justos la resurrección acaecerá inmediatamente *post mortem,* no al final de los tiempos. No está claro si la exaltación o glorificación es para vivir en la tierra prometida aquí abajo o en un mundo trascendente [21].

He aquí algunos otros textos escatológicos. En 16,3, describiendo el destino de los rebeldes de la facción de Coré, reaparece la distinción alma y cuerpo, el estado de los rebeldes después de la muerte consumiéndose en el *šeol* o *abbadón* hasta la llegada del fin del mundo y juicio final y la ulterior aniquilación de los rebeldes tras el juicio, de forma que no se contarán entre los vivos y de ellos se borrará toda memoria: «Por eso mando a la tierra que se trague cuerpo y alma juntamente. Morarán en las tinieblas y en la perdición; no morirán, sino que se consumirán hasta que me acuerde del mundo y renueve la tierra. Entonces morirán: dejarán de vivir, y su vida no contará entre los vivientes. El mundo inferior no los vomitará, y la perdición no se acordará de ellos; su fin será como el de las tribus de los gentiles, de los que dije que no me acordaría (...). Los devorará la tierra y permaneceré impasible» (AntBibl 16,3).

La muerte como separación del alma e inicio de otra vida del alma, aparece en las siguientes palabras de Pinjás, hijo del sacerdote Eleazar: «Diré lo que oí decir a mi padre en el momento de su muerte, no callaré lo que me encargó al ser recibida su alma» (28,3). Según AntBibl 32,13, «los padres que están en los depósitos de sus almas» recibirán el anuncio de la victoria sobre Sísara. AntBibl 33,2ss: exhortación de Débora a la conversión, en el supuesto expresamente señalado de que tras la muerte ya no hay posibilidad de penitencia, ni siquiera hay ya en el infierno posibilidad de nuevos pecados (pues ya no actúa el *yeṣer raʿ* o mala inclinación); ni siquiera tras la muerte pueden los muertos rogar por los vivos. El castigo de Yaír —el juez corrompido que quiso quemar a siete hombres que se negaron a rendir culto a Baal— es el fuego como morada: «... *in quo igne morieris in eo habebis habitationem*» (38,4). AntBibl 40,4 formula así el destino de Seila, la hija de Jefté: «Cuando desaparezca, descansará en el seno de sus antepasadas *(in sinum matrum suarum)*».

---

[21] Cavallin, *op. cit.,* 76-78.

El esquema escatológico para los justos (muerte-estado intermedio de las almas-resurrección-exaltación) reaparece con claridad en AntBibl 23,13: «Cuando os llegue el fin, vosotros y vuestra descendencia tendréis parte en la vida eterna: tomaré vuestras almas y las mantendré en paz hasta que se cumpla el tiempo del mundo. Os reuniré con vuestros padres y a vuestros padres con vosotros. Ellos sabrán por vosotros que no os elegí en vano». El destino del sirio Doeg será como el de Yaír —el fuego inextinguible— y aún peor: «Pronto llegará el día en que un gusano de fuego se meta en su lengua y lo haga pudrirse: morará junto con Yaír en el fuego que nunca se apaga» (63,4). La supervivencia del alma tras la muerte está bellamente señalada en las palabras de Jonatán a David: «Y si la muerte nos separa, estoy seguro de que nuestras almas se reconocerán» (62,9).

Concepción de Dios.

El Dios del PsFilón es conocedor de todo, de todo futuro, hasta de los futuros libres: «¿Acaso, Señor, no exploraste el corazón de todas las generaciones antes de formar el mundo? ¿Quién nace con la matriz abierta o quién muere con ella cerrada sin que tú lo quieras?» (50,4). Su causalidad es universal e inmediata. Es justo; subyace probablemente una comprensión retributiva de la justicia [22]. De ahí la dureza de determinadas formulaciones: «aborrezco al género humano» (44,8); «sabemos que Dios mira a su pueblo como abominación, que su alma nos aborrece» (49,2); «Dios amó a Jacob y odió a Esaú por sus obras» (32,5); el castigo «alcanzará a todos los hombres: escarmentarán con el mismo pecado que cometan» (44,10). En el tema del pecado, el PsFilón sigue el mismo esquema deuteronomista del libro de los Jueces: pecado-castigo-penitencia-perdón de Dios.

También la figura del Dios de misericordia aparece con toda fuerza en AntBibl: «Aunque mi pueblo pecó, yo tendré misericordia de él» [23] (31,2). La fidelidad (ḥesed) de Dios a su pueblo se mantiene en virtud de la alianza, a pesar de todos los pecados: «Ellos olvidarán las alianzas que hice con sus padres, pero yo no los olvidaré para siempre» (13,10). «El Señor va a tener hoy piedad de vosotros, no por vosotros, sino por la alianza que estableció con vuestros padres y por el juramento que hizo de no abandonaros para siempre (...). Vuestros padres murieron, pero el Dios que estableció la alianza con ellos es vida» (30,7). La imagen del pastor y el rebaño para representar las relaciones entre Dios e Israel subraya la misericordia divina: «¿Acaso el pastor aniquilará su rebaño sin motivo, sin que peque contra él? Seguro que nos perdonará con su gran misericordia, ya que tanto se ha esforzado por nosotros» (28,5; cf. 31,5). La imagen de Israel viña del Señor, elegida desde antes de la creación del mundo, acentúa también el amor de Dios a su pueblo

---

[22] Cf. *infra* en parte tercera, en el cap. I, *Dios,* la discusión sobre la justicia de Dios, pp. 314-328.

[23] Un error ha hecho omitir esta frase en la versión española.

(28,4). Otros textos en los que se recuerda la misericordia de Dios para con su pueblo son 12,9.10; 13,6; 15,7; 19,9.11; 49,3.7, etc.

La fábula del león, en 47,3-8, refleja la imagen de un Dios justo y misericordioso típica del PsFilón [24].

[24] Acerca de las parábolas o $m^e\check{s}alim$ en el judaísmo y de su comparación con las parábolas de Jesús, cf. la obra de D. Flusser, *Yahdut u-m^{e}qorot ha-naṣrut* (en hebreo; título inglés, *Jewish Sources in Early Christianity)*, en «Colección de estudios y ensayos» (Israel 1979) 150-209. Más recientemente, del mismo autor, *Die rabbinische Gleichnisse und der Gleichniserzähler Jesus* (Berna 1981).

VIDA DE ADAN Y EVA
(Versión griega)

1. Notas introductorias

Es obra de carácter narrativo, saturada de temas apocalípticos [1]. Se trata propiamente de una narración haggádica de tipo midrásico sobre los primeros capítulos del Génesis: caída de los primeros padres, consecuencias y arrepentimiento, muerte y sepultura. Pero, a diferencia de los clásicos midrases, no es un comentario seguido del texto bíblico, versículo a versículo, sino una narración libre. La obra fue escrita originalmente en hebreo, con anterioridad al 70 d. C.

2. Contenido teológico

La humildad y el arrepentimiento por el primer pecado —causa de tantas desgracias para los descendientes de Adán y Eva— recorren las páginas de este midrás [2]. Los temas apocalípticos son muy numerosos: nótese la frecuente intervención de los ángeles, la insistencia en la resurrección de Adán y Eva y de los muertos como fenómeno escatológico del futuro, así como el dualismo antropológico o distinción de alma y cuerpo [3]. Nuestro apócrifo afirma que el alma sale del cuerpo al morir

[1] Sin fundamento es llamada «Apocalipsis de Moisés». Véase la introducción de N. Fernández Marcos en el vol. II de esta obra, p. 320.

[2] La obra explica los efectos del primer pecado —que se atribuye a Eva, no a Adán, como hace 4 Esdras—: la enfermedad de Adán y la muerte de Adán y Eva. Respecto al pecado, Eva explica a sus hijos que pecó engañada por la serpiente, es decir, por Satán que hablaba por la serpiente. Muchas de estas *haggadot* pueden rastrearse en la literatura judía y rabínica, como ya lo ha hecho A. S. Hartom en las notas de su traducción al hebreo de este libro: *Ha-sefarim ha-ḥiṣonim* I, 11-26.

[3] Sobre el dualismo antropológico, cf. *infra* en la tercera parte, caps. III y IV. Resalta la clara distinción entre alma y cuerpo en una obra que puede ser bastante anterior al año 70 de nuestra era.

y que los cuerpos de Adán, Eva y Abel son sepultados en el paraíso, en el tercer cielo, el cielo de las nubes, en espera de la resurrección y juicio final.

VIDA DE ADAN Y EVA
(Versión latina)

1. *Notas introductorias*

Es otra versión, en muchos puntos diferente, de la conocida *Vida de Adán y Eva* en griego o *Apocalipsis de Moisés* [1]. Hay puntos tratados aquí que faltan en la versión griega, como son los apuros de Adán y Eva cuando, arrojados del paraíso, no tienen qué comer; la narración haggádica pone así de manifiesto las penas derivadas del primer pecado: el hambre fue una de ellas. El arcángel Miguel —el constante mensajero de Dios, según esta narración— tiene que enseñar a los primeros padres a trabajar la tierra. Estos deciden hacer penitencia: Adán, sumergiéndose cuarenta y siete días en el Jordán, y Eva, cuarenta días en el Tigris. A una llamada de Adán en el Jordán, acudieron todos los animales del río a acompañarle llorando con él; Adán, ya pecador, aparece aún como rey de los animales; al morir Adán, el sol, la luna y las estrellas se oscurecerán durante siete días. Eva, de nuevo débil, se deja seducir por Satanás, quien finge llorar con ella y con engaño la saca del Tigris y la lleva a Adán antes de los cuarenta días. Adán se encara con Eva y con Satanás y le exige que diga la razón de su persecución; Satán responde que por culpa de Adán fue arrojado del cielo, pues Miguel exigió a los ángeles que adorasen al primer hombre creado a imagen de Dios, cosa que él, Satán, y sus secuaces se negaron a hacer. Satán alegaba ser anterior a Adán y superior a él y que, por tanto, la adoración se le debía rendir a él y no a Adán. Expulsado del cielo por eso, Satanás mantiene la envidia de la felicidad de Adán y Eva.

Sigue la narración del nacimiento de los hijos de Adán y Eva, una visión de Adán, el testamento que da a sus hijos, la enfermedad y dolores de Adán y la ida de Eva y Set al paraíso para obtener un aceite curativo. Las enemistades mutuas entre Eva y su descendencia por un lado y la serpiente por otro (Gn 3,15) se materializan en este relato haggádico diciendo que la serpiente les salió al encuentro y mordió a Set. Miguel se les aparece y disuade a Set de buscar el aceite del paraíso. A continuación el arcángel le dice que sólo se podrá obtener ese aceite medicinal en los últimos tiempos, cuando venga el Rey Mesías;

---

[1] Cf. Nickelsburg, *op. cit.*, 256, cuadro comparativo de ambas versiones. Del mismo autor, *Some related Traditions in the Apocalypse of Adam, the Books of Adam and Eve and 1 Henoch*, en *The Rediscovery of Gnosticism* II (Leiden 1980) 524.

es ésta la misma versión que hace Tg. N.Gn 3,15, interpretando «el talón» (*'eqeb*) del texto hebreo como el talón del tiempo o tiempo final[2]; esta misma interpretación targúmica —escatológica y mesiánica— se cristianiza en la versión latina de la *Vida de Adán y Eva* diciendo que el remedio se dará en «los últimos días, cuando se cumplan cinco mil doscientos veintiocho años, ya que entonces vendrá a la tierra Cristo, el muy amado Hijo de Dios, para reanimar y resucitar el cuerpo de Adán y resucitar los cuerpos de todos los muertos» (§ 42)[3]. Aquí se completa una tradición judía con doctrina escatológica cristiana. También en los §§ 44-45, la visión de la Virgen con un niño crucificado en sus manos es interpretación cristiana de Gn 3: la mujer y su descendencia herida por la serpiente. Esta versión latina ofrece, pues, una reinterpretación cristiana de Gn 3,15 como la de Ap 12: una interpretación cristiana basada en una interpretación mesiánica del judaísmo[4].

2. *Contenido teológico*

Acabamos de notar esta interesante interpretación mesiánica cristiana, enraizada en una interpretación judía. Nótese también el puesto importante que la oración tiene en esta obra: como la oración judía, empieza con la *beraká* o alabanza; se menciona la casa de oración, lo que supone la existencia de la sinagoga. Como en la versión griega, los males se atribuyen al pecado de Adán y Eva; ésta, humildemente y repetidas veces, se echa a sí misma la culpa. Es digno de notar el dualismo antropológico de alma y cuerpo; Set vio cómo la mano del Señor sostenía el alma de su padre y la entregaba al arcángel Miguel con estas palabras: «Que esta alma quede a tu cargo con tormentos hasta el día de la actuación, en los últimos días, en los que convertiré su luto en gozo» (§ 47); mientras tanto, el cuerpo de Adán es enterrado: «Los arcángeles dieron sepultura en el paraíso al cadáver de Adán y al de su hijo Abel» (§ 48). El § 54 es ambiguo: «Después de cuarenta días, Adán penetró en el paraíso, y Eva después de ochenta. Permaneció Adán en el paraíso durante siete años y dominó sobre todas las bestias»; no está claro de qué entrada se trata ni de qué paraíso. Respecto a la angelología, nótese —como en la versión griega— la frecuente intervención del arcángel Miguel; se mencionan unos ángeles con el nombre de «virtudes».

---

[2] Así concluye la amplia versión que hace Tg.N. a Gn 3,15: «Sólo que para el hijo de ella habrá un remedio y para ti, serpiente, no habrá remedio. Pues ellos curarán el talón en los días del rey Mesías». Cf. M. Pérez Fernández, *Tradiciones mesiánicas en el Targum Palestinense* (Valencia-Jerusalén 1981) 40-47.

[3] Tg.Os. 6,1-2 afirma que la curación de Dios ocurrirá en los tiempos mesiánicos; igualmente, Gn.R. 20,5.

[4] Sobre el tema, amplio estudio en la citada obra de M. Pérez Fernández, páginas 33-94.

PARALIPOMENOS DE JEREMIAS

1. Notas introductorias

La destrucción de Jerusalén en el 70 d. C. dio origen a dos obras apócrifas de importancia: el Apocalipsis siríaco de Baruc y 4 Esdras. Una situación similar y hasta más grave —conversión de Jerusalén en colonia romana pagana, *Aelia Capitolina,* por obra del emperador Adriano el 130 d. C.; prohibición de la circuncisión en todo el Imperio por el mismo emperador; la insurrección del 132-135, que acabó con una terrible devastación y una cruel diáspora [1]— dio origen a otro apócrifo, *Paralipómenos de Jeremías,* que, como los dos anteriores, toma como punto de partida la destrucción de Jerusalén en tiempos de Nabucodonosor el 587 a. C. y el destierro de Babilonia [2].

Los Paralipómenos de Jeremías existen en diversas lenguas: árabe, etiópico, armenio, copto y eslavo. En el volumen II de nuestra obra ofrecemos las versiones griega y copta con amplias introducciones de sus traductores. La versión copta lleva el nombre de «Apócrifo de Jeremías sobre la cautividad de Babilonia»; su contenido no es el mismo que el de la versión griega de Paralipómenos de Jeremías y no parece que exista dependencia entre ambas [3]. En esta presentación nos ceñimos a la versión griega.

Los Paralipómenos de Jeremías tienen bastante parecido con la narración del Apocalipsis siríaco de Baruc, hasta tal punto que P. Bogaert [4] considera a Paralipómenos como relato dependiente de ApBar(sir); circunscribe esta dependencia al marco narrativo, no al episodio de Abimelec ni a la muerte de Jeremías por lapidación [5]. Por su parte, Nickelsburg, examinada la trama narrativa, encuentra razones para defender que ParJr y ApBar(sir) dependen simplemente de una fuente común [6].

---

[1] El líder de esta revolución, Bar Kosiba, proclamado Mesías —hijo de la estrella, *bar kokba*— por el rabino más importante de la época, R. Aquiba, también fue martirizado por los romanos.

[2] Este nuevo apócrifo es conocido por diversos nombres además de Paralipómenos de Jeremías: 4 Baruc, Resto de las palabras de Baruc, 2 Baruc, 3 Baruc, Baruc cristiano. Omitimos tales nominaciones para evitar confusiones con los apocalipsis siríaco y griego de Baruc, que suelen designarse 2 Bar y 3 Bar.

[3] Véase la introducción de G. Aranda Pérez en el vol. II de esta obra, pp. 387-400; *ibíd.,* 355-367, introducción a la versión griega por L. Vegas Montaner.

[4] P. Bogaert, *Apocalypse de Baruch* I (París 1969) 177-221.

[5] Bogaert reconoce que estos episodios son interpolaciones ajenas al marco narrativo original, que es el que dependería del ApBar(sir).

[6] Efectivamente, las dos obras discrepan en muchos detalles de la trama narrativa; en ApBar(sir) la figura de Baruc tiene más relieve que la de Jeremías, mientras que en Paralipómenos ocurre lo contrario. Cf. G. W. E. Nickelsburg, *Narrative Traditions in the Paralipomena of Jeremiah and 2 Baruch:* CBQ 35 (1973) 60-68.

2. Contenido teológico

La obra, tal como ha llegado a nosotros en la versión griega, es una reelaboración cristiana, de donde se deriva el nombre de «Baruc cristiano». Pero hoy se admite generalmente que, fuera de lo que sigue al martirio de Jeremías, el resto de los nueve capítulos es obra genuinamente judía. Así lo muestran la terminología, la aprobación de los sacrificios en el templo, la circuncisión, el repudio de mujeres extranjeras y la ausencia de mesianismo cristiano [7].

Esta es la trama de la obra: Dios anuncia a Jeremías la destrucción del templo; lamentos de Jeremías y Baruc; Jeremías entierra los vasos sagrados; los ángeles abren las puertas de Jerusalén para que se advierta que la conquista de Jerusalén es obra de Dios y no de los paganos; Jeremías y el pueblo son llevados a Babilonia; Abimelec (el Ebedmelec de Jr 38), siervo de Jeremías, es enviado a coger higos a la viña de Agripa y allí se duerme durante sesenta y seis años; al despertar de su larga siesta, los higos aún están frescos; cree que ha dormido una siesta normal, pero al volver a Jerusalén la encuentra transformada; Baruc escribe a Babilonia una carta para Jeremías, quien la lee a los desterrados; vuelven los desterrados a Jerusalén, no sin que antes Jeremías examine quién está circuncidado y quién no, quiénes están casados con babilonias y quiénes no; los que no abandonaron a sus mujeres extranjeras no pudieron entrar en Jerusalén ni tampoco fueron ya aceptados en Babilonia: éstos son los que fundaron la ciudad de Samaría; antes del retorno, Jeremías responde con otra carta a Baruc; un águila es la portadora de esta carta, como ya antes lo había sido de la carta de Baruc; Jeremías es martirizado.

El mensaje del libro parece ser que, así como tras la destrucción del primer templo y consiguiente exilio hubo un retorno del destierro, así también tras la destrucción del segundo templo y consiguiente exilio habrá otro retorno una vez que pasen los sesenta y seis años del sueño de Abimelec, o sea, en el 136 d. C. (= 70 + 66). La condición para volver a la ciudad santa es la renuncia a la idolatría y a los matrimonios mixtos y la práctica de la circuncisión.

---

[7] Los que interpretan esta obra como cristiana o judeocristiana, a causa de su último capítulo 9, piensan que el libro es un mensaje de paz de los cristianos a los judíos invitándoles a aceptar el bautismo (el signo del gran sello del Jordán) para poder entrar en la ciudad santa, cuyo ingreso Adriano había vedado a los judíos el 136 d. C. Cf. Nickelsburg, *Jewish Literature...*, 316. Sobre el mensaje de Paralipómenos, cf. también G. Delling, *Jüdische Lehre und Frömmigkeit in den Paralipomena Jeremiae* (BZAW 100; Berlín 1967).

3 ESDRAS
(LXX 1 Esdras)

1. Notas introductorias

Existe cierta confusión en cuanto a la denominación de este apócrifo [1]. Los grandes manuscritos unciales griegos B y A lo denominan *1 Esdras*, pues lo sitúan delante del Esdras bíblico por comenzar con narraciones anteriores a Esdras: empieza efectivamente con la Pascua de Josías (1,1-20 = 2 Cr 35,1-19). También lo llaman *1 Esdras* las viejas versiones latinas y la siríaca. Sin embargo, los manuscritos griegos lucíánicos lo denominan *2 Esdras*, pues lo copian detrás del Esdras bíblico, al que consideran *1 Esdras*. La Vulgata de Jerónimo lo excluye del canon, considerándolo apócrifo (PL XXVIII, 1472), y lo denominan *3 Esdras*, reservando la denominación de *1 y 2 Esdras* para el Esdras-Nehemías de la Biblia hebrea, y *4 Esdras* para otro apócrifo que suele figurar en los manuscritos de la Vulgata (cf. *infra*). En nuestra obra usamos la nomenclatura de la Vulgata.

¿Se trata de un libro independiente o de fragmentos de la obra Crónicas-Esdras-Nehemías? Existen dos hipótesis. La primera sostiene que es un libro independiente, compilación de obras anteriores, con una finalidad propia: escribir la historia del culto del templo, desde la Pascua de Josías hasta la restauración del culto y la ley; por eso termina con la lectura de la ley ante el pueblo [2]. Según otra teoría (hipótesis «fragmentaria»), 3 Esdras sería sólo un fragmento o colección de fragmentos de otra obra más vasta: Cr-Esd-Neh [3]. En el estado actual de la

---

[1] Cf. R. Hanhart (ed.), *Text und Textgeschichte des 1 Esrabuches* (Abhandlungen der Akademie der Wissenschaften in Göttinga; Gotinga 1974). Véase en la introducción de N. Fernández Marcos (vol. II de esta obra, pp. 445-451) el elenco de manuscritos, versiones antiguas, ediciones, traducciones y estudios.

[2] De ser obra independiente, como parece, no es completa, pues le falta el final, que Flavio Josefo sí conoce (adviértase cuán frecuentemente los mss. pierden los folios finales). El empezar con un «y» *(kai egagen)* no implica necesariamente que el manuscrito sea también defectivo al comienzo; Lv y Nm empiezan también por *kai* (en hebreo *wa-yiqrá, wa-yedabber);* y 2 Cr 35,1, donde nuestro apócrifo comienza su narración, comienza por *wa-ya‘aś.* Un argumento de que se trata de una obra independiente es que contiene materiales no existentes en Cr-Esd-Neh: 3 Esd 1,21-22 y todo el documento de los tres pajes (3,1-5,6); además, los llamados «documentos autónomos» o seis primeros capítulos del Esdras bíblico (materiales DA) están en 3 Esdras en un orden distinto. Cf. P. Sacchi, *Apocrifi dell'Antico Testamento,* 112ss.

[3] También en esta hipótesis queda justificada la inclusión de 3 Esdras entre los apócrifos, al menos por contener materiales nuevos ausentes de esa supuesta colección Cr-Esd-Neh. Pero tampoco está probado con certeza que Cr-Esd-Neh sean obra de un mismo autor —el Cronista—, quien, terminadas las Crónicas, habría compuesto Esd-Neh; esta afirmación es frecuente, pero no está probada (cf. S. Japhet, *The Supposed Common Authorship of Chronicles and Ezra-Nehemia Investigated Anew:* VT 18 [1968] 330-371). Lo único que parece admisible es que Cr-Esd-Neh tuvieran un mismo «redactor final». Al parecer, Cr ya existía al final del período persa; por tal época las «memorias» de Esdras aún no estaban unidas a las de

investigación es arriesgado afirmar que nuestro apócrifo sea un fragmento de la gran obra del Cronista, ya que ésta parece haber tenido diversos autores y haber existido desmembrada hasta un tiempo relativamente tardío.

3 Esdras se conserva en griego arcaico, griego de traducción. Por la técnica empleada —mucha libertad en el léxico para el mismo término— parece que la traducción es anterior a la época en que tal libertad cesó en beneficio de la versión literal consecuente; la traducción puede ser, pues, anterior a Aquila, posiblemente del siglo I-II a. C.[4] La traducción griega parte de un texto hebreo común a Cr-Esd-Neh y 3 Esdras, aunque traducido independientemente[5]. Aunque el relato de los tres pajes (3,1-5,6) se suele considerar escrito originariamente en griego, en él se detectan influjos del hebreo: los tres guardaespaldas del rey se denominan *neaniskoi,* jóvenes (3,4), que es la versión del hebreo *ne'arim* (= jóvenes en la plenitud de su fuerza hasta incluso los cuarenta años; cf. 1 Re 12,8); 4,4 ha traducido «montañas» *(harim)* en vez de *'arim* (= ciudades), por confusión de esas laríngeas[6]. Un argumento de que 3 Esdras es traducción al griego de un texto hebreo es que, en los pasajes correspondientes al Esdras arameo bíblico, nuestro apócrifo no sigue el texto arameo o —si lo sigue— lo traduce al hebreo: 3 Esd 6,3 y 7,1 lee «Sisine», lectura que procede del *Sasnai* hebreo y no del *Tattenai* del arameo bíblico[7]; 3 Esd 6,27 traduce «exiliados» *(šby)* en vez de «ancianos», como hace el bíblico Esd 6,8 (es claro que traduce un texto hebreo, que en este caso podría ser también arameo).

La fonética del hebreo subyacente que traslucen las transliteraciones de la versión griega se parece a la de los LXX: aún hay distinción entre *'ayin* y *gain* (en 8,33, *'Atalyah* es transliterado «Gotolías»); aún no hay atenuación —*Verdünnung*— de *patah* cerrado átono (se lee *Samseo* para el hebreo *Simsai); las bgdkft* aún no pasan de aspiradas a explosivas: *Fares* por el hebreo *Peres,* *Fines* por el hebreo *Pinhas, Fasuro* por el hebreo *Pashur;* en 5,38, *Farseleo* en vez de *Barcillai* supone un medio lingüístico arameo; *Foros* en lugar de *Par'os* denota el influjo de

---

Nehemías, ni lo estarán hasta al menos el final del siglo II a. C. La fusión de estas memorias y DA y Cr tendrían por *terminus post quem* la obra de Ben Sira y 2 Mac; cf. Sacchi, *op. cit.,* 110.

[4] Cf. P. Sacchi, *op. cit.,* 120s.

[5] El mismo hebreo de Esd-Neh difiere del de Cr: éstas no conocen los *waw* versivos que los otros libros utilizan, acaso por influjo de documentos antiguos e independientes.

[6] Kahana, *op. cit.,* 588 nota. Como argumento de que el relato de los tres pajes es de origen extrapalestino no se puede alegar el uso de la palabra *'emet* (= *aletheia,* «verdad») no en el sentido de la Biblia hebrea («seguridad», «fidelidad»; frecuente superlativización de *hesed* en el sintagma «fidelidad en el amor»), sino en el sentido de la *aletheia* griega y de nuestra cultura. Ya antes del Evangelio de Juan, el concepto griego de «verdad» se predica de Dios en textos esenios de Palestina o de fuera de ella; cf. Documento de Damasco 2,12-13: «El espíritu de la santidad de Dios (el Espíritu Santo) es verdad»; Hodayot 15,25: «Tú eres Dios de verdad». Cf. P. Sacchi, *op. cit.,* 119s.

[7] Cf. Kahana, *op. cit.,* 596.

la laríngea *r* o de la labial *p* en el timbre de la *o,* influjo corriente en medio arameo.

Esta fonética casa con la antigüedad que se atribuye a la misma versión griega (siglo I a. C. o fecha anterior). Tal antigüedad de la versión y la mayor antigüedad del texto pueden explicar que 3 Esd 9,48 —pasaje de la lectura de la Ley de Moisés por los levitas al pueblo— no mencione el targum al interpretar las palabras de Neh 8,8: *meforaš wešom šekel wa-yabinu ba-miqrá;* 3 Esd 9,48 traduce: «enseñaban la ley del Señor y leían la ley del Señor al pueblo dándole vida (insuflando vida) a la vez que la leían». La literatura rabínica (cf. bMeg. 3a; jMeg. 4,1; bNed. 37b; Gn.R. 36 a Gn 9,26) ha visto en este pasaje la institución de la traducción del texto hebreo al arameo, lo que llamamos targum.

2. *Contenido teológico*

La versión griega de 3 Esdras respeta la historia, pero es al mismo tiempo parafrástica. El sentido del libro se descubre al advertir que el autor narra la historia de un largo paréntesis de la historia de Israel: el exilio destruyó todo y dejó sólo un «resto»; después Israel recuperó la tierra, más tarde el templo y finalmente la ley. Con Esdras y la ley Israel vuelve a su plenitud espiritual. Josías y Esdras son los dos personajes paralelos que abren y cierran el paréntesis [8].

A lo largo de la narración histórica se va manifestando la superioridad del judaísmo sobre el paganismo; es el mismo propósito que simultáneamente persiguen otros libros judíos de la diáspora. Esta dirección lleva la narración de los tres pajes (3,1-5,6) y la constante oposición a los matrimonios mixtos.

[8] Cf. P. Sacchi, *op. cit.,* 115.

3 MACABEOS

1. *Notas introductorias*

El tercer libro de los Macabeos es obra narrativa griega de marcado carácter antigentil. Pese al título, nada tiene que ver con la guerra de los Macabeos [1]. Se data en el último tercio del siglo I a. C.; procede de

[1] I. Rodríguez Alfageme, traductor del libro en este *corpus,* escribe en la introducción correspondiente: «Su título puede deberse, como dice C. W. Emmet (APOT 155), a su colocación junto a los otros libros de los Macabeos. Pero, al mismo tiempo, conviene señalar las afinidades que lo unen a éstos: la intención apologética, el tono de la narración, la inclusión de cartas oficiales, de algunos incidentes particu-

Egipto, del judaísmo helenístico —incluso en el estilo— y con ribetes apologéticos. El género literario es el llamado historia patética, escrita en griego retórico.

2. Contenido teológico

Narra las vicisitudes de la persecución de Tolomeo IV Filopátor (221-204 a. C.) contra los judíos: varias veces intentó aniquilarlos, pues después de vencer a Antíoco III el Grande (223-187), quiso entrar en el *sancta sanctorum* del templo de Jerusalén, y los judíos en masa se lo impidieron. Determinó exterminar a los judíos mediante quinientos elefantes ebrios que los habrían de pisotear, pero los judíos acudieron a la oración y penitencia y a la confianza en Dios, y Dios milagrosamente los salvó; al final, el castigo se tornó contra sus enemigos, y ellos quedaron libres y honrados.

Se trata de un libro con algún punto de historia real y muchos de historia ficticia, edificante, con un evidente trasfondo moral: adhesión a la ley, adhesión a Dios, práctica de la oración y confianza en el Señor. Por su parte, Dios responde con providencia también extraordinaria: el envío de los ángeles para salvarlos. Es totalmente legendaria la autorización real para matar a los judíos apóstatas (7,10-16). Los elementos apocalípticos son escasos.

Como se aprecia por su contenido, el motivo desarrollado es el del justo injustamente perseguido, al que Dios se encarga de vindicar y exaltar, como en el caso de Dn 1-6, Ester y Sab 2,4-5. Aquí el justo perseguido es el pueblo de Israel, siempre amenazado: en Jerusalén, cuando Tolomeo pretende entrar en el *sancta sanctorum;* en Egipto, cuando quiere esclavizarlos a menos que den culto a Dióniso, o cuando pretende matar a los judíos alejandrinos en el hipódromo mediante elefantes ebrios[2].

VIDAS DE LOS PROFETAS

1. Notas introductorias

Es un conjunto de relatos, frecuentemente ficticios, acerca de los profetas mayores y menores y algunos otros. Abundan los datos haggá-

lares y del personaje Eleazar son rasgos comunes con 2 Mac y Arist» (vol. II, 482). En la misma introducción véase amplia información sobre manuscritos y ediciones, así como bibliografía sobre estudios.

[2] Esta leyenda se encuentra en Josefo (*Contra Apión* 2,53-56) y habría tenido lugar en tiempo de Tolomeo Evergetes (145-117 a. C.). Sobre el valor histórico de 3 Mac, cf. V. H. Tcherikover, *The Third Book of Maccabees as a Historical Source:* ScriptHier 7 (1961) 1-26.

dicos [1] con alguna infiltración cristiana [2]. El original es griego y se remonta al siglo I d. C. [3]

Como nuevo argumento para su datación resalto algunos detalles. En la vida de Daniel, frecuentemente este personaje es llamado «el santo», lo cual constituye un indicio cronológico, pues desde Rabbí (principios del siglo III d. C.), que fue llamado también «el santo» —*ha-qadoš*—, los rabinos dejaron de llamar «santo» a ningún hombre, reservando el título para Dios [4]. Otra observación: en la vida de Jonás (v. 1) se dice que el profeta es natural de Kariatmaus (= *qiryatmaʿon*), transliteración que supone no haberse operado aún el paso de *a* cerrada átona a *i* (*Verdünnung*), fenómeno que se produce en Palestina hacia el siglo III-IV d. C. La misma denominación de Bet-Gabrín (v. 1 de la vida de Nahún) —que es la pronunciación antigua de fuentes griegas y cristianas: Baitog*a*brein, Beg*a*bar, Betog*a*bri, Betg*a*brin— prueba la antigüedad de la lengua; posteriormente y por influjo de la labial *b* que sigue, la *a* ha sido desplazada por la *u*: Bet-G*u*brin [5]. La inspiración en los LXX se echa de ver en diversos detalles como el de llamar a Zacarías hijo de Yehoyadá, hijo de Jodas (que es la transliteración de los LXX) o el de transliterar G*a*lgal en vez de Gu*i*lgal.

2. *Contenido teológico*

Son de destacar las referencias a la resurrección; así en la vida de Jeremías; también en la de Ezequiel, v. 13: «Con el milagro de (la resurrección de) los huesos muertos los convenció de que hay esperanza para Israel ahora y en el futuro» [6].

N. Fernández Marcos, en la introducción ya citada, hace notar que el escrito, sin pretender inculcar ningún pensamiento teológico determinado, resulta precioso para gustar la teología popular del judaísmo contemporáneo de Jesús: es un testimonio fehaciente de la religiosidad popular de Palestina.

[1] En 10,1-6 se identifica a la viuda de Sarepta, cuyo hijo fue resucitado por Elías (1 Re 17), con la madre de Jonás, de forma que Jonás resulta ser el hijo resucitado. Así también en PRE 33,2: «Por el poder de la limosna los muertos resucitarán. ¿De dónde sabemos esto? De Elías el Tesbita: caminando de monte en monte y de cueva en cueva llegó a Sarepta, donde con gran honor lo recibió una mujer viuda, que era la madre de Jonás». Ya en el NT, Jonás es signo de la resurrección de Jesús.

[2] Cf. 2,7: «Este Jeremías dio un signo a los sacerdotes egipcios: que sus ídolos iban a conmoverse y todas sus figuras iban a derribarse cuando llegara a Egipto una virgen recién parida con un niño de apariencia divina».

[3] Amplia información en el vol. II de esta obra, en la introducción de N. Fernández Marcos, pp. 507-511.

[4] Cf. Marmorstein, *Old Rabbinic Doctrine of God* (Oxford 1927) 213-217.

[5] Cf. I. Press, *Enciclopedia topográfica de la historia de Israel* I (Jerusalén 1951; en hebreo) 76s.

[6] Supone que las tribus deportadas por los asirios están en Mesopotamia, pues dice que Ezequiel juzgó en Babilonia a las tribus de Dan —ya entonces de mala fama— y de Gad.

SALMOS DE SALOMON

1. Notas introductorias

Se trata de una compilación de 18/19 salmos, himnos o elegías, originariamente escritos en hebreo, pero que nos han llegado en griego. Según opinión común son de origen fariseo, si bien algunos opinan que proceden de círculos «asideos». En cualquier hipótesis, se trata de una obra preciosa para conocer ideas del círculo religioso del que procede el desconocido autor. Hay que contar con un «redactor final» y, probablemente, también con un único autor. El libro es medio siglo anterior al cristianismo. SalSl tienen un carácter principalmente didáctico: Dios es juez que premia o castiga a israelitas y gentiles. Ni en estilo ni en inspiración alcanzan la altura de los salmos bíblicos.

2. Contenido teológico

Mesianismo y escatología.

Sobre este punto véase *infra,* pp. 351-389. Además, la introducción correspondiente de A. Piñero en el volumen III de esta obra, pp. 18-19.

Dualismo ético: los justos y los pecadores [1].

Lo que interesa destacar aquí es el insistente dualismo de *hosioi* (= *ḥasidim,* piadosos) y *dikaioi* (= *ṣaddiqim,* justos), por un lado, y de pecadores o malvados, por otro. Estos *amartoloi* se llamaban probablemente en el original hebreo *reša'im* o *ra'im.* La obra no parece conocer diferentes clases de justos; pero los designa con diversos nombres: pobres, humildes, santos, los que invocan al Señor, fieles al Señor, temerosos de Dios, los que aman a Dios, servidores de Dios, etc. Estos justos no son, al parecer, un grupo minoritario de judíos superobservantes de la ley, sino el pueblo de Israel en general (7,8-10; 11,1-9; 12,6), los elegidos para la alianza (9,10; 17,15), la estirpe de Abrahán y Jacob (9,9; 18,3), «nosotros», como a menudo dice el salmista. En algunos lugares se contempla una defección muy generalizada de este pueblo de Dios (17,19-20); en otros se supone para el futuro una fidelidad general: un pueblo santo, en Palestina, con el Mesías, excluidos los extranjeros (17,26-27).

En los pecadores se incluyen los romanos (1,4-8; 2,1-2), pero principalmente los malvados dentro del propio pueblo. Ocupan un primer lugar los sacerdotes hasmoneos gobernantes, cuyo mayor pecado es detentar el poder sin ser descendientes de David (8,11) y profanar el templo (8,12.22); son peores que los mismos gentiles, que también profa-

[1] Cf. *infra,* pp. 346-347.

naron el lugar santo. Naturalmente, junto con los sacerdotes hasmoneos se entienden también por pecadores los saduceos, que los apoyaban[2]. Los *rešaʿim* del pueblo de Dios son los que han roto gravemente con la alianza de Yahvé y ni hacen penitencia ni expían sus pecados. En cambio, los israelitas pecadores que se arrepienten (9,6-7) y expían sus pecados con el ayuno y la humildad de su espíritu (3,8) no quedan fuera del pueblo de Dios ni del ámbito de la salvación.

Justicia y misericordia de Dios[3].

Los justos o piadosos pueden pecar, y efectivamente se mencionan sus pecados involuntarios; pero Dios les impone su corrección (*musar, tokeḥa*) y así los vuelve al buen camino (10,1-3; 16,14-15; 17,42)[4]. Precisamente esta corrección divina a los justos y piadosos es una novedad de SalSl (13,7-10; 14,1) que pugna contra la representación ordinaria de que los justos reciben de Dios únicamente bienes y nunca males. Pero adviértase que sobre los *ṣaddiqim* nunca pende el mal definitivo o perdición, que es la constante amenaza de los malvados. Estos sí se perderán para siempre: su *apoleia* significa la muerte eterna o el tormento *post mortem* (3,11-12), tendrán castigo en este mundo y luego eternamente. Los justos sólo aquí recibirán su castigo, pero se salvarán en definitiva (11,7; 14,3-4; 15,13).

Según E. P. Sanders[5], SalSl representa la concepción del judaísmo de Palestina (incluido el tannaítico) de que los justos —los que no han roto con la alianza de Yahvé o se han vuelto a ella por la penitencia— son tratados por Dios con misericordia y, gracias a la misericordia divina, reciben la salvación. Tal misericordia no depende de sus merecimientos ni de su cumplimiento de la ley, sino de su inserción y perseverancia en la alianza, que es lo que verdaderamente los salva. Aunque nuestros salmos afirman que Dios juzga con justicia según las obras (2,16.18; 9,4ss), más frecuente es la formulación de que los malvados son juzgados con estricta justicia y los justos con misericordia.

SalSl hablan con frecuencia de la justicia de Dios para con los justos. Por ello —según Sanders— no debe aceptarse la explicación de Braun[6],

---

[2] Entiéndase esta afirmación con la matización de que los saduceos son considerados pecadores en cuanto que apoyan a los hasmoneos y no simplemente en cuanto saduceos. A. Piñero escribe en la introducción correspondiente (vol. III, p. 16) de esta obra: «¿Quiénes son los enemigos del autor? ... Además de los paganos, los integran la mayoría de los miembros del partido saduceo, aunque una afirmación así, sin más, sería simplificar el cuadro. Son sus adversarios los ricos judíos helenizados, que no observan íntegramente la ley, los sacerdotes que no guardan la pureza más radical, los saduceos que no participan de su teología... y sostienen una monarquía, la hasmonea, que no posee origen divino, y los fariseos mismos, quienes, por sus pecados, han atraído el castigo divino sobre el pueblo, representado en la espada romana».

[3] Cf. *infra*. pp. 314-328.

[4] Cf. *infra*, pp. 315-328.

[5] E. P. Sanders, *Paul and Palestinian Judaism* (Filadelfia 1977) 392-397.

[6] H. Braun, *Vom Erbarmen Gottes über den Gerechten*, en *Gesammelte Studien zum Neuen Testament und seiner Umwelt* (Gotinga 1967).

para quien la condición del trato misericordioso de Dios a los justos es la justicia de éstos o sus buenas obras. Esta hipótesis de Braun no valora suficientemente —continúa Sanders— que la concepción soteriológica del judaísmo palestinense no se basaba en una salvación por las obras, como normalmente se dice, sino por la pertenencia al pueblo de la alianza; la soteriología del judaísmo palestinense se basaba, pues, en una salvación por gracia. Sin embargo, los *adikoi* (= *reša'im*), los que han perpetrado deshonestidades como incesto y adulterio (4,4.5; 8, 9.10), las hijas de Jerusalén que se han mancillado con actos innaturales (2,13), los hipócritas (4,6.19-20) y los que han profanado el templo y los vasos sagrados, los que ingieren la carne de los sacrificios como comida profana, los que llevan una conducta perversa[7], todos esos se desgajan de la alianza y pierden la salvación.

No sólo hay hombres justos. Dios es justo por antonomasia, como constantemente afirman estos salmos; y no sólo justo, sino «justificado» en sus juicios (= con rectitud en sus sentencias) (3,3-5; 4,8; 5,1; 8,7-8. 23; etc.). Como más adelante veremos en la tercera parte de este volumen, cap. I. Dios es justo *(ṣaddiq)* porque posee la justicia o *ṣedaq,* la *dikaiosyne,* que en el AT suele significar «justicia salvífica», «bondad», «fidelidad en salvar». Pero esta comprensión no se expresa en SalSl con los vocablos «justo», «justicia», sino con los términos de «perdón» y «misericordia» *(seliḥa* y *ḥesed* en hebreo)[8]. Lo que en el Antiguo Testamento se denomina «justicia», en nuestro apócrifo se llama misericordia. Y en él se da el nombre de justicia de Dios o justicia del Mesías al castigo de los pecadores, castigo que, según Becker, se realizará de manera indirecta, dejando Dios que sobre ellos actúe el mecanismo por él establecido: como de toda acción buena se siguen bienes, de toda acción mala se siguen males[9].

Esta concepción griega de la justicia —punitiva, retributiva— de los Salmos de Salomón es sólo una cara de la moneda. La otra es que Dios

---

[7] Los salmos no suelen especificar más pecados que los señalados.

[8] Según Sanders *(op. cit.,* 407), en SalSl «justicia de Dios» «no es su caridad o clemencia, sino su equidad: Dios no tiene acepción de personas»; la justicia de Dios es, pues, la justicia que castiga a los pecadores. Resumo lo que en el texto de página 206 he escrito: J. Becker *(Das Heil Gottes* [Gotinga 1964] 30-32) entiende que en SalSl, justicia de Dios dice la total fidelidad de Dios en hacer que funcione este mecanismo natural: a todo hecho sigue una consecuencia de acuerdo con la naturaleza del hecho. En el caso concreto de este libro, la justicia de Dios se manifiesta en que el pueblo de la salvación, Israel, es liberado de la mano de los pecadores o en que el pueblo infiel sufre los efectos de su infidelidad. Según Becker, la justicia de Dios de SalSl consiste en accionar ese viejo mecanismo justiciero del AT, en el sentido de que toda acción arrastra las consecuencias que le corresponden según la naturaleza de la acción. En este sentido —y siempre según Becker—, las dos reflexiones más notorias de SalSl son la esperanza de la resurrección (3,12) y la corrección divina a los justos en esta vida. Justicia, pues, ya no es en SalSl la justicia salvífica del AT, sino justicia punitiva. Ha sufrido un cambio semántico: se ha tornado en la justicia retributiva de los griegos, limitada en este libro a castigar a los malvados. Del mismo modo, juicio o *mišpaṭ* ya no significa en nuestro apócrifo «sacar de las apreturas del juicio», sino *apoleia* o perdición de los malvados.

[9] Cf. *infra,* pp. 315ss.

salva a los justos (2,15; 4,24; 8,24ss). Dígase lo mismo de la justicia
punitiva del Mesías en SalSl 17 y 18: el castigo de unos es la salvación
de los otros (7,23.26.40)[10]. Los santos, los piadosos, los justos, son, según nuestro apócrifo, beneficiarios de la misericordia y salvación de
Dios: Dios les salva por su *hesed*, por su fidelidad al pacto hecho en el
Sinaí con su pueblo Israel. Según todo esto, SalSl es el primer apócrifo
palestinense que entiende la justicia como punitiva[11].

La anterior teología de la retribución está presente tanto en los llamados salmos nacionales (SalSl 1; 2; 8; 7; 11; 17 y 18) como en los
llamados salmos de los justos y piadosos (4; 6; 9; 10; 13; 14; 15 y
16)[12]. Los primeros se centran en la conquista de Judea por los romanos
—Pompeyo— y en la esperanza mesiánica de la restauración que Dios
efectuará mediante el Mesías de estirpe davídica; los segundos se refieren a los justos y piadosos que temen y aman al Señor y se afanan por
cumplir la ley: ésos son los hijos queridos, los primogénitos del Señor
(13,9). En contraste con ellos son mencionados los impíos y su suerte.

[10] Cf. M. J. Fiedler, *Dikaiosyne:* JSJ 7 (1980) 138-139.
[11] Un libro contemporáneo salido de la diáspora judía, el libro de la Sabiduría,
gira todo él en torno al binomio «justos-injustos», «justicia-injusticia», y también en
este libro la justicia de Dios parece entenderse como retributiva. Cf. J. Vílchez, *El
binomio justicia-injusticia en el libro de la Sabiduría:* «Cuadernos Bíblicos» 7 (1981)
1-16.
[12] Cf. Nickelsburg, *op. cit.*, 203-212.

ODAS DE SALOMON

1. Notas introductorias

Es un conjunto de cuarenta y dos himnos de carácter profético o
carismático. Cuarenta de ellos nos han llegado en siríaco, cinco en copto
y uno en griego. Su lengua original es probablemente el siríaco, su lugar
de origen puede ser Antioquía de Siria, su medio es el judeocristianismo,
su fecha puede oscilar entre finales del siglo i y comienzos del ii d. C.
Los traductores de las Odas al castellano han señalado que se trata de
un escrito cristiano pseudoepigráfico que, prescindiendo de su título, debería formar parte de los apócrifos del NT[1]. Nickelsburg no la incluye
en su obra *Jewish Literature...* Para Charlesworth, con todo, por su
marcado acento judío, así como por su datación y atribución a Salomón,
las Odas pertenecen de pleno derecho al *corpus* pseudoepigráfico[2].

[1] Cf. vol. III de esta obra, p. 62. Los traductores y autores de la correspondiente introducción son los profesores A. Peral y X. Alegre.
[2] J. H. Charlesworth, *The Pseudepigrapha...*, 190. Adviértase que en la bibliografía de este autor no está recogida la importante obra de X. Alegre, *El concepto
de salvación en las Odas de Salomón* (Münster 1977).

2. Contenido teológico

El tema central de las Odas de Salomón es la salvación. Esta consiste en una unión místico-extática con Dios que hace desaparecer toda distancia entre el Creador y la criatura. La influencia gnóstica es evidente: por el conocimiento se llega a la liberación; los ignorantes no tienen parte en la salvación (18,9-14); la ignorancia produce la muerte; el Señor trae luz para deshacer las tinieblas, etc.[3] Coherente con este carácter gnóstico es la difuminación de la figura histórica de Jesús de Nazaret y su relación real con la salvación anunciada: entre el docetismo y el simbolismo místico se pierde el hecho diferencial cristiano que es la personalidad irrepetible de Jesús de Nazaret. En palabras de nuestros traductores, en las Odas de Salomón tenemos «un testimonio muy antiguo de aquellos grupos o comunidades cristianas que, partiendo del suelo de la tradición sapiencial judía..., fueron evolucionando hasta el gnosticismo y provocaron la respuesta polémica de varios autores del Nuevo Testamento. Concretamente, el autor de 1 Jn se vio obligado a reaccionar contra interpretaciones soteriológicas de su comunidad que se asemejan a las del autor de las OdSl»[4].

[3] Acerca de la relación entre las Odas de Salomón y el Evangelio de Juan, nuestros traductores escriben: «Hay que descartar la hipótesis de que uno de los autores conociera al otro en su estadio final y que se inspirara en él. Pero las sorprendentes semejanzas en el lenguaje... y ciertos motivos..., al igual que el carácter eminentemente soteriológico de las Odas, permiten suponer que ha habido contactos entre sus autores, probablemente porque dependen de un mismo entorno religioso (y quizá de una misma comunidad en un estadio más original...). La diferencia más radical entre OdSl y Jn se encuentra en la cristología» (*op. cit.,* 63-64).

[4] *Ibíd.,* 67.

ORACION DE MANASES

1. Notas introductorias

La oración de Manasés pertenece al género sapiencial. Es oración penitencial judía, un *widduy,* para ser recitada por la comunidad, pues habla de «nuestros padres». Como las oraciones judías, empieza con una bendición (*beraká*) o alabanza al Dios Todopoderoso, sigue con la confesión (*hodaʾah*) de los pecados y de la misericordia divina, continúa con la petición (*baqašá*) de misericordia y concluye con otra alabanza. El «amén» final es típico de las oraciones judías y, a imitación de ellas, de las cristianas[1]. La oración fue redactada probablemente en el siglo II o I a. C.; la lengua original es un griego muy influido por el de los LXX.

[1] Una originalidad de Jesús será trasladar este *amen,* incluso repetido, al principio de un *logion* que se quiere resaltar o subrayar.

Pseudoepigráficamente se atribuye al rey de Judá Manasés, prototipo de rey pecador, cuya conversión describe la misma Biblia [2].

2. *Contenido teológico*

La misericordia divina.

En la oración destaca la proclamación de la misericordia de Dios: «Porque tú eres Señor Altísimo, compasivo *(eusplagchnos)*, paciente *(makrothymos)* y rico en misericordia *(polyeleos)*» (v. 7). Nótese *eusplagchnos,* «con buenas entrañas», o, como dice Ex 34,6: *raḥum,* Dios tiene corazón de madre. El eje de esta oración penitencial son precisamente los atributos divinos de Ex 34,6-7, que se repetirán después con frecuencia en diversas partes de la Biblia [3]. Para obtener el perdón, el orante invoca otro título divino: «Señor Dios *tōn dikaiōn*» (v. 8); probablemente no deba entenderse «Señor Dios de los *justos*», sino «Señor Dios de las *justicias*» (= *ṣedaqot),* en el sentido de «misericordias»; en el Antiguo Testamento, *ṣedaqá-ṣedaqot* tiene el sentido de actos salvíficos o justicia salvífica y, en definitiva, clemencia y misericordia [4].

La conversión.

La oración subraya el valor de la conversión para que el pecador se reintegre en la alianza; demuestra una apertura como la de la novela *José y Asenet* y como el mismo Nuevo Testamento. Algunas corrientes dentro del judaísmo eran más reacias a valorar la conversión; la misma Misná, *San.* 10,2, no reconoce valor a la conversión de Manasés en orden a que pueda tener parte en el mundo futuro. El valor de la conversión se pone en que no es tanto una acción del hombre (su penitencia) cuanto un don gracioso de Dios, que estaba creado desde el principio y sobre el que se asentaba el mundo. Esta representación objetiva de la conversión es propia también del Nuevo Testamento y del judaísmo más liberal [5].

---

[2] En 2 Re 21 se describen los pecados de Manasés: idolatría, sacrificios humanos, asesinatos, adivinación, magia, nigromancia, etc. En 2 Cr 33,10-20 se describe pormenorizadamente su conversión. «Sin duda, este interés biográfico se debe a un esfuerzo por racionalizar el largo y exitoso reinado de un rey tan perverso como Manasés, en contraposición con el corto de un rey tan bueno como su padre Ezequías» (M. Pérez Fernández, *La apertura a los gentiles en el judaísmo intertestamentario:* EstBib 41 [1983] 97).

[3] Cf. *infra,* pp. 314ss. También el Targum repite que Dios tiene «buenas misericordias» o «entrañas maternales».

[4] Cf. *supra,* la presentación que hemos hecho de SalSl. Véase, en la tercera parte, el cap. I sobre la justicia de Dios.

[5] Cf. M. Pérez Fernández, *art. cit.,* 93-98.

4 MACABEOS

1. Notas introductorias

Es obra escrita en griego, hacia el año 40 d. C., probablemente en Antioquía de Siria, para ser leída en la fiesta conmemorativa de la muerte del anciano Eleazar y de los siete hermanos macabeos y su madre[1]. El martirio de éstos es una ejemplificación histórica de la tesis del libro: la superioridad de la razón sobre las pasiones, que lleva a superar incluso la prueba del martirio. Todo el discurso es eminentemente filosófico, y en él confluyen ideas platónicas y aristotélicas, estoicas y neopitagóricas, revelando la tendencia ecléctica de la filosofía del siglo I o «koiné filosófica».

2. Contenido teológico

Antropología.

El autor[2] distingue alma y cuerpo (1,21-28). El alma es el principio de las pasiones nobles, y el cuerpo de las que no lo son; el alma ordena los miembros del cuerpo y los mueve (14,6); el cuerpo sufre, es golpeado (6,7) y destruido por el fuego (14,10). En la distinción de alma y cuerpo se deja ver el influjo de la filosofía platónica y estoica; aunque también en el propio judaísmo, sin el recurso a la filosofía griega, se distinguieran esos dos principios del ser humano con diversos términos antitéticos, no siempre tan precisos como el binomio alma-cuerpo de la filosofía griega[3]. Adviértase que en 4 Mac «alma» no siempre significa lo que *psyche* en Platón, sino «vida», como el *nefeš* hebreo: en 9,7, «al quitarnos *el alma*» significa simplemente, como tantas veces en hebreo, «al quitarnos la vida»; así también en el NT Mc 3,4, etc.

Inmortalidad.

La concepción de la suerte del hombre después de la muerte difiere con respecto a Daniel y 2 Macabeos[4]. Para éstos, el hombre que sufre

---

[1] Nótense las correspondencias: 4 Mac 5-7 = 2 Mac 6,18-31; 4 Mac 8-12 = 2 Mac 7; 4 Mac 14,11-17,6 = 2 Mac 7. Cf. M. Hadas (ed.), *The Third and Fourth Book of Maccabees* (Jewish Apocryphal Literature; Nueva York 1953; A. Dupont-Sommer, *Le Quatrième Livre des Maccabées* (París 1939). Véase amplia bibliografía en la introducción de M. López Salvá, vol. III de esta obra, pp. 133-135.

[2] Cf. U. Breitenstein, *Beobachtungen zu Sprache, Stil und Gedankengut des Vierten Makkabäerbüches* (Basilea 1976).

[3] Cf. R. H. Gundry, *Soma in Biblical Theology with Emphasis on Pauline Anthropology* (Cambridge 1976), espec. «Anthropological Duality in the Old Testament» (117-132) y «Anthropological Duality in the Judaism of the NT Times» (87-109).

[4] Cf. W. Marchel, *De resurrectione et retributione statim post mortem secundum 2 Mach, comparandum cum 4 Mach:* «Verbum Domini» 34 (1956) 327-341.

o el mártir que muere resucitará con su cuerpo. 4 Mac evita toda terminología resurreccionista; simplemente proclama que, tras el martirio, el hombre no muere, sino que continúa viviendo en inmortalidad junto a Dios; la noción de resurrección del cuerpo es sustituida por la de inmortalidad[5]. En Dn y 2 Mac la resurrección es colectiva y escatológica; en 4 Mac la inmortalidad es individual y ocurre inmediatamente después de la muerte, de forma que la existencia del individuo que ha muerto se superpone a la existencia de este mundo que continúa. Adviértase que 4 Mac no dice que la inmortalidad del hombre derive de ser su alma inmortal; no dice, como Platón, que la inmortalidad es una propiedad del alma, sino que presenta la inmortalidad como un *don de Dios* que se otorga a los que mueren por él. Pero hay inmortalidad también de castigo para el tirano opresor: 9,7-9; cf. 10,11; 12,12; 13,15.

El martirio.

La inmortalidad es el don que Dios concede a los mártires para vivir con los patriarcas y santos del AT (cf. Lc 20,37s). La madre y sus siete hijos «estaban convencidos de que quienes mueren por Dios viven para Dios, como Abrahán, Isaac, Jacob y todos los patriarcas» (4 Mac 16, 25). «Quienes se centran de todo corazón en la piedad son los únicos que pueden vencer las pasiones de la carne, seguros de que en Dios no mueren, como no murieron nuestros patriarcas Abrahán, Isaac y Jacob, sino que viven en Dios» (4 Mac 7,18-19). Los siete hermanos se animaban diciendo: «Si así padecemos, nos recibirán Abrahán, Isaac y Jacob, y nos alabarán todos nuestros antepasados» (4 Mac 13,17). La idea de que los resucitados serán acogidos con sus patriarcas es frecuente en los TestXII. La conclusión de nuestro apócrifo es bien expresiva: «Por eso la justicia divina persigue y perseguirá al maldito, mientras que los hijos de Abrahán, junto con su victoriosa madre, están reunidos *en el coro de sus padres,* pues *han recibido de Dios almas puras e inmortales»* (18,22-23). Aquí aparecen las dos consecuencias del martirio: reencuentro con los patriarcas, inmortalidad como don de Dios[6].

Otra consecuencia del martirio es el valor expiatorio sobre los pecados del pueblo: 1,11; 6,28-29; 9,24; 12,17-18; 17,19-22; 18,4-5. Este valor de expiación y purificación tiene analogías en la literatura griega pagana[7].

---

[5] En 17,12 la inmortalidad es llamada «incorruptibilidad» *(aftharsía)*: «el galardón era la incorruptibilidad en una vida perdurable». Pero poco antes, en 16,13 se menciona explícitamente la *athanasía:* «como si su espíritu fuera de diamante y estuviera dando a luz a sus hijos para la inmortalidad».

[6] Este texto no quiere decir que los mártires hayan recibido por naturaleza almas puras e inmortales preexistentes, sino que las reciben después de morir por gracia de Dios.

[7] Cf. S. K. Williams, *Jesus' Death as Saving Event* (Harvard Dissertations on Religion 2; Missoula 1975) 137-161; cf. Nickelsburg, *op. cit.,* 226.

LIBRO ARAMEO DE AJICAR

1. Notas introductorias

No es propiamente un apócrifo judío, pues parece haber sido compuesto en medio pagano mesopotámico. Pero en el siglo V a. C. la colonia militar judía de Elefantina ya disponía de una copia aramea. Esta copia retocada [1] es el texto cuya traducción publicamos, a pesar de conservarse incompleta, con lagunas, y faltando quizá la parte final, relativa a la estancia del héroe de la novela, el sabio Ajicar, en la corte de Egipto. La parte final existe en la versión siríaca [2], la más completa de todas, hecha sobre una versión aramea, bien la que nosotros traducimos o bien otra parecida a la de Elefantina. La traducción siríaca se hizo hacia el siglo II d. C., nunca con posterioridad al siglo V d. C. De esa versión siríaca —que introduce algunos cambios y adiciones de época posterior— proceden las traducciones armenias y árabes [3]. La lengua utilizada en el Ajicar de Elefantina es el arameo imperial en la parte narrativa; los proverbios a veces reflejan dialectalismos, particularmente del arameo oriental, que empezó a dialectalizarse en Oriente antes que en Occidente [4]. La novela, con sus proverbios y apólogos, ha tenido un éxito universal, pues se encuentra traducida —con modificaciones en el relato novelesco y en los proverbios, más o menos numerosos— en gran número de lenguas orientales.

2. Contenido teológico

Es una novela sapiencial. Se compone de dos partes: la primera, narrativa, desarrolla el motivo del ministro del rey, Ajicar, que cae en desgracia y es rehabilitado, mientras que es descubierta la felonía del sobrino ingrato, Nadín. Esta historia es el marco narrativo para una segunda parte de proverbios o apólogos, dichos de la sabiduría oriental semítica, que es sabiduría internacional, sin fronteras. Esta literatura sapiencial está bien representada en la Biblia, pudiendo servir de muestra Proverbios y Ben Sira [5]. Tal literatura enseña a triunfar en esta vida

---

[1] Aún conserva restos del politeísmo de la novela pagana original, como los conserva también la versión siríaca.

[2] Esta parte recogida en la versión siríaca pudo estar también en el original arameo, pues para el relato de la estancia de Ajicar en la corte el siríaco usa para «palacio» la voz aramea *hyklā*, como la parte conservada del texto arameo de Elefantina.

[3] En el *corpus* que presentamos, la traducción ha sido realizada por el investigador del CSIC Dr. Emiliano Martínez Borobio; amplia información y bibliografía en la introducción del mismo en vol. III, pp. 169-176. Cf. P. Sacchi, *op. cit.,* 53-59; traducción del texto siríaco, en pp. 65-95.

[4] Cf. J. C. Greenfield, *Dialect Traits in Early Aramaic:* «Lešonenu» 32 (1968) 359-368.

[5] Los proverbios se denominan *mišlé*, es decir, dichos con impacto, dichos que «dominan» al que los escucha.

y a comportarse con arreglo a una moral social pragmática y utilitaria. En sí no es literatura religiosa; sin embargo, al penetrar en los libros de la Biblia se hace religiosa y monoteísta. La parte narrativa —sobre todo teniendo en cuenta las versiones siríaca, árabe y armenia— desarrolla el tema de Sab 2,4-5: un justo es perseguido y, tras caer en desgracia, es rehabilitado. Es el mismo tema de la historia de José (Gn 37ss), de Mardoqueo y Ester (libro de Ester), de la casta Susana (Dn 8) y de Daniel 3 y 6. La rehabilitación implica la justicia punitiva de los perseguidores. Nótese que todos los personajes se mueven en la corte[6].

[6] Cf. W. E. Nickelsburg, *Resurrection, Immortality and Eternal Life in Intertestamental Judaism* (Cambridge, Harvard University Press, 1972) 359-368.

JOSE Y ASENET

1. Notas introductorias

Es una novela del judaísmo helenístico, procedente de Egipto, escrita a principios de nuestra era en lengua griega[1]. Algunos la han querido vincular con los esenios egipcios o terapeutas; otros la derivan del cristianismo; para otros es obra judía con interpolaciones cristianas, particularmente presentes en los caps. 16-17. De hecho, no parece ser obra de terapeutas y menos de cristianos[2]. Todo en ella se explica suponiendo un autor judío. El tema está tomado del dato de Gn 41,45.50-52: José se había casado con Asenet, hija de Potifera, sacerdote de On. La boda con una extranjera, que podía sorprender y escandalizar en determinados ambientes posexílicos, era contemplada con agrado en otros ambientes judíos de la diáspora y entre los prosélitos. En ese ambiente es donde surge la novela que cuenta los amores y la boda de un hijo de Dios con una extranjera.

[1] Véase M. Philonenko, *Joseph et Aséneth. Introduction, Texte critique, Traduction et Notes* (Leiden 1968); cf. R. I. Pervo, *Joseph and Aseneth and the Greek Novel* (SBL Abstracts and Seminar Papers; 1976) 171-181; Ch. Burchard, *Joseph et Aséneth*, en *La littérature juive entre Tenach et Mischna* (W. C. van Unnik ed.; Leiden 1974) 77-100. Véase, en el vol. III de esta obra, pp. 191-208, la introducción de los traductores R. Martínez Fernández y A. Piñero.
[2] T. Holtz, *Christliche Interpolationen in Joseph und Aseneth*: NTS 14 (1967-1968) 482-497, ha defendido esas interpolaciones cristianas en una obra judía. Anteriormente, E. W. Brooks y, al final del siglo pasado, P. Batiffol la habían juzgado obra judía revisada por autor cristiano. G. D. Kilpatrick, *Living Issues in Biblical Scholarship. The Last Supper*: ExpTim 64 (1952) 5, escribe: «No hay interpolaciones cristianas ni reescrituras cristianas de pasajes como encontramos en *Ascensión de Isaías* y *Vidas de los Profetas*. La ausencia de mención del bautismo aboga por una fecha antigua»; para su datación se aducen otros criterios internos, como que no aparecen aún los romanos dominando Egipto, que es presentado como país independiente, etc. Ch. Burchard, *Untersuchungen zu Joseph und Aseneth* (Tubinga 1965) 99-107, niega decididamente todo influjo cristiano. Cf. A. M. Denis, *Introduction...*, 44-46, y M. Philonenko, *op. cit.*, 99-109.

Lo más seguro y aceptado en la actualidad es que se trata de una obra de propaganda judía helenística, dirigida a paganos (hasta el faraón conoce a Yahvé), a los que presenta un prosélito ejemplar, la egipcia Asenet. Pertenece, pues, a la época del proselitismo judío, que empezó en tiempos de los Macabeos y llegó a su apogeo en el siglo I[3]. El judaísmo rabínico no presenta escritos parecidos de propaganda religiosa, antes bien procuró quitar a José la tacha de haberse casado con una pagana, para lo cual consideró a Asenet como hija de Dina y Siquén (cf. Gn 34); Asenet habría sido llevada a Egipto milagrosamente tras su nacimiento (para esconder la deshonra de Israel), donde fue adoptada como hija por el sacerdote de On[4].

2. *Contenido teológico*

Monoteísmo.

Como obra de propaganda para hacer prosélitos, JyA insiste mucho en el monoteísmo, particularmente con las bellas palabras de la conversión de Asenet (JyA 12). El Dios de los judíos es presentado como un Dios compasivo y misericordioso, lento a la ira, lleno de bondad, que no tiene en cuenta el pecado de una persona humilde y acepta a los idólatras si se convierten. Todo prosélito tenía que reconocer la unidad de ese Dios y renunciar a los ídolos[5]. La exigencia del monoteísmo mueve a Asenet a deshacerse de todos sus ídolos (JyA 10). Sorprende, sin embargo, la poca relevancia que en la novela tiene la *Torá* (sólo en 12,5 confiesa Asenet: «Falté a tu ley»), cuando al prosélito se le exigía aceptar la alianza y la *Torá* para ser un *ger ṣaddiq;* tampoco se aducen los méritos de los patriarcas, sino los propios (13,2-8).

La conversión.

La novela concede tal importancia a la conversión que la hipostasía, como hace la literatura sapiencial bíblica con la sabiduría, la ley o la

---

[3] Tanto se intensificó el proselitismo, que *ger* (extranjero) vino a significar «prosélito del judaísmo». El fenómeno declinará después del año 70 y, sobre todo, después de la prohibición de la circuncisión de judíos y prosélitos por parte de Adriano. Cf. E. Schürer (revisado por G. Vermes y F. Millar), *Historia del pueblo judío en tiempos de Jesús* I (Madrid, Ed. Cristiandad, 1984) § 21, III. Sobre el proselitismo judío, B. J. Bamberger, *Proselytism in the Talmudic Period* (Cincinnati 1939; reimpr. 1968) 31-37; E. P. Sanders, *Paul and Palestinian...*, 206.

[4] La leyenda de la Asenet judía aparece en PRE 38,1. Es también recogida por el autor siríaco Bar Alí, y la conoce el Targum del Pseudo-Jonatán Gn 41,45; 46,20 y 48,9. Cf. M. Philonenko, *op. cit.,* 32-43; M. Pérez Fernández, *La apertura a los gentiles...,* 98-100.

[5] Después del siglo I de nuestra era se exigió el bautismo, la *ṭebilá,* del que no hay mención aún en nuestra novela. Tampoco tiene aquí mención la *millá* o circuncisión, que, con el tiempo, sería otra condición exigida a los prosélitos; independientemente de que en la novela se trata de una mujer, la circuncisión era poco exigida a los prosélitos en ambientes paganos.

palabra [6]. Adviértase que «conversión» se entiende como *tešubá* o retorno a Dios y como penitencia o mortificación; y, en último término, como una realidad divina y don de Dios: «La conversión es hija del Altísimo e intercede ante él continuamente por ti y por todos los que se arrepienten, puesto que el Altísimo es padre de la conversión, y ella es la madre de las vírgenes. En todo momento ruega por los que se arrepienten, ya que a los que la aman les ha preparado una cámara nupcial celeste, y ella misma les servirá para siempre. Es la conversión una virgen sumamente bella, pura, santa y dulce, y el Dios Altísimo la ama y todos los ángeles la respetan» (JyA 16,7-8). M. Pérez Fernández escribe sobre *José y Asenet:* «Paréceme a mí que la concepción teológica clave que sostiene toda la novela es la referida a la conversión. Descriptivamente podemos decir que José pudo casarse con Asenet y Asenet pudo llegar a abrazarse con Israel porque *pudo* convertirse, dicho con otras palabras: porque *existía la posibilidad* de convertirse. Esto está subrayado con toda fuerza en la novela: la conversión existe desde siempre en el cielo, creada antes de todas las cosas y ofrecida a disposición de todo el que quiera acercarse... Importa aquí la actitud de apertura, de ofrecimiento absolutamente abierto. La Alianza está comprendida no en términos de separación, la elección no es exclusiva, el pueblo de los hijos de Dios no está cerrado» [7].

> El perdón de las ofensas
> y el amor a los enemigos.

JyA expresa de manera patente la doctrina del perdón de las injurias. Leví detiene la cólera de Simeón con estas palabras: «¿Para qué te irritas contra él? Nosotros somos hijos de un hombre piadoso, y no está bien que un hombre así devuelva mal por mal a su prójimo» (23,9); aquí el perdón se dirige al hijo del faraón, que es un enemigo. En el capítulo 28 es Asenet quien defiende a Dan y Gad de la venganza de sus hermanos con palabras como éstas: «Vuestros hermanos son hombres piadosos y no devuelven mal por mal a nadie» (28,4); «perdonad a vuestros hermanos y no les hagáis mal» (28,10); «sólo os queda perdonar a vuestros hermanos» (28,11); «hermano, no devolverás mal por mal a tu prójimo, porque es el Señor quien vengará ese ultraje» (28,14). En 29,3-4 Leví vuelve a defender al hijo del faraón de la espada de Benjamín con estas palabras: «Hermano, no cometas semejante acción, pues nosotros somos hombres piadosos, y no está bien que un hombre tal devuelva mal por mal, ni pisotee al caído, ni aplaste al enemigo hasta su muerte. ¡Ea!, curémosle la herida y, si llega a vivir, será nuestro amigo, y su padre, el faraón, nuestro padre».

Sentencias paralelas a éstas tenemos en el NT: «Mirad, que nadie devuelva a uno mal por mal; al contrario, procurad buscar siempre el bien unos con otros y con todos» (1 Tes 5,15); «no devolváis a nadie

---

[6] Así también en la *Oración de Manasés,* como hemos notado en su lugar.
[7] M. Pérez Fernández, *art. cit.,* 93-94.

mal por mal, procurando el bien en presencia de todos los hombres» (Rom 12,17); «sentid todos al unísono, sed compasivos, fraternales, de buen corazón, humildes, no devolviendo mal por mal o insulto por insulto» (1 Pe 3,8-9). Pero la sentencia misma de Asenet en 28,4 no es necesario atribuirla a influencia de estos lugares del NT, pues el sintagma *aner theosebes* («varón temeroso de Dios» o piadoso) aparece sólo en Jn 9,31 y en 1 Clem 17,3 en el siglo I de la literatura cristiana.

La ética del perdón y el amor al prójimo no es exclusiva del NT. Se encuentra ya en Epicteto de Hierápolis *(ca. 55-135)* y en Séneca *(ca. 4 a. C.-65 d. C.)*[8]. El mismo AT contiene también diversos textos de amor al enemigo (Ex 23,4s; Prov 24,17s.29; 25,21; 1 Re 3,10; Dt 10, 18s), algunos de los cuales han influido en el NT. El judaísmo helenístico conoce también esa ética superior del amor: Tob 4,14-17, allá por el año 200 a. C., conoce la regla de oro, formulada negativamente como la formuló también el viejo Hillel[9]. También la carta de Aristeas, en el siglo I d. C., expresa ideas semejantes: mantenerse superior e imperturbable ante las ofensas y amar a los enemigos[10]. 4 Mac, otra composición helenística, adopta la misma actitud de los estoicos respecto a los enemigos (4 Mac 2,13-14). 2 Hen prohíbe la venganza contra el enemigo, incluso manda positivamente amarlo (50,3; 61,1; 44,4.5). Dentro de esta misma corriente hay que situar la novela de *José y Asenet*. También Filón sustenta la ética estoica del perdón de las ofensas[11]. Por tanto, no es preciso suponer influjo cristiano en este repetido perdón de las injurias de JyA. Por su parte, también el NT avanza sobre las sentencias prohibitivas de venganza de JyA, añadiendo el amor positivo al enemigo[12].

Virginidad y castidad.

Sobre este aspecto, véanse las alabanzas de Asenet en el cap. 2 y de José en el cap. 7. El punto de apoyo de esta doctrina está en la misma Biblia: la virginidad antes del matrimonio es una exigencia bíblica severa. La castidad de José es destacada no sólo en la Biblia (no se deja seducir por la mujer de Putifar), sino en toda la literatura rabínica, para la que José es modelo de varón castísimo. En Tg. N. Gn 49,22 una larga *haggadá* pondera la castidad de José: ni siquiera quería mirar a las jóvenes egipcias, que se morían por obtener una mirada de él y arrojaban a su paso toda clase de joyas para llamar su atención; compárese con JyA 7,4-7 y 8,1-7[13]. La castísima actitud de José ante Asenet, «virgen

---

[8] Cf. Epicteto, *Discursos* I, 25.29; III, 22.54.
[9] Pero el mismo texto de Tob 4,17 aconseja poner pan en la tumba de los justos y no en la de los pecadores.
[10] Cf. *Aristeas,* 207.225.227.232. Véase *supra,* pp. 175ss.
[11] Filón, *De Virtutibus,* 116-118; *De Agricultura,* 110.
[12] J. Piper, *Love your Enemies* (Cambridge 1979) 38s y 20-39.
[13] La misma tradición aramea de Tg. N. Gn 49,22 pondera la sabiduría de José, como JyA 4,9 y 6,3. La atribución de tanta sabiduría no es más que una explicitación haggádica de la capacidad de José para interpretar sueños (JyA 13,11). En JyA también se pondera la fortaleza de José y sus hermanos; cf. Tg. N. 38; Gn. R. 91,6.

santa», muestra el ideal judío respecto al trato de los dos sexos: estando
ya decidido José a tomar a Asenet por esposa, no se permite libertades
con ella; así queda expresamente dicho en JyA 20,8: «Permaneció José
aquel día en casa de Pentefrés, pero no se llegó a Asenet, pues pensaba:
No está bien que un hombre piadoso se acueste con su mujer antes de
la boda» [14].

José, hijo de Dios.

En JyA José es llamado repetidas veces «hijo de Dios» (6,2.6; 13,
10), «hijo primogénito de Dios» (21,3). En Asiria el rey era llamado
«hijo de Dios», nombre que se aplicaba también a los reyes de Israel y
al Mesías, como aparece en 4QFlor 10-14. Israel, como pueblo, es también llamado «hijo de Dios» (Ex 4,22b-23a; Os 11,1). El origen de tal
epíteto aplicado a José parece ser la idea de que es hijo de Dios por
pertenecer a Israel; ello explica que también Asenet, al pasar al judaísmo y hacerse del pueblo, sea llamada «hija del Altísimo» (21,3) [15]. En
TestXII Lev 4,2, Leví es llamado «hijo de Dios» al ser consagrado. En
el ambiente del judaísmo helenístico, «hijo de Dios» aparece en Sab 2,
13.16-18; 5,5, donde designa al que es fiel a la ley de Dios en medio
de la persecución, al que Dios vindica de sus adversarios. Como se ve,
es la aplicación al individuo de la denominación que compete al Israel
pueblo.

Frecuentemente se explica la denominación «hijo de Dios» como
equivalente del *theios aner* del helenismo. La diferencia entre ambos
títulos es patente [16]. Pero importa señalar que en JyA, como en Sab, no
tiene el sentido mesiánico y menos ontológico que el título tiene aplicado a Jesús en el NT. En JyA el mesianismo brilla por su ausencia;
pero hay un simbolismo claro: las bodas de Asenet, tras su conversión
y purificación del paganismo, con un «hijo de Dios» reflejan la imagen
bíblica de Yahvé, esposo de Israel y de los israelitas «hijos de Dios».

El banquete sagrado y la crismación.

JyA ha sido relacionado con el NT por contener varios pasajes referentes a una comida y bebida sagrada y a la crismación. JyA 8,5: «A un
varón piadoso, que bendice con su boca al Dios vivo, que come el pan
bendito de la vida, bebe la copa bendita de la inmortalidad y se unge
con la unción bendita de la incorruptibilidad no le está permitido besar
a una mujer extranjera, que bendice con su boca imágenes muertas y
mudas, come de la mesa de los ídolos carnes de animales ahogados,

---

[14] Adviértase cómo en el judaísmo y en la Biblia la relación sexual fuera del
matrimonio es considerada inmoral. Cf. A. Díez Macho, *La indisolubilidad del matrimonio y el divorcio en la Biblia* (Madrid 1978) 279-308.
[15] Esta denominación resulta interesante por su frecuencia en los evangelios sinópticos. Cf. R. H. Fuller, *Fundamentos de la cristología* (Madrid, Ed. Cristiandad,
1979) 124s.
[16] Fuller, *op. cit.,* 75s.

bebe la copa de la traición procedente de sus libaciones y se unge con la unción de la perdición». En 15,3-4, el ángel Miguel dice a Asenet: «Ten ánimo, Asenet, porque tu nombre está escrito en el libro de la vida y no será borrado jamás. A partir de hoy vas a ser renovada, remodelada y revivificada; vas a comer el pan de vida, a beber la copa de la inmortalidad, y serás ungida con la unción de la incorruptibilidad». Ese pan o alimento está simbolizado por la miel milagrosa, que recuerda el maná o alimento milagroso del cielo: «Feliz tú, Asenet, porque te han sido revelados los secretos de la divinidad, y felices los que se unen a Dios por la conversión, porque comerán de ese panal. Semejante miel ha sido elaborada por las abejas del paraíso, y los ángeles se alimentan de ella, y todo el que la come no morirá jamás» (16,7-8).

En estos textos se encuentran términos paralelos a los de la eucaristía cristiana: *artos tes zoes* (Jn 6,48), *ton poterion tes eulogias* (1 Cor 10,16). El término *eulogia, eulogein*, «bendecir», tiene el sentido hebreo de *beraká,* como *eucharistia* es usado primitivamente en las fórmulas de la consagración en el sentido de *eulogia-beraká.* ¿Quiere decir todo esto que existe en JyA un influjo cristiano de la eucaristía e incluso del sacramento de la confirmación? En realidad no se trata de un reflejo de la eucaristía cristiana ni tampoco de una interpolación. La última cena de Jesús tiene un componente mesiánico, cristológico, escatológico, que falta totalmente en JyA. No hay en JyA referencia alguna a la comida pascual —que eso sería la última cena, según muchos exegetas— ni hay alusión a una comida de alianza o comida sacrificial. Tampoco del crisma se habla en la cena del Señor [17].

Pero resulta evidente que esos textos de JyA tratan de una comida sagrada como rito de iniciación o de entrada en el judaísmo. Estos ritos presentan el judaísmo como una religión mistérica; es bien posible que tales ritos de iniciación procedan de una religión pagana. Lo que hay en común entre el NT y JyA es la participación en el pan y el vino, en una comida sagrada precedida de acción de gracias o *beraká* [18].

Inmortalidad y resurrección.

Otro paralelismo entre JyA y el NT es la vinculación de la comida sagrada con la incorruptibilidad *(aftharsía)* y la inmortalidad *(athanasía),* como acabamos de ver en los textos citados [19]. JyA promete vida al que come ese pan misterioso *(arton zoes)* e inmortalidad al que bebe la copa *(poterion athanasias)* (15,3-4); Asenet será inscrita en el

---

[17] Kilpatrick, *art. cit.,* 6.

[18] R. Martínez y A. Piñero escriben en la introducción a su traducción en este *corpus:* «Pero el paralelismo (entre NT y JyA) es tan sorprendente que, aun admitiendo la independencia de ambos escritos, no cabe duda de que el banquete cultual de los grupos religiosos representados por la novela y el NT proceden de un ambiente común» (vol. III, p. 204).

[19] El léxico de JyA procede en su mayor parte de LXX. Pero de estos dos términos *(aftharsía* y *athanasía),* el último no parece haber entrado en el judaísmo hasta el s. I a. C.; cf. Kilpatrick, *art. cit.,* 4.

«libro de la vida» (*ibíd.*). Con la expresión «libro de la vida» se apuntaba en un principio a la vida temporal (Ex 32,32; Sal 69,29; 139,16); pero ya en Dn 12,1ss significa la resurrección. En JyA la vida señalada por el «pan» y el «libro» parece referirse a la vida eterna que vence a la muerte [20]. Según el mismo texto de 15,4, tras la iniciación hay una «renovación, remodelación y revivificación»; el último término, *anazoopoiein,* significa una resurrección. Se advierte que JyA maneja ya los conceptos de resurrección y nueva criatura que usa el cristianismo para indicar los efectos del bautismo [21].

En JyA 27,8 así ora Asenet: «Señor Dios mío, que de la muerte me has hecho vivir (*ho zoopoiesas*) y que me dijiste: 'Tu alma vivirá por siempre jamás', sálvame de esas gentes». ¿Se trata de la inmortalidad del alma? Es posible, pero no seguro; más bien parece prometerse que la vida dada en la conversión a Asenet no se ha de extinguir ni, al parecer, tampoco la vida física (la promesa, en este caso, se cumplió literalmente, pues las espadas de sus enemigos —Dan, Gad y el hijo del faraón— cayeron a tierra y se convirtieron en cenizas) [22]. Un texto similar al ya citado de 15,3-4 lo leemos en la oración de José por Asenet (8,10-11): «Señor..., que todo lo vivificas (*ho zoopoiesas*) y llamas de las tinieblas a la luz, del error a la verdad y de la muerte a la vida; tú mismo, Señor, vivifica (*zoopoieson*) y bendice a esta doncella. Renuévala (*anakainison*) con tu soplo [23], remodélala con tu mano (*anaplason*) y revivifícala (*anazoopoieson*) con tu vida. Que coma el pan de tu vida y beba la copa de tu bendición (*poterion eulogias sou*)». La importancia de estos textos radica en que, en un contexto de iniciación o de entrada en el judaísmo, hablan de una renovación por el santo espíritu, de una nueva plasmación o creación y de una revivificación o resurrección [24], que se verifica en la iniciación y en la comunión de pan y la copa y el panal de la miel. Son textos de escatología realizada, semejantes a los de Jn 6. En el bautismo cristiano se valoran los mismos efectos.

JyA 16,16-17 es otro texto resurreccionista. A una orden de Miguel mueren unas misteriosas abejas que se habían pegado al cuerpo de Asenet, y a otra orden del mismo resucitan: «El hombre (Miguel) ordenó a las abejas: Retiraos a vuestros sitios. Se alejaron de Asenet todas, cayeron a tierra y murieron. El hombre añadió: Resucitad (*anastete*) [25] y volved a vuestro sitio. Resucitaron (*anestesan*) y se alejaron todas

---

[20] Cavallin, *op. cit.,* 156.

[21] También el judaísmo rabínico creía que el bautismo, rito de iniciación en el judaísmo, hacía al prosélito una nueva criatura; cf. A. Díez Macho, *La indisolubilidad...,* 250s y bibliografía allí citada de H. Baltensweiler. El principio rabínico era que «los prosélitos no tienen padre». Ello parece explicar que en la comunidad de Mateo se dieran matrimonios incestuosos de prosélitos judíos venidos del paganismo y pasados después al cristianismo.

[22] Cavallin, *op. cit.,* 157.

[23] El texto escribe *pneuma.* Algunos mss. leen: «con tu santo espíritu».

[24] El término *ḥayyá,* que subyace al griego, es término de resurrección.

[25] El verbo indica «ponerse en pie»; subyace el verbo *qwm,* término también de resurrección.

juntas hacia el patio adosado al de Asenet». Es difícil saber a quién representan estas abejas; quizá al pueblo de Dios que resucita y entra en el paraíso. Las abejas del paraíso son las que elaboran la miel —que es maná (Ex 16,31)—, miel que da la vida: «Felices los que se unen a Dios por la conversión, porque comerán de ese panal. Semejante miel ha sido elaborada por las abejas del paraíso, y los ángeles se alimentan de ella, y todo el que la come no morirá jamás» (JyA 16,7-8). Asenet, iniciada en la nueva religión, alimentada con el alimento que transforma y da vida, se miró en el espejo del agua, y «su rostro era como el sol, y sus ojos como el lucero del alba al salir» (JyA 18,7), como un ser transformado [26]. Tenemos, pues, una resurrección con glorificación, sólo que ya acaecida: una escatología realizada; no hay mención de la muerte ni se da argumento de que todas esas promesas de vida se refieran a una vida *post mortem*.

[26] Cavallin, *op. cit.*, 157s.

ORACULOS SIBILINOS

1. *Notas introductorias*

Este género de literatura es de origen pagano. Probablemente nació en Irán y se desarrolló entre los griegos, al parecer en la época que va de Hesíodo a Heráclito. Las sibilas suelen predecir catástrofes; hablan por impulso interior, no para responder a preguntas formales; no están vinculadas a un lugar determinado. Mientras las pitias de Delfos eran seres reales, las sibilas no lo son. El número de las mismas fue aumentando con los siglos, entre paganos y judíos, hasta más de treinta. Una sibila famosa era la de Eritrea de Jonia; otra, la de Cumas, en Italia [1], hubo una sibila libia o egipcia, otra persa, otra babilónica (caldea o hebrea).

La importancia de las sibilas creció desde el siglo II a. C., particularmente en Egipto. Primero los judíos y después los cristianos adoptaron este género de literatura pagana para fines propagandísticos de su respectiva religión. Por medio de esta literatura, labios paganos venían a confirmar el monoteísmo, denunciaban la corrupción de costumbres y amenazaban calamidades contra los pueblos opresores del judaísmo y cristianismo. Pero, al adoptar los cristianos esta literatura, los judíos perdieron el aprecio de la misma, de forma que los oráculos, incluso los originariamente judíos, se conservaron principalmente entre los cristia-

[1] La sibila de Cumas entregó a Tarquino los tres libros sibilinos, que fueron guardados en el Capitolio, hasta que desaparecieron con la quema de éste en el año 82 a. C. A la sibila de Eritrea se atribuye el libro III de los oráculos (III, 809-829).

nos; esto explica que hasta en los oráculos judíos afloren interpolaciones cristianas.

La lengua de los oráculos es el griego. Datan de épocas diferentes; de los judíos en sentido pleno (que son los libros III, IV y V), el III y el V pertenecen al siglo II a. C., mientras que el IV no es anterior al siglo I d. C. Estas fechas deben entenderse referidas al conjunto del texto, no a esporádicas interpolaciones cristianas posteriores. Los libros III y V proceden del judaísmo egipcio; el IV, de Egipto o Asia Menor[2].

2. *Contenido teológico*

En todos los oráculos predomina la nota escatológica apocalíptica que caracteriza a los apócrifos judíos. En la tercera parte de este volumen dedicamos unas páginas a la noción de reino de Dios en los oráculos judíos III, IV y V (cf. *infra*, pp. 369ss). Aquí hacemos un breve recorrido por cada uno de los libros.

Libro I.

Tras un proemio, de mano cristiana, abre la serie de los oráculos el libro I, al parecer del siglo III d. C. y de Asia Menor. Hasta el v. 323 parece ser obra judía de exégesis parafrástica del Génesis hasta la terminación de la torre de Babel. Después la obra se torna cristiana (el Bautista, Cristo, su vida, muerte y resurrección, castigo de los judíos por mano de los romanos). Aunque, en rigor, la parte primera también podría ser paráfrasis cristiana, la procedencia judía se reconoce en las tradiciones típicamente judías que recoge, como la de los ángeles vigilantes, tan resaltada en Jubileos y 1 Hen o Hen(et). Esta primera parte es, en buena medida, condensación del libro III, claramente judío.

Libro II.

Consta de 347 hexámetros y parece proceder del siglo III d. C. y de Asia Menor. Los vv. 6-33 constituyen un núcleo judío, mientras que los vv. 249-251 contienen una condena de los judíos, de origen cristiano. El libro acentúa la nota apocalíptica: profesa claramente la inmortalidad de las almas, que son llevadas a juicio por los arcángeles (216-217); habla de la resurrección de los muertos: «Entonces a los muertos el Celestial les dotará de almas, espíritu y voz» (221), y de la resurrec-

---

[2] El conjunto abarcaba primitivamente quince libros, pero se perdieron tres: IX, X y XV. En nuestra edición incluimos todos los que se han conservado, incluso los que, como el VI, son claramente cristianos o tienen abundante interpolaciones cristianas o son posteriores al siglo II d. C. La razón es su procedencia primitiva de medio judío —del judaísmo egipcio o de otra diáspora— y el gran influjo que los libros más antiguos y claramente judíos, como el III, IV y V, han ejercido sobre el resto de los oráculos. Véase introducción de E. Suárez de la Torre en el vol. III de esta obra (pp. 241-263), con abundante bibliografía.

ción de los cuerpos (222-226). Afirma la destrucción para los impíos, entre los que enumera «aquellos que mancillaron su cuerpo con el desenfreno y cuantos desataron el ceñidor de una virgen y se unieron a ella a escondidas; cuantas abortan la carga de su vientre y aquellos que rechazan a sus hijos con iniquidad» (279-282). Esta enumeración es interesante para detectar la idea moral que en época tan remota tenían judíos y cristianos sobre la fornicación, aborto y otros pecados sexuales. También interesante es el v. 312, que acredita ya en el siglo III —si a esta época pertenece tal interpolación cristiana— el culto a María y su intercesión: «Pues (Dios) les había concedido para arrepentirse siete días de la eternidad a los hombres pecadores, gracias a la Virgen Santa» (311-312) [3].

Libro III.

Es el más largo e importante (829 versos). Hasta el v. 96 se extiende la parte más reciente [4]; el resto pertenece al siglo II a. C. El libro procede del judaísmo egipcio, probablemente del reinado de Tolomeo VI. Pero el espíritu de muchos de sus hexámetros es el del judaísmo palestinense: sus amenazas contra las naciones se parecen en acritud a las amenazas de juicio de los profetas y a las que encontramos en los apócrifos palestinenses; no destaca precisamente en este libro el espíritu afable hacia los extranjeros propio de los escritos judíos helenísticos [5]. Los oráculos de castigos a regiones o pueblos han sido tomados de oráculos paganos y reutilizados para probar que Yahvé es el único Señor de todos los pueblos. Dios es vengador y justiciero contra los pueblos paganos. En cambio, entre los judíos, «los hijos de Dios» —que respiran animosidad contra los pueblos que los han oprimido—, Dios reparte miel y beneficios.

La exaltación del pueblo judío (vv. 585ss) se funda en su monoteísmo y abominación de toda magia y astrología, en su pureza sexual —a la que se opone la homosexualidad de los paganos— y en su justicia social. Reconoce el autor que, a pesar de su alta moralidad, los judíos son odiados: «Todo el mundo dirigirá su odio contra tus costumbres» (272); sin embargo, sobresalen por su castidad: «Por encima de todos los hombres tienen el pensamiento en el santo lecho y no se unen impuramente con muchachos, ni cayeron en cuantas violaciones de la ley santa del inmortal Dios cometieron los fenicios, egipcios y latinos, la ancha Hélade y muchos otros pueblos: persas, gálatas y toda Asia» (vv. 594-600). La inmoralidad de Roma realza por contraste la ética judía, pues en Roma «el varón con el varón tendrá comercio carnal, a

---

[3] Cf. OrSib VIII, 270, mención de la Virgen Santa.
[4] Cf. J. J. Collins, *The Sibylline Oracles of Egyptian Judaism* (Diss. Harvard 1972; Missoula 1974) 24-25.
[5] Es excepción el v. 376 y la esperanza, formulada en los vv. 652-656, de un rey salvador que Dios enviará «desde donde sale el sol», y que parece ser Tolomeo VI Filométor, amigo de los judíos.

sus hijos expondrá en vergonzosas casas» (185-186). De decadencia moral hablan también los vv. 44-45: «Y muchas mujeres viudas amarán ocultamente a otros por ganancia: no conservan la medida de la vida cuando han conseguido un marido».

También en filantropía y justicia social van los judíos por delante: «Ni el hombre sobremanera rico al más pobre perjudica ni a las viudas oprime, mas al contrario, las socorre y proporciona siempre pan, vino y aceite; siempre el rico a los que nada tienen y están empobrecidos, de su cosecha les envía parte, pues cumplen la palabra del gran Dios, justo himno: el Padre Celestial, para todos común, hizo la tierra» (241-247) [6].

Sobre escatología, cf. *infra,* pp. 369ss. El libro III únicamente se preocupa de la escatología colectiva y general. Tras la mención frecuente de castigos a ciudades y países, el autor anuncia una edad de oro: «Pues toda clase de armonía y buena justicia llegará a los hombres desde el cielo estrellado y, junto con ella, aquella que goza de mayor favor entre los mortales, la prudente concordia, así como el amor, la fidelidad, la amistad con los extranjeros» (373-376); «mas cuando Roma reine también sobre Egipto, lo que hasta ahora demoró, entonces un reino muy poderoso, de inmortal rey, se aparecerá a los hombres. Y llegará el santo Soberano para someter los cetros de toda la tierra» (46-49).

Libro IV.

Este libro (191 versos) fue escrito después de la destrucción del templo de Jerusalén (hacia el 80 d. C.), razón por la cual respira odio contra Roma. Conoce la erupción del Vesubio del año 79, que interpreta obviamente como castigo por la destrucción de Jerusalén. Entre otras alusiones históricas destaca la huida de Nerón (vv. 119-124), que no habría muerto el año 68, sino huido al Eufrates, a los partos, de donde habría de volver con sus ejércitos (vv. 138-139) [7].

A diferencia del libro III, que acata al templo y acepta los sacrificios de animales al igual que los esenios [8], el IV desaprueba los templos y los sacrificios sangrientos (27-28), probablemente por haber sido compuesto después del año 70. En su conjunto es un libro menos ordenado que el III —del que toma, al igual que el V, diversos motivos— y, por lo general, poco interesante. Pero contiene un pasaje escatológico de especial relevancia: vv. 171-190, donde se dice que, por los pecados de los malvados, un fuego gigantesco devorará la tierra y la raza humana;

---

[6] Cf. también v. 261: «Pues para todos, el Padre celestial común creó la tierra».
[7] Tácito, *Historia* II, 8; cf. Suetonio, *Nerón,* 57 y 48-50.
[8] En el libro III algunos autores descubren rasgos esenios en relación con el templo escatológico; cf. V. Nikiprowetzky, *Réflexions sur quelques problèmes du 4ᵉ et 5ᵉ livre des Oracles Sibyllins:* HUCA 43 (1972) 30-72. La recomendación de los baños del cuerpo en los ríos, baños de penitencia (III, 165ss), recuerdan ideas de las sectas bautistas, frecuentes en Palestina y Siria en la época de los apócrifos; cf. J. Thomas, *Le mouvement baptiste en Palestine et Syrie (150 a. C.-300 d. C.).* Para este autor, el libro IV procedería de una secta de Siria influida por el bautismo.

todo quedará reducido a cenizas, y Dios apagará el fuego que él mismo encendió; el texto continúa: «Entonces Dios dará forma de nuevo a los huesos y las cenizas de los hombres, y de nuevo hará que se levanten los mortales como antes eran. Y entonces tendrá lugar el juicio...; a cuantos por impiedad pecaron, otra vez la tierra amontonada sobre ellos los ocultará, y el Tártaro lóbrego y las profundidades horribles de la gehenna. Y cuantos son piadosos de nuevo vivirán sobre la tierra...» (180-187). Nada se dice del alma inmortal ni de un estado intermedio después de morir; tampoco hay una glorificación en el cielo; la resurrección se concibe como un volver a vivir en la tierra [9].

Libro V.

Es enteramente judío [10]. Unicamente el v. 257 sería cristiano, según D. Flusser. Abunda en oráculos de amenazas para lugares de Egipto y Asia Menor, cuya geografía el autor conoce muy bien: escribió en Egipto, o más probablemente en Asia Menor. Los vv. 1-50 son de la época de Adriano, emperador a quien el autor alaba; lo cual prueba que tales versos fueron escritos antes de la guerra de Bar Kokba (132-135 d. C.). Viene después la sección más antigua del libro, dominada por el tema mesiánico-apocalíptico y por el tema de Nerón, que volverá del Oriente (v. 33). Muchos creían que el Nerón de la historia no había muerto; de esta creencia judía deriva la creencia cristiana de que Nerón volvería como anticristo. Tal convicción se refleja en el Apocalipsis de Juan. En los reinados de Vespasiano y Domiciano se formó la especie de que Nerón no había sido asesinado [11].

La excelencia del judaísmo vuelve como una obsesión en ese libro V. La superioridad judía resalta sobre el fondo negro de la inmoralidad de Roma: «En ti (Roma) se dan los adulterios y la unión ilícita con los jóvenes, ciudad afeminada, injusta, maldita, desdichada entre todas» (166-167); «vosotros que antaño frecuentabais el lecho de las muchachas sin pudor y en los burdeles hicisteis prostitutas a las que antes eran puras, con soberbia, indolencia y desvergüenza, que tantos males trae. (Roma)... pues en ti la madre con su hijo tuvo unión ilícita y la hija con su padre se unió como esposa..., en ti sostuvieron coito con los animales los hombres malvados» (387-393) [12].

Libro VI.

Tiene sólo 28 vv. Todo él es judeocristiano, del siglo ii d. C. Es un himno a Cristo.

---

[9] Cf. infra, p. 371.
[10] J. J. Collins describe y analiza este libro V junto con el libro III.
[11] En VIII, 71 hay una nueva alusión al «matricida fugitivo rubio», que no es otro que Nerón.
[12] El libro VII (42-45) denuncia igualmente uniones incestuosas de primer grado, pero esta vez se refiere a los pueblos orientales, a los persas.

15

Libro VII.

Consta de 162 vv. Se entreteje con un cúmulo de oráculos de desventuras para ciudades y regiones enteras. Tiene influjos judeocristianos y gnósticos; contiene, como el anterior, perícopas cristológicas. Se alude al Padre, al Espíritu Santo y al Verbo. No es posterior al siglo III d. C.

Libro VIII.

Contiene 500 vv. A partir del 217 predominan las doctrinas cristianas. Fustiga la codicia: «La tierra tendrá sus límites y todo mar sus vigías, repartida con engaño entre todos los que poseen oro. En su afán de poseer eternamente la tierra que a muchos nutre, aniquilarán a los pobres para, una vez conseguidas más tierras, someterlos a la esclavitud de su vanidad. Y si la tierra ingente no poseyera durante mucho tiempo la dignidad recibida del cielo estrellado, no sería la luz igual para todos los hombres, sino que, comprada con oro, estaría a disposición de los ricos y Dios prepararía para los pobres otra vida» (28-36). Recomienda las obras de misericordia: «El hombre es mi imagen dotada de recta razón. Dispón para él una mesa limpia e insangüe, repleta de bienes, y da pan al hambriento, bebida al sediento y vestidos para el cuerpo desnudo: proporciónaselo de tu propio esfuerzo con manos puras. Haz de los tuyos al atribulado y asiste al enfermo» (402-407). Estas obras de misericordia recuerdan las del juicio final de Mt 25, pero es sabido que tales obras de caridad Jesús las toma del judaísmo, de la *gemilut ḥasadim* [13]. Manda amar a Dios y al prójimo: «Hay que temer en el corazón humildes sentimientos y odiar las obras hechas con amargura, amar ante todo al prójimo como a uno mismo; y amar a Dios con toda el alma y servirle» (480-482).

Libro XI.

Sus 324 vv. son obra de un autor judío de Alejandría que escribió antes del 226 d. C. Se trata de una historia de guerras entre naciones y pueblos narrada en forma críptica, dando valor numérico a las letras (gematría). Parece una fusión de los libros I y III.

Libro XII.

Contiene 299 vv., escritos por un autor judío entre el 235 y el 238 d. C. En él se inicia la crónica fugaz de los emperadores de Roma, en estilo apocalíptico y enigmático, indicando sólo la letra inicial del nombre de cada emperador. Los vv. 31-33 contienen una interpolación cristiana: «Entonces a escondidas llegará la Palabra del Altísimo para traernos su carne a semejanza de la de los mortales».

---

[13] Cf. bSot. 14*a*; Qoh. R. 7,2-3; Tg. N. Gn 35,9; Tg. PsJon. Ex 18,20 y Dt 34, 6; PRE 16-17.

Libro XIII.

Es continuación de las peripecias de los emperadores iniciadas en el libro anterior. Parece haber sido escrito en el siglo III d. C. por un judío buen conocedor de Egipto y Siria. Ciertamente, el autor no es cristiano, pues alaba a Decio como «buen» emperador (cf. vv. 81ss). El libro tiene 173 vv.

Libro XIV.

Contiene 361 vv. Por el fuerte monoteísmo que refleja, su autor parece judío; es ciertamente un erudito en historia y geografía clásicas. Continúa, también en forma más críptica, con las vicisitudes de los emperadores de Roma: señala la letra por la que empieza el nombre de cada emperador, el número que corresponde a su nombre y el animal que lo simboliza, pero todo ello en estilo apocalíptico. Dada la dificultad de identificar a los emperadores, resulta difícil datar la obra. Puede situarse en el siglo III o comienzos del IV; para algunos, quizá del V. Se trata de *vaticinia ex eventu*.

LIBRO ETIOPICO DE HENOC
(1 Henoc)

En realidad debería decirse, usando el plural, como hace J. T. Milik [1], «libros de Henoc», pues no sólo existe todo un ciclo de Henoc con distintos libros (Henoc etiópico, griego, eslavo, hebreo, fragmentos coptos, libro de los gigantes) [2], sino que el mismo Henoc etiópico o 1 Henoc es un compuesto de otros cinco libros: el de los *vigilantes* (caps. 1-36), el de las *parábolas* (caps. 37-71), el de la *astronomía* (capítulos 72-82), el de los *sueños* (caps. 83-90) y el de las *semanas y carta de Henoc* (caps. 91-105); además, en algunos de estos cinco libros aún es identificable otra obra anterior, el Libro de Noé, de la que quedan diversos fragmentos.

Dada la complejidad de este libro de Henoc, presentaremos conjuntamente las cuestiones introductorias y el contenido teológico. Nos limitamos a las secciones del Libro de Noé, el Libro de los vigilantes y el Libro de las parábolas. En la parte tercera de este volumen señalo detenidamente las ideas de Hen(et) sobre la justicia de Dios, la angelología y la escatología [3].

[1] J. T. Milik, *The Books of Enoch. Aramaic Fragments of Qumran Cave 4* (Oxford 1976).
[2] Cf. J. T. Milik, *Problèmes de la littérature hénochique à la lumière des fragments araméens de Qumrân:* HTR 64 (1971) 366-372; íd., *Turfan et Qumrân: Livre des Géants juif et manichéen*, en Hom. K. G. Kuhn (Gotinga 1971) 117-127.
[3] Véase una introducción detallada en el vol. IV de esta obra por los traductores profesores F. Corriente y A. Piñero. Sobre los fragmentos arameos de Henoc en Qumrán, cf. M. Delcor y F. García Martínez, *Introducción a la literatura esenia de Qumrán* (Madrid, Ed. Cristiandad, 1982).

1. El Libro de Noé

Florentino García Martínez, profesor español en el Instituto de Qumrán de la Universidad de Groningen, ha recogido en un artículo muy documentado cuanto con fundamento sabemos sobre la existencia y contenido del Libro de Noé [4]. Comienza este investigador traduciendo y comentando las dos columnas del texto arameo de Qumrán conocido como *4Q Mes. Aram.* y que era considerado como un horóscopo del Mesías. Él llega a la conclusión de que el protagonista de tal fragmento (cuyo nombre no se da) no es el Mesías, sino Noé [5]. Así lo apoyan una serie de indicios convergentes, uno de los cuales es que el protagonista llega a conocer tres libros que cambiarán su vida (*4Q Mes. Aram.* col. 1, línea 5): estos libros son muy probablemente los tres libros primitivos de la literatura henóquica, el Libro de la astronomía, el Libro de los sueños y el Libro de los vigilantes [6]. Son, pues, tres libros escritos por Henoc, según testimonio de Jub 4,17-23, que constituyen una especie de suma de la ciencia prediluviana. En Jub 7,38 Noé se confiesa precisamente receptor de toda la tradición que arranca del primer escritor, Henoc. La transmisión de la ciencia de Henoc está atestiguada en diversos lugares: 1 Hen 76,14; 81,5; 82,1; 83,1.9; 85,2; 91,1.2; 107,3; 108,1. Concluye F. García Martínez: «Noé, pues, según la tradición, es presentado como el receptor de la sabiduría henóquica, del compendio de la sabiduría prediluviana sumarizada en *los tres libros*» [7].

En un segundo paso, García Martínez establece que *4Q Mes. Aram.* pertenece al perdido Libro de Noé. Algunos autores dudan o incluso niegan la existencia de este libro, con el argumento de que no aparece en las antiguas listas de apócrifos [8]. Pero Jub 10,13 menciona un libro escrito por Noé: «Noé escribió todo como se lo enseñamos en un libro, con todas las clases de medicina». También Jub 21,10: «Cuantos lo coman echan sobre sí una culpa, pues así lo hallé escrito en el libro de mis primeros padres, en las palabras de Henoc y en las palabras de Noé». Un libro de Noé es mencionado en un manuscrito del monte Athos [9]. El mismo san Agustín tiene una alusión a dicho libro [10]. Por

---

[4] F. García Martínez, *4Q Mes. Aram. y el Libro de Noé*, en *Escritos de Biblia y Oriente* = «Salmanticensis» 28 (1981) 195-232. Sobre la presencia del Libro de Noé en Jubileos, cf. *supra*, p. 181.

[5] J. C. Greenfield refiere el fragmento a Matusalén. Pero Fitzmyer, Grelot, Milik y el mismo editor del texto, J. Starcky (cf. *Le monde de la Bible* 4 [1968] 56) identifican al protagonista con Noé.

[6] Tal es la opinión de P. Grelot (RB 82 [1975] 481-500), que parece bastante convincente. Cf. F. García Martínez, *art. cit.*, 201-202.

[7] *Ibíd.*, 209.

[8] *Const. Ap.; Sesenta Libros; Esticometría de Nicéforo; Decreto Gelasiano*, etc. Cf. *supra*, en parte I, *Repertorios de libros apócrifos judíos*.

[9] *Ms Athos Koutloumonos 39, Ms e*. El texto dice: «Pues así me lo mandó mi padre Abrahán, porque esto es lo que encontró en el libro de Noé sobre la sangre».

[10] *De civitate Dei* XVIII, 38: CSEL XL, 328: «Quorum scripta (de Noé y Henoc) et apud iudaeos et apud nos in auctoritate non essent, nimia fecit antiquitas, propterquam videbantur habenda esse suspecta, ne proferantur falsa pro veris».

estas referencias debemos suponer que el Libro de Noé era un herbolario o guía de plantas curativas y medicinas y un conjunto de prescripciones halákicas referentes a los alimentos y especialmente a comer la sangre [11].

Pero sabemos bastante más sobre el Libro de Noé, pues la mayoría de los investigadores coinciden en afirmar que partes completas de este libro han sido incorporadas al actual libro 1 de Henoc (Hen[et]), al libro de Jub y a algunos manuscritos de Qumrán [12]. Consideraremos aquí los fragmentos o partes de este libro que se identifican en 1 Hen [13].

Según García Martínez, 1 Hen 106-107 es una inserción procedente del Libro de Noé. Se cuenta el nacimiento extraordinario de Noé, niño precioso, resplandeciente y piadoso, hasta el punto de que Lamec, su padre, duda que sea hijo suyo y sospecha que pueda ser hijo de los ángeles. Lamec acude a Matusalén, su padre, para pedirle que consulte a Henoc, conocedor de todos los secretos, sobre este nacimiento singular. Henoc revela que los ángeles vigilantes pecaron con las hijas de los hombres, pero despeja la duda sobre Noé afirmando que, efectivamente, es hijo de Lamec [14]. Estos capítulos, tomados del Libro de Noé, los añadió el editor al quinto libro de 1 Hen; en 4Q Hen 5,1 ya están añadidos, y también en la versión griega de estos últimos capítulos que sirvió de base al papiro Chester-Beatty, editado por Bonner [15].

En la primera sección de 1 Hen, en el Libro de los vigilantes (capítulos 1-36), los restos del Libro de Noé no hay que buscarlos en los

---

[11] Según Sincelo, el Libro de Noé contendría también el testamento, que justificaría la división de la tierra entre sus hijos; cf. F. García Martínez, *art. cit.,* 213-214.

[12] *Ibíd.,* 215-224, sobre la presencia del Libro de Noé en 1 Hen; 224-227, sobre su presencia en Jub; 227-232, sobre su presencia en Qumrán.

[13] Estos serían los restos del Libro de Noé presentes en el actual 1 Hen, según los diversos autores: Para Dillmann, *Das Buch Henoch übersetzt und erklärt* (Leipzig 1853) XXXVIII-XLIII: 6,3-8; 8,1-3; 9,7; 10,1.11; 39,1-2; 54,7-55,2; 60; 65-69, 25; 106-107. Para H. Ewald, *Abhandlung über des Äthiopischen Buches Henoch* (Gotinga 1854) 56-61: 6,3-8; 8,1-3; 9,1.7; 10,1-3.11.22; 17-19; 54,7-55,2; 60,1-10.25; 64-69,1. Para R. H. Charles, *The Book of Enoch* (Oxford 1912) XLVI-XLVII: 6-11,1; 54,7-55,2; 60; 65-69,25; 106-107. Para F. Martin, *Le Livre d'Hénoch* (París 1906) LXXXVIII: 10,1-3; 39,1-2; 54,7-55,2; 60; 65-69,25; 106-107. Para J. T. Milik, *The Books of Enoch* (Oxford 1976) 55: 106-107. Datos tomados del citado artículo de F. García Martínez, p. 215.

[14] Sobre el nacimiento milagroso (¡no virginal!) de Noé habla también el Apócrifo del Génesis de Qumrán; cf. J. A. Fitzmyer, *The Genesis Apocryphon of Qumran Cave 1* (Roma 1966) 42-46. 1Q 19 fragmento 3 y 6Q 8,1 (este fragmento con probabilidad) cuentan el nacimiento prodigioso de Noé; 1Q 19 menciona el terror de Lamec ante su primogénito (Noé), quien al nacer iluminó con su luz las habitaciones de la casa. Sobre el nacimiento extraordinario de Noé, véase Ch. Perrot, *Les récits d'enfance dans la Haggada:* RSR 55 (1967) 483-485; sobre los relatos haggádicos de las infancias de Abrahán, Isaac, Sansón, Samuel, Elías, Moisés, cf. *ibíd.,* 485-504.

[15] C. Bonner y H. C. Yantie, *The Last Chapters of Enoch in Greek* (Londres 1937). Según F. García Martínez, *art. cit.,* 217, el redactor que añadió los capítulos 106-107 del Libro de Noé añadió también por propia cuenta los versículos 106,19-107,1.

capítulos 1-5 y 20-36, que son adiciones del redactor para completar la obra, sino en los caps. 6-19, que forman el núcleo primitivo del Libro de los vigilantes [16]. En este núcleo F. García Martínez, contra el parecer de otros investigadores, no considera inserción segura tomada del Libro de Noé ni 1 Hen 6,3-8; 9,7 (que trata de Semyaza, jefe de los ángeles vigilantes) ni 8,1-3 (que trata de los ángeles caídos que enseñan a los hombres los secretos de artes y ciencias, enseñanza que consta por Jub 4,15, pero que falta en el resumen de 106); respecto a Hen(et) 10,1-3 [17] se manifiesta con mayor prudencia afirmando: «De las interpolaciones, pues, del Libro de los vigilantes sólo retenemos una referencia a la comunicación angélica, por orden de Dios, para que Noé se esconda y se salve del diluvio» [18].

En la sección segunda de 1 Hen, en el Libro de las parábolas (capítulos 37-71), García Martínez acepta como claros restos del antiguo Libro de Henoc sólo 1 Hen 54,7-55,2 (descripción del diluvio) y 60,7-10.24 (Behemot y Leviatán) [19].

Tras este análisis reduccionista del profesor de Groningen, Hen(et) habría tomado del Libro de Noé sólo los siguientes fragmentos: 1 Hen 106-107 (menos 106,19-107,2); 10,1-3; 54,7-55,2 y 60,7-10.24.

Pese a la duda y escepticismo que en el ánimo dejan siempre los análisis literarios que fundamentan la inclusión o exclusión de unos textos o fragmentos en el llamado Libro de Noé, tras los estudios arriba citados (y, sobre todo, tras el tan exigente trabajo de García Martínez) parece indudable que antes del 1 Hen o Hen(et) hubo un Libro de Noé y que de este libro hay interpolaciones en el primero (como en Jub y en los manuscritos de Qumrán); lo cual permite situar el origen de la apocalíptica judía en una época anterior a 1 Hen.

2. El Libro de los vigilantes

Sobre la más antigua datación del Libro de los vigilantes —y, por tanto, del Libro de Noé, que lo precedió—, cf. el reciente estudio de P. Sacchi *Il Libro dei vigilanti e l'apocalittica*: «Henoch» 1 (1979) 79-80. Ultimamente, vuelve Sacchi [20] a reiterar la datación antigua del Libro

---

[16] Cf. J. T. Milik, *The Books of Enoch*, 22-41, espec. 25; división que F. García Martínez, *art. cit.*, 217, considera correcta.

[17] 1 Hen 10,1-3: «Entonces el Altísimo, Grande y Santo, habló a Arsalyor y lo envió al hijo de Lamec, diciéndole: Ve a Noé y dile en mi nombre: Ocúltate. Y revélale el final que va a llegar, pues va a perecer toda la tierra, y el agua del diluvio ha de venir sobre toda ella y perecerá cuanto en ella haya. Instrúyele, pues, que escape y quede su semilla para todas las generaciones». El texto conservado por Sincelo (*Cronografía*, ed. Dinford [Bonn 1829] 44) repite las mismas ideas.

[18] F. García Martínez, *art. cit.*, 218.

[19] *Ibíd.*, 219-224, razona la eliminación de los siguientes fragmentos, considerados noáquicos por otros: 1 Hen 39,1-2, que vendría del Libro de los vigilantes (39,1 vendría de 6,1-2; 39,2 vendría de 13,6-14); 1 Hen 65-67,3; 67,4-13; 68-69,25.

[20] Introducción al libro de Henoc en la obra que él mismo edita, *Apocrifi dell' Antico Testamento*, 432 y 439-441.

de los vigilantes, que estratifica de la siguiente manera: *a)* *LV 1:* capítulos 6-11, sección noáquica, subdividida en *LV 1ª* (caps. 6-8) y *LV 1ᵇ* (caps. 9-11); *b)* *LV 2:* caps. 12-36, la más antigua tradición henóquica autónoma. cuyo autor sería el redactor final de todo el Libro de los vigilantes. *LV 1ª* no conoce la inmortalidad del alma; sí la conocen *LV 1ᵇ* y *LV 2;* además, *LV 2* conoce la figura del mediador entre los ángeles malos y Dios.

La sección noáquica —que Sacchi no reduce tanto como F. García Martínez— es anterior al Libro de la astronomía (caps. 72-82), que Milik considera el más antiguo del pentateuco henóquico (del siglo III antes de Cristo) [21]; adviértase que tanto 1 Hen 72-82 como Jub son anteriores a la comunidad de Qumrán [22]. Los caps. 1-11 del Libro de los vigilantes, según un manuscrito arameo de Qumrán que los contiene, ya existían en la primera mitad del siglo II a. C. Como quiera que los capítulos 1-5 son una introducción añadida a los caps. 6-9 o 6-36, éstos tienen que ser aún anteriores; ya existían, según 1 Hen 85-90, antes del 160 a. C., antes de la muerte de Judas Macabeo. Luego 1 Hen 1-36 debía de existir por el 175 a. C.

Esta datación de Milik debe aún retrasarse, según Sacchi, por las siguientes razones:

a) Porque *LV* cree en la inmortalidad del alma y aún no conoce la resurrección de los cuerpos. Ahora bien, Ecl 3,18-21, datado a mitad del siglo III a. C., supone tal creencia en la inmortalidad e ironiza sobre ella [23].

b) La caída de los ángeles y la referencia al diluvio de 1 Hen 6-11 conoce el relato llamado «yahvista» (J), pero no el relato «sacerdotal» (P) de la correspondiente narración del Génesis. Por tanto, esos capítulos de Henoc deben de proceder del tiempo en que aún no se habían fundido en Babilonia los dos relatos bíblicos, cosa que se hizo por el 400 antes de Cristo, cuando Esdras trajo a Palestina el Pentatuco en su redacción final con las fuentes J y P ya fundidas. Por tanto, al menos *LV 1* ya existía antes del 400 a. C. [24]

---

[21] Este Libro de astronomía, cuyos fragmentos qumránicos no pertenecen a los mismos mss. de 1 Hen 1-36 y 92-105, pondera la regularidad de la naturaleza y sus fenómenos, fundamenta un calendario solar de trescientos sesenta y cuatro días con cuatro días intercalados: es el calendario usado por la comunidad de Qumrán, donde se han encontrado diversos fragmentos arameos de una copia más extensa del Libro de la astronomía, y por la comunidad que está detrás de Jubileos, sólo que Jubileos presenta polémicamente el calendario solar contra el calendario lunar usado por los gentiles. El Libro de la astronomía de 1 Hen 72-82 —fundamento, a veces demasiado teórico, de las controversias religiosas sobre el calendario —es posterior a la sección noáquica, pues 1 Hen 8,1-3 todavía considera la astronomía como ciencia malvada.

[22] Cf. G. W. E. Nickelsburg, *Jewish Literature...*, 48.

[23] Cf. Sacchi, *op. cit.*, 440.

[24] Por la importancia que tiene el tiempo en que aparece la creencia en la inmortalidad del alma en Palestina, recojo aquí la conclusión de P. Sacchi: «Es interesante que *LV 1ª* no conozca aún la inmortalidad del alma, que, por el contrario, aparece clarísima en *LV 1ᵇ* (caps. 9-11). Por tanto, la aceptación de la concepción

Sin llegar a atribuir tanta antigüedad a 1 Hen 6-11 como hace Sac-chi, el análisis de Nickelsburg[25] también apunta a una época remota como posible *Sitz im Leben* de dicho texto: a las guerras de los diado-cos, sucesores de Alejandro Magno. Precisamente esos fuertes y pode-rosos guerreros, de origen «divino», que llenaron de sangre la tierra, empezando por Alejandro Magno, serían el antitipo de los gigantes de 6-11, hijos de los demonios, no de Dios. Así, la actual historia, con toda su miseria, se presenta como reflejo de aquella vieja historia de pecado y destrucción que empezó con los ángeles rebelados contra Dios y que, mezclados con mujeres, engendraron a los terribles gigantes que contaminan la naturaleza, destruyen la humanidad y se devoran a sí mismos.

No sólo 6-11, sino también 12-16, 17-19 y 20-36, tres secciones que se pueden distinguir en *LV,* tienen conexiones entre sí y referencia al tema de los ángeles rebeldes, gigantes y demonios, causantes del mal en el mundo. Así se explica el origen del mal: la perversión del mundo de los gigantes acabó en salvación: la tierra gritaba, las almas de los muer-tos pedían salvación (9,3.10), y Dios, mediante sus arcángeles, acabó con los ángeles vigilantes metiéndolos en prisión en espera del juicio final, y acabó también con sus hijos, los gigantes, matando sus cuerpos, aunque dejando sus espíritus vagar libremente por el mundo para tentar a los hombres (15,8-12); éstos fueron los causantes principales del mal en el mundo.

Nótese que en esta concepción el mal se representa como proce-dente del mundo superior. El hombre, aunque seducido por poderes demoníacos (los espíritus de los gigantes), queda siempre libre para aceptar o no el mal[26]. A pesar de que los malos espíritus circulan libre-mente por el mundo (los gigantes fueron destruidos en el cuerpo, pero no en el espíritu), la historia intramundana aún no se concibe regida por el predeterminismo de las tablas celestes que aparecerá por primera vez en el Libro de la astronomía. No obstante, la libertad humana ha quedado disminuida por la persistente inducción de los espíritus al mal. La conclusión es que el mal viene de arriba, de los ángeles caídos. Sólo mucho más tarde, en el siglo II o I a. C., la carta de Henoc (1 Hen

del alma inmortal tuvo lugar dentro del más antiguo pensamiento noáquico. La sección noáquica se distingue de *LV 2* (caps. 12-36) en que no conoce la figura de un mediador entre Dios y los ángeles, que será precisamente la figura de Henoc. En otros términos: el ciclo henóquico se define por una tradición ya perfectamente caracterizada frente a textos recogidos de la diáspora, tradición que se desarrolla acogiendo elementos que primitivamente eran extraños a la cultura judía, como la creencia en la inmortalidad del alma. Que estos textos sean de origen persa hay que demostrarlo: los persas no conocieron en realidad la inmortalidad del alma ni al mediador» (*op. cit.,* 440).

[25] Cf. Nickelsburg, *op. cit.,* 50-52, y su artículo *Apocalyptic and Myth in 1 Hen 6-11:* JBL 96 (1977) 383-405. Según este autor, 1 Hen 8,1-3 (enseñanzas de Asael y otros ángeles); 9,6; 9,8c; 10,4-10, son adiciones posteriores a la historia de la rebelión del jefe Semiaza y sus subordinados y de sus hijos los gigantes.

[26] Cf. *infra,* pp. 340ss.

91-104) atribuirá exclusivamente el origen del mal al hombre libre, no a otros seres del otro mundo: «Os he jurado, pecadores, que así como un monte no se vuelve ni se volverá siervo ni una colina (se vuelve o se volverá) sierva de una mujer, así el pecado no fue enviado a la tierra, sino que los hombres lo han creado por sí mismos, y quienes lo han cometido están destinados a la gran maldición» (1 Hen 98,4)[27].

El Libro de los vigilantes contiene un mensaje esperanzador: Dios purificó la tierra por medio del arcángel Miguel (10,16.20) y estableció un tiempo final de bienandanza, de fertilidad, de ausencia del mal, incluso de conversión de los gentiles (10,17-19.21-11,2). De esta forma, toda la historia de mal y liberación es para el autor de 1 Hen 6-11 garantía de que también los males presentes tendrán pronto remedios que vendrán de Dios. El juicio de Dios —tema central en *LV*— sobre los ángeles rebeldes, demonios y gigantes, se realiza a través de los ángeles. Henoc es el intermediario entre los vigilantes y Dios; él les anunciará en estilo profético que Dios no los perdonará, aunque ellos soliciten el perdón. Los viajes de Henoc a través de cielo y tierra, por oriente y occidente, llegando hasta la región de los muertos[28], comprueban la justicia divina: ve la suerte que espera a los vigilantes, sus castigos y el lugar que recoge los espíritus de los justos (cap. 22) y de los malvados.

3.   El Libro de las parábolas. El Hijo del hombre

Es la segunda sección de 1 Hen, capítulos 37-71. Contiene tres parábolas: 1.ª, caps. 38-44, sobre los justos, los ángeles y los secretos astronómicos; 2.ª, caps. 45-57, el juicio del Mesías, el Elegido, sobre justos y pecadores; 3.ª, caps. 58-69, sobre la felicidad eterna de los elegidos y las desgracias de los impíos. Los dos últimos capítulos de las parábolas (70-71) narran la asunción de Henoc al cielo.

El tema de las *Parábolas* de mayor repercusión en el NT es el del Hijo del hombre, mencionado dieciséis veces en los capítulos 46-71. La literatura que ha producido y aún produce es inagotable[29]. Trataré de abordar algunas de las cuestiones que esta denominación plantea:

1.ª *cuestión:* De tres maneras viene designado este personaje en 1 Hen: «Hijo de hombre» (46,2.3.4; 48,2); «Hijo del varón» (62,5; 69,29 [bis]; 71,14); «Hijo del niño de la madre de los vivos» (62, 7.9.14; 63,11; 69,26.27; 70,1; 71,17)[30]. Este problema deja de serlo al advertir que la diversidad de designaciones se debe a que el traductor

[27] Cf. Sacchi, *op. cit.*, 442-451.
[28] Los viajes están confeccionados con datos de geografía griega popular, no con geografía babilónica. Siguen el modelo griego de la *nekuia* o invocación de los espíritus.
[29] Cf. M. Black, *Jesus and the Son of Man:* JSNT 1 (1978) 4-18; J. A. Fitzmyer, *Another Views of the Son of Man. Debate:* 4 (1979) 58-68; G. Vermes, *Debate:* JSNT 1 (1978) 19-32.
[30] Cf. G. Vermes, *Jesús el judío* (Barcelona 1977) 271, nota 44.

al etíope no fue muy cuidadoso en traducir el original griego «hijo del hombre» [31].

2.ª cuestión: Trece de los dieciséis ejemplos anteponen los demostrativos «ese» y «este» al sintagma «hijo del hombre». Charles [32] explica que el demostrativo es traducción del artículo griego definido: «*el* hijo del hombre». Tal explicación no resulta convincente a Vermes [33].

3.ª cuestión: Normalmente, «Hijo del hombre» nada tiene que ver con Henoc; pero cuando éste llega al cielo sí parece identificarse con el «Hijo del hombre», pues el ángel lo recibe con estas palabras: «Tú eres el hijo del hombre que naciste en rectitud» (1 Hen 7,14). Este dato recibe diversas explicaciones: Vermes [34] admite la identificación del Henoc celeste con el «Hijo del hombre», que es idéntico al Mesías; el Nombre del Mesías, es decir, el Mesías aún no real, en espera del momento predestinado se encarna así en el cuerpo celeste de Henoc y, sentado junto a Dios, actúa como su ayudante [35]. Yo entiendo que el texto de 1 Hen 7,14 puede comprenderse así: «Tú eres (como) el Hijo del hombre que naciste en rectitud», o también, «Tú eres el Hijo del hombre (en cuanto) que naciste en rectitud».

4.ª cuestión: Relación entre el «Hijo del hombre» de las *Parábolas* de Henoc y el «Hijo del hombre» de Dn 7,13. Tal relación es evidente, por ejemplo, en 1 Hen 46,1-4. El problema que se plantea es que el «Hijo del hombre» en Henoc parece ser un individuo concreto, mientras que en Dn 7 es una personalidad colectiva, «los santos del Altísimo» (cf. Dn 7,15-18.27) [36]. Hago una advertencia: el sentido colectivo del sintagma «Hijo el hombre» en Daniel no excluye el sentido individual y que, a la vez, signifique o señale a un personaje trascendente, personaje que será, según la escuela de la historia de las religiones, el hombre celeste de los gnósticos o, según la escuela de Upsala, un título del Mesías Rey. El significado individual habría existido ciertamente antes de componerse Daniel, antes del 165 a. C.[37] Quien esto escribe no ve dificultad en que el autor de Daniel, tomando y reteniendo el sentido individual de Hombre celeste, le añadiese el sentido colectivo de representante del pueblo santo de Israel, al que Dios concede un imperio eterno, contrapuesto a los imperios perecederos que antes ha simbolizado en las cuatro bestias. En Dn 7, un ser «como el Hijo del hombre» simboliza el imperio dado al resto santo de Israel; tendríamos aquí un caso del «doble sentido», tan del gusto del judaísmo: Hijo del

[31] C. H. Charles, *The Book of Enoch,* 86.
[32] *Ibíd.,* 86-87.
[33] G. Vermes, *op. cit.,* 185.
[34] *Ibíd.,* 186.
[35] Hahn interpreta que Henoc es el Hijo del hombre prototípico: entiende «Hijo» en sentido de hombre.
[36] Los autores ingleses sobre todo suelen insistir en el significado «colectivo» de Hijo del hombre en Dn 7.
[37] Cf. S. Mowinckel, *El que ha de venir* (Madrid 1975) 379-384.

hombre es una figura celeste individual, el hombre celeste, y a la vez
el representante de los santos de Israel, de su imperio permanente.

Aun cuando no se admitiera el doble sentido de «Hijo del hombre»
en Dn 7 y se viera en él sólo el sentido colectivo, nada impide que, al
recogerlo el autor en las *Parábolas,* por *deraš,* por actualización, lo haya
individualizado y convertido en un individuo. Además lo ha mesianizado, si es que ya antes de Daniel «Hijo del hombre» no era un título del
Mesías Rey, como quiere la escuela de Upsala [38].

5.ª *cuestión:* El «Hijo del hombre» en las *Parábolas* de Henoc y el
«Hijo del hombre» en los evangelios. En las *Parábolas* el «Hijo del
hombre» nunca habla, ni de sí mismo ni de otros; en los evangelios
Jesús habla de sí mismo como el «Hijo del hombre» [39]. Este dato significa que Jesús ha asumido la figura del «Hijo del hombre» para identificarse. ¿Y por qué usó Jesús precisamente esta denominación? (o, como
dirían algunos críticos, ¿por qué puso la Iglesia pospascual esa autode-
nominación en boca de Jesús?). Porque tal sintagma expresa lo que
Jesús es. En las *Parábolas* de Henoc, el «Hijo del hombre» es un ser
trascendente, del otro mundo, anterior a la creación, al que Dios da el
imperio sobre todo, juez de vivos y muertos; en palabras de Fuller [40],
«es un ser divino preexistente (1 Hen 48,2s; 62,7). Se manifiesta en
'aquel día', es decir, al final. Aparece para librar a los elegidos de la
persecución (62,7ss). Juzga a los reyes y soberanos que han perseguido
a los elegidos (46,4; 62,11; 69,27). Preside, como soberano en gloria,
a los elegidos como comunidad eterna». Este «Hijo del hombre» apocalíptico recibe también títulos propios del Mesías: es «el Elegido» (capítulos 49 y 51), «el justo y el elegido» (53,6), «el ungido del Señor»
(48,10; 52,4), «luz de los gentiles» (48,4) como el siervo de Yahvé de
Is 42,6 y 49,6; así pues, en Hen(et) la figura del «Hijo del hombre»
no sólo se ha individualizado, sino que se ha mesianizado con rasgos del
Mesías davídico y del Siervo de Yahvé, ¡pero no del Siervo de Yahvé
que sufre!

6.ª *cuestión:* Según G. Vermes [41], el sintagma «Hijo del hombre» en
las *Parábolas* de Henoc no es un título, sino simple traducción del ara-

[38] Cf. R. H. Fuller, *Fundamentos de la cristología neotestamentaria* (Madrid,
Ed. Cristiandad, 1979) 43-46.
    [39] No ha sido sólo la Iglesia la que ha identificado al «Hijo del hombre» con
Jesús y ha puesto en su boca —¡sólo en boca de Jesús!— la expresión «Hijo del
hombre»; ha sido el mismo Jesús quien así se ha autodenominado, incluso en los
dichos de Mc 8,38 y Lc 12,80, en los cuales —según algunos críticos más radicales—
Jesús se habría distinguido a sí mismo del «Hijo del hombre». En dos recientes
artículos he intentado probar que es Jesús mismo el que siempre habla de sí mismo
como el «Hijo del hombre», aunque parezca que hable a veces de una tercera persona: *L'usage de la troisième personne au lieu de la première dans le Targum,* en
Mélanges D. Barthélemy (Orbis Biblicus et Orientalis 38; Friburgo-Gotinga 1981)
61-98, espec. 84-85; íd., *La cristología del Hijo del hombre y el uso de la tercera
persona en vez de la primera:* «Scripta Theologica» 14 (1982) 189-201.
    [40] R. H. Fuller, *op. cit.,* 49.
    [41] G. Vermes, *op. cit.,* 187.

meo *bar naš* o *bar 'enaša,* con una significación trivial. Efectivamente, en arameo judío aparece con frecuencia tal sintagma como sinónimo de «hombre» y como sustituto del pronombre indefinido; con menos frecuencia aparece también como perífrasis usada por el que habla para designarse a sí mismo. La minuciosa y exhaustiva investigación de Vermes [42] en la literatura judía acerca del significado de *bar naš* le lleva a concluir que nunca tal denominación tiene sentido «titular» de un ser trascendente, juez de vivos y muertos, etc. Debo responder que acepto con gusto tal sentido intrascendente de *bar naš* en la literatura rabbanita judía, pero advirtiendo que tal literatura tuvo escasa receptividad para la apocalíptica y que en la expresión «Hijo del hombre» no recogió el contenido «titular» que tenía en la apocalíptica; en otras palabras: «Hijo del hombre» es título de la apocalíptica, no de la literatura farisea o rabbanita.

7.ª cuestión: «Hijo del hombre» es título en la literatura neotestamentaria, pero algunos suelen precisar que es título «cristiano», no judío, dado que las *Parábolas* de Henoc son posteriores al cristianismo y están influidas por él. Se replantea, pues, el tema de la antigüedad de esta obra y, en cuanto al sentido titular de «hijo del hombre», hay que ver quién ha influido en quién: las *Parábolas* en el NT o el NT en las *Parábolas.*

Fuller escribe: «Los especialistas británicos tienen serias reservas acerca del origen precristiano de las Parábolas». Y añade: «Los especialistas europeos continentales de todas las escuelas de pensamiento no han tenido nunca, al parecer, ninguna dificultad en aceptar las Semejanzas (= Parábolas) como una parte auténtica del libro de Henoc, al que se asigna en todas partes una fecha situada entre los años 175 y 63 a. C.» [43] Tras el estudio del tema, Fuller concluye: «Podemos concluir, a pesar de las dudas fundadas de los especialistas británicos sobre las Semejanzas (= Parábolas), que existen serias razones para creer, con la mayoría de especialistas no británicos, tanto de Europa como de América, que la figura del Hijo del hombre formaba parte de la apocalíptica judía *precristiana* como agente autor escatológico de la redención» [44].

En los últimos años se ha aireado bastante que las *Parábolas* son poscristianas, pues no se encuentra en Qumrán ningún fragmento de las mismas, siendo así que de la primera sección del libro de Henoc (capítulos 1-36) han aparecido restos en cinco manuscritos de la cueva 4; de la tercera sección (caps. 72-82) han aparecido cuatro fragmentos; de la cuarta (caps. 83-90), cinco fragmentos; de la quinta (caps. 91-107), uno. Pero de la segunda sección, de las *Parábolas,* no se ha encontrado nada. T. J. Milik es quien más ha urgido el argumento de la ignorancia

---

[42] Id., *The Use of bar nash/bar nasha in Jewish Aramaic,* en M. Black, *An Aramaic Approach to the Gospels and Acts* (Oxford 1957) apéndice E.

[43] Fuller, *op. cit.,* 46; en nota cita a Mowinckel y Riesenfeld (Escandinavia), Otto, Bultmann, Jeremias, Stauffer, Tödt y Hahn (Alemania) y Cullmann (Suiza).

[44] *Ibíd.,* 47s. El subrayado es nuestro.

qumránica y ha dado razones para datar las *Parábolas* en torno al 270 d. C. Según este autor, 1 Henoc constaba efectivamente de cinco partes, pero la segunda que nosotros conocemos —las *Parábolas*— no sería la original, sino una sustitución cristiana por el *Libro de los gigantes,* ya usado por Mani [45]. Se arguye que «la sangre del justo» en 1 Hen 47,1-4 haría referencia a las persecuciones de los cristianos del 249-251 y del 257-258; la invasión que menciona 1 Hen 56,6s aludiría a las invasiones del Imperio bizantino en el siglo III d. C. y a las victorias de Sapor I que acabaron con la prisión de Valeriano en septiembre del 260, a las que aún siguieron otras victorias de los partos [46].

Sanders [47] valora, aunque no definitivamente, los argumentos de Milik y de J. C. Hindley [48], pero ante la duda de si las *Parábolas* son precristianas o poscristianas (a esto último se inclina), las deja de lado en su estudio. M. Delcor encuentra puntos de contacto entre las *Parábolas* y los escritos esenios de Qumrán que no parecen en absoluto fortuitos; son contactos en fraseología y teología: la denominación de Dios como «el Señor de los espíritus», empleada constantemente en todas las parábolas y raramente en otras partes, se encuentra una vez en un himno de Qumrán; según 1 Hen 62,15, los elegidos son vestidos con «los vestidos de gloria», como en la Regla de la Comunidad, 1QS 4,8; el encadenamiento de los ángeles caídos aparece en 1 Hen 69,28, en un himno de Qumrán (1QH 3,18) y en el *Libro de los Misterios* (1Q 27). Un estudio detenido permitirá, sin duda, encontrar muchos más contactos entre las *Parábolas* y Qumrán; de momento, aunque no se puede concluir con certeza el origen esenio de esta obra, sí cabe admitir una influencia de los escritos esenios en ella [49].

---

[45] Cf. Milik, *Problèmes de la Littérature Hénochique...,* 373.375.

[46] *Ibíd.,* 377.

[47] E. P. Sanders, *op. cit.,* 347.

[48] J. C. Hindley, *Towards a Date for the Similitudes of Enoch:* NTS 14 (1968) 551-565.

[49] Cf. M. Delcor, *Encyclopédie de la mystique juive,* art. *L'apocalyptique juive* (París 1977) cols. 61-62. Véase en la tercera parte de este volumen el cap. dedicado al reino de Dios. Adviértase que en las *Parábolas* es frecuente el uso del binomio «justos-elegidos», «justos-santos», que se encuentra en el Libro de los vigilantes, así como la insistencia en el juicio o castigo de los pecadores; no se resalta el juicio de los justos-elegidos, para quien se señalan sólo las secuelas favorables. Las *Parábolas* insisten también en el tema de los ángeles caídos y de los ángeles del Libro de los vigilantes. Recorramos la primera parábola (caps. 38-44). El cap. 38 habla del futuro distinto que aguarda a los justos y elegidos (nótese la insistencia en estos dos calificativos) y a los pecadores; sólo de éstos se dice que serán juzgados: «Más les valdría no haber nacido» (38,2). En el cap. 39 Henoc ve en visión la morada de los justos y del Mesías llamado «el Elegido», como en Is 42,1. De nuevo el binomio «justos-elegidos» (vv. 6-7); «Elegido» es una denominación corriente en la primera parte de las *Parábolas.* Cap. 40: Henoc contempla en visión a los ángeles de la faz (o de la presencia), además de millares y miríadas de ángeles (los que no duermen), y al arcángel Miguel (v. 4) y Rafael (v. 5), que bendecía al «Elegido» (= Mesías), y a Gabriel (v. 6) y a Penuel (v. 7); el ángel de la paz es quien va explicando a Henoc la visión. Cap. 41: Henoc contempla los secretos del sol y la luna, los arcanos de la naturaleza y las diversas cámaras celestes; también contempla «cómo pesan las acciones de los hombres en la balanza» (v. 1), la morada de los elegidos y santos

Contra la opinión de Milik de que las *Parábolas* son poscristianas [50] se han pronunciado últimamente Sacchi [51] y Nickelsburg [52]. Ambos rechazan la validez del argumento de Milik de que las *Parábolas* no han dejado rastro en Qumrán. Tal argumento no les resulta probativo: aunque el resto de 1 Hen ha dejado fragmentos en Qumrán, no fue escrito en Qumrán (Nickelsburg); por otra parte, no toda obra apocalíptica figura ni tiene que figurar en Qumrán. Que las *Parábolas* no sean citadas por autores cristianos de los primeros siglos no prueba que constituyeran una creación cristiana tardía, pues de todo el libro de Henoc los escritores cristianos no citan más que la sección del Libro de los vigilantes y la adición final (y ello porque les interesaba explicar el origen del mal y la caída de los ángeles). La invasión de 1 Hen 56,5-7 puede no ser la de Sapor I en el siglo III d. C. —como quiere Milik—, sino la invasión de Judá por partos y medos en el 40 a. C. El castigo de los reyes y poderosos como se describe en 1 Hen 67,8-13 puede referirse tanto a una geografía mítica como a los baños de Herodes en Calliroe (Nickelsburg). Tampoco es probativo el hecho de que las citas bíblicas de las *Parábolas* se ajusten a los LXX, pues igual podrían ser hechas por un judío que por un cristiano (Sacchi). Sin duda, el mejor argumento de que las *Parábolas* no son obra de un cristiano es que su contenido nada tiene de cristiano. Como dice Sacchi, «escribir una obra sobre el mesianismo cristiano sin ninguna alusión a la vida de Jesús, y en particular a su sufrimiento, es imposible... El Hijo del hombre de Henoc no sufre, no rescata del mal por medio de su dolor. No es cristiano [53].

Debemos deducir que el autor de las *Parábolas* no conocía a Jesús. En cambio, los que contaron la vida de Jesús sí conocían las *Parábolas*, pues hay diversas analogías de forma y contenido entre ellas y el NT [54]. Resulta impensable que, de ser las *Parábolas* obra cristiana, el Elegido no hubiera sido identificado con Jesús, sino con Henoc, como de hecho ocurre al final de las *Parábolas* (caps. 62-63), recogiendo además el motivo del justo perseguido que es exaltado como juez de sus enemigos. Pero el mismo motivo aparece en el libro de la Sabiduría, y en Sab 4, 10-15 este justo elevado a la condición de juez de sus enemigos es precisamente Henoc [55]; lo cual parece indicar que Sabiduría conocía tal tra-

y a los pecadores expulsados e impotentes antes «del castigo que procede del Señor de los espíritus» (v. 2); en el v. 8, Dios «distribuyó las almas de los hombres»: por el contexto, parece se afirma la predestinación de las almas de justos y pecadores; «el juez ve a todos y a todos juzga» (v. 9). Cap. 42: La sabiduría, que no es sólo conocimiento, mora en el cielo.

[50] Sus argumentos en *The Books of Enoch...*, 91-98.

[51] P. Sacchi, *Apocrifi...*, 436-438.

[52] G. W. E. Nickelsburg, *Jewish Literature...*, 221-223; cf. también J. C. Greenfield y M. E. Stone, *The Enochic Pentateuch and the Date of Similitudes*: HTR 70 (1977) 51-65.

[53] P. Sacchi, *op. cit.*, 437.

[54] Véase el cuadro de estas analogías realizado por Charles y reproducido por Sacchi, *ibíd.*, 425-429.

[55] Cf. nota en la versión de la Biblia de Cantera-Iglesias (ed. BAC).

dición en un contexto henóquico donde el Elegido era identificado con Henoc [56]. Por otra parte, los evangelios presentan al «Hijo del hombre» como juez. Esto no procede de Dn 7, pues aquí Hijo del hombre aparece después del juicio, sino del Hijo del hombre de las *Parábolas,* ya que en ellas tal figura se enlaza con la del siervo isaiano exaltado como juez [57]. Además, en Mt 24,37-44 (Lc 17,22-27) los días de Noé y el diluvio están en relación con el juicio final y con el Hijo del hombre. Lo mismo ocurre en 1 Hen: frecuentemente se relacionan diluvio y juicio final, juicio que se conecta a su vez con el Hijo del hombre de las *Parábolas.* Obsérvese también que en el juicio final que las *Parábolas* describen (caps. 62-63) hay solidaridad entre el Elegido o Hijo del hombre y los elegidos: reyes y grandes, condenados, ven en el Elegido a los elegidos que ellos persiguieron; la misma solidaridad existe en Mt 25, 31-46 entre los pobres y el Hijo del hombre: son sus hermanos; y se advierte que en Mt 25,34 el Hijo del hombre es «el Rey» y en las *Parábolas* de Henoc el Hijo del hombre es «el Ungido» o «Rey Mesías» [58].

La última palabra de Nickelsburg es ésta: «Si nuestra valoración de los argumentos es correcta, las *Parábolas* son un escrito judío compuesto a la vuelta del último siglo antes de la era cristiana... No podemos determinar de qué grupo salió este documento. Pero su escatología era compatible con la visión del cristianismo primitivo, y ese personaje 'uno como un hijo de hombre' vino a ser identificado con Cristo resucitado y exaltado, cuya inminente venida como juez esperaba la Iglesia. Es digno de notar que tanto este documento como la Iglesia primitiva juntaron las figuras, primitivamente distintas, del Siervo, el 'uno como un hijo de hombre' y el Mesías» [59]. He aquí también la conclusión de Sacchi: «Por tanto, parece que el Libro de las parábolas puede ser considerado aún como óptima fuente para el estudio de la ideología judía (o al menos de cierto judaísmo) precristiana» [60].

Añadamos unas últimas observaciones sobre el *Libro de las parábolas.* Como en el *Libro de los vigilantes,* el protagonista es Henoc, el vidente que asciende al trono de Dios (39,3-41,2) y hace viajes astronómicos. Se utiliza el mismo esquema literario de *LV* 17-32: visión, pregunta al ángel intérprete que le acompaña por el significado de la visión, respuesta interpretativa de éste.

---

[56] Nickelsburg, *op. cit.,* 222.
[57] Es importante el papel que en las Parábolas desempeña el juicio: es el juicio punitivo de los reyes y grandes de este mundo, opresores de los elegidos, santos y justos. El agente de Dios en el juicio es el Hijo del hombre, el justo exaltado y constituido en juez. A este justo exaltado se le denomina también «el Elegido», «el Justo». Es el mediador, salvador y vindicador de los justos y elegidos (parecen ser justos por el cumplimiento de la ley). El nombre de este Hijo del hombre fue pronunciado antes de la creación (48,3); el Elegido se esconde bajo las alas de Dios (48,6; 39,7).
[58] Nickelsburg, *op. cit.,* 222.
[59] *Ibíd.,* 223.
[60] P. Sacchi, *op. cit.,* 438.

Las *Parábolas* conocen todo el libro de Henoc, especialmente *LV,* pues desarrollan temas que aparecen en este libro. En las *Parábolas* intervienen los arcángeles (Miguel, Rafael, Gabriel), los ángeles vigilantes, las huestes de Azazel —que corresponden a las de Asael y Semiaza en 1 Hen 6-16—. Pero mientras *LV* destaca que el pecado de los ángeles fue la fornicación con las mujeres, para las *Parábolas* el pecado de los ángeles fue haber revelado los secretos a los hombres. El tema del juicio —central en *LV* (cf. *supra)*— es también central en las *Parábolas.* El Dios de los espíritus —designación usual de Dios en este libro— o el Cabeza de los días, mediante su Elegido, el Hijo del hombre, y también mediante sus arcángeles, ejecutará el juicio: de condenación para reyes y grandes, que aunque pidan gracia no la obtendrán (62,9). El juicio y la salvación se desarrollan en las tres parábolas (38-44; 45-57; 58-69). El juicio final, centro de las *Parábolas,* se lee en los caps. 62-63.

Las *Parábolas,* con toda probabilidad, fueron escritas originariamente en arameo, de donde parecen haber sido traducidas directamente al etiópico.

Primitivamente las *Parábolas* no pertenecían a 1 Henoc. En esta composición entraron para sustituir al *Libro de los gigantes,* libro que en un principio fue el segundo del pentateuco henóquico. El *Libro de los gigantes* fue dado a conocer por W. B. Henning [61]. En Qumrán han sido identificados diversos fragmentos arameos de tal obra, publicados por Milik en *The Books of Enoch.* El *Libro de los gigantes* admitía el arrepentimiento de Semiaza, jefe de los demonios; tal doctrina era heterodoxa para los cristianos y también para la corriente judía representada por el Maestro Justo de Qumrán. Probablemente esta heterodoxia fue la causa de su eliminación del *corpus* henóquico y de su sustitución por las *Parábolas.* El autor de las *Parábolas* también parecía conocer el *Libro de los gigantes.*

LIBRO DE LOS SECRETOS DE HENOC
(2 Henoc)

1. *Notas introductorias*

2 Hen o Hen(esl) es libro apocalíptico, lleno de curiosidades sobre la obra divina de la creación, el mundo de los astros, los ángeles y las realidades escatológicas. Parece que su título auténtico es el de *Libro de los secretos de Henoc.* Sirve de testamento de Henoc a sus hijos.

Hay una recensión corta, probablemente originaria de Palestina, y otra larga que procede de Egipto, quizá de algún grupo sectario sacer-

---

[61] W. B. Henning, *The Books of Giants:* «Bulletin of the School of Oriental and African Studies» 11 (1943-1946) 52-74.

dotal[1] El original parece griego, pero existen razones para sospechar una traducción del hebreo al griego, como es el cambio r/d. El influjo de la versión de los LXX aparece en varios detalles: el tercer hijo de Henoc, *Gaidad* en la recensión larga, proviene de Gn(LXX) 4,18, que es transliteración incorrecta del hebreo *'irad* (nótese que en tiempos de los LXX se da la confusión *'ayin-gayin,* como también la de *r/d: Gaidad-Gairad).* Otro caso: en 2 Hen 14,6, *Regim, Riman, Uchan, Chermion* y de nuevo *Gaidad* (= *'Irad); Regim* parece ser el onomástico *Regma* de los LXX, correspondiente al hebreo *Ra'ma* de Gn 10,7, otro onomástico citado según los LXX.

La redacción corta es la más antigua, para algunos anterior a la destrucción del templo (70 d. C.). También en la redacción larga hay fragmentos de gran antigüedad. En algunas partes se advierte influencia cristiana: 2 Hen 13,76; cf. Mt 5,34-35 y Sant 5,12.

2. *Contenido teológico*

Los siete cielos.

Una parte importante del libro describe el viaje de Henoc por los siete cielos. El *primer cielo,* llamado en el rabinismo «velo», es descrito con su inmenso mar y con los depósitos de hielo, nieve y escarcha, con sus respectivos ángeles y con los doscientos ángeles que controlan las estrellas.

El *segundo cielo* se pinta como el lugar de oscuridad que envuelve a los ángeles rebeldes (cuyos cabecillas están en el quinto cielo). Es llamado «cielo» a secas en el rabinismo (bḤag. 12b). Resulta curioso observar que los ángeles condenados piden la intercesión y las oraciones del visitante Henoc, que es un hombre (4,6-7).

En el *tercer cielo* está el jardín del paraíso con el árbol de la vida. Es el cielo de «las nubes» según bḤag. 12b, pero aquí identificado con el paraíso. En el *sefer heykalot* o *sefer Henok*[2] se dice que, cuando Adán fue expulsado del paraíso, la *Šekiná* se manifestaba sobre un querubín junto al árbol de la vida; la misma tradición en 2 Hen 5,3 y también en el Targum Palestinense a Gn 3,24[3]. La tradición recogida en el *Maḥzor Vitry,* p. 736, de que el árbol de la vida cubría todo el paraíso y daba frutos de cientos de sabores, está también en 2 Hen 5,3. Según nuestro apócrifo, el paraíso está reservado para «los justos que estén dispuestos a soportar toda clase de calamidades... dando pan al

---

[1] Cf. la introducción del profesor A. de Santos Otero, traductor del libro, en el vol. IV de esta serie.

[2] Llamado también *Henoc hebreo;* cf. Yellinek, *Bet ha-Midrash* V, 172. Véase igualmente la introducción al *Henoc hebreo* en el cuarto volumen de esta obra.

[3] Así lo puso de manifiesto M. Pérez Fernández en el Simposio Bíblico español (Salamanca 1982), donde leyó un trabajo sobre las versiones targúmicas de Gn 3,. 22-24. Las coincidencias de 2 Hen con el rabinismo son frecuentes, como han destacado Charles y A. Kahana.

hambriento, vistiendo al desnudo, levantando a los caídos y ayudando a los huérfanos y ofendidos» (5,9). Pero la *gehenna,* situada en la parte norte del tercer cielo, atormenta a los que pecan contra Dios y «a los que asaltan a los hombres a escondidas oprimiendo a los pobres y sustrayéndoles sus pertenencias; a los que se enriquecen a sí mismos a costa de aquellos a quienes humillan; a los que, teniendo posibilidad de saciar a los hambrientos, los matan de hambre; a los que, pudiendo vestir al desnudo, lo despojan en su misma desnudez» (5,13). Como puede apreciarse, este texto refleja el espíritu del juicio final de Mt 25,34ss, pero no supone dependencia cristiana, pues ambos pueden inspirarse en Is 58,6b-14 [4].

El *cuarto cielo,* llamado $z^e bul$ (morada) en bHag. 12b, se describe como la morada del sol y la luna, desde donde salen por doce puertas. Durante el día, el sol luce coronado; durante la noche, cuatrocientos ángeles le quitan la corona; durante el día, quince miríadas de ángeles tiran del carro del sol; durante la noche, son sólo mil ángeles; preceden a la carroza ángeles de seis alas y le dan fuego un centenar de espíritus celestes (cf. 2 Hen 6,5). PRE 6,4 describe el ciclo del sol con la misma representación de ángeles: «Son los ángeles quienes lo guían (al sol): quienes lo guían durante el día no lo hacen durante la noche, y quienes lo hacen durante la noche no lo guían durante el día. El sol cabalga en una carroza, coronado como un novio y contento como un héroe, como así está dicho: 'Sale como un novio de la alcoba, contento como un héroe a recorrer su camino' (Sal 19,6)» [5]. Este $z^e bul$ o cuarto cielo es, según bHag. 12b, sede de Jerusalén, del templo y del altar donde Miguel arcángel ofrece la ofrenda.

El *quinto cielo* se llama *ma'on* (morada) en bHag. 12b: es morada de los ángeles vigilantes que se rebelaron contra Dios, nada menos que doscientas miríadas capitaneadas por su jefe Satanael (2 Hen 7,5); 1 Hen 6,9 y 19 hablan de ellos abundantemente; los que siguieron a estos jefes ocupan el segundo cielo (1 Hen 4). Henoc amonesta a estos vigilantes rebeldes para que den culto a Dios (7,12); tal exhortación puede estar en relación con la tradición judía de que en el quinto cielo están las formaciones de ángeles servidores que cantan al Señor de noche y callan durante el día (bHag. 12b).

El *sexto cielo* es llamado *makon* (establecimiento); según bHag. 12b almacena los tesoros de la nieve, hielo, escarcha, tormentas, etc.; según nuestro apócrifo, alberga siete formaciones de ángeles que presiden y ordenan la marcha de la naturaleza. Entre ellos hay ángeles hasta para las plantas y los frutos. Nótese que Gn.R. 10,6 dice no existir hierba del campo sin su constelación en el firmamento, y Midr.Teh. 104,3, más claramente aún, señala que no hay cosa que no tenga su ángel. 2 Hen 8,5 afirma: «Hay ángeles para cada una de las almas humanas (encargados

[4] Más adelante veremos nuevas atestaciones sobre la caridad, que acercan 2 Hen a la ética cristiana.
[5] Traducción de M. Pérez Fernández, *Los capítulos de Rabbí Eliezer* (Valencia 1983).

de) consignar por escrito todos sus actos y sus vidas ante la faz del Señor».

En el *séptimo cielo* o *'Arabot,* según bḤag. 12b, están los *ofanim* —los que están llenos de ojos—, los serafines, las *ḥayyot* santas, los ángeles servidores y el trono divino. Los nombres de estos ángeles superiores de 2 Hen no corresponden a los diez órdenes de ángeles que Maimónides distingue según su rango; entre los comunes a la lista de Maimónides y nuestro apócrifo (9,1) están los *ofanim,* los serafines y los querubines; para Maimónides la clase superior a todas es la de las *ḥayyot* santas. Otras denominaciones, como virtudes, dominaciones, principados, potestades, tronos (9,1), nos son familiares por el NT; son seres gloriosos «que están al servicio (de Dios), no se retiran de noche ni de día, sino que continúan firmes ante la faz del Señor y hacen su voluntad» (2 Hen 9,4). Son de este orden los ángeles que cuidan de los niños, según testimonio del NT: «Guardaos de menospreciar a uno de estos pequeñuelos, porque os digo que sus ángeles en los cielos ven sin cesar el rostro de mi Padre que está en los cielos» (Mt 18,10). Sobre los ángeles de la presencia, cercanos a Dios, cf. TestXII Lev 3,5; TestXII Jud 25,2; Jub 31,14; Gabriel (2 Hen 9,7.9) es de los ángeles que están en la presencia del Señor, como él mismo dice en Lc 1,19: «Yo soy Gabriel, el que está en la presencia de Dios»; «Miguel, jefe de las milicias del Señor» (2 Hen 9,17) figura en Dn 12,1 como el gran jefe, y en Tos.Ḥul. 2.18 como el gran jefe militar.

Adán y los ángeles.

El largo capítulo 8, paráfrasis de los primeros capítulos del Génesis, contiene informaciones peregrinas, como es el envío del ángel Adoil[6]. 2 Hen 11,13 habla de la creación del trono de Dios antes de la creación, como atestigua el rabinismo[7]. Según 2 Hen 11,37-39, los ángeles fueron creados el segundo día de la creación: de fuego, diez miríadas de ángeles; pero un arcángel con la tropa que estaba a sus órdenes se rebeló contra Dios (11,39), y Dios los arrojó desde las alturas, quedando ellos volando en el aire (11,40).

Por este supuesto de los ángeles creados el segundo día, el rabinismo entiende el plural de Gn 1,26 como dirigido a los ángeles y no como un plural mayestático, que no existe en hebreo: «Hagamos al hombre a nuestra imagen y semejanza» (Gn 1,26; Jubileos, al encontrar dificultad en este plural contra el monoteísmo, se salta el versículo).

---

[6] Adoil es un nombre que se interpreta de varias formas. Por el contexto parece ser el ángel de la luz, Uriel, habiendo leído el traductor griego el *reš* hebreo por *dalet* (confusión frecuente en copistas y traductores, como ya hemos notado repetidas veces). La confusión *r/d* supone que el traductor griego traduce un texto hebreo o arameo.

[7] Gn. R. 1,4 enumera las cosas creadas antes de la creación del mundo y distingue entre las que fueron verdaderamente creadas (la ley y el trono de la gloria) y las que vinieron al pensamiento. Otras listas en bPes. 54a y bNed. 39b; PRE 3,2; ARNb 37; etc.

Un plural semejante en Gn 3,22 («he aquí que el hombre ha llegado a ser como uno de nosotros») lo entiende también el Tg. PsJon. como referido a los ángeles [8]. El supuesto es siempre que los ángeles fueron creados antes que el hombre, el segundo día, como afirma nuestro apócrifo [9] Otra corriente exegética (Tanh. Pequdda 3) interpreta Gn 1,26 como dirigido a la Torá, instrumento de la creación, que pertenece también a las cosas creadas antes de la creación del mundo [10]; también según 2 Hen 11,57, Dios creó por la Sabiduría: la Sabiduría crea al hombre y lo crea todo (2 Hen 11,82).

En 2 Hen 11,63 se explica el nombre de Adán por el procedimiento del *notaricon:* cada consonante de '*Adam* es primera consonante de los cuatro puntos cardinales en griego [11]. bSot. 5a recoge otro *notaricon* del nombre de '*Adam:* polvo ('*afar),* sangre *(dam)* y bilis *(marah).* La tradición afirma que el polvo se recogió del emplazamiento del templo y de los cuatro puntos cardinales [12]. 2 Hen 11,70 relaciona Adán con *adamah* (= tierra), al igual que el latín *homo-humus* [13].

En 2 Hen 11,75, la serpiente del paraíso es interpretada abiertamente como el diablo, hasta el punto que ni siquiera se menciona la serpiente.

Según 2 Hen 11,78, Dios, después de anunciar al hombre su vuelta al polvo, añade: «Después puedo sacarte otra vez con ocasión de mi segunda venida». Se trata de la segunda venida de Dios de Sab 3,7.18. El judaísmo nunca pensó en una segunda venida del Mesías o *parousia,* por lo que es probable que haya aquí influjo cristiano. En 2 Hen 13,34 tenemos un hermoso testimonio acerca de una segunda venida de Dios para resucitar a los muertos: Dios habla de su última venida para llevar a Adán y a todos los antepasados al paraíso del Edén.

En 2 Hen 11,88, los ángeles Samoil y Ragüil son los dos ángeles acompañantes de Henoc. Sus nombres parecen hacer alusión a cielos *(šamayim-Samoil),* a tierra ('*ara'a-Ragüil)* y a Dios ('*el)* [14]; serían el ángel del cielo y el de la tierra [15].

[8] Así también Gn. R. 17,4 y PRE 12,2.

[9] También Gn. R. 3,8; *ibíd.,* cap. 8: Dios se aconseja con las almas de los justos antes de crear la tierra.

[10] Cf. Prov 8,22.30 y su interpretación en el rabinismo: Gn. R. 1,8; PRE 3,2.3; 11,2

[11] Este procedimiento no es exclusivo de la *haggadá* judía. Se encuentra, como otros procedimientos exegéticos judíos, también en griego. Cf. S. Lieberman, *Hellenism in Jewish Palestine* (Nueva York 1950) 69.73ss. Estos procedimientos se usan especialmente en la interpretación de sueños.

[12] Cf. A. Kahana, *Hasefarim ha-ḥiṣonim* (Jerusalén 1970) 119-120.

[13] Cf. A. Díez Macho, *El origen del hombre según la Biblia:* EstBib 21 (1962) 245ss. 2 Hen 16,1 dice que Dios dio al hombre «corazón para pensar»; sigue, pues, la antropología del AT. En 19,7 afirma que los hombres mueren el día que nacen. Cf. D. Flusser, *Yahdut wmᵉqorot ha-naṣrut* (El judaísmo y las fuentes del cristianismo) (Israel, Sfriyyah ha-poᶜalim, 1979) 278s: Moisés nació y murió el 7 de Adar.

[14] Así L. Ginsberg, *Legends...* I, 135-136.160.

[15] Pero tal etimología parece imposible respecto a Ragüil, pues podría venir de *Raᶜuel* sólo en el supuesto de que la ᶜayin de *Raᶜuel* viniera de un ᶜayin-gayin, **no** en el supuesto de que la ᶜayin provenga de ṣade ('*ereṣ* = tierra).

La caridad.

El Henoc eslavo, o Libro de los secretos de Henoc, es un documento insigne del amor de Dios y de los hombres. En 11,76-77 el mismo Dios confiesa: «Y por su ignorancia los maldije. Mas a los que anteriormente había bendecido no los maldije; y a los que anteriormente no había bendecido, tampoco los maldije; ni al hombre maldije ni a la criatura, sino sólo al fruto del hombre»; es decir, Dios maldice el pecado, no al pecador. Como ya hemos señalado, el cap. 13 contiene diversos macarismos que llaman bienaventurado al que hace justicia o practica obras de misericordia; por ejemplo: «El que escupe a un hombre en la cara será objeto de ludibrio en el juicio grande del Señor. Bienaventurado el varón que no deja a su corazón guiarse por el odio hacia su prójimo, que presta ayuda al encausado, levanta al que se encuentra molido y es misericordioso con el que lo necesita» (13,51-52). 2 Hen 13,90-103 contiene siete bienaventuranzas seguidas de siete maldiciones: v. 91: «maldito el que abre su corazón al ultraje y ultraja al pobre y calumnia al prójimo»; sigue una bienaventuranza positiva (como en el NT, tras la prohibición se añade el precepto positivo): «bienaventurado el que abre su boca para bendecir y alaba a Dios» (v. 92); «maldito el que abre su boca a la maldición y calumnia todos los días de su vida ante la faz del Señor» (v. 93); «maldito el que ultraja a cualquiera de las criaturas del Señor» (v. 95); «maldito el que se fija en el (trabajo) ajeno para destruirlo» (v. 97); «bienaventurado el que siembra la paz del amor» (v. 100); «maldito el que destruye a los que viven pacificados en el amor» (v. 101); «bienaventurado aquel que, sin hablar de la paz, la fomenta en su corazón para con todos» (v. 102).

He aquí otro hermoso texto sobre la caridad y la paciencia: «Cualquier herida, llaga o quemadura, cualquier mala palabra, y si os sobreviene una desgracia o infortunio por causa del Señor, sufridlo todo por el Señor. Y aunque seáis capaces de devolver cien veces la afrenta, no se la devolváis ni al vecino ni al extraño, pues es Dios quien (la) devuelve por vosotros, y él hará de vengador el día grande del juicio, para que no seáis vengados aquí por los hombres, sino allí por el Señor. Que cada uno de vosotros gaste el oro y la plata en favor de su hermano, y así recibiréis un tesoro colmado en el otro mundo. Tended vuestras manos al huérfano, a la viuda y al advenedizo según vuestras posibilidades. Ayudad al fiel en sus penas, y no os alcanzará a vosotros la tribulación» (2 Hen 13,81-86).

Esta doctrina es muy semejante a la cristiana, pero no hay argumentos definitivos para afirmar una dependencia del cristianismo. En algunos casos es perceptible una diferencia con el espíritu cristiano: 2 Hen 13,105 niega el poder intercesorio de los padres o de otros por los hijos pecadores; es la doctrina de Sifre Dt § 329, de que los padres no salvan a los hijos [16]. 2 Hen 15,6-9.13 contiene frases en favor de los

---

[16] Cf. Kahana, *op. cit.* I, 129. Sin embargo, según 2 Mac 15,14, el profeta Jeremías es el «amador de sus hermanos, el que ora mucho por el pueblo y la ciudad

animales: sus almas pervivirían en la otra vida; ¿hay indicios de una doctrina de la transmigración de las almas? [17] 2 Hen 15,14-18 mantiene la ley del talión para el homicidio y otros pecados contra el prójimo sin mencionar compensación pecuniaria.

En 2 Hen 15,20 vuelve a percibirse la proximidad a la ética cristiana. Se formula la regla de oro, no en forma negativa como Hillel y otras fuentes judías, sino positivamente como el NT: «Lo que un hombre pide a Dios para sí, esto ha de (procurar) hacer él mismo a toda alma viviente». 2 Hen 15,28 vuelve a insistir en que el «que viste al desnudo y da pan al hambriento» obtendrá su recompensa, y añade en el versículo siguiente que para eso es necesaria una disposición interna caritativa; el v. 30 dirá que el menesteroso socorrido, si es arrogante, pierde el fruto de sus sufrimientos. Se exige, por tanto, que las acciones vayan acompañadas de una buena disposición interior.

Melquisedec.

Los últimos capítulos de esta obra tratan del traspaso del sacerdocio de Matusalén a Nir, hijo menor de Lamec (el hijo mayor fue Noé), y de Nir a «su hijo» (2 Hen 23,40), aunque Nir no lo había engendrado, pues el niño nació virginalmente de su esposa Sopanima, que era estéril: «Pero, encontrándose Sopanima ya en edad avanzada, concibió el día de la muerte (?) en su seno, sin que Nir hubiera dormido con ella ni la hubiera tocado desde el día en que el Señor le había encomendado su ministerio ante el pueblo» (2 Hen 23,2). Este niño, concebido virginalmente y nacido, como de edad de tres años, de su madre ya muerta, fue llamado Melquisedec por Nir y por Noé. Ante el peligro de la corrupción que precedió y siguió al diluvio, el arcángel Miguel recibió la siguiente orden de Dios: «Baja a la tierra donde el sacerdote Nir, toma contigo a *mi* niño Melquisedec, que se encuentra con él, y colócale en el jardín del Edén» (2 Hen 23,52) [18]. Esta es la comprensión del sacerdocio de Melquisedec: «[42] Melquisedec será el jefe [lo que sigue es de la recensión larga] de estos trece sacerdotes que ha habido anteriormente. [43] Y en la postrera generación surgirá de nuevo otro Melquisedec como punto de partida de (otros) doce sacerdotes. [44] Y luego vendrá el jefe de todos, el gran Pontífice, Verbo de Dios y Fuerza para obrar milagros estupendos, más famosos que todos los que han tenido lugar (hasta hoy). [45] Este Melquisedec será sacerdote y rey en el lugar de Achuzan (Jerusalén), donde fue creado Adán, y allí mismo será emplazado luego su sepulcro. [46] Acerca de este pontífice está escrito de antemano que también él será sepultado allí donde está el centro de la tierra» (2 Hen 23,42-46). El v. 44 parece de impronta cristiana (Verbo de Dios); 2 Hen 23,60 vuelve a decir que, tras el Melquisedec rey de

santa». Antes admite la intercesión de los santos por los vivos (1 Hen 22,12; 97, 3,5; 99,16).

[17] Cf. Charles, *op. cit.* II, 464, nota 5.

[18] Según la recensión larga, Dios dice: «es mi niño».

Salim (Jerusalén), habrá doce sacerdotes, «hasta que venga el gran *higúmeno* (= el guía) que hizo todas las cosas visibles e invisibles».

El nacimiento virginal de Melquisedec se basa no en el nacimiento virginal de Jesús, sino en la interpretación de Sal 110,3 (LXX): «Desde el seno (de tu madre), antes de la aurora, Yo (Yahvé) te he engendrado». Los LXX, como la Pešiṭta y otros muchos manuscritos, leen *yᵉlidtika* («te he engendrado») en lugar del texto hebreo *yalduteyka* («tu infancia»). Esta frase, que se refiere como todo el Sal 110 al rey en su entronización, pasa a aplicarse, con todo el salmo, al futuro rey Mesías. Pero el Henoc eslavo lo aplica a Melquisedec: «Yo (Yahvé) te he engendrado desde el seno (de tu madre)» [19].

La tradición bíblica sobre el Melquisedec de Gn 14, así como la tradición de su nacimiento virginal (2 Hen) y su condición de juez escatológico y Mesías sacerdotal —según un fragmento de Qumrán publicado y analizado por Van der Woude y De Jonge [20]— explican que Heb 7 conecte el sacerdocio de Cristo con el de Melquisedec. Pero no hay razón suficiente para considerar 2 Hen como obra cristiana [21].

No se puede negar el influjo del libro que conocemos como Henoc etiópico o 1 Henoc. 1 Hen 12-36 influye en lo que 2 Hen dice sobre la ascensión de Henoc al cielo y su visión de Dios. La vuelta de Henoc a la tierra y la instrucción a sus hijos recuerdan 1 Hen 81; 91-105. El relato del nacimiento milagroso de Melquisedec es la contrapartida de 1 Hen 106-107. Las bienaventuranzas y maldiciones corresponden a las exhortaciones y amenazas de 1 Hen 94-107 [22].

[19] Cf. Flusser, *loc. cit.* También el nacimiento de Noé fue en cierta manera milagroso, como hemos tenido ocasión de ver estudiando la tradición de Noé en el 1 Henoc (cf. *supra*): Bitenoš, esposa de Lamec, tuvo que asegurarle que él era verdaderamente el padre de Noé: el de Noé es un nacimiento prodigioso, pero no virginal. Cf. Génesis apócrifo, col. II; J. A. Fitzmyer, *The Genesis Apocryphon...*, 42-46; *ibíd.*, 167-172, donde se ofrecen 1Q 19, fragmento 3; Hen(et) 106-107 y 6Q 8,1 como referentes al tema del nacimiento de Noé.

[20] A. S. van der Woude, *Melchisedek als himmlische Erlösergestalt in den neugefundenen eschatologischen Midraschim aus Qumran Höhle:* «Oudtestamentische Studiën» XIV (1965) 354-373; M. de Jonge y A. S. van der Woude, *Melchisedek and the New Testament:* NTS 12 (1966) 301-326. Interpretación de D. Flusser, *op. cit.*, 275-282.

[21] Cf. Arie Rubinstein, *Observations on the Slavonic Book of Enoch:* JJS 13 (1962) 3-6.11.15; Milik, *Books of Enoch*, 107-112; refutación de R. Stichel, «Byzantinoslavica» 39 (1978) 65. En la obra hay algún influjo cristiano, aunque no sea patente. La probabilidad de tales influjos resta valor informativo sobre el judaísmo a diversas enseñanzas del apócrifo, como es el importante asunto de la caridad.

[22] Cf. Nickelsburg, *op. cit.*, 185-187.

LIBRO HEBREO DE HENOC
(3 Henoc)

1. *Notas introductorias*

Esta obra no pertenece a los apócrifos del Antiguo Testamento propiamente dichos, ya que su datación es bastante tardía: fue redactada o compilada probablemente hacia el siglo VI d. C. Sin embargo, recoge tradiciones antiquísimas que entroncan con la tradición henóquica reflejada en los otros dos libros concernientes a este patriarca. Debido a ello suele incluirse en ediciones de apócrifos similares a la nuestra. El punto de partida para el desarrollo argumental de la obra es el ascenso de R. Yišmael a los cielos para contemplar la visión de la *merkabah* (carro/trono de Dios). Una vez en el séptimo palacio del séptimo cielo, Dios encarga al ángel Metatrón de su cuidado y él es el verdadero protagonista de la obra. Metatrón se identifica nada menos que con el Henoc bíblico transformado en el ángel más poderoso de la corte celestial.

El núcleo de la obra lo constituye la sección que trata del ascenso de Henoc a los cielos, sobre el cual encontramos tres relatos distintos dentro de la obra. El primero (4,2-10) asocia el traslado de Henoc con los pecados de la generación del diluvio: Dios aparta a Henoc de la tierra para que en los cielos sirva de testigo contra los hombres de esa generación. El segundo (cap. 6) relaciona el ascenso de Henoc con la idolatría de la generación de Enós y la decisión de Dios de retirar por tal motivo su *Šekinah* de la tierra: Henoc es elevado al cielo junto con la *Šekinah* divina. El tercer relato (cap. 7) mezcla un poco ambas tradiciones: con motivo de los pecados de la generación del diluvio, Henoc es elevado sobre las alas de la *Šekinah* al lugar del trono de la *merkabah* y de las huestes angélicas. Es evidente que aquí, como en otros temas de la obra, 3 Henoc se formó a base de la recopilación de muy diversas tradiciones. Así, por ejemplo, en lo que respecta a la angelología encontramos tres sistemas angelológicos originalmente independientes: *a)* el del cap. 17, que enumera y describe a los ángeles en un orden descendente, de las clases más elevadas a las inferiores. En este sistema, los ángeles situados en primer lugar son los príncipes de los siete cielos, los arcángeles: Miguel, Gabriel, Šatquiel, Šajaquiel, Bakariel, Badariel y Pajriel. *b)* El del cap. 18, cuya enumeración sigue el orden inverso, de inferior a superior, comenzando por los ángeles del primer cielo y terminando con los dos ángeles encargados, respectivamente, de los libros de los muertos (Soferiel Yahvé mata) y de los vivos (Soferiel Yahvé vivifica). *c)* El de los caps. 19-22 y 25-26, que tiene como objeto la descripción de los príncipes angélicos encargados de las «ruedas de la *merkabah*» y de las cuatro clases de ángeles superiores (*ḥayyot,* querubines, *'ofannim* y serafines).

En resumen, definiremos esta obra haciéndonos eco de las palabras de Ithamar Gruenwald en su interesantísimo estudio *Apocalyptic and*

Merkabah Mysticism (Leiden-Colonia 1980) 191: por el modo en que 3 Henoc funde diversas tradiciones, puede ser considerado como una novela o gran sumario de las tradiciones esotéricas judías místicas y apocalípticas.

2. *Contenido teológico*

Quizá lo que más llama nuestra atención en este tipo de obras es el gran énfasis con que se señala la trascendencia divina. La presencia divina se manifiesta en el trono de la gloria en el séptimo palacio, situado en el séptimo cielo. Las puertas de los cielos y de los palacios están vigiladas por celosos ángeles guardianes, con lo cual Dios resulta casi inaccesible para el hombre. Este concepto de trascendencia se pone de relieve también en el relato de 3 Hen 5,10-14, que trata del desplazamiento de la *Šekinah* al más alto cielo en la generación de Enós. El vacío que deja la retirada de Dios a las alturas se llena en nuestra obra con ejércitos de ángeles que median entre Dios y el mundo. Los más elevados órdenes angélicos son descritos con un lenguaje que parece más apropiado para describir a la divinidad, incluso el tetragrama divino forma parte de sus nombres; caso extremo es el de Metatrón, al que se llama «el Yahvé menor» (3 Hen 12,5).

Según G. Scholem en su obra *Jewish Gnosticism, Merkabah Mysticism and Talmudic Tradition* (Nueva York [2]1965) 10, nos encontramos aquí ante una «verdadera gnosis rabínica». Sin embargo, investigadores más recientes, como el antes citado Ithamar Gruenwald *(op. cit.,* 110-118) y P. Alexander (cf. *The Historical Setting of the Hebrew Book of Enoch:* «Journal of Jewish Studies» 28 [1977] 179-180), critican la afirmación de Scholem y piensan que la similitud de algunos conceptos entre este tipo de textos místicos y la gnosis puede responder a la influencia que las ideas del judaísmo tuvieron en la gnosis. Respecto a este punto, P. Alexander concluye que es prematuro clasificar como «gnósticas» estas obras judías hasta que las relaciones entre el misticismo de la *merkabah* y el gnosticismo hayan sido más plenamente exploradas, ya que existen diferencias fundamentales entre las visiones del mundo que presentan ambos sistemas. Afirma también este autor que el misticismo de la literatura de *merkabah* (incluido 3 Henoc) emanó de círculos que pertenecían al judaísmo rabínico y que de un modo general se pueden calificar de «ortodoxos». También Scholem *(op. cit.,* 9-13) consideraba estos textos como básicamente «ortodoxos» si se los valora según el simple criterio de si son monoteístas o muestran el debido respeto a la Torá.

LIBRO 4 DE ESDRAS

1. Notas introductorias

La denominación 4 Esdras deriva del orden en que los diversos «Esdras» aparecen en la Vulgata [1]. Los dos primeros capítulos y los dos últimos del texto latino de la Vulgata (caps. 1-2; 15-16) son adiciones cristianas [2] que no entran en nuestra consideración [3]. Existen abundantes versiones del 4 Esdras además de la latina —que seguimos—: siríaca, etiópica, árabe, armenia (muy apreciada) y georgiana; todas, al parecer, procedentes de un apógrafo griego, del que sólo han quedado citas en la literatura patrística, acaso no literales. El original es semítico, hebreo según A. Kaminka, arameo occidental palestino según Gry.

En su conjunto es obra compuesta después de la destrucción del templo —como ApBar(sir), que depende de 4 Esd—, en las últimas décadas del siglo I d. C., y refleja el pesimismo de la época. Pero aún se discute si es obra de un solo autor o si han intervenido varias manos con escritos de diversa época. La cuestión de la unidad del libro es importante para precisar la teología del mismo [4].

La obra se sitúa en Babilonia, el año 30 después de la destrucción de Jerusalén, o sea, el 557 a. C. El protagonista es Esdras Sealtiel [5]. La estructura del libro es clara: dos partes, la primera con tres diálogos de Esdras con el ángel Uriel (3,1-5,20; 5,21-6,35; 6,36-9,26) y la segunda con cuatro visiones (9,27-10,60; 11,1-12,51; 13,1-58; 14,1-47); Esdras plantea cuestiones punzantes sobre la justicia de Dios, al estilo del libro de Job, y Uriel actúa como «ángel *interpres*» que expresa en sus respuestas el pensamiento del autor. La obra es prosa, pero hay fragmentos que parecen primitivamente poesía, con el paralelismo propio de la poesía.

[1] En la Vulgata se entiende como *Esdras I* el libro canónico de Esdras; *Esdras II* es el canónico de Nehemías; *Esdras III* es el apócrifo que escribe la historia desde la pascua de Josías hasta Esdras (cf. *supra*, pp. 200s); *Esdras IV* es el apócrifo que ahora presentamos.

[2] Los caps. 1-2 reciben también el nombre de *Esdras V;* los caps. 15-16 serán *Esdras VI.* Cf. J. Schreiner, *Das 4. Buch Esra* (Gütersloh 1981) 291. Otras denominaciones, en Nickelsburg, *op. cit.,* 365, nota 15.

[3] Citamos, como es usual, teniendo en cuenta esos capítulos cristianos, de forma que el primer capítulo propiamente dicho de nuestro apócrifo recibe el nombre de capítulo 3.

[4] Cf. *infra.* Mientras unos opinan que el libro es obra de un solo autor, otros postulan diversas fuentes editadas y mal compuestas por un compilador. Las contradicciones que parecen darse afectan a la comprensión del reino mesiánico y al mismo personaje del Mesías. En algunos pasajes, el apócrifo parece escrito antes del año 70 después de Cristo; en otros, después. En unos imaginamos que el autor escribe en Palestina, en otros, fuera de ella. Quienes postulan un único autor recurren a la hipótesis de diversas fuentes y desorden del material.

[5] En la Biblia, Sealtiel es el padre de Zorobabel (Esd 3,2; 5,2; Neh 12,1); pero este Sealtiel es anterior al escriba Esdras. La identificación aparece en 4 Esd 3,1 (que puede ser una glosa). El nombre de Esdras está en 4 Esd 6,10; 7,2.25; 8,2.20. Cf. Nickelsburg, *Jewish Literature...,* 287 y 305, notas 16 y 17.

2. Contenido teológico

En la parte tercera de esta obra («Teología de los apócrifos») tratamos el tema de la misericordia y justicia de Dios en 4 Esd (*infra,* página 325) y, con mayor extensión, las concepciones mesiánicas y escatológicas de este apócrifo (*infra,* pp. 383-387). Estas son las cuestiones importantes. Aquí, en forma cursiva o descriptiva, iremos viendo el desarrollo temático del libro.

Diálogo primero: 3,1-5,20.

Comienza con una oración-lamento del vidente, pues por el pecado de Adán la humanidad, incluido Israel, tiene un «mal corazón»; ya la *Torá* no los libra del pecado; si pecan, Dios los castiga; ¿por qué la destrucción de Jerusalén, si los judíos no son tan pecadores como los gentiles? Uriel responde que Dios tiene sus caminos incomprensibles para los humanos; el mundo se acerca a su fin, que traerá la liberación de los males procedentes de la mala semilla de Adán. El cuadro termina con la imagen del vidente ayunando durante siete días. Añadamos algunas notas:

3,6 afirma que el jardín del Edén había sido creado antes que la tierra. Tal es la representación rabínica bien frecuente, presente también en 2 Hen, donde el paraíso se sitúa en el tercer cielo (cf. *supra*).

3,19-22 tiene la siguiente representación: Dios entregó la ley en el Sinaí, pero sin quitar «el mal corazón» a los hombres, razón por la cual la ley no pudo fructificar: salió, pues, la ley y se quedó sólo el mal. «El mal corazón» es el *yeṣer raʿ* que procede de Adán. Los habitantes de Jerusalén actuaron como Adán, pues también ellos tenían el mismo *cor malignum* (3,26) y por eso fueron entregados a los babilonios (3,27). Nótese que no se habla de un pecado de origen, pero sí se subraya la condición pecadora del hombre por ser hijo de Adán [6].

4,1-21, respuesta del ángel Uriel a las preguntas y quejas del vidente: Uriel es el ángel que preside el mundo y el *šeol* (1 Hen 20,2) y responde a las preguntas de los hombres (1 Hen 21,5.9; 27,2; 33,3.4). Aquí responde que, si el hombre no puede saber muchas cosas naturales, menos podrá conocer los caminos de Dios. Es especialmente interesante el apólogo que Uriel propone para que el vidente aprenda a no meterse en lo que no le incumbe: los árboles del bosque quisieron hacer la guerra al mar para quitarle sitio y plantar más selvas en el lugar del mar, y también el mar quiso hacer la guerra a los bosques para extender sus dominios; pero el fuego quemó los bosques y la arena detuvo al mar. La moraleja es que cada uno ocupa su sitio y de él no debe salir: los terrenos no intenten comprender lo que está sobre los cielos (4, 13-21) [7].

---

[6] Cf. *infra,* pp. 379s.
[7] Es *mašal* de época cercana a Jesucristo. No es aún una parábola, pero pertenece

4,22-51: El vidente se defiende de la moraleja del *mašal*. No ha preguntado por cosas celestiales, sino por las calamidades que les están pasando y están experimentando (4,22-26). La respuesta del ángel, un tanto misteriosa y vaga, afirma que se acerca rápidamente el tiempo en que la mala semilla sembrada en Adán será definitivamente arrancada (nueva alusión a algo así como el pecado original, especialmente versículos 29-32), pero que el tiempo no se puede acelerar, aunque ya está fijado y próximo e inaplazable como el tiempo de parir; es la respuesta —dice Uriel— que ya Yeremiel[8] dio a las almas de los justos que esperan en los depósitos.

5,1-12: Las señales del fin del mundo. Pero no se dice que Dios entonces hará justicia de los enemigos de Israel.

Diálogo segundo: 5,21-6,35.

La misma estructura del anterior: oración-lamento, respuestas del ángel, ayuno. El vidente insiste en el tema del primer diálogo: ¿por qué Dios tiene ese comportamiento con Israel, que es su viña (5,23), su parte y su lirio (5,24), su paloma y su oveja (5,26), su pueblo (5,27)? 5,30 formula una queja desgarrada: si Dios odia a su pueblo, lo castigue con su mano, pero no por medio de los gentiles. Respuesta del ángel: ¿es que Esdras ama a Israel más que el que lo hizo? (5,33). El ángel constata que el vidente es incapaz de comprender la justicia y la misericordia que Dios reserva para el final de Israel (5,40). Ese final (el *qeṣ* escatológico) está en las manos de Dios (6,11-24); sólo los que perseveren en medio de las tribulaciones verán ese final, el tiempo de la salvación (6,25: «et videbit salutare meum et finem saeculi mei»)[9], cuando el mal sea destruido y la mentira sea extinguida y florezcan la verdad y la fidelidad (6,27-28)[10].

Diálogo tercero: 6,36-9,26.

Es el más largo, con la misma estructura de los anteriores. La oración del vidente va acompañada por una descripción de la obra divina de la creación que exalta el poder de Dios (6,38-54) y señala la continuidad Adán-Israel: «et ex eo (Adam) educimur nos omnes, quemque elegisti populum» (6,54); los siete días de ayuno final quedan mitigados a una abstinencia de carne y vino (9,23-24).

---

al género popular de las comparaciones. Cf. A. Díez Macho, *Las parábolas:* «Madre y Maestra» 111 (enero 1981) 12ss.

[8] Parece ser el jefe de las almas de los justos que esperan en los depósitos. Puede ser *Yerajmeel* o el ángel *Remiel* de 1 Hen 20,8.

[9] Cf. el paralelismo con el discurso escatológico de los evangelios sinópticos, donde es término fundamental el *qes-telos.* Cf. M. Pérez Fernández, *Prope est aestas* (Mc 13,28; Mt 24,32; Lc 21,29): «Verbum Domini» 46 (1968) 361-369.

[10] En ApBar(sir) 10-34 se desarrollan temas parecidos a los de estos dos diálogos entre Esdras y el ángel.

El relato de la creación, que culmina en Adán-Israel, sirve al vidente para replantear su lamento con nueva fuerza: si el mundo fue creado a causa de Israel (*propter nos*: 6,55.59), ¿por qué los demás pueblos, que son nada, como saliva o como una gota de un cubo (6,56), dominan al pueblo que tú llamas «primogenitum unigenitum aemulatorem carissimum» (6,58)? [11] La respuesta se centra en la distinción de los dos mundos: en éste reinan las consecuencias del pecado de Adán, la angustia, los dolores, etc. (7,11ss); los justos heredarán el otro mundo, mientras los impíos serán condenados (7,17-18). El ángel exalta la justicia de Dios, que dio a los hombres la ley para que supieran cómo habían de vivir, pero los hombres la despreciaron y por eso perecen (7,20-22).

7,26ss: Uriel vuelve a recordar los signos finales, las tribulaciones de la época mesiánica (o «los dolores de parto del Mesías», *ḥablé mašiaḥ*), tras los cuales «revelabitur filius meus Iesus» (7,28). *Iesus* es una evidente interpolación cristiana; en cambio, *filius meus* puede pertenecer al texto judío, ya que el Mesías era considerado «hijo de Dios» según Sal 2,7. El reino mesiánico durará cuatrocientos años, tras los cuales el Cristo y todos los hombres morirán y la tierra toda volverá al silencio primordial durante siete días, tras los cuales vendrá el juicio final y el Altísimo juzgará según las obras (7,28-35) y serán pocos los que se salven (7,47.60.61), pues los mejores son siempre menos en número que los peores (7,51-58). Por eso el vidente sueña con librarse del juicio (7,69), pero el ángel afirma que Dios hizo al hombre y desde el principio determinó los que habían de pasar por el juicio, que Dios ha sido paciente por mucho tiempo, pero el día del juicio llegará para todos los hombres y para todos los pecados cometidos (7,70-74).

Sigue el pasaje más importante de este apócrifo sobre el estado intermedio de las almas después de la muerte, 7,75-101, que consideraremos más detenidamente en la tercera parte (cf. *infra*, pp. 385ss). Nada más morir los malvados son atormentados con siete penas diversas, mientras los justos descansan en paz (7,75-87). En 7,88-99 el ángel describe las siete alegrías de las almas de los justos, que, con pena y trabajo, han conseguido salvarse y esperan el juicio final; una de las siete alegrías —la segunda— es contemplar la confusión y tormentos de las almas de los malvados (7,93). Los castigos y los premios no se conceden a las almas inmediatamente después de morir, sino al cabo de siete días (7,100s), cuando ha terminado el duelo de la separación del alma y el cuerpo.

7,102-105: al contrario de lo que ha venido pasando en la historia sagrada, en el día del juicio nadie puede interceder por nadie; sólo valen las obras de cada uno, su propia justicia o injusticia. Ante tanta dureza, el vidente se lamenta desgarradamente: «¡Mejor hubiera sido que la tierra no hubiera hecho surgir a Adán! ¿Para qué vivir en tris-

---

[11] Precisamente la teología judía llegó a formular que la misión de Israel es servir de puente entre las naciones y Dios; pero en el texto que estamos comentando sobra orgullo nacional y falta verdadera comprensión de la alta misión de Israel.

teza si al final nos espera el juicio?» (7,116ss). En el v. 118 el vidente responsabiliza a Adán de la situación desesperada de los que de él proceden [12]. El último recurso de Esdras será a Ex 34,6s, fórmula tradicional de la misericordia de Yahvé. Pero tampoco por este camino parece venir la misericordia para los hombres pecadores (7,132-140) [13]. Respuesta desoladora del ángel: «El Altísimo ha hecho este mundo para muchos, y el mundo futuro para pocos» (8,1); «muchos fueron creados, pocos serán salvados» (8,3) [14].

En 8,21 comienza una oración de Esdras [15] en la que alega la situación de pecado universal o la universalidad del pecado de la humanidad (8,35: «verdaderamente no hay entre los nacidos quien no haya pecado ni entre los mayores quien no haya delinquido»), por lo que invoca de nuevo la misericordia y la justicia divinas: «Tu autem propter nos peccatores misericors vocatus es» (8,31), precisamente porque los hombres no tienen ninguna obra justa que merezca la misericordia (8,32); por eso resplandecerá tanto más la justicia (*ṣedeq*) y la misericordia (*ḥesed*) de Dios con los que no tienen obras buenas (8,36: «in hoc enim annuntiabitur iustitia et bonitas tua, Domine, cum misertus fueris eis qui non habent substantiam bonorum operum»). Nótese cómo en estos textos «justicia» tiene el sentido salvífico propio del AT (cf. *infra*, pp. 385s).

Siguen diversas apelaciones del vidente a la misericordia de Dios: todas inútiles. Del largo diálogo, sólo queda un minúsculo consuelo: el fin se acerca pronto, y sólo muy pocos —los perfectos o muy perfectos— se salvarán.

Pese al profesado amor de Dios por su pueblo (5,40), apenas puede pintarse con colores más negros la suerte de Israel. La conclusión es que, con la muchedumbre de los paganos, se condenan todos los israelitas que no cumplen la ley, y sólo se salvan los pocos que la cumplen con perfección. No basta, pues, para salvarse una adhesión básica a la ley, sino que se requiere fidelidad a cada uno de sus preceptos; no basta, por tanto, la elección de Israel, como en otros documentos judíos. El autor del apócrifo expresa así sus rigoristas y espeluznantes ideas a través del diálogo entre el ángel y Esdras. Oigamos la conclusión de Sanders [16]: «El amor (de Dios) por Israel (5,40) se muestra en el mantenimiento de sus exigencias: obedecer o ser condenado. Es mejor para los transgresores perecer que, para gloria de la ley, ser manchados teniéndose misericordia de ellos. Este parece ser el punto de vista del autor de los

---

[12] Cf. *infra*, pp. 340, 386s.
[13] Cf. *infra*, p. 387.
[14] Escatología muy negra, tan pesimista como la de Bar Yoḥai, quien lamentará ser también pocos los que merecen la vida del mundo venidero (bSukk. 45*b*).
[15] La oración empieza en segunda persona («Señor, que habitas por siempre...») y continúa en tercera («cuyos ojos están levantados a las alturas, etc.») hasta el v. 23 inclusive; en el v. 24 vuelve otra vez a la segunda persona hasta el final de la oración. Este paso de la segunda persona a la tercera es propio de las oraciones y se encuentra en la ʻamidá.
[16] E. P. Sanders, *op. cit.*, 416.

diálogos, y sobre esta base discrepamos de la posición de Rössler [17], según la cual la elección como tal salva, y también de la de Harnisch [18], según la cual lo que primordialmente quiere contestar el ángel es el escepticismo del vidente. Es el pesimismo del vidente el que es confirmado, toda vez que son desoídos sus llamamientos a la misericordia para con los pecadores».

Primera visión: 9,27-10,60.

En la segunda parte o sección de las visiones, el panorama escatológico no es más consolador. La primera visión es la de una mujer que vive treinta años estéril con su marido y al cabo de treinta años Dios le concede un hijo, que muere cuando va a casarse. La pobre mujer sale al campo a llorar toda su vida, pero Esdras la recrimina por llorar por su hijo en un momento en que Israel ha perdido tantos hijos y la ciudad y el templo han quedado arruinados. Uriel funciona como ángel *interpres* para dar la explicación de la parábola-alegoría: la mujer es Sión; los años de su esterilidad son el tiempo que precedió a la construcción del templo; el hijo es el templo; la muerte del hijo es la destrucción del templo; la ciudad edificada después que la mujer desapareció es la nueva Sión en su futuro esplendor.

Nickelsburg interpreta esta visión como consolatoria para Israel [19]: Esdras recibe la promesa de una nueva Sión, ya ve el resplandor de la nueva Jerusalén. Nótese, con todo, que nada se dice de los habitantes de Jerusalén, los que han nacido o nacerán en ella. La interpretación angélica no acaba de apagar el eco de las tristes palabras de Esdras: «Casi todos caminan a la perdición, en multitud van de exterminio» (10,10).

Segunda visión: 11,1-12,51.

Visión del águila y del león. Se trata del águila romana, que simboliza a Roma, y del león de Judá, que representa al Mesías (cf. Gn 49,9 y sus interpretaciones) [20]. El Ungido de la casa de David, preexistente (12,32), vencerá al águila y liberará al resto del pueblo y lo llenará de alegría hasta que llegue el momento final, el día del juicio (12,34). En 12,46-48, nuevas palabras de esperanza en boca de Esdras: «Confía, Israel, no te entristezcas, casa de Jacob. Vuestra memoria está delante del Altísimo y el Fuerte no se ha olvidado de vosotros en la tentación. No os he abandonado, no me he apartado de vosotros, sino que he veni-

---

[17] D. Rössler, *Gesetz und Geschichte. Untersuchungen zur Theologie der jüdischen Apokalyptik und der pharisäischen Orthodoxie* (Neukirchen 1962).

[18] W. Harnisch, *Verhängniss und Verheissung der Geschichte. Untersuchungen zur Zeit und Geschichtsverständniss im 4 Buch Esra und in der syr. Baruch-apokalypse* (FRLANT 97; Gotinga 1969).

[19] Nickelsburg, *op. cit.*, 291.

[20] Cf. M. Pérez Fernández, *Tradiciones mesiánicas...*, 119-122.

do a este lugar a pedir por la desolación de Sión para buscar misericordia por la destrucción de vuestro templo».

Adviértase que la visión sólo afirma que se salvará un resto de Israel para gozar del tiempo mesiánico, hasta el día del juicio. Pero no dice si serán muchos o pocos los que definitivamente se condenarán en el juicio, que es el tema de la primera parte en los diálogos de Esdras y Uriel. Si esta visión apuntara a la salvación última de todo Israel, tendríamos aquí la tesis contraria a la de los diálogos, y ello obligaría a pensar en una interpolación o en un texto fuera de contexto [21]. En cualquier caso, el tono optimista es distinto del resto. Otra diferencia con las escenas anteriores es que no interviene el ángel, sino que Dios mismo hace la interpretación. La enseñanza primordial de la visión es la promesa de victoria que obtendrá el Mesías sobre el águila romana y la promesa de que un resto de israelitas será salvado para participar en el reino mesiánico hasta que venga el juicio final.

Tercera visión: 13,1-58.

Es la visión de uno como en figura de hombre que el viento levanta del mar y vuela en las nubes del cielo (13,3). Se trata del (Mesías) [22] preexistente (13,26), protector del resto fiel (13,23-29), juez (37-38) y guerrero (13,9-11), que se posa sobre un monte y aniquila a todas las naciones venidas desde todos los ángulos de la tierra y baja del monte y «llama junto a sí a otra muchedumbre pacífica» (13,12). Dios mismo explica que el varón que sube del corazón del mar es el que el Altísimo reservó durante mucho tiempo para que liberara a las criaturas por sí mismo (13,26). Este varón es llamado por Dios «hijo mío» (13,32. 37.52), es el encargado de reunir las diez tribus deportadas por Salmanasar que se trasladaron a un lugar solitario, lejos de los gentiles, para poder cumplir la ley mejor que en su propia tierra. Este personaje hará cruzar a las diez tribus el Eufrates a pie enjuto y las juntará con las dos tribus que quedaron en la tierra santa. Esa es la multitud pacífica que el hombre reúne junto a sí (13,12). Así pues, los salvados por el Mesías —según esta visión— no son pocos, sino una multitud: mientras hará perecer a los gentiles, defenderá al pueblo de Israel (13,49).

Una visión tan optimista —muy en la línea de la esperanza escatológica popular: mesianismo nacional, Israel triunfante sobre los enemigos, reino de Dios = reino de Israel— contrasta con el pesimismo de los capítulos anteriores. Podemos decir que hay una flagrante oposición con la doctrina que hasta ahora hemos analizado en el apócrifo. Razón por la cual se considera que este capítulo podría ser una adición consolatoria del editor. Si la tesis de Esdras y el ángel Uriel era que lo que salva es el cumplimiento perfecto de las obras de la ley, la tesis de este capítulo 13 es que salva la pertenencia al pueblo de la promesa [23].

---

[21] Cf. Sanders, *op. cit.*, 417.
[22] Advierte que nunca en este capítulo al «hombre» se le llama Mesías.
[23] Sanders, *op. cit.*, 417s.

Cuarta visión: 14,1-47.

En paralelismo con la visión de Moisés en la zarza (Ex 3), Esdras es presentado como un nuevo Moisés: deberá reescribir los libros de Moisés quemados en el incendio del templo (14,21-22), deberá instruir al pueblo y transmitir a los sabios la ciencia esotérica de los setenta libros (14, 44-48). Probablemente, también este capítulo es una adición posterior [24].

El mensaje soteriológico de 4 Esdras.

Como hemos podido comprobar, para entender este apócrifo es de decisiva importancia resolver la cuestión de la unidad de todo el libro o la diversidad de autor para su última parte: la visión del águila y el león y, muy especialmente, la del «hombre que sube del mar». Esta cuestión previa puede cambiar toda la interpretación del mensaje. Lo ordinario es interpretar el libro, en última instancia, como optimista, pese a estar cargado de pesimismo soteriológico. Pero tal pesimismo —se arguye— sería el del vidente Esdras, muy propio de la época que siguió a la destrucción del templo, dado el escepticismo suscitado sobre la validez de las promesas divinas y la capacidad de la ley para salvar. Ese pesimismo escéptico no sería el del autor del apócrifo, que dice su última palabra en la visión del águila y el león y en la visión del hombre que sube del mar. La última palabra es de salvación, como en la apocalíptica: Dios da la salvación a Israel en virtud de su elección, por aceptar la ley en su conjunto, aunque no haya cumplimiento de detalles [25]. Por tanto, el pensamiento del autor de este apócrifo es contrario al radical pesimismo del vidente Esdras. En la estructura del relato, el ángel Uriel —que encarna el pensamiento del autor— es el encargado de corregir tal pesimismo fundado en el incumplimiento de las promesas divinas y en la presencia universal del pecado —el *cor malignum*— que estorba el cumplimiento de la ley [26]. Según Harnisch, el pesimismo estaría justificado si únicamente se mirara al eón presente, dominado por el pecado; pero a este eón sucederá otro, el futuro, en el que tendrá lugar la promesa de salvación [27].

La estructura literaria llegaría también a la misma conclusión: que la última palabra de 4 Esdras es la salvación de Israel. A las palabras de pesimismo y desesperanza siguen las de consolación; tras los pesimistas diálogos de la primera parte vienen las visiones de la mujer que llora al hijo y contempla ya la nueva Sión, del león que vence al águila,

[24] Cf. Nickelsburg, *op. cit.*, 293.
[25] Se puede decir que hay que obedecer a la ley como condición para mantenerse dentro del pueblo de la elección y de la salvación; pero esta obediencia sería condición, nunca causa de la salvación.
[26] Así Harnisch y otros.
[27] Cf. 4 Esd 7,113s y 8,53s. El eón presente está sometido al imperio del pecado, pero el hombre aún dispone de suficiente libertad para cumplir la ley y ser justo y para participar en la futura salvación, que Dios realizará pronto en virtud de su designio salvífico.

del hombre que vence a las naciones y, finalmente, las palabras consoladoras del capítulo 14.

E. P. Sanders somete a crítica tres interpretaciones recientes[28] que coinciden con la que acabamos de exponer: que el mensaje de 4 Esdras es la salvación de Israel si el pueblo se mantiene, por el cumplimiento de la ley, en la alianza salvífica. D. Rössler[29] aduce 4 Esd 4,13ss; 5,27; 6,55.59; 7,119 como pruebas de que la elección determina la salvación de Israel. W. Harnisch[30] se refiere a 4 Esd 7,113s y 8,53s como prueba de que, al final del tiempo, se cumplirá la promesa de salvación. E. Breech[31] depende en gran manera de Harnisch. El análisis de Sanders llega a una conclusión distinta y nos parece que interpreta mejor la teología del libro: el mensaje fundamental de 4 Esdras sería que los israelitas se salvan por sus obras, no por la alianza, y que, consecuentemente, muy pocos se salvan —como una gota en un diluvio—, porque para salvarse no basta una adhesión en globo a la ley, sino que es necesario ser justo, perfecto cumplidor de todas las leyes. Según el ángel —que, efectivamente, representa la mente del autor—, no vale apelar a la misericordia de Dios: Dios no será misericordioso para los transgresores de la ley.

[28] Sanders, op. cit., 409-413, critica las posturas de Rössler (op. cit.), Harnisch (op. cit.) y E. Breech, These Fragments I Have Shored against my Ruins: The Form and Function of 4 Ezra: JBL 92 (1973) 267-274.
[29] Rössler, op. cit., 63.70.75.
[30] Harnisch, op. cit., 125s.
[31] Breech, art. cit.

ASCENSION DE ISAIAS

1. Notas introductorias

El actual apócrifo Ascensión de Isaías está compuesto, al menos, por dos documentos perfectamente diferenciados, cada uno originado en diverso medio y en distinta época. Los capítulos 1-5 reciben el nombre de «Martirio de Isaías». Fueron escritos originariamente en hebreo, en el siglo II a. C., por un judío de Palestina cercano a los esenios de Qumrán[1], probablemente con ocasión de la persecución de Antíoco IV Epífanes. El texto hebreo se ha perdido; existe una versión etiópica íntegra, del siglo V, y fragmentos en griego, latín, copto y eslavo antiguo[2]. Los

[1] Cf. M. Philonenko, Le Martyre d'Isaïe et l'histoire de la secte de Qoumrân: «Cahiers de la Revue d'Histoire et de Philosophie Religieuses» 41 (1967) 1-10. Véase A. Caquot, Bref commentaire du Martyre d'Isaïe: «Semitica» 23 (1973) 93; Nickelsburg, op. cit., 144.
[2] R. H. Charles, APOT II, 135-162; E. Hammershaimb, Das Martyrium Jesajas (Jüdische Schriften... II/1; Gütersloh 1973) 19-20. Véase la introducción de los traductores en el vol. V de esta obra.

capítulos 6-11, llamados «Visión de Isaías», y que constituyen propiamente la ascensión de Isaías, están escritos en griego en el siglo II d. C. por un judeocristiano o cristiano gnóstico. «Martirio de Isaías» es una obra narrativa, mientras que la «Visión de Isaías» es estrictamente apocalíptica: trata de la visión del profeta y de su viaje hasta el séptimo cielo. Algunos autores distinguen aún un tercer documento, «Testamento de Ezequías»: capítulos 3,13-4,18, también de origen cristiano [3].

2. Contenido teológico

Dado que nos hallamos ante un texto mixto, es indispensable distinguir los elementos propiamente judíos de los cristianos.

Infiltraciones cristianas en el «Martirio de Isaías».

La mayor interpolación cristiana es el llamado «Testamento de Ezequías» (3,13-5,18), que contiene una visión de Isaías: la encarnación del Amado, los doce discípulos, la crucifixión, la resurrección, el establecimiento de la Iglesia, la corrupción por los falsos profetas y por Beliar —a quien el Señor, bajando con sus ángeles desde el séptimo cielo, arrojará a la *gehenna*— y el premio de los buenos y el castigo de los malos a través del fuego.

El Amado *(agapetos)* es título cristológico del NT, que designa a Jesús como «hijo único», *yaḥid,* el más amado [4]. La presencia de este título en 1,5.7.13 (y en otros catorce lugares de esta parte de la obra) muestra la mano cristiana. En 1,13, Isaías dice tener parte en la heredad del Amado, lo que puede ser una alusión a su muerte aserrado con sierra de *madera (remez)* o a la muerte de Cristo en el *madero* de la cruz (AscIs 8,12).

[3] Así opina Charles, que se funda en la autoridad de Cedreno (s. XI) para postular la existencia de ese Testamento de Ezequías. Para Tisserant es insuficiente el testimonio de Cedreno. M. Erbetta escribe: «Un documentos distinto (de la «Visión de Isaías») es ciertamente el *Martirio de Isaías;* por lo demás, no vemos la necesidad de multiplicar los autores o recensiones. Un judío cristiano muy bien pudo componer la *Ascensión de Isaías* (caps. 6-11), anteponiendo los caps. 1-5, pero reelaborados y con ampliaciones (a esta obra de reelaboración o ampliación pertenecerían 1,2b-6a y 1,13; los caps. 3,13-5,1.15s)» (M. Erbetta, *Gli Apocrifi del Nuovo Testamento,* III: *Lettere e Apocalissi* [Turín 1969] 180).

[4] En el AT, *yaḥid* aparece doce veces, suele designar al hijo único: Isaac, la hija de Jefté, «el llanto por el hijo único». Los LXX, cuando el sentido de «hijo único» es claro, traducen siempre *agapetos:* Gn 22,2.12.16; Jr 6,26; Am 8,10; Zac 12,10. En el NT, los sinópticos reservan *agapetos* exclusivamente a Jesús: Mc 1,11; 9,7; 12,6; Mt 3,17; 12,18; 17,5; Lc 3,22; 9,35; 20,13; cf. 2 Pe 1,17; Pablo (en Ef 1,6) llama a Jesús *ēgapēmenos;* cf. M. Pérez Fernández, *El numeral heis en Pablo como título cristológico:* EstBib 41 (1983). En el judaísmo este título lo llevan especialmente Adán, Abrahán, Isaac y los justos *(yaḥid = ṣaddiq);* singularmente se predica de Israel como pueblo: el pueblo elegido, amado, único; cf. Dt 32,15; 33,5.26 (nótese que la elección y singularidad de Israel estaba en función de los demás pueblos; no es que Dios no amara a estos pueblos).

En AscIs 4,13 se distinguirían, según Charles, los que fueron testigos oculares de Cristo crucificado y los que, sin haberlo visto, creyeron en él. Según M. Erbetta, los del primer grupo serían los judeocristianos, es decir, los que vieron al Mesías que como judíos habían esperado, y el segundo grupo serían los cristianos de la gentilidad, los que, sin haberlo esperado, creyeron en Cristo [5].

AscIs 4,16-17: Los resucitados vendrán acompañando a Cristo desde el séptimo cielo, revestidos con sus vestiduras celestes. Los fieles que estén en la tierra a la venida del Señor serán llevados a lo alto, dejando el cuerpo en tierra, si bien recibirán allá arriba vestidos para sus almas (cf. 9,9.17-18: los justos reciben la vestidura celeste inmediatamente después de morir, aunque algunos la recibirán más tarde, cuando suban con Cristo al séptimo cielo). Debe notarse que AscIs no habla de «sobrevestirse», como Pablo en 2 Cor 5,2, sino de cambiar el cuerpo, la carne, por una indumentaria celeste; el cuerpo queda en el mundo (AscIs 4,17; 8,14). En este apócrifo el cuerpo no tiene papel alguno en la resurrección. Es interesante resaltar la diferente comprensión de Pablo: el cuerpo resucita como cuerpo neumático que se reviste de incorruptibilidad (1 Cor 15,42-44), es un cuerpo glorificado (Flp 3,21) [6]. AscIs apoyaría la opinión de algunos exegetas actuales de que a la muerte sigue inmediatamente la resurrección y de que el cuerpo físico nada tiene que ver con la resurrección.

AscIs 4,18: Resurrección y juicio de los impíos, que serán destruidos con el fuego junto con el mundo material (1,5; 4,18; 11,37); la *gehenna* parece reservada a los ángeles malos (4,14 y 5,16). Pero la destrucción del mundo material no permite hablar de «cielos nuevos y tierra nueva». El juicio de Cristo es forense, pues el Amado exhalará el fuego que consumirá a los impíos (4,18).

Mensaje del «Martirio de Isaías».

El libro trata de los consejos que el piadoso rey Ezequías imparte a su hijo Manasés en presencia de Isaías. Isaías le profetiza que Manasés no hará caso de los consejos paternos y que incluso le matará a él, Isaías. El mismo profeta disuade a Ezequías de dar muerte a Manasés antes de que se cumpla todo lo profetizado sobre el príncipe. Muerto Ezequías, Manasés, poseído por Sammael Melkira' —demonio subordinado a Beliar, el príncipe de los demonios—, se desvía de Yahvé. Isaías también se retira a Belén de Judá [7], ciudad entonces tan corrompida como la mis-

---

[5] Cf. M. Erbetta, *op. cit.*, 190s. Este versículo sirve para datar el término *ad quem* de este fragmento cristiano a finales del siglo I (Charles) o en el II d. C. (Erbetta). Se trata de un fragmento que pone de manifiesto la esperanza escatológica o la espera del final de los tiempos en una época muy cercana a Jesucristo que se describe como de descristianización.

[6] M. Erbetta, *op. cit.*, 182.

[7] La Belén de donde procederá el Mesías, según Miq 5,2, distinta de la Belén de Zabulón (Jos 19,15).

ma Jerusalén; en Belén vivía un falso profeta samaritano, Balkira [8], de perversa condición. Ante la idolatría que allí se practicaba, Isaías también abandona Belén y se retira al desierto con otros profetas para vivir como anacoretas vistiendo pieles y comiendo hierbas [9]. Balkira le acusa ante Manasés de predicar contra Jerusalén y Judá y contra el propio rey y de haber dicho que había visto el trono de Dios (Is 6), siendo así que ni el mismo Moisés vio a Dios y que nadie puede verle sin morir. Manasés condena a Isaías a ser serrado con una sierra de madera [10]. El profeta no cede a la tentación del demonio, que le invitaba a desdecirse con la promesa de rehabilitarlo ante el rey, y muere sin quejarse y hablando con el Espíritu Santo.

El significado del libro —como el de otros de la época heroica de los Macabeos: los jóvenes en el horno de Babilonia, Daniel entre los leones, los siete hermanos macabeos— es exhortar con el ejemplo de Isaías a sufrir incluso la muerte antes que apostatar y a sobrellevar todas las consecuencias del ataque del demonio con la confianza de que el Espíritu Santo otorgará valor y fuerza en la adversidad.

Beliar.

Entre las enseñanzas del «Martirio de Isaías» que no son interpolaciones cristianas debe notarse el tema de la posesión diabólica de Manasés: le posee (Sammael (2,1) o Beliar (1,9) —pronunciación siríaca de Belial—, a quien se atribuyen funciones de Anticristo [11]. Manasés, poseso, sirve a Satán, a sus ángeles y potestades, término que aquí designa a los ángeles malos (2,2). Beliar no sólo mora en el corazón de Manasés, sino también en los príncipes de Judá y Benjamín y en los consejeros y eunucos del rey (3,11). Beliar ayuda al falso profeta Balkira, mientras el Espíritu Santo ayuda al verdadero profeta Isaías. La función de anticristo de Beliar se relaciona con la figura de Nerón. En este apócrifo tal relación indica una nueva infiltración cristiana: «El gran príncipe, el rey del mundo presente, el que ha dominado desde el principio, descenderá; de su firmamento bajará en forma humana el rey inicuo y matri-

---

[8] Corrupción de Beḥir-raʿ: «el elegido del malo»; cf. D. Flusser, *The Apocriphal Book of Ascensio Isaiae and the Dead Sea Sect*: IEJ 3 (1953) 35.

[9] Ese estilo de profeta, la vida en el desierto, su vestido y su alimento le asemejan a los esenios. El libro podría ser afín a la secta. Cf. *supra*, nota 1.

[10] El ser aserrado puede derivar de una saga irania en la que un tal Jima, subido a un árbol, es aserrado por una serpiente de tres cabezas. La tradición judía de la *sierra de madera* arranca de la mala traducción de *massor ʿeṣ* (= sierra para madera). Es tradición muy difundida en fuentes judías y cristianas; Heb 11,37 la conoce: «fueron apedreados, fueron *aserrados*, fueron pasados a cuchillo». Según la tradición rabínica, Isaías, perseguido por Manasés, se escondió en el tronco de un árbol, un cedro, y fue aserrado al cortar el árbol; las franjas del vestido delataron su escondite (cf. bYeb. 49b; bSan. 103b; jSan. 10,2; Justino, *Diálogo*, 120. Elenco de fuentes, en M. Erbetta, *op. cit.*, 176s).

[11] Cf. TestXII Dan 1,4-7. Para Pablo, *Belial* es el Anticristo: 2 Cor 6,15; en 2 Tes 2,2-12, llama al anticristo *ho anomos* («el sin ley»), leyendo *beli ʿol* (sin yugo de la ley) en lugar de *Beliʿal*. Cf. M. Pérez Fernández, *Tradiciones mesiánicas*, 151-152.

cida» (AscIs 4,2; cf. OrSib 5,363; 8,71, etc.; véase *supra* nuestra presentación del oráculo V). La leyenda de que Nerón estaba vivo perduraba hacia finales del siglo I. Hacia 69-70 surgió el primer Pseudo-Nerón; hacia el 80, en tiempos de Tito, apareció el segundo entre los partos; el tercero figura también entre los partos, a los que enemista con los romanos en tiempos de Domiciano. La leyenda de Nerón vivo en Oriente parece derivar de su amistad con el rey parto Vologenes [12].

El Espíritu Santo.

La expresión de AscIs 5,14, «hablar en el Espíritu Santo», es de origen judío y significa «hablar en profecía» o profetizar. En AscIs 3,19, la expresión puede ser judía o cristiana, pues los cristianos aceptaron el sintagma «Espíritu Santo» frecuentemente en el sentido judío de hablar en profecía. Adviértase que en el NT «Espíritu Santo» significa no pocas veces el carisma de la profecía [13].

La visión de Isaías: los siete cielos y la Trinidad.

Los capítulos 6-11 son de carácter estrictamente apocalíptico. Al estilo de los viajes de Henoc, se describe el viaje de Isaías hasta el séptimo cielo, donde contempla el misterio de la Santísima Trinidad y los misterios de la encarnación, redención y ascensión del Amado. Es obra, como ya hemos dicho, evidentemente cristiana. En los cinco primeros cielos el vidente contempla diversas clases de ángeles. En el sexto todos los ángeles son iguales y alaban al unísono «al primer Padre, a su Amado Cristo y al Espíritu Santo» (8,18). En el séptimo cielo al profeta le da acceso la propia voz de Cristo con estas palabras: «Séale concedido al santo Isaías subir hasta aquí, pues aquí está su vestido» (9,2). Allí residen todos los justos a partir de Adán, despojados del vestido carnal y vestidos con las vestiduras celestes. Al parecer, no se trata del cuerpo glorioso (como tampoco en Ap 4,4; 6,11; 7,9.13s), ya que, si bien llevaban esos vestidos celestes, aún no estaban sentados en los tronos que tenían reservados ni ceñían coronas (9,10): las recibirán tras la encarnación de Jesús.

La obra resalta que la venida de Cristo al mundo será desconocida hasta la ascensión del Señor (11,23). Cristo, después de la muerte, arrebatará al ángel de la muerte —el demonio Sammael de los judíos— las almas de los justos que pueblan el šeol. El Señor, tras resucitar y habitar en el mundo durante dieciocho meses —creencia, al parecer, de gnósticos valentinianos y ofitas, y que en Hch se reduce a cuarenta días— ascenderá al cielo con un cortejo de justos que aún no han recibido su vestido celeste, o sea, acompañado de aquellos justos que permanecen

---

[12] Nerón mató a su madre Agripina (59 d. C.). Sobre la leyenda de Nerón, cf. M. Erbetta, *op. cit.*, 189.

[13] Por eso, tal carisma, íntimamente ligado al Espíritu Santo, a quien se atribuyen las profecías, tiene lugar tan principal en las listas de carismas: Rom 12,2; 1 Cor 12,28; 14,2; Ef 4,11; 2,20; 3,5.

en poder de Sammael, no de los que ya están en el cielo oportunamente ataviados. Entonces, llegados al séptimo cielo, recibirán sus hábitos celestes, coronas y trono. En ese séptimo cielo Isaías abre el libro y adora la Gran Gloria (9,37; 10,16; 11,32), al Inefable, Glorioso, Altísimo, Padre del Señor (10,2.7), cuyo nombre no es revelado, y al Señor (el Hijo) y al ángel del Espíritu Santo (9,35); a su vez, el Señor y el Espíritu Santo adoran al Padre (9,40). Nótese que es una manera subordinacionista de expresar el misterio de la Trinidad antes de Nicea. Primero los hombres justos y después los ángeles adoran a las tres personas: al Inefable (el Padre) y a los dos ángeles (el Señor y el ángel del Espíritu Santo) (9,27-42).

El descenso del Amado: el mesías escondido.

Cap. 10: El Padre del Señor manda al Amado descender de su morada en el séptimo cielo, a través de los siete cielos, de incógnito. Por eso, a partir del quinto cielo, el Amado acomodará su figura a la de los ángeles de los respectivos cielos, incluso a la de los ángeles del firmamento y a la de los espíritus del aire. Al descender al tercero, que es el más alto de los cielos inferiores, tendrá que dar una consigna para que le abran. Bajará luego hasta el reino de los muertos o *šeol*, pero no al infierno de los condenados. En el reino de los demonios, que es el firmamento y el aire, debe tomar la figura del ángel de tal reino —que es Sammael y los ángeles del aire—, pero a los demonios del aire no les da la contraseña.

El cap. 11 narra la encarnación y ascensión del Señor. Comienza presentando a María y José con algunos datos neotestamentarios: María, como José, era de la estirpe de David (11,2) [14]; María era virgen, estaba desposada con el carpintero José; éste quiso repudiarla, porque, estando ya desposados, ella apareció encinta; el ángel del Espíritu (¿Gabriel?) se apareció a José, el cual no la abandonó; José no dijo nada a nadie (11,4); tardaron aún dos meses en reunirse, al cabo de los cuales, estando los dos en casa de José, María de improviso vio con sus ojos un niño nacido virginalmente; también José vio al niño, y una voz les ordenó no decirlo a nadie. Con todo, la fama del niño se corrió por Belén, y algunos decían que María había dado a luz dos meses antes del matrimonio [15], y otros decían que no había dado a luz, pues ni sabían que el niño existía, aunque nadie sabía de dónde y cómo había venido (11,14) [16]. De esta manera nuestro documento integra la creencia judía de que nadie sabía de dónde vendría el Mesías: «El hecho (¿la encarnación?, ¿la virginidad?...) ha quedado oculto a los cielos y a todos los príncipes y a

[14] Las genealogías de Jesús en Mt 1 y Lc 3 entroncan con José; en Lc 1,27 se dice de José que era de la casa de David.
[15] Lo que los judíos llamaban *nissuim* o *liqquḥim*.
[16] Nada se dice de la presentación en el templo que narra Lucas ni de la huida a Egipto que narra Mateo; nada de la muerte de los inocentes ni de la visita de los magos, nada en suma del cap. 2 de Mateo, que hoy algunos exegetas consideran midrás creador al servicio de diversos teologúmenos.

todo dios de este mundo» (AscIs 11,16). Ignacio de Antioquía afirma (*Efes*. 19,1) que la virginidad, parto de María y muerte del Señor no fueron conocidos por el príncipe de este mundo.

La ascensión del Amado.

Tras hablar de los prodigios de Jesús en la tierra de Israel, nuestro apócrifo pasa a contar la pasión del Señor: los judíos, azuzados por el adversario, lo entregaron al rey y lo crucificaron, pero resucitó al tercer día, y tras permanecer un tiempo en la tierra ascendió al séptimo cielo, pasando por el firmamento —donde lo adoraron Satanás y sus ángeles— y por todos los demás cielos, recibiendo en todos adoración [17]. Llegado al séptimo cielo, se sentó a la derecha de la Gran Gloria, y el ángel del Espíritu Santo se sentó a la izquierda.

Después de esta visión, Isaías —que en todo momento ha ido acompañado del ángel *interpres*— debe bajar a la tierra. El ángel del Espíritu (el Espíritu Santo) manda al profeta —que ha visto lo que a ningún mortal ha sido dado— descender a su vestido (= a su cuerpo) (AscIs 11,35). Isaías narró la extraordinaria visión a los presentes, entre ellos al rey Ezequías, y le hizo jurar que no lo contaría a Israel ni permitiría que nadie pusiera la visión por escrito. «El final del mundo presente y toda la visión se cumplirán en la última generación» (11,37-38); por tanto, la edad del Mesías encarnado será la última edad del mundo. Por estas visiones y profecías, Sammael, por mano de Manasés hijo de Ezequías, aserró a Isaías.

Los motivos gnósticos en la «Visión de Isaías».

La ascensión de Isaías al séptimo cielo, lo que también se llama «Visión de Isaías» (caps. 6-11) [18], es obra apocalíptica cristiana, al parecer judeocristiana, con mucha probabilidad cristiano-gnóstica. Contiene no pocos elementos característicos de las obras gnósticas, conocidas por documentos de Fayyum y Nag Hammadi. La revelación por medio de una visión (AscIs 6,12) y la interpretación de ésta para unos cuantos selectos (6,16); Dios, el Sinnombre, el Inimaginable (7,37); la Santa Trinidad, compuesta del Primer Padre, el Amado y el Espíritu Santo (8,18); Sammael, adversario de Dios (7,9.12; 3,13); Beliar el Anticristo, «el rey del mundo» que dice «Yo soy Dios» (4,1); la ascensión a través de los siete cielos o planetas (motivo maniqueo); los guardianes de los cielos de los planetas o los guardianes de sus fronteras (10,24); el descenso por los tres cielos inferiores dando una consigna (10,24ss); Henoc

---

[17] El texto no habla del paso por el primer cielo, probablemente por descuido del copista.

[18] Es posible que esta ascensión a los cielos imite la de 2 Hen; también allí Henoc es revestido de indumentaria celeste al entrar en el séptimo cielo. Sobre los siete cielos, cf. bHag. 12*b*; 2 Cor 12,2; Ef 4,10. Según P. Abot 6,2*b*, R. Josué ben Leví (*ca*. 250 d. C.) recorrió cielo e infierno. Cf. *supra* nuestra presentación de 2 Hen.

y otros justos privados de su vestido de carne en el séptimo cielo (9,9; cf. 11,35); el descenso del Salvador (10,7s; 3,13); la guerra de los ángeles de Sammael con las fuerzas de Dios en el cielo (7,9; cf. Ap 12,7ss): todos estos motivos, presentes en la parte cristiana de nuestro apócrifo, aparecen de una u otra manera en la literatura gnóstica [19]. De aquí se deduce que la parte cristiana de la «Ascensión de Isaías» puede ser obra cristiana gnóstica. Dado que estos motivos se encuentran en gran parte en la literatura de Nag Hammadi, que es de mediados o finales del siglo II d. C., de esta misma época sería la parte cristiana de nuestro apócrifo.

[19] Cf. el estudio de A. K. Helmbold, NTS 18 (1922) 222-226.

TESTAMENTOS DE LOS DOCE PATRIARCAS

1. Notas introductorias

Este apócrifo fue escrito en hebreo, pues la versión griega, que se conserva íntegra, abunda en notorios hebraísmos, como el infinitivo interno.

¿Obra cristiana o judía?

Desde finales del siglo XVII, cuando Grabe editó por vez primera el texto griego de los Testamentos de los Doce Patriarcas [1], se viene discutiendo sobre si es obra de autor cristiano o judío. Según Grabe, es una obra judía con interpolaciones cristianas. Su opinión fue sepultada y durante mucho tiempo se sostuvo que los Testamentos eran de origen cristiano, hasta que F. Schnapp [2], al traducir la obra al alemán y comentarla, abogó por la opinión de Grabe, que se hizo opinión común. Recientemente De Jonge defendió que era obra cristiana basada en documentos judíos; la opinión de este sabio, defendida en diversos artículos y obras, convenció a no pocos autores —aunque él actualmente no está tan convencido de su tesis [3].

[1] J. E. Grabius, *Spicilegium SS. Patrum et Haereticorum* I (Oxford 1698, ²1714) 145-253.
[2] S. Schnapp, *Die Testamente der zwölf Patriarchen* (1884).
[3] A él se debe la edición crítica de este apócrifo, que viene a sustituir la de Charles: M. de Jonge, *The Testaments of the Twelve Patriarchs. A Critical Edition of the Greek Text*, en colaboración con H. W. Hollander, H. J. de Jonge, Th. Korteweg (Leiden 1978). Anteriormente, M. de Jonge había publicado una *editio minor* (Leiden 1964, ²1970); R. H. Charles, *The Greek Versions of the Testaments of the Twelve Patriarchs, edited from nine Manuscripts, together with the Variants of the Armenian and Slavonic Versions and Some Hebrew Fragments* (Oxford 1908; Darmstadt 1966).

En España, Enric Cortès ha dedicado un largo capítulo de su tesis doctoral[4] al estudio del género literario de los «discursos de adiós» o, con otro nombre, el género literario de los testamentos[5]. Cortès sigue la opinión de De Jonge: que los Testamentos de los Doce Patriarcas son de origen cristiano, si bien se fundan en uno o varios escritos judíos. El que esto escribe no comparte esa idea: cree, con la mayoría de los autores, que los Testamentos son una obra judía que utiliza varias fuentes también judías; en ella manos cristianas habrían interpolado diversos pasajes, aún fácilmente reconocibles por la ruptura del ritmo en el estilo o el pensamiento del autor. Cortès polemiza con J. Becker[6] y defiende que gran parte del material que ilustra el género literario «discursos de adiós» es propio del autor de los Testamentos de los Doce Patriarcas.

El género literario: discursos de adiós.

Precisamente los Testamentos de los Doce Patriarcas son la mejor fuente para identificar los elementos esenciales de este género: a) el moribundo (o el que sube al cielo) convoca a los suyos para hablarles; b) les exhorta (en la parénesis, a menudo de estilo sapiencial, sobresale la alusión a las obras de misericordia, al amor y a la unión fraterna); c) tiene frases de revelación sobre el futuro de la comunidad o el fin de los tiempos. Suele también añadirse, antes de narrarse la muerte y sepultura del patriarca, una segunda exhortación breve. Al vocabulario de estos discursos de adiós pertenecen los verbos «llamar», «ordenar» y el vocativo «hijos míos»; es frecuente la secuencia «pecado-castigo (destierro)-penitencia-salvación (retorno)». La razón de este género literario es difícil de precisar: en general se trata de poner en boca de un antepasado importante profecías ex eventu sobre hechos pasados y presentes, cuando no de autorizar doctrinas nuevas poniéndolas en sus labios[7].

En el AT se dan elementos dispersos de los discursos de adiós (cf. Gn 49; Dt 31-33). Tobías ofrece todos los elementos en dos discursos de los caps. 4 y 14[8]. Pero en la literatura intertestamentaria, y concretamente en la apócrifa, este género literario abunda[9]. En Qumrán se ha

---

[4] Enric Cortès, Los discursos de adiós de Gn 49 a Jn 13-17. Pistas para la historia de un género literario en la antigua literatura judía (Barcelona 1976).

[5] Preferimos la designación de «discursos de adiós» para identificar este género.

[6] J. Becker, Untersuchungen zur Entstehunggeschichte der Testamente der Zwölf Patriarchen (Leiden 1970). Este autor sigue la opinión común: que se trata de una obra judía con interpolaciones cristianas.

[7] Prácticamente hasta J. Munck, en 1950, no se tiene idea cabal de este género literario. Cf. J. Munck, Discours d'adieu dans le Nouveau Testament et dans la littérature biblique, en Aux sources de la tradition chrétienne (Hom. M. Goguel; Neuchâtel-París 1950) 155-170.

[8] Cf. E. Cortès, op. cit., 98-105.

[9] Véanse en Jubileos los discursos de Abrahán a sus hijos (Jub 20,1; 22,10; 20, 2-10; 21,5-25 y 22,10b-30; 22,21b-22), el discurso de Isaac (Jub 36,1; 36,3.4.8.11.17. 18a; el amor fraterno), el discurso de Rebeca (Jub 35,1; 35,18; 35,1b.20-26; el amor fraterno; 35,14) (cf. Cortès, op. cit., 109-113). El Testamento de Job es todo él un discurso de adiós; cf. ApBar(sir) 44,1-2; 44,3-15 (en 44,14 y probablemente en 44,15

encontrado un Testamento arameo de Leví [10], más largo que el Testamento de Leví griego; también un Testamento de Kohat, hijo de Leví, y un Testamento de Amrán: fragmentos todos en arameo [11]; también un Testamento hebreo de Neftalí.

El autor judío de los Testamentos de los Doce Patriarcas ha querido ser consecuente con el género literario adoptado y, por ello, en cada Testamento, aunque sea brevemente, habla de la vida del Patriarca —que ejemplariza una virtud o vicio [12]— y seguidamente exhorta el ejercicio de las virtudes por él practicadas y a evitar los vicios en los que cayó, para terminar con perícopas que contienen profecías *ex eventu* (por ejemplo, el pecado de Israel, el destierro y el retorno) o con perícopas apocalípticas en las que se dibuja el porvenir (el futuro se centra en Leví y Judá, que serán los garantes de la salvación: la autoridad será de Leví y el poder militar de Judá).

2. *Contenido teológico*

Los Testamentos de los Doce Patriarcas están recorridos por el dualismo y la oposición entre el espíritu del bien y el espíritu del mal, dualismo que se refleja en la vida de los humanos. Sobre ello, cf. *infra*, capítulo III de la parte tercera. Sobre el concepto de justicia en los Testamentos, cf. pp. 315ss); en pp. 362-369 nos referimos a las concepciones escatológicas de este apócrifo: mesianismo, reino de Dios, etc. Otro tema importante en esta obra es la valoración de la castidad, especialmente en el Testamento de José. Aquí resaltaremos el tema de la caridad, usual dentro de la parénesis de todo discurso de adiós y de una especial importancia en esta obra concreta.

El amor al prójimo.

Dado que en este punto se podría hablar de interpolación cristiana, es necesario subrayar que se trata de un tema corriente en todos los «testamentos» judíos. Según J. Becker, se halla presente en todo el documento helenístico de base que subyace a nuestro apócrifo. El tema no

---

aparece el tema de la caridad). Véase la Asunción o Testamento de Moisés (1,6-7.15; 1,10s; 2,1-10.13), el Testamento copto de Jacob y el Testamento copto de Isaías (editados con el Testamento copto de Abrahán por I. Guidi en «Rendiconti della Reale Accademia dei Lincei, Classe di Scienze morali, storiche e filologiche IX, fascs. 3.° y 4.° [Roma 1900]; traducción francesa de M. Delcor, *Le Testament d'Abraham* [Leiden 1973] 196-213), y los fragmentos del Testamento de Adán. Todos ellos representan el género literario de los discursos de adiós en la literatura apócrifa. Cf. Cortès, *op. cit.*, 151-161.

[10] J. T. Milik, *Le Testament de Levi en araméen: Fragment de la grotte 4 de Qumrân:* RB 62 (1955) 398-406.

[11] Cr. J. T. Milik, *4Q Visions d'Amram et une citation d'Origène:* RB 79 (1972) 77-97.

[12] Así se hace en forma extensa en el Testamento de José. El Testamento de Aser carece de relato autobiográfico.

sería interpolación cristiana, ni siquiera pertenecería al segundo y posterior estrato judío que este autor distingue en el apócrifo. Unicamente sería interpolación judía helenística el amor a *todos* los hombres, que se debería a la concepción estoica helenística [13].

Normalmente, en este apócrifo el amor al prójimo tiene como objeto el prójimo israelita; por ejemplo, TestXIII Rub 6,9 [14]: «Os conjuro por el Dios del cielo que cada uno haga verdad [15] a su prójimo; que cada uno fomente el amor a su *hermano*». Este reduccionismo de la palabra «prójimo» *(reaʿ)* arranca de Lv 19,18, texto en el que la palabra está en paralelismo sinónimo con «hijos de tu pueblo» [16]. Sin embargo, a veces también se dice que el amor se extiende a *todos los hombres;* así, TestXII Zab 6,4-6: «Y hacía participar de todo lo que pescaba a *todo extranjero,* porque me daban piedad. Ya fuesen extranjeros, enfermos o ancianos, una vez cocidos y preparados los peces, los ofrecía a todos según la necesidad de cada uno, sufriendo y padeciendo con ellos. El Señor por esto me proporcionaba pesca abundante. En efecto, quien hace partícipe al prójimo de sus cosas, recibe del Señor mil veces más» [17]. También en TestXII Zab 7,1-8,3: «Ahora os manifestaré una cosa que hice: una vez en invierno vi a uno que sufría por falta de vestido. Compadecido, robé un vestido de la casa de mi padre y a escondidas lo di al que sufría. También vosotros, hijos míos, con lo que Dios os da tened misericordia y compasión de *todos sin hacer distinciones.* Dad a todos con buen corazón. Si no tenéis nada que dar a quien tiene necesidad, sufrid con él con entrañas de misericordia. Yo sé que una vez mi mano no encontró nada que dar a un necesitado: caminé siete estadios con él llorando; mis entrañas estaban conmovidas por su suerte y sufría con él. Así pues, vosotros, hijos míos, tened compasión en la misericordia hacia todo hombre, para que el Señor tenga compasión y misericordia de vosotros. Porque, además, al final del tiempo Dios enviará a la tierra su compasión, y donde encuentre entrañas de misericordia, allí habitará. Como un hombre se compadece de su prójimo, también el Señor tiene compasión de él» [18]. Como puede apreciarse, respecto a la exten-

---

[13] Cf. J. Becker, *op. cit.,* 397.

[14] Este Testamento gira en torno a la fornicación. Valora muy negativamente a la mujer.

[15] Es un hebraísmo: ʾemet = fidelidad.

[16] Lv 19,18: «No te vengues ni guardes rencor a *los hijos de tu pueblo;* pero amarás a *tu prójimo* como a ti mismo». Igual paralelismo en Lv 19,16: «No andarás difamando a *tus conciudadanos;* no te mantendrás impasible frente a la sangre de *tu prójimo».* También en Lv 19,17: «No odiarás a *tu hermano* en tu corazón, pero reprenderás a *tu prójimo* para no incurrir en pecado por su culpa». Según Lv 19,33s, los inmigrantes extranjeros que moraban entre los judíos *(gerim)* también eran objeto de amor, eran prójimos.

[17] Según Charles, estos textos, que sólo se leen en las fuentes *b d g,* serían manifiestamente interpolación.

[18] El texto citado de TestXII Zab 7,1-8,3 sólo figura en las fuentes *b d g.* La edición de P. Sacchi relega tales textos, al igual que TestXII Zab 6,4-6, a nota a pie de página. Estos textos de amor universal pueden provenir, según Becker, del estoicismo y ser interpolaciones judías.

sión del amor (amor a Israel, amor a todos los hombres) no hay uniformidad en los Testamentos.

En los textos siguientes se exhorta a la caridad recíproca entre los israelitas, para que el pueblo no se divida y así pueda subsistir: «Cuando llegamos a Egipto, José no nos guardó rencor. Hijos míos, tened presente su ejemplo y amaos los unos a los otros. Nadie tenga en cuenta el mal referente a sus hermanos, pues tal actitud divide la unidad y echa a perder cualquier linaje» (TestXII Zab 8,4-6); y también en TestXII Zab 9,2-4: «(Las aguas), si se dividen en muchos arroyos, quedan absorbidas por la tierra y se vuelven insignificantes. Así seréis vosotros si os dividís; no os dividáis, pues, en dos cabezas». Tenemos aquí una exhortación al amor fraterno, recíproco, en doble dirección, como en el evangelista Juan. No basta la *agápe* en una sola dirección, sino que es preciso que funcione en doble dirección, que sea *filía,* amor de amistad.

Una característica del amor en este apócrifo es su extensión a los enemigos. Véase TestXII Ben 4,1-5: «Ved, pues, hijos míos, cuál ha sido el final de un hombre bueno: imitad su compasión con ánimo bueno, para que podáis vosotros también obtener coronas de gloria. El hombre bueno no tiene el ojo ofuscado, porque tiene misericordia de todos, aunque sean pecadores. Aunque tramen el mal en contra suya, vence al mal haciendo el bien, protegido por Dios. Ama a los justos con toda su alma. Si no recibe honores, no lo envidia; si se enriquece, no es vanidoso; si es atrevido, lo ensalza; exalta al sabio, tiene misericordia del pobre, sufre con el enfermo, teme a Dios. Defiende al que teme al Señor; corre en ayuda del que ama a Dios; corrigiéndolo, convierte al que niega al Altísimo, y ama con toda su alma a quien tiene la gracia de un espíritu bueno». Y en TestXII Gad 6,7: «Si es un sinvergüenza e insiste en el mal, también entonces perdónale de corazón y deja la venganza a Dios».

Un ejemplo de extraordinaria caridad es José [19], de caridad heroica con los hermanos que le habían vendido. TestXII Jos 17,1-7: «Ved, pues, hijos míos, cuánto he tenido que padecer para no infamar a mis hermanos. Así pues, también vosotros amaos los unos a los otros y ocultad con longanimidad las faltas de unos para con otros. Pues Dios se alegra de la concordia entre los hermanos... Cuando mis hermanos llegaron a Egipto, se dieron cuenta de que yo era el que les había sustraído el dinero, de que no los había reprendido y los había confortado. Después de la muerte de Jacob, los amé aún más y hacía en favor de ellos con generosidad todo lo que deseaban. No permitía que fuesen molestados ni siquiera en las cosas más pequeñas; es más, les di cuanto estaba en mi mano. Sus hijos eran como hijos míos, y mis hijos como siervos de ellos; su alma era mi alma; cualquier dolor suyo era dolor mío;

---

[19] Cf. H. W. Hollander, *Joseph as an Ethical Model in the Testaments of the Twelve Patriarchs* (Leiden 1981); íd., *The Ethical Character of the Patriarch Joseph,* en *Studies on Testament of Joseph* (ed. G. W. E. Nickelsburg; Missoula 1975) 47-60.

cualquier enfermedad suya era enfermedad mía; su voluntad era mi voluntad». En TestXII Jos 18,2: «Si alguno os quiere hacer mal, rezad por él haciéndole bien, y así seréis liberados, por el Señor, de todo mal». El Testamento de Simeón, que gira en torno a la envidia de este patriarca y sus descendientes, caracteriza a José como hombre bueno, compasivo, piadoso y amante (TestXII Sim 4,4-7).

TestXII Dan resume todos los mandamientos en dos: «Amad al Señor en (¿con?) toda vuestra vida y amaos entre vosotros con amor sincero». El mismo resumen de la ley en TestXII Is 5,2: «Más bien amad al Señor y al prójimo, tened misericordia del pobre y del enfermo».

Debemos concluir que en este punto los Testamentos se acercan como ningún otro documento judío al ideal evangélico del amor [20]. Sin embargo, el acercamiento es relativo, ya que, además del frecuente reduccionismo del amor a sólo los israelitas, también se considera buena la guerra religiosa y el llamado odio teológico; por ejemplo, en TestXII As 4,2 escribe: «Muchos que matan a los malvados hacen dos obras, una buena y otra mala, pero el conjunto es bueno, porque (quien esto hace) desarraiga el mal y lo hace perecer. Hay quien odia al misericordioso que aún es injusto y al adúltero que aún ayuna; también esto es un caso de doble faz, pero el conjunto es una buena obra, pues imita al Señor en cuanto que no acepta lo que parece bueno con lo que de verdad es bueno». La moral del exterminio del malvado se apoyaba en el ejemplo del celo por la ley dado por Pinjás (Nm 25,7.8.11), en el de Matatías (1 Mac 1,24), y en los textos bíblicos en los que Dios «manda» destruir a los pueblos cananeos (cf. Dt 7,1.2; 25,17-19; Ex 34,12s), así como en las oraciones de algunos salmos (Sal 109,4-19; 139,19s; etc.). La filosofía subyacente en estos lugares es que Dios odia al pecador y lo aniquila. Consecuentemente, los esenios de Qumrán (por ejemplo, en 1QS 1,10-11), y probablemente el autor del Testamento de Aser, podían argumentar que el judío temeroso de Dios debe odiar lo que Dios odia y debe destruir a los pecadores. Nótese que ni el odio teológico ni la guerra religiosa son aceptados en el NT: Jesús enseña a amar y a hacer el bien a los enemigos, a ejemplo del Padre, que también hace el bien a sus enemigos (Mt 5,45); y Jesús prohíbe arrancar la cizaña hasta que lo hagan los ángeles al fin del mundo (Mt 13,24-30). En una palabra: la moral de la caridad en los Testamentos de los Doce Patriarcas se acerca a la del NT, pero no la alcanza. También el libro de los Jubileos inculca el amor al prójimo (7,20; 20,1ss; 36,7-11; 46,1), aunque no de forma tan insistente como los Testamentos.

---

[20] Cf. John Piper, *Love your Enemies* (Cambridge 1979) 44-45.

TESTAMENTO DE JOB

1. Notas introductorias

Este apócrifo parece ser un midrás nacido entre los terapeutas esenios egipcios[1]. El personaje bíblico Job es presentado como rey de Egipto. Siguiendo el modelo de los «discursos de adiós» —al igual que los Testamentos de los Doce Patriarcas—, Job antes de morir convoca a sus hijos, les narra los principales hechos de su vida y les da los últimos consejos. La parte narrativa (los varios combates de Job con Satán: 1,6-27,10; la discusión de Job con los cuatro reyes: 28-43) abarca la mayor parte de la obra; la parénesis (45,1-4) y la parte escatológica (45,5-51,3) son mucho más limitadas[2]. Tras la muerte del patriarca, al final de la narración, el hilo del discurso pasa a uno de sus hermanos, Nereo en griego, Neriyyah en hebreo.

El librito es una narración haggádica de la historia de Job, basada parcialmente en el relato canónico. Es un producto del judaísmo de la diáspora helenística, probablemente griega. Tiene bastantes parecidos con la novela de José y Asenet, también procedente de la diáspora de Egipto; las dos obras son escritos de propaganda judía para los paganos. El Testamento de Job es una narración edificante sobre un prosélito judío que viene del paganismo: Job viene de Edom —de Us, entre Edom y Arabia—, es descendiente de Esaú; también su primera mujer, Ausítide[3], es pagana. Su segunda mujer, a cuyos hijos convoca Job para el testamento, es Dina, la hija de Jacob: TestJob 1,5-6[4].

2. Contenido teológico

Job, *ger ṣaddiq*, modelo de prosélito.

Nuestro héroe es un pagano, ejemplo de caridad y paciencia, fiel al monoteísmo, que se convierte al judaísmo. Practica la limosna —o *ṣedaqá*, como suele designarse entre los tannaítas— y la *gemilut ḥasadim* u obras de misericordia (TestJob 9,3-8; 10,1-4; 10,6-7; 11,1-12; 12,1; 15,11s, 16,3; 17,3; 25,4-5; 30,5; 43,11; 44,2-4) no sólo con los vivos, sino también con los difuntos. Job es, pues, un ejemplo perfecto de caridad con el prójimo; hay que recurrir a algunos de los Testamentos

---

[1] K. Köhler, *The Testament of Job,* en *Semitic Studies in Memory of Rev. Dr. Alexander Kohut* (Berlín 1897) 296-313.

[2] Cf. J. J. Collins, *Structure and Meaning in the Testament of Job* (SBL, Abstracts and Seminar Papers; 1974) 1, 35-52. Véase la estructura del relato en Nikkelsburg, *op. cit.,* 241.

[3] Ausítide, seguramente derivado de «Us - Aus - ausit - ausita».

[4] La tradición de Dina como esposa de Job aparece en AntBibl 8,8; jSot. 5,8; bB.B. 15b; Gn. R. 19,12; 57,4; 76,9; 80,4. En otras fuentes, Dina es la madre de Asenet, la que sería esposa de José.

de los Doce Patriarcas para encontrar un amor al prójimo como el de TestJob. Este pagano, de tanta talla moral, abandona su primitiva relación para profesar el monoteísmo, primera y esencial condición para convertirse en un *ger ṣaddiq* del judaísmo, en un prosélito justo. Debe advertirse que nuestro Testamento no menciona otros requisitos de los prosélitos, como eran la circuncisión, el bautismo o el cumplimiento de la ley [5]. Probablemente esto se debe a la singularidad del judaísmo egipcio y a que estos requisitos rabínicos no estaban aún en vigor en el siglo I a. C. En cualquier caso, nuestra obra —como José y Asenet—, compuesta, según algunos, para atraer paganos al judaísmo, no insiste en prescripciones de la ley, sino en la práctica heroica de la caridad y en el monoteísmo, virtudes ambas atrayentes para los paganos.

En esta novela, Job, consecuente con el monoteísmo, tiene la osadía de destruir un templo pagano (3,6ss; 5,2-3). Con ello se expone a la venganza de Satán —representado en los ídolos—, que llega a derrumbar el trono de Job (20,5). Pero Job es un *ṣaddiq,* un hombre justo, *dikaios* en griego, un hombre religioso. La literatura tannaítica no concede el calificativo de *ṣaddiq* a personajes vivos: lo reserva para personajes del pasado. Nuestro Job merece tal epíteto en el sentido de hombre religioso que cumple la voluntad de Dios, incluso en circunstancias tan heroicas como son la pérdida de la familia, de los bienes, del reino y de la salud. Job representa el cumplimiento de la voluntad de Dios en todo, hasta en el detalle admirable de volver a su lugar los gusanos que comían su carne y habían caído al suelo, para mantenerlos donde Dios los había puesto (20,9) [6]. Incluso cuando su primera esposa, Ausítide, aunque heroica en la fidelidad al marido caído en desgracia, lo incita a blasfemar de Dios, Job reacciona en defensa de la divinidad y el monoteísmo.

Contrariamente al Job bíblico, el de nuestro Testamento es un Job paciente: nada de quejarse contra Dios, que ha autorizado a Satán para despojarle de todos sus bienes. El tema de este apócrifo no es por qué un inocente sufre —pregunta clave en el Job bíblico—, sino la paciencia y la esperanza inquebrantables del patriarca, que, sumido en una terrible noche oscura, aguarda serenamente la liberación de Dios.

La resurrección.

El paciente Job orienta su esperanza hacia la otra vida, la verdadera. Su total seguridad y su fe acendrada resultan ofensivas a los cuatro amigos reyes que vienen a visitarle y contemplan esta actitud desde su punto de vista pagano. Job espera en la otra vida. El arcángel que le anuncia los tormentos que habrá de sufrir por renunciar a los ídolos le asegura también la *anastasis,* la resurrección: «Te despertarás en la resurrección» (4,9), es decir, en la final o futura.

---

[5] La misma actitud de apertura en *José y Asenet.* Cf. *supra,* pp. 215s y nota 5.
[6] Este es uno de los pocos rasgos que del Testamento de Job recogerá la literatura rabínica. Cf. ARNa, ed. S. Schechter, 164.

Entre los que vieron a los hijos de Job «coronados con la gloria del cielo» (40,3) se contaba su mujer Ausítide, quien al verlos cayó a tierra en adoración y exclamó: «Ahora sé que el Señor se acuerda de mí. Me levantaré *(anastesomai)* y entraré en la ciudad (¿Jerusalén celeste o terrestre?) y me dormiré un poco y recibiré la recompensa de mi esclavitud» (40,4) [7]. Si esta última parte del texto es auténtica, habría quizá aquí una referencia a un estadio intermedio.

Como hemos visto, la resurrección es expresada en nuestro Testamento con la terminología *anastasis, anistemi (qum* en hebreo). Además se emplea el concepto de *analempsis* o asunción: los hijos de Job han sido «llevados» al cielo con sus cuerpos; inútil, por tanto, buscar sus restos para sepultarlos (39,12s): la asunción ha ocurrido ya y están coronados junto a la gloria del que vive en los cielos (40,3). Pero, cuando Job muere, nuestro apócrifo efectúa una clara distinción entre alma y cuerpo (dualismo antropológico): «Tres días después vio a los (ángeles) que venían por su alma» (52,2); «(las hijas de Job) vieron los carros luminosos que venían por su alma» (52,6); «tras esto vino el que está sentado sobre el gran carro y saludó (besó) a Job» (52,8); «tomó aquél el alma de Job, se marchó volando teniéndola en sus brazos, la hizo subir a la carroza y se encaminó hacia el oriente. Y su cuerpo, envuelto, fue conducido a la tumba» (52,10-11). En TestJob 33,2-9, Job repite una y otra vez que su trono estará con la gloria divina, junto al Padre en los cielos, pero no especifica si se refiere al alma o al cuerpo, o a los dos glorificados. En el *subscriptum* del ms. Vaticano de nuestro apócrifo se lee: «Está escrito que (Job) resucitará con los que resucitará el Señor».

De lo expuesto se deduce que esta obra, aunque es un relato griego en prosa [8] con unas cuantas piezas de poesía, por su temática resureccionista se inscribe en la literatura apocalíptica. Como en todo este tipo de literatura, la angelología —aquí representada por Satán o *ho diabolos*— desempeña un importante papel.

El Espíritu Santo.

Como en el caso de José y Asenet, la terminología del TestJob se asemeja a la del NT. Destaco la mención del «Espíritu Santo», sobre todo en conjunción con el Señor: «Estábamos presentes el Señor, yo Nereo hermano de Job, y presente también el Espíritu Santo» (51,2) [9].

El midrás creativo.

¿Cómo surgió esta novelita edificante? Sin duda alguna por el afán de completar el Job canónico por medio de procedimientos midrásicos.

---

[7] «Recibiré... de mi esclavitud», en el ms. de París. Cf. H. C. Cavallin, *Life after Death* I (Lund 1974) 160.

[8] Cf. R. A. Kraft, *The Testament of Job*, SBL, Texts and Translations 5 (Missoula 1974) (edición con aparato).

[9] «Espíritu Santo», en la ed. de Kahana y Hartom.

Como el libro bíblico no habla del Dios de Israel ni de su Torá ni de la tierra o país de Israel, el autor de nuestro Testamento empalma genealógicamente a Job no con Israel (Jacob), sino con su hermano Esaú (= Edom) y lo identifica con Jobab, rey de Edom según Gn 36,33. Pero, una vez convertido al monoteísmo, se le hace ya emparentar directamente con Israel, pues se casa con Dina, la hija de Jacob (cf. *supra,* nota 4), y prohíbe a sus hijos tomar como esposas a mujeres paganas [10].

Basándose en Job 38,3 y 40,7 («cíñete como varón tus lomos»), el midrás creador deduce de la palabra «cíñete» que Job recibió un ceñidor y que sus tres hijas recibieron sus respectivos cinturones, que son la propiedad de los bienes espirituales. Las hijas, pues, reciben mejor herencia que los hijos: las hijas reciben los bienes del cielo y los varones los bienes de la tierra. Se ha de notar que en los capítulos 7,22-27 y 39-40 se dejaba ver cierto antifeminismo o desprecio de la mujer, que reflejaba la cultura ambiente; con el simbolismo de los ceñidores, el autor dice su palabra al respecto.

Como indicamos al principio, los procedimientos midrásicos se encuadran en el género literario propio de este apócrifo, que es el de los Testamentos o «discursos de adiós»: la llamada de Job moribundo a sus hijos (1,1-4), la narración de su vida como enseñanza para sus descendientes (1,5-6; 27,7; 45,1-2), la práctica de la caridad y la predicción del futuro (18,6-7) e igualmente la exhortación a que todos se comporten como él (33,2-9) [11].

[10] Aparentemente habría aquí una diferencia con el espíritu de la novela *José y Asenet;* pero nótese que, en aquella novela, Asenet se ha convertido al judaísmo.
[11] Cf. E. Cortès, *op. cit.,* 125-129.

TESTAMENTO DE MOISES
(Asunción de Moisés)

1. *Notas introductorias*

Apócrifo atribuido a Moisés, escrito en la época de la persecución de Antíoco IV Epífanes. Pertenece al grupo de escritos apocalípticos motivados por tal persecución: Jub (cuyo cap. 23,16-32 alude claramente a esa persecución), Dn 7-12, 1 Hen 85-90. Son escritos propios de tiempos de persecución, cuyo objetivo es animar a los judíos a mantenerse fieles a la ley y a soportar el martirio con la esperanza de que los tiempos escatológicos del reino de Dios y de Israel están a la puerta.

El nombre de Asunción o Testamento de Moisés [1] deriva de ser el

[1] Cf. *infra,* pp. 388ss. Sobre si el texto latino que conservamos ha de ser identificado con la llamada «asunción de Moisés», o la ha incorporado, o es obra distinta, cf. E. M. Laperrousaz, *Le Testament de Moïse (généralement appelé «Assomption de Moïse»). Traduction avec introduction et notes:* «Semitica» 19 (1970) especialmente 26-62.

libro un comentario apocalíptico de Dt 31-34, capítulos que tratan del anuncio de la muerte de Moisés, del testamento dado a su sucesor Josué, de las recomendaciones a guardar su libro, de su relato de la historia de Israel (Dt 32), de las bendiciones de Moisés (Dt 33) y de su muerte.

La obra se nos ha conservado sólo en un manuscrito latino bastante defectuoso. El latín es traducción de un texto griego, y éste, a su vez, de una lengua semítica, hebreo o arameo. La coincidencia de Hch 7,36. 38-39.43 con TestMo o AsMo 3,11-13 hacen ver en aquel texto neotestamentario la más antigua referencia a nuestro apócrifo [2].

2. Contenido teológico

Actualización histórica.

En la reelaboración de la parte final del Deuteronomio, el autor de nuestro Testamento se atiene al esquema: «pecado-castigo a través de los gentiles-conversión-salvación». Este esquema lo aplica dos veces. La primera vez, utilizando la historia del *pecado* del reino de Judá (cap. 2), cuyo *castigo* fue la deportación a Babilonia (cap. 3,1-3), y cuya *conversión* supuso que Dios los *retornara* a su tierra (3,5-44 y 4,5-9) [3].

Este mismo esquema es aplicado por segunda vez a los trágicos acontecimientos de su tiempo, durante la persecución de Antíoco IV. El pecado de los israelitas consiste en la helenización, en haber abandonado la verdad, la ley (5,1-6,1), y en que los sacerdotes han profanado el templo (5,3). Recordemos los hechos.

Antíoco IV Epífanes, sucesor de su hermano Seleuco IV, en el año 175 a. C., ofreció ciudadanía antioquena a todos los que se helenizasen. Jasón (Josué), hermano del sumo sacerdote Onías III, la suprema autoridad judía, logró que el seléucida le nombrara sumo sacerdote en lugar de su hermano. En Jerusalén se montó un gimnasio y *efebeion,* y muchos judíos, hasta sacerdotes, se helenizaron. Menelao, sobornando a Antíoco IV con dinero, obtiene de él el sumo sacerdocio, desplazando a Jasón, que se ve obligado a huir. El nuevo sumo sacerdote también soborna a Andrónico, ministro de Antíoco, entregándole los vasos de oro del templo, con gran indignación de Onías. Los judíos piadosos no pueden soportar la política helenizante de Menelao y le atacan, lo mismo que a Jasón, cuando éste quiere volver a apoderarse otra vez del sumo sacerdocio. Antíoco (169 a. C.) desde Egipto entra en Jerusalén y esclaviza

[2] Otros textos neotestamentarios que se aproximan a TestMo son: 2 Pe 2,3 (cf. TestMo 7,6); 2 Pe 2,13 (cf. TestMo 7,4.8); Mt 24,21 (cf. TestMo 8,1); Mt 24,29 (cf. TestMo 10,5). También se suele aducir ApBar(sir) 84,2-5 (cf. TestMo 3,10-13). El examen de Laperrousaz (*op. cit.,* 63-79) concluye que sólo en los Hechos de los Apóstoles, en el discurso de Esteban, tenemos «la más antigua, y en todo caso la más verosímil, de las citas que nos han llegado de ese testamento» (*ibíd.,* 79). Sobre la lengua original, *ibíd.,* 16-25.

[3] Cf. Nickelsburg, *op. cit.,* 81.

y mata a los habitantes de la ciudad santa y profana el templo. Dos años
después (167 a. C.), su general Apolonio lleva a cabo una nueva matanza de judíos en Jerusalén y fortifica la ciudadela cercana al templo,
dejando en ella una guarnición. Finalmente, Antíoco proscribe la religión judía, las fiestas, el sábado y la ley de Moisés e introduce la idolatría en el templo. El templo queda profanado [4].

En la comprensión de nuestro apócrifo, fueron los pecados de Israel,
los judíos helenistas, los que merecieron el castigo de los gentiles (capítulo 8). Pero los israelitas fieles reaccionan: ahí está la figura de Taxo
y de sus hijos (cap. 9) [5]. El final del drama será el inminente triunfo
escatológico de Dios y de sus fieles y el traslado de éstos al cielo [6].

Entre la muerte de Herodes el Grande y el año 30 d. C., un autor
apocalíptico revisó el Testamento de Moisés reactualizándolo una vez
más mediante la interpolación de los capítulos 6 y 7. En 6,9 se alude al
incendio, ordenado por Sabino, comandante de Varo, de los edificios
cercanos al templo y a la crucifixión masiva de judíos rebeldes que éste
mismo ordenó meses después de la muerte de Herodes. Es una revisión
actualizada para fortalecer una vez más a los fieles en los duros años de
represión tras la muerte de Herodes [7].

---

[4] *Ibíd.*, 71-73.
[5] Cf. Ch. C. Torrey, *Taxo in the Assumption of Moses:* JBL 62 (1953) 1-7;
H. H. Rowley, *The Figure of Taxo in the Assumption of Moses:* JBL 64 (1945)
141-143.
[6] Cf. *infra*, pp. 355s, donde presentamos este apócrifo como muestra de una
concepción del reino de Dios que pertenece absolutamente al mundo futuro.
[7] Cf. Nickelsburg, *op. cit.*, 212-214; Adela Y. Collins, *Composition and Redaction of the Testament of Moses 10:* HTR 69 (1976) 179-186; cf. J. A. Goldstein,
The Testament of Moses: its Content, its Origin and its Attestation in Josephus,
en *Studies in Testament of Moses* (SBL, Septuagint and Cognate Studies 3, ed.
W. E. Nickelsburg; Cambridge 1973) 45-47.

TESTAMENTO DE ABRAHAN

1. *Notas introductorias*

Se trata de un apócrifo judío con interpolaciones cristianas. Se conserva en griego, en dos recensiones independientes entre sí; la larga, que
presenta indicios de léxico cristiano, parece ser más primitiva [1]. El origen

---

[1] El texto griego fue editado por M. R. James, *The Testament of Abraham:
The Greek New Text now First Edited with an Introduction and Notes* (Cambridge
1892); M. E. Stone, *The Testament of Abraham: The Greek Recensions* (Missoula
1972); F. Schmidt, *Le Testament d'Abraham,* 2 vols. (diss.; Estrasburgo 1971):
edición del texto griego de la recensión corta y traducción de las dos recensiones;
E. Janssen, *Testament Abrahams,* JSHRZ (Gütersloh 1975) 193-256: traducción de
las dos recensiones con introducción y notas; M. Delcor, *Le Testament d'Abraham*

de ambas recensiones es probablemente Egipto, entre los terapeutas, versión egipcia de los esenios[2]. El libro procede, al parecer, de un medio similar al del Testamento de Job, que nuestro apócrifo conoce y contra el que en algún aspecto parece polemizar. Es difícil señalar la fecha de composición, que G. H. Box y Van Stempvort ponen en el siglo I d. C. y que M. Delcor acepta[3]. Otros, sin mayor precisión, enmarcan la obra del posible original hebreo entre el siglo II a. C. y el II d. C. La lengua original sería el griego, un griego compuesto por un judío conocedor de los LXX; esto basta para explicar hebraísmos y semitismos de la obra.

La obra tiene dos partes paralelas. En la primera (caps. 1-15), Dios envía al arcángel Miguel a comunicar a Abrahán que ha llegado la hora de su muerte. Abrahán se resiste a aceptarla, pero termina por acceder a condición de ser transportado a los cielos para ver la creación. El arcángel le guía por este viaje, en el que el patriarca ve desde las alturas numerosos crímenes, adulterios, homicidios, etc., sobre la tierra. Abrahán reacciona puritanamente pidiendo el exterminio de los autores de esos crímenes. Dios teme que el celo de Abrahán acabe exterminando la raza humana, y ordena a Miguel que conduzca al patriarca al juicio de las almas, para que allí aprenda de la misericordia divina. Allí Abrahán conoce la misericordia, intercede por los pecadores. Dios devolverá a la vida a los que previamente Abrahán condenó. El ángel Miguel vuelve a pedir a Abrahán que haga su testamento, y el patriarca vuelve a negarse. En la segunda parte, Dios envía la muerte a Abrahán, pero éste tampoco quiere seguirla, la despide y no le brinda hospitalidad. No obstante, la muerte permanece a su lado y astutamente, con engaños, consigue arrebatarle el alma.

Este apócrifo combina elementos típicamente apocalípticos, como es el viaje a través de los cielos, con otros propios del género de «los discursos de adiós». Sin embargo, tampoco es un «testamento» en sentido estricto: faltan características fundamentales de este género, como la parénesis y el presentarse Abrahán como modelo para sus hijos.

2. Contenido teológico

Revisión de la imagen bíblica de Abrahán.

El autor parece gozarse en desmontar o relativizar con fina ironía las virtudes tradicionales con que el patriarca es presentado en la tradición. No brilla en este relato Abrahán por su fiel obediencia ni tampoco por su hospitalidad; su misma justicia le hace duro e inmisericorde con

---

(Leiden 1973); G. W. E. Nickelsburg, *Studies on The Testament of Abraham* (SBL, SCS 6; Missoula 1976). Véase amplia bibliografía en J. H. Charlesworth, *op. cit.*, 70-72.

[2] Recientemente, F. Schmidt sostiene que la recensión corta puede derivar del esenismo popular palestinense del siglo I d. C.

[3] M. Delcor, *op. cit.*

los hombres, y se saca la impresión de que menos «justicia» daría más solidaridad. Después de la reeducación a que Dios lo somete, el patriarca aparece más humano. Este parece ser uno de los objetivos del relato; su sometimiento a la muerte, que le iguala con todos los humanos a pesar de su resistencia a aceptarla, da definitivamente su medida y su grandeza.

Escatología.

El apócrifo habla clara y repetidamente del juicio de las almas inmediato a la muerte y de las almas separadas de su cuerpo. Son juzgadas por Abel, por ser el protomártir y el primer muerto de los hombres [4]. La distinción cuerpo-alma es evidente. Cuando al patriarca la muerte le arrebata el alma, ésta es llevada al cielo con las almas de los santos (capítulo XX), mientras el cuerpo del patriarca es enterrado y, «como toda carne» (cap. VIII de la redacción breve), resucitará al fin del mundo, al cabo de siete mil siglos. También el Testamento de Job admitía la inmortalidad del alma y la resurrección corporal.

Además del juicio de Abel, la redacción larga admite otros dos juicios (que parecen añadidos al texto): el de Abel, inmediato a la muerte, es el particular que afecta a todos los hombres hasta la parusía o segunda venida del Señor; entonces tendría lugar el juicio hecho por las doce tribus; finalmente vendría el juicio de Dios [5].

La visión del gran número de almas que entran por la puerta ancha de la condenación y del escaso número de las que entran por la puerta estrecha de la salvación (cap. XI red. larga; VIII-IX red. corta) es paralela de Mt 7,13-14 y Lc 13,23-24. Las almas cuyas obras buenas son iguales en número a las malas quedan en medio, no van al cielo ni a la *gehenna* (cap. XIV), hasta el juicio universal; pero por ellas se puede interceder y obtener la salvación.

El Dios de amor y misericordia. Lección de humanismo.

La lección que aprende Abrahán la aprende también el lector de esta obra: hay que ser compasivo y misericordioso como Dios. Dios es aquí misericordioso porque exime de juicio y condenación a las almas de los que mueren de muerte prematura, los cuales constituyen la mayor parte de los que mueren, en proporción de 71 por 1. Mientras Abrahán pedía la muerte fulminante de los pecadores, Dios da tiempo para que se arrepientan; y, si mueren de repente, ni los juzga ni los condena (cap. XIV).

El apócrifo, además de lección de misericordia para con los pecadores, es lección de humanismo, de comprensión del miedo a la muerte. No se han de maravillar los hombres de su horror a la muerte, pues el

---

[4] Abel desempeña aquí el papel del «Hijo del hombre» de la apocalíptica. Cf. Nickelsburg, *Jewish Litterature...*, 253.

[5] Cap. XIII. Cf. M. Delcor, *op. cit.*, 145-146. Sobre el tema del juicio en este apócrifo, véase G. W. E. Nickelsburg, *Eschatology in the Testament of Abraham: A Study of the Judgement Scenes in the Two Recensions*, en *Studies on the Testament of Abraham*, 29-37.

mismísimo Abrahán, el justo, el modelo bíblico de la obediencia heroica a Dios, desobedece la intimación a morir, no sólo cuando Miguel le comunica su propio fallecimiento, sino también cuando la propia muerte, enviada por Dios en forma atrayente, le urge su desenlace. Entonces hasta el obediente Abrahán se resiste, hasta el acogedor hospitalario manda a la muerte que se aleje [6].

[6] El origen de la hospitalidad de Abrahán, patente en la recepción de Miguel, pero ausente en la acogida de la muerte, puede ser el Targum Palestinense N. Gn 21,23 (cf. M. Delcor, *op. cit.*, 36-37). El mismo origen, en Tg. N. Gn 15,17, puede tener la revelación a Abrahán del juicio de salvación o condenación en el otro mundo; la revelación de los reinos de este mundo, en Tg. N. Gn 15,11 (cf. M. Delcor, *op. cit.*, 39-42).

TESTAMENTOS DE ISAAC Y DE JACOB

1. Notas introductorias

Ambos son parecidos al Testamento de Abrahán, cuya estructura básica imitan. Los tres presentan al respectivo patriarca en trance de morir, trance anunciado por un ángel, y al morir son trasladados al cielo. Los de Isaac y Jacob se acomodan más al patrón literario de los testamentos que el de Abrahán, pues hay en ellos abundante parénesis, que falta absolutamente en el Testamento de Abrahán. Pero en ninguno de los tres llega a presentarse el patriarca como modelo de una virtud [1].

El *Testamento de Isaac* que publicamos es traducción del texto sahídico; el original, que no se ha conservado, parece haber sido griego [2]. El Testamento de Isaac delata aún más interpolaciones cristianas que el de Abrahán [3]. En la forma actual es un documento cristianizado; pero las diversas interpolaciones cristianas —trinitarias o cristológicas— parecen adiciones a un texto judío original. Por tal mezcla de elementos cristianos y judíos es difícil señalar la fecha de composición del apócrifo. Considerando las interpolaciones cristianas, se podría datar hacia el 400 d. C. (P. Nagel); considerando su estructura y tendencia eseni-

[1] Sólo en la primera parte del Testamento de Abrahán (cf. *supra),* este patriarca parece ejemplarizar la hospitalidad.
[2] Así lo sostiene P. Nagel, sin convencer a K. H. Kuhn. La obra se ha conservado en copto (sahídico y bohaírico), árabe y etiópico; el texto más antiguo es el sahídico, editado por K. H. Kuhn, *The Sahidic Version of the Testament of Isaac:* JTS NS 8 (1957) 226-239. Cf. M. Delcor, *Le Testament d'Abraham* (Leiden 1973): en pp. 186-196 ofrece la traducción francesa del texto copto bohaírico del Testamento de Abrahán; en 196-205, traducción francesa del texto copto bohaírico del Testamento de Isaac; en 205-213, traducción francesa del texto copto bohaírico del Testamento de Jacob.
[3] Nótese la doxología trinitaria final en las dos recensiones griegas, la larga y la corta.

zantes (ayuno, baños rituales, santidad angélica de los sacerdotes), habría que asignarle una fecha cercana al Testamento de Abrahán [4].

El *Testamento de Jacob* también se conserva en copto (bohaírico) [5], árabe y etiópico. Es algo posterior a los Testamentos de Abrahán e Isaac (siglo II-III d. C?) y de influjo cristiano más profundo: parece una composición cristiana.

2. Contenido teológico

Testamento de Isaac.

Entre sus enseñanzas destacamos el dualismo antropológico (el alma sale del cuerpo), la asunción del alma al cielo con los espíritus de los justos, la visión de las penas de los condenados, la insistencia en la clemencia del Padre, la recomendación de la caridad para con los necesitados, las penas dadas al pecado de odio sin reconciliación con el enemigo (a cinco horas de odio corresponden cinco años de castigo en el infierno), la recomendación de la pureza a los sacerdotes que se acercan al templo para sacrificar, la vida ascética, etc.

Testamento de Jacob.

Trata de la muerte de Jacob, llamado también «amigo de Dios», como los otros testamentos llaman a Abrahán e Isaac. El ángel que viene a anunciar su muerte es de aspecto parecido a su padre Isaac (también el ángel que anunció la muerte de Isaac se parecía a Abrahán). Como en el de Isaac, abunda en este testamento la parénesis: el patriarca exhorta a sus hijos a practicar las virtudes y a huir de los vicios; insiste en el amor a los hombres, sobre todo a los pobres, y en la práctica de las obras de misericordia. Antes de la separación de alma y cuerpo, Jacob ve también los tormentos de los condenados: fornicarios, mujeres impúdicas, afeminados, sodomitas, adúlteros [6], asesinos, magos, violentos, idólatras, perezosos, detractores; el fuego del infierno no se apaga jamás. El patriarca ve también el cielo donde gozan Abrahán e Isaac: el cielo es la ciudad del amor. El alma de Jacob es llevada a los cielos por los arcángeles Miguel y Gabriel y legiones de ángeles; el cuerpo es embalsamado y llevado a la cueva de Macpela. El Testamento de Jacob es una ampliación midrásica del relato bíblico de Gn 47,29-50,26.

---

[4] M. Delcor, *op. cit.,* 83.
[5] Cf. I. Guidi, *Il Testamento di Isaacco e il Testamento di Giacobbe,* en «Rendiconti della Reale Accademia dei Lincei, Classe di Scienze morali, storiche e filologiche», serie 5, vol. 9 (1900) 157-180; 223-264.
[6] Adviértase la distinción entre fornicación y adulterio en el catálogo de pecados.

TESTAMENTO DE SALOMON

La obra se refiere a los poderes mágicos de Salomón. Confluyen en ella leyendas judías y cristianas sobre astrología, demonología y magia. En el marco del género «testamentario», Salomón, antes de morir, escribió su testamento para ilustrar a los hijos de Israel sobre los poderes y clases de demonios y sobre los ángeles que están por encima de ellos y, en general, sobre las realidades últimas.

Según C. C. McCown, la obra fue compuesta originalmente en griego [1] por un cristiano alrededor del siglo III d. C., pero a partir de una composición judía del siglo I d. C. Se distinguen además estratos posteriores medievales [2].

[1] C. C. McCown, *The Testament of Solomon* (Untersuchungen z. N. T. 9; Leipzig 1922).
[2] Id., *ibíd.*, 105-108. Cf. Charlesworth, *op. cit.*, 197ss; A. M. Denis, *Introduction aux Pseudépigraphes grecs...*, 67.

TESTAMENTO DE ADAN

Es también una obra cristiana compuesta a partir de un primitivo testamento judío. Se conserva en árabe y etiópico, en dos fragmentos siríacos y en griego. Su tema es la angelología y los vaticinios de Adán sobre Cristo [1] con numerosos datos de la *haggadá* judía sobre Adán y sus hijos.

[1] Cf. A. M. Denis, *op. cit.*, 11; Charlesworth, *op. cit.*, 91-92.

APOCALIPSIS DE ESDRAS (griego).
APOCALIPSIS DE SEDRAC. VISION DE ESDRAS

1. Notas introductorias

El libro 4 de Esdras (cf. p. 250) ha sido uno de los apocalipsis más difundidos y de mayor influjo. De él dependen indirectamente los tres apócrifos que aquí presentamos: el *Apocalipsis de Esdras* [1], el *Apoca-*

[1] A veces 4 Esd recibe también el nombre de Apocalipsis de Esdras, como en la edición de A. F. J. Klijn, *Der lateinische Text der Apokalypse des Esra* (Berlín 1983). Generalmente, el nombre de Apocalipsis suele reservarse para el apócrifo que ahora presentamos.

lipsis de Sedrac[2] y la *Visión de Esdras*[3]. Dependen del 4 Esd griego, no del original hebreo. No pueden considerarse «recensiones» de una misma obra, ya que, si bien tienen materiales comunes, cada obra tiene también su materia propia. En extensión son también diferentes: la más amplia es el Apocalipsis de Esdras, que Riessler, traductor alemán de la obra, dividió por primera vez en capítulos y versículos[4].

El mayor problema de estas tres obras es determinar lo que en ellas constituye el núcleo primitivo judío y lo que es adición, interpolación o reelaboración cristiana. En algunos casos, los nombres cristianos y los mismos temas específicamente cristianos delatan manifiestamente la procedencia de los pasajes.

ApEsd pertenece, al parecer, al primer cuarto del siglo II d. C.; las infiltraciones cristianas son medievales (siglo IX?). En Ap Sedrac, la parte judía es también del siglo II d. C., y la cristiana probablemente del V. La Visión de Esdras, conservada en dos recensiones latinas, parece ser de los siglos IV-VII. Los dos libros primeros (ApEsd y ApSedrac) se han conservado en griego. El griego de ApEsd contiene hebraísmos, que pueden derivar de un apócrifo hebreo.

2. *Contenido teológico*

Las tres obras recogen los grandes temas de 4 Esd: la disputa *(rib)* del hombre con Dios, al estilo de Job; la discusión ante Dios del sentido que tiene haber creado al hombre; la intercesión por los pecadores. Presentamos algunas doctrinas interesantes de ApEsd.

Pesimismo soteriológico.

En la primera parte del apócrifo (caps. 1,1-4,4: discusión de Esdras con Dios en el cielo) se encuentran temas que no proceden del cristianismo, sino que son típicos del pesimismo teológico del ciclo de Esdras. Así, la concepción de la retribución de los justos como recompensa a su trabajo («como un jornalero pasa su tiempo en servicio..., así el justo recibe en el cielo recompensa»: 1,14) y la consecuente dureza de Dios con los pecadores: «No tengo ninguna razón para tener misericordia de ellos (los pecadores)» (1,16). Oigamos el lamento del vidente, similar a los del 4 Esd: «Sería mucho mejor que el hombre no hubiera nacido, mucho mejor no vivir. Más afortunados son los animales, a los que no aguarda el castigo. Pero a nosotros nos has hecho para entregarnos al juicio. ¡Ay de los pecadores en el otro mundo! Su juicio de castigo no tiene fin, la llama es inapagable» (ApEsd 1,21-24). Cuando Esdras pre-

---

[2] El nombre de Sedrac parece ser una corrupción de *Esdras*.
[3] Las tres obras han sido editadas críticamente por O. Wahl, *Apocalypsis Esdrae, Apocalypsis Sedrach, Visio Beati Esdrae* (Leiden 1977).
[4] P. Riessler, *Altjüdisches Schrifttum ausserhalb der Bibel* (Augsburgo 1928) 126-137, notas en p. 1273. Otra versión alemana por U. M. Müller, en JSHRZ, V/2, (Gütersloh 1976) 85-102.

gunta a Dios por su antigua misericordia, por su gran paciencia (2,8), Dios responde: «Tal como hice la noche y el día, así he hecho al justo y al pecador» (2,9). De ahí se sigue que los pecadores están en el orden mismo de la creación; por ello el vidente reconoce con dolor: «Tú (Dios) a quien quieres salvas y a quien quieres pierdes» (2,17). Aquí se revela, como en el predeterminismo del Maestro Justo de Qumrán, que Dios es el autor del bien y del mal[5]. Se da además una comprensión de la justicia divina en categorías estrictamente forenses; cuando Esdras suplica: «Ten misericordia, Señor, de los pecadores, ten misericordia de tus criaturas, ten compasión de tus obras» (2,23), Dios, inmutable, responde: «¿Por qué he de tener compasión con ellos?» (2,24); y en 3,6, justicieramente, Dios amenaza con destruir a todo el género humano en el valle de Josafat si el mundo no crece en justicia[6].

Escatología y antropología.

La segunda parte de ApEsd (4,5-6,2) es una descripción de las penas del infierno, adonde es conducido el profeta desde el cielo, acompañado por Miguel, Gabriel y treinta y cuatro ángeles. En toda esta parte la reelaboración cristiana es notable[7].

La separación entre alma y cuerpo es clara en 5,13 (fragmento que parece de origen judío), donde se dice del feto que «el sexto[8] está preparado y recibe el alma». En la tercera parte (ApEsd 6,3-7,16), Esdras se niega a entregar su alma (6,3-7,4), pero, tras una oración (7,5-12), muere (7,13-16)[9]. En 7,3 hay otra clara afirmación de dualismo antropológico: «El alma que de mí procede va al cielo; el cuerpo, que procede de la tierra, a la tierra torna, de donde fue tomado»[10].

APOCALIPSIS SIRIACO DE BARUC

1. Notas introductorias

No hay uniformidad en las denominaciones de esta obra, llamada también 2 Baruc (en cuyo caso el Baruc griego sería 3 Baruc) o 1 Baruc

[5] Es de notar que el pesimismo soteriológico echa raíces en una inadecuada comprensión de la teología de la creación. No se concibe el poder creador de Dios sin limitar necesariamente la libertad del hombre y sin atribuir el mal al mismo Dios.

[6] Esta amenaza figura en una discusión con Dios sobre el juicio final, tema en el que el vidente está muy interesado.

[7] Cf. la perícopa de Herodes y la descripción del Anticristo.

[8] Se refiere al sexto mes de gestación.

[9] También esta parte acusa reelaboración cristiana.

[10] ApSedrac abarca dieciséis capítulos, precedidos de una homilía sobre el amor, que es ciertamente cristiana. La primera parte (discusión de Sedrac con Dios) y la segunda parte (oposición de Sedrac a morir) corresponden a la primera y tercera parte de ApEsdr.

(y el Baruc griego sería *2 Baruc*). Para evitar confusiones nosotros la llamamos *Apocalipsis siríaco de Baruc:* ApBar(sir) [1].

ApBar(sir), ApBar(gr), 4 Esd y ApAbr son obras originadas por la destrucción de Jerusalén y del templo el 70 d. C. ApBar(sir) es, por temática y origen, paralelo de 4 Esd: de finales del siglo I d. C., después del 70 y antes de Adriano.

El texto siríaco de ApBar(sir) es traducción de un texto griego [2]. ¿Es el griego la lengua original o traducción de un texto hebreo? Es de notar la presencia de numerosos hebraísmos, como los infinitivos internos: «salvado serás salvado» (13,3); «¿acaso no matar matará?» (22,7). Klijn nota también el paralelismo de numerosos pasajes con otros de la literatura rabínica hebrea, que nuestro apócrifo demuestra conocer, así como la clarificación exegética que numerosos pasajes de ApBar(sir) reciben en una retrotraducción hebrea y los juegos de palabras, que en nuestro apócrifo sólo son posibles en hebreo [3]. Para Bogaert, la cuestión no está decidida [4]. La carta a las nueve tribus y media (caps. 78-87) es una adición tardía, griega en origen [5].

ApBar(sir) fue escrito por un autor de obediencia farisea; es un verdadero autor y no mero compilador de tradiciones distintas. Aunque usa diversas fuentes, tiene su propio pensamiento.

2. *Contenido teológico*

El tema fundamental del libro es por qué los pecadores triunfan y los justos son dejados de lado (cf. 14,1-7). La respuesta de nuestro autor es que el futuro depende del juicio de Dios, quien separará a buenos y malos en un mundo nuevo incorruptible (cf. 13,3-9; 19,5-20,5) [6].

El templo, por su destrucción, y la ley, por la discusión de su validez, son temas centrales en este apócrifo. Los problemas planteados por la destrucción del templo son abordados por el profeta Baruc [7] no como una cuestión de teodicea —para justificar la conducta de Dios, como hizo 4 Esd—, sino para encontrar razones de consuelo y esperanza para sí mismo y para el pueblo. La trama se desarrolla en un diálogo del

---

[1] Véase introducción a la versión española en el vol. VI de esta obra.

[2] Quedan fragmentos en papiros griegos, pero no del texto griego del que deriva ApBar(sir).

[3] A. F. J. Klijn, *Die syrische Baruch-Apokalypse:* JSHRZ (Gütersloh 1976) V/2, 110.

[4] P. Bogaert, *Apocalypse de Baruch. Introduction, traduction du syriaque et commentaire* I (París 1969) 380.

[5] Los caps. 78-87 constituyen la carta de Baruc a las tribus desterradas en Asiria. En temas y contenido coincide en gran parte con los capítulos anteriores. En los capítulos 81-82 consuela a los desterrados con la perspectiva de que el juicio de los gentiles está próximo; los caps. 83-84 exhortan a prepararse para el juicio inminente con el cumplimiento de la ley.

[6] Cf. A. F. J. Klijn, *The Sources and the Redaction of the Syriac Apocalypse of Baruch:* JSJ 1 (1970) 68.

[7] Baruc es en este libro más importante que el mismo profeta Jeremías.

profeta con Dios, entre ayunos (9,1-2; 12,5; 21,1; 47,1-2) y visiones (27,1-30; 36,1-43,3; 53,1-12; 56,1-74,4), con el planteamiento de las cuestiones que arrancan de la tragedia de la destrucción del templo. En estos diálogos salen a relucir repetidas veces los pecados de Israel y de los gentiles y el castigo de unos y otros. La secuencia pecado-castigo es una constante en el libro.

Pero lo que más interesa al autor no es la historia, ni siquiera la del Mesías —tema que es secundario aquí—, sino el final de la historia, la resurrección de los muertos y la suerte de los hombres en el mundo futuro, tras el juicio según sus obras.

Por tres veces se dirige Baruc al pueblo para exhortale a vivir según la ley y así salvarse: la destrucción de Jerusalén y del templo son pena y castigo de Israel por sus pecados. De los pecados de Israel es principio y causa el pecado de Adán, el cual no exime de responsabilidad a los israelitas pecadores. El castigo de destrucción de la ciudad y del templo procede directamente de Dios. La punición de Dios, como se comprueba dolorosamente, afecta a la vida de aquí abajo; pero también —y en ello insiste ApBar(sir)— existe una retribución tras el juicio final en la otra vida, y eso es lo verdaderamente importante. Nuestro apócrifo ve así las cosas: los israelitas sufren ahora duro castigo, que lamentan las repetidas *qinot* esparcidas por el libro; los pueblos gentiles, a quienes Dios otorga beneficios, también recibirán su merecido; pero no hay que otorgar excesiva importancia a lo uno ni a lo otro, ni tampoco a los triunfos de los malvados ni a los males de los buenos en esta vida, porque Dios apresurará el final de esta edad y dará paso a otra después de grandes sufrimientos, y esto es lo que cuenta [8].

En angelología y demonología, ApBar(sir) es muy parco: escasean los nombres de ángeles; 55,3 y 63,6 mencionan al ángel Remiel; 21,23 al ángel de la muerte; se habla también de los ángeles sin nombre; los demonios son mencionados en 10,8 y 27,9.

A continuación señalo algunos puntos de importancia en la doctrina de esta obra apocalíptica.

La relación pecado-castigo.

Una de las explicaciones de la destrucción de Sión [9] y de la consecuente diáspora judía entre las naciones decía que aquello acaeció «para que los judíos hagan bien a los gentiles» (1,4). Pero la causa inmediata de tan terribles acontecimientos se veía simplemente en el pecado: la causa del castigo de Judá, de la destrucción de Jerusalén y del apartamiento temporal del rostro de Dios es que el reino de Judá es más pecador que el del norte, pues mientras las tribus del norte fueron indu-

---

[8] ApBar(sir) insiste especialmente en la escatología. Cf. *infra*, pp. 379ss. Habla del *último tiempo* (36,10; 41,5; 66,6; 76,5) y de *los últimos tiempos* (5,8; 76,5; 78,5).

[9] Sión es el nombre más corriente en la obra para designar a Jerusalén.

cidas a pecar por sus reyes, las del sur indujeron ellas mismas a pecar a sus reyes (1,2-3).

En esta obra la relación pecado-castigo funciona constantemente. Pero entre el pecado y el castigo puede interponerse el poder intercesor de las buenas obras y las oraciones de los fieles a Dios: «Vuestras obras son para la ciudad [10] como columna fuerte, y vuestras oraciones como muralla fortificada» (2,1ss). Si esos santos se mantienen en Jerusalén, la ciudad no puede ser castigada.

En 3,5-9 el profeta pregunta: Si Jerusalén es destruida y los judíos dispersados, ¿qué será de Israel?, ¿qué será de la enseñanza de la ley?, ¿quién alabará al Señor?, ¿qué futuro tendrá el mundo?, ¿qué fin tendrá la raza humana?, ¿en qué quedan las promesas hechas a Israel? [11] La respuesta es que el castigo de Jerusalén y del pueblo de Dios es temporal y que el mundo no será olvidado ni destruido por Dios (4,1); el mundo, que fue creado por causa de Israel (cf. 21,24-25), continuará a pesar del castigo del pueblo: Dios no está lejos del mundo, sino que lo gobierna.

La Jerusalén celestial.

Respecto a Jerusalén, Dios recuerda que queda otra Jerusalén, la celestial, que no será destruida (4,3): la Jerusalén celeste, su templo celeste y el paraíso fueron mostrados a Adán antes de pecar (ibíd.) [12]; también a Abrahán en la visión de Gn 15,12 (ApBar[sir] 4,5) [13]. Sifre a Dt dice que la Jerusalén y el templo celestes precedieron a la creación [14]; según bPes 54a, también el jardín de Edén fue creado antes de la creación; según Jub 2,7, lo fue el tercer día. La tradición de que el templo celeste vendrá a la tierra al final de los tiempos está ampliamente representada en el judaísmo: Hen(et) 90,28s; 1Q 32; 2Q 24; 5Q 15; 4Q Flor; Tob 14,5; OrSib V, 402.414-433; Jub 1,27ss.

La justicia divina.

De la justicia de Dios hace mención frecuente este apócrifo: «Mi juicio hará su justicia a su debido tiempo» (5,2). Se trata de la justicia forense, es decir, retributiva. De la justicia humana se habla escasas veces; del juicio de Dios en los últimos tiempos habla ApBar(sir) diecinueve veces.

La concepción de la justicia divina queda de manifiesto en la reite-

---

[10] Se refiere a la ciudad de Jerusalén y a las buenas obras de Jeremías y los fieles.

[11] Cf. Lv 26,42-45; Dt 26,18-19; 30,3-5; etc.

[12] Cf. AntBibl 13,8; 26,6; Hen(esl) 31,2.

[13] Según Tg. N. Gn 15,12, Abrahán vio entonces los cuatro imperios de los gentiles. Cf. PRE 28, que añade la visión del Mesías. Según Gn. R. 44,12, Abrahán vio el mundo presente y futuro; según otras fuentes, vio el infierno y el paraíso; cf. Mekilta, baḥodes 9 (ed. Weiss 79); L. Ginsberg, Legends of the Jews V, 229.

[14] Ed. Ish Shalom 37,76.

rada idea de que fue Dios mismo quien destruyó Jerusalén y el templo:
los enemigos de Israel no podrán vanagloriarse de haber hecho semejante hazaña, pues fueron simples instrumentos en manos de Dios (5,3).
Los capítulos 6-8, que narran la destrucción de Jerusalén, confirman que
fue obra de Dios: cuatro ángeles prendieron fuego a los cuatro ángulos
de la ciudad y destruyeron los muros [15], pero sólo después que un quinto
ángel hubo retirado los objetos sagrados del templo [16] y dado orden a la
tierra de tragarlos. Destruida la muralla por los ángeles, una *bat qol*
(cf. 8,1; 13,1; 22,1) o voz del cielo invitó a los caldeos a penetrar [17];
Dios mismo había abandonado el templo [18]. Nada se dice sobre una futura restauración del templo [19]. Sin embargo, en 67,3 el ángel Remiel, que
explica a Baruc la visión de la nube cargada de aguas turbias y claras,
dice que Dios no se regocija con la destrucción de Sión y que tal destrucción no glorifica al Señor [20]. Pero queda claro que los males de Jerusalén e Israel son un castigo atribuible a Dios juez y por lo mismo una
pena sin posible apelación. Juez es un título de Dios (5,3; 48,39; 11,3).

La justicia de Dios se volverá también contra los gentiles. La *orge,*
la ira de Dios, retenida como por la brida de la paciencia divina, se
despertará contra ellos (12,4). El Altísimo no tiene acepción de personas en el juicio (13,8): no tuvo misericordia con sus hijos y los castigó
como a enemigos por haber pecado (13,9), si bien «fueron castigados
para ser perdonados» (13,10) en el futuro con misericordia, también
los gentiles serán castigados, pues las naciones siempre pecaron y mostra-
ron su ingratitud a pesar de los beneficios que Dios les hacía (13,12).
De ApBar(sir) se deduce la misma valoración de los gentiles que de
4 Esd: son peores que los israelitas, con ser los israelitas pecadores;
y se refleja la imagen de un Dios bueno, bienhechor de sus mismos enemigos, como en Mt 5,45: «... que hace salir su sol sobre malos y buenos y llover sobre justos e injustos».

La justificación por las obras.

Las malas obras de israelitas o paganos arrastran una retribución de
castigo, mientras que las buenas reciben una retribución positiva: «Los
justos con razón esperan el fin y sin miedo parten de esta habitación,
porque tienen junto a ti multitud de obras buenas, guardadas en el teso-

[15] Pesiqta Rabbati 26.
[16] Cf. 2 Mac 2,4-5.
[17] El episodio lo refiere Tácito en sus *Historias* V, 13: Se abrieron las puertas
del templo *et audita maior vox, excedere deos.*
[18] ApBar(sir) 8,2. Cf. Fl. Josefo, *Bell.* VI, 300.
[19] Aunque el autor, expresando sus propias ideas, cree que no habrá nuevo templo ni reconstrucción del orden actual, recoge tradiciones diferentes: 32,2-4 (pasaje
interpolado) dice que se reconstruirá un nuevo templo y habrá una reconstrucción
de Jerusalén; tras la destrucción del primero y del segundo habría un templo nuevo,
al parecer eterno, pero en la tierra. En unas tradiciones se esperaba un nuevo templo
terrestre, en otras celeste; en otras nada se dice de un templo nuevo. Nuestro autor
no creía en un templo nuevo. Cf. A. F. J. Klijn, *art. cit.,* 70-71.
[20] Aquí, como en otros muchos lugares, ApBar(sir) recoge tradiciones distintas.

ro» (14,12) [21]. Hay un depósito o cámara celeste para las obras de los justos (14,12; 24,1), así como hay un depósito para las almas (21,23; 30,2). Según 24,1, las buenas obras de los justos están guardadas en el tesoro de Dios hasta el día del juicio, día en que también se abrirán los libros donde están escritos los pecados de los pecadores (cf. Dn 7,10). Y los justos serán salvados por sus obras, justificados por la ley (51,3.7; 67,6). Los justos, pues, confían en sus buenas obras, como Ezequías, que fue escuchado por su justicia (63,3-5). Con esa confianza, los justos «abandonan este mundo sin miedo y esperan confiados, con alegría, recibir el mundo que tú (oh Dios) les has prometido» (14,13).

Según estos textos, la esperanza de salvación de los justos no se basa en la elección, en pertenecer al pueblo de Israel, sino en sus propias buenas obras. Que no basta ser israelita para salvarse [22] en el mundo venidero se infiere de la afirmación de Baruc: «¡Ay de nosotros, que, padeciendo en esta vida, aún tenemos en perspectiva más sufrimientos en el mundo venidero!» (14,14). Queda claro que el no alcanzar la salvación puede acaecer a cada hombre y a los mismos israelitas, a pesar de que el mundo fue creado para el hombre y no el hombre para el mundo (14,18) [23]; del mismo modo, pueden perderse los israelitas, a pesar de que el mundo fue creado para los justos de Israel (14,19; 15,7).

Los gentiles y la ley.

Parece lógico que el incumplimiento de la ley sea castigado por Dios con sufrimientos en esta vida o en la vida futura. Pero no parece tan lógico que ese incumplimiento pueda ser causa de los sufrimientos de los gentiles. Sin embargo, eso es lo que afirma ApBar(sir) 15,5-6: Dios ha dado su Torá, y, por tanto, merecen castigo los que no la cumplan. También en 48,40 se afirma que los hombres pecaron con conocimiento de causa, pues fue por orgullo por lo que ignoraron la ley de Moisés. Estas afirmaciones tienen el supuesto de la representación tradicional judía: que Dios presentó la ley a los pueblos gentiles, pero éstos, al enterarse de su contenido, la rechazaron [24]. En 48,24 se afirma que la ley es una y que está con los israelitas: «Nosotros hemos recibido una ley del que es Uno, y la ley, que está entre nosotros, nos ayudará». Se dice aquí que la ley es *una,* a saber: que no habrá ninguna otra nueva ley como pretenden los cristianos; y se añade que esa ley estará con los israelitas, aludiendo a que los no israelitas no aceptaron la ley de Moisés [25].

[21] Del tesoro de las obras escribe también 4 Esd 7,77.
[22] Cf. San. 10,1.
[23] Cf. 4 Esd 8,1.44: el mundo fue creado para los hombres; 4 Esd 6.55.59; 7,11; AsMo 1,12: el mundo fue creado para Israel. El mundo descansa sobre Israel según Ex. R. 28. Cf. R. H. Charles, APOT II, 491.
[24] Cf. Targum Yerušalmí a Jue 5,4; Tg. N. y PsJon. a Dt 33,2; Mekilta *baḥodes* (Lauterbach II, 234ss); PRE 41,2. Cf. Sperber, *The Bible in Aramaic* II, 53; Potin, *La fête juive de la Pentecôte* I (París 1971) 258-259.
[25] Sin embargo, para el rabinismo, la ley de Moisés es propiedad tan exclusiva

El mundo futuro.

En la parte tercera de este volumen (pp. 379-382) exponemos la doble concepción del reino mesiánico y del reino de Dios en ApBar(sir).

Gran consuelo para los israelitas, «para los que fue creado el mundo», es saber, en medio de los castigos presentes por sus pecados, que también el mundo futuro ha sido creado para ellos, y allí tendrán «una corona de gran gloria» (15,7-8; cf. Is 62,3). Una vez admitida la retribución en el mundo futuro —que es la gran aportación de la apocalíptica—, el vivir muchos años, como Adán, o pocos, como Moisés, es cosa de poca monta; lo importante es comportarse bien o mal para conseguir el premio del mundo futuro (17,1-4). Aquí aflora, como en otros muchos lugares de la obra, el fuerte componente ético de ApBar(sir). Por tanto, no procede quejarse de la prosperidad de los malos y de los sufrimientos de los buenos, pues lo que realmente vale es lo que vendrá al final de los tiempos, cuando Dios juzgue a todos: «Yo soy el juez de todo» (19,4-7). El mismo razonamiento se lee en la carta a las nueve tribus y media, añadida al final de la obra (cap. 83).

En este contexto la destrucción de Sión puede entenderse como un apresuramiento de la llegada del juicio final: «Yo he hecho desaparecer a Sión para apresurar el tiempo de mi visita a este mundo» (20,2). Baruc suplica a Dios que apresure el juicio final, para que no se diga que su paciencia es falta de poder (21,20; cf. 2 Pe 10,9). 21,23-25 es una intensa oración del profeta para que Dios apresure su visita: puesto que ya han muerto los patriarcas y tantos otros justos, por los cuales fue creado el mundo, ¿qué razón hay para retrasar el cumplimiento de las promesas? (cf. 30,2; 4 Esd 7,32 sobre las cámaras de las almas de los justos cuya apertura es suplicada).

Pese a la porfiada oración de Baruc para que Dios apresure el fin, éste no vendrá sino con ciertas condiciones previas: tienen que nacer primero los hombres que Dios ha señalado. La representación del apócrifo es la siguiente: al pecar Adán y, como consecuencia, al introducirse la muerte en el mundo (17,3; 23,4; 54,15; 56,5), Dios fijó el número de hombres que tienen que nacer y a cada uno le señaló su lugar (23,4); la salvación de la creación no vendrá hasta que el número de los humanos esté completo (23,5). 4 Esd 4,36 y Ap 6,11 matizarán: «Hasta que se cumpla el número de los santos»[26]. Pero el fin ha de venir: «Vienen los días en que los libros serán abiertos, los libros en los que están escritos los pecados de todos los que han delinquido, y también los tesoros en los que se guardan las justicias de todos los que fueron justos en la creación» (24,1; cf. Dn 7,10; Hen[et] 90,20; 4 Esd 6,20; Ap 20,12).

En el final del tiempo aparecerá la longanimidad o paciencia de Dios: «Y en aquel tiempo verás (Baruc)... la longanimidad del Altísimo, que

de Israel que los gentiles no pueden observarla; los gentiles deben regirse por las llamadas leyes noáquicas.

[26] Según el rabinismo, el Hijo de David no vendrá mientras haya almas en el *guf* (en las cámaras). Cf. bA.Z. 5a; bYeb. 62a.

ha durado a través de todas las generaciones, que ha sido magnánimo con todos los nacidos, con los que han pecado y con los justos» (24,2); «Dios solo es el que alimenta a los que existen, a los que fueron y a los que serán, pecadores y justificados» (21,9). Nuestro apócrifo insiste en afirmar la longanimidad de Dios (12,4; 21,20-21; 24,2; 48,29; 59,6; 85,8). También el rabinismo se ha hecho eco de la paciencia de Dios con justos y pecadores: «Está escrito que Dios es lento a *las cóleras* (*'erek 'appaim*), no está escrito *lento a la cólera;* lento, pues, a las cóleras: para con los justos y para con los pecadores» (bB.Q. 50ab). Hartom[27] explica que Dios es lento en castigar al instante a los pecadores y en premiar al instante a los justos.

Sobre los temas desarrollados en ApBar(sir) 25-42 (el juicio, los signos precursores de la venida del Mesías, el reino temporal del Mesías, la resurrección, etc.), cf. *infra,* pp. 379ss.

Soteriología.

En cuanto al número de los que se salvarán, ApBar(sir) no es tan pesimista como 4 Esd (cf. *supra*). Dios conoce el número de los pecadores y de los justificados, y éstos no son menos numerosos que los pecadores (21,11); Baruc mismo está seguro de su propia salvación (13,3). Entre los que poseerán el reino futuro se encuentran los que «no se han apartado de la misericordia y han guardado la verdad de la Torá» (44,14)[28]; misericordia y verdad son el binomio *ḥesed we'emet,* no en el sentido primitivo de amor fiel, sino en el más tardío de misericordia fiel[29].

En Dios también se enciende la ira (*qeṣef*). Baruc dice: «¿Qué fuerza tenemos para poder soportar tu ira, o qué somos para que podamos soportar tu juicio?» (48,17). La consecuencia de la ira y el juicio de Dios puede ser el fuego: «Por tanto, en un fuego consumirá sus pensamientos y en una llama será probada la meditación de sus riñones, pues el juez vendrá y no se demorará» (48,39; cf. 5,3); «En tiempo de Moisés brilló la ley eterna sobre todos los que estaban sentados en la oscuridad, anunciando la promesa de su recompensa a los que creyeron, y a los que la niegan, el tormento del fuego que les está reservado» (59,2).

Como queda dicho, para ApBar(sir) la retribución depende de las obras: «A la consumación del mundo será tomada venganza de los que

---

[27] *Ha-Sefarim ha-Ḥiṣonim, Hazon Baruk* (Tel Aviv 1969).

[28] Para «misericordia» el texto siríaco usa la raíz *rḥm,* que Hartom traduce *ḥesed;* «la verdad» es *'emet* en la versión de Hartom.

[29] ApBar(sir) habla de la misericordia humana (raíz *rḥm*) en 36,7; 44,12.14; de la amistad humana en 44,1; 83,21. De la misericordia de Dios, que Dios es *raḥum,* habla 3,2; 21,20; 28,6; 48,18; 49,1; 75,2; 77,11; 78,2.7; 81,2; 84,11. En 48,29: el malvado «no ha recordado mi bondad y no ha aceptado mi longanimidad». Porque Dios es *ḥannum* y *raḥum,* clemente y misericordioso, 48,18 le invoca: «Protégenos en tu clemencia (raíz *ḥnm,* como en 81,4) y en tu misericordia». Cf. nota siguiente.

han hecho la maldad según su maldad, y tú (oh Dios) glorificarás a los fieles según su fidelidad» (54,21). Aquí fidelidad (*'emuná*) significa fidelidad a la ley. Resulta, pues, de este texto que las obras buenas o malas son las que determinan el premio o castigo en el juicio de Dios [30].

También en 52,6 encontramos una apreciación positiva del sufrimiento de los justos en orden a la salvación: «Alegraos vosotros (los justos) de los sufrimientos que ahora sufrís». El valor de los sufrimientos es también admitido por el rabinismo; es bien conocido el caso de R. Aquiba, que se alegró al ver a R. Eliezer enfermo, y a los que se extrañaban de su alegría les dio esta explicación: Del hombre al que todo va bien se puede pensar que ya ha recibido su recompensa; por eso yo me alegro cuando a uno le va mal, pues no hay hombre que no haya pecado (Ecl 7,20) y que no tenga que expiar.

Israel y los gentiles.

Pese a las exigencias éticas de este apócrifo, el comportamiento de Israel con los gentiles se comprende aún en las categorías de enemistad. En 61,2, entre las cosas «buenas» del tiempo de David y Salomón (es el sexto período, período de las aguas claras), se cuenta «el derramamiento de mucha sangre de las naciones que pecan». 63,7-8 incluye también en el octavo período (período de aguas claras, de cosas «buenas») el haber destruido el ángel Remiel a 185.000 jefes del ejército de Senaquerib, más los 185.000 soldados de cada uno de esos miles de jefes [31] y haber quemado sus cuerpos, aunque no sus arreos. Otras acciones «buenas» del décimo período, de aguas claras, es haber destruido el rey Josías no sólo a magos, encantadores y nigromantes, sino a los impíos que encontró vivos y haber quemado los huesos de los impíos ya muertos (66,3) y a los mentirosos y haber arrojado al torrente Cedrón, cubiertos de piedras, a los que los habían seguido (66,4); por estos y otros hechos Josías recibirá recompensa eterna y será glorificado ante el Altísimo mucho más que otros de tiempos posteriores (66,6). Es claro que ApBar(sir) no se ha desprendido aún del *odium theologicum*.

Nota filológica:
sobre el paso de la segunda a la tercera persona

En ApBar(sir) 54,11, en una plegaria de Baruc, encontramos el paso de la segunda persona a la tercera. Tal paso es corriente en la oración judía. P. Bogaert [32] hace a este propósito el siguiente comentario: «Ni

---

[30] También en 54,5.16 puede significar la fidelidad al cumplimiento de la ley; pero lo normal es que *'emuná* en ApBar(sir) signifique «fe», «creencia» (42,2; 51,7; 57,2; 59,2.10). Desde Semaya y Abtalión, *'emuná* empezó a significar «fe», y en este sentido lo tomó san Pablo cuando en Rom y Gál explica Hab 2,4: «El justo vive por la fe».

[31] Cf. Is 37,36; 2 Re 19,35; 2 Cr 32,31.

[32] P. Bogaert, *op. cit.* II, 153.

en siríaco ni en griego la segunda persona sirve para el sujeto impersonal 'se' (...). Sobre el empleo de la segunda persona del singular para
designar un sujeto impersonal o, más exactamente, indeterminado, véase
C. Brockelmann (*Grundriss der vergleichenden Grammatik der semi-
tischen Sprachen* II (Berlín 1913) 129, § 67e, quien observa que, para
el hebreo, el Cronista no ha conservado la expresión donde hay paralelos en otros libros bíblicos: ese uso (tercera persona indeterminada por
segunda singular) es, pues, antiguo, pero no se ha perpetuado. Las versiones arameas de la Biblia no lo han conservado: debemos pensar que
el arameo no lo conoce. El fenómeno aparece a veces en griego, pero
raramente y con verbos en sentido potencial o irreal». Hasta aquí la cita
de Bogaert. Esta información ha de ser completada, especialmente para
el arameo targúmico, con los datos que he aportado en mi artículo *L'usage de la troisième personne au lieu de la première dans le Targum* [33].
Véase también en ApBar(sir) 54,4 otro cambio de persona: «Tú, (oh
Dios), que revelas a los que *le* temen lo que les está preparado» [34].

[33] *Mélanges D. Barthélemy* (Orbis Biblicus et Orientalis 38; Friburgo-Gotinga
1981) espec. 64.
[34] Charles corrige traduciendo *te* en lugar de *le*.

APOCALIPSIS GRIEGO DE BARUC

1. Notas introductorias

Nos hallamos ante otro libro apocalíptico [1] motivado por la destrucción de Jerusalén, como ApBar(sir), 4 Esd y ApAbr. Fue escrito a finales del siglo 1 d. C., probablemente en Egipto. Como 4 Esd y ApBar(sir),
sitúa la historia de la destrucción de Jerusalén en el tiempo de la primera destrucción por Nabucodonosor. Como ellos, empieza con una
lamentación, sigue con una interrogación del vidente y termina con
una alabanza del Señor. El cambio de lamentación (*qiná*) a alabanza
(*beraká*) se explica porque, a través del libro, el vidente recibe respuesta a sus desazonadas preguntas: ¿por qué la desgracia de Israel, la destrucción de Jerusalén, la diáspora? La respuesta es que Dios castiga los
pecados de Israel. ¿Por qué las naciones triunfan sobre su pueblo? Respuesta: las naciones, y en general los malvados, recibirán su castigo.

[1] J. C. Picard, *Observations sur l'Apocalypse grecque de Baruch:* «Semitica»
20 (1970) 77-103. Del mismo autor, edición crítica, Leiden 1967.

2. Contenido teológico

Justicia divina y retribución.

La obra narra el viaje de Baruc por los cinco cielos [2], a imitación del viaje del Hen(esl). En él Baruc contempla cómo Dios ejerce la justicia punitiva, retributiva en general.

En el *primer cielo*, el ángel muestra a Baruc los que construyeron la torre de Babel: son condenados a convertirse en bestias [3]. En el *segundo cielo* están los que aconsejaron la construcción de la torre de Babel, que reciben parejo castigo [4].

El *tercer cielo* (cap. 4) es también lugar donde se ejerce la justicia divina: los malvados son devorados por una serpiente o dragón; 4,16 menciona el castigo del «fuego eterno». Este capítulo contiene la *haggadá* de que la vid fue el árbol del pecado de Adán; las aguas del diluvio lo sacaron del paraíso y Noé lo encontró y lo plantó por mandato de Dios (4,8-15). La cuestión teológica que se plantea es cómo y por qué se mantiene el pecado después que Dios, con el diluvio, limpió la tierra de pecado. Como en 4 Esd y ApBar(sir), los pecados de los hombres son explicados por el pecado de Adán, pero sin que los hombres pierdan responsabilidad. En 4,15 hay una evidente interpolación cristiana: el fruto de la vid se convertirá en la sangre de Dios; la reinterpretación cristiana es que el pecado —simbolizado en la vid, el árbol del pecado— continúa por causa de la redención: la sangre de Cristo, que es el fruto de la vid [5].

Los capítulos 6-9, que tratan de cosmología, parecen ajenos al tema central de la retribución de buenos y malos. Pero contienen también enseñanzas éticas: que los pecados de los hombres impurifican los rayos del sol (8,5) [6], que Dios gobierna todos los meteoros, que Dios protege a todos los hombres de los rayos abrasadores del sol [7]. En 9,7 aparece

---

[2] Es posible que originariamente la obra incluyera el viaje por los siete cielos, como en el Hen(esl) y es posible que un copista cristiano la despojara del viaje a los dos últimos cielos (según Orígenes, parecen haber formado parte de la obra; PG XI, 195): quizá su contenido le pareció disconforme con la doctrina cristiana. Todo es pura hipótesis; pero es cierta la infiltración cristiana: 4,15; 13,4; 15,4.

[3] La *haggadá* de que los hombres del primer cielo tienen forma de animales ha sido recogida por el rabinismo: bSan. 109a asegura que, de los hombres que construyeron la torre de Babel, unos se convirtieron en monos, otros en bestias o demonios *(sedim)*; según la crónica de Yerajmeel, se convirtieron en monos.

[4] La distinción de los dos grupos que intervinieron en la torre (los consejeros y los constructores) arranca del duplicado de Gn 11,3-4; cf. Nickelsburg, *op. cit.*, 299-300.

[5] Se discute la amplitud de la interpolación cristiana en los versículos contiguos. La *haggadá* de que fuera la vid el árbol de la ciencia del bien y del mal del paraíso (Gn 2,17ss) figura también en Gn. R. 19,8.

[6] Cf. TestXII Lev 3,1.

[7] La tradición del carro sobre el que cabalga el sol (6,2: «el hombre» es el sol) es también *haggadá* judía: cf. Nm. R. 12,4; PRE 6,4; jR. H. 2,2,21a. ApBar(gr) 6,13 menciona las 365 puertas del cielo por las que sale el sol, una distinta para cada día, lo que explica que salga a diversa hora; la misma representación en PRE 6,4. Pero en Hen(esl) 6 las puertas por las que sale el sol son doce como en Hen(et).

la luna —de la que se ha dicho que era como una mujer muy bella—
tomando contacto con Sammael en el paraíso, cuando éste se vistió de
serpiente y tentó a los primeros padres; por haberlos iluminado incluso
con más luz en vez de ocultarse, disminuyeron los días de la luna llena [8].
En el Targum de Job, Sammael aparece también en el paraíso junto a
Eva (Tg. Job 28,7).

En el *cuarto cielo* (cap. 10) se vuelve al tema básico del libro: la
retribución de los justos. En este cielo están las almas de los justos,
figuradas como grandes pájaros (10,5), alabando a Dios. Nótese la correspondencia con bSan. 92b: Dios da alas a los justos en el mundo
futuro.

En la descripción del *quinto cielo* (caps. 11-17) se trata un tema
importante: el papel de los méritos y deméritos (buenas y malas obras)
en orden a la retribución de los hombres. E. P. Sanders, manejando con
gran erudición fuentes tannaíticas, trata de probar que la salvación de
los israelitas depende de su pertenencia al pueblo de Israel o de su reinserción en tal pueblo por la penitencia en caso de haber pecado [9];
según su interpretación, los méritos no ganan la salvación. Tal tesis no
parece ser la de nuestro apócrifo: en estos capítulos los méritos de los
justos —presentados en canastillas, como flores, a Miguel por un grupo
de ángeles, y los méritos no completos también presentados al arcángel
por otro grupo de ángeles— figuran como causa de los premios dados
por Dios; por otra parte, la ausencia total de méritos en un tercer grupo
de hombres y sus deméritos, que hacen llorar a los ángeles, son la causa
de los castigos de los malvados. Es cierto que aquí no se habla con claridad de salvación eterna ni del otro mundo, sino que se alude más bien a
una retribución intramundana; con todo, es patente la relación entre mérito o demérito y retribución. ¿Se debe esto a que nuestra obra procede
del judaísmo helenístico y no del palestino, para el que Sanders establece
su tesis?

U. Fischer [10] cree que, según este apócrifo, la retribución de premios
y castigos se otorga a cada hombre a la hora de la muerte, no en el juicio final. La obra, ciertamente, no habla de la edad futura ni de la Jerusalén celeste como hacen 4 Esd y ApBar(sir). Aquí la esperanza de un
Israel restaurado que vive junto al templo en su tierra es reemplazada
por una escatología individual y celeste [11].

---

[8] Es probable que bajo este relato haya un *remez* —una fina alusión— a otra
tradición judía recogida en PsJon. Gn 4,1: que Sammael había embarazado a Eva:
«Adán conoció a su mujer, que ya estaba encinta de Sammael, el ángel de Yahvé».
Caín resulta en esta tradición ser hijo del Maligno, pues Sammael es identificado con
el ángel de la muerte y con Satán en la tradición judía (cf. Ginsberg, *The Legends...*
VI, 159); a esta tradición parece aludir 1 Jn 3,12: «No hagamos como Caín, que
siendo del Maligno degolló a su hermano» (cf. M. Pérez Fernández, *Tradiciones
mesiánicas...*, 47-51).
[9] E. P. Sanders, *op. cit.*, 180ss.
[10] U. Fischer, *Eschatologie und Jenseitserwartung im hellenistischen Diaspora-
judentum* (Berlín 1978) 76-84.
[11] Nickelsburg, *op. cit.*, 303.

Un dato de especial interés es la presencia de la expresión «reino de los cielos» en ApBar(gr) 11,2: «No podemos entrar hasta que venga Miguel, el clavero del reino de los cielos». Esta expresión es frecuente en el NT, sobre todo en Mateo, pero no se encuentra en la literatura judía hasta Yohanán ben Zakkay, por el año 80 d. C. (jQid. 59d 28). La expresión de sentido equivalente, «reino de Dios», es poco frecuente en los apócrifos y targumes [12].

[12] J. Jeremias, *Teología del Nuevo Testamento* (Salamanca 1977) 46-50, 119ss.

APOCALIPSIS DE ELIAS

1. Notas introductorias

Este apócrifo se ha conservado en copto (en parte ahmímico y en parte sahídico) y sólo una muy pequeña parte en griego, que fue la lengua original, como suele ocurrir en los textos coptos. Es uno de los apócrifos más difíciles de encuadrar en el tiempo (del siglo I al IV d. C.) y en el espacio. También es difícil determinar la parte del autor judío y la del autor cristiano [1]. Su género literario es claro: un apocalipsis, escrito de revelación del futuro escatológico. Aunque faltan en él algunos componentes típicos de la apocalíptica (sueños, visiones, viajes al cielo, enseñanza esotérica, mensaje angélico, discurso de despedida), aparecen otros: la revelación del porvenir, cierto uso del lenguaje simbólico, la medida temporal de tres años y medio, el uso de la historia para predecir el porvenir [2], la autocomprensión del autor como continuador de los profetas y portador de la palabra recibida de Dios. También la primera parte del apócrifo —un discurso parenético con marcadas resonancias cristianas (cf. 1,3.6.7.8 sobre la misericordia de Dios)— es muy propio de un apocalipsis, pues lo ético es preocupación de este género literario [3]. La atribución a Elías de la obra es lógica, dado que este personaje, según la expectación judía, había de volver a la tierra (Mal 3,23s) en tiempos del Mesías para preparar el camino de Dios o del mismo Mesías (Mt 16,14; 17,10; Jn 1,21), para restaurar las tribus de Israel (Eclo 8,10) [4].

[1] No se confunda este apocalipsis copto con otro *Apocalipsis de Elías* en hebreo, editado y traducido al alemán por M. Buttenwieser, *Die hebräische Elias-Apokalypse* (Leipzig 1897), que es obra muy tardía (no del 260 d. C., como quiere su editor), con muchas analogías con Ap 16,17-22,5: los signos precursores, el Anticristo, la guerra mesiánica, la victoria del Mesías, el reino mesiánico de Jerusalén, la guerra de Gog y Magog contra los santos de Jerusalén, la victoria sobre Gog y Magog, la resurrección y el juicio, la condena de los malvados al pozo de fuego, la nueva edad de Dios, la nueva Jerusalén, el nuevo Edén.
[2] Pero en ApEl la historia no se divide en períodos como en otros apocalipsis.
[3] Cf. W. Schrage, *Die Elia-Apokalypse* (JSHRZ V/3; Gütersloh 1980) 203-204.
[4] *Ibíd.*, 202.

El apócrifo tiene tres partes. La primera es la parénesis inicial, que recomienda apartarse del mundo y, muy especialmente, ayunar. La segunda parte es una profecía escatológica *ex eventu:* predice con relatos de hechos pasados la guerra del norte —de los asirios, el rey de la injusticia— con Egipto, país asolado hasta que el asirio es vencido y muerto por un rey de occidente, el rey de la paz, que reconoce al único Dios, trae paz a los santos y, volviéndose contra Egipto, lleva presos a Alejandría a los grandes y a los sabios [5]. El rey tiene dos hijos, uno diabólico, que se hace Dios y se levanta hasta los cielos. Entran en escena tres reyes persas, quienes sacan a los judíos de Egipto y los llevan a Jerusalén. Estos reyes luchan contra cuatro reyes asirios; Egipto de nuevo nada en sangre. Aquí aparecen por primera vez el Anticristo [6] y un nuevo personaje, «el rey de la ciudad del sol», identificable quizá con Palmira. Los reyes persas derrotan a los asirios, matan a los paganos e impíos, saquean los templos, envían dones a la casa de Dios y confiesan el nombre único de Dios. Sigue una larga era de bienandanza.

La tercera parte se centra en la aparición del Anticristo. El año cuarto del rey justo aparece el Hijo de la Iniquidad, que se hace pasar por el Mesías y hace los mismos prodigios que éste, excepto resucitar a los muertos, pues no tiene poder sobre el alma para hacerla volver al cuerpo y resucitarlo. La virgen Tabita —personificación de los mártires cristianos— se entera de la venida del Anticristo y lo persigue por Judea insultándolo. Pero éste, enfurecido, la mata y la arroja al templo. La virgen, despertada, vuelve a la vida; su sangre derramada sirve de salvación al pueblo. Del cielo bajan Elías y Henoc a combatir contra el Anticristo, quien les da muerte, y sus cuerpos quedan tendidos en la plaza de Jerusalén tres días y medio, pero son resucitados. El Anticristo vuelve a la lucha contra los santos. Parte de éstos, no pudiendo soportar la terrible persecución, huyen al desierto, donde encuentran un lugar de descanso, pero no participarán en el reino del Mesías, en el que participarán únicamente los santos de temple que hayan resistido la lucha del Anticristo. Este siniestro personaje, disfraz del demonio, recibe una vez el nombre de «rey»; también es llamado «el impúdico». Con él entran en liza sesenta justos, que son quemados. Esto abre los ojos a muchos seguidores del Anticristo. Llega la ayuda de los ángeles: Gabriel y Uriel bajan y conducen a los «sellados» a la tierra santa, donde se alimentan del árbol de la vida, visten blancos vestidos y se ven libres de hambre y sed. Siguen conmociones cósmicas, una nueva lucha del Anticristo y los santos, hasta que interviene Dios, que consume con fuego a los pecadores y al diablo. Lo último es el juicio final y la muerte del Anticristo por Elías y Henoc. El Anticristo es arrojado al infierno. El Mesías crea un cielo y una tierra nueva y se establece el reinado de Cristo por mil años [7]. Así termina el libro y la profecía.

[5] Todo esto parece aludir a la leyenda de Alejandro Magno.
[6] El Anticristo será el tema central de la tercera parte del apócrifo.
[7] Cf. W. Schrage, *op. cit.,* 202-204. En el cap. 2 de ApEl, entre 2,13 y 2,23, hay una laguna en la versión de J. M. Rosenstiehl (*L'Apocalypse d'Élie* [París 1972]

¿Se puede identificar a través de los datos anteriores el trasfondo histórico reflejado en el apócrifo? Según W. Schrage, la identificación es problemática, porque el autor judío del documento base utiliza diversos tiempos, los superpone, no está interesado en la historia, sino fundamentalmente en la escatología. Parece, de todos modos, que hay un fondo histórico: los reyes persas, incluyendo al rey de Palmira, posiblemente Odenato, representan en el relato unas fuerzas históricas favorables a los judíos de Egipto. En persas y palmirenos (aunque el palmireno Odenato saqueó Judea y destruyó Nehardea) depositaron los judíos sus esperanzas de liberación del rey o reyes asirios, arquetipo de los perseguidores, aquí arquetipo del poder opresor de Roma. El fondo histórico sería, pues, la situación política del Próximo Oriente en la segunda mitad del siglo III d. C., siglo que vio reverdecer las esperanzas escatológicas del judaísmo. La revisión cristiana del apócrifo judío se habría hecho a principios del siglo IV d. C., en tiempos de Diocleciano, considerado por Lactancio (ca. 220-225 d. C.) como el Anticristo [8].

J. M. Rosenstiehl [9] admite que ApEl, tal cual nos ha llegado, data del final del siglo III d. C., pero su fuente sería un texto del siglo I a. C.: el capítulo 2.º hace referencia a César, y el capítulo 3.º a las persecuciones de la secta esenia por la dinastía hasmonea. Continúa Rosenstiehl: «Nos parece muy probable que el trabajo del autor del siglo III consistió sobre todo en una revisión actualizante del segundo capítulo... La segunda parte fue compuesta en Egipto... La tercera, fuera de Palestina... La fuente de nuestro escrito revela también un conocimiento íntimo de la historia de la secta de Qumrán y de algunos de sus mitos... Todos estos datos permiten concluir que la fuente antigua del apocalipsis de Elías fue escrita en Egipto por un judío, posiblemente de origen egipcio y cuyas conexiones con el esenismo son innegables» [10].

2. Contenido teológico

La revisión cristiana.

Un gran problema de este apocalipsis es separar lo que pertenece a la revisión cristiana y lo que constituye el documento judío de base. Algunos autores minimizan los materiales judíos. De todos modos, hay influjos cristianos patentes: 1 Jn 2,15 («no améis al mundo ni lo que está en el mundo») se lee en ApEl 1,2; ApEl 1,7 se refiere a la encar-

89), rellenada en la versión alemana de Schrage (pp. 242-244). En estos versículos hay una amenaza contra los opresores de los pobres: «el poder contra los pobres se volverá contra vosotros» (ApEl 26,8,12, según la numeración de la traducción de Schrage). «Pobres» no tiene aquí sentido social, sino de piadosos y pequeños, como en los Salmos. En la apocalíptica, «pobres» es designación de toda la comunidad escatológica.

[8] W. Schrage, op. cit., 220-225.
[9] J. M. Rosenstiehl, op. cit., 75-76.
[10] Ibíd., 76.

nación de Cristo; Flp 3,19 («cuyo Dios es el vientre») está reflejado en ApEl 1,13; según ApEl 3,3, el signo de la cruz precederá la venida del Mesías; la recomendación de sinceridad en la oración (ApEl 1,25) recuerda lo dicho por Sant 4,8; los milagros del Anticristo parecen una réplica de los milagros de Jesús; los nombres del Anticristo, «el impío», «el hijo de la iniquidad», «el hijo de la perdición», aparecen en 2 Tes 2,3.8; cf. Ap 14,1.9 con ApEl 1,9 y 3,58: la señal en la frente y el sello en la mano de los elegidos, etc.[11] En algunos casos la coincidencia entre el NT y ApEl puede derivar de proceder ambos de una tradición común anterior; así, la aparición de Henoc y Elías en ApEl no depende necesariamente de Ap 11; lo más probable es que sea tradición común, cuya fase más antigua representa ApEl[12].

Como no cabe negar una redacción cristiana de ApEl, es preciso admitir que bajo el Apocalipsis subyace un documento judío «amplio»[13], al que pertenece, sobre todo, lo referente al templo de Jerusalén, al Anticristo y a la escatología o a parte de ella. Es exclusivamente judío que ApEl desemboque en el reino de mil años, del Mesías, con cielos y tierra nuevos, sin decir una palabra sobre el eón ulterior del mundo futuro.

Sin embargo, la primera parte, parenética, que acusa más la mano cristiana, sí pone la bienandanza en el otro mundo. En la primera parte se leen motivos cristianos como: «Sed para él como niños, pues él (Dios) es padre para vosotros» (1,8; cf. 2 Sm 7,14; Ap 21,7; 2 Cor 6,18; Jub 1,25); ApEl 1,10-11 menciona a los «tronos» como poderes maléficos, «tronos de la muerte» (cf. Col 1,16; TestXII Lev 3,8); en un largo discurso de recomendaciones del ayuno, ApEl 1,19 menciona «el alma»: «El que ayuna sin ser puro encoleriza al Señor y a los ángeles, daña su alma *(psyche)* y se acumula ira para el día de la ira»[14].

El autor o redactor final de ApEl no es un mero compilador de tradiciones escatológicas de muy diversas procedencias. Es un verdadero redactor que ha impreso en ellas su sello personal, manifiesto en la repetición del mismo léxico y en la estructuración paralela de episodios parecidos como los de Tabita, Elías, Henoc y los sesenta justos.

Mesianismo.

El capítulo tercero es la parte más importante de la profecía. Narra las fechorías del Anticristo y sus luchas contra Tabita, Elías y Henoc y los sesenta justos; su derrota final y la instauración del reino del Mesías. El capítulo empieza con una interpolación cristiana: «Cuando venga el Mesías, vendrá en forma (?) de paloma. Una corona de palomas lo rodeará. Caminará sobre las nubes del cielo y le precederá el signo de la cruz. El mundo entero lo verá como el sol que brilla desde levante a po-

---

[11] Cf. J. M. Rosenstiehl, *op. cit.*, 62; W. Schrage, *op. cit.*, 204.
[12] W. Schrage, *op. cit.*, 207.
[13] W. Bousset (citado por Schrage, 206).
[14] Aquí alma *(psyche)* puede tener un sentido sólo reflexivo, como el hebreo *nefeš* y como ocurre en el NT: Lc 9,24-25. Cf. M. Zerwick, *Graecitas Biblica* (Roma 1960) 64.

niente. Así vendrá rodeado de todos sus ángeles» (3,3-4). Aquí tenemos una descripción de la parusía o segunda venida del Señor; se trata de un concepto cristiano, no judío. La representación del Mesías como paloma parece proceder de la identificación de Cristo con el Espíritu, que bajó en el bautismo de Jesús en forma de paloma. Las palomas que rodean al Mesías son los apóstoles. El acompañamiento de ángeles no se da en la apocalíptica mesiánica judía.

ApEl 3,8b-9 detalla los milagros que hará el Anticristo: además de caminar sobre el mar y los ríos como sobre tierra firme, «hará andar a los paralíticos, oír a los sordos, hablar a los mudos, ver a los ciegos, purificará a los leprosos, curará a los enfermos, librará a los endemoniados». Compárense estos milagros con los de Jesús en Lc 7,21s y Mt 11,5; también con Is 35,5-6 [15]. La lista de prodigios de ApEl no menciona, a diferencia de los evangelios, que los pobres son evangelizados. También el orden de los milagros es diferente al de los evangelios.

ApEl 3,20-24 gira en torno al poder salvífico de la muerte de los mártires, con el presupuesto del dualismo antropológico: el Anticristo, lleno de ira contra la virgen Tabita, «la persigue hasta el poniente, chupa su sangre a la hora de la tarde y la arroja sobre el templo; pero (la sangre) se convertirá en salvación para el pueblo. (Tabita) se levantará de mañana, vivirá e insultará (al Anticristo) con estas palabras: 'Oh impúdico, no tienes poder sobre mi alma ni sobre mi cuerpo, porque vivo en todo tiempo en el Señor. Has arrojado mi sangre sobre el templo, y se ha convertido en salvación para el pueblo'» [16]. La antropología dualista vuelve a aparecer en la secuencia «resurrección-juicio final»: «El Señor tomará consigo su espíritu (*pneuma*) y su alma (*psyche*); su carne se tornará como una piedra; ninguna bestia salvaje la devorará hasta el día del gran juicio. Y ellos se levantarán y encontrarán un lugar de reposo, pero no estarán en el reino del Mesías como los que han soportado (las persecuciones del Anticristo)» (3,47-48) [17].

ApEl 3,66 atribuye la creación al Mesías: los seducidos por el Anticristo echan en cara a éste que les haya apartado «del Mesías que nos ha creado». Según 1,3, Dios había creado todas las cosas; según 3,98, el Mesías «creará un cielo nuevo y una tierra nueva, donde no existirá el diablo ni la muerte» [18]. Es de notar que los judíos no atribuyen nunca

---

[15] Cf. TestAd 3,2-3.

[16] ¿Se habla aquí del poder expiatorio de la sangre de los mártires? Cf. W. Schrage, *op. cit.*, 257. Acerca de tal poder, cf. Strack-Billerbeck I, 225; E. Lohse, *Märtyrer und Gottesknecht* (FRLANT 64; 1955) 66ss. Sobre la expiación, cf. A. Büchler, *Studies in Sin and Atonement in the Rabbinic Litterature of the First Century* (Nueva York 1967); E. P. Sanders, *op. cit.*, 173: la muerte de los mártires es expiatoria (Sifre Dt § 333). Parece que, mientras hubo sacrificios expiatorios en el templo, no se atribuyó a la muerte valor expiatorio.

[17] En ApEl 3,91 se contrapone «carne del mundo» y «carne del espíritu»: Henoc y Elías abandonan su carne del mundo y recuperan su carne de espíritu (carne espiritual) cuando bajan para acabar con el Anticristo.

[18] Cf. Ap 21,1.5 y 2 Pe 3,13; Is 65,17; 66,22. La apocalíptica entiende esta creación más como renovación y purificación del viejo mundo (Hen[et] 45,4s; Jub

la creación al Mesías; pero en ApEl se atribuye al Mesías en unos textos lo que en otros se atribuye a Dios.

En ApEl 3,76-77 se afirma que «los santos» son la finalidad de la naturaleza y de la creación: «A causa de ellos la tierra produce sus frutos, a causa de ellos el sol brilla sobre la tierra, a causa de ellos el rocío cae sobre la tierra». Esta idea aparece con frecuencia en la apocalíptica judía, como hemos tenido ya ocasión de ver (cf., p. ej., 4 Esd 6,55.59; ApBar(sir) 15,7; 21,24); a veces se afirma que la creación es para los hombres: 4 Esd 8,44 [19].

ApEl 3,85 atribuye el juicio universal al Hijo de Dios: «Los caminos se dirán: ¿habéis oído hoy la voz de un hombre en camino que no haya venido al juicio del Hijo de Dios?» Schrage comenta: «Aún se está discutiendo si Hijo de Dios es título mesiánico judío, o sea, si se deriva de la mesianología judía. 1 Hen 105,2 y TestXII Lev 4,4 se consideran como interpolación; en 4 Esd 7,28s; 13,32.37.52 y 14,9 no se asegura la palabra que subyace a *filius meus*. Tampoco en Qumrán tal título es atestiguado directamente, aunque Sal 2 y 2 Sm 7,14 parecen haber sido interpretados mesiánicamente» [20]. Nótese que frente a ApEl 3,85, otro texto, ApEl 3,90, atribuye el juicio a Dios: «En aquel día el Señor juzgará el cielo y la tierra. Juzgará a los que hayan pecado en el cielo y a los que lo hayan hecho en la tierra»; lo mismo ocurre en el NT: unas veces el juicio lo hace Dios, otras se entrega a Jesús.

Según ApEl 3,97, el Mesías es rey y reina mil años: «En aquel día viene del cielo el Mesías, el rey, con todos los santos; quema la tierra y en ella pasa mil años». Aquí el Mesías es rey como en SalSl 17,32, aunque no es ésa la expectación corriente de la apocalíptica en los textos más antiguos (Is 24-27; Zac 12-14; Hen(et) 85-90 y 93-99; Daniel; AsMo; 1Q H; 1Q M), que no parecen esperar un davídida. En cualquier caso no tenía en ellos gran importancia la expectación del Mesías rey terrestre. Pero en el siglo I d. C., con 4 Esd y ApBar(sir), se da una transformación: el Mesías no es ya el salvador, sino el que introduce en el tiempo de la salvación [21].

APOCALIPSIS DE SOFONIAS

Clemente de Alejandría *(Strom. 5,* 11.22, 2) nos ha conservado una cita de esta obra: el profeta es llevado al quinto cielo, donde contempla a los ángeles llamados «señores», que cantan himnos a Dios.

1,29; 4,26; ApBar[sir] 4,1; OrSib 4,178ss) que como verdadera creación después de la desaparición del mundo viejo: Hen(et) 83,3s; Jub 23,18; 4 Esd 7,29ss; ApBar(sir) 31,5; ApSof 18,7s. Cf. W. Schrage, *op. cit.,* 274.

[19] Cf. *supra,* nota 23, p. 288.
[20] W. Schrage, *op. cit.,* 270.
[21] *Ibíd.,* 274.

Otro fragmento se ha conservado en copto sahídico en un papiro del siglo V: Sofonías ve cómo un alma es atormentada por 5.000 ángeles y cómo el ángel del Señor se la lleva lejos, donde el vidente puede contemplar numerosos ángeles de faz terrible. Incluye también predicciones sobre el rey de occidente que matará al rey inicuo. Pero el rey de occidente resultará ser el hijo de la impiedad; la virgen y los sesenta justos descubrirán que éste no es el ungido. El texto termina con la visión del juicio.

Un tercer fragmento, en copto ahmímico, describe al vidente, conducido por el ángel del Señor, contemplando la tierra entera y el lugar de eterna luz donde moran los justos.

La crítica plantea diversas cuestiones sobre la relación de estos fragmentos entre sí: si son parte de la misma obra y si ésta es el llamado Apocalipsis de Sofonías: cf. J. H. Charlesworth, *op. cit.*, 221; A. M. Denis, *op. cit.*, 192-193. El apócrifo judío, ya que lo cita por Clemente de Alejandría, sería de finales del siglo II d. C. como *terminus ad quem*. Para Riessler (*op. cit.*, 1274) es obra judía, esenia, posteriormente elaborada por una mano cristiana.

La obra ha sido editada y traducida por G. Steindorf, *Die Apokalypse des Elias. Eine unbekannte Apokalypse und Bruchstücke der Sophonias-Apokalypse. Koptische Texte, Übersetzung, Glossar* (Leipzig 1899). Versión también en P. Riessler, *Altjüdisches Schrifttum...*, 168-177; notas y comentario en pp. 1274-1275.

APOCALIPSIS DE ABRAHAN

1. *Notas introductorias*

El libro se ha conservado en lengua eslava, traducción de una versión griega. La lengua original debió de ser hebreo o arameo, según dejan ver numerosos semitismos o juegos de palabras [1]. Es obra de círculos esenios apocalípticos [2], no mucho después del 70 d. C., que nace entre el dolor del desastre del pueblo elegido y la esperanza de un mundo nuevo; es el mismo contexto de 4 Esd, ApBar(sir), ApBar(gr) y ParJr.

Una primera parte (caps. 1-8) cuenta la leyenda de Téraj y su hijo Abrahán, originada en Gn 11,31-12,3 y 15,7: Téraj era fabricante de ídolos y su hijo Abrahán se convirtió al Dios único porque advirtió la

---

[1] Cf. A. Rubinstein, *Hebraisms in the Slavonic Apocalypse of Abraham:* JJS 5 (1954) 108-115; B. Philonenko-Sayar y M. Philonenko, *L'Apocalypse d'Abraham. Introduction, texte slave et notes* (París 1981) espec. 23-24 (= Semitica XXXI).

[2] Los Philonenko subrayan la pujanza literaria del esenismo último, que, a punto de desaparecer como tal secta, plasmó toda su esperanza de un mundo nuevo en visiones y revelaciones como las que se recogen en el libro 4 de Esdras, el Apocalipsis siríaco de Baruc y en este Apocalipsis de Abrahán (*op. cit.*, 35).

ridiculez de aquéllos; Abrahán escapó de Ur a tiempo de librarse del fuego que abrasó a Téraj y a toda su casa[3]. La segunda parte es un midrás de Gn 15: Dios ordena a Abrahán ofrecer un sacrificio en el monte santo; Abrahán cae a tierra desmayado («mi alma escapó de mí», 10,3), y Dios envía al ángel Yaoel para que le fortalezca y acompañe al Horeb, donde sacrificará la ternera, la cabra y el carnero, no así la tórtola y la paloma. Azazel intenta sin éxito impedir el sacrificio y el viaje celeste de Abrahán; sobre las alas de una paloma, Yaoel y Abrahán vuelan hasta el séptimo cielo, donde contemplan el trono de Dios y asisten a una representación de la historia del mundo: el pecado de Adán y Eva, el crimen de Caín, el culto del templo, la idolatría, los pecados de los gentiles y de Israel, la opresión de los gentiles sobre Israel, las diez plagas que han de venir sobre el mundo, la aparición del elegido de Dios y la victoria final de Israel.

2. Contenido teológico

Dios.

El viaje de Abrahán es una experiencia mística[4] que le lleva hasta el trono de Dios y la *merkabá:* se trata de la experiencia de plenitud o *pleroma* en el que se contienen todas las formas de la creación[5]. Arrebatado por la liturgia angélica, Abrahán pronuncia con Yaoel los títulos divinos: eterno, poderoso, santo, único, nacido de sí mismo, incorruptible, sin mancha, no engendrado, inmaculado, inmortal, perfecto en sí mismo, iluminado por sí mismo, sin madre, sin padre, amigo de los hombres, generoso, misericordioso, lleno de fuego, longánime, bondadosísimo, mi Dios (17,8-10)[6]. Tales títulos expresan que Dios está más allá de toda comprensión humana y, al mismo tiempo, reflejan la profunda y osada experiencia de los místicos apocalípticos, muy lejanos de la sobriedad de los rabinos ante el Inefable.

Angelología.

Angeles y demonios, aquí representados por Yaoel y Azazel, intervienen en la vida de los hombres. Yaoel, que en sí lleva el nombre Inefable (10,8)[7], preside el mundo angélico, hace de árbitro en los conflictos de los querubines, inicia la liturgia celestial, es mensajero divino ante los hombres y ejecutor de las sentencias divinas, tiene poder sobre

---

[3] Cf. Jub 11-12; AntBibl 6; Gn. R. 18,13; PRE 26,1; etc.

[4] Sobre las ascensiones al cielo, cf. el estudio comparativo de J. Schwartz, *Le voyage au ciel dans la littérature apocalyptique,* en *L'Apocalyptique* (París 1977) 91-106.

[5] Cf. G. Scholem, *Les grandes courantes de la mystique juive* (París 1950) 57.

[6] Según los Philonenko *(op. cit.,* 73), ApAbr 17,8-10 traduce manifiestamente un original griego, pues la mayoría de los epítetos divinos son adjetivos griegos con alfa privativa.

[7] Yaoel es nombre dos veces teóforo: *Yah* y *'El.*

Leviatán, es protector y defensor de Abrahán y su guía hasta los altos cielos. Por su parte, Azazel (cf. Lv 16,8.10.26; PsJon. Gn 6,4; 4Q EnGigant[a] 7,6) es el tentador y acusador de Abrahán, identificado con el ave rapaz de Gn 15,11 que venía a estorbar el sacrificio del patriarca; es el mismo personaje con la misma función que Sammael en los targumes y PRE, y que Mastema en el libro de los Jubileos[8].

Dualismo ético y origen del mal.

El dualismo en el mundo angélico tiene su reflejo inmediato en el mundo de los humanos. El poder de Azazel llega a todos los impíos, los terrestres, «los nacidos de las estrellas y las nubes» (14,4), pero no llega a Abrahán, que es del cielo (13,7-12). Los impíos pertenecen a Azazel y de él y por él viven. Parece como si este apocalipsis identificara a impíos con gentiles (cf. 20,4) y a todos los colocara bajo el dominio de Azazel, oponiéndolos al pueblo elegido, los arrebatados por Dios al poder de Azazel (cf. 22,5-6; 27,1ss). No obstante, esta radical simplificación queda matizada por dos datos:

a)   En la representación de la historia humana que se ofrece a Abrahán, a la izquierda están las naciones (= los gentiles), unas destinadas a la venganza y destrucción, otras al «juicio y restablecimiento» (22,5); lo que parece indicar que algunas naciones serán salvadas. Por otra parte, también entre los que están a la derecha del cuadro, los israelitas, Abrahán ve no pocos pecados y pecadores, empezando por Adán y Eva (24,25).

b)   La raíz última del pecado y de la fidelidad no está en una predeterminación a través de Azazel o Yaoel, sino en la libertad y voluntad de cada individuo. Tal es la respuesta de Dios a la pregunta de Abrahán sobre el porqué del pecado de Adán y Eva (23,9-11) y de Téraj (26,1-4)[9].

Mesianismo.

El esquema escatológico de ApAbr es como sigue: los impíos dominarán sobre el pueblo elegido doce horas de la historia del mundo (29,1-2), al final de las cuales Dios enviará diez plagas terribles (30,3-5) y, por fin, a su elegido para salvar al pueblo de Israel, mientras los impíos serán entregados al castigo del mundo futuro (31,1-3). ApAbr no usa la palabra Mesías, pero se reconoce el clásico esquema de «opresión-tribulaciones de la época mesiánica-elegido de Dios (= Mesías)-retribución». Tal esquema lo vio también la exégesis rabínica en Gn 15: PRE

---

[8] M. Pérez Fernández, *Tradiciones mesiánicas...*, 47-53.
[9] Estas dos puntualizaciones no suponen necesariamente dos estadios en la redacción. Reflejan que el realismo y objetividad con que el autor contempla la historia (hay también buenos paganos y malos judíos) choca contra las tipificaciones estereotipadas y simplistas en uso.

lee ahí la lucha de los cuatro reinos de los gentiles contra Israel, la tribulación final, la aparición del Mesías y la victoria última del pueblo de Dios [10].

La ley y el culto.

El motivo del culto es central en este apocalipsis. Sin duda, la liturgia angélica, en la que Abrahán participa, se presenta como modelo (17-19). Pero además, el altar, el templo y el sacerdocio existen como arquetipos en el cielo, donde Abrahán los contempla en contraste con la idolatría reinante en la tierra.

Sorprende que no se diga ni una palabra sobre la ley, ni que ésta sea objeto de la visión en los cielos ni aparezca como criterio de discernimiento entre impíos y piadosos. Ello confirma que el ambiente de donde surge este apocalipsis no es fariseo; también que no siempre tuvo la ley en el judaísmo la decisiva importancia que le otorgó el rabinismo.

[10] Una alusión a los cuatro reinos puede verse en las cuatro entradas a través de las cuales los gentiles atacan a Israel: ApAbr 27,2; 28,2. Adviértase que PRE lee el Mesías como interpretación del ave rapaz de Gn 15,11, mientras que ApAbr ve en este pájaro a Azazel; pero ello confirma la constancia de la interpretación mesiánica de la visión de Abrahán en Gn 15, con independencia del recurso exegético empleado.

APOCALIPSIS DE ADAN

Escrito gnóstico, en copto sahídico, de los manuscritos de Nag Hammadi en el alto Egipto. El original es semítico, traducido al griego y después al copto. Pertenece al siglo I-II d. C. Algunos lo atribuyen a alguna secta baptista siropalestinense. Ciertamente no es cristiano. Se trata de un discurso profético o revelación de Adán a su hijo Set. Editado por A. Böhlig y P. Labib, *Koptisch-gnostische Apokalypsen aus Codex V von Nag Hammadi im Koptischen Museum zu Alt-Kairo* (Halle-Wittenberg 1963); cf. J. H. Charlesworth, *op. cit.*, 72-74; A. M. Denis, *op. cit.*, 13.

APOCRIFO DE EZEQUIEL

Es conocido sólo por fragmentos citados en los santos Padres. Tales fragmentos han sido traducidos por K. G. Eckart, JSHRZ V/1 (Gütersloh 1974) 45-55. El primero, citado por Epifanio (*Adv. Haer.* 64, 70, 6-17), ofrece la conocida historia del ciego y el paralítico que conjuntan sus posibilidades para destruir el jardín del rey porque éste no les había invitado a las fiestas de la boda de su hijo. La parábola pretende mostrar que el cuerpo y el alma deben comparecer juntos a juicio para dar cuenta de lo que juntos han hecho. Un segundo fragmento, citado por Clemente Romano (1 Clem. Rom. 8,3), es una invitación al pueblo de Israel para que se convierta, pues siempre encontrará la misericordia de Dios. El tercero es transmitido por diversos Padres en latín y griego y con variaciones, lo que muestra se trata de un proverbio: «Tal como te encuentre te juzgaré, dice el Señor» (Clemente Alejandrino, *Quis dives* 40,2; Agustín, *Epistula* 199,2; Cipriano, *De mortalitate* 17). El cuarto recoge sólo una frase sobre «la vaca, que ha parido y no ha parido» (Gregorio de Nisa, *Adversus Judaeos* III; Epifanio, *Adv. Haer.* 30,30,3; Clemente Alejandrino, *Stromata* VII, 94,2; *Actus Petri cum Simone* 24; etc.), que los santos Padres interpretan con referencia a la concepción y nacimiento virginal.

La obra es de origen judío. Josefo (*Ant.* 10,79) afirma que Ezequiel escribió dos libros, acaso con referencia a éste. En el primer fragmento se usa la palabra *pagano* en el sentido de «civil» u opuesto a soldado. La obra puede ser del siglo I d. C., anterior en cualquier caso al año 70. Cf. A. M. Denis, *op. cit.*, 187-191; J. H. Charlesworth, *op. cit.*, 109-110.

TEOLOGIA DE LOS APOCRIFOS

En la literatura apócrifa hay casi tantas teologías cuantos libros, cada uno con sus concepciones y representaciones propias. Precisamente esta literatura es en buena parte espejo fiel del judaísmo que no se dejó «normalizar». Por ello resulta tan problemático escribir la teología de los apócrifos: las síntesis son difíciles, los análisis se hacen interminables. Me ha parecido, en consecuencia, que a la naturaleza de esta introducción general cuadraría mejor la selección de algunos temas que fueran de interés para toda teología y representativos o significativos de estas teologías concretas. En torno, pues, a cuatro temas (Dios, angelología, dualismo y escatología) he redactado cuatro capítulos que confío resulten una muestra clarificadora y representativa de las concepciones teológicas de los apócrifos.

CAPITULO PRIMERO

DIOS

I. TRASCENDENCIA E INMANENCIA

Los apócrifos desarrollan la tendencia del judaísmo posexílico a trascendentalizar a Dios. Tendencia manifestada, por ejemplo, en la personalización de la sabiduría en los libros de Prov y Sab, en el uso de los conceptos «espíritu» y «palabra» de Dios, y en el especial respeto al nombre de Yahvé. La trascendentalización de Dios no es sino un desarrollo del atributo de la santidad de Dios: Dios es «santo», *qadoš,* es decir, el separado [1]. Al igual que en la Biblia, también en los apócrifos la santidad es la esfera de Dios; los autores de estos libros, experimentando —como Isaías— la vivencia de la santidad de Dios, lo describen como el totalmente «otro», celoso de su autonomía. Al trascendentalizarlo, alejan a Dios del mundo: le hacen habitar en un trono inaccesible, en el séptimo cielo, rodeado de fuego [2]; es un rey sobre trono excelso (AsMo 4,2), un trono inimaginable (4 Esd 8,21). Como el Eclesiástico, esta literatura gusta llamar a Dios «el Altísimo» (3 Mac 6,2; Jub 16,18; 22,27; 17 veces en 1 Hen y 20 en TestXII; 25 veces en 2 Bar y 68 en 4 Esd; AsMo 10,7); en VidAd(gr) 35, es «el Padre invisible»; según OrSib 4,10-11, «no es posible verlo desde la tierra ni abarcarlo con ojos mortales». Es la misma comprensión de 1 Tim 6,16: «... que habita una luz inaccesible, a quien nadie ha visto ni puede ver».

[1] *qadoš* es del grupo bilítero *qd* (= cortar); como *temenos* (de *temnein*) y *sanctus* (de *sancire*), originariamente parece significar «separación».
[2] Los siete cielos son tema clásico de la apocalíptica; cf. R. H. Charles, *Apocrypha and Pseudepigrapha* II, 530-531. En la literatura rabínica, *Abot de Rabbí Natán* 37 (versión A). Véase M. Pérez Fernández, *Los Capítulos de Rabbí Eliezer* (Valencia 1983), nota 2 al cap. 4.

El nombre de Dios, Yahvé, es tan santo que, por reverencia, deja de pronunciarse y en la época de los apócrifos es sustituido por *Adonay,* en griego por *Kyrios:* SalSl, AsMo, Arist 155, Filón, *De Vit Mos.* 22,5-7, etcétera.

El vacío dejado por la lejanía de Dios se llena en los apócrifos con miríadas de ángeles que hacen de intermediarios entre Dios y el hombre o el cosmos. Se considera que Dios está en las alturas, por encima del mundo, igual que se representa en la Biblia: Dios no es parte del mundo, inmanente a él, como ocurre en el pensamiento griego.

Con todo, a pesar de su santidad o trascendencia, el Dios de los apócrifos, lo mismo que el de la Biblia, está comprometido en una tarea salvífica: salvar a Israel y, mediante Israel, a las naciones (Biblia); o salvar a Israel o un resto fiel (apócrifos). Lo cual es contrario a la concepción griega de unos dioses desentendidos de los hombres, a quienes dejan en completa soledad. Según Aristóteles [3], los dioses no aman a los hombres: los dioses son por definición perfectos, sin indigencias y, por tanto, no pueden tener *eros,* que es el amor para integrar valores o perfecciones de que se carece.

El Dios de los apócrifos ve todas las cosas (3 Mac 2,21), vigila todo desde el cielo (OrSib 5,352), crea todas las cosas sobre la tierra (Jub 12,4) y sabe lo que en el mundo va a ocurrir incluso antes de crearlo (AntBibl 18,4). Dios es uno y está lleno de poder, nada se le oculta de lo que los hombres hacen a escondidas y conoce el futuro (Arist 132-133). A los hombres da las almas (4 Mac 13,13) y las sostiene (OrSib 5,500). Continúa siendo el Santo de Israel, que habita en medio de él —en el *debir* o santísimo mientras existió el templo— mediante su *šekiná;* y habitará con los hombres (1 Hen 25,3; 77,1; 91-104) y entre los hombres pondrá también su tienda *(skené = šekiná):* Ap 21,3; cf. Jn 1,14 [4]. Entre todos los pueblos, Dios dispensa una atención especial a Israel, y dentro de Israel, a los que son fieles, al resto de Israel; el primer hombre ya fue objeto de un especial cuidado de Dios: «De esta manera extendió su mano el Señor de todas las cosas, sentado sobre su trono santo, levantó a Adán y se lo entregó al arcángel Miguel» (VidAd [gr] 37). La presencia de Dios en Israel es salvífica para los fieles, mientras que para los impíos es presencia de juicio y condenación, precisamente porque Dios es «el Santo» y, en cuanto santo, incompatible con el pecado. La frecuente terminología de juicio, retribución y castigo en los apócrifos es expresión de la vivencia de lo santo que tienen sus autores. Digamos también que es a través de los ángeles custodios de las naciones y de los individuos, y de los ángeles encargados de los elementos, como Dios ejerce la *pronoia* o providencia sobre el cosmos y la naturaleza: Dios gobierna a través de intermediarios.

---

[3] *Etica a Nicómaco* IX, 1158 b 35.

[4] Ḥananya ben Teradyón, martirizado en la guerra de Bar Kokba († 135 d. C.), asegura que la *Šekiná* mora entre dos personas que conversan sobre la Torá: P. Abot 3,2. Cf. comentario a este dicho en B. T. Viviano, *Study as Worship* (Leiden 1978) 66-71.

Como quiera que en la época de los apócrifos ya no hay profecía —únicamente ha quedado la *bat qol* o eco de la profecía[5]—, Dios no comunica su palabra a profeta alguno; sin embargo, se comunica por sueños y visiones con los autores de esta literatura para desvelarles el sentido de las profecías antiguas; y los ángeles intérpretes les explican el sentido de sus visiones. A los que lo temen Dios les revela lo que les está preparado (ApBar[sir] 54,4).

Una manera de revelarse Dios es manifestarse en el curso de la historia. El AT ya subraya la revelación de Dios en la historia de Israel, en sus hechos salvíficos: Dios revela que es el creador de todo —noción absolutamente inasequible a la filosofía griega— por sus *mirabilia* o hechos prodigiosos en favor de su pueblo, hechos que están por encima de todos los poderes humanos y de la naturaleza. Los apócrifos aún subrayan más esa revelación del Dios trascendente en la historia: Dios se revela en toda la historia de Israel y del mundo, hasta tal punto que la historia no es más que el desarrollo prefijado por Dios en las tablas celestes. Según los apócrifos, todo lo que acaece está predeterminado por Dios y todo se encamina a la victoria de Dios sobre sus enemigos y sobre los enemigos de su pueblo; la última etapa será la salvación definitiva: la historia, que empezó en un paraíso, terminará en un paraíso para el pueblo fiel. El Dios de los apócrifos, más trascendente y lejano que el del AT, es sentido a la vez más cercano, más salvíficamente cercano.

Volvamos de nuevo a la comparación con los dioses griegos. Un Dios tan trascendente y tan inmanente como el de los apócrifos, tan ocupado en conducir la historia humana y cósmica a un destino salvífico, no tiene nada que ver con aquellos dioses improvidentes, que dejan reducida la historia a repetición de ciclos cósmicos, siempre los mismos, en los que todo se repite y nada avanza hacia una meta final; desprovista de porvenir, o reducido el futuro a repetición del pasado, la historia deja de ser historia: los griegos no conocen propiamente el concepto de historia. La historia es un concepto bíblico que de la Biblia heredaron los apócrifos. Pero también hay que decir que la insistencia de los apocalípticos en representar la historia como plasmación del arquetipo de las tablas celestes asimila, en cierto sentido, su historia a ese repetirse de ciclos cósmicos o arquetipos celestes de los griegos. Es cierto que los apocalípticos admiten la libertad del hombre, pero acentúan de tal manera la predeterminación del quehacer histórico hacia su meta final y la imposibilidad del hombre de cambiar el curso de los acontecimientos, que hacen pensar en el hado griego, esa fuerza que preside la vida humana sin dejar espacio para la libertad[6]. En el pensamiento apocalíptico, la libertad del hombre

[5] Cf. E. E. Urbach, *The Sages* I (Jerusalén 1979) 578-579.
[6] Cf. M. Noth, *Das Geschichtsverständnis der alttestamentlichen Apokalyptik,* en *Gesammelte Studien zum Alten Testament* (Munich 1960) 248-273; E. Hernando, *Profecía y apocalíptica:* «Lumen» 20 (1971) 210-230; J. Harvey, *Philosophie de l'histoire et apocalyptique:* «Science et Esprit» 25 (1973) 5-15.

queda reducida a la posibilidad de decidir la propia historia individual de salvación o condenación, pero sin poder interferir el curso de la historia general, regida en exclusiva por el Dios trascendente.

Tras lo dicho podemos precisar más algunos puntos importantes de la teoolgía de los apócrifos:

1. *Particularismo y universalismo*

El Dios de los apócrifos, particularmente en la poderosa corriente apocalíptica, a pesar de su trascendencia está muy cercano y comprometido con la marcha de la historia, comprometido con Israel como pueblo y con los israelitas como individuos. Israel sigue siendo el «linaje escogido» (Is 43,20), «un reino de sacerdotes y una nación santa» (Ex 19,6), «el pueblo de su patrimonio» (Ex 23,22 LXX), el pueblo de la alianza y de la promesa. Dios es el salvador de Israel (1 Mac 4,30; 3 Mac 6,32; 7,16) y su libertador (3 Mac 7,33; SalSl 17,3). Muy frecuentemente esta literatura recuerda que Israel es el centro de los cuidados de Dios, su primogénito, su unigénito, su amado (4 Esd 6,58). Mientras las demás naciones son como un esputo (4 Esd 6,56), Israel es el hijo de Dios (OrSib 5,202), el pueblo hecho y escogido por Dios (Jub 2,18-20). Todas las naciones fueron creadas para Israel (4 Esd 6,55.59; 7,11; AsMo 1,12; ApBar[sir] 14,18; 15,7; 21,24).

Después del destierro de Babilonia, el universalismo de los profetas posteriores (Is 25,6s; 26,2; 45,18-25; 55,4-7; Jr 12,16; Ez 47,22; Sof 3,9; Zac 2,14ss; 9,9) tuvo que defenderse de una fuerte corriente particularista: la salvación es sólo para Israel, para todo Israel o bien para sólo un resto; Qumrán y los círculos de donde proceden muchos de nuestros apócrifos limitarán Israel al *versus Israel,* al «resto» de Israel, a los fieles, los santos, los hijos de la luz. Podemos decir que la corriente más o menos particularista —todo Israel o el verdadero Israel—, después del destierro, prevaleció sobre la corriente universalista: la salvación de Dios es para todos los pueblos.

2. *La salvación de los gentiles y la salvación de Israel*

Los gentiles —que son *ethnos* y no *laos*— son frecuentemente para los rabinos una *massa dannata* (Tos. Sot. 8,6) por no haber aceptado la Torá. Tampoco, para bastantes apócrifos, tienen los gentiles algo que esperar en el día del juicio postrero (cf. Jub 15,26ss); su triunfo, cuando se dé, será meramente pasajero (ApBar[sir] 82,2ss). Pero es de notar que los TestXII y los apócrifos helenísticos se muestran, por lo general, más propicios a la salvación de los gentiles; véase OrSib 3,753-757: «Ni tampoco habrá de nuevo guerra sobre la tierra ni sequía, ni volverá el hambre, ni el granizo que destroza los frutos. Por el contrario, habrá una gran paz por toda la tierra y el rey será amigo del rey hasta el fin de los tiempos, y el Inmortal en el cielo estrellado hará que se cumpla una ley común para los hombres por toda la tierra». En 1 Hen 48,4 se dice que el Hijo del hombre será luz de los gentiles. El Señor dio poder a los espíritus para extraviar a los gentiles: «Muchos son los gentiles y muchas naciones hay, todas suyas, sobre las cuales dio poder a los espíritus para apartarlas de él». Pero, a su vez, a Israel asignó la función de reconducir a los gentiles al recto camino: «Entonces el pueblo del gran Dios de nuevo será fuerte y serán los que guíen en la vida a todos los mortales» (OrSib 3,194-195; cf. Sab 18,4; Filón, *De Vita Mos.* 1,49)[7].

Como se ve, en la literatura apócrifa no hay una doctrina común sobre la acción salvífica de Dios con respecto a los gentiles, ni siquiera con respecto a Israel. Mientras algunos apócrifos parecen apoyar el teologúmeno atribuido a R. Aquiba: «Todo Israel tiene parte en el mundo futuro» *(kol yiśra'el yeš lahem ḥeleq la'olam haba':* San. 10,1), es decir, todo Israel se salvará[8]; otros apócrifos, como ApBar(sir), oponen a este optimismo la más negra perspectiva: se salvarán muy pocos, aun de entre los israelitas.

Una nota típica de la literatura apócrifa es que la acción del Dios trascendente no recae únicamente en Israel como pueblo, sino que llega hasta los individuos: el individuo y su suerte cobran en ella especial relevancia[9], particularmente en los apocalípticos tardíos. La acción de Dios se ordena a salvar a los individuos, y cada hombre será juzgado (2 Hen 65,6) y recibirá premio o castigo según sus méritos (2 Hen 44,5)[10].

3. *Antropocentrismo y teocentrismo*

El Dios santo, trascendente, separado de lo profano y del pecado, actúa en el mundo, y el centro de su actividad es el hombre, según las múltiples formulaciones que se encuentran en los apócrifos: todos los hombres, todo Israel, un resto de Israel, los israelitas fieles. La actuación de Dios, en los apócrifos lo mismo que en la Biblia, es antropocéntrica, no cosmocéntrica como en el pensamiento griego. Pero tal antropocentrismo —que es otro descubrimiento de la Biblia— se subsume en el AT y en los apócrifos en un teocentrismo: Dios cuida de salvar al hombre para que el hombre se centre en Dios y participe de su reino. Como tantos textos del AT (cf. especialmente Oseas, Segundo Isaías, Jeremías, Ezequiel, Cantar de los Cantares, Ex 34,6), los autores de los apócrifos han atisbado que detrás de la santidad —esencia de Dios— hay una esencia de la esencia o quintaesencia de Dios, que es el amor y la misericordia, una inclinación espontánea, gratuita, a comunicarse a sí mismo y sus propios bienes a los hombres. Esta tendencia a la auto-

[7] R. Meyer, ThWNT IV, 39-49.
[8] Se sobrentiende que se salvarán si se mantienen en la alianza o también si, después de haberse desgajado de la alianza por ciertos pecados graves, se reincorporan a ella mediante el arrepentimiento y la expiación.
[9] Cf. J. M. Lagrange, *Le Judaïsme avant Jésus-Christ* (París 1932) 82.
[10] Cf. M. Delcor, *Mito y tradición en la literatura apocalíptica* (Ed. Cristiandad, Madrid 1977) 62.

comunicación de Dios, claramente manifiesta en la Biblia y en los apócrifos, convierte la historia en historia santa o sagrada, en historia de la
salvación. Los apócrifos, como la Biblia, han captado que la quintaesencia de Dios no es tanto la santidad o trascendencia cuanto el amor.

II. DIOS DE AMOR Y DE MISERICORDIA

El Dios de los apócrifos continúa siendo el Dios clemente (*ḥannum*),
misericordioso (*raḥum*) y fidelísimo en el amar (*rab ḥesed we'emet*),
que describía Ex 34,6: «El Dios compasivo y clemente, paciente, misericordioso y fiel, que conserva la misericordia hasta la milésima generación, que perdona culpas y delitos». Es el «Señor todopoderoso y rico en
misericordia» (VidAd[lat] 27; cf. 3 Mac 2,19-20; 5,7), que de nada
carece y es bondadoso (Arist 211; 4 Esd 7,136), que muestra su clemencia sobre toda la tierra (Ajicar[sir] 4,18), que, a pesar de nuestros
pecados, «se apiadará del linaje de Israel como nadie es capaz de apia-
darse» (AntBibl 35,3), y por nosotros pecadores es llamado el compasivo
(4 Esd 8,31), pues Dios no castiga ni según la magnitud de los pecados
ni según la magnitud de su poder, sino según su gran misericordia (Arist
192). El texto clásico de la bondad y misericordia divinas, Ex 34,6-7,
recibe en 4 Esd 7,132-140 el siguiente comentario midrásico: «Sé, oh
Dios, que el Altísimo es llamado ahora *compasivo,* por cuanto tiene
compasión de los que aún no han venido al mundo; y es *clemente,* pues
es bondadoso con los que vuelven a su ley; y es *paciente,* pues tiene
paciencia con los pecadores como criaturas suyas que son; y es *bondadoso,* pues está más dispuesto a otorgar favores que a exigir; y *de gran
misericordia,* porque multiplica grandemente sus misericordias con los
que existen, han dejado de existir o existirán en el futuro: si no multi-
plicase la misericordia, el mundo con sus habitantes no conseguiría alcanzar la vida; y es *bueno,* porque si no fuese clemente por su bondad
y no posibilitase la liberación de iniquidades de los malvados, ni la
diezmilésima parte de la humanidad sería capaz de alcanzar la vida; y es
perdonador, porque si no perdonase a los que ha creado por su palabra
y no borrase la multitud de sus iniquidades, quedarían quizá muy pocos
de una innumerable multitud».

En los apócrifos, Dios es sentido y presentado como padre (3 Mac
5,7; 6,8; 7,6; TestXII Lev 18,6; VidAd[gr] 43; etc.). Es el padre que
ama a Israel (Jub 1,24.25), el padre de todos los hijos de Jacob (Jub
1,28), el padre de todos los hombres (VidAd[gr] 35). En TestJob 33,3
se precisa que el trono que a Job espera en el reino celestial está a la
derecha del Padre, y que el reino de Job está entre los carros del Padre [11]
(TestJob 33,9). ApEl 1,8 dice que hay que comportarse como hijos para
con Dios, puesto que él se comporta como padre para con nosotros. Así
suena, transida de piedad y sentimiento, la oración de la egipcia Asenet:

---

[11] Alusión a la *merkabá* o carroza de la divinidad.

«Vengo a refugiarme junto a ti, como el niño junto a su padre y su madre. Señor, extiende tus manos sobre mí como padre amante y tierno con sus hijos (...), porque tú eres el padre de los huérfanos» (JyA 12, 7.8.11).

Dios es también protector de todos (3 Mac 6,9), autor de todas las cosas y bienhechor de todo el mundo (Arist 210), que de todo cuida (Sab 12,13) y envía lluvia y rocío (Jub 12,4) y a los hombres proporciona en todo momento salud y alimento y cuanto necesitan (Arist 190). Por él todas las cosas tienen vida (Arist 16). El es la esperanza y el refugio de los pobres (SalSl 15,1).

En 4 Esd, al vidente Salatiel, que no es capaz de comprender cómo Dios puede afligir a Israel y al mismo tiempo amarle eternamente, se le responde con una pregunta directa: ¿Es que Salatiel ama a Israel más que quien lo ha hecho? Mucho le falta a Salatiel para amar lo que Dios ha creado como Dios mismo lo ama (4 Esd 5,33; 8,47). La razón está en que la verdad de Dios (= su fidelidad) dura por siempre (4 Esd 8, 23). Jub 21,4 formula: «El es un Dios vivo y santo, más fiel y justo que todos». El estribillo del Sal 136 (ki le^{c}olam ḥasdô, «porque su misericordia es eterna») es bien conocido de los apócrifos. De aquí el título de «filántropo», amigo de los hombres, con que Isaías glorificaba a Dios, según la leyenda griega del Martirio de Isaías (2,4 y 2,9), y la confianza con que Jefté arenga a sus tropas según AntBibl 39,6: «Lucharemos contra nuestros enemigos, confiando y esperando en que el Señor no nos entregará para siempre. Por muchos que sean nuestros pecados, su misericordia llena la tierra».

Basten estos ejemplos para mostrar cómo los apócrifos han captado el atributo de la misericordia de Dios [12]. La actitud divina debe incluso ser modelo de la actitud humana, y así Aristeas propone al rey ser magnánimo como el mismo Dios: «La mejor manera para acertar es imitar la constante equidad de Dios. Si eres magnánimo y castigas a los culpables con mayor indulgencia de la que merecen, terminas por apartarlos del mal y encaminarlos al arrepentimiento» (Arist 188). Aristeas ve a Dios benigno, paciente, perdonador, amigo del hombre, impermeable a la ira.

III. DIOS JUSTO

1. La justicia salvífica de Dios en la Biblia

Una observación previa: para tratar de la justicia divina, en la Biblia o en los apócrifos, debemos despojarnos de nuestras ideas occiden-

---

[12] Solamente una vez califica así ApBar(sir) a Dios; pero repetidamente menciona sus misericordias, bondades y longanimidad. Con todo, hay que decir también que, con ser tan frecuentes en los apócrifos las declaraciones sobre la misericordia o amor de Dios, aún son más frecuentes los apelativos de Dios como creador, señor del mundo y de los hombres y de los espíritus, todopoderoso y otros sinónimos de la soberanía divina sobre la creación.

tales, griegas, de justicia forense, distributiva, vindicativa [13]. Pero no hay acuerdo acerca de qué es «justicia» (*ṣᵉdaqá, ṣedeq*) en el AT.

Para unos es el establecimiento o restauración del orden del mundo, no sólo en el obrar de los hombres y espíritus, sino en todas las cosas; sería, pues, el orden del mundo o el comportamiento según ese mismo orden [14]. Para otros, «justicia» en el AT es «acomodarse a una norma» —norma que, por otra parte, no se acierta a definir concretamente—; es la noción de justicia de E. Kautzsch y otros muchos que le han seguido [15]. Para otros, en fin, «justicia» es la fidelidad a las relaciones mutuas que deben existir mutuamente entre los hombres y entre los hombres y Dios: fidelidad, en suma, a la alianza; sería la «fidelidad de comunión» a que alude H. Cremer [16] para explicar la «justicia» o *dikaiosyne* de Pablo.

Para Cremer, es justo quien da a Dios y al hombre lo que requiere la relación y comunión con ellos; así, la justicia de Dios es «justicia salutífera»: justicia para salvar el derecho, justicia para ayudar [17]. Esta clase de justicia salvífica del AT no tiene nada que ver con la justicia griega o romana. K. H. Fahlgren [18], G. von Rad [19], K. Koch [20] (discípulo del anterior) y Jürgen Becker [21] aceptan, de una u otra manera, el concepto de justicia de Dios en el AT como «fidelidad a la alianza», «fidelidad salvífica a la comunidad»: Dios es justo a su alianza con Israel y reclama la fidelidad de Israel a esa alianza de salvación. Por lo cual, a menudo justicia es sinónimo de fidelidad en salvar y en oponerse a los pueblos que estorban la salvación del pueblo de Dios. G. von Rad, que integra el pensamiento de su discípulo K. Koch, concluye su exposición de la «justicia» (*ṣᵉdaqá*) en el AT con estas palabras: «De todo lo dicho se deduce un cuadro bastante unitario: desde los tiempos más remotos, Israel festejaba a Yahvé como el que proporcionaba a su pueblo el don universal de su justicia. Esta *ṣᵉdaqá* era siempre un don salvífico: imposible imaginarla al mismo tiempo como algo que amenazaba a Israel. La

[13] Cf. G. von Rad, *Teología del Antiguo Testamento* I (Salamanca 1969) 454.
[14] Cf. H. H. Schmid, *Gerechtigkeit als Weltordnung* (Tubinga 1968).
[15] E. Kautzsch, *Abhandlungen über die Derivate des Stammes ṣdq im alt. Sprachgebrauch* (Tubinga 1881).
[16] H. Cremer, *Die paulinische Rechtfertigungslehre im Zusammenhange ihrer geschichtlichen Voraussetzungen* (Gütersloh ²1900); cf. íd., *Biblisch-theologisches Wörterbuch* (⁷1983) 273-275.
[17] El AT no conoce una justicia punitiva de Dios, contra lo que años más tarde sostendrá F. Nötscher (*Die Gerechtigkeit Gottes bei der vorexilischen Propheten* (Alt. Abh. VI, 1; Münster 1915). Los textos que Nötscher aduce para probar 'a justicia punitiva de Dios los interpreta H. Cazelles, *À propos de quelques textes difficiles relatifs à la justice de Dieu dans l'Ancien Testament*: RB 58 (1951) 169-188, en el sentido de justicia constructiva, no punitiva; o sea, en la misma dirección de Cremer.
[18] K. H. Fahlgren, *Sedaka, nahestehende und entgegengesetzte Begriffe im Alten Testament* (Upsala 1932).
[19] G. von Rad, *op. cit.* I, 453-461.
[20] K. Koch, *Ṣdq im Alten Testament* (Tesis. Heidelberg 1953).
[21] J. Becker, *Das Heil Gottes, Heils- und Sündenbegriffe in den Qumrantexten und im Neuen Testament* (Gotinga 1964) 14-15.

idea de una *ṣᵉdaqá* (justicia) punitiva no se encuentra en ningún texto; sería una *contradictio in adiecto*» [22]. Esa concepción salvífica de la justicia se remonta hasta los orígenes de Israel: ya en el canto de Débora, «las justicias de Yahvé» designan sus actos salvíficos en la historia. Escribe Von Rad: «El uso del término en el canto de Débora tiene su importancia porque utiliza ya el concepto *ṣᵉdaqá* en sentido figurado, es decir, en relación con los efectos de la fidelidad de Yahvé a sus relaciones comunitarias» [23]. En este sentido hay que entender Sal 48,11: «Tu diestra está llena de *ṣedeq* (justicia), el monte Sión se alegra»; quiere decir que la mano del Señor está llena de actos salvíficos. El concepto más emparentado con *ṣᵉdaqá* es el de *ḥesed* [24], sólo que éste, además de conducta solidaria y fiel, incluye más acentuadamente que *ṣᵉdaqá* el componente de amor y bondad.

Las mismas ideas pueden verse en J. Becker —quien las toma en gran parte de K. Koch—, el cual, como Von Rad, atribuye la proclamación de la justicia de Dios al culto; el culto sería el *Sitz im Leben* de la proclamación de la justicia salvífica de Dios. En el AT —señala Bekker [25]— la justicia es fundamentalmente un concepto salvífico: es el bien de la salvación, un don de Dios a su pueblo que se proclama en el culto. La justicia divina en el AT es exclusivamente un obrar salvífico, nunca una justicia distributiva que da a cada uno según sus acciones. Se precisa más: la salvación que Dios otorga en cuanto justo no se limita al orden moral, sino que es también bienestar, victoria. Nueva precisión: la justicia salvífica se comunica sobre todo a través del culto, de los sacrificios y la palabra de Dios (Is 45,19), que es un poder de salvación. Nótese que relacionar la salvación con la ley es algo tardío y raro (Is 42,21; Sal 19,10; 119 *passim*). Pero los mandamientos son precisamente justos porque introducen en la esfera de la salvación, en la *ṣᵉdaqá*. Cuando en los Salmos se pide (por ejemplo, en 71,2; 143,1.11) que Dios salve por su *ṣᵉdaqá*, se está pidiendo que introduzca en la esfera de la salvación: «Dios es mi justicia» (Sal 4,2) equivale a «Dios es mi salvación». Finalmente, tal justicia o salvación es peculiar del justo o *ṣaddiq*, del que se comporta como miembro de una comunidad salvífica de

---

[22] G. von Rad, *op. cit.* I, 461. En la misma página, nota 54, precisa Von Rad: «En relación con las 'doxologías judiciales', la frase 'tú eres justo' parece referirse a la justicia punitiva de Yahvé. Pero es más probable que estos textos deban entenderse en el sentido de 'ser inocente de tales acusaciones' (L. Köhler, 154): Lam 1,18; Esd 9,15; 2 Cr 12,6; Dn 9,14. En Neh 9,33 se dice: 'Tú eres justo, porque fuiste leal'. No puede sostenerse la tesis de Nötscher, según la cual los profetas predicaban una justicia divina punitiva (...). Ni siquiera Is 5,16 puede citarse como prueba. En Amós y Oseas falta por completo el concepto de justicia divina».

[23] G. von Rad, *ibíd.*, 456. Sería, pues, erróneo, según Von Rad, retrasar la concepción de una justicia salvífica de Dios al tiempo del Segundo Isaías (donde «justicia es ciertamente sinónimo de salvación»); los hechos salvíficos son llamados «justicias de Yahvé» desde el canto de Débora (Jue 5,11; 1 Sm 12,7; Miq 6,5; Sal 103,6; Dn 9,16).

[24] G. von Rad, *op. cit.*, 455, nota 43.

[25] J. Becker, *op. cit.*, 14-15.

acuerdo con el bien de la misma comunidad. Tal justicia se entiende como salvación en esta vida, y no siempre —como ya queda dicho— se circunscribe al orden moral y jurídico.

J. Becker perfila esta concepción de la «justicia» precisando el campo semántico del término. *'Emet,* sinónimo de *ṣᵉdaqá:* fidelidad en salvar o acción salvífica fundada en la fidelidad. Otro sinónimo es *ḥesed:* concepto del mismo campo que *šalom* (situación de salvación en la comunidad), *yš᷃ᶜ* («salvar») y derivados. La raíz *špṭ* («juzgar») puede asociarse al mismo campo semántico, pues como verbo significa «salvar de las apreturas del juicio» (Sal 26,1; 43,1) o «hacer a uno justicia», aunque también a veces «condenar en juicio» (Ez 17,20; 18,30). Al igual que el verbo funciona el sustantivo *mišpaṭ* («juicio»): relativamente raro en el sentido de condenación (Dt 19,6; Jr 16,11), frecuente en el sentido de restablecimiento del derecho en el orden comunitario (Is 1,17; Miq 7,9; Sal 9,5). *Mišpaṭ* es una salvación concreta, visible (Is 22,15; 23,5; Ez 18,5), y también el derecho, la ley (Ez 21,1; Sal 19,10). Como *ṣᵉdaqá,* la raíz *špṭ* tiene un sentido relativamente amplio que no se puede limitar a lo jurídico (Dt 10,18; Jue 3,10; Sal 43,1)[26].

2. *La justicia retributiva de Dios en la Biblia*

Si hemos insistido en un concepto de justicia extraño a nuestros hábitos de pensar es porque se utiliza en el AT y también en los apócrifos. No obstante, quizá no sea del todo exacto afirmar que el AT desconoce el concepto de justicia retributiva y que tal concepción aparece por primera vez en los LXX por influjo de la justicia griega. Entre los opositores de la tesis de Koch, algunos resaltan el concepto de «venganza», que la teología deuteronomista toma del derecho privado; otros encuentran en la literatura sapiencial argumentos en favor de la existencia del concepto de justicia retributiva por parte de Dios[27].

Otra afirmación discutida de la tesis anterior es que la justicia de Dios se manifiesta fundamentalmente en el culto. Para algunos autores, habría sido cabalmente el culto el que puso sordina a la justicia de Dios como la entendieron los profetas: como actuación centrada en hacer justicia a los pobres. J. Alonso Díaz[28] dice a este respecto que el Dios percibido esencialmente como exigencia de justicia deja de ser Dios en el momento en que deja de interpelar, y en el culto se neutraliza la interpelación. De aquí vendría la implacable polémica de los profetas contra el culto, incluso contra el *culto reformado,* contra el que protestó Jeremías. La «maniobra deuteronómica» habría consistido en introducir en la primera edición del Deuteronomio —que sólo contenía la síntesis del espíritu profético (centrado en el *mišpaṭ:* justicia a los pobres) y de la religión popular (centrada en lo cultual y reprobada por los profetas)—

---

[26] J. Becker, *op. cit.,* 15-16.
[27] P. Stuhlmacher, *Gerechtigkeit bei Paulus* (Gotinga 1966) 48-49.
[28] J. Alonso Díaz, *Las buenas obras (o la justicia) dentro de la estructura de los principales temas de la teología bíblica:* EstEcl 52 (1977) 451 y nota 5.

muchas leyes que nada tienen que ver con el *mišpaṭ,* como las de los alimentos puros e impuros (Lv 11; Dt 14).

También se discute si el mencionado concepto de justicia salvífica es la *dikaiosyne* de Pablo en la carta a los Romanos, tal como afirmó Cremer y hoy se va imponiendo, gracias sobre todo a E. Käsemann y su escuela. Entre los católicos, S. Lyonnet, en una serie de artículos [29], apoya el concepto de justicia expuesto: Pablo en la carta a los Romanos nunca habla de una justicia distributiva, sino que, fiel a los pasajes veterotestamentarios citados en Rom 1,17 y 10,3, trata siempre de la fidelidad a la alianza salvífica de Dios.

Pero conviene añadir que la eliminación, total o parcial según los autores, de la justicia retributiva en el AT hasta que la introducen los LXX, no deja las acciones pecaminosas sin consecuencias malas ni las acciones buenas sin consecuencias beneficiosas. En la concepción «sintética de la vida» —expresión acuñada por Fahlgren— propia de los hebreos, y, según algunos, también compartida por otros pueblos orientales, las acciones buenas o malas van acompañadas de secuelas buenas o malas según la naturaleza de la acción. Tanto en la esfera de la salvación-justicia-*ṣᵉdaqá* como en la esfera de la desgracia y pecado (*'awon, ḥaṭa'*) está vigente el principio de causa-efecto: puesto el acto bueno, se sigue el efecto beneficioso o salvífico; puesto el acto malo, se sigue el efecto pernicioso. Pero se trata de secuelas naturales y necesarias, sin que sea preciso recurrir a los conceptos jurídicos de «premio» del acto bueno y «castigo» del acto malo. Dios, que ha establecido este mecanismo de causa-efecto, no necesita sentarse como juez a juzgar la acción y dictar la sentencia retributiva. Tal mecanismo de causa-efecto pertenece a esa concepción sintética de la vida que no separa la acción de sus consecuencias buenas o malas. En virtud de la misma concepción sintética, los actos del individuo repercuten en la comunidad y los de la comunidad en el individuo que a ella pertenece.

El mecanismo *bien → bienes, mal → males* lo ha puesto Dios como ley natural de orden moral, ley que funciona automáticamente como la de la gravedad de los cuerpos. Pero Dios, justamente porque guarda siempre su absoluto dominio sobre la naturaleza y sus leyes, aparece a veces disparando el mecanismo, «visitando» (en el mal sentido) al pecador, o «visitando» (en el buen sentido) al justo (Ex 4,31; Sal 65,10). Así, en el culto Dios interviene «perdonando» *(salaḥ)* o «cubriendo» *(kpr)*, es decir, interfiriendo las secuencias perjudiciales de las acciones malas.

La secuencia *bien → bienes, mal → males* no se realiza siempre instantáneamente o en esta vida. Por eso Job y Eclesiastés critican tal presunta correlación. Los apocalípticos, por su parte, al verificar su incumplimiento en esta vida y descubrir el horizonte del más allá, proyectaron su cumplimiento a la vida ultramundana. De todo lo cual se deduce que,

---

[29] S. Lyonnet, *De 'Iustitia Dei' in Epistola ad Romanos:* VD 25 (1947) 23-34; 118-121; 129-144; 193-203; 259-263; 42 (1964) 121-152.

admitiendo en la Biblia que la justicia de Dios es salvífica y que en ella
no existe la concepción grecorromana de la justicia retributiva, no por
ello la acción buena queda sin «premio» y la mala sin «castigo»: todo
tiene también su sanción.

3. La justicia de Dios en los apócrifos

¿Cuál es el concepto de justicia de Dios en los apócrifos? ¿El de
justicia salvífica, que acabamos de exponer como concepto básico del AT,
o el de justicia retributiva, que es nuestro normal concepto de justicia,
heredado de griegos y romanos?

Hay que distinguir entre justicia de Dios —de la que hemos venido
hablando hasta ahora— y justicia del hombre. La justicia del hombre
consiste en cumplir la Torá, los deberes para con Dios y el prójimo;
quien la practica es un $ṣaddiq$, un justo. En la literatura tannaítica (siglos I-II de nuestra era), la $ṣ^edaqá$ recibe una fuerte concretización: es la
obra de caridad, la limosna [30]. En la literatura apócrifa, la justicia, referida al hombre, tiene una concreción semejante: se aplica al cumplidor
de sus obligaciones, entre las que se incluye naturalmente la caridad
para con el prójimo o necesitado. La caridad con el prójimo llegó a ser
la $miṣwá$ o mandamiento por antonomasia [31].

Respecto a la justicia de Dios, los apócrifos de origen palestinense
suelen entenderla como justicia salvífica, mientras que los de origen
helenístico la entienden más bien como justicia distributiva. En ciertos
apócrifos se alternan ambos conceptos, lo que motiva que unos autores
subrayen en un determinado apócrifo la justicia salvífica, mientras otros
subrayan en el mismo apócrifo la forense. Veamos algunos de estos
libros:

a) Libro de los Jubileos.

Según J. Becker, en este libro el carácter ético y moral de la justicia
pasa a primer plano, porque la vida del hombre tiene que acomodarse
a lo escrito en las tablas celestes: la ley de Moisés y la de las tablas del

---

[30] Es un concepto similar al de g^emilut $ḥasadim$ (cumplimiento de las misericordias u obras de misericordia), pero con diferencias que favorecen a la misericordia
sobre la justicia: «Nuestros rabinos han enseñado: por tres razones las obras de
misericordia son superiores a la limosna ($ṣ^edaqá$): la limosna sólo puede hacerse
con dinero, mientras que la misericordia puede practicarse con dinero o en persona;
la limosna sólo es para los pobres, mientras que la misericordia puede ser tanto
para los pobres como para los ricos; la limosna es sólo para los vivos, mientras que
la misericordia sirve tanto para los vivos como para los difuntos» (Sukk. 49b; cf.
Tos. Pea 4,19). Véase Miguel Pérez Fernández, *Los Capítulos de Rabbí Eliezer*,
cap. XVI, nota 1.

[31] La justicia del hombre no es independiente de la justicia de Dios; el hombre
es precisamente justo en la medida de su semejanza con Dios. El rabinismo hace
equivalente $yaḥid$ y $ṣaddiq$ (especialmente en Isaac), y el primero es evidentemente
de origen divino. Cf. M. Pérez Fernández, *Versiones targúmicas de Gn 3,22-24*, en
I Simposio Bíblico Nacional en Salamanca (1982). Nótese Mt 5,48: «Sed perfectos
como vuestro Padre celestial es perfecto».

cielo son su norma de conducta, y en el juicio final las acciones de los hombres serán juzgadas de acuerdo con el cumplimiento o incumplimiento de lo fijado en esas tablas. Los hechos, por tanto, no se conectan automáticamente con sus consecuencias, sino que los ángeles dan a conocer a Dios las acciones malas para que se les aplique el castigo correspondiente ordenado en las tablas celestes (Jub 4,6.32; 39,6). Existen pecados leves, y también pecados graves, para los que no hay expiación[32].

En el libro de los Jubileos, *mišpaṭ* es un término judicial y siempre significa juicio «para castigar los pecados», y no, como en el AT, «para salvar» e introducir en la esfera de la salvación. Lo más frecuente es hablar del juicio final en el que se juzgan las acciones según la ley. Así, Dios es justo porque es un juez que juzga según las tablas celestes, sin acepción de personas; es justo porque da su merecido a los que quebrantan sus mandamientos. *Ṣᵉdaqá*, pues, ya no es, como en el AT, un concepto salvífico, sino una justicia distributiva; *ṣᵉdaqá* se ha entendido en la esfera del derecho, de la ley. Resultado: «Hacer *mišpaṭ* y *ṣᵉdaqá*» (Jub 4,15; 7,34; 20,9) o «hacer *ṣᵉdaqá*» (7,20; 20,2; 36,16) ya no significa generar salvación, sino hacer lo que manda la ley. En Jub 30, 18.23 se dice que los hijos de Jacob fueron celosos en «hacer *ṣᵉdaqá*, mišpaṭ y *nᵉqamá*» (= justicia, castigo y venganza), un ejercicio impensable en el AT.

A pesar del acentuado nomismo que han adquirido los términos «justo» y «justicia», Jub contiene pasajes en los que «justicia» ostenta el sentido de «salvación»; en tales casos se acompaña de los términos *ḥesed, ʾemet* y *sᵉliḥa* (Jub 21,25; 1,25; 22,15). Con todo, la bondad y misericordia de Dios ligada a estas voces es limitada: quien no se circuncida no obtiene el perdón (Jub 15,34); tampoco tienen perdón los pecados mortales (Jub 2,25.27; 33,13ss); los paganos no son objeto de misericordia (Jub 23,23); Dios circunscribe su amor a los que lo aman (Jub 23,31) o a los israelitas que, arrepentidos, se convierten a los caminos de la justicia (Jub 23,26; 41,24s). Conclusión: el nomismo, en buena parte cultual y ritual, ha empobrecido considerablemente la justicia salvífica de Dios. Un dato curioso es que en Jub figura la correspondencia entre pecado y castigo, pero no la correspondencia entre acción buena y premio. Para Becker, Jub ha cambiado sustancialmente los conceptos de «justicia de Dios» y «Dios justo» del AT, reduciéndolos a un estricto nomismo, a una justicia distributiva, aunque quedan restos del concepto de «justicia de Dios» como salvación o como causa de ella[33].

M. J. Fiedler[34], por el contrario, destaca la justicia salvífica de Ju-

---

[32] Todos los pecados suelen recibir su correspondiente castigo. Los hombres son inducidos a pecar por las huestes de Mastema (una décima parte de ellas vagan por el mundo con esta finalidad); Dios protege de tales poderes a Israel y deja sin protección a los paganos, para los que no hay misericordia (Jub 15,31s).

[33] Sobre todo esto, cf. J. Becker, *op. cit.,* 22-26.

[34] M. J. Fiedler, *Dikaiosyne in der diaspora-jüdischen und intertestamentarischen Literatur:* JSJ 7 (1970) 136.

bileos (cf. 1,15-17). En Jub 1,25 y 31,25, «justicia» está en paralelismo sinónimo con «misericordia». Los sintagmas «planta de justicia» (= «vástago de justicia», «retoño justo»: Jub 1,16; 16,26; 21,24; 36,6) y «semilla de justicia» (Jub 22,11; 25,3) hacen referencia a la salvación. A su vez, la práctica de la justicia por parte del hombre conlleva la salvación (Jub 36,6-8). También de manera inequívoca, Peter Stuhlmacher [35] afirma que en Jub la justicia de Dios continúa siendo, como en el AT, la fidelidad de Dios a la alianza, una fidelidad que sobrepasa los derechos del hombre (Jub 1,16); la fidelidad, que se hace salvación para los que aceptan la alianza, se convierte en juicio para los que no la aceptan: «El es un Dios vivo y santo, más fiel y justo que todos, en quien no cabe acepción de persona ni cohecho, pues es un Dios justo que hace justicia en todos los que violan sus mandamientos y rechazan su alianza» (Jub 21,4). Nótese que, a pesar de estas menciones del juicio, la justicia de Dios en Jub no es mera justicia forense, griega, sino que sigue manteniendo el carácter judío de fidelidad salvífica para los miembros de la alianza.

Respecto a la justicia del hombre, señalemos que en Jub la justicia del hombre es la del cumplimiento de la ley (Jub 35,2). En último término, el hombre ha de ser justo, porque Dios es justo y misericordioso (cf. Jub 31,25).

b)   Henoc etiópico o 1 Henoc.

La noción de justicia es un tema central en esta colección apocalíptica como, en general, en toda la literatura de este género. 1 Hen menciona más de setenta veces el término «justicia», y aún más frecuentemente el término «justo». Sin embargo, es poco frecuente el sintagma «justicia de Dios» (99,10; 101,3; 71,14). Las parábolas (capítulos 37-71) mencionan diversas veces la «justicia del Hijo del hombre», que es el Mesías (46,3; 49,2; 62,2; etc.): el Hijo del hombre cumple la esperanza escatológica de «los justos» otorgándoles la salvación y él mismo traerá el *mišpaṭ* y la *ṣᵉdaqá* que se esperaba del rey escatológico (cf. Is 9,6; 11,4; Jr 23,5; 33,15; Zac 9,9). En 1 Hen 61,4, la «palabra de justicia» se refiere a la salvación escatológica; en 48,1, el «pozo de justicia» apagará la sed de los sedientos en la época escatológica. En ninguno de los libros de Hen(et) tiene relevancia la justicia punitiva de Dios; a ella se refiere 91,12.14. Pero en el apocalipsis de las diez semanas la justicia es la salvación escatológica (91,17); La «planta de justicia» (10,16; 93,2.5.10) y el «camino de justicia» (91,18s; 92,3; 94,1; 99,10) significan también la salvación. En pocos escritos —concluye Fiedler [36], de quien tomamos los datos anteriores— aparece tan claro como en 1 Hen la justicia de Dios en cuanto justicia de salvación escatológica.

[35] P. Stuhlmacher, *op. cit.*, 166-167.
[36] M. J. Fiedler, *art. cit.*, 120-123.134-136.

J. Becker [37] deduce la misma conclusión del análisis de la parénesis de 1 Hen 91,1-11.18s; 94-104: en esta parénesis figuran también, como en Jubileos, las tablas celestes, con la diferencia de que la parénesis contiene los hechos de los hombres y su suerte futura, mientras que Jubileos contiene leyes. Como quiera que en esta vida no se verifica la secuencia *bien* → *bienes, mal* → *males* (cf. *supra*, pp. 315ss), sino que ocurre lo contrario, tal correlación tendrá cumplimiento en el futuro escatológico, en el más allá. Como en Jubileos, los juicios de esta vida y el juicio final son siempre juicios de castigo; pero no aparece que el juicio final lo ejecute Dios. La justicia, si es justicia de Dios, es siempre de salvación escatológica; si es justicia del hombre, es una conducta del piadoso, recto, justo, que desemboca en la salvación. Hen(et) mantiene, por tanto, el viejo esquema del AT: justo es el que practica la justicia; justicia es la salvación que, si no se encuentra en esta vida, se encontrará en la época final.

También Stuhlmacher [38] desecha de Hen(et) el concepto de justicia forense como atributo del Dios juez. Justicia es una fuerza creadora que establece el derecho: es justicia-misericordia (71,3) para los rectos, que se torna juicio para los malvados, precisamente para mantener el derecho de Dios a actuar salvíficamente respecto a los que le aceptan.

c) Testamentos de los Doce Patriarcas.

Participan del mismo concepto de justicia salvífica de Dios. En TestXII Dan 6,10 figura el término técnico *dikaiosyne tou Theou* [39], que no significa la justicia del hombre ante Dios, sino el derecho del Dios de la alianza a ser obedecido con la consecuente protección divina. En TestXII Zab 9,8 se dice que Dios aparecerá al final como el Señor que perdona y como «luz de justicia» para los piadosos; luz de justicia es luz de salvación [40]. En TestXII Jud 22,2 figura en paralelismo la «salvación de Israel» y la «parusía del Dios de justicia». En TestXII Jud 24,1 es claro el sentido de justicia salvífica: «Vendrá un hombre de mi descendencia, como sol de justicia, que caminará con los hombres en mansedumbre y justicia, y ningún pecado se encontrará en él»; igualmente en 24,6: «De esa (raíz) florecerá un vástago de justicia para las gentes, para juzgar y salvar a todos los que invocan al Señor».

Por parte del hombre, «hacer justicia» (TestXII Lev 13,5; Gad 3,1; Nef 4,5; Ben 10,3) es cumplir la ley de Dios [41].

d) Salmos de Salomón.

Acusan el influjo de la literatura sapiencial del AT, regida por el es-

[37] J. Becker, *op. cit.*, 33-35.
[38] P. Stuhlmacher, *op. cit.*, 168-169.
[39] Algunos textos leen *dikaiosyne tou nomou tou Theou,* lo que parece ser adición secundaria.
[40] Los textos *b, d, g* añaden que «medicina y misericordia están entre sus alas». Parece ser una adición cristiana (Sacchi).
[41] P. Stuhlmacher, *op. cit.*, 170-172; M. J. Fiedler, *art. cit.*, 138.

quema: *acción buena* → *bienes, acción mala* → *males*. Pero en SalSl la secuencia de bienes o males no acaece únicamente en esta vida, sino tras las resurrección: «Mas los que son fieles al Señor resucitarán para la vida eterna; su vida, en la luz del Señor, no cesará nunca» (SalSl 3,12). Aunque a veces parezca ser Dios quien retribuya directamente las acciones, en realidad la retribución se considera efecto de la propia acción: autosanción; que Dios retribuya a los pecadores según sus obras (SalSl 2,16.25) sólo significa que Dios deja funcionar el mecanismo *acción buena* → *bienes, acción mala* → *males*. No se trata de justicia de Dios distributiva.

SalSl introducen una novedad en el esquema del AT: que Dios influye castigo *(musar, tokeḥá)* a Israel para introducirlo en la esfera de la salvación.

Para expresar la salvación de Dios, SalSl no emplean la palabra *dikaiosyne (ṣᵉdaqá)*, «justicia», sino términos de misericordia como *ḥesed* y *sᵉliḥá* (= perdón). La raíz *ṣdq* se emplea acompañando una terminología de juicio, como justicia punitiva de los pecadores, pero una justicia que castiga a los pecadores para salvar a los justos (SalSl 2,15; 4,24; 8,24ss). En este sentido, justicia punitiva y misericordia son dos caras de la misma moneda. Dígase lo mismo de la justicia punitiva de los salmos mesiánicos 17 y 18: el castigo de los malvados es la salvación de los fieles (17,23.26.40). Por tanto, aunque en SalSl juicio (= *mišpaṭ*) ya significa siempre juzgar para castigar (y no, como suele suceder en el AT, juzgar para salvar de las apreturas del juicio), y aunque justicia significa justicia punitiva (y no directamente salvífica, como en el AT), el Dios de SalSl, mediante el uso de otros términos como *ḥesed* y *sᵉliḥá* (fidelidad en el amor y perdón), continúa siendo el mismo Dios del AT, el Dios fiel a la alianza con su pueblo, que salva a Israel, el pueblo de la alianza[42]. Más aún: aunque juicio y justicia tienen sentido de punición y castigo, y no de salvación, esto no implica que SalSl conciban a Dios como al juez que se sienta en el tribunal a distribuir premios y castigos: Dios es un juez que ejerce la justicia al estilo del AT, velando para que funcione el mecanismo *acción buena* → *bienes, acción mala* → *males*.

e)   Otros apócrifos.

En AsMo 11,17 se dice que Dios gobierna el mundo con «misericordia y justicia»; aquí justicia es sinónimo de misericordia. En VidAd(lat) 25.36, «paraíso de justicia», «árbol de justicia» (en otro texto, «árbol de misericordia») tienen un sentido salvífico.

Los apócrifos de origen helenístico suelen adoptar el concepto de justicia como una de las virtudes cardinales: la *dikaiosyne* griega. Ese es el sentido del término en la carta de Aristeas (43.147.278.281.306, etcétera), en Aristóbulo (fragm. 4, conservado en la *Praeparatio Evangelica* XIII, 12,8 de Eusebio), en OrSib 3,324s.580s.630; en Sab 8,7;

---

[42] J. Becker, *op. cit.*, 26-32; M. J. Fiedler, *art. cit.*, 138-139.

9,3 [43]; en 4 Mac 1,4.18; 5,23s, etc.; en Hen(esl) 46,3 (recensión larga). Por el contrario, los apócrifos y deuterocanónicos judíos de Palestina son más fieles al concepto de justicia —referida a Dios o al hombre— propio del AT; por ejemplo, Eclo 26,28 opone *dikaiosyne* a *hamartía;* en 38,34 junta en paralelismo *dikaiosyne* y *krima* (o sea, *ṣᵉdaqá-mišpat*), y en 45,26 habla de juzgar al pueblo con «justicia»: todo en el sentido del AT. La misma noción aparece en Tobías: frecuentemente usa *dikaiosynai* (justicias) en plural (= *ṣᵉdaqot*): 1,3; 2,14; 12,9 BA; habla de «hacer justicia» o «justicias»: 4,5.7; 12,9; 13,8 BA; 14,9 S; y a menudo une *dikaiosyne* y *eleemosyne* [44].

f) Pseudo-Filón o Antigüedades Bíblicas.

Ocho veces figura *iustitiae* en plural (= *ṣᵉdaqot,* en hebreo) y una vez en singular. En esta obra, «justicia» es objeto de una reducción semántica: significa los mandamientos de Dios (12,2.10; 30,2; 48,5; 54,5). En 11,15 *iustitiae et iudicia* son también los mandamientos del decálogo; pero en 9,8 el binomio puede significar los mandamientos en contexto salvífico, y en 62,5-6 la «justicia» de David es ciertamente su vida justa.

g) 4 Esdras.

Mantiene el sentido salvífico de justicia-misericordia. En 8,12 se dice de Dios que nutre al hombre «con su justicia». Aquí «justicia» equivale a misericordia, como se desprende del contexto. Véase 8,30-32: «Ama a los que confían en tu *justicia* y gloria. Porque nosotros y nuestros padres sufrimos de tales enfermedades; pero tú serás llamado misericordioso por nosotros pecadores. Si deseas tener misericordia de nosotros serás llamado misericordioso, no teniendo nosotros obras de justicia»; 8,36: «En esto se manifestará tu *justicia* y tu bondad, Señor: en que tengas misericordia de los que no tienen haber de buenas obras».

h) Apocalipsis siríaco de Baruc.

Incorpora el concepto griego de justicia forense: Dios es un juez justo (44,4; 67,4; 78,5) que juzga imparcialmente. Pero el juicio de Dios se atribuye a su ira, según la tradición, y no a su justicia (sin duda, por influjo de la tradición del AT). En cualquier caso, en este libro «justicia» ya no significa justicia salvífica, sino justicia distributiva, forense. Nada tienen que ver aquí justicia y misericordia (gracia); tal separación de justicia y gracia habría sido —según Bousset-Gressmann— la nota común de toda la literatura apocalíptica [45].

---

[43] Pero en el libro de la Sabiduría, «justicia» tiene a veces el significado del AT. Cf. J. Vilches, *El binomio justicia-injusticia en el libro de la Sabiduría:* «Cuadernos Bíblicos» 7 (1981) 1-16.

[44] M. J. Fiedler, *art. cit.,* 120-123.

[45] Por todo lo que llevamos expuesto se ve que ésta es una afirmación totalmente equivocada; es sólo válida para 2 Bar y para los apócrifos en que ha penetrado el concepto de justicia forense griega. Cf. Stuhlmacher, *op. cit.,* 172-174.

i) Conclusión.

Justicia de Dios es un término técnico que aparece como tal en Qumrán (1QS 10,25s; 11,12; 1QM 4,6) y en diversos lugares de los apócrifos (TestXII Dan 6,10; 1 Hen 17,14; 99,10; 101,3; 4 Esd 8,36). Significa la conducta de Dios y su derecho, consistente en su fidelidad a la alianza, en su misericordia y perdón; a todo ello el hombre debe corresponder con la obediencia. Cuando la escatología se considera presente —como normalmente ocurre en la apocalíptica más antigua—, la justicia de Dios subraya la misericordia divina; cuando la escatología se proyecta al futuro, la justicia de Dios subraya el juicio de Dios y se convierte en justicia forense (por ejemplo, ApBar[sir] 5,2). En los apócrifos palestinenses la justicia de Dios sigue fiel al concepto de justicia del AT, manifestada preferentemente en el culto [46]: en Dios, su justicia es salvación; en el hombre, su justicia es honradez y rectitud delante de Dios; ambos conceptos derivan de la alianza de Yahvé con Israel, alianza que fundamenta y exige tanto la justicia salvífica de Dios como el cumplimiento de la ley por los israelitas.

En Qumrán, particularmente en las *hodayot* del Maestro Justo, aún pervive la noción de justicia salvífica. Este Maestro, como ciertos orantes tardíos de la Biblia (Sal 143,2; Job 4,17; Is 64,5; Dn 9,18), experimenta el peso del pecado, pero pone su confianza en la justicia salvífica de Dios, que se realizará en el futuro escatológico. También Pablo —según E. Käsemann y su escuela— echa mano del concepto de justicia salvífica tomándolo de la apocalíptica judía y aplicándolo no sólo a la justificación del individuo (Rom 3,26) o de los hombres en general, como ordinariamente se entiende la justificación paulina, sino también a la salvación del cosmos en su conjunto. Para los apocalípticos, también el cosmos es objeto de salvación, y la justicia de Dios comporta una re-creación del mundo para salvarlo; ciertamente, el objetivo final de la actuación salvífica de Dios es la nueva creación (Rom 8) [47].

Cerramos esta exposición con unas palabras de K. H. Schelkle: «El concepto bíblico de justicia se contrapone al concepto jurídico y profano de la misma. La 'justicia mejor' (Mt 5,20), exigida por Jesús, renuncia al propio 'derecho personal'. No pretende satisfacer las aspiraciones justas de los demás, sino que generosamente va más allá de todo lo que al otro le corresponde 'en estricto derecho'. No procede según las normas jurídicas, sino según el ejemplo de Dios, que lo da todo (Mt 5,45). La justicia divina de que habla Pablo no es la justicia que castiga o premia según los méritos, sino la actuación de Dios que se hace efectiva 'independientemente de la ley' (Rom 3,21) y en oposición a todo lo que sea culpa y mérito, pues se trata del amor generoso y perdonador de Dios. Según la parábola de Jesús sobre los obreros contratados para la viña (Mt 20,1-15), la manera de proceder de Dios puede entrar en flagrante contradicción con el derecho profano. Y es que se trata del derecho y

---

[46] Id., *op. cit.*, 174-175.
[47] Cf. K. H. Schelkle, *Teología del Nuevo Testamento* III (Barcelona 1975) 277.

del orden propios del reino de Dios. A través de ellos, la voluntad salvífica de Dios instaura un orden y un derecho en el hombre y en el mundo. En tal sentido se cumple aquí la idea antiquísima del derecho, tanto según la concepción veterotestamentaria como según la concepción griega. Se trata de la forma de ser justos propia del nuevo eón, distinta de la que se da en las circunstancias terrenales y mundanas» [48].

Por su parte, X. Léon-Dufour escribe: «La justicia de Dios es, por excelencia, justicia salvífica: fiel a la alianza, el Dios justo cumple sus promesas de salvación. La justicia de Dios lucha por establecer el derecho y la felicidad, sin identificarse por ello con la justicia conmutativa (equivalencia de obligaciones y cargas). El término se emplea raramente para hablar de la justicia judicial (gr. *dikaiōma*, 'veredicto, prescripciones') o distributiva (retribución), y nunca para expresar la justicia vindicativa. Cólera y justicia de Dios no son dos momentos sucesivos de la historia, sino que designan la acción fiel de Dios, que conduce hacia sí o aleja de sí al pecador» [49].

El mismo rabinismo amoraíta, que no deja de insistir en la justicia forense de Dios, potencia de diversas maneras el atributo de la misericordia sobre el de la justicia punitiva. Así, Rabbí Zuṭra ben Ṭobia, en nombre de Rab, dice que Dios reza la siguiente oración: «Sea mi voluntad que mi piedad sea mayor que mi ira y que la misericordia supere a mis (otros) atributos, para tratar a mis hijos con misericordia y sin llegar al límite de la estricta justicia» *(lfnym mšwrt hdyn)*» (bBer 7a). Citando al mismo Rab, dice Rabbí Yehudá: «El día se compone de doce horas. En las tres primeras horas el Santo, bendito sea, está sentado estudiando la Torá. En las tres horas siguientes se sienta y juzga a todo el mundo; pero, cuando ve que todos son culpables, se levanta del sitial del juicio y se sienta en el sitial de la misericordia. En las tres horas siguientes se sienta y alimenta a todo el mundo, desde los cuernos del rinoceronte hasta los huevos de los piojos» (bA.Z. 3b). Incluso hay textos amoraítas en que «justicias» sigue significando «misericordias», como en el dicho de R. Eleazar: «El Santo, bendito sea, dijo a Israel: Sabed cuántas justicias *(ṣᵉdaqot)* os he concedido, que incluso no me enfadé en tiempo del malvado Balaán, ya que, de haberme enojado, no habría quedado un solo superviviente de los enemigos de Israel» (bBer 7a) [50].

Respecto al pensamiento de los tannaítas, ya hemos mencionado repetidas veces la tesis de E. P. Sanders en su libro *Paul and Palestinian*

---

[48] K. H. Schelkle, *op. cit.*, 278.

[49] X. Léon-Dufour, *Diccionario del Nuevo Testamento* (Madrid 1977) 272-273.

[50] «Enemigos de Israel» es un eufemismo por Israel. En esta página del Talmud, bBer 7a, los rabinos discurren sobre la ira y la misericordia de Dios e iluminan Sal 7,12 («es un Dios que se llena de ira cada día») con Sal 30,6 («su ira dura un momento, pero su benevolencia de por vida»). El momento de la ira *(regaʿ)* es la 58.888 parte de una hora, lo que dura la blancura en la cresta del gallo al despuntar el día, o lo que dura el descanso del gallo sobre una pata. En la discusión, los rabinos aducen Sal 145,9 («sus misericordias están sobre todas sus obras») y Prov 17,26 («no es bueno para el justo castigar»).

Judaism (Londres 1977): los israelitas se salvan no por sus méritos, sino por pertenecer a la alianza o —caso de que se hayan desgajado por ciertos pecados graves— por su reinserción en ella mediante la penitencia y la expiación [51]. En definitiva: el Dios justo no está lejos del Dios misericordioso [52].

---

[51] Véase también el ensayo de K. Koch *Die drei Gerechtigkeiten. Die Umformung einer hebräischen Idee im aramäischen Denken nach dem Jesajatargum*, en *Hom. E. Käsemann* (Tubinga 1976) 245-266. Koch destaca que el término hebreo *ṣᵉdaqá* tiene una triple versión en el TgIs mediante tres raíces distintas: *zky*, *ṣdq* y *qšṭ*. *Zakuta* pertenece a la esfera de lo divino, de la salvación; se experimenta, pues, como poder y don de Dios, como regalo y acontecimiento escatológico, como aspiración nunca alcanzada (p. 265). *Ṣaddiqyya* (los justos) designa a todos los que en el curso de la historia se han mantenido fieles a la ley de Dios y en la aspiración de la justicia divina, sin claudicar ante los poderosos de este mundo (p. 266). *Qušṭa* (fidelidad) expresa la fuerza interior, dinámica, que armoniza las otras dos y que hace avanzar la historia de la salvación (*ibíd.*). Nótese que en ningún caso se contempla la justicia en sentido forense. Expresamente escribe Koch: «¿Cómo funciona esta justicia (*zakuta*) escatológicamente? ¿Como justicia del *suum cuique*, o sea, premiando a los justos y castigando a los pecadores? Pero de una justicia punitiva descubro tan poco rastro en el targum como en los términos hebreos *ṣedeq-ṣᵉdaqá*» p. 255); y concluye: «También aquí (en el targum) la justicia es la fidelidad a la alianza entre Dios y su pueblo escogido» (*ibíd.*). Koch señala una importante diferencia entre el concepto rabínico de *zaku-zakut* (= mérito) y el uso targúmico: «En este targum, ¿puede *zaku* significar 'mérito', como muestra el uso rabínico del término? Si así fuera, a lo sumo designaría el mérito del mismo Dios. En el ámbito de la raíz *zky*, dentro del targum de Isaías, no aparece absolutamente nada de mérito humano» (pp. 256-257). La conclusión obvia es que en el TgIs tenemos una terminología y una comprensión de la justicia muy próxima a la paulina.

[52] La misma terminología de «juicio» (*mišpaṭ*) o «juzgar» (*šapaṭ*) no tiene en la Biblia, frecuentemente, el mismo ámbito semántico que en nuestras lenguas. Escribe J. Alonso Díaz: «El significado *primero* y *preponderante* del verbo (*šapaṭ*) y de los derivados del verbo donde está de por medio el juicio, es el de *salvar* o *salvación* (o liberación) fundamentalmente de una injusticia. A veces se refiere a la institución judicial, pero las más de las veces su sentido es el de salvar» (*Sentido del «juicio final» de Yahvé en la apocalíptica y en Mt 25*: «Studium Ovetense» V [1977] 77-98). Sin embargo, nos parece que ceñir el sentido de «juicio» (*mišpaṭ*) a la salvación del pobre (*«mišpaṭ...* originariamente era una salvación del pobre», *ibíd.*, 79) o a la justicia social es un reduccionismo semántico excesivo que acusa todo el artículo citado. El sentido originario de *šapaṭ* puede ser juzgar o gobernar; parece estar relacionado con la raíz *šbt* (*šebeṭ* es el que tiene poder de juzgar o gobernar), según Stanley Gevirtz: *On Hebrew šebeṭ = judge*, en *The Bible World. Essays in Honour of Cyrus Gordon* (Nueva York 1980) 61-66. Parece acertado conectar el castigo de los *rešaʻim* («malvados», no forzosamente «injustos») con la salvación de los justos: Dios no castiga por castigar, sino para salvar. He aquí el comentario de Mekilta, *Širata*, a Ex 15,1 (ed. Lauterbach II, 5-6): «Dad gracias al Señor, porque es bueno, porque es eterna su misericordia (*ḥesed*). ¿Por qué dice esto sino porque no hay alegría delante de él, en lo alto, por la destrucción de los malvados (*rešaʻim*)? Por tanto, si no se alegra por la destrucción de los malvados, *a fortiori* no se alegra por la destrucción de los justos (*ṣaddaqim*), siendo cada uno de ellos más importante que todo el mundo».

CAPITULO II

ANGELOLOGIA

En el rabinismo está prohibido el culto a los ángeles. Col 2,18; Ap 19,10 y 22,8-9 critican el culto a los ángeles y no permiten la adoración de un ángel. Los saduceos no creían absolutamente en los ángeles; los fariseos los admitían, pero con cautela. Los libros bíblicos tardíos, como Crónicas, Ester, Ben Sira, Sabiduría y Macabeos o no mencionan los ángeles o lo hacen con parsimonia. Sin embargo, la literatura apócrifa otorga extraordinaria importancia a ángeles y demonios. Es ésta, sin duda, una de las más típicas manifestaciones del dualismo en tal literatura.

I. ANGELES

1. *Origen de la creencia*

La multiplicación de espíritus buenos y malos se atribuye corrientemente a influjo persa a través de Babilonia (que ya en tiempo de Alejandro Magno había sido ganada por las doctrinas persas). Reconociendo este dato y que después del destierro en Babilonia creció el interés de los judíos por la angelología, se ha de afirmar también que la creencia en seres superiores al hombre existe en Israel desde antiguo. Así, la serpiente del paraíso de Gn 3 —«el dragón antiguo» de Ap 12— es desde la más antigua tradición una figuración o representación de la potencia enemiga de Yahvé o del diablo [1]. Los *bᵉné 'Elohim* (= hijos de dios 'El; pero Yahvé, el Dios de los israelitas, ha tomado los atributos LXX; Sal 29,1; 89,7; Job 1,6; 2,1; 38,7), son ángeles de la corte del dios 'El; pero Yahvé, el Dios de los israelitas, ha tomado los atributos de 'El, el dios supremo de los cananeos, y, como 'El, aparecerá rodeado de una corte (cf. 1 Re 22,19) en la que los cortesanos serán los *bᵉné 'Elohim,* los ángeles, que actuarán como sus servidores y mensajeros (Is 6,6; Sal 82,1; 89,7; Job 1,6); uno de estos servidores de la corte

---

[1] Sab 2,23-24: «Dios creó al hombre para la inmortalidad y lo hizo imagen de su propio ser. Pero la muerte entró en el mundo por la envidia del diablo». En Is 27,1; Am 9,3 y Job 26,13 (cf. Job 3,8; 7,12 y 40,25), la serpiente es identificada con el monstruo mítico Leviatán, Yam o Rajab; cf. F. Huidberg, *The Canaanite Background of Gn i-iii:* VT 10 (1960) 285-294; también M. Pérez Fernández, *Tradiciones mesiánicas...,* 36-38; *ibíd.,* 47-54, la tradición de la serpiente en la literatura rabínica y targúmica. Según R. Yirmiyya ben El'azar (bErub 18b), durante los ciento treinta años en que Adán no se acercó a Eva, Adán engendró espíritus *(ruḥim),* demonios *(šedim)* y *lylyn;* estos últimos los habría engendrado uniéndose a Lilit, leyenda recogida en el midrás Abkir y en otras fuentes rabínicas.

de Yahvé será quien pida permiso para tentar a Job[2]. El nombre de querubines dado a los que guardan el paraíso (Gn 3,24) alude en su origen a seres híbridos mesopotámicos —medio hombres, medio animales— que guardan las puertas de los palacios o templos (cf. 1 Re 8,6-7; Ez 41, 18-19). Los serafines —ángeles representados en Is 6,2 encima del trono de Yahvé, dotados de seis alas cada uno— parecen ser en origen los dioses protectores que flanqueaban a los reyes de Oriente; su nombre recuerda su antigua representación como serpientes.

Antes del destierro de Babilonia no aparece la condición moral de los ángeles. Son buenos si hacen bien a los humanos; son malos si les causan mal. Aparecen en la tierra para llevar a cabo alguna misión concreta. En cambio, por la época del destierro ya se diferencian claramente los ángeles buenos y los ángeles malos o demonios[3].

De hecho, los ángeles vienen a llenar el amplio espacio dejado vacío por la trascendentalización y alejamiento de Dios; ese espacio se puebla de *pneumata* con la función de unir la esfera celeste con el mundo terrestre. Pero es preciso subrayar que la presencia de los ángeles no significa en modo alguno que Dios ya no pueda comunicarse directamente con los hombres o éstos con Dios. Dios habla directamente con Moisés; Henoc dirige a Dios directamente su oración (1 Hen 14,24; 83,10; 89,17); si Dn 12,1 considera a Miguel como el ángel de Israel, Jub 15,31s no le asigna ningún custodio angélico, pues es Dios mismo quien cuida a su pueblo, mientras que a los demás pueblos los gobierna mediante ángeles (Dn 10,13.20; Jub 15,30-32). Por todo ello podemos decir que, aunque la trascendentalización de Dios significó una mayor atención a los seres intermedios entre Dios y el mundo, no parece posible atribuir sin más el origen de los ángeles al sistema teológico que alejó a Dios de sus criaturas[4].

«Angeles» es el nombre con que generalmente son designados. A veces también se designan con la expresión de origen cananeo «hijos de Dios» (*bené ʼElohim*) o «hijos del cielo» (1 Hen 6,2; 13,8), «los santos» (1 Hen 1,9; 12,2; Jub 31,14), «los que no duermen» o «vigilantes» (*egregoroi:* 1 Hen 18,13-16; 71,7). El nombre de «vigilantes» se empleará también para designar a los ángeles caídos que fornicaron con las hijas de los hombres (cf. Gn 6,1-4), leyenda ampliamente recogida en los libros de Hen, Jub y TestXII; la calificación de «vigilantes» puede acaso estar relacionada con la asimilación de los ángeles a las estrellas que no duermen o con su disponibilidad para cumplir en todo momento la misión que Dios les encomienda.

---

[2] Nótese cómo el monoteísmo israelita despoja de su categoría de dioses a todos los cortesanos de ʼEl: quedan reducidos a categoría de ángeles, servidores mensajeros.

[3] Harold B. Kuhn, *The Angelology of the Non-Canonical Jewish Apocalypses:* JBL 67 (1948) 217-218.

[4] *Art. cit.,* 230; J. Alonso Díaz, *Literatura apocalíptica,* 210, atribuye el desarrollo de la angelología a la trascendentalización de Dios. Así también muchos autores.

2. Creación de los ángeles

Los ángeles son seres creados. Según Jub 2,2 fueron creados el primer día de la semana de la creación; según Hen(esl) y el Targum Pseudo-Jonatán a Gn 3,22, fueron creados el segundo día de la creación; desde la eternidad, según ApBar(sir) 21,6. Cuando el hombre fue creado, los ángeles ya existían; así lo supone Tg. PsJon. al explicar los plurales de Gn 1,26 («*hagamos* al hombre a *nuestra* imagen y semejanza») y Gn 3,22 («he aquí que el hombre ha llegado a ser como uno de *nosotros*») como referencia de Dios a sus interlocutores los ángeles; de la misma forma explica Jub 10,22 el plural de Gn 11,7: «ea, *bajemos* y *confundamos* sus lenguas».

La materia de que están hechos los ángeles es el fuego [5], expresión del ser angélico como una estrella o como algo desmaterializado. Pero no debemos pensar que el judaísmo —apócrifo o no— tuviera la misma idea de los espíritus que nosotros. Los judíos no podían imaginar los espíritus sin el revestimiento de un cuerpo etéreo; a veces los representaban como vestidos de blanco o de luz (TestXII Lev 8,2; cf. Mc 16,5); otras veces los mismos ángeles se aparecen a los hombres en figura humana (Dn 8,15); TestXII Lev 4,1 habla de «espíritus invisibles» (*aorata*).

Esta concepción de los espíritus explica que los apócrifos no encuentren dificultad alguna en que los ángeles se unieran a las hijas de los hombres (Gn 6,1-4); por lo mismo se explica el temor de Lamec de que su hijo Noé no sea hijo suyo, sino de su mujer y un ángel (1 Hen 106,6ss) [6]. Tg. PsJon. Gn 4,1 cuenta que Eva concibió a Caín por obra del ángel Sammael, por lo cual Caín se parecía a los de arriba y no a los de abajo [7]; a esta leyenda parece referirse 1 Jn 3,8-12 cuando afirma que Caín era hijo del Malo, y Jn 8,44, que llama a los judíos hijos del diablo aludiendo al origen de Caín: el homicida Caín fue engendrado por Sammael, el ángel de la muerte [8].

3. Clases de ángeles

Los ángeles son multitud. 1 Hen 39,12, después de señalar que los ángeles rezan el trisagio de Is 6,3 («santo, santo, santo es el Señor de los espíritus»), afirma que el Dios de los espíritus (denominación predilecta de las parábolas de Henoc: 1 Hen 37-71) «llena la tierra de espíritus». Alrededor del anciano de días hay millares y millares de ángeles (Dn 7,10), miríadas de miríadas que sirven a Dios (1 Hen 14,22). Según

[5] Ap 14,18; cf. Sal 104,4. Véase PRE 4,1 y 22,2; Corán 7,12.
[6] La tradición rabínica ha conservado este dicho: «R. Yehosúa ben Qorhá decía: Los ángeles son fuego llameante, según está dicho: 'Son sus servidores fuego llameante' (Sal 104,4). Con la relación sexual prende el fuego en la carne y en la sangre, ¿y no va a quemar el cuerpo?» (PRE 22,2).
[7] Tg. PsJon. Gn 5,3; Caín era de Eva, pero no de Adán; también PRE 21,1.
[8] Cf. M. Pérez Fernández, *op. cit.,* 50-52; R. Le Déaut, *The Message of the New Testament and the Aramaic Bible* (Roma 1982) 40-42.

2 Hen 3,4, en el primer cielo hay doscientos ángeles que mandan en las estrellas; en ese mismo cielo están los almacenes de nieve, hielo y escarcha, custodiados por los ángeles (2 Hen 3,6). Quince miríadas de ángeles del cuarto cielo conducen el carro del sol de día, y mil ángeles de noche; el carro del sol es precedido por ángeles de seis alas, y le dan fuego cien espíritus celestes (2 Hen 6,5). En el quinto cielo hay doscientas miríadas de ángeles vigilantes rebeldes acaudillados por Satanael (2 Hen 7,5). En el sexto cielo habitan siete formaciones de arcángeles que rigen toda la naturaleza, los frutos, las plantas y el hombre, pues cada hombre tiene su ángel custodio (2 Hen 8,5-6); entre estos arcángeles hay siete fénix, siete querubines y siete hexaptérigos. En el séptimo cielo están las virtudes, dominaciones, potestades, querubines, serafines, tronos y diez escuadrones de ángeles de muchos ojos, a saber: los 'ofannim (2 Hen 9,1).

1 Hen 61,10 enumera siete clases de ángeles: querubines, serafines, 'ofannim, potestades, tronos, dominaciones y poderes. Según 1 Hen 71,7, los querubines, serafines y 'ofannim no duermen y guardan el trono de Dios. Querubines y serafines se encargan de la guarda del paraíso (1 Hen 61,10; 2 Hen 20,1; 21,1s).

a)   Angeles de la faz o de la presencia.

Jubileos divide los ángeles en superiores e inferiores: los superiores guardan el sábado, sirven en la corte celestial, son los ángeles de la presencia (divina) o de la faz (divina) (Jub 1,27), los cuales guardan también a los hombres (Jub 4,15; 35,17). Los ángeles inferiores rigen los fenómenos de la naturaleza; de ellos no se dice que guarden el sábado (Jub 2,2-18). Entre los ángeles se dan, pues, jerarquías (Jub 2,2.18), y la jerarquía suprema son los ángeles de la faz o de la presencia, así llamados porque están en la presencia de Dios y ven su rostro continuamente [9].

Un ángel de la faz es quien escribe para Moisés la historia pasada (Jub 1,27.29). Son los arcángeles que menciona TestXII Lev 3,5 y 18,5; su número es de siete, «los siete ojos de Yahvé que observan la tierra» (Zac 4,10). Estos siete ángeles —probablemente relacionados con las siete divinidades astrales de los babilonios— son Uriel, Rafael, Ragüel, Miguel, Saraqael, Gabriel y Remeiel (1 Hen 20). En 1 Hen 9,1 figuran Miguel, Gabriel y otros dos ángeles cuyo nombre no está bien conservado y que parecen ser Suriel (o Gabriel) y Uriel. La función de estos arcángeles se detalla en 1 Hen 20: Uriel está sobre el mundo y el tártaro; Rafael, al frente de los espíritus del hombre; Ragüel, al frente de las luminarias celestes y de la administración de justicia en el mundo; Miguel, al frente del pueblo (de Dios); Saraqael, al frente de los pecadores; Gabriel, al frente del paraíso: sobre querubines y serafines; Re-

[9] Jesús afirma expresamente que los ángeles custodios de los niños son ángeles de la faz, de donde la gran dignidad de los niños: «Mirad que no despreciéis a ninguno de estos pequeñuelos, porque os hago saber que sus ángeles en los cielos están siempre viendo el rostro de mi Padre celestial» (Mt 18,10).

meiel está sobre los que resucitan [10]. Estas altas jerarquías angélicas interceden por los hombres (1 Hen 15,2), revelan los secretos de Dios referentes a la tierra y a los cielos (1 Hen 60,11) y guían a los hombres hacia el bien (Jub 4,15).

b) El arcángel Miguel.

Desempeña un papel de especial importancia (Dn 10,13-21). Hace de guía de Henoc en su visita al cielo: 1 Hen 71,3. En 3 Bar figura como clavero del reino de los cielos, el que recibe los méritos de los justos y abre las puertas del quinto cielo. En la Vida de Adán y Eva es el intermediario frecuente de Dios (cf. VidAd[lat] 13) y quien comunica a Eva y Set que desistan de buscar el aceite que habría de curar a Adán, pues éste debe morir a los tres días (*ibíd.,* 40ss). En VidAd(gr) 40, Miguel, junto con Gabriel, Uriel y Rafael, envuelve el cuerpo de Adán en una sábana y lo embalsama para darle sepultura [11]. En TestXII Nef 8,4 es Miguel el jefe de los setenta ángeles que descienden del cielo para enseñar sus lenguas a las setenta naciones que ocupan la tierra. Miguel, como ya hemos señalado, es en alguna tradición el ángel protector de Israel; así lo refleja Dn 12,1: «Entonces se levantará Miguel, el arcángel que se ocupa de tu pueblo»; cf. Dn 10,13-21: Miguel defiende a Daniel y los israelitas frente a los ángeles de Persia y Grecia [12].

c) Los ángeles de las naciones.

Cada nación tiene su ángel custodio. Es posible entroncar esta idea con la tradición cananea de que el dios 'El había señalado divinidades para presidir los diversos pueblos. El origen bíblico de esta concepción se halla en Dt 32,8-9 LXX: Dios distribuyó los pueblos entre los ángeles reservándose para sí a Israel y estableció las fronteras de las naciones según el número de «los hijos de Dios» (= ángeles); Dt 32,8 LXX lee «hijos de Dios» (= ángeles) en lugar de «hijos de Israel» del texto masorético [13].

---

[10] El nombre de *Remeiel* manifiesta una clara relación entre el nombre y el oficio que se le asigna: «Dios levanta».

[11] En VidAd(gr) 35, los santos ángeles suplican por Adán muerto para que Dios le perdone sus pecados.

[12] En otra tradición, Dios mismo es el defensor de Israel: «Muchos son los gentiles y muchas naciones hay, todas suyas, sobre las cuales dio poder a los espíritus para apartarlas de él, pero sobre Israel no dio poder a ningún ángel ni espíritu, pues él solo es su soberano. El los guarda y reclama de manos de sus ángeles y sus espíritus y de manos de cualquier súbdito suyo; él los guarda y los bendice para que sean suyos y él sea suyo desde ahora y por siempre» (Jub 15,31-32).

[13] Tg. PsJon. Dt 32,8 recoge las dos lecturas, «hijos de Dios» e «hijos de Israel»: «Cuando el Altísimo asignó herencia a los pueblos que habían salido de los hijos de Noé, cuando separó las escrituras y las lenguas de los hombres en la generación de la división, entonces mismo echó suertes entre los setenta ángeles, señores de las naciones, con los que se manifestó para ver la ciudad. En aquel mismo tiempo estableció los límites de las naciones, de acuerdo con la suma de las setenta almas de Israel que bajaron a Egipto» (traducción de Teresa Martínez Saiz, en *Biblia Polyglotta Matritensia* IV, L 5); cf. F. F. Glasson, *Greek Influence in Jewish Eschatology* (Londres 1961) 71s.

Al ángel de cada pueblo parece aludir Eclo 17,17: «Puso un jefe sobre cada nación, pero Israel es la porción del Señor». Esos ángeles de los pueblos pueden apartar a éstos de Dios: «Muchos son los gentiles y muchas naciones hay, todas suyas, sobre las cuales dio poder a los espíritus para apartarlas de él» (Jub 15,31).

d) Los ángeles que rigen el cosmos.

Debajo de los arcángeles hay un ejército de ángeles, de rango inferior, al servicio de misiones concretas encomendadas por Dios, relativas a los hombres, a los condenados o a la naturaleza. Es una firme creencia de toda la apocalíptica que los ángeles están presente en el cosmos y actúan en él: cuidan de que la naturaleza siga su curso normal; rigen los vientos, el trueno, los relámpagos, las lluvias (1 Hen 60,11-22); las estaciones, meses y días (1 Hen 82,2-20); los ríos y mares, frutos, hierbas y plantas (2 Hen 8,4); Jub 2,2 menciona los ángeles del viento de fuego, del viento de niebla y de la atmósfera respirable, los de los vientos de hielo y calor y los del granizo, nieve, escarcha, trueno, relámpagos, invierno, primavera, verano y otoño, los del abismo y la tiniebla y los de la luz, la aurora y el crepúsculo. Hay también ángeles de las estrellas (1 Hen 72,1). Probablemente el pueblo consideraba a las estrellas como seres vivientes que influyen en el mundo, y no sólo como el ejército celestial de Dios $S^e baot$ (cf. 1 Hen 80,6; 4 Esd 6,3). En Ap 7,1 se mencionan los ángeles de los cuatro vientos; en Ap 14,18, el ángel del fuego. En la concepción de estos ángeles de la naturaleza parecen confluir dos corrientes: los mitos e ideas folklóricas que personifican las fuerzas de la naturaleza y la concepción veterotestamentaria de los ángeles como mensajeros de Dios [14].

4. Intervención de los ángeles en la vida de los hombres

Si los ángeles intervienen de tal manera en la naturaleza, como acabamos de ver, lógicamente han de estar también presentes en la vida de los hombres. Velan para que la historia siga el curso fijado en las tablas celestes y, consiguientemente, intervienen constantemente en la vida de los humanos. Así se deduce, por ejemplo, de los TestXII: el ángel de Dios revela a Jacob el crimen de Rubén (Rub 3,15); un ángel enseña a Rubén que las mujeres son más proclives al espíritu de fornicación que los hombres (Rub 5,3); Dios envía a su ángel, que libra a José de las manos de Simeón (Sim 2,8); Jacob ve en visión que un ángel «potestad» acompaña a Judá para que no sucumba (Jud 3,10); el ángel de Dios mata a Er la tercera noche de su matrimonio (Jud 10,2); muestra a Judá que las mujeres dominan lo mismo al rey que al mendigo (Jud 15,5); el ángel dice a Judá que Leví ha sido preferido a él (Jud 21,5); un ángel guiará las tribus de Leví y Judá los últimos días (Dan 5,4); los ángeles

---

[14] Cf. J. Schreiner, *Alttestamentliche-jüdiche Apokalyptik*, 134.

cuidan de los que hacen el bien (Nef 8,4); el ángel de Dios revela a José la maldad de la mujer egipcia (Jos 6,6) [15].

Los ángeles hacen de intérpretes de las visiones de los apocalípticos; así, Gabriel es intérprete de Daniel (Dn 8,16). Hacen de guías de los hombres (Jub 35,17). Interceden por los hombres ante Dios (1 Hen 15,2 y 99,3); pero esta función de intercesores está poco subrayada. Guardan a los justos que han fallecido, cuidan de enfermos y heridos, y algunos escuchan las oraciones que se les dirigen (1 Hen 9,2ss; 40,9; 100,4s; Jub 31,14). Miguel intercede por los hombres (1 Hen 89,76); Gabriel también intercede (1 Hen 40,6-10). El ángel de la paz (1 Hen 40,8 y 52,5) conforta a Israel (TestXII Dan 6,5) y conduce las almas de los justos a la vida eterna (TestXII As 6,6). Los ángeles guardan a Eva (VidAd[gr] 7), de forma que, sólo al retirarse los ángeles al cielo para la oración, puede el demonio acercarse a tentarla.

En suma, las funciones de los ángeles son de guía y protección de los hombres; a veces, de castigo. Los apócrifos mantienen la figura del ángel de la guarda de Sal 91,11 y Tob 5,62; sobre todo, el ángel de la guarda de los justos (1 Hen 100,5). Jub 35,17 dirá que el guardián de Jacob es mayor, más fuerte, honorable y loable que el de Esaú. En TestXII Jos 6,7, José invoca al ángel de Abrahán, ángel de la guarda que le protegerá como a Pedro en Hch 12,15. En VidAd(gr) 32 se menciona «el ángel de la humanidad», ángel desconocido en la literatura judía; parece referirse a un ángel de forma humana.

II. DEMONIOS

Mencionados muy frecuentemente en la literatura apócrifa, los demonios son ángeles rebeldes, enfrentados a los ángeles fieles y enemigos del hombre. Como los ángeles fieles, están también jerarquizados.

1. *Nombres y jerarquías*

Al frente de todos ellos está *Saṭán*, «el acusador», quien en el libro de los Jubileos lleva el nombre de Mastema (de la raíz *śṭm*: acechar, perseguir, enemistar). Mastema es, pues, «la persecución» o «la enemistad». Se trata de nombres de oficio: el de extraviar a los hombres, bien por sí mismo, bien por otros espíritus subordinados (Jub 10,8; 11,5). Mastema, jefe de los malos espíritus o demonios, pide a Dios que no encadene a todos sus espíritus —ésa era la petición que Noé había hecho (Jub 10,5)—, y obtiene que una décima parte de sus subordinados anden sueltos por la tierra sometidos a Satán (Jub 10,11); son estos espíritus los que causan toda clase de males a los hombres, y para prevenir o curar esos males Noé recibe también lecciones de medicina (Jub 10,13).

---

[15] R. Eppel, *Le piétisme juif...*, 69, nota 2.

A pesar de los estragos que causan, los súbditos de Mastema no serán castigados hasta el final de los días [16].

En las Parábolas de Hen(et), Satán es el responsable del extravío de los ángeles, a los que hizo sus súbditos (1 Hen 54,6; 69,5). En 1 Hen 69,4 se responsabiliza a Yeqún del descenso de los ángeles a la tierra y de la seducción de las hijas de los hombres. 1 Hen 6,3 hace responsable de lo mismo a Semyaza. 1 Hen 69,4 responsabiliza a Asbeel (nombre que acaso provenga de 'azab'el, «abandonó a Dios») de haber enseñado las malas artes y la corrupción de los hijos de los hombres a los hijos de los ángeles y de las hijas de los hombres.

Otras veces, el jefe de los ángeles rebeldes es llamado Beliar. En todos los TestXII se le denomina así alguna vez; en algunos de ellos, varias veces. Beliar es una corrupción del descalificativo Beli'al (= un ser «sin provecho»), denominación frecuente en Qumrán, que también figura en 2 Cor 6,15. En 2 Tes 2,2-12, Pablo llama al anticristo ho anomos («el sin ley»), calificación que procede de la traducción de Beli'al mediante la regla del 'al tiqré o cambio de vocalización [17]. En TestXII Sim 2,7, Beliar es llamado «el príncipe de la mentira»; paralelamente, Jn 8, 44, refiriéndose al demonio, dice: «Cuando dice la mentira, dice lo que le sale de dentro, porque es falso y padre de la mentira». Según TestXII As 1,8, quien se deja llevar por la mala inclinación —lo que el judaísmo llamará yeṣer ra'— está gobernado por Beliar; por el contrario, Beliar no tiene ningún poder sobre los puros (TestXII Rub 4,10). Según una lectura de TestXII Zab 9,8, Dios mismo librará a los hombres de Beliar, quien al final será aherrojado (TestXII Lev 18,12) y echado al fuego para la eternidad (TestXII Jud 25,3).

OrSib 2,167 presenta a Beliar como el Anticristo que llegará mostrando prodigios a los hombres, prodigios que no tienen otro fin que extraviar a los fieles; véase OrSib 3,63-70: «Llegará después Beliar y hará que se levante de los montes la cima, detendrá el mar, el sol ardiente y grande y la brillante luna, a los muertos hará levantarse y numerosos signos dará a los hombres, mas no habrá en él nada que se cumpla, sino que errará y hará errar precisamente a los mortales y a muchos fieles y elegidos hebreos, a los que ley no conocen y a otros hombres

---

[16] En el libro de los Jubileos, el príncipe Mastema es jefe de los malos espíritus (10,8); acusa a Abrahán ante Dios y provoca el sacrificio de Isaac para probar la fidelidad de Abrahán (17,16ss); es el ángel que ataca a Moisés por no haber circuncidado a su hijo (48,2-3); ayuda a los magos de Egipto en contra de Moisés y empuja al faraón a perseguir a los hijos de Israel (48,9ss); al salir los israelitas de Egipto, es atado para que no pueda delatarlos (48,15.18); es el ángel exterminador encargado de matar a los primogénitos de los egipcios (49,2). Nótese las conexiones con Sammael, que también ejerce el oficio de delator y acusador (cf. PsJon. Gn 3, 4-6) y también toma parte en el sacrificio de Isaac (Gn. R. 56,4). En Qumrán (1QM 13,11; cf. 1QM 14,9-10) se identifica a Belial con el «ángel de la hostilidad (ml'k mśṭmh)... cuya misión es hacer el mal e inculpar». Cf. M. Pérez Fernández, Tradiciones mesiánicas, 52-53.

[17] B'li 'ol = «sin yugo (de la ley)». El sintagma hebreo b'né beliya'al de Dt 13, 14 es traducido por PsJon.: «hombres obstinados contra la enseñanza de los sabios», sin duda por vocalizar también beli 'ol.

que aún no oyeron la palabra de Dios». El Martirio o Ascensión de Isaías, que menciona varias veces a Beliar, lo llama «ángel de la iniquidad» (AscIs 2,4) y «jefe de los malos espíritus» (AscIs 1,8), y lo identifica con Sammael (AscIs 5,15). Jub 1,20 da a Beliar el mismo oficio de «acusador» que a Satán y Mastema: «... no los rija el espíritu de Beliar para acusarlos». En la Vida de los Profetas 17,2, Beliar aparece entreteniendo al profeta Natán al objeto de que éste no llegue a tiempo de impedir el adulterio de David con Betsabé.

2. Los ángeles caídos

La caída de los ángeles desde los cielos a la tierra suele funcionar en los apócrifos como explicación del origen del mal entre los hombres. La historia se conecta con los relatos bíblicos: bien con Gn 6,1-4 (la unión de los hijos de Dios con las hijas de los hombres; la generación de los gigantes), bien con Gn 2-3 (creación y pecado del primer hombre).

Ejemplo del primer tipo de leyenda, conectada con Gn 6, es Tg. PsJon. Gn 6,2.4: «Y vieron los hijos de los grandes que las hijas de los hombres eran hermosas, con los párpados pintados y con colorete, andando con las carnes desnudas, y concibieron pensamientos lujuriosos y se tomaron mujeres de todas las que les gustaron (...). Semyaza y Azazel habían caído del cielo y estaban en la tierra en esos días, y también después de que los hijos de los grandes entraron a las hijas de los hombres y éstas les dieron hijos: éstos son los llamados gigantes de antiguo, hombres famosos»[18]. Adviértase en este texto: 1) La «caída» de los ángeles es interpretación del misterioso nefilim de Gn 6,4, que puede vocalizarse como «caídos» o «los que caen». 2) Semyaza y Azazel son los príncipes de los ángeles caídos, los primeros que caen, pero no son los que fornican con las hijas de los hombres. 3) Los que fornican, cuando ya los ángeles habían caído a tierra, son «los hijos de los grandes»[19]. 4) Los targumes, al traducir $b^e n\acute{e}$ 'Elohim por «hijos de los grandes» (PsJon.) o por «hijos de los jueces (Neofiti), pretenden desviar del cielo el pecado de fornicación y los males consiguientes.

Pero, contrariamente a la tradición targúmica, los apócrifos hacen responsables a Semyaza y Azazel, con sus doscientos seguidores, del pecado con las hijas de los hombres[20] y, por tanto, les responsabilizan del mal de los humanos. Según Jub 4,15, los ángeles vigilantes descendieron del cielo en tiempo del patriarca Jared, hijo de Malaleel y de Dina, en el décimo jubileo; la finalidad era buena: «enseñar al género humano a hacer leyes y justicia sobre la tierra»; sólo más tarde, en el 25 jubileo, tendrá lugar el pecado de los ángeles (Jub 5,1; cf. 4,33). Según 1 Hen 6,1-6, el responsable es Semyaza, que arrastró a sus doscientos ángeles subordinados y les hizo juramentarse bajo anatema, en el monte Her-

[18] La traducción de PsJon. es de Teresa Martínez Saiz.
[19] Neofiti 1 lee «los hijos de los jueces»; en el margen se lee «de los reyes» (mlkyyᵓ), que debe corregirse por «de los ángeles» (mlᵓkyyᵓ).
[20] Cf. M. Delcor, Mito y tradición en la literatura apocalíptica (Ed. Cristiandad, Madrid 1977) 79-80.

22

món, que bajarían a tomar por esposas a las hijas de los hombres y engendrar hijos de ellas [21]. Los doscientos ángeles rebeldes llevan al frente diecinueve decuriones (1 Hen 6,7); Azazel figura como el vigésimo decurión en 1 Hen 10,4 [22]. 1 Hen 54,5-6 señala la suerte que aguarda a las tropas de Azazel: ser arrojadas al abismo de la condenación, las mandíbulas aplastadas bajo piedras; puesto que fueron servidores de Satán y extraviaron a los humanos, los arcángeles Miguel, Gabriel, Rafael y Fanuel los echarán al horno de fuego, para que el Señor de los espíritus los castigue.

Sobre la caída de los ángeles vigilantes escribe también 2 Hen que se contaminaron con las hijas de los hombres y están encadenados en el segundo cielo (2 Hen 7) esperando el juicio final; pero algunos ángeles vigilantes no sucumbieron y están en el quinto cielo, donde Henoc los ve en su viaje a través de los siete cielos (2 Hen 18).

En dos lugares recogen los TestXII la caída de los ángeles. En TestXII Rub 5,5-7 se exhorta a las mujeres a prescindir de adornos en la cabeza y el rostro con los que pudieran seducir a los hombres, pues así fue como antes del diluvio sedujeron a los ángeles vigilantes, los cuales se les presentaron en forma humana, con gigantesca estatura, cuando estaban ellas yaciendo con sus maridos; y así fue como aquellas mujeres concibieron de sus maridos, pero según el deseo que tenían de los ángeles vigilantes, y dieron a luz a los gigantes. El otro texto es Test Nef 3,5: los vigilantes cambiaron el orden de su naturaleza, por lo que el Señor los maldijo en tiempo del diluvio, y por su causa la tierra quedó deshabitada y sin frutos. TestXII parecen seguir a Jub: los ángeles bajaron a la tierra con un buen fin, pero fueron seducidos por las mujeres. Más antigua parece la tradición del Libro de los Vigilantes (1 Hen 1-36): los ángeles vigilantes bajaron a la tierra con el propósito de pecar con las mujeres.

En ApBar(sir) 56,10-14 se recoge también la tradición de la caída de los ángeles por la seducción de las mujeres. ApAb 13 presenta a Azazel como el ave impura que intenta disuadir a Abrahán de ofrecer el sacrificio (cf. Gn 15,11). El ángel Yaoel, que acompaña a Abrahán, increpa a Azazel y le recuerda que él es un ángel caído que ocupa la tierra que él mismo se escogió como «morada de su impureza» (ApAb 13,7). Es ésta otra referencia al pecado de los ángeles con las mujeres [23].

---

[21] Nótese que la juramentación con anatema (ḥerem) es una etiología del monte Ḥermon. El mismo fenómeno en Jub 4,15, con el descenso de los vigilantes en tiempo del patriarca Yared: yrd = descender.

[22] 1 Hen 69,2 confecciona de nuevo la lista de estos decuriones, sólo que aquí son veintiún ángeles y sus nombres no coinciden del todo con los de 1 Hen 6,7. Los nombres de los ángeles rebeldes se leen en 1 Hen 6 en el texto etiópico, en el texto griego de Sincelo y en el griego de Gizeh; en 1 Hen 69,2.3.4-12. Pero 69, 4-12 sólo contiene cinco nombres, distintos de los nombres de las otras listas; listas que tampoco coinciden entre sí, aunque probablemente arrancan de una primitiva lista común. Cf. M. Delcor, op. cit., 93s.

[23] En este relato, el puesto que Azazel deja libre en el cielo será ocupado por Abrahán.

Otra tradición paralela explica la caída de los ángeles en conexión con la creación del primer hombre. Así, para la Vida de Adán y Eva, la caída de los ángeles se debió a un pecado de orgullo: cuando Dios creó a Adán a su imagen y semejanza, Miguel le rindió pleitesía e invitó a Satán a que hiciera lo propio; pero Satán se negó a ello alegando que había sido creado antes que Adán y que debería ser Adán quien le hiciera reverencia a él; en esta actitud secundaron a Satán otros ángeles, y por el pecado de orgullo fueron arrojados del cielo; después Satán, por envidia, continuó persiguiendo a Adán y Eva por la tierra. He aquí el texto de VidAd(lat) 12-16: «El diablo entre lágrimas le replicó: Adán, toda mi hostilidad, envidia y dolor viene por ti, ya que por tu culpa fui expulsado de mi gloria y separado del esplendor que tuve en medio de los ángeles; por tu culpa fui arrojado a la tierra. Adán le contestó: ¿Qué te he hecho o en qué está mi culpa, si no te había conocido? Insistió el diablo: ¿Qué estás diciendo? ¿Que no has hecho nada? Sin embargo, por tu culpa fui arrojado. Precisamente el día en que fuiste formado me arrojaron de la presencia de Dios y me expulsaron de la compañía de los ángeles, cuando Dios inspiró en ti el hálito vital, y tu rostro y figura fueron hechos a imagen de Dios; cuando Miguel te trajo e hizo que te adorásemos delante de Dios y dijo Dios: He aquí que hice a Adán a nuestra imagen y semejanza. Entonces salió Miguel, convocó a todos los ángeles dijo: Adora la imagen del Señor Dios. Yo respondí: No, yo no tengo por qué adorar a Adán. Como Miguel me forzase a adorarte, le respondí: ¿Por qué me obligas? No voy a adorar a uno peor que yo, puesto que soy anterior a cualquier criatura, y antes de que él fuese hecho ya había sido hecho yo. El debe adorarme a mí, y no al revés. Al oír esto, el resto de los ángeles que estaban conmigo se negaron a adorarte.

Miguel me insistió: Adora la imagen de Dios. Y contesté: Si se irrita conmigo, pondré mi trono por encima de los astros del cielo y seré semejante al Altísimo. El Señor Dios se indignó contra mí y ordenó que me expulsaran del cielo y de mi gloria junto con mis ángeles. De esta manera fuimos expulsados por tu culpa de nuestras moradas y arrojados a la tierra. Al instante me sumí en el dolor, porque había sido despojado de toda mi gloria, mientras que tú eras todo mimos y alegría. Por eso comencé a envidiarte, y no soportaba que te exaltaran de esa forma. Asedié a tu mujer, y por ella conseguí que te privaran de todos tus mimos y alegrías, lo mismo que había sido yo privado anteriormente»[24].

---

[24] La versión de la *Vida de Adán y Eva* es de Natalio Fernández Marcos. La literatura rabínica conectará también la caída de los ángeles con Gn 1-3 (cf. PRE 13,1-2: rebelión de los ángeles contra Dios y Adán; Sammael se introduce en la serpiente para tentar a Eva) y Gn 6 (cf. PRE 22,2: descenso de los ángeles para pecar con las hijas de los hombres). Abundancia de textos en P. Schäfer, *Rivalität zwischen Engeln und Menschen* (Berlín-Nueva York 1975) 75-108.

3. Origen del mal y responsabilidad del hombre

Los apócrifos reflexionaron según este esquema: el mal es, en su conjunto, superior al hombre y no se puede explicar siempre por el simple libre albedrío; pero tampoco se debe a Dios, que es bueno; se deberá, por tanto, a otros poderes suprahumanos distintos del hombre y Dios. El pecado de los ángeles con las hijas de los hombres, deducido de Gn 6,1-4, sirvió para identificar estos poderes suprahumanos, sin atentar contra la soberanía única de Dios, y así quedó explicado el origen del mal moral y físico: se debe a los ángeles malos y a su descendencia.

Otra explicación del origen del mal es el pecado del primer hombre, incitado por el demonio. Tal es la explicación usual entre los cristianos, también recogida —junto a la anterior— en Jub 3,17-35 y supuesta en TestXII Lev 18,10-11. Otros varios apócrifos recurren también al pecado de Adán para explicar el origen del mal: 2 Hen 30,15s; ApAb 23-24; ApBar(sir) 23,4; 48,42.43; 56,5.6; 4 Esd 7,11.12; VidAd(gr) 11.19; ApBar(gr) 4,16 [25]. Pero nótese que en todos los casos se insiste en que cada hombre es responsable de sus pecados: ApAb 26; ApBar(gr) 4,16; dicho de otra forma: la responsabilidad de Adán no exime de responsabilidad al hombre que libremente peca; el pecado de Adán es causa de la muerte, pero cada uno se prepara libremente la gloria o el castigo (ApBar[sir] 54,15.19; cf. 17,3 y 23,4); el pecado de Adán es también causa de la muerte espiritual (ApBar[sir] 48,42s), pero cada hombre también es responsable [26].

4 Esd subraya especialmente la responsabilidad fontal del pecado de Adán. ¿Cómo Dios —se pregunta—, siendo justo y bueno, puede permitir el mal en el mundo y, sobre todo, el mal en Israel, que, con ser pueblo infiel, no es tan perverso como las naciones gentiles? (cf. 4 Esd 3,28-36). Naturalmente, la primera respuesta es que la destrucción del templo el año 70 y las tribulaciones consiguientes de Israel se deben a los pecados e infidelidades del propio Israel, pero la razón última está en el pecado de Adán, responsable original (cf. 4 Esd 7,10ss) de los males que afligen a ese pueblo por el que el mundo fue creado: «Oh Adán, ¿qué es lo que has hecho? Aunque tú pecaste, la caída no fue tuya solamente, sino también de nosotros, que somos tus descendientes» (4 Esd 7,118). Adán se dejó llevar del *cor malignum*, e igualmente todos los que nacen de él (4 Esd 3,21-22). El mal viene, pues, de Adán a través del *cor malignum*.

El rabinismo —que se niega a explicar el mal por el pecado original— acepta una tercera explicación: el mal deriva del *yeṣer raʿ*, criatura perversa o mala inclinación creada en el hombre. También ciertos apócrifos recogen esta explicación. El origen de la misma está en Gn 6,5: «Toda la inclinación (*yeṣer*) de los pensamientos de su corazón son el mal continuamente», y en Gn 8,21: «Porque la inclinación (*yeṣer*) del corazón del hombre es el mal desde su juventud». El esquema rabínico

---

[25] D. S. Russell, *The Method...*, 252.
[26] R. H. Charles, APOT II, 507.

es el siguiente: junto al *yeṣer ha-raʿ*, o mala inclinación, hay en el hombre un *yeṣer ha-ṭob,* o buena inclinación; la doble inclinación se deduce —según bBer 61a— de la doble *yod* del verbo *wayyiṣer* («y formó al hombre...») en Gn 2,7; el misterio de la doble *yod* es que Dios creó al hombre con las dos inclinaciones; Dios mismo es, pues, el creador único de las dos. Gn. R. 9,7 justifica aún la creación de la mala inclinación: «¿Es que la mala inclinación es buena? Si no fuera por ella, el hombre no construiría casas, ni se casaría, ni engendraría hijos, ni emprendería negocios». Otra explicación dice que la mala inclinación la crea Dios el día del nacimiento, y se torna realmente «mala» si no se la controla; la inclinación buena se recibe a los trece años cuando uno se hace *bar miṣwá* obligado a cumplir la ley (Ecl. R. 4,13)[27]. En el mundo futuro no existe la mala inclinación, como tampoco en los ángeles, pues «en el mundo futuro ni se come ni se bebe ni se engendra, ni hay comercio ni envidia ni odio ni riñas, sino que los justos se sientan con las cabezas coronadas contemplando la gloria de la *Šekiná*» (bBer 17a).

Nótese que el *cor malignum* de 4 Esd es una noción equivalente al *yeṣer raʿ*. TestXII As 1,2-9 menciona también las dos inclinaciones o voluntades que están en el corazón del hombre.

4. *Los demonios en el NT:*
¿seres personales o fuerzas personalizadas?

Todo el mundo antiguo incluía en su cosmovisión una copiosa demonología, una serie de fuerzas —ni buenas ni malas— que moran en los elementos[28]. Unicamente esas fuerzas o ángeles de los elementos o meteoros podrían considerarse como fuerzas personalizadas y no personales. Pero en el mundo de los apócrifos, ángeles y demonios figuran como seres personales; Satán, Mastema, Beliar, Azazel no son personalización de fuerzas nocivas, sino seres personales malos. Este dato es de singular importancia, pues la demonología del NT —siendo mucho más parca que la de los apócrifos— guarda con la de éstos un estrecho parecido[29].

Belial figura en 2 Cor 6,15. Beelzebul, en boca de los judíos, en Mt 12,27 par. y 10,25. Mt 12,26 habla del reino de Satán: «Si Satanás echa a Satanás... ¿cómo se mantendrá en pie su reino?» Ap 12,4 atribuye a Satán, llamado el gran dragón, la caída de los ángeles: «Y su cola arrastra la tercera parte de las estrellas del cielo y las precipita en

---

[27] *Enc. Jud.* VIII, cols. 1318-1319; E. E. Urbach, *Jazal. Pirqe emunot wdeʿot* (Jerusalén 1971) 415-427.

[28] O. Böcher, *Christus Exorcista. Dämonismus und Taufe im Neuen Testament* (Stuttgart 1972); íd., *Das Neue Testament und die dämonischen Mächte* (Stuttgart 1972).

[29] «Dem Neuen Testament ist die Personalisierung der guten (und der bösen) Mächte genauso selbstverständlich wie seiner jüdischer Umwelt»; así formula O. Böcher, sin las obligadas matizaciones que hacemos en el texto, en *Theologische Realenzyklopädie* IX, 599, art. *Engel.*

tierra» [30]. Es ser personal la serpiente que «sedujo» a Eva, según 2 Cor 11,3 [31]. En Mt 12,24-28, los demonios aparecen como súbditos de Satán. Satán tiene atributos de persona: tienta (Mt 4,1-12), acusa (Ap 12,10), castiga y daña (1 Cor 5,5: Pablo decide entregar al incestuoso de Corinto al poder de Satanás para «destrucción de la carne»). También Jesús pasa haciendo el bien y curando a los «oprimidos por el demonio» (Hch 10,38). Ap 12,10 hace esta descripción del demonio: «Ahora ha llegado la hora del reinado de Dios, porque ha sido derribado el acusador de los hombres, el que hostiga día y noche». Ef 2,2 llama al demonio «príncipe de este mundo». Por su parte, los demonios echan en cara a Jesús que haya venido a perderlos, a destruirlos (Mc 1,24; 5,7 par.).

Hay dos textos en el NT que subrayan especialmente el carácter personal de los demonios, ambos vinculados con la tradición de los rebeldes ángeles vigilantes. Jds 6: «A los ángeles que no se mantuvieron en su rango y abandonaron su propia morada los tiene guardados para el juicio del gran día, atados en las tinieblas con cadenas perpetuas». 2 Pe 2,4: «Dios no perdonó a los ángeles que pecaron; al contrario, los precipitó en las lóbregas mazmorras del infierno, guardándolos para el juicio». La representación de estos dos textos ya la conocemos por la literatura apócrifa; véase Jub 5,1-9; 7,21; 8,3; 1 Hen 1,5; 109,13. Esta representación ha influido en la tradición cristiana del descenso de Cristo a los infiernos: «Sufrió la muerte en su cuerpo, pero recibió la vida por el espíritu. Fue entonces cuando proclamó la victoria incluso a los espíritus encarcelados que antiguamente fueron rebeldes, cuando en tiempo de Noé...» (1 Pe 3,19) [32]. Es de notar también el paralelismo entre 1 Pe 5,8 («vuestro adversario el diablo, rugiendo como un león, ronda buscando a quién tragarse») y JyA 12,9-10: «Mira que el antiguo y feroz león me anda persiguiendo; sus hijos son los dioses de los egipcios, a los que yo arrojé de mí haciéndolos añicos, y su padre, el diablo, intenta engullirme. Señor, sálvame de sus garras y de su boca sácame, no sea que, como un lobo, me rapte y me desgarre y me lance al abismo de fuego...»; cf. también ApEl 1,5: el diablo, el maligno, el hijo de la iniquidad, «quiere devorar a los hombres como fuego..., engullirlos como el agua».

Nos resulta evidente el carácter personal predominante que ángeles y demonios tienen en la representación del NT y de los apócrifos. Con todo, algunos autores intentan reducir el teologúmeno del demonio a mera personalización de las fuerzas del mal [33]. Por lo cual haremos aún algunas precisiones.

---

[30] 1 Hen 85-90 simboliza también a los ángeles caídos como estrellas que caen de los cielos; son seres personales, los ángeles vigilantes.

[31] Tras el vocabulario de «seducción» está toda la tradición de Sammael, que sedujo a Eva y de ella engendró a Caín.

[32] Sobre el descenso de Jesús a los infiernos, cf. Ef 4,8-9 y acaso Mt 27,51-53. Véase R. Aguirre, *Exégesis de Mt 27,51b-53. Para una teología de la muerte de Jesús en el Evangelio de Mateo* (Vitoria 1980) espec. pp. 153-171.

[33] H. Haag, *Teufelsglaube* (Tubinga 1974); J. I. González Faus, *Jesús y los demonios. Introducción cristológica a la lucha por la justicia*: EstEcl 52 (1977) 483-

En hebreo, el que Satán vaya precedido del artículo (*ha-Saṭan:* «el acusador», «el seductor», «el enemigo»; cf. Zac 3,1-2; Job 1,6ss) no excluye que sea nombre propio. Como González Faus señala [34], en 1 Cr 21,1 el censo de David se atribuye a incitación de «el Satán», y en el paralelo de 2 Sm 24,1 es Yahvé quien mueve a hacer el censo; «el Satán» es, pues, nombre propio que sustituye a Yahvé. Y aunque en hebreo es usual que los nombres propios no lleven artículo, sí hay algunos que lo llevan: *ha-Yarden* (el Jordán), *ha-Lebanon* (el Líbano), *ha-Gibʿa* (Guibeá), etc. En griego, los nombres propios sí pueden llevar artículo: nótese *ho diabolos* en LXX y *ho Satanas* en Mc 1,13; 3,26; 4,15; Lc 10,18; 11,18; 13,16; 22,31; Jn 13,27, etc.; en otros lugares Satanás no lleva artículo: Mc 3,22; Lc 22,3; 2 Cor 12,7. Se sigue que de la ausencia o presencia del artículo difícilmente se puede obtener una conclusión convincente acerca del carácter personal o personificado del demonio en el NT.

Por la línea de la tradición, en cambio, observamos que Satán se identifica con Semyaza y con Beliar y es de la misma condición que Sammael y Azazel. Y dado que todos estos nombres designan seres personales, no parece que Satán o *ha-Saṭan* sea mera personalización del mal desprovisto de personalidad. Estos nombres designan a los ángeles que desearon a las hijas de los hombres y de ellas engendraron a los gigantes [35]; son, pues, personas.

Fijémonos también en los nombres utilizados en el NT para designar al demonio: *Satán* (acusador, seductor, enemigo), *diabolos* (acusador), el Fuerte (Mc 3,37), el príncipe de este mundo (Jn 14,30; 12,31; 16,11). Son nombres de carácter ético que han sido tomados como nombres propios del demonio porque la función de éste es incitar al mal —como en los apócrifos— e impedir el establecimiento del reino de Dios. En Ef 2,2, la designación «el príncipe del imperio del aire» está en consonancia con la representación de los apócrifos: este mundo está sometido al poder de Satán y de los demonios que vagan por el aire o en el cielo inferior; cf. Ef 6,12: «No es nuestra lucha contra la carne y la sangre (= contra los hombres), sino contra los principados, potestades, contra los poderes mundanales de las tinieblas de este siglo, contra las huestes espirituales de la maldad que andan en las regiones aéreas».

519. Este autor admite la realidad histórica de los exorcismos de Jesús y que liberó a endemoniados (p. 488), pero se muestra dubitativo en admitir que Satán sea persona y no mera personalización de las fuerzas del mal (p. 496); da por descontado que la existencia del demonio ni es ni puede ser objeto de fe (p. 499). Cf. también J. J. Alemany, *¿Fe en el diablo?:* «Razón y Fe» 191 (1975) 239-250. Otto Böcher afirma que el NT asume sin mayor crítica toda la representación de ángeles y demonios tiene el judaísmo circundante («... sie sind weder Gegenstand theologischer Reflexion noch gar kultischer Verehrung»: *Theologische Realenzyclopädie* IX, 599, art. *Engel)*, pero ya en la tradición profética del NT y, sobre todo, en Pablo y Mt se nota un proceso de «desdemonización» de perícopas y dichos de Jesús y la tendencia a presentar a Jesús no como un exorcista (*ibíd.* VIII, 285-286, art. *Dämonen).*

[34] González Faus, *art. cit.*
[35] A Sammael se atribuye la seducción de Eva y la paternidad de Caín.

La lucha de Jesús contra el príncipe de este mundo es de una persona contra otra: ve caer a Satanás desde el cielo (terrestre) como un rayo (Lc 10,18); en el nombre de Jesús los demonios se someten a los discípulos del maestro (Lc 10,17); Jesús otorga a sus discípulos poder contra la potencia del enemigo y facultad de caminar sobre serpientes y escorpiones sin sufrir daño alguno (Lc 10,19)[36]; Jesús echa los demonios con el poder del Espíritu y así muestra que ya ha llegado el reino de Dios (Mt 12,28); el reino de Dios se manifiesta justamente en el desplazamiento del reino del príncipe de este mundo: «¡Ha sonado la hora de la victoria de nuestro Dios, de su poderío y de su reinado, y de la potestad de su Mesías! Porque ha sido derribado el acusador de nuestros hermanos, el que los acusaba día y noche ante nuestro Dios» (Ap 12,10). Para indicar esta lucha personal de Jesús con el demonio, el NT utiliza el verbo *epitimao:* Jesús «manda» (no utiliza el clásico de los exorcismos griegos y judíos: *exorkidso),* porque Jesús «somete» y tiene poder efectivo sobre los demonios.

H. Schlier, después de citar la sorprendente afirmación de Bultmann —que no se puede vivir en la época de la electricidad y la radio y la medicina y seguir creyendo en espíritus y milagros— en su trabajo sobre *Principados y potencias en el NT*[37], prueba la tesis contraria: que, a pesar de todos los progresos de la ciencia, ésta deja al hombre desvalido y en poder de algo indisponible que dispone de nosotros; éstos son los espíritus del mal, que, en lenguaje mitológico, admiten los apócrifos judíos, y en lenguaje muy desmitizado, también el NT. Pero tras el lenguaje más o menos mitológico de los apócrifos y del NT (por ejemplo, que los demonios están en los cielos de la tierra, en el aire, en el desierto, etc.) hay una intuición verdadera compartida por otras religiones: que entre Dios y el hombre existen seres personales que dan razón de los males que, por su magnitud y calidad, no pueden derivar del libre albedrío del hombre, pues le superan. Son poderes indisponibles que disponen de nosotros, pero no son Dios, pues Dios es bueno y causa del bien. Según el AT, el NT y los apócrifos son poderes personales maléficos, sometidos a Dios, dominados por él[38].

---

[36] En este dicho, serpientes y escorpiones parecen ser metáfora de los demonios, figurados en Gn 3 y en los apócrifos como serpientes. Cf. M. Pérez Fernández, *op. cit.,* 91, y precisiones de P. Grelot en RB 89 (1982) 439-440.

[37] H. Schlier, *Principautés et puissances dans le Nouveau Testament,* en *Essais sur le Nouveau Testament* (Lectio Divina 46; París 1968). Es resumen del libro *Mächte und Gewalten im NT* (Quaestiones Disputatae 3; Friburgo de Br. 1963).

[38] Sobre la existencia y personalidad de los ángeles, cf. H. Schlier, *Les anges dans le Nouveau Testament,* en *Essais sur le Nouveau Testament,* 187-204. Acerca de ángeles y demonios en la teología del judaísmo, cf. K. Köhler, *Grundriss einer systematischen Theologie des Judentums auf geschichtlicher Grundlage* (Leipzig 1910; reimpr. Hildesheim-Nueva York 1979) 134-147. Sobre la angelología del rabinismo, cf. P. Schäfer, *Rivalität zwischen Engeln und Menschen. Untersuchungen zur rabbinischen Engelvorstellung* (Berlín-Nueva York 1975); en una primera parte, el autor hace una rápida síntesis de la angelología de apócrifos/pseudoepígrafos, Qumrán y literatura rabínica; la segunda parte se dedica al análisis detenido de los textos rabínicos y a dar una síntesis de la doctrina.

CAPITULO III

PESIMISMO Y DUALISMO

La literatura apócrifa, y particularmente la apocalíptica, suele carac terizarse por una múltiple concepción dualista de la existencia: lo de arriba y lo de abajo, Dios y Beliar o Mastema, ángeles buenos y malos, hombres buenos y malos, los que se salvan y los que se condenan, inclinaciones buenas y malas en el hombre, etc. Particularmente típico es el dualismo escatológico que divide la realidad en dos mundos: el «mundo presente» u *'olam ha-zeh* y el «mundo futuro» u *'olam ha-ba'*.

Con frecuencia se habla del origen persa del dualismo apocalíptico judío. Tal afirmación debe ser matizada. Sin duda, doctrinas persas se introdujeron en el judaísmo, incluso en el apocalíptico de los judíos piadosos, pues ni la más fuerte oposición al helenismo y demás culturas foráneas consiguió impedir la asimilación de algunas de sus doctrinas. El dualismo que respiran los apócrifos es una de esas doctrinas. Pero el dualismo cósmico persa, consistente en dividir el cosmos en dos fuerzas supremas, un dios bueno y otro dios malo de idéntica categoría, nunca fue aceptado por el judaísmo bíblico o apócrifo. El judaísmo reconoce la existencia de poderes adversos a Dios, mas siempre los subordina a Dios y no los concibe actuando sin la autorización divina. Como acabamos de ver en el capítulo anterior, en el origen del mal tienen mucho que ver seres y poderes suprahumanos (que, por otra parte, no quitan la libertad del hombre), pero tales seres perversos —llámense Mastema, Beliar, Satán o Sammael— se conciben siempre como criaturas bajo el supremo dominio de un solo principio bueno, Dios.

I. DUALISMO ESCATOLOGICO: ESTE MUNDO Y EL MUNDO FUTURO

El dualismo persa parece haber ayudado al judaísmo apócrifo a superar la concepción tradicional, incluso en los profetas, de que el futuro será un futuro intramundano. Nuestra literatura distinguirá, por el contrario, al igual que los persas, este mundo y el mundo del más allá. A tal distinción contribuyó no poco el pesimismo con que los apócrifos contemplan el mundo presente dominado por el mal y escenario de toda clase de vejaciones y esclavitudes de Israel. Ello les hace levantar con insistencia los ojos hacia el mundo de arriba, donde están Dios y los ángeles, y concebir también para ellos mismos otro mundo en el más allá.

Esta literatura es pesimista respecto a la historia pasada y presente: no se ha producido la liberación de Israel ni se han cumplido las promesas salvíficas de Dios. Pero Dios no puede defraudar a sus fieles, y las palabras de los profetas no pueden dejar de cumplirse: no se cumplirán en este mundo, pero sí en un mundo futuro que vendrá o está viniendo, el ʿolam ha-baʾ. Por tanto, junto al pesimismo va siempre el optimismo de la esperanza: el futuro —que consideran no lejano, sino inmediato— será esplendoroso, cielos nuevos y tierra nueva, lo que había anunciado el Tercer Isaías.

Naturalmente, esta esperanza y consolación es patrimonio único del resto de Israel —los israelitas fieles, los elegidos de Dios—, nunca de los perversos. Si en este mundo, en el ʿolam ha-zeh, los elegidos de Dios tienen que apurar día a día la copa del sufrimiento, su fidelidad a la ley les incorpora ya desde ahora al ʿolam ha-baʾ. Lo normal es que los apocalípticos esperen de Dios toda la salvación, con una actitud pasiva de sufrimiento paciente y esperanzado ante el mundo perverso: el Altísimo dominará prontamente todas las fuerzas del mal, no sólo en Israel, sino en el mundo entero. Pero también algunos libros, como el de la *Guerra de los hijos de la luz contra los hijos de las tinieblas* de Qumrán, conciben y piden una militancia activa en esta guerra escatológica.

II. DUALISMO ETICO: BUENOS Y MALOS

Sólo el estudio de cada apócrifo ayudará a matizar el tipo de dualismo que es propio de un determinado libro. Los apocalipsis más antiguos no distinguen de manera tan fundamental los dos eones; compárese, por ejemplo, el interés bastante relativo de los TestXII en los *kairoi esjatoi* o «tiempos últimos» [1], con un 4 Esd, que afirma tajantemente: «El Altísimo no hizo un mundo, sino dos» (4 Esd 7,50).

En 4 Esd llega precisamente el pesimismo a su punto culminante: «no hay ninguno entre los nacidos que no haya obrado el mal» (4 Esd 8,35); «el Altísimo hizo este mundo para los muchos, y el mundo futuro para los pocos» (4 Esd 8,1); «muchos han sido creados, pero sólo pocos se salvarán» (4 Esd 8,3); «los justos son pocos, los malos abundan» (4 Esd 7,51). ApBar(sir) es menos pesimista: en 15,7 afirma que no sólo el mundo futuro, sino también este mundo presente ha sido creado para los justos; en 21,11 sostiene que los justos no son pocos; en 24,2, que son muchos; en 30,2, que son una multitud de almas; los capítulos 53-74 describen la historia humana como una alternancia del predominio de los buenos y los malos (las aguas turbias y las aguas claras); en 83, 9-12 reconoce que ni el mal es totalmente malo ni el bien es totalmente bueno. Con todo, ApBar(sir), igual que Proverbios y Sabiduría, divide la humanidad en buenos y malos, dos clases fijas e irreversibles. También en los TestXII, particularmente en los de Aser y Benjamín, se refleja el dualismo de buenos y malos; los malos son los *diprosopoi*, los

[1] R. Eppel, *Le piétisme juif dans les Testaments des Douze Patriarches* (París 1930) 93-94.

que tienen dos caras, buena y mala (TestXII As 3,1); los buenos son *monoprosopoi,* de una sola cara (TestXII As 4,1; 6,1). En los TestXII tal dualismo no es únicamente exterior al propio hombre (hay hombres buenos y malos), sino que existe incluso dentro de cada hombre [2]: «Dios ha dado a los hijos de los hombres doble *diaboulía* (= consejo), dos clases de hechos, dos lugares de juicio y dos metas finales. Todas las cosas son duales, una frente a otra. Hay dos caminos: el del bien y el del mal, y dos consejos en nuestro pecho los disciernen» (TestXII As 1,3-5).

Jubileos es otro apócrifo en que el dualismo está presente en sus diversas modalidades: los dos caminos, los espíritus buenos y malos, los espíritus de Dios y de Mastema, Israel y los gentiles. El de Jubileos es un dualismo parecido al de Qumrán: Dios-Mastema, ángeles buenos-ángeles malos, dos clases de ángeles buenos y dos clases de salvados, la humanidad dividida en justos protegidos por los custodios y malvados dominados por los demonios [3]. Dado el nacionalismo que caracteriza a Jubileos, el dualismo ético de buenos-malos no se aplica formalmente a Israel [4]: los buenos son Israel, los malos son los gentiles; Israel es el pueblo justo (24,29), el retoño justo (21,24), mientras que los gentiles son los pecadores (24,28), los cananeos no tienen reputación ni justicia (25,1) y tampoco Esaú (35,13). Pero, contrariamente a Jubileos, la tradición más antigua tiende a establecer el dualismo ético de buenos-malos tanto entre los israelitas como entre los gentiles.

Los apocalípticos, como el libro de la Sabiduría, sitúan la retribución al final de los tiempos, en el *ésjaton.* Profetas y algunos sapienciales bíblicos relegan la retribución al *'aḥarit ha-yamim,* o tiempos sucesivos, pero dentro de un futuro intramundano [5].

---

[2] J. G. Gammie, *Spatial and Ethical Dualism in Jewish Wisdom and Apocalyptic Literature:* JBL 93 (1974) 279.

[3] Sobre los textos de Qumrán, véase P. von Osten-Sacken, *Gott und Belial* (Gotinga 1969). Textos dualistas de Qumrán, en Van der Kam, *op. cit.,* 254-255. Sobre los dos espíritus, en Qumrán, cf. M. Delcor-F. García Martínez, *Introducción a la literatura esenia de Qumrán* (Ed. Cristiandad, Madrid 1983) 285-298. En el libro de los Jubileos: ángeles buenos, en Jub 1,27.29; 2,1; 16,1.28; 27,21; 32,21; espíritus malvados capitaneados por Mastema, en Jub 7,27; 10,8.9.11; hombres buenos, en Jub 20,2.3; 23,30s; hombres perversos, en Jub 10,8; 22,16-18, etc.

[4] Sin embargo, Jub supone que la ley de las tablas celestes está siendo quebrantada por muchos israelitas en relación con los matrimonios mixtos y demás formas de contacto con los gentiles; cf. Jub 30. Sobre el tema, véase E. Schwarz, *Identität durch Abgrenzung* (Francfort-Berna 1982), y M. Pérez Fernández, *La apertura a los gentiles en el judaísmo intertestamentario:* EstBib 41 (1983) 91.

[5] *'aḥarit ha-yamim* es fórmula usada en el AT para anunciar acontecimientos futuros, no necesariamente «el fin» o «ésjaton»; tiene en muchos casos sentido puramente temporal: «para después» o «más tarde». Carmignac escribe: «En particulier l'expression *'ḥryt ḥyymym,* que l'on a trop souvent traduite par 'la fin des jours', 'the ends of the days', 'das Ende der Tage', signifie en réalité 'la suite des jours', c'est-à-dire l'avenir, et elle ne désigne jamais la fin du monde» *(Les dangers de l'eschatologie:* NTS 17 [1970-71] 372); cf. íd., *La notion d'eschatologie dans la Bible et à Qumrân:* RB 7 (1969) 17-31.

III. DUALISMO ESPACIAL: CIELO Y TIERRA

Los apócrifos heredan de la literatura sapiencial la división del mundo en dos planos: el cielo y la tierra. Tal dualismo espacial es propio del Próximo Oriente y del judaísmo. En el NT tiene especial relieve en el Evangelio de Juan y en la carta a los Hebreos [6].

Una de las manifestaciones de dicho dualismo es denominar a Dios como el Altísimo: cuatro veces en Dn 4 (y en otros capítulos), en Jub, TestXII, 1 Hen, como ya hemos escrito en el cap. I al hablar del Dios trascendente [7]. Daniel menciona los libros «celestes» que tienen escrito el futuro (Dn 10,21); 1 Hen habla de las tablas «celestes» (81,2, etc.), tablas que archivan las buenas obras (1 Hen 103,3.4; 104,1, etc. Cf. Dn 12,1) o los pecados de los hombres (1 Hen 89,70-71; 90,14.17.20, etc.). 1 Hen 14 describe el palacio «celeste» de cristal, una regia morada para el trono de la gloria. 1 Hen 33-36; 72-82 contempla las peregrinaciones de las luminarias «celestes» a través de las puertas de los cielos [8]. Jubileos también conoce las tablas «celestes» que archivan las acciones humanas y en las que está recogida la ley en su integridad [9]. TestXII Lev 2,7-10 menciona «tres cielos». TestXII Lev 3,1-9 menciona «siete cielos» [10].

El dualismo espacial no implica oposición de contrarios, como el dualismo escatológico o el dualismo ético: el mundo celeste —del Altísimo, de los ángeles, de las tablas celestes— está íntimamente implicado con el mundo de abajo por la acción y la ejemplaridad. «Lo básico de la *Weltanschauung* del Oriente Próximo antiguo es la enseñanza de la correspondencia entre el cielo y la tierra. Cada cosa o evento terreno tiene su modelo y prototipo en los cielos. Cada cosa o evento terreno está prefigurado en su ser o evento del cielo. Así, lo que ocurre en los cielos es de importancia primordial para la tierra. Cada región, río, ciudad, templo —en realidad, toda la tierra— tiene su modelo celeste. Las cosas terrenas —humanas o sagradas— han sido modeladas según el modelo celeste» [11]. Un ejemplo de tal correspondencia de cielo y tierra es que,

[6] En realidad habría que hablar de tres planos: cielo, tierra y abismo *(tehom)*. Pero tras el destierro, el abismo u océano no tuvo relevancia teológica en Israel, y en el mismo Próximo Oriente desempeñó un papel de segundo orden. Podemos, pues, hablar de un dualismo de dos planos. Cf. J. G. Gammie, *art. cit.,* 362.

[7] Cf. 1 Hen 9,3; 10,1; 94,8; 98,7.11; 88,3.10, etc. Cf. *supra,* pp. 309ss.

[8] Henoc, en sus viajes por los confines de la tierra, ve en el extremo nororiental las entradas de los cielos, por donde salen el sol, las estrellas, las lluvias y otros meteoros. La astronomía de Henoc fue fuente de inspiración para el tratado astronómico de PRE 6-8.

[9] La tablas celestes contienen además el futuro de los humanos por todos los siglos. Cf. Jub 1,29; 3,10.31; 4,5.32; 5,13; 6,17.29.31.35; 15,25; 16,3.9.28.29; 18,19; 19,9; 23,32; 24,33; 28,6; 30,5.9.19.20.22.23; 31,32; 32,10.15.21.28; 33,10; 49,8; 50, 13. También 4 Esd 6,20 y ApBar(sir) 24,1 se refieren a las tablas celestes. En ApBar(sir) está más presente el dualismo espacial que en 4 Esd.

[10] Cf. *supra,* p. 309, nota 2.

[11] H. Bietenhard, *Die himmlische Welt im Urchristentum und Spätjudentum* (Tubinga 1951) 13 (citado por Gammie, *art. cit.,* 361s).

si el ángel protector de un pueblo prevalece en el cielo sobre el ángel custodio de otro pueblo, en la tierra el pueblo protegido por el primer ángel prevalecerá sobre el pueblo del segundo ángel [12].

IV. DUALISMO ANTROPOLOGICO: CUERPO Y ALMA

La distinción entre alma y cuerpo está acreditada en diversos apócrifos. De ello escribiremos seguidamente al tratar la escatología de los apócrifos. Adelantemos aquí dos ejemplos: en 1 Hen 71,1ss es el alma de Henoc, no Henoc, quien sube al cielo; según AscIs 7,5 (cf. 8,11.27), el espíritu de Isaías es trasladado a los cielos.

---

[12] Cf. M. Delcor, *Mito y tradición,* op. cit., 58.

CAPITULO IV

REINO DE DIOS Y ESCATOLOGIA

I. CONSIDERACIONES GENERALES

1. La expresión «reino de Dios» y su contenido

El sintagma «reino de Dios» no figura en el AT hebreo y es muy raro en los deuterocanónicos y apócrifos del AT; es raro también en los targumes y Filón; sólo tres veces aparece en Qumrán; figura en el *qaddiš* y algunas otras oraciones judías antiguas; se hace relativamente frecuente en la literatura rabínica en frases estereotipadas [1]. Constituye, por tanto, una relativa novedad en los dichos de Jesús —particularmente en Mt— mencionar una y otra vez el «reino de Dios» o «reino de los cielos».

Aunque el sintagma «reino de Dios» sea de tan escasa frecuencia en la literatura intertestamentaria, su contenido es un tema insistente y porfiado en los apócrifos —particularmente en los apocalípticos— tanto como en la predicación de Jesús. Los temas del reino de Dios discurren por las páginas de dicha literatura. El agente del reino es Dios y el Mesías; el sujeto que se salva o condena son ángeles y hombres, israelitas y gentiles, cuerpos y espíritus; los bienes de salvación y males de condenación que acompañan al reino son espirituales y materiales; el lugar es este mundo o el otro; el tiempo es limitado o definitivo; el modo se concreta en resurrección y juicio. En una palabra: esta literatura trata del esperado triunfo de Dios sobre los contravalores y sobre los que los promueven; y trata de la salvación total que Dios —con o sin Mesías— va a otorgar en un futuro próximo a los que le temen.

Aunque el objetivo último del reino es la victoria de Dios sobre los contravalores encarnados en los ángeles vigilantes y en los hombres perversos, el objetivo inmediato y obsesivo en la literatura intertestamentaria es el triunfo de Israel y su salvación. Este triunfo y salvación se suele extender a todo Israel —las doce tribus— y comporta la reintegración de todas las tribus a la tierra de Israel. Como es usual la identificación «israelitas-justos» y «gentiles-pecadores», esta literatura otorga fácilmente a Israel una salvación colectiva; pero no siempre ocurre: 4 Esd, por ejemplo —como ya hemos señalado en el capítulo anterior— teme que serán pocos los israelitas que se salven. Para los gentiles, por el contrario, las puertas del reino de Dios estarán cerradas o apenas entre-

---

[1] J. Jeremias, *Teología del Nuevo Testamento* (Salamanca 1977) 46; en nota 17 de p. 47, Jeremias recoge lugares donde aparece la expresión «reino (de Dios)»: Dn 3,54 LXX; 4,34 Teod.; Tob 13; SalSl 5,18; 17,3; 1 Hen 84,2; AsMo 10,1; Sab 6,4; 10,10; OrSib 3,47.766. Cf. G. Dalman, *Die Worte Jesu* (Leipzig ²1939) 79-83; D. S. Russell, *The Method...*, 285: «La expresión 'reino de Dios' o 'reino de los cielos', tan común en el NT, no se encuentra en parte alguna del AT ni de los escritos apocalípticos».

abiertas. La literatura intertestamentaria más antigua suele contemplar la posibilidad de salvación para los gentiles: 1 Hen 10,21 sueña con la conversión de la gentilidad a Yahvé; el libro tercero de los Oráculos Sibilinos y algunos de los TestXII acarician la misma esperanza. En cambio, las Parábolas de 1 Hen y ApBar(sir) extreman la condenación de los gentiles (aunque no siempre): serán aniquilados o arrojados a la *gehenna.*

La actitud ambigua y contradictoria ante la salvación o condenación de los no israelitas es reflejo de la doble actitud de los profetas: unos, como el Segundo Isaías, esperan su conversión y salvación; otros (Is 34, 1ss; 24,22; 27,1ss; 63,1-6; Jr 25,29-38; 46,10; Zac 14,1ss; Ez 28-39), su aniquilación. En general, hay que decir que una postura adversa a la salvación de las naciones gentiles ensombrece los escritos intertestamentarios recientes. Por otra parte, estos escritos, sin olvidar la colectividad, están más preocupados por la suerte de cada individuo y por el reinado de Dios sobre cada persona.

2. *Diversas concepciones del reino de Dios*

La concepción veterotestamentaria del reino de Dios no es uniforme; reino de Dios se da en el pasado, pero también en el presente y futuro de Israel; afecta a Israel y a las naciones; es ejercido a través de un rey histórico de la casa de David —o también escatológico— que la literatura extrabíblica empezará a llamar «Mesías» en sentido técnico; pero también se alude a reino de Dios sin Mesías, o bien realizado por mediación del Siervo de Yahvé, figura más profética que regia[2].

A esta pluralidad de concepciones del reino de Dios en el AT ha de sumarse la pluralidad propia de la literatura apócrifa. Atendiendo a la categoría de tiempo, esta literatura subraya dos notas: será un reino futuro e instantáneo.

a)   Reino futuro.

Es el reino de Dios *'aḥarit ha-yamim,* del final de los tiempos, el reino escatológico, el reino final, no simplemente un reino «en las generaciones sucesivas»[3]. Se trata además de un futuro cercano, inminente. Tal reino es muy distinto del reino de Dios pasado o presente sobre Israel; su única analogía sería el reino de Dios en el paraíso antes del pecado. La apocalíptica tiene tal pesimismo respecto al presente y pasado de la historia humana (cf. cap. anterior) que dispara el reino de Dios hacia el futuro y no lo ve realizado en manera alguna, ni siquiera incoativamente, en el presente o pasado. Es de notar la diferente concepción neotestamentaria del reino: es futuro, pero ya está presente; ya ha venido, aunque no en plenitud.

---

[2] El Siervo de Yahvé, según un *deraš* intrabíblico, es el propio Israel; según el texto bíblico no actualizado, es un personaje que con sufrimiento vicario salva a «los muchos».

[3] Cf. nota 5 del cap. anterior.

b) Reino instantáneo.

En el sentido de que se impondrá rápidamente o, según los apocalípticos, fulgurantemente. Tal parece ser la concepción del reino en Juan Bautista. Para Jesús, sin embargo, la implantación del reino es paulatina, paciente, sosegada, sin espectacularidad (Lc 17,20-21; cf. las parábolas del crecimiento paulatino —«sin nadie saber cómo»—, de la paciencia, etcétera, parábolas que son, sin duda, propias de Jesús por oponerse a la expectación de su ambiente).

Atendiendo a la categoría de espacio o lugar en que se realiza el reino de Dios, distinguimos las tres representaciones siguientes.

c) Reino de Dios realizado en este mundo.

Siempre que se trata de un reino ligado a los *yᵉmot ha-Mašiaḥ* (= los días del Mesías), el reino es intramundano. Los escritos intertestamentarios más antiguos suelen contentarse con este reino, y la razón es obvia: los profetas y salmistas no tienen más horizonte que la salvación en este mundo, pues la primera proclama de resurrección y de retribución en otro mundo aparece en Daniel, en la primera mitad del siglo II antes de Cristo. Es lógico, pues, que los apócrifos más antiguos —contemporáneos del libro de Daniel, o poco anteriores o posteriores— aún no tuvieran, o no tuvieran claro, un panorama de salvación o condenación ultramundanas [4].

Este reino intramundano puede realizarse por intervención exclusiva de Dios o también por medio del Mesías. En este caso, la función del Mesías es variable: puede ser meramente decorativo e inoperante o puede ser efectivamente el agente eficaz del reino.

Por los evangelios conocemos las expectativas y la ilusión sobre el reino terrestre de Dios por parte de los discípulos de Jesús y la gente sencilla. El judaísmo rabínico, continuador del farisaico, puso también mucha ilusión en ese reino de Dios realizado por el Mesías. Ocurre todo lo contrario con el judaísmo apocalíptico, que está ilusionado exclusivamente por el reino del *ʿolam ha-baʾ* o mundo futuro, ultramundano, y se queda absolutamente escéptico ante el reino terrestre de Dios; si lo llega a aceptar, es con carácter interino y por compromiso con la fuerte tradición del reino mesiánico intramundano. Una amplia corriente rabínica, entre decepciones, frustraciones y racionalismo, acabó por secularizar la idea de reino mesiánico y, finalmente, en algunos casos, por abandonarla [5]. Descartado el reino *del Mesías* del dogma judío, sigue hasta nuestros

---

[4] El reino de Dios en este mundo se concibe de duración ilimitada. En el esquema de los reinos sucesivos se le da una duración de cuatrocientos o de mil años (cf. Ap 20). Los escritores cristianos de los dos primeros siglos, cuando se expresan sobre el particular, afirman el reinado milenarista de Jesucristo y de sus santos en este mundo después de la parusía y de la resurrección de los muertos. Cf. G. E. Ladd, *The Kingdom of God in the Jewish Apocryphal Literature:* «Biblioteca Sacra» 109 (1952) 57-59.

[5] La ilusión del judaísmo rabínico por *el reino del Mesías* aquí abajo logró convertir la fe en la venida del Mesías personal en uno de los trece artículos del *credo*

días como creencia cristalizada en diversas formas [6], todas coincidentes en que el reino de Dios se materializa y toma cuerpo en este mundo. La argumentación judía es que los profetas bíblicos anuncian el reinado de Dios en la historia. Así, Zac 14,9: «Y el Señor será rey sobre toda la tierra». «El día del Señor» de los profetas (Is 2,10-20; 13,3.22; Am 5, 18ss; Ez 13,5; Jl 2,1ss; Mal 3) apunta al futuro en el que Dios quebrantará a sus enemigos e implantará su reino en la tierra.

d) Reino mesiánico en este mundo
y reino de Dios en el mundo futuro.

Algunos apócrifos del período intertestamentario hablan de dos reinos de Dios: uno, temporal, en este mundo; otro, definitivo, trascendente, en el otro. El reino temporal es exigido por fidelidad a los profetas y por compromiso con la tradición del Mesías.

También las teologías rabínica y cristiana aceptan la concepción de dos reinos seguidos, uno terrestre y otro ultramundano. Pero entre ambas teologías hay diferencia de acento. Respecto al reino terrestre de Dios, los judíos lo ponen en el futuro intramundano, perfectamente visible y comprobable; los cristianos lo ponen ya en el presente, aunque no mecánicamente sujeto a una comprobación empírica [7]. En el reino ultramundano de Dios, judíos y cristianos coinciden en que será perfecto y consumado. Así habla un teólogo judío moderno: «El reino de Dios con su encuadramiento mesiánico y su realización terrena, para el pensamiento judío (rabínico), no es más que la preparación del reino en el mundo

judío formulado por Maimónides; pero Josef Albó, rabino de Daroca, tras la célebre controversia de Tortosa entre cristianos y judíos ante el antipapa Luna, descartó tal artículo de fe del *credo* judío en su libro *Sefer 'Iqqarim* I («Libro de los dogmas») 1. Antes que él, algún otro doctor de época talmúdica y posterior había dejado de lado al Mesías al tratar del reino intramundano de Dios: bSan. 99a; Midr. Teh. a Sal 36,6; 31,2; 107,1.

[6] Entre los judíos de nuestro tiempo existen diversas formas de concebir el reino mesiánico: *a)* Mesianismo «restaurativo», como el de Maimónides en *Mišné Torá:* el Mesías vendrá y restaurará el reino de la casa de David, le devolverá la soberanía que tuvo otrora, reconstruirá el templo, reunirá a los dispersos de Israel, se cumplirán todos los mandamientos. *b)* Mesianismo «utópico» (el de los profetas, Is 2 y Miq 4, etc.): un reino de paz universal, de justicia, de amor, sin guerras; la palabra de Dios saldrá de Sión, adonde acudirán en peregrinación las naciones; en los hombres latirá un corazón nuevo, con el que será fácil cumplir los mandamientos; habrá cielos nuevos y tierra nueva. Forma secularizada de este mesianismo utópico es el socialismo sionista; cf. Schalom ben Chorin, *El mensaje del judaísmo* (Barcelona 1977) 40, y la obra allí citada que expone la visión de Talmón: H. W. Wolff (ed.), *Typen der Messiaserwartung um die Zeitwende* (Munich 1971).

[7] Siguiendo el camino trazado por Jesús y los hagiógrafos del NT, los cristianos no ponen tanto el acento en la visibilidad y comprobación o aparatosidad del reino terrestre de Dios. La teología judía objeta que la concepción cristiana es infiel a los profetas, desencarna el reino de Dios y lo reduce a la esfera de lo invisible en este y en el otro mundo. Cf. G. Scholem, *Judaica* (Francfort 1963); íd., *Zum Verständnis der messianischen Idee:* «Eranos-Jahrbuch» 28 (1959) 193-239. Pero la teología cristiana, a nivel teórico y práctico, desautoriza la acusación de «desencarnacionismo»; cf. Varios, *Teología de la liberación. Conversaciones de Toledo 1973* (Burgos 1974).

futuro de la eternidad, un mundo que, en expresión rabínica, «oído no escuchó ni ojo vio» (cf. Is 64,3)[8].

La literatura intertestamentaria judía —y con ella Jesús y los hagiógrafos del NT— podía pensar en la realización ultramundana del reino, porque disponía de dos datos no revelados a los profetas: que las almas, los espíritus, los hombres, tienen vida y conciencia después de la muerte; y que después de la muerte los hombres son retribuidos y resucitarán. Abiertas, pues, las ventanas del más allá en los siglos en que se escribió la literatura intertestamentaria —dos siglos antes y después de nuestra era— resultó lógico que círculos judíos como los apocalípticos reinterpretaran el reino terrestre de los profetas como reino espiritual y trascendente. También la Iglesia primitiva, más abierta a la apocalíptica que el fariseísmo y subsiguiente rabinismo, operó esa misma reinterpretación del reino de los profetas en la dirección espiritual y trascendente. Jesús, aunque no puede ser encasillado entre los profetas apocalípticos, hizo su reinterpretación en el mismo sentido.

e) El único reino de Dios está en el mundo futuro.

Hay una literatura intertestamentaria judía que no contempla más reino de Dios que el trascendente, el del más allá. Esta es la concepción típica de los apocalípticos, autores de gran parte de la literatura que llamamos apócrifa. La reducción exclusiva del reino de Dios a su dimensión trascendente es consecuente con la creencia básica de la apocalíptica en que este mundo, el *'olam ha-zeh* es historia dominada por las potestades del mal y no puede ser ámbito del reino de Dios. Estos autores sacrifican el reino interino del Mesías —que otros admitirán sólo por compromiso con una tradición— en aras de su estricta lógica.

3. *Conclusión*

La literatura intertestamentaria carece de visión uniforme y sistemática del reino de Dios. Pertenece a cuatro siglos en los que el judaísmo era una ortopraxis más que una ortodoxia. De aquí deriva la dificultad de dar al tema un tratamiento general y sintético y la necesidad de escuchar uno por uno los diversos libros. La composición miscelánea de varios de estos escritos —por ejemplo, TestXII o 1 Hen. Este último, compuesto en realidad de cinco libros distintos, nos obligará a desencuadrar unidades de distinta procedencia para investigar por separado su concepción del reino de Dios. Examinaremos primero las fuentes que

---

[8] I. Epstein, *The Faith of Judaism* (Londres 1954) 322. Sobre la esperanza judía en apócrifos, Qumrán, Filón, Josefo, targumes, Talmud y liturgia judía, cf. la colección de textos de P. Grelot, *L'esperance juive à l'heure de Jésus* (París 1978). También, G. W. Buchanan, *Liberation and Redemption. Jewish Documents of Deliverance from the Fall of Jerusalem to the Death of Nahmanides* (Dillsboro 1978); B. Z. Wacholder, *Messianism and Mishnah. Time and place in the Early Halakah* (Cincinnati 1979); Leo Landman, *Messianism in the Talmudic Era* (Nueva York 1979); M. Pérez Fernández, *Tradiciones mesiánicas en el Targum Palestinense* (Valencia-Jerusalén 1981).

preconizan el reino en este mundo; seguidamente, las que tratan de los dos reinos sucesivos, el terrestre y el celeste; terminaremos con una fuente que proyecta el reino al más allá: el Testamento de Moisés.

II. EL REINO DE DIOS REALIZADO EN ESTE MUNDO

1. *Daniel*

En la interpretación que Daniel hace del sueño de Nabucodonosor, la estatua hecha con diversos metales y pies de arcilla representa a cuatro reinos que serán aniquilados para dar paso a otro reino, el de Dios, que nunca será destruido: «Y en los días de estos reyes suscitará el Dios del cielo un reino que jamás será destruido ni será entregado a otro pueblo, pulverizará y aniquilará todos esos reinos mientras él subsistirá perpetuamente» (Dn 2,44). La visión de las cuatro bestias tiene el mismo significado: los cuatro imperios de este mundo que serán aniquilados; al «Hijo del hombre» —expresión que en Dn 7 mantiene el sentido colectivo: los santos del Altísimo (= Israel)— «se le concedió señorío, gloria e imperio, y todos los pueblos, naciones y lenguas le sirvieron; su señorío es un señorío eterno que no pasará, y su imperio no ha de ser destruido» (Dn 7,14). Texto paralelo es Dn 7,27: «Y el imperio, el señorío y la grandeza de los reinos que bajo todo el cielo existen serán entregados [9] al pueblo de los santos del Altísimo; su imperio es imperio eterno, y todos los señoríos le han de venerar y prestar obediencia» (cf. Dn 7,18).

De estos textos se deduce una precisa noción del reino de Dios: será un reino en este mundo, reino del pueblo de los santos o de Israel, reino eterno. Por tanto, la resurrección de los israelitas mártires de la persecución seléucida que anuncia Dn 12,2 («y muchos de los que duermen en el polvo de la tierra se despertarán, éstos para la vida eterna, aquéllos para oprobio, para eterna ignominia») ha de entenderse como resurrección corporal para incorporarse al reino de Dios en este mundo. No hay mención alguna del Mesías, pues el sintagma «Hijo del hombre» aún no estaba personalizado ni mesianizado.

Los apócrifos, especialmente los apocalípticos, tomaron estos textos como vademécum de sus especulaciones escatológicas.

2. *Libro de los Jubileos*

Como Daniel, Jub sitúa el reino de Dios en la tierra, y precisamente en Palestina: Jerusalén y el templo constituyen el *umbilicum orbis* (Jub 8,19). Tal concentración de la atención en Jerusalén y en el templo sería obra de un segundo redactor de Jub (R2), según el estudio de formas,

---

[9] Pasiva divina equivalente a «Dios entregará».

tradiciones y fuentes hecho por G. Davenport [10]. Según Jub 1,26-28 (R2), Dios descenderá y habitará con los israelitas para siempre y reinará desde el monte Sión. R2 espera, pues, para un futuro próximo, no en sus días, el nuevo templo y la nueva Jerusalén [11]. Pero, ya antes de R2, otro redactor habría hecho un primer retoque del discurso angélico base de Jubileos; tal R1 habría sido un israelita que vivió la opresión de los seléucidas entre 166-160 a. C. [12]

En la tesis de Davenport, R1 y R2 son los introductores de la escatología de Jubileos. Israel será restaurado y devuelto a su tierra (Jub 1,4b-26); se reconciliará con Dios, y su corazón, transformado, no tendrá deseo de desobedecer la ley de Moisés; el destierro está a punto de terminar, el nuevo día de Israel está ya en el umbral, a la puerta [13]. Jub 23,26-32 es un párrafo que suele denominarse de «bendiciones mesiánicas», pero en él no se nombra al Mesías; se dice que los israelitas vivirán mil años, tantos como antiguamente eran sus días (Jub 23,27); que pasarán sus días en salud y gozo, paz y alegría, sin demonio ni destrucción (Jub 23,29); este Israel durará por los siglos de los siglos viendo el castigo de sus enemigos (Jub 23,30); ya los niños empiezan a estudiar y cumplir la ley y ya el juicio de Dios se está ejecutando (por los *hasidim* y macabeos), dos condiciones que posibilitarán la vuelta del exilio y la inauguración del reino de Dios sobre Israel; el reino, pues, se ve a las puertas, un reino donde «no habrá anciano ni quien se canse de vivir, pues todos serán niños e infantes» (Jub 23,28).

¿Qué dice esta «bendición» sobre los israelitas muertos? ¿Tendrán también ellos alguna parte en el reino de Dios? «Sus huesos descansarán en la tierra, su espíritu se alegrará sobremanera, y sabrán que existe un Señor que cumple sentencia y otorga clemencia a los centenares y miríadas que lo aman» (Jub 23,31). Este texto, de la segunda mitad del siglo II a. C., no menciona la resurrección ni el juicio [14], pero proclama la

---

[10] G. N. Davenport, *The Eschatology of the Book of Jubilees* (Leiden 1971). Según este autor, Jub 1,26.27-28 y 29c son textos apocalípticos introducidos por R2. Véase también J. van der Kam, *Textual and Historical Studies in the Book of Jubilees* (Missoula 1977): acentúa la unidad de Jubileos. Lo mismo hace E. P. Sanders, *Paul and Palestinian Judaism*, pp. 386s, quien rechaza la teoría redaccional de Testuz y considera poco probadas las redacciones R1 y R2 de Davenport, y se inclina, como Jaubert, por la unidad de Jubileos (cf. *supra*, pp. 59ss y 180ss).

[11] No se determina cuánto tiempo durará el nuevo Israel, aunque parece que la duración será temporal. Cf. Davenport, *op. cit.*, 29-31.

[12] El discurso angélico base de Jubileos sería 2,1-50,4. A R1 atribuye Davenport (*ibíd.*, 14-15) Jub 1,4b-26; 23,14-31; 50,5 (conclusión) y parte de 1,29. La adición de 23,14-31 sería sólo probable; esta adición describe primero (vv. 16-21) el pecado de apostasía de muchos helenistas antes del 167 a. C.; seguidamente (vv. 22-25) describe el castigo a través de los gentiles (169-167: represión de Antíoco IV Epífanes y Apolonio) y, tras la penitencia (v. 26), la salvación escatológica (vv. 27-31).

[13] *Ibíd.*, 29.

[14] El juicio es mencionado, no obstante, en Jub 5,13-16 y probablemente en 36,9s. En cuanto a la pretendida mención de la resurrección en Jub 23,30 («entonces curará el Señor a sus siervos, que se alzarán y verán gran paz, y se dispersarán sus enemigos...»), nótese que no se refiere a levantarse del sepulcro —como algunos

felicidad de los espíritus de los israelitas fieles difuntos. Para ello se vale de una antropología dualista que distingue entre los huesos del sepulcro y el espíritu feliz en la otra vida [15]. Jubileos conoce, pues, la inmortalidad del alma (en esto sigue la tradición bastante anterior del libro de los vigilantes de 1 Hen), pero no se preocupa demasiado de esas almas inmortales en el otro mundo si no es para afirmar que los pecadores serán condenados al *šeol* (Jub 7,29; 22,22).

Así es como R1 y R2 conciben el reino futuro, inminente, de Dios sobre Israel.

El autor de la mayor parte de Jub (2,1-50,4) —que escribe a finales del siglo III o principios del II a. C.— no parece interesarse por la escatología, pero contiene los siguientes supuestos escatológicos:

1) Supuesto legalista: Si Israel es fiel a la ley de Moisés —preocupación suprema del Jubileos primitivo— verá el esperado triunfo en un futuro inmediato. Las maldiciones, bendiciones y juicios de los profetas están a punto de cumplirse: ¡sólo quedan cuarenta años para aprender la *Torá!* Los israelitas que caminen contra la ley, por la senda de los gentiles, serán también aniquilados.

2) Supuesto escatológico nacionalista: La salvación en perspectiva es siempre de los israelitas y para los israelitas, nunca de y para los gentiles; éstos serán juzgados por oprimir a Israel. Dentro de Israel, Judá es el ejecutor de las promesas a los antepasados, pero serán los levitas quienes dirijan la nación por siempre [16]. Las naciones son llevadas a su perdición por los demonios; ellas y no los demonios son el verdadero enemigo de Israel; serán derrotadas.

3) Supuesto individualista: Todos los individuos, gentiles e israelitas, serán juzgados por Dios. Pero no se entra en detalles acerca del cuándo y del cómo.

Los tres estratos de Jubileos —autor, R1 y R2— coinciden en esos tres rasgos o supuestos del futuro reino de Dios: consistirá en el cumplimiento de la ley (legalismo); será venturoso únicamente para Israel (nacionalismo); toda persona, israelita o pagana, será juzgada (individualismo). Sólo R2, sin apearse del nacionalismo, hace también partícipe al cosmos de la renovación futura: cielos y tierra y todo lo que contienen se han de renovar, con la condición de que exista fidelidad a la ley y al culto del templo y al calendario litúrgico [17]; cada año los israelitas vendrán a renovar la alianza con Yahvé en el templo purificado, y de allí fluirán los bienes hacia toda la tierra.

De lo expuesto se desprende que únicamente los gentiles y los israelitas que les siguen tienen un negro porvenir. La entrada de la nueva

---

quieren—, sino a levantarse contra los enemigos; cf. Cavallin, *Life after Death* (Upsala 1974) 38; el sentido es, al menos, ambiguo.

[15] Cavallin, *op. cit.,* 18; G. E. Ladd, *art. cit.,* 172.

[16] Davenport, *op. cit.,* 72.

[17] Según R2, en ese inminente futuro la Torá y el templo serán el centro del nuevo Israel y de un mundo nuevo. Cf. Davenport, *ibíd.,* 75.

era presupone, en efecto, el juicio de gentiles e israelitas infieles. Dios los exterminará armando el brazo de los israelitas fieles: todos los enemigos de Israel morirán a espada; hasta los ángeles caídos recibirán su merecido. Ciertamente, los profetas bíblicos son más generosos con los gentiles que el libro de los Jubileos [18].

Del Mesías no hay mención en nuestro apócrifo, ni siquiera en Jub 31,18s, donde cabría esperarlo en las bendiciones de Judá.

3. Henoc etiópico. Libro primero:
De los vigilantes (caps. 6-36)

Hen(et) o 1 Hen es el más importante de los apócrifos. Cada uno de los cinco libros que lo componen (a excepción del tercero, que es de tema astronómico) tiene su visión del futuro. El primer libro comprende los capítulos 1-36. Descartando los caps. 1-5, obra del redactor final, este primer libro se divide en tres partes: a) caps. 6-11 o «libro de Noé»: es un documento de origen independiente, que procede del siglo III antes de Cristo o de principios del II [19]; b) caps. 12-16: Henoc media en favor de los ángeles caídos y castigados; también parece ser de la primera mitad del siglo II a. C.; c) caps. 17-36: dos viajes de Henoc por la tierra, el cielo y el šeol; se describen los lugares de premio o castigo para píos, pecadores y ángeles caídos; también del siglo II a. C. [20]

El libro de Noé ofrece una estampa del futuro reino de Dios en este mundo tan terrena como la de los profetas bíblicos: los justos engendrarán miles de hijos y pasarán juventud y vejez en completa paz (1 Hen 10,17); la tierra estará toda poblada de árboles, y los árboles de bendición (10,18); no faltará planta deleitosa: la vid producirá vino en abundancia, cada semilla dará el mil por uno y cada medida de oliva destilará diez prensas de aceite (10,19).

Con los bienes materiales se dará cita un conjunto completo de bienes morales y espirituales: toda la tierra se verá limpia de mancha de pecado e injusticia (10,20); todos los hombres serán justos, incluso las naciones gentiles adorarán a Yahvé y le darán culto (10,21); la tierra estará exenta de castigo o tormento por siempre (10,22); Dios abrirá los depósitos de las bendiciones para derramarlas sobre las obras de los hombres (11,1); la verdad y la paz caminarán juntas por siempre jamás (11,2).

[18] Véase la amplia monografía dedicada al tema por E. Schwarz, *Identität durch Abgrenzung* (Francfort 1982); M. Pérez Fernández, *La apertura a los gentiles en el judaísmo intertestamentario:* EstBib 41 (1983) 83-106.

[19] A él pertenecerían también, según Charles, 54,7; 55,2; 60; 65-69,25; 106-107 (R. H. Charles, *The Book of Enoch* [Oxford 1912] xlvi-xlvii). Para mayor información véase la introducción especial a la versión en el volumen IV de esta obra.

[20] Cf. L. Rost, *Einleitung in die alttestamentlichen Apokryphen und Pseudepigraphen einschliesslich der grossen Qumran-Handschriften* (Heidelberg 1971) 104; M. Black, *Apocalypsis Henochi Graece,* p. 5, separa los caps. 106-107 del libro de Noé.

Mientras los justos nadan en felicidad en este mundo, los justos que ya han muerto piden en el mundo del más allá venganza y justicia contra sus enemigos (9,3.10), como la piden los mártires de Ap 6,9s. Semejante petición implica que están en espera de un juicio aún futuro, distinto del que al morir les ha separado de los impíos.

Las almas (según el texto etiópico) o los espíritus (según el texto griego) de los réprobos son condenadas a sufrir después de la muerte junto con los gigantes, hijos de los ángeles vigilantes, y como los ángeles vigilantes serán atadas por todas las generaciones (10,14-15). Los ángeles caídos aguardan atados en diversos rincones de la tierra la llegada del juicio final y definitivo en el que Azazel o Semyaza con sus huestes serán arrojados al abismo de fuego [21].

En los caps. 17-36 (Viajes de Henoc), la noción de reino de Dios no difiere de la del libro de Noé: también los justos vivirán muchos años, bastándoles para ello comer del árbol de la vida que Dios plantará en Jerusalén, en el templo santo (25,4-6); entonces no habrá lugar para tristeza, plaga, tormento o calamidad (25,6).

El cap. 22 describe la suerte de las almas después de morir: una cueva abierta en la montaña acomoda a los espíritus de los justos; allí los refresca una fuente de aguas cristalinas; otra cueva recoge a los pecadores que no expiaron sus pecados en esta vida; una tercera, a los pecadores castigados aquí abajo; el texto griego aún parece describir una cuarta cueva, albergue de los mártires. Hay, pues, cuevas distintas que separan a justos de pecadores; unos y otros viven en un estado intermedio: los justos esperando, los malvados temiendo la llegada del «día del gran juicio» (22,8-13) [22]. Las almas de la totalidad de los justos, o de parte de ellos, y las de los impíos que no han pagado por sus pecados en esta vida [23] resucitarán por extraña que pueda parecer una resurrección de espíritus [24].

La resurrección de los justos se ordena a que los difuntos participen en el reino terrenal de Dios; la resurrección de los malvados, su juicio y el juicio de los ángeles caídos se ordena a su castigo definitivo (10,6s; 16,1; 22,10s; 27,2-3) [25]; 27,2-3 describe el valle donde recibirán castigo eterno todos los condenados en presencia de los justos: es la gehenna.

En toda esta representación, el Mesías está ausente. Dios mismo es quien toma venganza de todos los enemigos: 25,4.

---

[21] 1 Hen 10,6.12.13. Del lugar provisional de castigo para los ángeles caídos se trata en 1 Hen 18,12-16; 19,1-2 y 21,1-6; del lugar definitivo, en 10,6; 18,11; 54,6 y 90,24s.

[22] 1 Hen 22,7 habla en concreto del espíritu salido de Abel —al que mató Caín—, espíritu que denuncia a Caín y sus descendientes.

[23] Cf. G. W. E. Nickelsburg, *Resurrection, Immortality and Eternal Life in Intertestamental Judaism* (Harvard 1972) 136ss.

[24] Cavallin, *op. cit.*, 41; G. E. Ladd, *art. cit.*, 37.

[25] Russell, *op. cit.*, 287.

4. Henoc etiópico. Libro cuarto: De los sueños o animales simbólicos (caps. 83-90)

Parecida a la anterior es la imagen del reino de Dios esbozada en este libro [26]. Tras larga guerra promovida por las fieras —símbolo de los pueblos paganos— contra las ovejas —símbolo de Israel—, éstas vencen; entonces la Jerusalén celestial y el pastor de las ovejas (Dios) que en ella habita bajan, y ovejas y fieras se reúnen en Jerusalén; las ovejas devuelven al Señor la espada vencedora y comienza la era de la paz eterna. Es el momento en que aparece el Mesías en el mundo en forma de toro blanco de larga cornamenta negra, y las ovejas se tornan toros blancos como el Mesías: se revisten de blancura y fortaleza (1 Hen 90, 37-38) [27].

Con el lenguaje de los símbolos, tan usual en la apocalíptica judía, la segunda visión o sueño del cuarto libro de 1 Hen describe el reino de Dios que se inicia tras la derrota infligida por Israel a sus enemigos (90, 18): Dios desciende a reinar y reinará desde una nueva Jerusalén bajada del cielo, idea frecuente en los apocalipsis —4 Esd 7,26; 13,26; ApBar (sir) 32,2; Ap 21,2.10— y fundada en textos proféticos como Is 54,11. 12; 60,1ss; Ez 40,48, etc. En el reino de Dios tendrán parte los judíos que no han muerto —sean de Palestina o de la diáspora—, los judíos muertos por su fe y los gentiles convertidos a Yahvé; así, 90,33: «Todos los que habían perecido y habían sido dispersados, todas las bestias del campo y todas las aves del cielo se reunieron en esa casa. El dueño de las ovejas se alegró muchísimo, pues todos eran buenos y habían vuelto a su casa». Esta convocatoria de «los exterminados» se refiere, sin duda, a los israelitas muertos luchando contra los Seléucidas y sus aliados; es, por tanto, una proclama indirecta de resurrección para participar en el reino [28]. Por el mismo tiempo, el autor de Daniel lanzaba la primera proclama de resurrección de los israelitas mártires de los Seléucidas [29]. En ambos casos, los muertos son invitados a participar en el reino de Dios, que se considera inminente. Los gentiles sobrevivientes al juicio de Dios servirán a Israel (90,30).

En toda esta representación, el Mesías —el toro blanco— es figura secundaria: aparece cuando los enemigos ya han sido derrotados, cuando se inicia el reino; entonces los justos se transforman en su semejanza (90,37s) y los gentiles buscan su favor.

El reino de Dios traerá palmas de triunfo para los fieles y aniquila-

---

[26] Data del 164 a. C. aproximadamente, de la época gloriosa de los Macabeos. Contiene dos visiones o sueños: la primera (caps. 83-84) es una visión del diluvio y de la historia de Noé, paralela a la de los caps. 65 y 106-107; la segunda (capítulos 85-90) es una historia del mundo en forma simbólica, un largo apocalipsis paralelo al de Jub 23 y al Testamento de Moisés.

[27] Cf. A. Díez Macho, *El Mesías esperado y anunciado* (Madrid 1976) 66; cf. Nickelsburg, *op. cit.,* 91-93; G. Reese, *Die Geschichte Israels in der Auffasung des frühen Judentums* (Heidelberg 1967) 21-68.

[28] Cavallin, *op. cit.,* 40.

[29] A. Díez Macho, *La resurrección de Jesucristo...,* 38-44.

ción para los impíos: las naciones enemigas de Israel y los israelitas apóstatas. La suerte de estos últimos no tiene faz placentera: en lo más recio de la guerra lanzada por las fieras contra Israel, Dios se personará y la tierra abrirá las fauces para tragar a esos enemigos (90,18); el Señor de las ovejas (Dios) tomará asiento en el país placentero (Palestina) y juzgará y condenará a las estrellas (ángeles caídos), a los setenta pastores o ángeles que desde el destierro de Babilonia han gobernado malamente al pueblo de Dios y, por último, a las ovejas ciegas, símbolo de los israelitas apóstatas (90,24-27): «Primero fue el juicio de los astros: fueron juzgados, resultaron culpables y marcharon al lugar de condena. Los echaron en un lugar profundo, lleno de fuego llameante y de columnas incandescentes. Y los setenta pastores fueron juzgados, resultaron culpables y fueron arrojados también al abismo de fuego. Vi en aquel momento que se abría un abismo como el anterior, en medio de la tierra, lleno de fuego. Trajeron a las ovejas ciegas y fueron todas juzgadas. Resultaron culpables, fueron arrojadas a aquella sima de fuego y comenzaron a arder. Y esta sima estaba a la derecha de la casa. Entonces vi a las ovejas arder y sus huesos quemarse» (1 Hen 90,24-27).

5. Testamentos de los Doce Patriarcas

Esta obra fue alterada por adiciones o interpolaciones cristianas posteriores a Juan evangelista [30]. Algunas de tales interpolaciones se refieren precisamente al reino de Dios (por ejemplo, Rub 6,11-12). Eliminadas las infiltraciones cristianas —operación no siempre fácil ni segura—, el resto de la obra es judía. Consta de un escrito fundamental, anterior a la guerra de los Macabeos, compuesto entre el 200 y el 174 a. C., al que los propios judíos fueron añadiendo materiales. Por su dualismo y por la espera de dos mesías —uno de la tribu de Leví y otro de la de Judá—, algunos autores relacionan esta obra con la secta de Qumrán. No parece, sin embargo, que se pueda asignar un origen esenio a TestXII: éstos se dirigen a «todos» los israelitas, no a un resto; en su trama ideológica faltan elementos tan característicos de la comunidad de Qumrán como la disciplina del arcano, la predestinación, la espera inmediata del fin, la comunidad de bienes o las abluciones litúrgicas. Por todo ello, Becker y otros [31] opinan que es una obra procedente de Egipto, probablemente de Alejandría, con homilías sinagogales de aquel judaísmo.

En TestXII no es tema central el reino de Dios. Sí lo son el del amor a Dios y al prójimo, y el protagonismo de Leví y Judá. Pero es propio del género literario «testamento» o «discurso de adiós» terminar las exhortaciones con frases de contenido profético relativas al porvenir de la comunidad [32]; por eso encontramos también en TestXII información

[30] Jürgen Becker, Die Testamente der Zwölf Patriarchen (JSHRZ; Gütersloh 1974) 23s.

[31] Ibíd., 24-26.

[32] Cf. Enric Cortès, Los discursos de adiós de Gn 49 a Jn 13-17. Pistas para la historia de un género literario en la antigua literatura judía (Barcelona 1976) 170. La mezcla de exhortación y predicción es propia del género literario «discursos de

sobre el futuro reino de Dios. Aunque esta obra contempla el reinado de Dios sobre los israelitas, no se excluye que algún Testamento abra la puerta de la salvación futura también a los paganos.

a) Testamento de Rubén.

TestRub 6,11-12 dice que Dios ha escogido a Judá «para mandar sobre todo el pueblo [33]; prosternaos ante su descendencia, pues [34] será un rey eterno entre vosotros».

b) Testamento de Simeón.

En 6,3-7 se integra un fragmento apocalíptico muy adverso a los gentiles: «Entonces perecerá la descendencia de Canaán y no quedará resto de Amalec; perecerán todos los de Capadocia, desaparecerán todos los *kitim;* entonces caerá la tierra de Cam y todo pueblo perecerá. Entonces la tierra entera descansará de la turbación, y de la guerra todo lo que hay bajo el cielo. Entonces Sem será glorificado, porque el Señor Dios, el grande de Israel, aparecerá [35] sobre la tierra y salvará él mismo al hombre. Entonces todos los espíritus del error serán entregados para ser pisoteados y los hombres dominarán los espíritus malos. Entonces yo (Simeón) resucitaré con alegría...». Tenemos aquí el anuncio de la destrucción de los pueblos, que traerá la paz a la tierra [36], y el anuncio de una aparición de Dios sobre la tierra (en el que se ha interpolado una idea cristiana) [37]; también el anuncio del dominio sobre los malos espíritus y, al parecer (6,7; cf. 6,2), la resurrección de Jacob [38].

¿Se ha de entender en este texto la resurrección en sentido propio? Una de las razones a favor —razón que probaría también que TestSim 6,3-7 pertenece a la redacción primitiva de la obra, contra lo que defiende Becker [39]— es que también en otros Testamentos figura, como en éste, la secuencia «aniquilación de los impíos y resurrección —en sentido propio— de los patriarcas». Cito a Enric Cortès: «TestZab 10,2-3: a la resurrección del patriarca (v. 2) sigue la destrucción de los sin-Dios;

despedida»: el que va a morir exhorta a comportarse bien ante las dificultades que prevé y predice; véanse los discursos de adiós de Jesús antes de su muerte —también la versión de Lc 22,21-38—, el discurso de Hch 20,18-35 y el discurso apocalíptico de Mc 13, que entremezclan predicciones y exhortaciones.

[33] La lectura «sobre todos los pueblos» del ms. *beta* parece ser interpolación cristiana.

[34] Es interpolación cristiana el añadido «por vosotros morirá en batallas visibles e invisibles»; cf. J. Becker, *Untersuchungen zur Entstehungsgeschichte der Zwölf Patriarchen* (Leiden 1970) 201s.

[35] Una interpolación cristiana añade: «como un hombre».

[36] Una actitud también hostil a los gentiles se encuentra en TestLev 6,6.9-11; 7,1-13; 9,10; TestJud 3-8.

[37] El anuncio de la teofanía escatológica se repite también —aunque las más de las veces con interpolaciones cristianas, como aquí— en TestLev 5,2; 8,11; TestJud 22,2; TestZab 9,8; TestNef 8,3 y TestAs 7,3.

[38] Pero es probable que se trate de la resurrección metafórica de los descendientes de Simeón.

[39] Este autor elimina 6,3-7 de esa redacción (*Untersuchungen...*, 330ss); particularmente duda de la reconstrucción del texto judío base de 6,5.

como a TestSim 6,2 le sigue 6,3.4.6. Igualmente en TestJud 25,1-5: entre la resurrección de los patriarcas (vv. 1-2) y de todos sus descendientes buenos (vv. 4-5) se encuentra la destrucción del espíritu del engaño en el fuego eterno (v. 3b); en TestBen 10,6-10, después de la resurrección de los patriarcas y de todos los hombres (vv. 6-8a) se anuncia el juicio final sobre el pueblo de Israel y sobre todos los gentiles (vv. 8b-10)» [40].

c)   Testamento de Leví.

Abunda en textos escatológicos: 3,2 refiere que Dios tiene dispuestos en el cielo inferior fuego, nieve y hielo para el día del juicio, para el día en que Dios ejecute su justo juicio. 3,3 afirma que en el segundo cielo están las huestes de los ejércitos dispuestas para el día del juicio, para dar su retribución a los espíritus del error y a Beliar. 4,1 formula: «Sábete que el Señor hará juicio a todos los hijos de los hombres: cuando las rocas se hiendan y el sol se entenebrezca [41], cuando las aguas se sequen, el fuego se hiele y todas las criaturas se angustien y los espíritus invisibles se derritan (...) los hombres desobedientes perseverarán en su iniquidad. Por eso serán juzgados con castigo». 5,2 asegura a Leví las bendiciones del sacerdocio hasta que Dios venga a habitar en medio de Israel (cf. TestSim 6,5).

El cap. 18 es un himno mesiánico al nuevo sacerdote. Desgraciadamente está acribillado de interpolaciones cristianas que dificultan la recuperación del texto judío anterior. Recogemos algunas promesas, libres, al parecer, del toque cristiano:

18,1: «Y una vez que haya tenido lugar su castigo, llegará a su fin el sacerdocio (levítico)».

18,2: «Entonces el Señor suscitará un nuevo sacerdote, que revelará todas las palabras del Señor y ejecutará juicio de la verdad sobre la tierra en una plenitud de días».

78,4: «Brillará como el sol sobre la tierra y disipará toda oscuridad debajo del cielo y habrá paz sobre toda la tierra».

78,8: «El mismo comunicará a sus hijos la majestad del Señor en verdad hasta la eternidad y no tendrá sucesor por todas las generaciones hasta la eternidad».

18,9: «Bajo su sacerdocio las naciones serán llenas de conocimiento sobre la tierra y serán iluminadas por la gracia del Señor. Bajo su sacerdocio cesará el pecado y descansarán los hombres sin ley de hacer el mal».

18,10: «Y él (Dios) abrirá las puertas del paraíso (terrestre) y alejará la espada que amenaza a Adán».

18,11: «Y a los santos dará a comer del árbol de la vida, y el espíritu de santidad descansará sobre ellos».

---

[40] E. Cortès, *op. cit.,* 187, nota 93.
[41] Probable interpolación cristiana; cf. Mt 27,45.51.52. También puede ser tema judío. Cf. Becker, *Die Testamente...,* 49.

18,12: «Y Beliar será atado por él y dará poder a sus hijos para pisotear a los espíritus».

18,13: «Y el Señor se alegrará por sus hijos y hasta la eternidad se complacerá en sus dilectos».

18,14: «Entonces Abrahán, Isaac y Jacob también se gozarán, y yo (Leví) también me gozaré, y todos los santos se vestirán de júbilo».

En resumen: Dios hará surgir un nuevo sacerdote (el Mesías) para siempre. Todos los pueblos participarán de los bienes traídos por el nuevo sacerdote. Cesarán pecados y pecadores. Se abrirá la puerta del paraíso terrenal para poder comer del árbol de la vida. La santidad habitará en los hombres, quienes atarán y someterán a los demonios. Dios estará por siempre contento con los hombres. Los patriarcas resucitarán y, al parecer, toda la humanidad. ¡Dios y el sacerdote salvador han operado un gran cambio en todo el mundo!

d) Testamento de Judá.

Como era de esperar, este libro destaca repetidas veces que Judá será rey (1,6; 17,5) y que de su descendencia saldrá el reino (17,6). Aunque subordinado a Leví, al sacerdocio (cf. 21,2), Judá tiene juramento del Señor de que el reino nunca desaparecerá de su descendencia (22,3; cf. Gn 49,10; 2 Sm 7,16; SalSl 17,4; 4Q BP 31): nacerá un retoño en Israel, que será cetro de justicia para las naciones, para juzgar y salvar a todos los que invocan al Señor (TestJud 24,5-6) [42]. Como se ve, los gentiles no están excluidos de la salvación.

Habrá resurrección de muertos. De ella habla el cap. 25. Primero resucitarán los patriarcas por orden de importancia: Abrahán, Isaac y Jacob, y los hijos de Jacob por este orden: Leví, Judá, José, Benjamín, Simeón, Isacar; después, los demás hijos (cf. 25,1-2). Al parecer, con los hijos de Jacob resucitarán sus respectivas tribus. TestJud 25,4 predice una resurrección de los muertos en general o —según el contexto— de los israelitas justos.

Estos formarán el pueblo del Señor tras la resurrección. Pueblo unido por una sola lengua, ya no molestado por el espíritu de Beliar, que habrá sido arrojado al fuego. La alegría durará por siempre: «Y habrá un solo pueblo del Señor y una sola lengua, y el espíritu de engaño de Beliar no estará allí, pues será arrojado para siempre en el fuego. Y los que en tristeza murieron, resucitarán con alegría; y los que por causa del Señor fueron pobres, serán ricos; y los que por causa del Señor murieron, serán despertados a la vida. Y los ciervos de Jacob correrán con alegría, y las águilas de Israel volarán con gozo (...) y todos los pueblos alabarán al Señor por siempre» (TestJud 25,3-5).

---

[42] TestJud 24,1-6 es considerado por Becker, *Die Testamente...*, 76s, interpolación cristiana; se refiere a la historia evangélica de Cristo: la estrella de Jacob, la mansedumbre de Jesús, Jesús sin pecado, la venida del Espíritu Santo sobre Jesús, la comunicación del Espíritu Santo por Jesús —cosa que nunca antes del NT se atribuyó al Mesías—, etc.

Nótese que no hay mención del juicio. Tampoco se afirma expresamente que la resurrección sea para la vida de este mundo, pero se deduce del contexto.

e) Testamento de Isacar.

Este libro no proyecta luz sobre el futuro. Se limita a introducir en su relato el esquema corriente: pecado-destierro de Israel-retorno a la tierra prometida.

f) Testamento de Zabulón.

Recoge el anterior esquema de pecado-destierro-retorno (9,5-10,3) y anuncia un nuevo castigo por infidelidades «hasta el tiempo de la consumación» (9,9). 10,1-3 contiene la promesa de resurrección de Zabulón: en el lecho de muerte, Zabulón anuncia a sus hijos que resucitará como un jefe en medio de sus hijos y se alegrará con los que observen la ley del Señor (v. 2), y predice que el Señor destruirá a los impíos arrojándolos al fuego eterno (v. 3) [43]. Cavallin considera probable que la resurrección de que habla Zabulón lo es en sentido propio: para vivir con su tribu a la diestra de Dios en el mundo trascendente (cf. TestBen 10, 6ss) [44]; pero ni el texto ni el contexto pueden decidir la cuestión.

El Testamento extiende la caridad a todos los hombres; también a los animales: 5,1. Algunos manuscritos *(b, d, g)* extienden la caridad a los no israelitas de los bienes de la salvación.

g) Testamento de Dan.

Predice que a los hijos del patriarca les vendrá la salvación desde las tribus de Judá y Leví [45]. Describe el futuro de la siguiente manera: «Y él mismo (Dios) guerreará contra Beliar, ejecutará contra sus enemigos venganza victoriosa y arrebatará a Beliar los cautivos, las almas de los santos [46]. Y volverá al Señor los corazones desobedientes y dará paz perpetua a los que lo invocan. Y los santos descansarán en el Edén (el jardín del Edén) y los justos se alegrarán sobre la nueva Jerusalén —ésta es la gloria eterna de Dios [47]—. Y Jerusalén no sufrirá por más tiempo la desolación ni Israel permanecerá en cautividad, porque el Señor estará en medio de ellos y andará con los hombres [48], y el Santo de Israel será rey sobre ellos en humillación y pobreza; y quien confía en él reinará de verdad en el cielo» [49] (TestDan 5,10b-13).

Son muchos bienes en expectativa: victoria sobre Beliar, sobre los

---

[43] El texto A añade que los exterminará «de entre los hijos de Israel».

[44] Cavallin, *op. cit.*, 53.

[45] Becker, *Untersuchungen...*, 354, considera este v. 10a como probable adición cristiana. Lo que parece cristiano, a nuestro entender, es anteponer Judá a Leví.

[46] «Las almas de los santos»: así según el texto G, que parece ser una glosa. El texto A lee: «Y él llama a sí las almas de los santos».

[47] «Esta es la gloria de Dios»: glosa del ms. *alfa.* Ms. *beta* y A: «Esta es para glorificación de Dios por la eternidad». Cf. Becker, *Die Testamente...*, 96.

[48] «Y andará con los hombres»: interpolación cristiana.

[49] «En humillación... cielo»: interpolación cristiana.

enemigos de Dios, conversión al Señor, paz eterna para los justos, descanso de los mismos en el Edén terreno, nueva Jerusalén reconstruida, el Señor en medio de los israelitas —libres de la cautividad— como rey de los santos de Israel. Según una glosa a 5,10, los cautivos arrebatados a Beliar son «las almas de los santos» (de Israel); los cuales, por tanto, se consideran vueltos a la vida, no en el otro mundo, sino en éste[50].

h) Testamento de Neftalí.

TestNef 8,2 también promete que la salvación de Israel saldrá de las tribus de Leví y Judá. 8,3 dice que, por medio de sus tribus, Dios aparecerá sobre la tierra[51] para salvar la raza de Israel y para reunir a los justos de entre los pueblos gentiles. Aquí la promesa sonríe, sin duda, a los gentiles: algunos de ellos, junto con los israelitas, participarán en la salvación. La misma promesa se encuentra en TestLev 18,9; TestJud 24,6; TestBen 9,2; 10,9s (textos ciertamente precristianos); Tob 14,6s; 1 Hen 10,21; 48,4s; 51,1ss; 90,33ss; 105,1; 4 Esd 3,36; SalSl 17,30s[52]. El origen de esta doctrina es, sobre todo, el Segundo Isaías. Una actitud demasiado acre contra los gentiles desentonaría de tantas frases de amor que contienen los Testamentos.

i) Testamento de Gad.

La tradición le ha dado el título de *peri misous:* «sobre el odio», sobre que no se debe odiar en ningún caso, ni tener envidia, ni ira, sino amor recíproco; véase 6,1. Sobre el futuro este libro pronostica bien poco: que la salvación vendrá únicamente de Leví y de Judá (8,1).

j) Testamento de Aser.

Este libro nos sorprende, al final de la parénesis de las dos vías, con un texto que, por primera vez, habla de la retribución inmediata *post mortem* de justos y pecadores. La retribución está en función de seguir en esta vida la vía del bien o la del pecado. Como determinante de la suerte eterna no se menciona el haber sufrido padecimientos o persecuciones en esta vida, sino solamente la conducta buena o mala. «La muerte —escribe Cavallin— se describe como paso que conduce a un juicio inmediato del *alma,* que otorga salvación a los justos y castigo a los pecadores. No se habla de resurrección»[53]. Véase 6,4-6: «El final de los hombres manifiesta su justicia[54]. Será reconocido por los ángeles del Señor y de Beliar. Cuando el alma intranquila parte, es atormentada por

---

[50] Cavallin, *op. cit.,* 54s, parece inclinarse por la hipótesis contraria: salvación futura *post mortem;* pero admite la posibilidad de que se trate de la salvación en este mundo. Russell (*op. cit.,* 288) cree que los *Testamentos* sitúan la salvación en esta tierra.

[51] Una interpolación cristiana añade: «habitando entre los hombres».

[52] Becker, *Die Testamente...,* 104; E. Cortès, *op. cit.,* 261, encuentra la salvación de gentiles con israelitas en TestBen 9,2; TestJud 22,2; TestLev 14,4; TestNef 8,3.

[53] Cavallin, *op. cit.,* 55.

[54] Entiéndase también: «y su injusticia».

el mal espíritu, a quien sirvió con lujuria y acciones malas. Pero si (parte) en paz, con alegría, reconoce al ángel de la paz, que la conduce a la vida eterna». Así pues, juicio, tormento o vida eterna parecen seguir inmediatamente a la muerte; expresamente dice 5,2b: «La vida eterna sigue a la muerte».

La salvación o condenación individual de las almas *post mortem* se complementa con la salvación colectiva, en este mundo, de israelitas y no israelitas, de que habla TestAs 7,3: «El Altísimo visitará la tierra y él mismo viene como hombre, comiendo y bebiendo con los hombres, y aplastará sin peligro la cabeza del dragón en el agua. Así salvará a Israel y a todos los pueblos, Dios hablando con el hombre»[55]. La concepción de la salvación humana en dos planos —salvación individual y colectiva— figura en estos textos de TestAs[56].

k)   Testamento de José.

TestJos 19 ofrece una visión simbólica escatológica que se asemeja al apocalipsis de los animales simbólicos del Henoc etiópico: en el Testamento los animales son nueve ciervos (= nueve tribus) y tres ciervos (= tres tribus). Las tribus, dispersas por entre las naciones, vuelven a reunirse en Palestina, la tierra santa, que el texto armenio representa como una vaca productora de un mar de leche. TestJos 19 está mal conservado y manipulado por mano cristiana, de modo que no es posible indicar con seguridad la idea de la futura salvación. Pero algo es seguro: el futuro reunirá a todas las tribus y verá la victoria de un cordero sobre los animales salvajes que lo atacan.

l)   Testamento de Benjamín.

En 9,2, después de reivindicar el templo como heredad benjaminita, se profetiza que «allí (en el templo) se reunirán las doce tribus y todos los pueblos». En 10,5b-10 hallamos los siguientes anuncios escatológicos: «Guardad los mandamientos de Dios hasta que el Señor revele la salvación a los gentiles[57]. Y entonces vosotros veréis resucitar a la derecha, con alegría, a Henoc, Noé, Sem, Abrahán, Isaac y Jacob. Entonces también nosotros resucitaremos, cada uno para su tribu, y adoraremos al rey de los cielos[58]. Entonces todos los hombres resucitarán también, unos para gloria y otros para oprobio[59]. Y el Señor juzgará primero a

[55] «Y él mismo viene como hombre, comiendo y bebiendo con los hombres»: interpolación cristiana. «Dios hablando con el hombre»: interpolación cristiana.

[56] E. Cortès, *op. cit.*, 260, nota 362, entiende que «esta doble manera de concebir la salvación se encuentra en otras partes de TestXII: compárese TestSim 6,3-6 con TestSim 6,7; TestJud 23,1ss con TestJud 25,1ss; TestZab 9,5ss con TestZab 10,1-3; TestBen 9,1-2 con TestBen 10,5bss».

[57] «A los gentiles»: texto G; «sobre la tierra»: texto armenio, que prefiere Becker; el texto griego es sospechoso de reelaboración cristiana.

[58] Los mss. griegos y eslavos añaden interpolaciones cristianas que faltan en el texto armenio.

[59] El texto armenio ofrece esta lectura para el v. 8: «Entonces todos nosotros seremos cambiados, unos para gloria y otros para oprobio».

Israel de la injusticia que ha hecho, y después juzgará a todos los pueblos. Y reprenderá a Israel por medio de los escogidos de los gentiles,
así como reprendió a Esaú valiéndose de los madianitas». Nada nos impide situar en esta tierra la resurrección universal que el texto citado
menciona, pues es resurrección que se inspira en Dn 12,2: unos resucitarán para gloria, otros para oprobio, siempre en esta tierra (cf. *supra*,
p. 356).

m) Síntesis.

Resumimos la doctrina de los Testamentos. El Mesías luchará contra
los enemigos de Israel y contra Beliar, cuyos cautivos liberará. Atará a
Beliar y lo arrojará al fuego. Habrá resurrección escalonada: primero,
los patriarcas; después, todos los hombres; unos resucitarán para gloria,
otros para oprobio. Seguirá el juicio, que dará a Israel y a los gentiles
su merecido. Se establecerá el reino, cuyo centro estará en la nueva Jerusalén, ciudad que nunca más será desolada. Tampoco Israel volverá a la
cautividad, porque Dios estará en medio de él[60]. «La idea del reino
—concluye Russell— es, por tanto, de un reino terreno y de eterna duración, en cuyas glorias se admite la participación de los gentiles»[61]. En
el plano individual, justos y pecadores —o sus almas, según TestAs—
recibirán premio o castigo nada más morir.

6. *Oráculos Sibilinos*

Nos detenemos sólo en los oráculos III, IV y V, que son de origen judío.

a) Oráculo III.

Data de *ca.* 140 a. C.[62], pero contiene adiciones (III, 46-92) de mitad del siglo I d. C. o algo anteriores[63]: las referencias al rey Mesías en
los vv. 46-49 y a la venida y aniquilación de Beliar en los vv. 63-92.

Desde III, 652 a 808, la mayor parte de los hexámetros son mesiánicos o referentes al juicio precursor del reino del Mesías. La descripción
de este reino es análoga a la esbozada por los profetas: reino terreno,
lleno de bienes, carente de males. Dios enviará del Oriente (¿de los
cielos?) un rey (652), que pondrá fin a la guerra de los pueblos (653);
a unos los matará (654); en todo obedecerá a Dios (656); Israel gozará
de bellísima riqueza (657); habrá oro, plata y púrpura (658), tierra y
mar llenos de bienes (659s), y la madre tierra ofrecerá a los hombres las
mejores cosas (744): trigo, vino y aceite sin cuento (745); y el cielo

---

[60] Cf. Russell, *op. cit.*, 288.
[61] Russell, *ibíd.*
[62] Del reino —como rey o como asociado— de Tolomeo VII Fiscón, o sea, entre
170-164 o 145-117 a. C.; cf. O. Eissfeldt, *The Old Testament. An Introduction*
(Oxford 1965).
[63] Véase la introducción especial a la traducción de los oráculos en el volumen III
de esta obra.

dará lluvia de miel (746), y los árboles madurarán frutos apropiados
(747); habrá ricos rebaños (748), fuentes de leche (749), ciudades opulentas y campos pingües (750); ni una espada en el país, ningún estruendo de batallas (751), ni lamentos (752), ni guerras ni seguías en el país
(753), ni hambre ni granizo (754), sino gran paz en toda la tierra (755)
y armonía entre los reyes hasta el fin de los tiempos (756), y una misma
ley para todos los hombres de la tierra entera (757); los hombres crueles serán quemados con fuego divino (761), y el reino de Dios durará
eternamente sobre todos los hombres (767-768); de todos los países
llevarán incienso y regalos a la casa de Dios (772), y ya nunca más habrá otro templo (774); llanuras, montañas y olas serán fáciles de pasar
y navegar (777-779); la paz de los buenos florecerá en la tierra (780);
los profetas no llevarán espada (781), y ellos serán los jueces y los reyes
(782); hasta la riqueza será justa (783); así será el juicio y el poder de
Dios (784); la virgen debe alegrarse con alegría eterna (785s), pues Dios
habita en ella y tendrá luz eterna (787); lobos y corderos pacerán juntos
(788), leopardos comerán con cabritos (789), los osos habitarán junto
con las terneras (789), el león comerá heno con el buey y los niños más
pequeños los llevarán atados (791-792), las serpientes y áspides dormirán con los niños de pecho (794).

Toda esta bienaventuranza terrenal será precedida por el juicio de
Dios contra las naciones enemigas de Israel: los reyes de las naciones
se lanzarán a guerrear contra este país (663), vendrán contra el santuario de Dios (665), contra lo más noble del pueblo (666), y cercarán
Jerusalén (667); pero Dios tronará contra el pueblo indócil (669) y los
hará perecer a todos (671); acudirán espadas de fuego desde el cielo
(673), y la tierra temblará (675), y temblarán peces, animales, pájaros,
hombres y mares ante la presencia del Eterno (676-679), el cual hendirá
los montes y descubrirá los abismos (680s), y los barrancos se cubrirán
de cadáveres, las rocas manarán sangre (682-684), los ríos inundarán las
llanuras y las murallas caerán por tierra (684s); así es el juicio universal
de Dios con guerra, espada, fuego, lluvia, azufre del cielo, pedrisco y
granizo incesantes, que golpearán de muerte a los cuadrúpedos (689-
693); el llanto y el lamento ocuparán todo el país acompañando la muerte de los humanos (694s); los hombres insolentes serán bañados en sangre, y la tierra beberá sangre de muertos, y las bestias se hartarán de
su carne (696s).

Pero a sus hijos Dios los colmará de bendiciones: todos los hijos de
Dios vivirán junto al templo gozando de los dones del Altísimo (702-
704); Dios mismo será su escudo (705) y los rodeará con un muro de
fuego (706), y estarán exentos de la guerra en la ciudad y en el campo
(707); todas las islas y ciudades exclamarán: ¡cuánto ama el Eterno a
estos hombres! (711), porque todo trabaja en favor de ellos: el cielo, el
sol y la luna (712s); sus labios destilarán dulce melodía de himnos (715)
diciendo: vayamos en procesión al templo porque él es el único poderoso (718); la vida de los israelitas será de oración y obediencia a la
ley, y por espacio de siete años no necesitarán encender lumbre con leña,

porque les bastarán los escudos y armas de los enemigos derrotados (725-731).

Estas serán las señales de que se acerca el fin de todas las cosas sobre la tierra: espadas en el firmamento estrellado hacia poniente y levante (798s), polvo que cae del cielo (800), el sol que se oscurece al mediodía (802) y la luna que resplandece (903), ríos de sangre que brotan de las rocas (804), y una batalla en lo alto, en las nubes (805) [64].

Así descifra el futuro la Sibila a quien se atribuye el oráculo III, una nuera de Noé (827).

b) Oráculo IV.

También es de origen judío, como el anterior. Pero, a diferencia de él, quizá no proceda de Egipto. Su fecha es más reciente (ca. 80 d. C.).

Los vv. 41-47 revelan lo que ha de ocurrir en la décima y última generación del mundo: el juicio de Dios, que destinará a los impíos al fuego bajo la lóbrega oscuridad (43), y a los justos a la tierra feraz con respiro (espíritu), vida y gracia (45s).

Los vv. 173-179 prevén un fuego gigantesco que devora todo el mundo, las cosas y los hombres, hasta los ríos y el mar, reduciendo todo ser a polvo y ceniza: castigo durísimo por no haberse convertido los hombres. Pero Dios apagará el fuego encendido por él (180) y de nuevo dará forma a los huesos y cenizas de los humanos (181); los hombres resucitarán como eran antes (182) y Dios juzgará al mundo: a los impíos los cubrirá otra vez la tierra, el lóbrego tártaro, los fondos negros del infierno, y los justos vivirán nuevamente sobre la tierra con espíritu y gracia bajo la luz placentera del sol (183-190).

Estos vv. 173-190 son los únicos de los oráculos III-V que pregonan la resurrección colectiva tras la muerte colectiva por el fuego. La resurrección se concibe como volver al estado que antes se tenía: resurrección para vivir en la tierra; no se menciona un estado de glorificación en el cielo. La resurrección sigue al juicio. Esta escatología es semejante a la contemporánea del 4 Esd y ApBar(sir) (Cavallin).

c) Oráculo V.

Fechado en el primer tercio del siglo ii d. C. Su procedencia es la misma del III: el judaísmo egipcio. Los vv. 68.256-259 son interpolación cristiana [65].

Los vv. 414ss anuncian al hombre bendito venido del cielo, cetro en mano, dominador de todo, destructor de los malvados con fuego; a los buenos otorga las riquezas que antes habían obtenido los hombres; hace de Jerusalén la joya del mundo, más fúlgida que el sol y la luna,

---

[64] En el v. 771 algunos ven una vaga mención de la inmortalidad del *nous;* pero tal alusión está incluida en un contexto de escatología nacional y terrena.

[65] Los vv. 1-51 son una adición del tiempo de los Antoninos. El v. 258 («el mejor de los hebreos, que el sol una vez detuvo») atribuye a Jesús la detención del sol realizada por su homónimo Josué (= Jesús).

y en ella construye un altísimo templo con torre que toca las nubes: todos la pueden contemplar. Se han acabado las acciones pecaminosas: son los últimos tiempos (vv. 414-433).

7. Salmos de Salomón

Proceden de Palestina, probablemente de círculos fariseos de Jerusalén; escritos hacia la mitad del siglo I a. C.[66]

La preocupación por el futuro escatológico es viva y ardorosa, mas no sigue la línea de la apocalíptica, sino la del profetismo bíblico. La palma del triunfo final la recogerán los justos; los pecadores serán abatidos por el Mesías, no *manu militari,* sino por la fuerza de su palabra. Las esperanzas escatológicas afloran en diversos salmos, pero únicamente los salmos 17 y 18 hablan del Mesías. El tema de la destrucción de los impíos y la resurrección de los justos aparece en varios pasajes.

a)   Salmo 17: el Mesías.

Proclama la realeza de Yahvé para siempre sobre Israel (v. 1) y sobre las naciones (v. 3), y la realeza de un hijo de David a quien el v. 32 llama *Christos Kyrios,* Cristo el Señor[67]. La realeza davídica, al presente suplantada por impíos (los sacerdotes reyes hasmoneos: v. 8) y por un bárbaro (Pompeyo: v. 13), quebrantará a los príncipes injustos, según pide el salmista (vv. 21-25). El hijo de David gobernará con justicia al pueblo santo, reunido y santificado por Dios (v. 26), y no permitirá iniquidad ni pecadores en medio de su pueblo (v. 27), pues todos serán hijos de Dios, repartidos por tribus en Palestina (vv. 27-28), donde ya no habrá sitio para inmigrantes o extranjeros (v. 28). El hijo de David juzgará a los pueblos gentiles con sabiduría y justicia, los someterá (vv. 29-30), dará gloria a Dios a la vista de toda la tierra y purificará a Jerusalén, para que todas las naciones se lleguen a contemplar la gloria del rey trayendo como dones a los israelitas dispersos (vv. 30-31). El rey será justo, instruido por Dios, y los israelitas limpios de iniquidad durante sus días, porque todos serán santos y su rey será el Mesías Señor[68] (v. 32); este rey no pondrá la esperanza en caballos, jinetes y ar-

---

[66] Cf. P. Grelot, *Le Messie dans les Apocryphes de l'Ancien Testament,* en *La Venue du Messie* (Recherches Bibliques VI) 25-26. Según J. O'Dell, *The Religious Background of the Psalms of Salomon:* RQu 3 (1961) 241-257, el libro tiene su origen en círculos jasídicos, no precisamente fariseos, que es lo que ordinariamente se sostiene.

[67] Esta denominación —que en la versión siríaca es *mšyḥ mryʾ*— es para algunos una interpolación cristiana; pero parece tratarse del *Mᵉšiah Yahweh* de Lam 4,20, traducido *Christos Kyrios* como en los LXX; cf. Sal 110,1 (LXX 109,1); Eclo 51,10; Lc 2,11. Para Holm-Nielsen se trata de una mala traducción o error de copista (*op. cit.,* 104).

[68] La versión del prof. A. Piñero en el volumen III de esta obra es: «el ungido del Señor», según la conjetura *Christos Kyriou;* la lectura *Christos Kyrios* sería, según Rahlfs, corrección cristiana. Véase el volumen III de esta obra, p. 54, nota pertinente.

cos, ni acumulará oro y plata para hacer guerras, ni tendrá siquiera ejército (v. 33); se fiará en Dios (v. 34) y con sólo su palabra subyugará la tierra (v. 35); bendecirá a su pueblo con sabiduría y alegría (v. 35) y él mismo estará libre de pecado para gobernar un gran pueblo, reprender a los príncipes y eliminar a los pecadores con su sola palabra (v. 36); no se debilitará, pues posee el espíritu santo y el don de consejo, fortaleza y justicia (v. 37), y apacentará el rebaño con justicia y fidelidad sin permitir que nadie del rebaño enferme (v. 40); buscará igualdad entre sus súbditos y que no surjan opresores altivos (v. 41); sus palabras son más puras que el oro para juzgar las tribus de un pueblo santo (v. 43).

Esta semblanza del Rey Mesías coincide con la de Neofiti 1 Gn 49, 11-12, si suprimimos el cuadro guerrero de la primera parte del texto targúmico [69].

b) Salmo 18: el Mesías.

Los vv. 6-10 no aportan trazos nuevos al cuadro anterior del reino mesiánico futuro. El ungido del Señor o el Mesías (v. 7) gobernará justa, sabia y santamente y con la fuerza del espíritu al pueblo para conducirlo a la presencia del Señor. Cosa extraña: no hay mención alguna de templo, sacerdocio y sacrificios.

c) Destrucción de los impíos y resurrección de los justos.

SalSl 3,11-12: «La perdición *(apoleia)* [70] del pecador es para siempre, de él no se acordará Dios cuando visite a los justos: ésa es la suerte del pecador para siempre. En cambio, los que son fieles al Señor resucitarán *(anastesontai)* para la vida eterna: su vida, en la luz del Señor, no cesará nunca». ¿Se refiere este texto a la resurrección de los justos para una vida terrena? Así opina Stemberger; Cavallin, en cambio, interpreta una vida «en la luz del Señor» como una vida transformada, en el otro mundo *(op. cit.,* 58).

Nótese que la resurrección ocurrirá cuando Dios visite a los justos, que será el día del juicio de los pecadores (3,11). La misma idea aparece en 15,12-13: «Perecerán para siempre el día del juicio del Señor, cuando visite la tierra para juzgarla. Pero los fieles del Señor hallarán misericordia y vivirán por la benevolencia de su Dios; mas los pecadores perecerán para siempre». Con todo, no queda aún claro si en esa concepción los pecadores son destruidos inmediatamente después de la muerte o el día de la visita del Señor, el día del juicio final.

El tema de la *apoleia* de los impíos y de la vida eterna de los justos asoma de nuevo en 13,6-12 y 14,3-10. Pero tampoco estos textos dejan claro si la vida resucitada de los justos se desarrollará en este mundo o en el otro. 9,5 afirma que el justo «atesora su vida ante el Señor *(para Kyriō),* pero el injusto provoca la perdición *(apoleia)* de su alma».

---

[69] Cf. M. Pérez Fernández, *Tradiciones mesiánicas...,* 135-136.141-144.

[70] *Apoleia* = perdición; «destrucción», según Cavallin; «Untergang», para Holm-Nielsen.

D. S. Russell [71], después de citar estos textos resurreccionistas, resume la visión del reino en los Salmos de Salomón con las siguientes palabras: «Lo que tenemos aquí es la pintura familiar de un reino terreno, de duración eterna, gobernado por el Mesías de Dios, bajo el que servirán los gentiles». La resurrección de los justos se limita a los israelitas, quienes absorben la preocupación de todo el libro.

8. Henoc etiópico. Libro segundo: De las parábolas (caps. 37-71)

Es la parte más reciente de Hen(et). Milik estima que es de origen cristiano, puesto que no figura en Qumrán; pero Delcor ha demostrado, con argumentación convincente, la opinión tradicional: que es anterior al cristianismo [72]. Es obra próxima a los círculos piadosos jasídicos en la mención del Hijo del hombre, y próxima al esenismo en otros rasgos. Fue escrita en la época de Alejandro Janeo (entre 100-64 a. C.) o en tiempos de los primeros procuradores romanos. Contiene tres parábolas: las primera (caps. 38-44) trata de los justos, los ángeles y los secretos astronómicos; la segunda (caps. 45-57), del juicio mesiánico sobre justos y pecadores; la tercera (caps. 58-69), de la felicidad eterna de los elegidos y de la desgracia de los impíos. Los dos últimos capítulos narran la asunción de Henoc al cielo.

El tema escatológico se encuentra en la segunda y tercera parábolas. La aportación más novedosa en tal tema es aplicar a un Mesías personal el sintagma «Hijo del hombre» de Dn 7. En Daniel —como ya hemos visto— tal expresión no se aplica a una figura individual ni mesiánica: significa el pueblo de los santos, los elegidos de Israel. Pero las parábolas de Henoc «mesianizan» al Hijo del hombre y lo convierten en figura trascendente, preexistente, dotada de todos los poderes que acompañan a tal denominación en el libro de Daniel; además lo identifican con el «Elegido de Dios» y otras denominaciones del Siervo de Yahvé del Segundo Isaías, pero sin operar la identificación del Siervo sufriente de Yahvé con el Hijo del hombre (como pretenden Zimmerli y Jeremias) [73]. Sea cual fuere el origen remoto de la figura del «Hijo del hombre», las parábolas lo recogen de Dn 7 y lo reinterpretan como Mesías personal y como el «Elegido de Yahvé».

El Hijo del hombre y el Elegido de Yahvé desempeñan la misma función en las parábolas: el Elegido se sentará el día del juicio sobre el trono de gloria para juzgar las obras de los pecadores (45,6 texto amá-

---

[71] Op. cit., 59. A. Büchler, Types of Jewish-Palestinian Piety from 70 B. C. E. to 70 C. E. (Nueva York 1968 [= 1922]) 150-155, no admite como textos resurreccionistas 14,9-10; 15,12-13; 9,5.

[72] Se alude a medos y partos, dependencia de Daniel y Proverbios, no de evangelios; hay alusiones a las parábolas en el Apocalipsis de Pedro, en Tertuliano y, al parecer, en el Testamento de Abrahán. Cf. M. Delcor, L'Apocalyptique juive, en Encyclopédie de la mystique juive (París 1977) col. 62.

[73] W. Zimmerli-J. Jeremias, The Servant of God (Londres 1965) 60s. Sobre el «Hijo del hombre», cf. C. Colpe, Huios tou anthropou, en ThWNT VIII.

rico); Dios colocará a su Elegido entre los elegidos y transformará el cielo y lo convertirá en bendición y luz eternas (45,4); también transformará la tierra y la convertirá en bendición, para que la habiten los elegidos y no la pisen los pecadores (45,5); Dios lleva los justos a su presencia y tiene preparado el juicio para aniquilar a los pecadores de la tierra (45,6). Nótese cómo estos textos, por una parte, sitúan el reino de Dios en la tierra y, por otra, junto a Dios; es una ambigüedad propia de las Parábolas [74].

El capítulo 46 atribuye función judicial al Hijo del hombre: destronará a reyes y poderosos, romperá los dientes a los pecadores (46,4), porque no le ensalzan ni le alaban ni se le humillan (46,5); por eso los arrojará a las tinieblas y al lecho de gusanos, de donde no se levantarán (46,6). En el cap. 48 aparece la dimensión universal del Hijo del hombre: será luz de los gentiles y esperanza de los corazones atormentados (48,4), y todos los habitantes de la tierra se prosternarán ante él y por él darán culto al Señor de los espíritus (48,5); pero los impíos serán reprobados por haber negado al «Señor de los espíritus y a su Mesías» (48,10) [75]. En este último texto aparece «Mesías» en sentido técnico, como en SalSl 17,32 y 18,5.7; tal designación reaparece en el NT, en 4 Esd 7,29; 12,32; ApBar(sir) 29,3; 30,1; 39,7; 40,1; 70,9; 72,2 [76].

El Elegido —o el Hijo del hombre— será, pues, juez (45,3; 48,2ss; 49,4; 61,8ss). La mención del juicio final suele ir acompañada de textos relativos a la resurrección [77]. Así, el cap. 51 describe la resurrección [78]. 51,1 enseña la resurrección *corporal* el último día: tierra, infierno y *šeol* devolverán lo que se les ha confiado [79]. La resurrección va acompañada de una transformación: aparecerán como ángeles en el cielo, con rostros resplandecientes de alegría (51,4-5) [80]. Pero de nuevo las Parábolas saltan del cielo a la tierra prolongando su ambigüedad acerca del lugar de la salvación: en 51,4-5 se mencionan las montañas que saltan, la tierra que

[74] Russell, *op. cit.*, 290.

[75] «Señor de los espíritus» es permanente designación de Dios en las parábolas. 48,6-7 describe la preexistencia del Hijo del hombre —creado antes que el mundo— en la presencia de Dios.

[76] R. H. Charles, *The Book of Enoch or 1 Enoch Translated from the Editor's Ethiopic Text* (Oxford 1912) 95.

[77] A. Rodríguez Carmona, *Targum y Resurrección* (Granada 1978) 17-20, descubre la secuencia «muerte-resurrección-juicio-retribución» en el Tg. Palestinense a Gn 3,19; esta «forma» se inspira en Dn 12,2, y aparece en AntBibl 3,10; 4 Esd 7,32-38; ApBar(sir) 50,2-4; P. Abot 4,22; Ap 20,11-15; Heb 6,2; etc.

[78] 1 Hen 51 prevé la resurrección de *todos* los israelitas; como él también, según algunos exegetas, Dn 12,2; 1 Hen 83-90; 2 Mac 7,9.14.23.29.36; ApBar(sir) 30; 50-51,6. En cambio, 1 Hen 91-104 prevé la resurrección de los israelitas *justos*, como SalSl 3,11-12; 13,11; 14,9-10; 15,13. TestBen 10,6-8 y 4 Esd prevén la resurrección de *todos los hombres*. Cf. Charles, *The Book of Enoch...*, 99, en nota.

[79] Nótese que, en el texto, «tierra», «šeol» e «infierno» aparecen como sinónimos.

[80] Tal es la primera traducción de Charles en 1893, que sigue Hammershaimb en 1956. Cavallin (*op. cit.*, 45) afirma que, aunque no se acepte dicha traducción, el contexto implica algo más que una nueva y feliz vida sobre la tierra. 50,1 anuncia una transformación de luz y gloria.

se alegra y los justos que vivirán sobre la tierra y sobre ella caminarán. Según Cavallin [81], «la concepción de la existencia de los justos tras la resurrección puede describirse aquí como vida transformada en una tierra transformada», pero no precisa en qué consiste tal transformación. 62,15-16 anuncia indumentos de gloria, vestidos de vida que no envejecerán [82], gloria que no pasará; 58,3 afirma que los justos estarán a la luz del sol, a la luz de la vida eterna sin ver fin a sus días; 37,4 y 40,9 mencionan también «la vida eterna». 61,5 presenta a los ángeles midiendo los lugares que han de habitar los justos —incluso los justos devorados por fieras o peces y cuyos restos los llevaron al desierto o al mar—, pues el Señor de los espíritus no permitirá que ningún justo se pierda.

El reino del Mesías será universal: abarcará a todos los hombres, pues todos le traerán dones y le rendirán homenaje (53,1; cf. 46,4-6; 52,3ss; 62,5ss). El juicio incluirá a reyes y ángeles (54,1ss; 61,8).

El futuro de los pecadores es sombrío: el día del juicio los reyes poderosos bajarán a las llamas del *šeol* (63,10); los tiranos no resucitarán (46,6); reyes poderosos y tiranos serán entregados en manos de los justos (38,5).

III. REINO MESIANICO EN ESTE MUNDO
Y
REINO DE DIOS EN EL MUNDO FUTURO

La esperanza del judaísmo popular se centraba en un reino terreno, en el que el Mesías, hijo de David, tenía un papel preponderante; así aparece en diversos escritos [83]. Sin embargo, los círculos apocalípticos, continuadores del profetismo, pero intoxicados de amargo pesimismo acerca del curso de la historia, negaban toda posibilidad de salvación en este mundo, el *ʿolam ha-zeh*. El mundo presente —decían— está bajo las potestades enemigas de Dios y sigue un curso, fijado por Dios, cuyo final es catástrofe y destrucción; la desaparición de este mundo —continuaban— dará paso a un mundo nuevo, metahistórico, situado en el más allá. Dios mismo es quien trae este mundo nuevo, sin concurso del hombre, en el futuro que está prefijado [84]; el *ʿolam ha-baʾ* o mundo

---

[81] Cavallin, *op. cit.*, 45.

[82] El tema de los vestidos de la resurrección o vestidos de inmortalidad o vestidos de gloria debe relacionarse, al parecer, con los vestidos esplendorosos que Dios hizo para el primer hombre y de los que fue desposeído tras el pecado. El tema es constante en el rabinismo y en la patrística cristiana y tiene su reformulación neotestamentaria en el «revestirse del hombre nuevo» (que es Cristo, el nuevo Adán). Cf. J. Quasten, *The Garment of Immortality*, en *Miscellanea liturgica in onore di S. E. Cardinale G. Lercaro* I (Roma 1966) 391-401; A. Kowalski, *Rivestiti di gloria. Adamo ed Eva nel commento di S. Efrem a Gn 2,23. Ricerca sulle fonti dell'esegesi siriaca*: «Cristianesimo nella Storia» 3 (1982) 41-60. En el judaísmo, cf. Tg. PsJon. a Gn 3,7.21. Véase M. Pérez Fernández, *Los capítulos de R. Eliezer*, cap. 14,2 y la nota 3 *ad loc.*

[83] Cf. R. Schnackenburg, *Reino y reinado de Dios* (Madrid ²1970) 51.

[84] Una obsesión de la apocalíptica fue calcular con exactitud el tiempo de ese futuro.

futuro se concebía como el eón bueno, que traerá la salvación de Israel: el reino de Dios. Mientras tanto, en este mundo malo sólo cabe refugiarse en las buenas obras y esperar la irrupción del eón salvífico, que está cercano [85].

Pese a todo, la esperanza mesiánica terrena pesaba mucho en la conciencia del judaísmo y no era posible prescindir totalmente de ella. Por eso los apocalípticos se vieron forzados a señalar en «este mundo» un lugar al reino terreno del Mesías. Y así, algunos escritores apocalípticos adoptaron la siguiente secuencia de los eventos: mundo presente o *historia dannata* - reino temporal del Mesías - resurrección de los muertos y juicio - mundo futuro o asiento definitivo del reino celeste de Dios sobre la entera creación: ángeles, hombres y cosmos.

Este aplazamiento celeste y la consiguiente espiritualización del reino de Dios se encuentra más bien en apócrifos apocalípticos de fecha tardía. Pero ya hemos tenido ocasión de constatar tendencias espiritualizantes en escritos más tempranos dentro de una panorámica escatológica terrestre: 1 Hen 6-36 menciona una nueva Jerusalén, que es la antigua purificada; en 1 Hen 83-90 hay una Jerusalén que sustituye a la antigua; en las Parábolas de Henoc y en Jubileos los nuevo cielos y la nueva tierra son cielos y tierra transformados. Nótense también las frecuentes noticias sobre la dicha o los tormentos de las almas en el otro mundo (cf. Jub 26,31) [86].

Como hicimos en el apartado anterior, recorreremos los diversos apócrifos en los que la idea del reino de Dios se concibe realizada o realizable en dos estadios, el terrestre y el celestial.

1. Henoc etiópico. Libro quinto: De las semanas y carta a Henoc (91-105) [87]

Del reino mesiánico o terrestre de Dios se ocupa el llamado apocalipsis de las semanas, que abarca dos capítulos trastrocados en su orden:

[85] El mundo totalmente nuevo será el verdadero final de la historia, y no «los días del Mesías», a veces también llamados «el mundo futuro». La primera mención del 'olam ha-ba' se encuentra en 1 Hen 71,15. Cuando se habla de abundancia de bienes *temporales*, es signo de que la expresión «mundo futuro» o simplemente «futuro» se refiere a los días del Mesías o al reino de Dios terrenal. Cf. G. F. Moore, *Judaism in the First Centuries of the Christian Era* II (Nueva York 1971) 378.

[86] Aunque el libro de los Jubileos presenta diversas características de la literatura apocalíptica (p. ej., la noción de cielos nuevos y tierra nueva), no es propiamente apocalíptico; cf. M. Delcor, *Le milieu d'origine et le développement de l'apocalyptique juive*, en W. C. Unnik (ed.), *La littérature juive entre Tenach et Mischna* (Leiden 1974) 108ss. En el tema del reino, Jub trata exclusivamente del reino terrestre, menos cuando fija la suerte de las almas de los justos después de morir. No parece tener fundamento sólido el intento de Charles de situar el juicio final (Jub 23,11) al término del período mesiánico para juzgar y castigar a pecadores (Jub 4,24), ángeles caídos (Jub 5,10) y Mastema (Jub 10,8); cf. R. H. Charles, *The Book of Enoch...*, 150; íd., *Eschatology. The Doctrine of a Future Life in Israel, Judaism and Christianity* (Nueva York 1963) 240.

[87] Este quinto libro empieza con el Apocalipsis de las Semanas (91-93) y sigue con la epístola de Henoc a sus hijos (94-105), centrada en el tema del juicio de los

el cap. 93, que describe las siete primeras semanas, y 91,12-17, que describe las tres últimas semanas. Dos observaciones inmediatas; primera: del reino de Dios en este mundo sólo trata el apocalipsis de las diez semanas, que es la parte más antigua de todo el libro quinto de Henoc, anterior a los Macabeos (*ca.* 170 a. C.); el resto de este libro —la carta de Henoc— es más reciente (del siglo I a. C.)[88], y no menciona el reino terrestre. Este dato confirma que el reino de Dios, a medida que avanza el tiempo, va concibiéndose más espiritualmente. Otro dato es que el reino de Dios terrestre, temporal, se concibe sin la figura del Mesías.

Este reino temporal durará desde la séptima semana hasta el séptimo día de la semana décima, que será la última de la historia. El curso, pues, de la historia empieza con la primera semana y dura desde Adán hasta el término del reinado terrestre. A este reinado precederá el juicio de la espada o aniquilación de los pecadores por los justos; durante este reinado se reedificará el templo y se construirán casas para los justos (91,12-13), se revelará la religión a todos los hombres, se desterrará el pecado de la tierra y el mundo se preparará para el juicio (91,14).

Al reinado terrestre, anunciado en 91,13-14 y 96,8, seguirán la resurrección de los muertos, el juicio final y la creación de los nuevos cielos, una vez que Dios haya hecho desaparecer los cielos y la tierra viejos (91,14-16). La resurrección va acompañada de glorificación, por toda la eternidad: «Se levantará el justo[89] del sueño, se levantará y andará por caminos de justicia y todo su camino y andadura será en bien y clemencia eternos. El será clemente con el justo, le dará rectitud eterna y poder; vivirá (el justo) en bondad y justicia y andará en luz eterna» (92,3-4); «se levantará el justo de su sueño, se alzará la sabiduría, y les será otorgada»[90] (91,10). No se resucita inmediatamente después de morir, sino una vez que la maldad haya alcanzado su última cumbre; en ese momento Dios aparecerá para juzgar y castigar a todos los idólatras (91,7.9): entonces tendrá lugar la resurrección[91]. ¿Resucitará el cuerpo? ¿Resucitará el espíritu, como parecen suponer 102-104? Lo único cierto

pecadores: anuncio de desventuras para los pecadores («ay de los que pagáis con mal a vuestro prójimo, porque seréis pagados según vuestras obras»: 95,5), exhortación a los justos para mantener la esperanza (95,3; 104,2) y disputa acerca de la existencia del juicio para pecadores y justos (102,4-104,8).

[88] Cf. L. Rost, *Einleitung...*, 104. Pero véanse las reservas de Nickelsburg, *Jewish Literature...*, 149-150; la carta podría ser del siglo II a. C.

[89] Entiéndase en sentido colectivo: «los justos», como otros singulares de este texto.

[90] Es el mismo lenguaje de Dn 12,2. Cf. A. Díez Macho, *La resurrección de Jesucristo y la del hombre en la Biblia* (Madrid 1977) 40ss.

[91] Los idólatras en cuestión no son ricos paganos de ciudades helenísticas —como algún autor ha sugerido—, sino judíos apóstatas (99,2) que niegan la resurrección después de la muerte (102,6-8.11) y dicen que los pecados no están escritos de antemano en las tablas celestes (98,6-7; 104,7). Cf. M. Delcor, *L'apocalyptique juive*, op. cit., col. 64. Sin embargo, opina Nickelsburg que los pecados son, en gran parte, de opresión de los ricos a los pobres; cf. su artículo *Riches. The Rich and God's Judgement in 1 Enoch 92-105 and the Gospel according to Luke*: NTS 25 (1979) 324-344; véase 1 Hen 94,6-7; 99,13; 96,5-6; 97,8-9; 98,1-3.

es que resurrección y glorificación acaecerán el último día, cuando el pecado haya desaparecido para siempre (92,5) [92].

Una pregunta más: «¿cuál será el futuro inmediato de justos y pecadores nada más morir? A las almas de los pecadores les aguarda el fuego de la gehenna, que es la parte del *šeol* convertida ya en lugar de fuego para los réprobos (98,3; 99,11; 103,5-7); del cuerpo no se hace mención alguna. Por el contrario, a los justos les espera un futuro placentero que, por analogía con el de los pecadores, parece ser inmediato a la muerte (103,3-4). A los justos, pues, nada más vadear la muerte [93], les espera la buena noticia por toda la eternidad; de aquí la exhortación a que nadie se descorazone ante triunfos y vanaglorias de los opresores que alardean ser la muerte igual para todos (cf. 102,6-11; 103,5-15; 104,6-9). He aquí algunos textos: «No temáis vosotras, almas de los justos; mantened la esperanza los que habéis muerto en la justicia. No os entristezcáis porque bajó tristemente vuestra alma al *šeol* y no fue retribuida vuestra carne durante la vida según vuestra bondad, sino por el día en que fuisteis pecadores y por el día de maldición y castigo» (102,4-5); «tened esperanza, pues antes habéis sido escarnecidos con maldades y aflicciones, pero ahora brillaréis como las luminarias del cielo. Brillaréis y seréis vistos, y las puertas del cielo se os abrirán» (104,2); «esperad, no abandonéis vuestra esperanza, porque tendréis gran gozo como los ángeles del cielo» (104,4). Las almas de los justos recibirán su transformación probablemente en la resurrección y en el día del juicio final de que habla 104,5.

2. *Apocalipsis siríaco de Baruc*

Es el libro que mejor refleja la doble concepción: reino mesiánico en este mundo y reino de Dios en el mundo futuro del más allá. Ambas concepciones se yuxtaponen. El autor parece querer ensamblarlas, pero el acento se carga en el reino del *'olam ha-ba'* o mundo trascendente.

La resurrección general de los muertos separa un reino de otro e introduce el eón de salvación o condenación para buenos y malos. El reino mesiánico de aquí abajo no realiza más que una distinción parcial de justos y pecadores y se coloca más en un plano colectivo —el del reinado de Israel— que en un plano personal y moral [94]. Además, en «los días del Mesías» únicamente los vivos tendrán participación, mientras que en el *'olam ha-ba'* participarán todos —buenos y malos, vivos y difuntos—, porque también los difuntos resucitarán. La fecha de composición de este apocalipsis explica su enfoque: escrito tras la destrucción de Jerusalén del año 70 d. C., probablemente por el 95 de nuestra era, el autor, ante desastre tan descomunal, volvió sus ojos hacia la salvación trascendente [95].

[92] Cavallin, *op. cit.*, 42.
[93] *Ibíd.*, 44.
[94] P. Bogaert, *L'Apocalypse syriaque de Baruch* I (París 1969) 420.
[95] Un pasaje poco claro, 32,1-6, parece aludir a una nueva Jerusalén doble: una para el reino mesiánico y otra para el reino trascendente. Este pasaje reflejaría ideas

a) Los días del Mesías.

Se describen en los caps. 29 y 72-74. En el cap. 25 se dice que antes vendrán los grandes dolores y tribulaciones, que el cap. 27 especifica en doce tiempos: principio de las turbulencias, asesinato de los grandes, muertes innumerables, espada, hambre y sequía, sediciones y terror, fantasmas y demonios, fuego caído del cielo, rapiña y opresión, malicia y lujuria, confusión y un conjunto simultáneo de todas las calamidades anteriores. En 70,2-8.10 hay otra descripción de las calamidades que precederán a la venida del Mesías.

El advenimiento del Mesías se describe así en el cap. 29: la venida afectará a toda la tierra y a todos los vivientes, y sólo los que se encuentren en la tierra de Israel serán protegidos (29,1-2; cf. 40,2; 71,1); cuando se cumpla el plazo previsto, el Mesías comenzará a revelarse (29,3; 39,7) [96]; entonces Behemot y Leviatán, los dos monstruos gigantescos de la tierra y el mar, aparecerán en la superficie para servir de manjar en el banquete de los justos (29,4); el campo producirá el mil por uno, cada cepa tendrá mil sarmientos, cada sarmiento mil racimos, cada racimo mil granos y cada grano exprimirá un *coro* [97] de vino (29,5); los hambrientos se alegrarán y todos los días verán prodigios (29,6); los vientos serán perfumados y el rocío saludable (29,7), y volverá a caer el maná, guardado en los cielos para el final de los tiempos (29,8). El Mesías convocará a todas las naciones para salvar a unas y condenar a otras (72,2); vivirán todos los pueblos que no hayan dominado o humillado a Israel (72,4), y caerán a espada todos los que hayan dominado o humillado a Israel (72,6).

En 72,1-6 y en 39,7-40,2 —explicación de la parábola mesiánica del bosque, la vid, la fuente y el cedro— tenemos la misma estampa del Mesías guerrero que en la primera parte del poema mesiánico del Tg. Neofiti a Gn 49,11-12 y que en 4 Esd 12,32-33 [98]. El Mesías juzgará y exterminará parte de las naciones (39,7-40,1; 72,2), doblegará al mundo entero y seguidamente se sentará en paz perpetua sobre el trono real: entonces será la alegría y el descanso (73,1).

Habrá salud, sin enfermedad ni angustia, sin dolores ni gemidos (73,2); habrá alegría en toda la tierra, sin muertes prematuras ni desgracias imprevistas (73,3); serán extirpados los juicios y acusaciones, luchas, venganzas, sangre, pasiones, envidias y odios (73,4); las fieras se convertirán en animales domésticos: serpientes y dragones obedecerán

---

del entorno que el autor no hace suyas. Por otra parte, 32,2-4 parece una interpolación.

[96] Puede tratarse de la revelación apocalíptica o de la revelación del Mesías escondido en el cielo como el Hijo del hombre.

[97] Trescientos litros aproximadamente.

[98] El imperio sobre las naciones se prevé también en 1 Hen 90,20; TestJud 24,6; SalSl 17,29-31; 4 Esd 13,37.38.49 y AsMo 10, en línea con la Escritura: Is 14,2; 66,12.19-21 y Sal 72,11.17. Cf. A. F. J. Klijn, *Das syrische Baruch-Apokalypse* (JSHRZ; Gütersloh 1976) 170. En 1 Hen 37-60, AsMo 10 y 4 Esd 13,37.38.49 los gentiles deben ser aniquilados.

a un niño (73,6); las mujeres parirán sin dolor (73,7); se recolectará sin fatiga y se construirá sin cansancio, con trabajo reposado y con el fruto asegurado (74,1), porque este tiempo señalará el final de la corrupción y el comienzo de la incorruptibilidad (74,2; cf. 28,4ss), es decir, el imperio del Mesías durará hasta que el mundo de esta corrupción llegue a su fin (40,3); esto implica, al parecer, que el reino mesiánico se acabará.

30,1 afirma que, cuando haya expirado el tiempo de su venida, el Mesías «volverá en gloria». El texto ambiguo se presta a diversas interpretaciones. Para algunos, como Ryssel, Riessler, Bogaert, Wilske, Stemberger, B. Violet, significa que el Mesías volverá del cielo a la tierra: sería la afirmación de la *parusía* que los cristianos esperamos. Pero según Charles, Klijn [99] y Cavallin [100], el texto expresa que el Mesías volverá al cielo —lo que sugeriría su preexistencia celeste (cf. 1 Hen 46,1.2)— antes de bajar a establecer su reino. Debe notarse que la parusía o segunda venida del Mesías es una idea absolutamente extraña al judaísmo. La enseñanza, pues, de ApBar(sir) es que el Mesías, terminado su reinado terrestre, se reintegrará al cielo sin morir, contrariamente al Mesías de 4 Esd 7,29-30, que muere al final de su reinado.

b) La resurrección.

Desaparecido el Mesías —o mejor: vuelto al cielo—, tiene lugar la resurrección de los justos y también, al parecer, de los impíos. De la descripción en los caps. 50-51 se deduce que la resurrección será corporal. En 30,1-5 se afirma que, cuando el Mesías retorne a su gloria, todos los que se durmieron (= murieron) esperándole, resucitarán, y entonces se abrirán los depósitos de las almas de los justos y las almas se juntarán en una asamblea con un solo corazón; mientras tanto, las almas de los impíos, viendo todo esto, perecerán, pues saben que les aguarda el tormento y que la hora de su perdición ha sonado. Nótese que este texto representa a las almas reunidas en cámaras, igual que 1 Hen 22, 3-4; 4 Esd 7,32 y que el mismo ApBar(sir) 21,23.

Los caps. 50 y 51 describen el modo de la resurrección. Son pasajes de polémica contra los judíos que negaban la resurrección. Contra éstos ApBar(sir) 50-51 afirma que habrá resurrección corporal, supone que habrá supervivientes hasta el día del juicio (cf. ApBar[sir] 50,2-3 con 1 Cor 15,51s) y enseña que los justos resucitados corporalmente serán transformados y glorificados: puntos todos en los que coincide ApBar(sir) con 1 Cor 15 [101]. En la resurrección de los muertos, la tierra devolverá los muertos con la misma forma y figura que los recibió (50,2) [102], para que los vivos puedan reconocerlos y vean que los muertos viven (50,3);

---

[99] *Op. cit.*, 142.
[100] Cavallin, *op. cit.*, 86; cf. p. 92, nota 5.
[101] Cavallin, *op. cit.*, 89s.
[102] En ApBar(sir) 42,8 ya se anuncia que el polvo debe devolver lo que no le pertenece y tiene que levantar todo lo que hasta ese tiempo (de la resurrección) ha guardado.

una vez reconocidos, vendrá el juicio (50,4); después, en el tiempo fijado, se transformará el aspecto de los que han sido condenados o justificados en el juicio (51,1): los condenados tendrán un aspecto horrible,
y los justos aparecerán radiantes en belleza, gloria y esplendor (51,2-3);
los que despreciaron la ley gemirán y se lamentarán cuando vean encum-
brados a aquellos que en otro tiempo despreciaron (51,4-5); los impíos
irán al suplicio entre terribles visiones espectrales y contemplando el
esplendor angélico de los justos (51,5-6); por su parte, los justos contemplarán maravillas (51,7): mundos invisibles y tiempos ocultos en los
que no se envejece (51,8-9); habitarán en la cumbre de ese mundo, como
ángeles o como estrellas, tomando la apariencia que gusten entre belleza,
esplendor, luz y brillo de gloria (51,10); se les desvelará el paraíso: los
animales que hay bajo el trono y los ejércitos de los ángeles (51,11);
tendrán preeminencia sobre los ángeles (51,12) [103]; los primeros que murieron recibirán a aquellos que esperaban, los últimos a aquellos de los
que habían oído decir que habían muerto (51,13); todos ellos están ya
libres de los sufrimientos de este mundo y de sus limitaciones (51,14).

Como puede apreciarse, este importante texto reconoce dos fases en
el proceso de la resurrección: *a)* resurrección corporal sin más, como en
2 Mac 7,11; 14,46; OrSib 4,181s; Pseudo-Focílides 103; Gn.R. 14,5;
Lv.R. 14,9; *b)* transfiguración del cuerpo resucitado en estado glorioso
y angélico (cf. 1 Cor 15). Sobre este texto Cavallin escribe: «Esta es la
expresión más explícita, referente a un cuerpo resucitado espiritualmente, que se encuentra en la literatura judía» [104].

c) Otras aportaciones de ApBar(sir)
a la escatología mesiánica.

1) 70,7ss refiere calamidades de todo tipo que han de preceder a
la venida e instauración del reino del Mesías en este mundo.

2) 36-40 describe la victoria del Mesías sobre el cuarto Imperio; al
parecer, el romano. El jefe del cuarto Imperio será llevado ante el Mesías
y muerto (40,1s). Tal victoria introducirá los bienes del reino mesiánico.

3) A pesar del juicio del Mesías sobre los pueblos, prosélitos venidos de la gentilidad participarán en los bienes mesiánicos (41,4; 42,5).

4) Son innumerables los que va a devorar el fuego (44,15; 48,43)
o la boca de la gehenna (59,10) tras el segundo juicio o juicio universal.
En el mundo nuevo no habrá piedad para con los que parten hacia el
tormento (44,12).

5) 70,9 identifica ya la figura del siervo de Yahvé con el Mesías,
pues habla de «mi siervo el Mesías», expresión que únicamente se encuentra en los targumes y en Zac 3,8 (cf. Is 42,1; 43,10; 52,13) [105].

[103] Cf. 1 Cor 6,3; 1 Pe 1,12; Heb 2,16.
[104] Cavallin, *op. cit.*, 88. Testimonios de transformación, para el mundo angélico,
se encuentran en 1 Hen 91-104; 37-71; 108; SalSl; Qumrán; VidAd; AntBibl;
4 Esd; ApAb; 4 Mac; Sab; Filón; Pseudo-Focílides; TestJob; Hen(esl); cf. Cavallin, *op. cit.*, 196.
[105] P. Bogaert, *op. cit.*, 419. Este autor escribe: «Interesante indicio cronológico:
la literatura rabínica, a excepción del Targum, no ha conservado rastro de esta

3. *4 Esdras*

Obra apocalíptica, de contenido parecido a ApBar(sir) y de igual fecha (finales del siglo I de nuestra era). Consta de siete partes, varias de ellas pródigas en datos escatológicos; las tres primeras derivan de un Apocalipsis de Salatiel, escrito muy preocupado por la escatología individual.

El interés central de la obra es el juicio y retribución universal de justos y pecadores después de la muerte, cuando los hombres hayan pasado al ʿolam ha-baʾ. El autor procura armonizar las diversas visiones del futuro que circulaban en Israel: la suerte de justos y pecadores después de morir, la expectación ante el juicio universal de las almas justas retenidas en las cámaras, la resurrección general, el juicio universal y el ingreso de los justos en el eón incorruptible; en su concepción, el reino mesiánico temporal precede a la resurrección universal. Sobre todo en los primeros discursos, la concepción escatológica de 4 Esd está dominada por la preocupación de salvar la justicia de Dios y sus promesas, ambas aparentemente desmentidas por la destrucción de Jerusalén, el dominio de las naciones paganas y la humillación del pueblo escogido; la respuesta de nuestro autor no está tanto en el reino mesiánico terreno cuanto en la suerte de buenos y malos *post mortem,* tras la resurrección y el juicio universal. Se salvarán —dice 4 Esd— muy pocos, los muy justos, como una gota entre un diluvio [106].

a) El reino mesiánico.

La aparición del reino mesiánico será precedida y anunciada por señales recogidas en dos catálogos muy antiguos: 5,1-12 y 6,18-29 [107]. Habrá pánico en toda la tierra, oscurecimiento de la verdad y falta de fe (5,1; cf. Lc 18,8); aumento de la iniquidad (5,2; cf. Mt 24,12); la tierra será devastada (5,3); la luna lucirá durante el día y el sol brillará en la noche (5,4; cf. Mc 13,24s); de la madera brotará sangre, las piedras hablarán y los pueblos se conmoverán (5,5); gobernará el Anticristo y hasta los pájaros huirán (5,6), una voz se escuchará en la noche y el mar expulsará sus peces (5,7), la tierra será incendiada y quedará vacía, las fieras huirán de sus guaridas, las mujeres parirán monstruos (5,8), las aguas dulces se volverán amargas, los mismos amigos se pelearán y desaparecerá la sabiduría y la inteligencia (5,9); habrá universal injusticia e incontinencia (5,10); no se cumplirán las esperanzas y todos los esfuerzos resultarán fallidos (5,12). Niños de un año hablarán a voces y nacidos de tres y cuatro meses serán viables (6,21); campos no trabaja-

---

denominación del Mesías. Como esta literatrura (la rabínica) es de redacción posterior al 135, es obligado ver ahí un signo de antigüedad en las tradiciones transmitidas por los targumes y por los apocalipsis de Baruc y Esdras» *(ibíd.).*

[106] Pero muchos autores interpretan que la enseñanza última de 4 Esd es que los israelitas se salvarán por pertenecer al pueblo escogido.

[107] Cf. D. Muñoz León, *El 4 Esdras y el Targum Palestinense:* EstBib 33 (1964) 325-326. Los catálogos de signos carecen de targumismos.

dos aparecerán cultivados y almacenes repletos despertarán vacíos (6,22); sucederán cosas extrañas y hechos angustiosos: sonido estremecedor de trompeta (6,22), guerras entre amigos, espanto en toda la tierra, fuentes que estarán tres horas sin manar (6,24). Quedarán estupefactos todos los habitantes de la tierra (13,30) y unos contra otros emprenderán guerras, ciudad contra ciudad, región contra región, pueblo contra pueblo, reino contra reino (13,31).

El Mesías va a llegar: entonces la ciudad invisible (= la Jerusalén celestial) y el país oculto (= el paraíso) se harán visibles (7,26), y aparecerá el Mesías «con los que están con él» (7,28). «Los que están con él» son Henoc y Elías, «que no han gustado la muerte» (cf. 6,26); acaso haya que sumar también Jeremías (cf. 2 Mac 2,1ss; 15,13ss; Mt 16,14), Moisés (*Ant.* 4,8,48; Mt 17,3ss y par.) y Baruc (ApBar[sir] 6,8; 13,1-3; 25,1; 43,2; 76,1-3); también es posible que la expresión «los que están con él» apunte a la aparición de los patriarcas y otros personajes del AT (cf. TestXII Ben 10,6) como acompañamiento del Mesías (pero en este caso habría que admitir una resurrección parcial para el reino mesiánico). Parece, por tanto, que la compañía del Mesías se reduce a los hombres «que fueron arrebatados, los que no gustaron la muerte desde su nacimiento» (6,26), los que indicamos en primer lugar. Estos y los supervivientes de las catástrofes precursoras de la venida del Mesías serán los que participarán del reino (7,27). Por supervivientes, el autor de 4 Esd entiende a aquellos que, por sus obras y su fe, se han librado de la muerte (9,7.8), pues los impíos perecerán y habitarán en tormentos (9,9).

¿Quién es el Mesías? 4 Esd dice que es un personaje guardado por el Altísimo hasta el fin de los días (12,32), es el hombre conservado por el Altísimo durante muchas edades, que en la visión sexta figura como un hombre que surge del mar, donde Dios lo tenía oculto (13,25ss.51ss). De aquí se infiere que es un ser preexistente. Es el león rugiente —de la quinta visión del águila (10,60-12,35)— que reprende al águila (= Imperio romano) sus crímenes. Es descendiente de la familia de David (12,32) y juzgará, condenará y destruirá (12,33). Librará a la tierra de violencia (11,46). Cuando las naciones escuchen su voz, se congregarán en masa para hacer la guerra (13,33). Se manifestará en lo alto del monte Sión, un monte Sión que descenderá de lo alto, no esculpido por mano humana (13,35-36; cf. 7,26; Ap 21,2.9ss). El Mesías bajará sin espada ni armas (13,28), increpará a todas las naciones reunidas y con su palabra las aniquilará (13,37.38). Salvará a su pueblo, recogido dentro de las fronteras de Palestina (12,34), y congregará en esas fronteras a las diez tribus del Reino del Norte (13,39-40), que se habían ido a vivir a Arsaret (= *'ereṣ 'aḥeret*, «otro país») vadeando en su ida y vuelta el Eufrates a pie enjuto (13,44-47). Hará felices a todos los salvados dentro de las fronteras santas hasta que venga el fin (12,34); defenderá al pueblo superviviente de las catástrofes precursoras (13,49) y le mostrará grandes maravillas (13,50). El león de Judá que aniquila al águila de tres cabezas, o Imperio romano, vendrá al final del reinado de los tres Flavios (Vespasiano, Tito y Domiciano), durante el reino de este último.

Según esto, el Mesías es una figura trascendente que Dios revela (13,32). La misma afirmación aparece en ApBar(sir) 29,3 y 39,7: «el Mesías es revelado». P. Grelot puede escribir: «Una cosa parecida se encuentra en el Apocalipsis de Abrahán 31,1-2, donde el elegido de Dios preside la reunificación escatológica de Israel, y en el libro V de los Oráculos Sibilinos (vv. 413-432), donde el Mesías es descrito como un hombre bienaventurado venido del cielo. Estas dos obras deben de ser, con poca diferencia, contemporáneas de 2 Baruc (= ApBar[sir]). Pero, sobre todo, es 4 Esd el libro en que más se nota esta evolución de ideas» [108], a saber: desde el mesianismo profético terreno al trascendente de los apocalípticos.

El reino mesiánico tendrá su centro en Palestina (9,7-8) y durará sólo cuatrocientos años de bienaventuranza (7,28). Este cálculo se obtiene combinando Sal 90,15 («alégranos con arreglo a los días que nos has afligido») con Gn 15,13 («has de saber bien que tu descendencia será huésped en tierra ajena, y la someterán a servidumbre y la oprimirán por espacio de cuatrocientos años»).

b) Resurrección, juicio y retribución.

Al cabo de los cuatrocientos años del reino mesiánico, el Mesías y todos los hombres morirán y el mundo volverá durante siete días al silencio del principio de la creación (7,29-30). Tras los siete días terminará el eón corruptible y empezará el eón incorruptible (7,31): la tierra devolverá a los que en ella duermen y las cámaras o depósitos de almas dejarán salir las almas a ellas confiadas (7,32). Sentado sobre su trono, el Altísimo hará juicio: se acabó la misericordia y la paciencia (7,33-34). La retribución será inmediata para justos y pecadores (7,35). El paraíso de las delicias y el horno del infierno estarán uno frente a otro (7,36), y el Altísimo los mostrará a las naciones resucitadas y les hará ver a quién han rehusado servir (7,37-38).

En 7,113-114 leemos que en el día del juicio llegará a término el siglo presente y tendrá principio el mundo futuro, eterno, sin corrupción, sin excesos, sin incredulidad; la justicia será plena y la verdad como el sol; también el rostro de los que han sabido dominarse brillará como el sol (7,125a). 8,52-54 pinta el paraíso celeste y la felicidad que espera a Esdras: el paraíso abierto, el árbol de la vida plantado, la ciudad (= la Jerusalén celeste) construida, el reposo del trabajo conseguido, aseguradas la bondad y la sabiduría perfectas, eliminada la raíz del mal (= el *cor malignum*), la enfermedad inexistente, la muerte escondida [109], el infierno huido, el envejecimiento olvidado, las tristezas terminadas, la inmortalidad revelada.

---

[108] P. Grelot, *Le messianisme de l'apocalyptique*, 29. Sobre el Mesías en 4 Esd, cf. M. Stone, *The Concept of the Messiah in IV Ezra*, en J. Neusner-F. E. R. Goudenough (eds.), *Religions in Antiquity* (Leiden 1968) 295-312.

[109] Sobre la abolición de la muerte, cf. Is 25,8; 2 Hen 65,10; Ap 20,14.

Resulta claro que el preludio del cielo o del reino futuro trascendente de Dios es la resurrección general y el juicio universal. Este juicio durará siete años (7,39-44). Resurrección y juicio son dos excepcionales eventos que ocurrirán al final de la historia (7,31-38.113.114).

La muerte separa el alma del cuerpo, y el alma es sometida a juicio particular (7,78.100.101). La resurrección se encarga de unirlos de nuevo, pues la resurrección consiste en que la tierra devuelve lo que se le había confiado y las cámaras dejan salir las almas en ellas domiciliadas (7,32). En sus cámaras, las almas justas suspiran por la resurrección final, pero allí han de permanecer hasta que se cumpla el número de los justos (4,35.36). Estas cámaras —ya mencionadas en ApBar(sir) y descritas en 1 Hen 22,3ss— sólo hospedan, según Esd 7,80, las almas de los justos. Es un domicilio de gran paz, que los ángeles guardan, donde sus moradores esperan el juicio final (7,95). El estado de estas almas justas en sus cámaras no es definitivo, sino interino o intermedio, pues el día de la resurrección las cámaras tienen que devolver su tesoro (4,42; 7,32; ApBar[sir] 21,23; 30,1-5) [110]. Las almas justas, antes de ingresar en las cámaras, tienen un permiso de siete días para, desde fuera, contemplar la gloria que les espera (7,100s); a su regreso gozarán de siete alegrías: la victoria sobre el *cogitamentum malum,* la visión del castigo sobre los pecadores, la seguridad de su justicia (pues Dios la garantiza), la quietud y el descanso actual, la gloria que les espera tras el juicio, la inmunidad de la corrupción en espera de la inmortalidad y el esplendor futuros, la certeza de que pronto verán el rostro de aquel a quien sirvieron en vida y que ahora les quiere premiar con munífica recompensa; ésta es la séptima y mayor alegría (7,88-98).

También las almas de los pecadores viven en interinidad y como en estado intermedio, pero su suerte es harto distinta: no ingresan en las cámaras, sino que quedan fuera, siempre errantes. Amén de este constante vagabundeo, sus tormentos son también siete: remordimientos, imposibilidad de vuelta atrás, visión del premio de los justos, visión de los tormentos que les acometerán pasado el juicio final, visión de la tranquila morada de los justos custodiada por ángeles, visión de sus propios tormentos y la confusión y vergüenza de sí mismos a la luz de la visión de Dios (7,78-87).

El sujeto de gozos o tormentos son las almas, entendidas en el sentido de la antropología dualista: con una separación de alma y cuerpo tan nítida como en el *Fedón* de Platón. Véanse los siguientes textos: «Cuando un alma parte del cuerpo para retornar al que la dio, lo primero que hace es adorar la gloria del Altísimo» (7,78) —sea justa o pecadora—; 7,88 menciona a los que han sido separados de «este vaso de mortalidad» (= el cuerpo) y 70,100 se refiere a las almas que han sido separadas de sus cuerpos.

Una última observación. Para el autor de 4 Esd son poquísimos los

---

[110] Según bSab. 152a, las almas de los justos están debajo del trono de Dios; según Ap 6,9s, las almas de los mártires están bajo el altar celestial.

que se salvan. El talante de este autor es francamente pesimista. Poco menos que el del vidente Esdras, que, temeroso de condenarse y apesadumbrado por el gran número de los que se pierden, con desesperación y osadía pregunta: ¿Qué aprovecha que los rostros de los que practicaron abstinencia vayan a brillar como estrellas si nuestros rostros van a ser más negros que las tinieblas? (7,125). ¿Cómo se puede compaginar tan gran número de condenados con la misericordia de Dios de Ex 34, 6-7? [111] La respuesta divina dada por el ángel —se supone que coincide con la mente del autor del libro— no es nada alentadora: «Muchos han sido creados, pero pocos se salvarán» (8,3). Nótese que en el juicio universal no será posible interceder por las almas de los pecadores, es decir, salvarse por los méritos de los padres, como creía el rabinismo (Ecl.R. 4,1). Al reino mesiánico, sin embargo, parece que podrán llegar todos los israelitas, aunque no sean justos (7,19s), pues a pesar de su maldad son muy superiores a los gentiles (7,17-25).

4. Henoc eslavo o Libro de los secretos de Henoc

Este apócrifo, cuya procedencia, según algunos, es el judaísmo egipcio y cuya fecha de composición puede ser anterior al 70 de nuestra era [112], mantiene también la concepción del reino de Dios realizado en dos estadios: en este mundo y en el mundo futuro.

a) El reino terrestre de Dios.

En este mundo el reino de Dios se prolongará mil años. Ello se infiere de las tres premisas siguientes: la creación requirió seis días de trabajo y uno de descanso; la historia futura de la humanidad está simbolizada por esos siete días de la creación; un día equivale a mil años (Sal 90,4). De aquí se sigue que al séptimo día le corresponde un milenio de descanso. Ap 20,2-6 se hace eco de esta fantasía apocalíptica: los santos reinarán con Cristo mil años [113]. Pero el Henoc eslavo no describe la naturaleza de este reino terrestre de Dios; tampoco nombra para nada al Mesías.

b) El reino de los cielos.

Tras el reino terrestre de Dios sucederá el octavo día de la bienaventuranza, cuando ya no exista el tiempo (11,81) [114]. Los caps. 3-9 —pertenecientes a la parte del libro que describe la ascensión de Henoc a través de los siete cielos— describen el paraíso y el infierno, ambos situados en el tercer cielo. Las penas y alegrías de estos dos lugares requieren corporeidades, pero el cuerpo no es mencionado. ¿Quiénes habitan y qué bienes hay en el paraíso? En ese bendito lugar están todas

---

[111] Este es el texto veterotestamentario clásico de la misericordia de Dios; también Neh 9,17; Jl 2,13; Jon 4,2; Sal 86,15; Eclo 2,11; Sab 15,1.

[112] J. H. Charlesworth, *The Pseudepigrapha and Modern Research*, 104.

[113] Russell, *op. cit.*, 293.

[114] R. H. Charles, *Apocrypha and Pseudepigrapha* II, 430.

las criaturas justas, con alegría, luz y vida eterna [115] (13,32.34.39; 17, 4-8). En 16,6-8 se habla de los justos que han escapado al juicio y que están reunidos en el gran eón que ha surgido para ellos: sin enfermedad, sin trabajos, sin ansiedad, sin violencia, sin oscuridad, sin noche, sino en medio de una gran luz, en un paraíso inmenso e incorruptible, en una morada eterna; el fulgor de los justos será siete veces mayor que el fulgor del sol (16,18).

Aunque el libro no contiene afirmación explícita de la pervivencia del alma después de la muerte ni mención de la resurrección, las dos cosas se suponen por el contexto. Del juicio sí hay mención explícita y frecuente: hombres y ángeles serán juzgados y castigados por toda clase de pecados (13,25.26.59.83.87.104; 17,4). En el segundo cielo, Henoc ha visto unos ángeles que, acusados de haber apostatado de Dios, aguardan el gran juicio (4,2; cf. 7,9). En 13,26 se lee: «He visto cómo sufren los cautivos en espera del juicio sin medida»; y en 17,4: «Cuando toda la creación visible e invisible llegue a su fin, todos los hombres llegarán al gran juicio de Dios». Las acciones de cada hombre serán pesadas (13,53). Un dato curioso: las almas de los animales acusarán a los hombres de los malos tratos, y las almas de éstos serán castigadas en consecuencia (15,6-9).

Para los pecadores está preparado el infierno: es su herencia eterna. Según 13,25, Henoc ha visto el lugar del juicio y el infierno inmenso, abierto y lleno de gemidos. Al describirlo, Henoc exclama: «Por el corto lapso de tiempo que han tenido para pecar en esta vida tienen que sufrir eternamente en la vida perdurable» (13,31).

IV. EL UNICO REINO DE DIOS EN EL MUNDO FUTURO. TESTAMENTO O ASUNCION DE MOISES

Este libro es también llamado «Asunción de Moisés». Procede de círculos jasídicos, cercanos a los esenios [116]. En su redacción actual fue escrito entre los años 7 y 30 de nuestra era, es decir, en la primera parte del reinado de los hijos de Herodes, de quien habla el cap. 6 [117]. Pero los caps. 6 y 7 son una probable interpolación posterior a Herodes el Grande [118]. El resto del libro es contemporáneo de las persecuciones

---

[115] A. Vaillant, *Le livre des Secrets d'Henoch, texte slave et traduction française* (París 1952) 44s. Este libro de Henoc, según la recensión larga, recoge el pensamiento platónico (¿o persa?) de la preexistencia de las almas: «Siéntate y haz un registro de todas las almas humanas, incluso de las que no han nacido, y de los lugares que les están preparados desde siempre, ya que todas las almas están predestinadas desde antes de que fuera hecha la tierra» (2 Hen 10,7-8; cf. 13,77.78). Según Tanh., *peqqude* 3, todas las almas, desde Adán hasta el fin del mundo, fueron creadas en los seis días de la creación del mundo; Sifre Dt 344 habla también del tesoro de las almas. Cf. Charles, *Apocrypha and Pseudepigrapha* II, 444, nota 5.

[116] M. Delcor, *L'apocalyptique juive...*, col. 124.

[117] Cf. E. M. Laperrousaz, *Le Testament de Moïse* (París 1970) 96-99; Charles, *Apocrypha and Pseudepigrapha* II, 411. Cf. *supra*, pp. 274ss.

[118] G. W. E. Nickelsburg, *Resurrection, Immortality...*, 43-45.

de los Seléucidas; contemporáneo, pues, si no anterior, a Daniel, donde 12,1-3 tiene significativas semejanzas con el cap. 10 de AsMo.

El Testamento de Moisés es una reelaboración de Dt 31-34. Nos interesa particularmente el cap. 10: una profecía de futuro, que sigue a otros capítulos de carácter histórico [119]. El capítulo describe en forma poética el juicio que Dios ejecuta contra las naciones a través del «enviado, que está establecido en las alturas» (probablemente, el ángel Miguel, ángel defensor de Israel). Si el libro procede de época macabea, los enemigos de Israel son los Seléucidas. En el juicio descrito están presentes Satán (*Zabulus,* 10,1) y el ángel Miguel, como en Dn 12. El efecto de la venganza contra los enemigos será la exaltación de Israel a las estrellas (10,9; nótese que las estrellas son también mencionadas en Dn 12). Exaltado al cielo de las estrellas, Israel contemplará desde las alturas a sus enemigos en la tierra [120]. Nada se dice del Mesías ni de ningún reinado temporal de Dios: Israel es trasladado directamente al reino del más allá.

Los apocalípticos —como ya hemos dicho— gustan de cálculos y números para fijar el fin del mundo y el comienzo del eón futuro. De ello hay aquí un ejemplo: Moisés comunica a Josué que desde su muerte (o asunción al cielo: *receptione*) hasta la venida de Dios han de transcurrir doscientos cincuenta tiempos (10,12), a saber: 250 semanas de años, que suman 1.750 años, los que, sumados a los 2.500 años que precedieron la muerte de Moisés, arrojan un total de 4.250 años, igual a 85 jubileos: es exactamente la fecha que da bSan. 97b para la venida del Mesías.

El cap. 10 del Testamento de Moisés registra otra característica de la apocalíptica: el juicio de las naciones. Toda esta literatura está obsesionada por el triunfo universal del reino de Dios, triunfo al que se oponen Satán y sus huestes en este mundo utilizando a las naciones como instrumentos. Dios establece su reino universal, ya juzgando directamente a las naciones, ya haciéndolo por medio del Mesías o con la ayuda de los ángeles. En el Testamento de Moisés es el ángel Miguel —lo mismo que en Dn 12— el instrumento de Dios para ejercer la venganza sobre las naciones (cf. 1 Hen 1,3-9; 90,20ss).

El juicio de las naciones no exime de juicio a Israel. Según TestXII Ben 10,8-9, primero es juzgado Israel por sus injusticias y después las naciones. Nótese que, a medida que la apocalíptica avanza en años, sube la preocupación por el juicio y la retribución de los individuos y no se queda exclusivamente ceñida al juicio y retribución de la colectividad, tan claramente expuestos en el Testamento de Moisés [121].

[119] Como ya hemos tenido ocasión de indicar, en el género «testamentos» el anuncio del porvenir sigue a una parte histórica.

[120] Charles (*op. cit.* II, 422) traduce «en la gehenna». Egon Branderburger, *Himmelfahrt Moses* (JSHRZ; Gütersloh 1976) *ad loc.,* traduce «en la tierra», sin corregir el texto. Igualmente Laperrousaz.

[121] Según 2 Hen 55,5, las acciones de cada hombre serán pesadas. Dos ángeles a la izquierda y derecha del juez recuerdan las acciones del hombre sometido a juicio (TestAb 13, rec. larga). Cf. M. Delcor, *Mito y tradición,* op. cit., 61ss.

SIGLAS Y ABREVIATURAS

a) *Sagrada Escritura*

Gn	Génesis	Prov	Proverbios
Ex	Exodo	Ecl	Eclesiastés
Lv	Levítico	Cant	Cantar de los Cantares
Nm	Números	Sab	Sabiduría
Dt	Deuteronomio	Eclo	Eclesiástico
Jos	Josué	Is	Isaías
Jue	Jueces	Jr	Jeremías
Rut	Rut	Lam	Lamentaciones
1 Sm	1.º Samuel	Bar	Baruc
2 Sm	2.º Samuel	Ez	Ezequiel
1 Re	1.º Reyes	Dn	Daniel
2 Re	2.º Reyes	Os	Oseas
1 Cr	1.º Crónicas	Jl	Joel
2 Cr	2.º Crónicas	Am	Amós
Esd	Esdras	Abd	Abdías
Neh	Nehemías	Jon	Jonás
Tob	Tobías	Miq	Miqueas
Jdt	Judit	Nah	Nahún
Est	Ester	Hab	Habacuc
1 Mac	1.º Macabeos	Sof	Sofonías
2 Mac	2.º Macabeos	Ag	Ageo
Job	Job	Zac	Zacarías
Sal	Salmos	Mal	Malaquías

Mt	Mateo	1 Tim	1.ª Timoteo
Mc	Marcos	2 Tim	2.ª Timoteo
Lc	Lucas	Tit	Tito
Jn	Juan	Flm	Filemón
Hch	Hechos	Heb	Hebreos
Rom	Romanos	Sant	Santiago
1 Cor	1.ª Corintios	1 Pe	1.ª Pedro
2 Cor	2.ª Corintios	2 Pe	2.ª Pedro
Gál	Gálatas	1 Jn	1.ª Juan
Ef	Efesios	2 Jn	2.ª Juan
Flp	Filipenses	3 Jn	3.ª Juan
Col	Colosenses	Jds	Judas
1 Tes	1.ª Tesalonicenses	Ap	Apocalipsis
2 Tes	2.ª Tesalonicenses		

b) *Apócrifos del AT*

Ajicar	Historia de Ajicar
AntBibl	Antigüedades Bíblicas del Pseudo-Filón
ApAbr	Apocalipsis de Abrahán

ApBar(gr)	Apocalipsis griego de Baruc (= 2 Bar)
ApBar(sir)	Apocalipsis siríaco de Baruc (= 3 Bar)
ApEl	Apocalipsis de Elías
ApEsd	Apocalipsis de Esdras
ApJr	Apócrifo de Jeremías
ApMo	Apocalipsis de Moisés
ApSedrac	Apocalipsis de Sedrac
ApSof	Apocalipsis de Sofonías
Arist	Carta de Aristeas
AscIs	Ascensión de Isaías
AsMo	Asunción de Moisés
CrYer	Crónica de Yerajmeel
3 Esd	3.º Esdras
4 Esd	4.º Esdras
FrSadoq	Fragmentos Sadoquitas
Hen(esl)	Henoc eslavo (= 2 Hen)
Hen(et)	Henoc etiópico (= 1 Hen)
Hen(gr)	Fragmentos griegos de 1 Hen
Hen(heb)	Henoc hebreo (= 3 Hen)
Jub	Libro de los Jubileos
JyA	Novela de José y Asenet
JyM	Jannés y Mambrés
3 Mac	3.º Macabeos
4 Mac	4.º Macabeos
Meg.Ant.	Megillat Antiocos
Meg.T.	Megillat Taanit
OdSl	Odas de Salomón
OrMan	Oración de Manasés
OrSib	Oráculos Sibilinos
P.Abot	Pirqé Abot
ParJr	Paralipómenos de Jeremías
SalSl	Salmos de Salomón
TestAbr	Testamento de Abrahán
TestIsaac	Testamento de Isaac
TestJob	Testamento de Job
TestSl	Testamento de Salomón
TestXII	Testamentos de los Doce **Patriarcas**

As	Aser	Jud	Judá
Ben	Benjamín	Lev	Leví
Dan	Dan	Nef	Neftalí
Gad	Gad	Rub	Rubén
Is	Isacar	Sim	Simeón
Jos	José	Zab	Zabulón

VidAd	Vida de Adán y Eva

c) *Apócrifos del NT*

ApPe	Apocalipsis de Pedro
EvEb	Evangelio de los Ebionitas
EvEg	Evangelio de los Egipcios
EvHeb	Evangelio de los Hebreos

EvPe	Evangelio de Pedro
HchAndr	Hechos de Andrés
HchJn	Hechos de Juan
HchPab	Hechos de Pablo
HchPe	Hechos de Pedro
HchPil	Hechos de Pilato
HchTom	Hechos de Tomás
ProtEv	Protoevangelio de Santiago

d) *Versiones de la Biblia*

Aq.	Aquila	sah.	Sahídica (copta)
bo.	Bohaírica (copta)	Simm.	Símmaco
LXX	Setenta	Teod.	Teodoción
Pent.Sam.	Pentateuco Samaritano	Vg.	Vulgata
Pesh.	Peshitta	VL	Vetus Latina

e) *Targumes*

Tg.	Targum	Onq.	Onqelos
Fragm.	Fragmentario	PsJon.	Pseudo-Jonatán
N.	Neofiti 1	G.C.	Geniza de El Cairo

f) *Literatura rabínica*

b	Talmud babilónico (sigue un tratado, *ut infra*)
j	Talmud de Jerusalén (sigue un tratado)
Midr.haGad.	Midrás haGadol
Midr.Tann.	Midrás Tannaím
Midr.Teh.	Midrás Tehillim
Pes.	Pesiqta
PRE	Pirqé de Rabí Eliezer
R.	Rabbah (indica un comentario del Midrás Rabbah)
Tos.	Tosefta
Tanh.	Tanhuma

g) *Tratados de la Misná (y Talmudes)*

Abot	*'abot*	Dem.	*d^emay*
Arak.	*'arakîn*	Eduy.	*'eduyyôt*
A.Z	*'abodah zarah*	Erub.	*'erûbîn*
Bek.	*b^ekôrôt*	Git.	*gittîn*
Ber.	*b^erakôt*	Hag.	*hagigah*
Beṣ.	*bêṣah*	Hall.	*hallah*
B.B.	*baba' batra'*	Hor.	*hôrayôt*
Bik.	*bikkûrîm*	Hull.	*hullîn*
B.M.	*baba' mesî'a'*	Kel.	*kelîm*
B.Q.	*baba' qamma'*	Ker.	*k^eritôt*

Ket.	$k^e tubôt$	Qin.	$qinnim$
Kil.	$kil^c ayim$	R.H.	$ro'\check{s}\ ha\check{s}anah$
Maas.	$ma^c a\acute{s}rôt$	Šab.	$\check{s}abbat$
Makk.	$makkôt$	San.	$sanhedrîn$
Makš.	$mak\check{s}îrîn$	Šebi.	$\check{s}^e bî^c it$
Meg.	$m^e gillah$	Šebu.	$\check{s}^e bu^c ôt$
Mei.	$m^{e\langle}ilah$	Šeq.	$\check{s}^e qalîm$
Men.	$m^e nahôt$	Sot.	$sotah$
Mid.	$middôt$	Sukk.	$sukkah$
Miq.	$miqwa'ôt$	Taa.	$ta^c anît$
M.Q.	$mô^c ed\ qatan$	Tam.	$tamîd$
M.S.	$ma^c a\check{s}er\ \check{s}enî$	Teb.	$t^e bûl\ yom$
Naz.	$nazîr$	Tem.	$t^e murah$
Ned.	$n^e darîm$	Ter.	$t^e rumôt$
Neg.	$n^e ga^c îm$	Toh.	$t^o harôt$
Nid.	$niddah$	Uqs.	$^c uqsin$
Oho.	$'oholôt$	Yad.	$yadayim$
Orl.	$^c orlah$	Yeb.	$y^e bamôt$
Par.	$parah$	Yom.	$yoma'$
Pea	$p^e ah$	Zab.	$zabîm$
Pes.	$p^e sahîm$	Zeb.	$z^e bahîm$
Qid.	$qiddû\check{s}îm$		

Ejemplos: San. 1,4 (Misná, tratado Sanhedrín, cap. 1, párr. 4)
bSan. 31a (Talmud babilónico, tratado Sanhedrín, hoja 31, columna 1)
jSan. 2,21b (Talmud jerosolimitano, tratado Sanhedrín, cap. 2, hoja 21, columna 2)
Tos. San. 1,4 (Tosefta, tratado Sanhedrín, cap. 1, párr. 4)

h) *Manuscritos del Mar Muerto*

1QapGn	Génesis apócrifo
1QH	Himnos de acción de gracias
1QpHab	Péser de Habacuc
1QIs^a	Primera copia de Isaías
1QIs^b	Segunda copia de Isaías
1QM	Manuscrito de la Guerra
1QS	Regla de la Comunidad o Manual de Disciplina
1QS^a	Regla de la Congregación (apéndice A a 1QS)
1QS^b	Bendiciones (apéndice B a 1QS)
3Q15	Rollo de cobre procedente de la tercera cueva
4QFlor	Florilegio
4QpNah	Péser de Nahún
4QOrNab	Oración de Nabonid
4QTest	Testimonios
4QLeví	Testamento de Leví
11QMelq	Texto de Melquisedec
11QtgJob	Targum de Job
CD	Documento de Damasco (texto de la geniza de El Cairo)

i) Obras de Filón

De Abr.	*De Abrahamo*
De Cher.	*De cherubim et flammeo gladio*
De Dec.	*De decalogo*
De Fug. et Inv.	*De fuga et inventione*
De Gig.	*De gigantibus*
De Ioseph.	*De Iosepho*
De Leg.	*De legatione ad Gaium*
De Migr.	*De migratione Abrahami*
De Mort.	*De mortalitate*
De Opif.	*De opificio mundi*
De Plant.	*De plantatione Noe*
De Post.	*De posteritate Caini*
De Praem.	*De praemiis et poenis*
De Sacr. Abelis	*De sacrificiis Abelis et Caini*
De Sobr.	*De sobrietate*
De Somn.	*De somniis*
De Spec. Leg.	*De specialibus legibus*
De Vita Cont.	*De vita contemplativa sive supplicum virtutibus*
De Vita Mos.	*De vita Mosis*
Leg. All.	*Legum allegoriae*
Quod Det.	*Quod deterius potiori insidiari solet*
Rer. Div.	*Quis rerum divinarum heres sit*

j) Obras de Josefo

Ant.	*Antiquitates*
Apion.	*Contra Apionem*
Bell.	*De Bello Iudaico*

k) Padres apostólicos

Bern	Carta de Bernabé
1 Clem	1.ª Carta de Clemente
2 Clem	2.ª Carta de Clemente
Did	Didajé
Diog	Carta a Diogneto
Herm	Pastor de Hermas
Herm(m)	Hermas, mandata
Herm(s)	Hermas, similitudines
Herm(v)	Hermas, visiones
Pap	Fragmentos de Papías
Polic	Carta de Policarpo

l) Abreviaturas generales

a. C	antes de Cristo	aram.	arameo
al.	alemán	art.	artículo
ap. crít.	aparato crítico	AT	Antiguo Testamento

AUC	ab Urbe condita	LQ	literatura de Qumrán
ca.	circa	l. v.	lectio varians
cap.	capítulo	ms.	manuscrito
cf.	confer	mss.	manuscritos
d. C.	después de Cristo	n.	nota, número
ed.	editor, editado	NF	Neue Folge
ep.	epístola	NS	nueva serie
esl.	eslavo	NT	Nuevo Testamento
esp.	español	p.	página
etióp.	etiópico	p. ej.	por ejemplo
fr.	francés	pap.	papiro
fragm.	fragmento	par.	paralelo
GesSt	Gesammelte Studien	pról.	prólogo
gr.	griego	s	siguiente
heb.	hebreo	ss	siguientes
Hom.	Homenaje	s.	siglo
ibíd.	ibídem	s. a.	sin año
íd.	ídem	s. f.	sin fecha
ing.	inglés	sir.	siríaco
intr.	introducción	s. v.	sub voce
ital.	italiano	TM	texto masorético
KlSchr	Kleine Schriften	v.	versículo
lat.	latín	v. g.	verbi gratia
loc. cit.	lugar citado	vol.	volumen

m)   *Revistas y colecciones*

APOT   *Apocrypha and Pseudepigrapha of the Old Testament,* de R. H. Charles, Oxford 1913.

Bib   «Biblica», Roma.

BWANT   Beiträge zur Wissenschaft vom Alten und Neuen Testament, Stuttgart.

BZAW   Beihefte zur Zeitschrift für die alttestamentliche Wissenschaft, Berlín.

BZNW   Beihefte zur Zeitschrift für die neutestamentliche Wissenschaft, Berlín.

CBQ   «Catholic Biblical Quarterly», Washington.

CSEL   Corpus scriptorum ecclesiasticorum latinorum, Viena.

DBS   *Dictionnaire de la Bible. Supplément,* París 1928ss.

EJ   *Encyclopaedia Judaica,* Jerusalén.

EstBib «Estudios Bíblicos», Madrid.

EstEcl «Estudios Eclesiásticos», Madrid.

EvTh   «Evangelische Theologie», Munich.

FRLANT Forschungen zur Religion und Literatur des AT und NT, Gotinga.

HTR   «The Harvard Theological Review», Universidad de Harvard.

HUCA   «Hebrew Union College Annual», Cincinnati.

JBL   «Journal of the Biblical Literature», Boston.

JJS   «Journal of Jewish Studies», Londres.

JNES	«Journal of Near Eastern Studies», Chicago.
JQR	«Jewish Quarterly Review», Filadelfia.
JSS	«Journal of Semitic Studies», Manchester.
JTS	«Journal of Theological Studies».
Jud	«Judaica», Zurich.
NTS	*New Testament Studies,* Cambridge-Washington.
RB	«Revue Biblique», París.
RE	*Realencyklopädie für protestantische Theologie und Kirche,* Leipzig.
REJ	«Revue des Études Juives», París.
RQ	«Revue de Qumrân», Universidad de Heidelberga.
RSR	«Recherches de science religieuse», París.
ScriptHier	«Scripta Hierosolimitana».
ThW	Cf. ThWNT.
ThWNT	Theologisches Wörterbuch zum Neuen Testament, Stuttgart.
TLZ	«Theologische Literaturzeitung».
TZ	«Theologische Zeitschrift», Basilea.
VD	Verbum Domini, Roma.
WMANT	Wissenschaftliche Monographien zum AT und NT, Neukirchen.
ZNW	«Zeitschrift für die neutestamentliche Wissenschaft und die Kunde der älteren Kirche», Berlín.
ZTK	«Zeitschrift für Theologie und Kirche».

INDICE DE AUTORES CITADOS

INDICE GENERAL

TERCERA PARTE

TEOLOGIA DE LOS APOCRIFOS

NUEVA BIBLIA ESPAÑOLA
Traducción de los profesores
L. Alonso Schökel/J. Mateos
1982 págs. Enc. en semipiel

Primera traducción de la Biblia a un idioma moderno hecha sistemáticamente por estructuras idiomáticas: proverbios, refranes, giros hechos o populares, hebreos o griegos, por sus equivalentes castellanos. Esta es su novedad, su valor y lo que la diferencia de cualquier otra versión española. Las palabras, los giros gramaticales y hasta los topónimos y voces peculiares tienen el mismo significado para nosotros hoy que para el lector originario de los escritos.

COMENTARIO TEOLOGICO Y LITERARIO AL ANTIGUO TESTAMENTO
Dirigido por L. Alonso Schökel

Una traducción tan técnica y, al mismo tiempo, tan popular como la de *Nueva Biblia Española* exigía un comentario adecuado. En ella su único soporte es el texto originario, analizado en los aspectos lingüístico y estilístico. ¿Qué dice realmente el texto? Significado exacto de la palabra o frase y de su expresión estilística. Sólo ambos aspectos nos darán su contenido correcto.

Tomos publicados
L. Alonso Schökel/J. L. Sicre
PROFETAS
Profetas mayores y menores. 1381 págs. en 2 vols.

Libros Sapienciales
I
L. Alonso Schökel/J. Vílchez
PROVERBIOS
608 págs.

Introducción general a los Sapienciales y comentario a *Proverbios*. Una de sus novedades es la traducción de los proverbios hebreos con la estructura del refrán castellano y su explicación por otros similares de nuestro idioma.

II
L. Alonso Schökel/J. L. Sicre
J O B
634 págs. Enc. en tela

Espléndida traducción, sin similar en ningún otro idioma moderno, y un comentario que será, tal vez, el comentario a Job de nuestro tiempo.

EDICIONES CRISTIANDAD

G. J. Botterweck/H. Ringgren (eds)
DICCIONARIO TEOLOGICO DEL ANTIGUO TESTAMENTO
Tomo I: ʾāb - gālāh. XVI + 1100 cols. Enc. en tela
Traducción de A. de la Fuente Adánez

E. Jenni/C. Westermann (eds)
DICCIONARIO TEOLOGICO MANUAL DEL AT
2 tomos, enc. en tela
I. ʾāb - mātay. 637 págs.
II. nᵉūm - tᵉrāfīm. 760 págs.

Trad. de R. Godoy - Revisión técnica de J. L. Sicre

Los dos diccionarios de teología del AT más importantes de todos los tiempos: el primero radicalmente científico y exhaustivo, y el segundo —«manual»—, sencillo y simplificado, sin apenas tecnicismos, para uso cotidiano de estudiantes y profesores. Tiene un fuerte sentido pastoral, como fuente de la predicación.

G. del Olmo Lete
MITOS Y LEYENDAS DE CANAAN SEGUN LA TRADICION DE UGARIT
Textos - Versión - Estudio
700 págs. Enc. en tela

Martin Noth
EL MUNDO DEL ANTIGUO TESTAMENTO
Introducción a las ciencias auxiliares de la Biblia
400 págs. Enc. en tela

Emile Schürer
HISTORIA DEL PUEBLO JUDIO EN TIEMPOS DE JESUS
(175 a. C.-135 d. C.)
Tomo I: 798 págs. - Tomo II: 818 págs.

M. Delcor/F. García Martínez
INTRODUCCION A LA LITERATURA ESENIA DE QUMRAN
375 págs. (Academia Christiana, 20)

J. Leipoldt/W. Grundmann (eds.)
EL MUNDO DEL NUEVO TESTAMENTO
3 tomos, enc. en tela

EDICIONES CRISTIANDAD